Schwerpunkte Pflichtfach Pieroth/Schlink · Grundrechte Staatsrecht II

Schwerpunkte

Eine systematische Darstellung der wichtigsten Rechtsgebiete anhand von Fällen
Begründet von Professor Dr. Harry Westermann †

Grundrechte
Staatsrecht II

von

Prof. Dr. Bodo Pieroth

Westfälische Wilhelms-Universität Münster

und

Prof. Dr. Bernhard Schlink

Humboldt-Universität zu Berlin

28., neu bearbeitete Auflage

C.F. Müller

Bibliografische Informationen der Deutschen Nationalbibliothek
Die Deutsche Nationalbibliothek verzeichnet diese Publikation in der Deutschen Nationalbibliografie; detaillierte bibliografische Daten sind im Internet über <http://dnb.d-nb.de> abrufbar.

Bei der Herstellung des Werkes haben wir uns zukunftsbewusst für umweltverträgliche und wiederverwertbare Materialien entschieden. Der Inhalt ist auf elementar chlorfreies Papier gedruckt.

ISBN 978-3-8114-9851-8

E-Mail: kundenbetreuung@hjr-verlag.de
Telefon: +49 89/2183-7928
Telefax: +49 89/2183-7620

www.cfmueller-campus.de
www.hjr-verlag.de

Satz: preXtension, Grafrath
Druck: Kessler Druck + Medien, Bobingen

Vorwort

Die neue Rechtsprechung und das neue Schrifttum haben wieder eine gründliche Überarbeitung erforderlich gemacht. In der vorliegenden Neuauflage ist das Lehrbuch auf dem Stand vom Mai 2012.

Auch von dieser 28. Auflage des Lehrbuchs erscheint wieder eine **gesonderte Ausgabe** mit Entscheidungssammlung auf CD-ROM, die alle im Buch (nach der Amtlichen Entscheidungssammlung) zitierten Entscheidungen des Bundesverfassungsgerichts im Volltext enthält.

Weiterhin sind uns Anregung und Kritik wertvoll. Wir bedanken uns dafür bei unseren Leserinnen und Lesern.

Berlin/Münster, Mai 2012

Bodo Pieroth
Bernhard Schlink

Aus dem Vorwort zur japanischen Ausgabe (2001)

Die deutsche Verfassungs- und Grundrechtswissenschaft ist zum einen, wie es der deutschen juristischen Tradition entspricht, eine dogmatische Wissenschaft. Zum anderen ist sie mit dem Aufstieg des Bundesverfassungsgerichts und mit der gewachsenen Bedeutung seiner Entscheidungen immer mehr eine Case-law-Wissenschaft geworden, wie sie der amerikanischen Tradition entspricht. Daraus resultiert eine Spannung, auf die jedes Verfassungs- und Grundrechtslehrbuch eine Antwort zu geben hat.

Ziel unseres Lehrbuchs ist eine dogmatische Bearbeitung und Darstellung der Grundrechte des Grundgesetzes. Dabei soll über die Rechtsprechung des Bundesverfassungsgerichts umfassend unterrichtet werden; sie soll aber nicht einfach wiedergegeben, sondern, wo nötig, kritisch dogmatisch rekonstruiert werden. Als Lehrbuch will das Buch diese Aufgabe in solcher Klarheit von Struktur und Inhalt erfüllen, dass den Studenten und Studentinnen die Beschäftigung mit den Grundrechten zur anspruchsvollen, aber auch reizvollen und bewältigbaren Aufgabe wird.

Inhaltsverzeichnis

Teil II
Die einzelnen Grundrechte

Teil III
Verfassungsbeschwerde

Verzeichnis der abgekürzt zitierten Literatur

AK	Kommentar zum Grundgesetz für die Bundesrepublik Deutschland (Reihe Alternativkommentare), 3 Bände (Loseblatt), Stand: August 2002
BK	Kommentar zum Bonner Grundgesetz (Bonner Kommentar), 17 Bände (Loseblatt), Stand: Februar 2012
Degenhart, StR I	*C. Degenhart,* Staatsrecht I, 28. Aufl. 2012
DR	*H. Dreier* (Hrsg.), Grundgesetz. Kommentar, Bd. I, 2. Aufl. 2004, Bd. II, 2. Aufl. 2006, Bd. III, 2. Aufl. 2008
EH	*V. Epping/C. Hillgruber* (Hrsg.), Grundgesetz. Kommentar, 2009
FH	*K.H. Friauf/W. Höfling* (Hrsg.), Berliner Kommentar zum Grundgesetz, 4 Bände (Loseblatt), Stand: Dezember 2011
Hdb. GR	*D. Merten/H.-J. Papier* (Hrsg.), Handbuch der Grundrechte in Deutschland und Europa, bisher 4 Bände und 4 Teilbände, 2004–2011
Hdb. StR	*J. Isensee/P. Kirchhof* (Hrsg.), Handbuch des Staatsrechts der Bundesrepublik Deutschland, 1. Aufl. 10 Bände, 1987–2000; 2. Aufl. materiell unverändert; Hdb.StR^3: 3. Aufl., bisher 9 Bände, 2003–2011
Hesse, VerfR	*K. Hesse,* Grundzüge des Verfassungsrechts der Bundesrepublik Deutschland, 20. Aufl. 1995
Hufen, StR II	*F. Hufen,* Staatsrecht II, Grundrechte, 3. Aufl. 2011
JP	*H.D. Jarass/B. Pieroth,* Grundgesetz für die Bundesrepublik Deutschland. Kommentar, 11. Aufl. 2011
Kloepfer, VerfR	*M. Kloepfer,* Verfassungsrecht, 2 Bände, 2010/2011
Maurer, Allg. VwR	*H. Maurer,* Allgemeines Verwaltungsrecht, 18. Aufl. 2011
Maurer, StR	*H. Maurer,* Staatsrecht I, 6. Aufl. 2010
MD	*T. Maunz/G. Dürig,* Grundgesetz. Kommentar, 7 Bände (Loseblatt), Stand: Januar 2012
Michael/Morlok, GR	*L. Michael/M. Morlok,* Grundrechte, 3. Aufl. 2012
MKS	*H. v. Mangoldt/F. Klein/C. Starck,* Das Bonner Grundgesetz. Kommentar, 3 Bände, 6. Aufl. 2010
MüK	*I. v. Münch/P. Kunig* (Hrsg.), Grundgesetz-Kommentar, 2 Bände, 6. Aufl. 2012
SA	*M. Sachs* (Hrsg.), Grundgesetz. Kommentar, 6. Aufl. 2011
Sachs, VerfR II	*M. Sachs,* Verfassungsrecht II, Grundrechte, 2. Aufl. 2003
Schlaich/Korioth, BVerfG	*K. Schlaich/S. Korioth,* Das Bundesverfassungsgericht. Stellung, Verfahren, Entscheidungen, 8. Aufl. 2010
Stern, StR	*K. Stern,* Das Staatsrecht der Bundesrepublik Deutschland, 5 Bände, 1./ 2. Aufl. 1980–2011
UC	*D.C. Umbach/T. Clemens* (Hrsg.), Grundgesetz. Mitarbeiterkommentar und Handbuch, 2 Bände, 2002

Im Übrigen werden die üblichen Abkürzungen gebraucht, bei Bundesgesetzen gemäß den Kopfleisten der gängigen Gesetzessammlungen „Schönfelder“ und „Sartorius“, bei Landesgesetzen gemäß den Kopfleisten der entsprechenden Gesetzessammlungen (zB „v. Hippel/Rehborn“) mit vorangestellter Abkürzung für das Land (zB „nw“).

§ 1 Einführung

I. Über das Arbeiten mit diesem Buch

Die vorliegende Darstellung lehrt die Grundrechte in der Breite und Tiefe, in der sie Gegenstand der ersten Prüfung für Juristen sind. Sie behandelt alle für die Falllösung im Studium und auch in der Praxis wichtigen Themen der allgemeinen Grundrechtslehren (Erster Teil), sämtliche einzelnen Grundrechte (Zweiter Teil) und mit der Verfassungsbeschwerde das dazugehörige Verfahrensrecht (Dritter Teil). Sie ist an der Rechtsprechung des BVerfG orientiert, vermittelt aber das methodische und dogmatische Instrumentarium, das erlaubt, andere als die schon entschiedenen Fälle selbstständig zu lösen. 1

Zumeist werden die Grundrechte am Anfang des Studiums gelesen. Daher ist die vorliegende Darstellung auch an die *Studienanfänger* adressiert und bemüht sich um besondere Anschaulichkeit. Allerdings ist der Stoff der Grundrechte komplex und die Beschäftigung mit ihnen voraussetzungsvoll; sie durchdringen das einfache Recht und können häufig erst im Zusammenhang mit diesem voll verstanden werden. 2

Die *Literaturhinweise* am Ende der einzelnen Paragraphen sind bewusst knapp gehalten. Sie beschränken sich auf die grundlegenden, die aktuellen und die für das Studium besonders geeigneten Aufsätze und Bücher. (Soweit sie Büchern gelten, werden diese im vorausgehenden Paragraphen nur durch den Autor, dh ohne Titel, nachgewiesen.) Umfassende Literaturhinweise finden sich in den großen Kommentaren zum Grundgesetz und in den Handbüchern des Staats- und Verfassungsrechts und der Grundrechte. Diese Werke und auch die aktuellen Lehrbücher des Staatsrechts werden in den Literaturhinweisen nicht mehr eigens aufgeführt. 3

II. Einige Schwierigkeiten der Materie der Grundrechte

Rechtsnormen können sehr unterschiedlichen Aufwand an Auslegungsarbeit erfordern. Auf der einen Seite stehen eindeutig formulierte Frist-, Form- und Verfahrensvorschriften. Auf der anderen Seite stehen Generalklauseln und unbestimmte Rechtsbegriffe, die erst nach und nach durch Rechtswissenschaft und Rechtsprechung (Richterrecht) handhabbar gemacht werden. Die Grundrechte enthalten zwar einige Form- und Verfahrensvorschriften, zB Art. 104; überwiegend sind sie aber sehr knapp und weit formuliert (zB „Kunst und Wissenschaft … sind frei“, „das Eigentum … [wird] gewährleistet“) und wirken *generalklauselartig*. Daher spielen das Richterrecht und die es vorbereitende und fortentwickelnde Dogmatik zu den Grundrechten eine große Rolle. 4

Als Teil der Verfassung sind die Grundrechte gegenüber dem Gesetzesrecht und dem Recht der Verwaltung (Rechtsverordnungen, Satzungen) samt allen Einzelakten der vollziehenden und rechtsprechenden Gewalt *höherrangig*. Das heißt, dass alles Unterverfassungsrecht mit den darauf gestützten Einzelakten sich an der Verfassung messen lassen muss. Soweit es mit einer Verfassungs-, besonders einer Grundrechtsnorm nicht vereinbar ist, ist es verfassungswidrig und im Regelfall nichtig. Dabei 5 liegt eine zusätzliche Schwierigkeit darin, dass der Inhalt der Grundrechte selbst durch das Unterverfassungsrecht geprägt sein kann; man spricht insoweit von rechts- oder normgeprägten Grundrechten.

6 **Beispiele:** Der Gesetzgeber ist an die verfassungsrechtliche Garantie des Eigentums (Art. 14 Abs. 1 S. 1) gebunden (Art. 1 Abs. 3). Was aber Eigentum ist, muss vom Gesetzgeber erst bestimmt werden, und Art. 14 Abs. 1 S. 2 ermächtigt den Gesetzgeber denn auch dazu, den Inhalt des Eigentums zu bestimmen. Wie kann der Gesetzgeber dann aber noch an die Verfassung gebunden sein? – Wenn dem Bürger gegen Rechtsverletzungen durch die öffentliche Gewalt der Rechtsweg offen steht (Art. 19 Abs. 4), setzt dies die Einrichtung von Gerichten voraus, was wiederum nur durch den Gesetzgeber geschehen kann.

7 Es kommt hinzu, dass die Grundrechte historisch und aktuell eine besondere *Nähe zur Politik* haben. Grundrechte mussten politisch erkämpft werden, und ihre Auslegung und Anwendung gerät immer wieder in politischen Streit. Die großen Auseinandersetzungen um Volkszählung, Schwangerschaftsabbruch, Kruzifixe in öffentlichen Schulen, Hochschul- und Schulreform, Demonstrationsrecht, Mitbestimmung, Asylrecht, Lauschangriff oder Online-Durchsuchung belegen dies deutlich. Das führt gelegentlich sogar zu der Fehleinschätzung, Verfassungs- und besonders Grundrechtsauslegung sei gar nichts anderes als Politik, und das BVerfG betreibe keine Rechtsprechung im eigentlichen Sinne. Aber neben der demokratischen Herleitung der Herrschaft ist es die größte Errungenschaft des neuzeitlichen Verfassungsstaats, die Ausübung von Herrschaft verrechtlicht zu haben. Im Verhältnis des Einzelnen zum Staat gelten durch die Grundrechte die Maßstäbe des Rechts.

8 Diese Maßstäblichkeit setzt voraus, dass die Auslegung des Rechts festen *methodischen Regeln* folgt, über die allgemeine Übereinstimmung besteht. Nun wird aber gerade über das Methodenproblem im Verfassungsrecht wie im Recht insgesamt viel gestritten. Eine Übereinstimmung, welche Regeln die Auslegung methodisch leiten sollen, ist nur ansatzweise erkennbar[1]. Das verschafft den sog. klassischen Auslegungsgesichtspunkten ihre fortdauernde Bedeutung: dem grammatischen (Wortlaut der Regelung), systematischen (Regelungszusammenhang), genetischen (Entstehungsgeschichte der Regelung), historischen (frühere Regelungen) und teleologischen (Regelungszweck) Auslegungsgesichtspunkt. Es verschafft auch dem BVerfG eine beträchtliche Freiheit bei der Auslegung und Fortbildung des Verfassungsrechts. Das BVerfG arbeitet an einzelnen Fällen und entwickelt seine Grundrechtsinterpretation von einzelnen Fällen her. Auch für den Lernenden gilt daher, dass aus dem Zusammenhang gerissene Aussagen des BVerfG nicht kanonisiert werden dürfen und dass die Entscheidungsbegründungen und -ergebnisse stets der methodischen Überprüfung bedürfen, ehe sie, zuweilen nur modifiziert und korrigiert, der Lösung eines Problems zu Grunde gelegt werden.

1 Vgl *Alexy*, Theorie der juristischen Argumentation, 3. Aufl. 1996; *Engisch*, Einführung in das juristische Denken, 11. Aufl. 2010; *Larenz/Canaris*, Methodenlehre der Rechtswissenschaft, 5. Aufl. 2008; *F. Müller/R. Christensen*, Juristische Methodik, Bd. I, 10. Aufl. 2009; *Schlink*, Staat 1980, 73; *Schmalz*, Methodenlehre für das juristische Studium, 4. Aufl. 1998; *J. Vogel*, Juristische Methodik, 1998.

III. Zur Lösung von Grundrechtsfällen

Der Kern eines Grundrechtsfalls ist meistens die Frage, ob eine bestimmte staatliche Maßnahme, die ein Einzelner von sich abwehren will, mit einem Grundrecht vereinbar ist oder gegen ein Grundrecht verstößt. Diese Kernfrage kann in *zwei Teilfragen* aufgeteilt werden: Wird durch die staatliche Maßnahme in das Grundrecht eingegriffen? Wenn nein, liegt kein Verstoß vor; wenn ja, muss weiter gefragt werden: Ist dieser Eingriff verfassungsrechtlich gerechtfertigt? Wenn ja, liegt wieder kein Verstoß vor; wenn nein, liegt ein Verstoß vor. Häufig ist es zweckmäßig, die erste Frage zu unterteilen nach einerseits Schutzbereich und andererseits Eingriff in den Schutzbereich. So ergibt sich die allgemein anerkannte[2] *Drei-Schritt-Prüfung*, die in § 6 noch näher erläutert und im Zweiten Teil der systematischen Darstellung aller Freiheitsgrundrechte zu Grunde gelegt wird. Erst bei (1) Betroffenheit des Schutzbereichs durch (2) einen staatlichen Eingriff, der (3) nicht verfassungsrechtlich gerechtfertigt werden kann, liegt ein Verstoß gegen das Grundrecht vor. **9**

Diese Kernfrage kann zwei Modifikationen erfahren. Zum einen geht es bei *Gleichheitsgrundrechten* nicht um einen Eingriff in den Schutzbereich, sondern um die Frage, ob eine Ungleichbehandlung vonseiten des Staats gerechtfertigt ist oder nicht. Hier bleibt es also bei der Zwei-Schritt-Prüfung: (1) Liegt eine Ungleichbehandlung vor? Wenn nein, liegt kein Verstoß vor; wenn ja, muss weitergefragt werden: (2) Ist diese Ungleichbehandlung verfassungsrechtlich gerechtfertigt? Wenn ja, liegt wieder kein Verstoß vor, wenn nein, ist der Gleichheitssatz in seiner allgemeinen Fassung (Art. 3 Abs. 1) oder in einer seiner besonderen Ausprägungen (Art. 3 Abs. 2 und 3, Art. 6 Abs. 5, Art. 33 Abs. 1–3, Art. 38 Abs. 1 S. 1) verletzt. **10**

Die zweite Modifikation kann auftauchen, wenn der Einzelne nicht oder jedenfalls nicht nur einen Eingriff in ein Freiheits- oder Gleichheitsgrundrecht abwehren, sondern erreichen will, dass eine bestimmte Handlung vom Staat *vorgenommen* wird. Einige Grundrechte sind ausdrücklich als Schutzrechte formuliert, zB Art. 6 Abs. 4 mit dem Anspruch der Mutter auf Schutz und Fürsorge der Gemeinschaft und Art. 103 Abs. 1 mit dem Anspruch auf rechtliches Gehör. Andere Grundrechte werden entsprechend ausgelegt (vgl Rn 110 ff). Hier verlangt die Prüfung wieder drei Schritte, in denen danach gefragt wird, ob (1) ein Verhalten, für das Schutz begehrt wird, in den Schutzbereich fällt, (2) eine Pflicht des Staats zum Schutz des Verhaltens besteht und (3) dieser Schutzpflicht vom Staat nicht genügt wird. **11**

Die Kernfrage der Grundrechtsprüfung wird vor allem durch die *Normenhierarchie* kompliziert. Bei einem Gesetz kann die Grundrechtsprüfung unmittelbar ansetzen und fragen, ob das Gesetz mit einem Grundrecht vereinbar ist oder nicht. Geht es dagegen um auf Gesetze gestützte Rechtsverordnungen und Satzungen oder um auf Gesetze und Rechtsverordnungen oder Satzungen gestützte Einzelakte der vollziehenden und rechtsprechenden Gewalt, dann ist auf jeder Stufe der Normenhierarchie eine Grundrechtsprüfung denkbar, also bezüglich des Gesetzes als solchen, der auf das Gesetz gestützten Rechtsverordnung oder Satzung als solcher und des auf eine oder mehrere Rechtsnormen gestützten Einzelakts als solchen. Häufig wird sich die **12**

2 *Volkmann*, JZ 2005, 261.

Grundrechtsprüfung allerdings auf die Stufe konzentrieren können, die der Sache nach den Grundrechtseingriff enthält.

13 **Beispiel:** In ein Juristenausbildungsgesetz wird eine Vorschrift neu aufgenommen, wonach vorbestrafte Studenten von der Ersten juristischen Staatsprüfung ausgeschlossen sind (vgl Bay-VerfGH, BayGVBl. 1973, 151). Daraufhin wird ein vorbestrafter Student durch Bescheid des Justizprüfungsamts nicht zur Prüfung zugelassen. Hier liegt der Grundrechtseingriff zwar zunächst in dem Bescheid. Dieser vollzieht aber nur das Gesetz, das den Grundrechtseingriff der Sache nach schon selbst enthält. Nur das Gesetz braucht anhand des Art. 12 Abs. 1 (Berufs- und Ausbildungsfreiheit) überprüft zu werden. Anders wäre es, wenn der Verwaltung ein Handlungsspielraum eingeräumt wäre, zB dadurch, dass es in der Vorschrift heißt, vorbestrafte Studenten können von der Ersten juristischen Staatsprüfung ausgeschlossen werden. Dann liegt in der entsprechenden Maßnahme des Justizprüfungsamts ein gegenüber dem Gesetz eigenständiger Grundrechtseingriff, und die Vereinbarkeit des Verwaltungsakts mit Art. 12 Abs. 1 ist neben der Verfassungsmäßigkeit des Gesetzes zu prüfen.

14 Die Normenhierarchie führt noch aus einem zweiten Grund zu Komplikationen: Wenn bei einem Gesetz nach seiner *Rechtmäßigkeit* gefragt ist, kann dies nur seine Verfassungsmäßigkeit bedeuten. Anders bei Rechtsverordnungen, Satzungen und Einzelakten der vollziehenden und rechtsprechenden Gewalt. Hier ist zunächst die richtige Anwendung der rangniedrigeren Norm zu prüfen. Wenn sich aus der rangniedrigeren Norm schon die Rechtswidrigkeit des Verwaltungsakts oder der Rechtsverordnung ergibt, braucht – außer wenn danach gefragt ist – nicht mehr die Verfassungsmäßigkeit der höherrangigen Norm geprüft zu werden. Auf diese kommt es erst an, wenn die fragliche Maßnahme durch das rangniedrigere Recht gedeckt ist.

15 **Beispiel:** Es wird nach der Rechtmäßigkeit des Handelns eines Polizeibeamten gefragt, der den Hausflur von Mietshäusern betritt, um zu kontrollieren, ob eine Polizeiverordnung eingehalten wird, die unter Androhung von Bußgeld Beleuchtungspflichten statuiert. Hier ist zunächst die Ermächtigungsgrundlage im Polizei- und Ordnungsrecht zu überprüfen. Erst wenn eine solche überhaupt existiert und das Handeln des Polizeibeamten deckt, ist zu fragen, ob diese Ermächtigungsgrundlage ihrerseits verfassungsmäßig ist oder gegen die Unverletzlichkeit der Wohnung (Art. 13) verstößt.

16 Schließlich wird die Grundrechtsprüfung häufig durch eine *prozessuale Fragestellung* erweitert, indem neben der inhaltlichen Recht- oder Verfassungsmäßigkeit nach der Zulässigkeit eines oder mehrerer Rechtsbehelfe gefragt wird. Inhaltliche und prozessuale Fragestellungen werden verbunden, wenn die Aufgabe darin besteht, die Erfolgsaussichten eines Rechtsbehelfs, im vorliegenden Zusammenhang vor allem einer Verfassungsbeschwerde, zu begutachten. Regelmäßig liegt bei der inhaltlichen Recht- oder Verfassungsmäßigkeit der Schwerpunkt von Übungs- und Examensarbeiten.

17 **Literatur:** Die „Arbeitstechnik im Öffentlichen Recht" behandeln *Butzer/Epping*, 3. Aufl. 2006; über „Juristische Arbeitstechnik und wissenschaftliches Arbeiten" unterrichtet *Möllers*, 6. Aufl. 2012; in die Methodik der Fallbearbeitung führt *Schwerdtfeger*, Öffentliches Recht in der Fallbearbeitung, 13. Aufl. 2007, S. 372 ff ein. Aus den Falllösungsbänden sind *Degenhart*, Klausurenkurs im Staatsrecht I, 2. Aufl. 2011, Klausurenkurs im Staatsrecht II, 6. Aufl. 2012 und *Pieroth* (Hrsg.), Hausarbeit im Staatsrecht, 2. Aufl. 2011, hervorzuheben, da sie auf dieses Lehrbuch abgestimmt sind. Fälle und Lösungen zu den Grundrechten enthalten desweiteren *Brauner/Stollmann/Weiß*, Fälle und Lösungen zum Staatsrecht, 7. Aufl. 2003; *Brinktrine/*

Sarcevic, Fallsammlung zum Staatsrecht, 2. Aufl. 2009; *Höfling*, Fälle zu den Grundrechten, 2009; *Heimann/Kirchhof/Waldhoff*, Verfassungsrecht und Verfassungsprozessrecht, 2. Aufl. 2009; *Kilian/Eiselstein*, Grundfälle im Staatsrecht, 5. Aufl. 2011; *Lücke/Kugelmann*, Fälle mit Lösungen für Anfänger im Öffentlichen Recht, 2004; *Schmalz*, Verfassungsrecht, 3. Aufl. 2003; *Schmidt-Jortzig/Schliesky*, 40 Klausuren aus dem Staats- und Völkerrecht, 6. Aufl. 2002; *Schoch*, Übungen im Öffentlichen Recht I, 2000; *Volkmann*, Staatsrecht II. Grundrechte, 2. Aufl. 2011. Viele Fälle mit Musterlösungen werden von den Ausbildungszeitschriften JuS, Jura und JA sowie den Verwaltungsblättern der Länder veröffentlicht.

Teil I

Allgemeine Grundrechtslehren

§ 2 Geschichte und Begriff der Grundrechte

I. Einführung

18 Recht ist *geschichtlich gewordenes* Recht und ohne seine Geschichte nicht zu verstehen. Rechtliche Regelungen können einen längeren Atem haben als die politischen Ordnungen, unter denen sie entstehen, wenn sie auf gleich bleibenden sozialen und ökonomischen Verhältnissen beruhen oder auf gleich bleibende menschliche Grundfragen Antwort geben. Sie können aber auch mit den politischen Ordnungen vergehen. Die Grundrechte sind als Teil des Staats- und Verfassungsrechts politisches Recht und dem Wandel der politischen Ordnungen unterworfen. Zugleich sind die Grundrechte aber auch eine Antwort auf die gleich bleibende Grundfrage des Verhältnisses zwischen individueller Freiheit und politischer Ordnung.

19 Die Herausbildung von Grundrechten steht im Zusammenhang mit dem *bürgerlichen Verfassungsstaat der Moderne*, der seine ersten Ausformungen durch die Nordamerikanische und die Französische Revolution gefunden hat. Diese Rechtsentwicklungen hatten aber keinen unmittelbaren Einfluss auf das staatsrechtliche Denken in Deutschland. Auch im Jahr 1848 war hier die Zeit noch nicht reif für eine dauerhafte Einrichtung eines grundrechtlich fundierten Verfassungsstaats. Er wurde erst durch die deutsche Revolution von 1918 erreicht und hat nach dem Rückschlag zwischen 1933 und 1945 in Gestalt des Grundgesetzes für die Bundesrepublik Deutschland Stabilität gewonnen.

II. Grundrechte in Nordamerika und Frankreich

20 Die erste gesamthafte und verfassungskräftige Positivierung von Grundrechten im modernen Sinn war die *Bill of Rights von Virginia* (1776). In deren Art. 1 heißt es, alle Menschen sind „von Natur aus gleichermaßen frei und unabhängig und besitzen gewisse ihnen innewohnende Rechte, deren sie, wenn sie in den Staat einer Gesellschaft eintreten, ihre Nachkommenschaft durch keinen Vertrag berauben oder entkleiden können, nämlich den Genuss von Leben und Freiheit, mit den Mitteln zum Erwerb von Besitz und Eigentum und zum Streben und der Erlangung von Glück und Sicherheit“. Art. 8 bis 11 enthalten verfahrensrechtliche Normen zum Schutze des Angeklagten im Strafprozess; Art. 12 erklärt die Pressefreiheit zu einem „der großen Bollwerke der Freiheit“; Art. 16 bestimmt, dass alle Menschen gleichermaßen zur freien Ausübung der Religion gemäß den Geboten des Gewissens berechtigt sind.

21 Diese Bill of Rights von Virginia diente als unmittelbares Vorbild für eine Reihe weiterer, zumeist ausführlicherer *Rechteerklärungen* in anderen Staaten Nordamerikas.

Während sie noch neben der Verfassung von Virginia stand, wurde schon die Rechteerklärung in Pennsylvania (1776) mit einem Abschnitt, genannt „Frame of Government", zur „Constitution of the Commonwealth of Pennsylvania" zusammengefasst. Dies war somit die erste Verfassung im neuzeitlichen Sinn, bestehend aus einem Grundrechts- und einem Organisationsteil. Für die weitere verfassungsrechtliche Entwicklung in den Vereinigten Staaten am wichtigsten geworden sind sodann die Grundrechte der ersten zehn Amendments der Bundesverfassung (1791), die auch als „Federal Bill of Rights" bezeichnet worden sind.

Im Zusammenhang mit der Konstitutionalisierung von Individualrechten steht die erstmalige Ausbildung des *Vorrangs der Verfassung*, der die Verfassungswidrigkeit von Gesetzen zur Folge haben kann. Darin haben sich die Erfahrungen niedergeschlagen, die in den Kolonien mit dem Mutterland England gemacht worden waren: Auch ein Parlament kann unrecht tun. Die Bill of Rights bedeutet so gesehen nicht nur eine Beschränkung der Regierung, sondern auch der einfachen Mehrheit des souveränen Volkes. Gesichert wurde diese Bindung des Gesetzgebers an die Verfassung zudem durch das richterliche Prüfungsrecht, das erstmals durch Gerichte der Staaten und 1803 durch den Supreme Court in Anspruch genommen wurde[1]. 22

Die *Déclaration des droits de l'homme et du citoyen* von 1789 kann als der wichtigste Markstein der Geschichte der Grundrechte bezeichnet werden. Der um 1770 entstandene Begriff der „droits fondamentaux", also der Grundrechte ist zwar universell, deckt aber auch und gerade die politischen Ansprüche des sich als soziale Kraft und wirtschaftliche Macht entfaltenden Bürgertums. Dessen Potenzial, Gegnerschaft gegen den königlichen Despotismus und Begeisterung über das Vorbild, das die nordamerikanische Revolution gegeben hatte, bereiteten den Boden für die Französische Revolution und ihren Beginn, die Erklärung der Menschenrechte. 23

Deren Art. 1 stellt in einem ersten Satz fest, dass die Menschen *frei und gleich an Rechten* geboren sind und bleiben. Art. 2 erklärt die Erhaltung der natürlichen und unabdingbaren Menschenrechte zum Endzweck jeder politischen Vereinigung; diese Rechte sind die Freiheit, das Eigentum, die Sicherheit, der Widerstand gegen Unterdruckung. Nach Art. 4 und 5 besteht die Freiheit darin, alles tun zu können, was einem anderen nicht schadet; die Grenzen, die nur darin bestehen können, den übrigen Gliedern der Gesellschaft ebenfalls den Genuss dieser Rechte zu sichern, können nur durch das Gesetz bestimmt werden. Art. 10 proklamiert Religions- und Gewissensfreiheit im Rahmen der durch das Gesetz errichteten öffentlichen Ordnung. Art. 11 garantiert die Gedanken- und Meinungsfreiheit als „eines der kostbarsten Rechte des Menschen", wobei hier ein Vorbehalt der Verantwortlichkeit für den Missbrauch dieser Freiheit in den durch das Gesetz bestimmten Fällen gemacht wird. Art. 16 verkündet: „Eine Gesellschaft, in der weder die Gewährleistung der Rechte zugesichert, noch die Gewaltenteilung festgelegt ist, hat keine Verfassung." Nach dem letzten Art. 17 darf das Eigentum als ein geheiligtes und unverletzliches Recht nur bei gesetzlich festgestellter öffentlicher Notwendigkeit und unter der Bedingung vorheriger und gerechter Entschädigung angetastet werden. 24

1 Vgl *Brugger*, JuS 2003, 320; *Hartmann*, JJZG 2006/2007, 154.

25 Diese Erklärung ist zum Bestandteil der *Verfassung von 1791* gemacht worden. Sie verbürgte weitere „natürliche und bürgerliche Rechte“: Freizügigkeit, Versammlungs- und Petitionsrecht sowie Meinungs- und Kultusfreiheit in präziserer Form als in Art. 10 und 11 der Erklärung der Menschenrechte. Noch ausführlicher war die der (jakobinischen) *Verfassung von 1793* vorangestellte Rechteerklärung. Sie enthielt auch soziale Rechte: freie Berufs- und Arbeitswahl, Recht auf Arbeit oder auf Unterstützung bei Arbeitsunfähigkeit, Anspruch auf Unterricht. Die Verfassung von 1793 trat allerdings nie in Kraft. Ein neues Stadium lässt die *Verfassung von 1795* samt ihrer Rechteerklärung erkennen. Nachdem die alte Stände- und Privilegienordnung beseitigt war, kam den Menschenrechten die neue Funktion zu, die nunmehr etablierte bürgerliche Ordnung zu legitimieren. Es wurden demgemäß nicht mehr natürliche und unveräußerliche Menschenrechte verkündet; vielmehr war von den Rechten innerhalb der Gesellschaft die Rede. Der Satz, dass die Menschen frei und gleichberechtigt geboren werden, wurde durch die formale Gleichheit vor dem Gesetz ersetzt. Rechtsstaatliche Garantien des Gerichtsverfahrens wurden verstärkt; Pflichten gegenüber der Gesellschaft traten hinzu. Für die weitere kontinentaleuropäische Entwicklung der Grundrechte sind dann vor allem die französische *Verfassung von 1815* (Charte Constitutionnelle) und die *belgische Verfassung von 1831* mit ihren Grundrechtskatalogen wichtig geworden.

III. Grundrechte im deutschen Konstitutionalismus des 19. Jahrhunderts

26 In Deutschland wird erst 1848 der Anschluss an die bisher dargestellte Entwicklung der Grundrechte in der westlichen Welt erreicht. Die von der *Paulskirchenversammlung* verabschiedeten Grundrechte des deutschen Volkes waren auf den Gedanken der Volkssouveränität gegründet und standen in der geschilderten Tradition demokratischen Verfassungsdenkens. Unter den gegebenen politischen Verhältnissen konnten sie nur kurze Zeit Wirkung entfalten. Die Forderung politischer Freiheit von 1848 ist erst in der Revolution von 1918 voll zum Durchbruch gekommen; wichtige entstehungsgeschichtliche Verbindungslinien führen daher von 1848 direkt zu den Grundrechten der Weimarer Reichsverfassung.

27 Die sonstigen Grundrechtsgewährleistungen im Deutschland des 19. Jahrhunderts sind von anderer Qualität. *Verfassungen süddeutscher Staaten* enthielten während des ersten Drittels des 19. Jahrhunderts Garantien staatsbürgerlicher Rechte – von Grundrechten war nirgends die Rede. Als erste gewährleistete die bayerische Verfassung von 1818 im Titel IV unter der Überschrift „Von allgemeinen Rechten und Pflichten“ die Sicherheit der Person und das Eigentum (§ 8), ferner gleichen Amtszugang (§ 5), Gewissensfreiheit (§ 9) und die Freiheit der Presse und des Buchhandels (§ 11), letztere allerdings nur nach den Bestimmungen eines besonderen Ediktes. Ähnliche Bestimmungen enthielten die Verfassungen von Baden (1818) und Württemberg (1819).

28 Damit waren keine dem Staat vorausliegenden Grundrechte, sondern lediglich Rechte der Untertanen verbürgt. Hier wirkten ältere deutsche Überlieferungen fort, wonach Freiheit nur als vom Staat gewährleistete vorstellbar war. Die genannten Rechte wa-

ren eingebettet in die *konstitutionelle Monarchie.* Die Verfassungen waren von den Monarchen oktroyiert oder mit den (ständischen) Vertretungsorganen vereinbart. Die Staatsgewalt war nicht durch das Volk legitimiert, sondern durch den Monarchen von Gottes Gnaden. Die Einflussnahme der Ständeversammlungen auf Gesetzgebung und Steuererhebung trat lediglich *neben* die weiterbestehenden monarchischen Befugnisse.

Dabei passte sich die Monarchie an die *wirtschaftlichen Bedürfnisse des Bürgertums* an. Auch in Deutschland ging es zu dieser Zeit um die Auflösung der ständischen Lebensordnungen zu Gunsten rechtlicher Gleichstellung und Emanzipation, um die Ablösung des ständisch gebundenen Rechts durch ein allgemeines, Rechtsgleichheit und Erwerbsfreiheit verwirklichendes bürgerliches Recht. Dieser Prozess war aber in Deutschland nicht das Werk einer Revolution, sondern das Ergebnis monarchischer Reformen. Die Rechtswissenschaft hatte daran einen gewissen Anteil, indem sie zB die „wohlerworbenen Rechte" durch Überführung in das bürgerliche Eigentum brach[2]. **29**

Die *rechtliche Wirkung der Grundrechte* war dabei sehr begrenzt. Das ihnen entgegenstehende Recht war nicht etwa nichtig. Die Rechtsordnung musste ihnen erst angepasst, die Grundrechte mussten durch (neue) Gesetze erst verwirklicht werden. Gegenüber der Gesetzgebung hatten die Grundrechte keine rechtliche Bindungswirkung. So bedeutete der Gleichheitssatz nur die Gleichheit vor dem Gesetz; gesetzliche Privilegien des Adels blieben dadurch ebenso erhalten wie gesetzliche Diskriminierungen der Juden. Die Grundrechte verbürgten gegenüber der Verwaltung lediglich deren Gesetzmäßigkeit. Im politischen Prozess waren sie allerdings nicht funktionslos: Ihnen kam eine „dirigierende und richtungsweisende"[3] Funktion zu. In ihnen war das Programm einer Fortentwicklung der rechtlichen und gesellschaftlichen Ordnung festgeschrieben. **30**

Die nach dem Scheitern der Revolution von 1848 und der Aufhebung der Grundrechte der Paulskirchenversammlung folgende Reaktion hielt die Fortentwicklung der Grundrechte auf. Zwar war namentlich in der *Preußischen Verfassungsurkunde von 1850*, die bis 1918 galt, im Titel II („Von den Rechten der Preußen") ein umfänglicher Rechtekatalog enthalten. Dieser hatte sogar einige zukunftsweisende Bestimmungen der Grundrechte von 1848, wie die Freiheit von Wissenschaft und Lehre, übernommen (Art. 20); auch finden sich politische Freiheitsrechte wie Meinungsfreiheit, Pressefreiheit, Vereins- und Versammlungsfreiheit. Doch lautete der einleitende Art. 3 dieses Titels: „Die Verfassung und das Gesetz bestimmen, unter welchen Bedingungen die Eigenschaft eines Preußen und die staatsbürgerlichen Rechte erworben, ausgeübt und verloren werden." Damit waren die einzelnen Freiheitsgewährleistungen überwiegend als für die nähere gesetzliche Bestimmung oder Ausgestaltung offen erklärt. Die Gesetze aber wurden vom König, dem Herrenhaus und einem Abgeordnetenhaus gemacht, das auf Grund des „Drei-Klassen-Wahlrechts" zusammengesetzt war. Insgesamt ist die *Zeit der Reaktion* nach 1850 dadurch gekennzeichnet, dass politische Freiheit unterdrückt, wirtschaftliche Freiheit dagegen gefördert wurde. **31**

2 *Lübbe-Wolff*, Sav. ZRG germ. Abt. 1986, 104.
3 *Wahl*, Staat 1979, 321/333.

32 Die *Norddeutsche Bundes-* bzw *Reichsverfassung von 1867/1871* verzichtete ganz auf einen Grundrechtskatalog; lediglich die Niederlassungs- und Gewerbefreiheit wurden von ihr garantiert (Art. 3). Manche klassischen Freiheitsgarantien sind der Sache nach durch reichsgesetzliche Regelung verwirklicht worden; so hat die *Reichsjustizgesetzgebung* der 70er-Jahre das Rückwirkungsverbot, die Unabhängigkeit der Gerichte, die Gewährleistung des ordentlichen Rechtswegs, das Recht auf den gesetzlichen Richter, die Unverletzlichkeit der Wohnung und die Freiheit der Person anerkannt. Andere klassische Garantien wie die Gleichheit vor dem Gesetz, die Eigentumsgarantie, das Selbstbestimmungsrecht der Religionsgesellschaften und die Wissenschaftsfreiheit fehlten, und Kulturkampf- und Sozialistengesetzgebung waren durch Freiheitsrechte nicht beschränkt.

33 Diese begrenzte Bedeutung der Grundrechte erklärt sich aus dem Fortbestand des *politischen Systems des Konstitutionalismus.* Der preußische Verfassungskonflikt (1861–1866) hatte den Beweis erbracht, dass im Zweifel die Krone die Oberhand über die Volksvertretung behalten würde. Für die Volkssouveränität oder nur schon für eine durch die Verfassung auch gegen die Krone gesicherte umfassende politische Freiheit war im Deutschland der zweiten Hälfte des 19. Jahrhunderts kein Raum. Vor allem aus nationalen Gründen arrangierte sich ein Großteil des Bürgertums mit dem monarchischen Staat.

34 Nachdem etwa in der Mitte des Jahrhunderts die Beseitigung ständisch-feudaler Rechte zu einem gewissen Abschluss gediehen war, stand der Ausbau der *liberalen Wirtschafts- und Gesellschaftsordnung* im Vordergrund. Vor allem ging es um die Abwehr von Eingriffen der monarchischen Verwaltung in die bürgerliche Wirtschafts- und Verkehrsgesellschaft. Gegen den Gesetzgeber war der Schutz der Grundrechte zwar schon denkbar, aber so lange nicht dringend, als in der Gesetzgebung das Bürgertum selbst repräsentiert war. Eingriffe galt es dem Gesetzgeber vorzubehalten und damit der Verwaltung vorzuenthalten. Kein Eingriff in Freiheit und Eigentum ohne Gesetz – unter dieser grundrechtlichen Parole wurde der *Vorbehalt des Gesetzes* die rechtliche Errungenschaft des Bürgertums im Konflikt mit der Krone und deren Verwaltung.

35 In der *spätkonstitutionellen Staatsrechtslehre* wurde entsprechend Freiheit als Negation des Staates, als staatsfreie Sphäre verstanden, freilich nicht im Sinne vorstaatlicher Freiheitsrechte, sondern eines vom Staat gewährleisteten Freiraums. Grundrechte waren hier nicht Konstitutions-, sondern vielmehr Organisationsprinzip des Staates.

IV. Die Grundrechte in der Weimarer Reichsverfassung

36 Nach der Niederlage des Deutschen Reichs im Ersten Weltkrieg und der Revolution von 1918 konstituierte die *Weimarer Reichsverfassung* von 1919 die erste deutsche Republik. Ihr zweiter Hauptteil war überschrieben „Grundrechte und Grundpflichten der Deutschen“ und umfasste die Art. 109–165. Er knüpfte an die Grundrechte des deutschen Volkes von 1848 an und ging zugleich auf die neuen sozialen Probleme ein. Seine Grundrechte und Grundpflichten verkündeten das Programm einer *demokratischen, rechts- und sozialstaatlichen Republik.*

37 Von den fünf Abschnitten (Die Einzelperson, Das Gemeinschaftsleben, Religion und Religionsgesellschaften, Bildung und Schule, Das Wirtschaftsleben) enthielten die ersten beiden überwiegend die klassisch-liberalen, bürgerlichen *Freiheitsrechte:* Gleichheitssatz, Freizügigkeit, Auswanderungsfreiheit, Freiheit der Person, Unverletzlichkeit der Wohnung, Briefgeheimnis, Meinungs-, Versammlungs-, Vereinigungsfreiheit, Petitionsrecht. Im dritten Abschnitt trat neben die Glaubens- und Gewissensfreiheit eine Regelung des Verhältnisses von Staat und Kirche, die zwar einerseits klar mit Traditionen brach („Es besteht keine Staatskirche", Art. 137 Abs. 1), andererseits aber auch gewisse kompromisshafte Züge trug (Religionsgesellschaften als Körperschaften des öffentlichen Rechts, Kirchensteuerhoheit, Staatsleistungen an die Religionsgesellschaften). Im vierten und noch mehr im fünften Abschnitt trat nach vereinzelten entsprechenden Bestimmungen in den vorangegangenen Abschnitten eine neue *soziale und ökonomische Dimension* der Grundrechte zu Tage. Hier wurde der Staat als Gestalter in Pflicht genommen; er sollte die bürgerliche Gesellschaft in einer Weise fortentwickeln, die auch die Arbeiterschaft am gesellschaftlichen Fortschritt angemessen partizipieren und in den Genuss der Freiheit kommen lässt. Beispiele sind die Garantie der Sozialversicherung und Arbeitslosenunterstützung, die Bestimmungen über die Unentgeltlichkeit der Schulen, auch der weiterführenden Schulen, und die Regelung über die Bindung des Eigentums.

38 Insgesamt war dies ein bemerkenswerter *Versuch zeitgemäßer Fortschreibung* des Grundrechtskatalogs. Grundrechte sollten nicht nur der Verteidigung des status quo im Interesse des Bürgertums dienen, sondern zugleich die durch dessen ungehinderte Entfaltung zulasten der Arbeiterschaft entstandenen Ungleichheiten und Herrschaftsverhältnisse aufheben. Mit diesem doppelten Anliegen zeigt sich die Weimarer Reichsverfassung als Versuch eines „Klassenkompromisses"[4], den allerdings Grundrechtsrechtsprechung und -lehre nicht vertieft haben: Den Grundrechtsnormen, die individuelle Freiheitspositionen zum Inhalt hatten, wurde über das zunehmend anerkannte richterliche Prüfungsrecht eine verstärkte Geltungskraft zuteil[5], während die wirtschaftlichen und sozialen Rechte überwiegend als bloße Programmsätze bagatellisiert wurden. Dies war zwar teilweise durch den Verfassungstext nahe gelegt; da die liberalen Freiheitsrechte eine lange Tradition und eine ausgebaute Dogmatik besaßen, waren sie präziser gefasst und konnten leichter angewendet werden als die neuartigen Bestimmungen, die mangels solcher Voraussetzungen eher deklaratorisch wirkten. Darüber hinaus wurden aber weder von der Rechtsprechung noch von der Rechtslehre größere Anstrengungen unternommen, diese Verfassungsbestimmungen angemessen umzusetzen. Schließlich erwies sich die unterverfassungsrechtliche Rechtsmasse ganz überwiegend als veränderungsresistent.

39 Die Weimarer Reichsverfassung ist durch die nationalsozialistische Machtergreifung im Jahr 1933 faktisch außer Kraft gesetzt worden. Der staatliche und verfassungsrechtliche *Neubeginn nach 1945* in der Bundesrepublik war von diesen Erfahrungen beeinflusst. Während in Fragen des Staatsorganisationsrechts Weimar verschiedentlich ein negatives Vorbild lieferte, hat man an die Grundrechte der Weimarer Reichsverfassung in großem Umfang bei der Formulierung der Länderverfassungen, dann

4 *Anschütz*, Drei Leitgedanken der Weimarer Reichsverfassung, 1923, S. 26.
5 Vgl *Gusy*, Richterliches Prüfungsrecht, 1985.

aber auch im Parlamentarischen Rat angeknüpft. Auf soziale und ökonomische Rechte wurde im Grundrechtsteil des Grundgesetzes allerdings bewusst verzichtet; insofern wurde Weimar wieder als negatives Vorbild empfunden.

V. Grundrechtsentwicklung unter dem Grundgesetz

40 Durch die Einrichtung der Verfassungsbeschwerde (vgl Rn 1222 ff) und die ausgreifende Rechtsprechung des Bundesverfassungsgerichts, die dem Grundrechtskatalog sogar zusätzliche Grundrechte, wie die informationelle Selbstbestimmung, abgewonnen hat (vgl Rn 397), haben die Grundrechte des Grundgesetzes eine *enorme Bedeutung* gewonnen. Sie beeinflussen Gesetzgebung und Rechtsprechung, Theorie und Praxis auf allen Gebieten des Rechts, anders als unter der Weimarer Reichsverfassung auch auf dem Gebiet des Privatrechts. Sie haben entscheidend zur Freiheitlichkeit von Staat und Gesellschaft der Bundesrepublik Deutschland beigetragen.

41 Von den bisher verabschiedeten 52 *Verfassungsänderungen* haben nur wenige die Grundrechte betroffen[6]. Die Wiederbewaffnungsnovelle von 1956 und die sog. Notstandsverfassung von 1968 haben Beschränkungen der Grundrechte im Wehr- und Ersatzdienst und zur Ermöglichung bestimmter für notwendig erachteter verfassungsschützender und nachrichtendienstlicher Tätigkeiten eingeführt. 1993 ist durch die Einführung des Art. 16a an Stelle des schrankenlosen Art. 16 Abs. 2 S. 2 das Asylrecht für politisch Verfolgte beträchtlich eingeschränkt worden. 1998 ist das Wohnungsgrundrecht geändert worden, um den sog. großen Lauschangriff zur Strafverfolgung zu ermöglichen. 2000 ist das Auslieferungsverbot unter einen qualifizierten Gesetzesvorbehalt gestellt worden, um die justizielle Zusammenarbeit in Europa und im Völkerstrafrecht zu fördern. Erweitert worden ist der Grundrechtsbestand durch Verfassungsänderung in Art. 3 Abs. 2 S. 2, Art. 3 Abs. 3 S. 2, Art. 9 Abs. 3 S. 3 und Art. 20 Abs. 4.

42 Die Einführung *sozialer und ökonomischer Grundrechte* ist zwar im Zuge der deutschen Vereinigung durch den Verfassungsentwurf des Runden Tisches von 1990 wieder zum Thema geworden. Doch hat schon Art. 5 EVertr in seinen Empfehlungen für eine Befassung mit möglichen Verfassungsänderungen lediglich die Aufnahme von Staatszielbestimmungen in das Grundgesetz erwähnt. Die daraufhin eingesetzte Gemeinsame Verfassungskommission hat im November 1993 die Einführung von sozialen und ökonomischen Rechten abgelehnt und als Staatszielbestimmung nur den Umweltschutz in einer zurückhaltenden Form zur Aufnahme ins Grundgesetz empfohlen[7]. Dem sind die gesetzgebenden Körperschaften Ende 1994 mit der Normierung des Art. 20a gefolgt.

VI. Begriff der Grundrechte

43 Zwei Stränge lässt die geschichtliche Entwicklung erkennen: Zum einen werden die Grundrechte als *dem Staat vorausliegende* (Menschen-)Rechte des Individuums be-

6 Vgl. *Bauer/Jestaedt*, Das Grundgesetz im Wortlaut, 1997, S. 66 ff.
7 Vgl BT-Drucks. 12/6000, S. 75 ff.

griffen; Freiheit und Gleichheit der Individuen sind legitimierende Bedingungen der Entstehung des Staats, und Freiheits- und Gleichheitsrechte verpflichten und begrenzen die Ausübung staatlicher Gewalt. Zum anderen, in der deutschen Entwicklung, werden als Grundrechte auch Rechte verstanden, die dem Individuum nicht schon als Menschen, sondern erst als Glied des Staats zukommen, die dem Staat nicht vorausliegen, sondern erst *vom Staat gewährt* werden. Auch hier sind die Grundrechte aber individuelles Recht und wird über die Konstruktion der Selbstbindung eine Verpflichtung der Staatsgewalt auf die Grundrechte bewirkt: Eingriffe in Freiheit und Eigentum bedürfen zu ihrer Rechtfertigung des Gesetzes.

Das Gemeinsame wie das Unterscheidende der beiden Stränge lässt sich noch genau- **44**
er bestimmen: Da auch die naturrechtliche Vorstellung einer der Gesellschaft und dem Staat vorausliegenden Freiheit und Gleichheit nicht verkennt, dass der Mensch ohne Gesellschaft und ohne Staat nicht leben kann, meint auch sie mit dem Vorausliegen der Grundrechte die *Rechtfertigungsbedürftigkeit ihrer Beschränkung*. Vorstaatlich ist an den Grundrechten („positiviertes Naturrecht“)[8], dass ihr Gebrauch gegenüber dem Staat nicht gerechtfertigt werden muss, dass hingegen der Staat seine Beschränkung der Grundrechte rechtfertigen muss. Die deutsche Entwicklung hat dieses Prinzip durchaus anerkannt; sie hat lediglich den Umfang, in dem die staatliche Gewalt dem Rechtfertigungserfordernis unterlag, nur zögernd ausgeweitet. Während Nordamerika und Frankreich schon die Entstehung des Staats (Volkssouveränität) und Nordamerika auch die Gesetzgebung (Vorrang der Verfassung) an den Grundrechten maßen, hat Deutschland ihnen lange lediglich die Verwaltung unterworfen (Vorbehalt des Gesetzes; vgl Rn 34). Erst Art. 1 Abs. 2 und 3 macht die Grundrechte zur Grundlage und zum Maßstab für die Ausübung aller Staatsgewalt[9].

Fasslich wird dabei der *gemeinsame Begriff* der Grundrechte: Sie sind Rechte des In- **45**
dividuums und verpflichten den Staat. Ihre Besonderheit gegenüber anderen subjektiven Rechten liegt in ihrem Verfassungsrang. Sie verlangen dem Staat Rechtfertigung ab und liegen ihm insofern voraus.

VII. Überstaatliche Grundrechtsnormierungen

Der menschenrechtliche Entwicklungsstrang (vgl Rn 43) hat nach dem Ende des **46**
Zweiten Weltkriegs auch zu Grundrechtsnormierungen oberhalb der staatlichen Ebene auf zunächst *völkerrechtlicher* und sodann *supranationaler Grundlage* geführt. Der Impuls ging von den Vereinten Nationen aus. Die Generalversammlung der Vereinten Nationen hatte „die Nichtanerkennung und Verachtung der Menschenrechte“ als eine der Ursachen für den nationalsozialistischen Terror nach innen wie außen erkannt und deshalb am 10.12.1948 die Allgemeine Erklärung der Menschenrechte der Vereinten Nationen verkündet; hinzu kamen 1966 die beiden Menschenrechts-Pakte (Pakt über bürgerliche und politische Rechte, Pakt über wirtschaftliche, soziale und kulturelle Rechte). In Europa wollten die neuen internationalen Organisationen das

8 *Dreier*, DR, Vorb Rn 69.
9 Vgl *Isensee*, Hdb. GR II, § 26 Rn 103.

friedliche Zusammenleben der Völker auch durch die Gewährleistung von Grundrechten dauerhaft sichern.

47 Zu den Aufgaben des 1949 gegründeten *Europarats* gehört es, völkerrechtlich verbindliche Verträge zum Schutz der Menschenrechte zu erarbeiten[10]. Ein solcher Vertrag ist vor allem die 1953 in Kraft getretene Europäische Konvention zum Schutz der Menschenrechte und Grundfreiheiten (EMRK), die einen Katalog an (Grund-)Rechten und Freiheiten enthält und zugleich mit dem Europäischen Gerichtshof für Menschenrechte (EGMR) mit Sitz in Straßburg ein Organ zur völkerrechtlichen Durchsetzung dieser für alle Vertragstaaten verbindlichen Grundrechte errichtet.

48 Die 1957 als Europäische Wirtschaftsgemeinschaft gegründete und zunächst in erster Linie die wirtschaftliche Zusammenarbeit bezweckende *Europäische Union* enthielt in ihren vertraglichen Grundlagen, dem Primärrecht, zunächst keinen geschriebenen Grundrechtskatalog. Ihrem Recht, einschließlich der von ihren Organen erlassenen Verordnungen und Richtlinien, dem Sekundärrecht, wuchs jedoch Verbindlichkeit gegenüber den Bürgern der Mitgliedstaaten und damit eine der staatlichen vergleichbare Hoheitsgewalt zu. Daraus entstand das Bedürfnis nach vergleichbarer Begrenzung und Rechtfertigung dieser Unionsgewalt. Der Europäische Gerichtshof (EuGH) mit Sitz in Luxemburg entwickelte überstaatliche Unionsgrundrechte im Wege der Rechtsfortbildung aus den gemeinsamen Verfassungsüberlieferungen der Mitgliedstaaten sowie aus den völkerrechtlichen Verträgen über den Schutz der Menschenrechte, insbesondere aus der EMRK. Der so gewährleistete überstaatliche Grundrechtsschutz hat im Laufe der Zeit ein Maß erreicht, das dem Grundrechtsstandard des Grundgesetzes im Wesentlichen gleich zu achten ist (vgl Rn 205 ff), erst recht nachdem die EU seit 1992 zur Achtung der EMRK und der gemeinsamen Verfassungsüberlieferungen der Mitgliedstaaten verpflichtet war.

49 Seit dem Inkrafttreten des Vertrags von Lissabon am 1.12.2009 gehört die *Charta der Grundrechte der Europäischen Union* (GRC) zum primären Unionsrecht. Diese enthält nicht nur einen eigenständigen Grundrechtskatalog; gem. Art. 52 Abs. 3 S. 1 GRC wird außerdem die EMRK zu einem Mindeststandard erklärt, hinter dem die Unionsorgane bei der Anwendung der GRC nicht zurückbleiben dürfen.

50 **Literatur:** G. *Birtsch* (Hrsg.), Grund- und Freiheitsrechte im Wandel von Gesellschaft und Geschichte, 1981; *ders.* (Hrsg.), Grund- und Freiheitsrechte von der ständischen zur spätbürgerlichen Gesellschaft, 1987; *C. Gusy*, Die Grundrechte in der Weimarer Republik, Zeitschrift für neuere Rechtsgeschichte 1993, 163; *J. Hilker*, Grundrechte im deutschen Frühkonstitutionalismus, 2005; *H. Hofmann*, Zur Herkunft der Menschenrechtserklärungen, JuS 1988, 841; *ders.*, Die Grundrechte 1789–1949–1989, NJW 1989, 3177; *F. Hufen*, Entstehung und Entwicklung der Grundrechte, NJW 1999, 1504; *J.-D. Kühne*, Die französische Menschen- und Bürgerrechtserklärung im Rechtsvergleich mit den Vereinigten Staaten und Deutschland, JöR 1990, 1; *G. Oestreich*, Geschichte der Menschenrechte und Grundfreiheiten im Umriss, 2. Aufl. 1978; *B. Pieroth*, Die Grundrechte des Grundgesetzes in der Verfassungstradition, Hdb. GR II, § 25; *K. Stern*, Idee der Menschenrechte und Positivität der Grundrechte, Hdb. StR^3 IX, § 184; *R. Suppé*, Die Grund- und Menschenrechte in der deutschen Staatslehre des 19. Jahrhunderts, 2004; *R. Wahl*, Der Vorrang der Verfassung, Staat 1981, 485; *E. Wolgast*, Geschichte der Menschen- und Bürgerrechte, 2009.

10 *Ehlers*, Europäische Grundrechte und Grundfreiheiten, § 1 Rn 5.

§ 3 Die Grundrechte des Grundgesetzes

Fall 1: Der Streit um das Sorgerecht (nach E 111, 307) 51

G ist Vater eines nichtehelich geborenen Kindes. Ohne den G von der Geburt des Kindes zu informieren, gab die Mutter das Kind zur Adoption frei und überließ es Pflegeeltern. Als G hiervon erfuhr, beantragte er die Übertragung der elterlichen Sorge an sich. Das AG entsprach dem Antrag, seine Entscheidung wurde aber vom OLG aufgehoben. Hiergegen legte G Individualbeschwerde nach Art. 34 EMRK beim EGMR ein. Der EGMR stellte in seinem Urteil eine Verletzung von Art. 8 EMRK durch die Sorgerechtsentscheidung des OLG fest. Die Vertragstaaten treffe aus Art. 8 EMRK die Pflicht, auf die Zusammenführung eines leiblichen Elternteils mit seinem Kind hinzuwirken, und dem G sei mindestens der Umgang mit seinem Kind zu ermöglichen. Daraufhin übertrug das AG dem G die alleinige elterliche Sorge und erließ eine einstweilige Anordnung, die dem G bis zum rechtskräftigen Abschluss des Sorgerechtsverfahrens den Umgang mit seinem Sohn erlaubte. Diese Umgangsregelung wurde vom OLG aufgehoben, wogegen G Verfassungsbeschwerde vor dem BVerfG erhob. **Rn 71**

Fall 2: Die gesplitteten Lebenspartner (nach BFH, BFH/NV 2007, 663) 52

L ist Partner einer eingetragenen Lebenspartnerschaft. Er beantragt, zusammen mit seinem Lebenspartner zur Einkommensteuer veranlagt zu werden, da die Zusammenveranlagung für beide günstiger ist, als einzeln zur Einkommensteuer veranlagt zu werden. Das Finanzamt lehnt die Zusammenveranlagung ab, weil §§ 26, 26b EStG nur Eheleuten die Möglichkeit einer Zusammenveranlagung eröffne, nicht aber eingetragenen Lebenspartnern. L erhebt Klage und begehrt eine analoge Anwendung der §§ 26, 26b EStG auf eingetragene Lebenspartnerschaften. Das FG weist die Klage ab: Eine analoge Anwendung der §§ 26, 26b EStG auf nicht eingetragene Lebenspartnerschaften komme nicht in Betracht. Hiergegen wendet sich L mit der Revision zum BFH. Er rügt, das Urteil des FG verletze europarechtliche Diskriminierungsverbote, insbesondere die auf den damaligen Art. 13 EGV gestützte Richtlinie 2000/78/EG vom 27.11.2000 zur Verwirklichung der Gleichbehandlung in Beschäftigung und Beruf.

Abwandlung: L rügt, das Urteil des FG verletze eine (fiktive rechtmäßige) Verordnung der EU, die die Mitgliedstaaten zur steuerrechtlichen Gleichbehandlung von gleichgeschlechtlichen Lebenspartnerschaften und Eheleuten verpflichtet. **Rn 72**.

Fall 3: In den Verfassungen von Bayern (Art. 105), Brandenburg (Art. 18), Hessen (Art. 7 S. 2), Rheinland-Pfalz (Art. 16 Abs. 2) und Saarland (Art. 11 Abs. 2) ist das Asylrecht umfassend gewährleistet. Kann sich ein Asylbewerber, der aus einem Mitgliedstaat der EU einreist, in diesen Ländern auf das jeweilige Landesgrundrecht berufen? **Rn 73** 53

Die vorliegende Darstellung beschränkt sich auf die Grundrechte des Grundgesetzes. Nur sie sind unmittelbarer Maßstab für das BVerfG. Daher werden die überstaatlichen Grundrechte (EMRK, GRC) und die Grundrechte in den Landesverfassungen nicht eigens behandelt. Wohl aber muss im Folgenden das Verhältnis der Grundrechte des Grundgesetzes zu denen der anderen rechtlichen Ebenen im aktuellen *Mehrebenensystem* klargestellt werden. 54

I. Verhältnis zu den überstaatlichen Grundrechten

55 Durch die Mitgliedschaft der Bundesrepublik in inter- und supranationalen Organisationen mit eigenen Grundrechtskatalogen (vgl Rn 46 ff) stellt sich die Frage des Verhältnisses der Grundrechte des Grundgesetzes zu den dort verbürgten überstaatlichen Grundrechten. Hier soll nur das Verhältnis der Grundrechte des Grundgesetzes zu den Menschenrechten und Grundfreiheiten der EMRK und den Grundrechten der EU erläutert werden; nur diese sind von einer ähnlichen gerichtlichen Durchsetzbarkeit, die eine Bestimmung des Verhältnisses erforderlich macht.

1. Verhältnis zur EMRK

56 Wie jeder völkerrechtliche Vertrag bindet auch die EMRK die Vertragstaaten zunächst nur völkerrechtlich, dh im Verhältnis zu den anderen Vertragstaaten. Innerstaatliche Geltung kommt völkerrechtlichen Verträgen nur nach der Umsetzung (Transformation) durch das zuständige Rechtsetzungsorgan des einzelnen Mitgliedstaats zu. In der Bundesrepublik bedurfte die innerstaatliche Geltung der EMRK daher gem. Art. 59 Abs. 2 S. 1 deren Umsetzung durch ein Bundesgesetz. Durch das entsprechende Gesetz vom 7.8.1952 besteht die EMRK als innerstaatliches Recht im *Rang eines einfachen Bundesgesetzes*[1], auf das sich nun auch die Bürger berufen können. Als einfaches Bundesgesetz bindet die EMRK nach Art. 20 Abs. 3 die vollziehende Gewalt und die Rechtsprechung, anders als die Grundrechte des Grundgesetzes (vgl Rn 181 ff) aber nicht auch die Gesetzgebung.

57 Der bloß einfach-rechtliche Rang der EMRK ist zum *Problem* geworden: Zum einen konnte sich die EMRK nicht gegen spezielleres und gegen späteres Bundesrecht durchsetzen. Das ist aber mit ihrer menschenrechtlichen Herkunft und dem daraus abgeleiteten Vorranganspruch, der übrigens in vielen europäischen Rechtsordnungen anerkannt ist, schwer vereinbar. Zum anderen findet die EMRK und finden die Entscheidungen des EGMR in der Rechtsprechung der deutschen Gerichte oft keine oder nur zögerliche Berücksichtigung. Daher stellt sich die Frage, wie die Bundesrepublik ihrer völkerrechtlichen Verpflichtung nachkommen und einen im einzelnen Fall über die deutschen Grundrechte hinausgehenden Schutz eines EMRK-Grundrechts im innerstaatlichen Recht verwirklichen und absichern kann.

58 Das BVerfG hat in dem durch Art. 1 Abs. 2 besonders verbürgten Schutz eines Kernbestandes an internationalen Menschenrechten iVm Art. 59 Abs. 2 S. 1 die verfassungsrechtliche Pflicht begründet gesehen, bei der Anwendung der deutschen Grundrechte die EMRK als Auslegungshilfe für die Bestimmung von Inhalt und Reichweite der Grundrechte heranzuziehen und darüber hinaus das einfache Recht EMRK-konform auszulegen[2]. Damit zieht das BVerfG die EMRK als *Kontrollmaßstab* unmittelbar gegenüber Judikative und Exekutive und mittelbar auch gegenüber der Gesetzgebung heran und stellt sie in der Normenhierarchie über das einfache Recht. Des Weiteren entnimmt das BVerfG dem deutschen Transformationsgesetz die Pflicht, bei der Rechtsanwendung die Entscheidungen des EGMR auch über den konkret ent-

1 E 111, 307/315, 317; 128, 326/367.
2 E 111, 307/329; 128, 326/367 ff.

schiedenen Einzelfall hinaus zu berücksichtigen, denen so eine „jedenfalls faktische Orientierungs- und Leitfunktion" zukommt[3]. Den auf völkerrechtlicher Ebene ergehenden Entscheidungen des EGMR kommt also dadurch innerstaatliche Bedeutung zu, dass sie den Gehalt der EMRK konkretisieren und fortentwickeln[4].

Die Berücksichtigung der EMRK ist nicht nur eine objektiv-rechtliche Pflicht der **59**
deutschen öffentlichen Gewalt; auf sie besteht ein subjektiv-rechtlicher Anspruch, der prozessual durchsetzbar ist: „Das BVerfG hält es für geboten, dass ein Beschwerdeführer gestützt auf das einschlägige Grundrecht mit der *Verfassungsbeschwerde* rügen können muss, dass ein staatliches Organ eine Konventionsbestimmung oder eine Entscheidung des EGMR missachtet oder nicht berücksichtigt hat."[5] Begründen lässt sich das damit, dass die Rechtsanwendung ohne Berücksichtigung der EMRK die verfassungsrechtliche Pflicht zur Berücksichtigung der EMRK bei der Auslegung des nationalen (Verfassungs-)Rechts verletzt[6].

2. Verhältnis zu den Unionsgrundrechten

Die überstaatlichen Grundrechte der GRC *binden* gem. Art. 51 Abs. 1 GRC – der mit **60**
der bisherigen Rechtsprechung des EuGH zur Geltung der Unionsgrundrechte übereinstimmt[7] – stets die Unionsorgane, die Mitgliedstaaten hingegen nur bei der „Durchführung" von Unionsrecht. Die Mitgliedstaaten sind danach jedenfalls dann durch die Unionsgrundrechte gebunden, wenn sie primäres und sekundäres Unionsrecht anwenden, und nicht gebunden, soweit dieses keine Wirkungen für die nationale Gesetzgebung und Gesetzesanwendung entfaltet; im letzteren Fall sind in Deutschland ausschließlich die Grundrechte des Grundgesetzes maßgebend.

Streitig ist die Rechtslage dort, wo das Unionsrecht den Mitgliedstaaten bei seiner **61**
Durchführung Spielräume einräumt, etwa bei der Umsetzung von Richtlinien oder der Vollziehung einer Verordnung, die den Mitgliedstaaten Ermessen einräumt. Hier kann mit guten Gründen eine Bindung ausschließlich an die Grundrechte des Grundgesetzes angenommen werden (vgl Rn 208). Der EuGH hält aber auch das mitgliedstaatliche Ausnutzen von Spielräumen für eine „Durchführung" des Unionsrechts[8]. Danach sollen die Unionsgrundrechte und die Grundrechte des Grundgesetzes parallel anwendbar sein und soll es zu einer „Doppelbindung" kommen[9], die wegen des Anwendungsvorrangs des Unionsrechts zur Folge hätte, dass im Kollisionsfall die Unionsgrundrechte auch dann maßgeblich wären, wenn sie hinter dem Schutzumfang der Grundrechte zurückblieben. Das würde einen bedenklichen Rückschritt in der Geschichte der Grundrechte darstellen.

3 E 128, 326/368.
4 *Michael/Morlok*, GR, Rn 116.
5 BVerfG, NVwZ 2007, 808/811.
6 Vgl E 111, 307/328 f.
7 *Lindner*, EuR 2007, 160/174.
8 EuGH, Rs. C-540/03, Slg. 2006-5769 Rn 104 f; *Bleckmann*, Nationale Grundrechte im Anwendungsbereich der Rechte der Europäischen Union, 2011, 293 ff; *Jarass*, NVwZ 2012, 457.
9 *Michael/Morlok*, GR, Rn 86, 104 f.

II. Verhältnis zu den Grundrechten der Landesverfassungen

62 Auch die Grundrechte der Landesverfassungen sind für das BVerfG nicht Maßstab; sie gelten nur innerhalb der betreffenden Länder. Allerdings können sie im Wege systematischer Interpretation für die Auslegung eines Grundrechts des Grundgesetzes herangezogen werden.

63 **Beispiel:** Der Satz, dass alle Menschen vor dem Gesetz gleich sind (vgl Art. 3 Abs. 1), wurde früher dahin verstanden, dass der Gesetzgeber selbst nicht an den Gleichheitssatz gebunden sei. Für das heutige gegenteilige Verständnis berief sich das BVerfG auf die Vorschriften von acht Landesverfassungen (E 2, 237/262).

64 Für das *Verhältnis* der Landesgrundrechte zu den Grundrechten des GG gilt gem. Art. 142, dass „Bestimmungen der Landesverfassungen auch insoweit in Kraft (bleiben), als sie in Übereinstimmung mit den Artikeln 1 bis 18 dieses Grundgesetzes Grundrechte gewährleisten". Da im Bundesstaat des GG gem. Art. 28 Abs. 1 Homogenität, nicht Uniformität geboten ist, bedeutet „Übereinstimmung", dass kein Widerspruch vorliegen darf[10]. Danach bleiben nicht nur inhaltsgleiche, sondern auch weitergehenden Schutz und sogar geringeren Schutz als die Grundrechte des GG gewährende Landesgrundrechte in Kraft. Denn in beiden Fällen widersprechen die Landesgrundrechte nicht den Grundrechten des GG, weil zum einen die Landesstaatsgewalt größeren Bindungen gegenüber dem Bürger unterworfen werden darf und zum andern ein geringerer Schutz des Bürgers durch die Landesgrundrechte seinen weitergehenden Schutz durch die auch die Landesstaatsgewalt bindenden Bundesgrundrechte nicht ausschließt. Das Inkraftbleiben gem. Art. 142 verhindert allerdings nicht, dass sich kompetenzgemäßes Bundesrecht einem kollidierenden Landesgrundrecht gegenüber durchsetzt; die Rechtfertigung hierfür findet die hL in den Kompetenzbestimmungen, die sie als leges speciales zu Art. 31 ansieht[11].

III. Ort der Grundrechte im Grundgesetz

1. Grundrechte und grundrechtsgleiche Rechte

65 Der Abschnitt I des Grundgesetzes trägt die Überschrift „Die Grundrechte". Ihren Ort haben die *Grundrechte* also zunächst einmal in Art. 1 bis 19, und auf die in diesen Artikeln enthaltenen Rechte bezieht sich auch Art. 93 Abs. 1 Nr 4a, wenn er von den Grundrechten spricht.

66 Außerdem gibt es Normen in den Abschnitten II, III und IX, die von ihrer Struktur und ihrer Geschichte her den Grundrechten der Art. 1 bis 19 gleichstehen. Die Gleichstellung spricht das Grundgesetz in Art. 93 Abs. 1 Nr 4a auch aus: Verfassungsbeschwerde kann unter Berufung auch auf die in Art. 20 Abs. 4, 33, 38, 101, 103 und 104 enthaltenen Rechte erhoben werden. Diese werden *grundrechtsgleiche Rechte* genannt.

---

10 E 96, 345/365.

11 Vgl *Pieroth*, JP, Art. 31 Rn 3.

2. Grundrechte und Normen über Grundrechte

Nicht alle Artikel des Abschnitts I sind von der gleichen Normierungsart. Zwar überwiegen die Vorschriften, die Grundrechte einräumen. Daneben finden sich aber auch Vorschriften *über* Grundrechte. Diese gelten – „vor die Klammer gezogen“ – generell für Grundrechte: 67

- Gem. Art. 1 Abs. 3 binden die nachfolgenden Grundrechte Gesetzgebung, vollziehende Gewalt und Rechtsprechung als unmittelbar geltendes Recht (vgl Rn 181 ff).
- Art. 19 Abs. 1 und 2 treffen Aussagen über Grenzen der Einschränkbarkeit von Grundrechten (vgl Rn 312 ff).
- Art. 19 Abs. 3 erstreckt die Grundrechtsberechtigung unter bestimmten Voraussetzungen auf Personenmehrheiten (vgl Rn 157 ff).

Diese Normen über Grundrechte gelten mit Ausnahme des Zitiergebots (vgl Rn 323) auch für die *grundrechtsgleichen Rechte*[12].

Beispiele: Eine inländische juristische Person hat vor Gericht Anspruch auf rechtliches Gehör (Art. 103 Abs. 1 iVm Art. 19 Abs. 3). Ein Gesetz, das eine Freiheitsbeschränkung ermöglicht, darf nicht nur für den Einzelfall gelten (Art. 104 iVm Art. 19 Abs. 1 S. 1). 68

3. Organisationsrechtliche Normen in Abschnitt I

Dass Abschnitt I der Ort der Grundrechte ist, bedeutet nicht, dass alle Normen des Abschnitts I Grundrechte wären. Neben Grundrechten und Normen über Grundrechte finden sich auch organisationsrechtliche Normen, die dem Einzelnen *keine subjektiven Rechte* einräumen. Bei ihnen besteht nur noch ein thematischer Zusammenhang mit Grundrechten. Auch die in Art. 93 Abs. 1 Nr 4a neben den Grundrechten genannten Artikel enthalten nicht nur grundrechtsgleiche Rechte, sondern daneben auch wieder organisationsrechtliche Normen. 69

Beispiele: Art. 7 Abs. 1 richtet die staatliche Schulaufsicht ein, Art. 7 Abs. 6 hebt die Vorschulen auf. Art. 13 Abs. 6 begründet eine Berichtspflicht der Regierung und Kontrollpflicht des Bundestags für technische Eingriffe in das Wohnungsgrundrecht. Art. 33 Abs. 4 statuiert den Vorrang der Beamten vor den Angestellten bei der Ausübung hoheitsrechtlicher Befugnisse. 70

Lösungsskizze zum Fall 1 (Rn 51): Durch die Entscheidung des OLG wurde G in seinem Grundrecht aus Art. 6 iVm Art. 20 Abs. 3 verletzt. Denn das OLG hat in seiner Entscheidung die EMRK und das Urteil des EGMR nicht hinreichend berücksichtigt, obwohl es verpflichtet war, Art. 8 EMRK in der Auslegung des EGMR zur Kenntnis zu nehmen und auf den von ihm zu entscheidenden Fall anzuwenden. Dazu hätte es insbesondere die vom EGMR in seinem Urteil berücksichtigten Aspekte in die eigene (verfassungs)rechtliche Würdigung, namentlich die Verhältnismäßigkeitsprüfung einstellen und den bei der Entscheidung über das Umgangsrecht des G mit seinem Sohn evident betroffenen Art. 6 darauf untersuchen müssen, ob er in einer der Verpflichtung der Bundesrepublik aus Art. 8 EMRK entsprechenden Weise hätte ausgelegt und angewandt werden können. Daher hatte die Verfassungsbeschwerde des G Erfolg. 71

12 Vgl *Jarass*, JP, Art. 19 Rn 4.

72 **Lösungsskizze zum Fall 2 (Rn 52):** Für eine analoge Anwendung der §§ 26, 26b EStG auf eingetragene Lebenspartnerschaften fehlt es an einer planwidrigen Regelungslücke; denn der Gesetzgeber hat eingetragenen Lebenspartnerschaften die Möglichkeit zur Zusammenveranlagung bewusst nicht eingeräumt. Darin liegt auch kein Verstoß gegen die Richtlinie 2000/78/EG. Diese Richtlinie beruhte auf Art. 13 EGV. Danach durfte der Rat im Rahmen der auf die Europäische Union übergegangenen Zuständigkeiten Vorkehrungen treffen, um Diskriminierungen zu bekämpfen. Da die Zuständigkeit für einkommensteuerliche Bestimmungen aber nicht auf die Union übertragen wurden, war die Richtlinie bei Schaffung und Umsetzung des EStG nicht zu berücksichtigen. Da in der Schaffung und Anwendung der §§ 26, 26b EStG deshalb auch nicht die Durchführung von Unionsrecht iSd Art. 51 Abs. 1 GRC liegt, konnte insoweit auch keine Bindung der deutschen öffentlichen Gewalt an die GRC bestehen. L dringt daher mit seiner Rüge nicht durch.

Abwandlung: Die Verordnung ist in den Mitgliedstaaten unmittelbar geltendes Recht. Ihre Anwendung ist Durchführung von Unionsrecht; die Mitgliedstaaten sind daher gem. Art. 51 Abs. 1 GRC bei der Anwendung an die GRC gebunden. Die Verordnung lässt den Mitgliedstaaten keinen Spielraum im Hinblick auf das zu erzielende Ergebnis der steuerrechtlichen Gleichbehandlung. Insoweit muss der Gleichbehandlung von eingetragener Lebenspartnerschaft und Ehe möglicherweise entgegenstehendes nationales (Verfassungs-)Recht und müssen damit auch nationale Grundrechte (vgl zu Art. 6 Rn 640) hier unangewendet bleiben. L dringt mit seiner Rüge durch.

73 **Lösungsskizze zum Fall 3 (Rn 53):** Die genannten Landesgrundrechte gewähren weitergehenden Schutz als das entsprechende Grundrecht des GG, Art. 16a, und könnten deshalb gem. Art. 142 in Kraft geblieben sein. Allerdings können sich Asylbewerber, die aus Mitgliedstaaten der EU einreisen, gem. Art. 16a Abs. 2 S. 1 nicht auf das Asylrecht berufen. Insoweit besteht ein Widerspruch, so dass die genannten Landesgrundrechte nicht gem. Art. 142 in Kraft geblieben sind. Die genannten Landesgrundrechte sind allerdings nicht insgesamt unanwendbar oder gar unwirksam, sondern nur hinsichtlich ihres gegen Art. 16a verstoßenden Gehalts (vgl *Clemens*, UD, Art. 31 Rn 106).

74 **Literatur:** Zu I: *D. Ehlers* (Hrsg.), Europäische Grundrechte und Grundfreiheiten, 3. Aufl. 2009; *C. Grabenwarter*, Europäische Menschenrechtskonvention, 4. Aufl. 2009; *R. Grote/ T. Marauhn* (Hrsg.), EMRK/GG. Konkordanzkommentar zum europäischen und deutschen Grundrechtsschutz, 2006; *J.M. Hoffmann/K. Mellech*, Der Einfluss der EMRK auf die grundrechtliche Fallbearbeitung, Jura 2009, 256; *H.D. Jarass*, Charta der Grundrechte der Europäischen Union, 2010; *F. Kirchhof*, Grundrechtsschutz durch europäische und nationale Gerichte, NJW 2011, 3681; *E. Klein*, Der Schutz der Grund- und Menschenrechte durch den Europäischen Gerichtshof für Menschenrechte, Hdb. GR VI/1, § 150; *J.F. Lindner*, Grundrechtsschutz im europäischen Mehrebenensystem: eine systematische Einführung, Jura 2008, 401. – Zu II: *H. Dreier,* Grundrechtsschutz durch Landesverfassungsgerichte, 2000; *R. Grawert*, Wechselwirkungen zwischen Bundes- und Landesgrundrechten, Hdb. GR III, § 81; *J. Rozek*, Landesgrundrechte als Kontrollmaßstab für die Anwendung von Bundesrecht, Hdb. GR III, § 85; *R. Wahl*, Grundrechte und Staatszielbestimmungen im Bundesstaat, AöR 1987, 26; *B. Wermekkes*, Der erweiterte Grundrechtsschutz in den Landesverfassungen, 2000.

§ 4 Grundrechtsfunktionen

I. Die klassischen Grundrechtsfunktionen

Die klassischen Funktionen der Grundrechte *im Verhältnis zwischen Einzelnen und Staat* sind von *Georg Jellinek*[1] mit den Begriffen des status negativus, status positivus und status activus unterschieden worden. Dabei bezeichnet status jeweils einen Zustand des Einzelnen gegenüber dem Staat, der in verschiedenen Grundrechten ausgeformt und gesichert ist. Klassisch ist auch das Verständnis bestimmter Grundrechte als Einrichtungsgarantien. 75

1. Status negativus

Dies ist der Zustand der *Freiheit vom Staat*, in dem der Einzelne seine individuellen Probleme ohne den Staat lösen, sein gesellschaftliches Zusammenleben ohne den Staat regeln und seine Geschäfte ohne den Staat abwickeln kann. Dieser Zustand wird ausgeformt und gesichert durch die Grundrechte, wenn und soweit sie als *Abwehrrechte* bestimmte Freiheiten oder Rechtsgüter gegen staatliche Eingriffe, Einschränkungen, Beschränkungen oder Verletzungen schützen. Unter dem Aspekt der Abwehr kann verlangt werden, Eingriffe, wenn sie geschehen sind, zu beseitigen und, wenn sie bevorstehen, zu unterlassen[2]. Die Staatsrechtslehre des 19. Jahrhunderts hat diese Funktion der Grundrechte auf die Formel gebracht, dass die Grundrechte Eingriffe in Freiheit und Eigentum abwehren. 76

Beispiele: Die meisten Grundrechte des Grundgesetzes geben sich im Text als Abwehrrechte zu erkennen. Sie schützen gegen Verletzungen (zB Art. 4 Abs. 1, 10 Abs. 1, 13 Abs. 1) oder sie formulieren Anforderungen, ohne die der Staat weder die Rechtsstellung des Einzelnen beschränken oder einschränken (Art. 5 Abs. 2, 8 Abs. 2, 10 Abs. 2, 11 Abs. 2, 13 Abs. 7, 14 Abs. 1 S. 2, 17a Abs. 1) noch in sie eingreifen (Art. 2 Abs. 2 S. 3, 13 Abs. 7) darf. Auch ohne von Verletzung, Beschränkung, Einschränkung oder Eingriff zu sprechen, können sie davon handeln; so ist zB die Trennung der Kinder von den Eltern gegen ihren Willen ein Eingriff in das Elternrecht (Art. 6 Abs. 3). 77

2. Status positivus

Dies ist der Zustand, in dem der Einzelne seine *Freiheit nicht ohne den Staat* haben kann, sondern für die Schaffung und Erhaltung seiner freien Existenz auf staatliche Vorkehrungen angewiesen ist. Dieser Zustand ist ausgeformt und gesichert in den Grundrechten, wenn und soweit sie *Anspruchs-*, *Schutz-*, *Teilhabe-*, *Leistungs- und Verfahrensrechte* sind. Dabei zeigen die verschiedenen Bezeichnungen nicht verlässlich auch verschiedene Berechtigungen an: Wenn von Schutzrechten die Rede ist, kann im Sinn eines Leistungsrechts der Schutz durch staatliche Leistungen und im Sinn eines Verfahrensrechts der Schutz durch und in staatlichen Verfahren gemeint sein, und Teilhabe gibt es an staatlichem Schutz, an staatlichen Leistungen und an 78

1 System der subjektiven öffentlichen Rechte, 2. Aufl. 1919, S. 87, 94 ff.
2 Vgl *Laubinger*, VerwArch 1989, 261/299.

staatlichen Verfahren. Der sachlich entscheidende Unterschied besteht bei den Rechten des status positivus darin, ob sie sich auf schon vorhandene staatliche Vorkehrungen beziehen oder ob sie auf deren Schaffung gerichtet sind, dh ob sie dem Einzelnen einen Anspruch auf Schutz durch und in schon bestehenden Einrichtungen, Leistungen und Verfahren oder ob sie ihm einen Anspruch auf Schutz durch deren Bereitstellung verbürgen. Gelegentlich wird entsprechend nach *derivativen*, dh vom Bestehenden abgeleiteten, und *originären*, dh das noch nicht Vorhandene hervorbringenden Rechten unterschieden[3].

79 **Beispiele:** Nur wenige Grundrechte des Grundgesetzes geben sich im Text als solche Rechte zu erkennen: Art. 6 Abs. 4 formuliert den Anspruch der Mutter auf Schutz und Fürsorge der Gemeinschaft, Art. 19 Abs. 4 eröffnet das Recht auf Rechtsschutz durch gerichtliches Verfahren und gerichtliche Entscheidung, verstärkt in Art. 101 Abs. 1 S. 2 durch das Recht auf den gesetzlichen Richter und in Art. 103 Abs. 1 durch den Anspruch auf rechtliches Gehör. Für *Jellinek* (aaO, S. 124) ist der Anspruch auf Rechtsschutz der „bedeutsamste gleichsam aus dem Zentrum des positiven Status entspringende Anspruch." Daneben verbürgen die Gleichheitsrechte die gleiche Teilhabe an staatlichen Vorkehrungen; sie sind die klassischen derivativen Rechte des status positivus (vgl Rn 104 ff). Allerdings ist damit nicht mehr gesagt, als dass der Staat einzelne Personen oder Gruppen nicht willkürlich ausschließen darf; fördern muss er nur nach Maßgabe des Art. 3 Abs. 2 S. 2. Ferner wird aus der Pflicht des Staates zum Schutz der Menschenwürde (Art. 1 Abs. 1 S. 2) ein Recht des Einzelnen auf entsprechenden Schutz abgeleitet (vgl Rn 378). Eine entsprechende Überlegung lässt sich auch zu Art. 6 Abs. 1 anstellen (vgl Rn 721). Schließlich wird mit dem Recht, Petitionen vorzulegen (Art. 17), auch das Recht auf Bescheidung der Petitionen als gewährleistet angesehen (vgl Rn 1090).

80 Gelegentlich scheint ein Grundrecht ein *Leistungsrecht* zu geben, wobei aber das Leistungsrecht tatsächlich nur eine *Rechtsfolge des Abwehrrechts* ist. Wenn als Schranke eines Grundrechts ein Verbot erlassen wird, das nach Durchführung eines administrativen Kontroll- oder Überwachungsverfahrens durch eine Erlaubnis oder Befreiung aufgehoben werden kann, und wenn sich im Verfahren zeigt, dass das Verbot im konkreten Fall nicht gerechtfertigt ist, dann hat der Betroffene aus dem Abwehrrecht einen Anspruch auf Erteilung der Erlaubnis oder Befreiung.

81 **Beispiel:** Grundsätzlich besteht Gewerbefreiheit (Art. 12 Abs. 1), die im Interesse der Allgemeinheit Schranken unterworfen ist. Im Verfahren der Erteilung der Gewerbeerlaubnis wird überprüft, ob die Schranken einschlägig sind, zB der Gewerbetreibende zuverlässig ist. Das zunächst bestehende Verbot, ohne Gewerbeerlaubnis ein Gewerbe zu eröffnen, hat den Zweck, die Durchführung des Verfahrens der Erteilung der Gewerbeerlaubnis zu gewährleisten. Wenn sich in diesem Verfahren zeigt, dass die Voraussetzungen für die Erteilung der Gewerbeerlaubnis vorliegen, hat der Gewerbetreibende einen Anspruch auf Erteilung der Gewerbeerlaubnis.

82 Auch die grundrechtlich fundierten *Beseitigungs- und Kompensationsansprüche* gegen den Staat haben ihre Grundlagen in den Grundrechten als freiheits- und gleichheitsrechtlichen Abwehrrechten. Wenn rechtswidrige Eingriffe oder auch die Aufbürdung rechtmäßiger Sonderopfer nicht unterlassen wurden bzw werden konnten, schlagen die Freiheit und Gleichheit wahrenden Abwehransprüche von Unterlas-

3 Vgl *Kloepfer*, VerfR II, § 48 Rn 22 ff.

sungs- in Beseitigungs- und Kompensationsansprüche um[4]. Hierin haben auch Beweisverwertungsverbote ihre Grundlage.

Beispiele: Eine rechtswidrige Durchsuchung fürht bei schwerwiegenden Verfahrensverstößen zu einem Beweisverwertungsverbot (E 113, 29/61; 125, 260/339 f; BVerfG, 7.12.2011, Rn 117; BVerwGE 132, 100/106 f; krit. *Schwabenbauer*, AöR 2012, 1/35 ff). Der Anfangsverdacht einer Steuerhinterziehung darf auf im Ausland rechtswidrig beschaffte Daten gestützt werden (BVerfG, NJW 2011, 2417/2419 f). 82a

3. Status activus

Dies ist der Zustand, in dem der Einzelne seine *Freiheit im und für den Staat* betätigt, 83
diesen mitgestaltet und an ihm teilnimmt[5]. Er wird durch die staatsbürgerlichen Rechte ausgeformt und gesichert.

Beispiele: Staatsbürgerliche Rechte sind dem Einzelnen im Grundgesetz als Wähler und als 84
Wahlbewerber und beim Zugang zum öffentlichen Dienst und in dessen Ausübung gewährleistet (Art. 33 Abs. 1–3 und 5, 38 Abs. 1 S. 1).

Wenn der Einzelne seine *staatsbürgerlichen Rechte* wahrnimmt, passiert ein Doppel- 85
tes: Die Freiheit des Einzelnen tritt in die Dienste des Staates; zugleich wird der Staat zum Raum, in dem der Einzelne seine Freiheit betätigen kann. Individuelle Freiheit und staatliche Ordnung werden funktional aufeinander bezogen.

Auch hier ist der *textliche Befund* karger, als dies modernem Grundrechtsverständnis 86
zuweilen angemessen erscheint. Da der demokratische Staatsbürger nicht nur im status activus, sondern mit seinen Meinungen, als Zeitungsleser und -verleger, als Vereins- und Parteimitglied, auf Versammlungen und Demonstrationen auch im status negativus den demokratischen Staat mittrage und mitgestalte, müsse auch bei den entsprechenden Grundrechten des status negativus in der *Auslegung* die objektive demokratische Funktion der Grundrechtsausübung berücksichtigt werden.

Gemeinsam ist allen Grundrechten der Bezug auf die *Freiheit des Einzelnen.* Ver- 87
schieden sind bei den verschiedenen Grundrechten die *Funktionen*, die sie für die Freiheit des Einzelnen haben: Je nach dem status, den sie ausformen und sichern, gewährleisten sie Freiheit durch *Eingriffsabwehr*, durch *Schutzgewähr* sowie durch *Mitgestaltung.* Die grundrechtlichen Gleichheitsrechte gewährleisten Gleichheit in jedem der drei status.

4. Einrichtungsgarantien

Einige Grundrechte verbürgen nicht nur subjektive Rechte, sondern gewährleisten 88
auch objektiv Einrichtungen. Sie garantieren in der eingebürgerten Terminologie von *C. Schmitt*[6] als sog. *Institutsgarantien* privatrechtliche und als sog. *institutionelle Garantien* öffentlich-rechtliche Einrichtungen und entziehen sie damit der Disposition

4 Vgl *Röder*, Die Haftungsfunktion der Grundrechte, 2002, S. 199 ff; *Sachs*, Hdb. GR II, § 39 Rn 38 ff; krit. *Haack*, DVBl. 2010, 1475.
5 Vgl *Starck*, Hdb. GR II, § 41 Rn 1 ff.
6 Verfassungsrechtliche Aufsätze, 2. Aufl. 1973, S. 140 ff.

des Gesetzgebers. Gelegentlich wird dies unter Ablehnung der Begriffe der Instituts- und institutionellen Garantie aus Art. 1 Abs. 3 und 19 Abs. 2 abgeleitet[7].

89 **Beispiele:** Der Gesetzgeber darf die Ehe und Familie (Art. 6 Abs. 1), die Privatschule (Art. 7 Abs. 4), das Eigentum und das Erbrecht (Art. 14 Abs. 1) und das Berufsbeamtentum (Art. 33 Abs. 5) nicht abschaffen. Die genannten Artikel verbürgen zugleich aber auch die subjektiven Rechte, Ehen und Familien zu gründen, Eigentum zu haben und zu vererben, Privatschulen zu errichten usw.

90 Bei manchen Artikeln ist *umstritten*, ob sie neben subjektiven Rechten auch objektiv Einrichtungen gewährleisten. So wird zuweilen in Art. 5 Abs. 1 das Institut der freien Presse als garantiert angesehen[8]. Aber die freie Presse ist ein gesellschaftlicher Befund und weder privatrechtliches Institut noch öffentlich-rechtliche Institution.

II. Die objektiv-rechtliche Funktion der Grundrechte

1. Grundrechte als negative Kompetenznormen

91 Eine objektiv-rechtliche Funktion haben die Grundrechte zum einen dadurch, dass sie den Handlungs- und Entscheidungsspielraum des Staats *begrenzen.* Von seinen Gesetzgebungs-, Verwaltungs- und Rechtsprechungskompetenzen kann der Staat keinen beliebigen, sondern nur den Gebrauch machen, den die Grundrechte zulassen. Sie sind Grenze oder Negation seiner Kompetenzen und insofern negative Kompetenznormen[9].

92 **Beispiel:** Der Bund hat die ausschließliche Kompetenz für das Postwesen und die Telekommunikation (Art. 73 Abs. 1 Nr 7). Die Kompetenz endet da, wo eine Beschränkung des Brief-, Post- und Fernmeldegeheimnisses mit Art. 10 Abs. 2 unvereinbar ist.

93 Dabei bleiben die Grundrechte subjektive Rechte des Einzelnen. Nur die *Perspektive wechselt:* Was die Grundrechte dem Einzelnen an Entscheidungs- und Handlungsspielraum geben, das nehmen sie dem Staat, und sie nehmen es ihm objektiv, dh unabhängig davon, ob der Einzelne es geltend macht oder auch nur wahrnimmt.

2. Grundrechte als objektive Wertentscheidungen

94 Mit der objektiv-rechtlichen Funktion der Grundrechte ist vor allem etwas anderes gemeint. Sie ist zum Leitbegriff geworden, unter dem die im Grundgesetz formulierten Rechte um weitere Rechte des status positivus *ergänzt* wurden und werden. Der textliche Befund zum status positivus ist karg und wurde schon früh als zu karg empfunden. Es wurde und wird gefordert, die traditionelle abwehrrechtliche Dominanz der Grundrechte durch moderne anspruchs-, schutz-, teilhabe-, leistungs- und verfahrensrechtliche Funktionen zu balancieren. Richtig verstanden enthielten die Grundrechte da, wo sie als Rechte des status negativus formuliert seien, nicht nur subjektive Freiheits- als Abwehrrechte, sondern objektive Wertentscheidungen, Wertmaßstäbe,

---

7 *Maurer*, StR, § 6 Rn 21; *Obermeyer*, KritV 2003, 142/162.

8 Vgl *Degenhart*, BK, Art. 5 Abs. 1 u. 2 Rn 11, 55 ff.

9 *Hesse*, VerfR, Rn 291; *Kloepfer*, VerfR II, § 48 Rn 37; krit. *Gärditz*, Hdb. StR[3] IX, § 189 Rn 23 ff.

Grundsatznormen oder Prinzipien. Mit den Grundrechten gebe das Grundgesetz zu erkennen, dass Leib und Leben, Meinungsvielfalt, Kunst und Wissenschaft, Berufsbetätigung und Eigentumsgebrauch usw wertvoll seien – über das Interesse des Einzelnen hinaus, Eingriffe in seine entsprechenden Freiheiten abzuwehren. Sie seien objektiv wertvoll, seien die Wertordnung oder das Wertsystem des Gemeinwesens, und der Staat sei für sie verantwortlich. Aus dieser Verantwortung habe er zusätzliche, über die abwehrrechtlichen hinausgehende Grundrechtsfunktionen anzuerkennen.

3. Vom liberalen zum sozialen Rechtsstaat

Dieser Weitung des Grundrechtsverständnisses liegen staatstheoretische Verschie- **95**
bungen zu Grunde. Der Staatstheorie des 19. und frühen 20. Jahrhunderts war die Vorstellung geläufig, der Einzelne, der Besitz- und Bildungsbürger sei als Glied der bürgerlichen Gesellschaft autark und autonom. Seine Freiheit sei *Freiheit vom Staat;* die Gesellschaft könne für ihre ökonomischen und kulturellen Belange allein sorgen und brauche den Staat nur zur Abwehr äußerer und innerer Gefahren, als Armee, Polizei und Justiz. Diese Vorstellung wurde schon im 19. und frühen 20. Jahrhundert weder der Wirklichkeit gerecht noch war sie allseits anerkannt. Nachhaltig diskreditiert wurde sie in den Kriegs- und Nachkriegsgesellschaften der beiden Weltkriege. Beide Mal zeigte sich, dass der Einzelne auf staatliche Vorkehrungen, Einrichtungen, Zuteilungen und Umverteilungen fundamental angewiesen ist, dass seine Freiheit gesellschaftliche und staatliche Bedingungen hat, die er selbst nicht gewährleisten kann. An die Stelle der Fiktion des selbstherrlichen Individuums der bürgerlichen Gesellschaft trat das Bild eines zugleich bedürftigen und verantwortlichen Individuums in sozialer Gemeinschaft. Die Vorstellung, der Rechtsstaat dürfe als liberaler in die Freiheit des Einzelnen möglichst wenig eingreifen, wurde um die Vorstellung ergänzt, er müsse als sozialer überhaupt erst die *Bedingungen der Freiheit schaffen und sichern.*

In der Weimarer Reichsverfassung hat diese Vorstellung einen ersten und unzurei- **96**
chenden Niederschlag gefunden: Die zahlreichen detaillierten sozialen Gewährleistungen versprachen mehr, als sie halten konnten, und blieben bloße Programmsätze (vgl Rn 36 ff). Im Grundgesetz wurden soziale Gewährleistungen daher nur äußerst sparsam aufgenommen; das Grundgesetz konzentriert sich auf die Kennzeichnung der Bundesrepublik Deutschland als eines *sozialen Bundesstaates* (Art. 20 Abs. 1) bzw *sozialen Rechtsstaates* (Art. 28 Abs. 1 S. 1). Aber damit war das Problem, dass vor aller Abwehr von Eingriffen in die Freiheit erst einmal die Bedingungen der Freiheit geschaffen und gesichert werden müssen, natürlich nicht gelöst.

4. Theoretische und dogmatische Entwicklung

Die Verfassungstheorie des Grundgesetzes hat sich des Problems auf verschiedene **97**
Weise angenommen. Mit *Böckenförde*[10] können bei den *modernen Grundrechtstheorien* eine wertesystematische, eine institutionelle, eine demokratisch-funktionale und eine sozialstaatliche unterschieden werden, je nach dem ob die Grundrechte um der Schaffung und Sicherung der Bedingungen der Freiheit willen als Vorgaben von

10 NJW 1974, 1529.

rechtsgestaltungs-, -auslegungs- und -anwendungsleitenden Werten, als Anforderungen an Institutionen, in Hinsicht auf ihren Nutzen für das Funktionieren der Demokratie oder in Hinsicht auf ihre Rolle bei der Verwirklichung sozialer Gerechtigkeit verstanden werden. Seit *Böckenfördes* Bestandsaufnahme haben besonders *Suhr* und *Alexy* weitere grundrechtstheoretische Konzepte entwickelt, *Suhr* vom Verständnis der Freiheit als einer Freiheit des geselligen und verantwortlichen Miteinander ausgehend[11], *Alexy* bei einem angelsächsisch inspirierten Verständnis der Grundrechte als Prinzipien ansetzend[12]. Allen diesen grundrechtstheoretischen Konzepten ist gemeinsam, dass sie der Entwicklung vom liberalen zum sozialen Rechtsstaat Ausdruck geben und in den Grundrechten nicht nur subjektive Freiheits- als Abwehrrechte finden, sondern einen darüber hinausgehenden objektiv-rechtlichen Gehalt.

98 Mit alledem ist das *liberale Grundrechtsverständnis*, dem es um den Schutz der Freiheit durch Eingriffsabwehr geht, nicht abgetan[13]. Auch das BVerfG versteht die Grundrechte „in erster Linie (als) individuelle Rechte, Menschen- und Bürgerrechte, die den Schutz konkreter, besonders gefährdeter Bereiche menschlicher Freiheit zum Gegenstand haben“, und warnt davor, „die Funktion der Grundrechte als objektiver Prinzipien … von dem eigentlichen Kern (zu) lösen und zu einem Gefüge objektiver Normen (zu) verselbstständigen, in denen der ursprüngliche und bleibende Sinn der Grundrechte zurücktritt“[14].

99 Zugleich hat das *BVerfG* die Entwicklung der objektiv-rechtlichen Funktion der Grundrechte kraftvoll vorangetrieben. Gleich zu Beginn seiner Rechtsprechung hat es im Lüth-Urteil[15] aus dem Verständnis der einzelnen Grundrechte als objektiver Wertentscheidungen und der Gesamtheit der Grundrechte als einer objektiven Wertordnung entwickelt, dass das einfache Recht und gerade auch das Privatrecht sich nicht nur der Eingriffe in grundrechtliche Freiheiten enthalten, sondern dass es sich in Auslegung und Anwendung von ihnen durchdringen lassen muss. Es hat damit die grundrechtskonforme Auslegung (vgl Rn 101 ff) und im Privatrecht die mittelbare Drittwirkung der Grundrechte (vgl Rn 189 ff) begründet. Im weiteren Verlauf seiner Rechtsprechung hat es die Grundrechte objektiv-rechtlich nicht nur auf die Auslegung und Anwendung des einfachen Rechts, sondern auch auf dessen Gestaltung bezogen; der Gesetzgeber muss gerechte Teilhabe an staatlichen Einrichtungen, Leistungen und Verfahren ermöglichen und ist auch sonst bei der Schaffung einfachen Rechts auf den Schutz der Grundrechte verpflichtet. Stets wird, was objektiv-rechtlich erst einmal etabliert ist, schließlich subjektiv-rechtlich gewendet. So entstehen aus Schutzpflichten Schutzrechte, aus Maßstäben für die Gestaltung der Teilhabe an Einrichtungen, Leistungen und Verfahren Teilhaberechte. Im Rückblick auf die Entwicklung der Rechtsprechung des BVerfG erweist sich die objektiv-rechtliche Funktion der Grundrechte als Geburtshelferin neuer subjektiver Rechte.

---

11 Gleiche Freiheit, 1988.

12 Theorie der Grundrechte, 3. Aufl. 1996; *Cousinet*, JuS 2009, 603; krit. *Klement*, JZ 2008, 756; *Poscher*, RW 2010, 349.

13 Vgl *Poscher*, Grundrechte als Abwehrrechte, 2003; *Isensee*, Hdb. StR³ IX, § 191 Rn 16 ff; *Schlink*, EuGRZ 1984, 457.

14 E 50, 290/337.

15 E 7, 198; vgl *Schulze-Fielitz*, Jura 2008, 52.

Im Rückblick auf die Entwicklung der Rechtsprechung des BVerfG wie auch des Schrifttums lässt sich weiter beobachten, dass die dogmatisch später aktualisierte Funktion der Grundrechte als *Schutzpflichten* des Staates und *Schutzrechte* des Bürgers die früher aktualisierten zusätzlichen Grundrechtsfunktionen immer mehr in sich aufgenommen hat. Dem liegt die Einsicht zu Grunde, dass auch die grundrechtskonforme Auslegung und Anwendung des einfachen Rechts und dass auch die gerechte Teilhabe an staatlichen Einrichtungen, Leistungen und Verfahren Schutz der Grundrechte gewährleistet. Immer noch ist es aber sinnvoll, bei der Schutzfunktion der Grundrechte die grundrechtskonforme Auslegung, den Schutz durch Teilhabe und den Schutz vor Gefahren abzuschichten, da sich mit ihnen spezifische Probleme verbinden. **100**

III. Schutzfunktion

1. Grundrechtskonforme Auslegung

Mit dem Gebot *grundrechtskonformer Auslegung* wirken die Grundrechte auf die Auslegung und Anwendung des einfachen Rechts durch Rechtsprechung und Verwaltung ein. Immer wieder lässt die methodisch korrekte Bemühung um die Auslegung einer Vorschrift des einfachen Rechts verschiedene Auslegungen zu, und bei Generalklauseln und unbestimmten Rechtsbegriffen haben Rechtsprechung und Verwaltung einen besonders großen Spielraum der Auslegung. Hier verlangt die Bindung an die Grundrechte (Art. 1 Abs. 3), dass die Entscheidung für die eine oder andere Auslegung an den Grundrechten orientiert wird. Sie muss die Grundrechte zur Geltung bringen, das einfache Recht grundrechtsschützend, freiheitsschonend und -fördernd auslegen. **101**

Beispiele: Jemandem wird das Verteilen von Flugblättern auf einem öffentlichen Platz untersagt, weil er einer Sondernutzungserlaubnis bedürfe und sie nicht hat. Diese Auslegung der straßenrechtlichen Vorschriften verstößt gegen Art. 5 Abs. 1, denn es ist auch eine Auslegung möglich, die das Verteilen von Flugblättern auf dem öffentlichen Platz erlaubnisfrei zulässt, weil sie den Verkehr, dem der öffentliche Platz dient, nicht nur als Fortbewegungs-, sondern in Orientierung an Art. 5 Abs. 1 auch als kommunikativen Verkehr versteht (vgl BVerfG, NVwZ 1992, 53; *Enders*, VerwArch 1992, 527; *Dietz*, AöR 2008, 556; zum Verkauf von Zeitungen auf öffentlichen Plätzen vgl BVerfG, NVwZ 2007, 1306). – Das Tatbestandsmerkmal der häuslichen Gemeinschaft im Sozialrecht könnte für Kinder und die von ihnen getrennt lebenden Elternteile verneint werden. Im Lichte von Art. 6 Abs. 1 und 2 ist es aber dann zu bejahen, wenn der getrennt lebende Elternteil regelmäßig längeren Umgang mit seinem Kind pflegt und das Kind auch bei ihm ein Zuhause hat (E 127, 263/286 ff). **102**

Diese grundrechtskonforme ist ein Unterfall der sog. *verfassungskonformen Auslegung*, nach der von mehreren möglichen Auslegungen diejenige den Vorzug verdient, die der Verfassung besser entspricht. Für beide gilt, dass die Auslegung den normativen Gehalt der Vorschrift nicht grundlegend neu bestimmen darf. Verlangen die grundrechtlichen Vorgaben eine grundlegend neue Bestimmung der Vorschrift, muss diese als verfassungswidrig abgelehnt werden und „dem Gesetzgeber vorbehalten bleiben, ob er die verfassungswidrige Regelung durch eine verfassungsmäßige ersetzen will“[16]. **103**

16 E 8, 71/79; 54, 277/299 f; *Lüdemann*, JuS 2004, 27.

2. Schutz durch Teilhabe

104 Wo der Staat Einrichtungen oder Systeme der Förderung und Leistung geschaffen hat, die den Grundrechtsgebrauch erleichtern oder allererst ermöglichen, ist Grundrechtsschutz für den Einzelnen Teilhabe. Bei der Teilhabe geht es vor allem um Art. 3: Was der Einzelne begehrt, ist regelmäßig die *gleiche, chancengleiche und qualifikationsgerechte Zuteilung* von Ansprüchen. Das Recht auf gleiche Teilhabe wird dabei oft zum Verfahrensrecht: Die Einräumung gleicher Chancen und die gerechte Bewertung und Berücksichtigung von Qualifikationen kann bei mehreren Interessenten nur in einem Verfahren stattfinden; dieses Verfahren muss fair und bei hinreichender Bedeutung durch Rechtssatz geregelt sein, die Positionen des Einzelnen im Verfahren müssen gesichert sein.

105 **Beispiele:** Art. 12 Abs. 1 fordert für die Vergabe von Notarstellen ein Verfahren, in dem von allen potenziellen Bewerbern derjenige gefunden wird, der am ehesten den gesetzten Anforderungen entspricht; dazu gehört auch die Pflicht zur Stellenausschreibung (E 73, 280/296). – Subtil ausgebildet ist das Teilhabe- als Verfahrensrecht bei der Vergabe von Studienplätzen; vgl Rn 934.

106 Gelegentlich hat das BVerfG erwogen, ob es ein Recht auf Teilhabe nicht nur an vorhandenen, sondern auch an zu schaffenden Einrichtungen, dh ob es einen originären *Anspruch auf die Schaffung von Einrichtungen* geben könne. Es hat im Numerus-clausus-Urteil gefragt, „ob aus den grundrechtlichen Wertentscheidungen … ein objektiver sozialstaatlicher Verfassungsauftrag zur Bereitstellung ausreichender Ausbildungskapazität für die verschiedenen Studienrichtungen folgt" und „ob sich aus diesem Verfassungsauftrag unter besonderen Voraussetzungen ein einklagbarer Individualanspruch des Staatsbürgers auf Schaffung von Studienplätzen herleiten ließe"[17]. Beide Fragen hat es im Numerus-clausus-Urteil allerdings nicht beantwortet. Auch im Fortgang seiner Rechtsprechung war es, wie auch die Rechtsprechung der anderen Gerichte, zurückhaltend[18].

107 **Beispiele:** Das BVerfG hat zwar eine objektiv-rechtliche Pflicht des Staates statuiert, „ein freiheitliches Kunstleben zu erhalten und zu fördern", aber keinen Anspruch auf Kunstförderung aus Art. 5 Abs. 3 abgeleitet (E 36, 321/331 f; 81, 108/116; BVerfG, NJW 2005, 2843; krit. *Geißler*, Staatliche Kunstförderung nach Grundgesetz und Recht der EG, 1995, S. 46 ff); ebenso kennt auch das BVerwG keinen Anspruch auf Theatersubventionen (NJW 1980, 718). Die Pressefreiheit des Art. 5 Abs. 1 S. 2, 1. Var. verpflichtet den Staat objektiv-rechtlich zur Erteilung von Auskünften, normiert aber nicht, ob und unter welchen Voraussetzungen im Einzelfall ein Anspruch auf Auskunft besteht (BVerwGE 70, 310/314).

108 Das BVerfG hat im Numerus-clausus-Urteil auch ausgesprochen, ein allfälliger originärer Anspruch stehe jedenfalls „unter dem *Vorbehalt des Möglichen* im Sinne dessen, was der Einzelne vernünftigerweise von der Gesellschaft beanspruchen kann"[19]. Das ist nicht unbedenklich, weil die normative Kraft der Grundrechte durch derartige Relativierungen gefährdet wird. Aber auch Schutz und Förderung eines Grundrechts können dessen normative Kraft gefährden, wenn sie die Freiheit, die ihre Grenze ei-

17 E 33, 303/333.
18 Zust. *Dreier*, Verwaltung 2003, 105/115 ff.
19 E 33, 303/333.

gentlich erst im rechtswidrigen Freiheitsgebrauch findet, als mehr oder weniger wertvoll und förderungswürdig beurteilt.

Beispiel: Wenn der Staat die Kunst nach Qualität und Niveau subventioniert, läuft er Gefahr, sich zum Kunstrichter aufzuschwingen, obwohl die Kunstfreiheit einen staatlichen Kunstrichter nicht zulässt (vgl *v. Arnauld*, Hdb. StR[3] VII, § 167 Rn 8, 80; OVG Münster, NWVBl. 1992, 279/282). **109**

3. Schutz vor Gefahren

Die Notwendigkeit, den Staat zum Schutz vor Gefahren zu verpflichten und dem Einzelnen ein Recht auf diesen Schutz einzuräumen, sieht das BVerfG *in mehreren Zusammenhängen*: **110**

- Wo menschliches Leben und menschliche Gesundheit bedroht sind, durch wen oder was auch immer, verpflichtet der hohe Wert des Grundrechts den Staat zu schützendem Einschreiten.
- Wo die technische Entwicklung, von wem auch immer initiiert und befördert, mit neuen Produkten und Prozessen auch neue Gefahren schafft, die ebenso außer Kontrolle geraten können wie die Entwicklung selbst, muss der Staat den technischen Fortschritt kontrollierend und die betroffenen Grundrechte schützend begleiten.
- Wo staatliche Einrichtungen nach außen wichtige gesellschaftliche Funktionen zu erfüllen und im Inneren mit konfligierenden und kollidierenden grundrechtlich geschützten Interessen der Beteiligten zu leben haben, trifft den Staat die Pflicht, sich der beteiligten Grundrechte so anzunehmen, dass sie geschützt und zugleich die Funktionen der Einrichtung gesichert werden.
- Wo gesellschaftliche Einrichtungen, deren Bestand von den Grundrechten vorausgesetzt wird und die bei Bestehen von den Grundrechten auch geschützt werden, aus eigener Kraft nicht mehr bestehen können, und zwar nicht nur im einzelnen Fall, sondern allgemein und schlechthin, ist der Staat zu ihrem Schutz verpflichtet.
- Wo privatrechtliche Konflikte derart ungleich sind, dass die eine Seite mit ihren grundrechtlich geschützten Interessen gegenüber der anderen keine Chance hat, trifft den Staat eine Schutzpflicht für das chancenlose Grundrecht.

Beispiele: Schutzpflicht um des Lebens willen bei Schwangerschaftsabbruch (E 39, 1/42; 88, 203/251 ff) und terroristischer Bedrohung (E 46, 160; BVerwGE 128, 118/124). – Schutzpflicht gegenüber der technischen Entwicklung bei atomaren (E 49, 89/140 ff; 53, 30/57 ff; BVerfG, NVwZ 2010, 702) und elektromagnetischen (BVerfG, NVwZ 2007, 805) Gefahren, Flug- und Straßenverkehrslärm (E 56, 54; 79, 174/201 f; BVerfG, NVwZ 2009, 1494 ff) und chemischer Verseuchung und Schädigung von Luft und Wald (BVerfG, NJW 1996, 651; 1998, 3264). – Schutzpflicht zur Funktionssicherung und zum Grundrechtsschutz in der Universität (E 35, 79/120 ff; 47, 327/370; 111, 333/353 ff). – Schutzpflicht zur Sicherung des Bestands einer gesellschaftlichen Einrichtung bei der Privatschule (E 75, 40/62 ff) und bei der Religionsausübung, wobei aber kein Anspruch auf staatliche Unterstützung der Religionsausübung besteht (E 93, 1/16; BVerfG, NVwZ 2001, 908). – Schutzpflicht für das chancenlose Grundrecht im privatrechtlichen Konflikt bei Art. 12 Abs. 1 (E 81, 242/255; 92, 26/46) und Art. 14 Abs. 1 (E 114, 1/37 ff). **111**

112 Diese Schutzpflichten können einander *ergänzen und überschneiden.* Technische Entwicklungen bedrohen Leben und Gesundheit, und die Medien bilden einen Bereich, der auf die Kooperation staatlicher und gesellschaftlicher Einrichtungsverantwortung angelegt ist. Der Schutz vor Gefahren überschneidet sich auch mit anderen Ausprägungen der Schutzfunktion. So bringt das BVerfG die Schutzpflicht für das chancenlose Grundrecht im privatrechtlichen Konflikt in der grundrechtskonformen Auslegung der einschlägigen privatrechtlichen Vorschriften zur Geltung.

113 Bei der Frage, wie die Schutzpflichten zu erfüllen sind, lässt das BVerfG dem Gesetzgeber grundsätzlich *beträchtliche Entscheidungsfreiheit.* Die Entscheidung hängt von vielen Faktoren ab, besonders von der Art, der Nähe und dem Ausmaß der drohenden Gefahr, von der Art und dem Rang der beteiligten staatlichen und privaten Interessen sowie von den schon vorhandenen Regelungen und den schon getroffenen Maßnahmen[20]. Das der staatlichen Schutzpflicht korrespondierende grundrechtliche Schutzrecht ist nur verletzt, „wenn die öffentliche Gewalt Schutzvorkehrungen entweder überhaupt nicht getroffen hat oder die getroffenen Regelungen und Maßnahmen gänzlich ungeeignet oder völlig unzulänglich sind, das gebotene Schutzziel zu erreichen, oder erheblich dahinter zurückbleiben“[21]. Da bei der Schutzpflicht gegenüber der technischen Entwicklung davon ausgegangen werden muss, dass die Technik einerseits nicht völlig ungefährlich sein kann, andererseits unverzichtbar ist, müssen bei der Nutzung der Technik gewisse Restrisiken, die unterhalb einer sachverständig bestimmten Gefahrenschwelle liegen, toleriert werden[22]. Der Gesetzgeber muss auch die Faktoren, die für die Einschätzung von Grundrechtsgefährdungen und Schutzmöglichkeiten relevant sind, nicht alle selbst erheben, würdigen und umsetzen. Vielmehr kann er verfahrensrechtliche Vorschriften treffen, sodass bei der konkreten Entscheidung, zB bei der Genehmigung einer technischen Anlage, die Verwaltung und die beteiligten und betroffenen Einzelnen die Faktoren einbringen können. Wegen des Parlamentsvorbehalts (vgl Rn 271 ff) ist der Gesetzgeber allerdings gefordert, wenn die Erfüllung der Schutzpflicht in Grundrechte Dritter eingreift[23].

114 Konturen gewinnt das Schutzpflichtkonzept, wenn es auf die klassische Funktion der Grundrechte, Verletzungen abzuwehren, zurückbezogen wird. Diese Funktion verlangt vom Staat, Grundrechtsgefährdungen schützend entgegenzutreten, wenn

- die Grundrechtsverletzung, die sich aus der Grundrechtsgefährdung zu entwickeln droht, *irreparabel*,
- die Entwicklung, die aus der Grundrechtsgefährdung die Grundrechtsverletzung hervorzubringen droht, *unbeherrschbar* oder
- das konflikt- und kollisionsreiche Zusammenspiel der Einzelnen, in dem Grundrechtsverletzungen passieren können, von den Betroffenen *nicht autonom regulierbar*

ist. Jedes Mal käme ein Grundrechtsschutz, wenn er erst an der Grundrechtsverletzung ansetzen würde, zu spät und wäre nicht mehr effektiv. Am ehesten können diese Voraussetzungen da als erfüllt angesehen werden, wo es um irreparable Schäden an

20 Vgl E 49, 89/142; 56, 54/78.
21 E 92, 26/46; BVerfG, NVwZ 2010, 702.
22 E 56, 54/80 ff.
23 Vgl BVerwGE 109, 29/38; *Kloepfer*, in: FS Lerche, 1993, S. 755; *Wahl/Masing*, JZ 1990, 553.

Leben und Gesundheit, unbeherrschbare technische Entwicklungen und nicht hinreichend autonom regulierbare Bereiche wie die Universitäten und die Medien geht. Hier können auch die Verletzungen, die ohne schützendes Eintreten des Staates drohen, am deutlichsten identifiziert werden. Je mehr der Schutz nicht der vorbeugenden Abwehr von Verletzungen, sondern der fördernden Sicherung des Grundrechtsgebrauchs gilt, desto undeutlicher werden die Konturen, denn der fördernden Sicherung sind keine Grenzen gesetzt.

Die rechtliche Gestalt, in der der Staat Schutz bietet, reicht allein beim Schwangerschaftsabbruch vom Strafrecht bis zur Schaffung von Einrichtungen und Gewährung von Leistungen[24]. Oft bedeutet Schutz *Ausbau von Verfahrenspositionen:* Der Einzelne soll, ob als Angehöriger der Universität oder als Betroffener bei der Genehmigung einer technischen Anlage, die Chance erhalten, seine grundrechtlich geschützten Interessen in einem fairen Verfahren geltend zu machen und durchzusetzen und Verletzungen zur rechten Zeit und ohne große Mühe schon dann abzuwehren, wenn sie erst drohen. Hier berühren sich die Schutzrechte mit dem Verfahrensgrundrecht des Art. 19 Abs. 4 und den grundrechtsgleichen Rechten der Art. 101, 103 und 104 sowie dem vom BVerfG in Art. 2 Abs. 1 verorteten allgemeinen Prozessgrundrecht auf ein faires Verfahren[25], an dem alle Beschränkungen zu messen sind, die von den speziellen grundrechtlichen Verfahrensgarantien nicht erfasst werden. 115

Beispiele: Art. 2 Abs. 2 S. 1 verlangt zum Schutz von Leben und Gesundheit (vgl Rn 110 f) eine entsprechende Verfahrensgestaltung im atomrechtlichen Genehmigungsverfahren (E 53, 30/60 ff; *Kloepfer*, VerfR II, § 57 Rn 25, 31). – Das aus Art. 2 Abs. 1 abgeleitete Grundrecht auf informationelle Selbstbestimmung (vgl Rn 397) verpflichtet den Gesetzgeber zu Aufklärungs-, Auskunfts- und Löschungspflichten sowie Verwertungsverboten (E 113, 29/58; vgl auch Rn 958). – Art. 4 Abs. 1 und 2 gebietet vor dem Verbot einer Religions- oder Weltanschauungsgemeinschaft effektive verfahrensmäßige Vorkehrungen, wie die umfassende Aufklärung des Sachverhalts und die Anhörung der Gemeinschaft (vgl BVerfG, EuGRZ 2003, 746/748). – Art. 14 Abs. 1 verlangt, dass die zwangsvollstreckungsrechtlichen Verfahrensvorschriften so ausgelegt werden müssen, dass dem Schuldner die Möglichkeit bleibt, „gegenüber einer unverhältnismäßigen Verschleuderung seines Grundvermögens um Rechtsschutz nachzusuchen" (E 46, 325/334 f; vgl auch E 51, 150/156 ff). – Das allgemeine Prozessgrundrecht schließt den Anspruch auf die angemessene Beschleunigung gerichtlicher Verfahren ein (E 63, 45/69; BVerfG, EuGRZ 2009, 695; *Pieroth/Hartmann*, StV 2008, 276). 116

Literatur: *R. Alexy*, Grundrechte als subjektive Rechte und als objektive Normen, Staat 1990, 49; *E.-W. Böckenförde*, Grundrechtstheorie und Grundrechtsinterpretation, NJW 1974, 1529; *M. Borowski*, Grundrechte als Prinzipien, 2. Aufl. 2007; *C. Bumke*, Der Grundrechtsvorbehalt, 1998; *W. Cremer*, Freiheitsgrundrechte, 2003; *E. Denninger*, Staatliche Hilfe zur Grundrechtsausübung durch Verfahren, Organisation und Finanzierung, Hdb. StR^3 IX, § 193; *J. Dietlein*, Die Lehre von den grundrechtlichen Schutzpflichten, 2. Aufl. 2005; *H. Dreier*, Subjektiv- und objektiv-rechtliche Grundrechtsgehalte, Jura 1994, 505; *K.-E. Hain*, Ockham's Razor – ein Instrument zur Rationalisierung der Grundrechtsdogmatik?, JZ 2002, 1036; *J. Isensee*, Das Grundrecht als Abwehrrecht und als staatliche Schutzpflicht, Hdb. StR^3 IX, § 191; *H.D. Jarass*, Funktionen und Dimensionen der Grundrechte, Hdb. GR II, § 38; *W. Kahl*, Neuere Ent- 117

24 E 88, 203/255 ff.

25 Vgl E 109, 13/34; 113, 29/47; BVerfG, 7.12.2011, Rn 110 ff; *Hartmann/Apfel*, Jura 2008, 495; *Schmidt-Aßmann*, Hdb. GR II, § 45 Rn 46 ff.

wicklung der Grundrechtsdogmatik, AöR 2006, 579; *W. Krebs*, Rechtliche und reale Freiheit, Hdb. GR II, § 31; *K.-H. Ladeur*, Die objektiv-rechtliche Dimension der wirtschaftlichen Grundrechte, DÖV 2007, 1; *U. Mager*, Einrichtungsgarantien, 2003; *C. Möllers*, Wandel der Grundrechtsjudikatur, NJW 2005, 1973; *D. Murswiek*, Grundrechte als Teilhaberechte, soziale Grundrechte, Hdb. StR[3] IX, § 192; *W. Rüfner*, Leistungsrechte, Hdb. GR II, § 40; *B. Schlink*, Freiheit durch Eingriffsabwehr – Rekonstruktion der klassischen Grundrechtsfunktion, EuGRZ 1984, 457.

§ 5 Grundrechtsberechtigung und -bindung

118 Als subjektive Rechte räumen die Grundrechte grundsätzlich demjenigen, der durch sie berechtigt wird, die Rechtsmacht ein, von demjenigen, der durch sie verpflichtet wird, ein Unterlassen, möglicherweise auch ein Tun oder Dulden, zu verlangen. Diese allgemeine Umschreibung der Wirkungsweise der Grundrechte wirft zunächst folgende Fragen auf: Wer ist durch sie *berechtigt*, und wer ist durch sie *verpflichtet*? Gleichbedeutend mit „Grundrechtsberechtigung“ werden auch die Begriffe der Grundrechtsfähigkeit und Grundrechtsträgerschaft verwendet. Statt von „Verpflichtung“ spricht das Grundgesetz von „Bindung“ (vgl Art. 1 Abs. 3).

119 **Lösungstechnischer Hinweis:** Die Fragen der Grundrechtsberechtigung und Grundrechtsbindung sind solche des materiellen Verfassungsrechts. Im Rahmen der Prüfung einer Verfassungsbeschwerde gehören sie folgerichtig zur Begründetheit; die Frage der Grundrechtsberechtigung betrifft den persönlichen im Unterschied zum sachlichen Schutzbereich und die Frage der Grundrechtsbindung den Eingriff. Die Fragen werden aber schon für die Zulässigkeit einer Verfassungsbeschwerde bedeutsam: Eine Verfassungsbeschwerde kann nur von einem Grundrechtsberechtigten erhoben (vgl Rn 1228 ff) und nur gegen den Akt eines Grundrechtsverpflichteten gerichtet werden (vgl Rn 1231 ff).

120 Die Grundrechte sind *höchstpersönlich*, dh sie können weder zur eigenen noch zur stellvertretenden Wahrnehmung an Dritte übertragen werden[1]. Dem entspricht der grundsätzliche Ausschluss der Prozessstandschaft bei der Verfassungsbeschwerde (vgl Rn 1243 ff).

I. Grundrechtsberechtigung

1. Jedermannsrechte und Deutschenrechte

121 Als *Jedermannsrechte* werden diejenigen Grundrechte bezeichnet, die keine Eingrenzung der Berechtigung in persönlicher Hinsicht vorsehen, die also jedermann zustehen. Diese Grundrechte lauten etwa: „Jeder hat das Recht …“ (Art. 2 Abs. 1 und 2 S. 1, Art. 5 Abs. 1 S. 1), „Jedermann hat das Recht …“ (Art. 17; vgl auch Art. 103 Abs. 1), „Alle Menschen …“ (Art. 3 Abs. 1), „Niemand darf …“ (Art. 3 Abs. 3, 4 Abs. 3 S. 1, 12 Abs. 2, 101 Abs. 1 S. 2, 103 Abs. 3). Das gleiche gilt dort, wo eine Freiheit ohne personale Eingrenzung gewährt wird, wie in Art. 4 Abs. 1 und 2, 5 Abs. 3, 6 Abs. 1 und 2, 10 Abs. 1, 13 Abs. 1, 14 Abs. 1 S. 1 und 104.

1 Vgl E 16, 147/158.

Als *Deutschenrechte* werden diejenigen Grundrechte bezeichnet, die nur Deutschen zustehen. Es sind dies Art. 8, 9 Abs. 1, 11, 12 Abs. 1, 16, 20 Abs. 4 und 33 Abs. 1 f. Ein Deutschenrecht ist auch das Grundrecht der allgemeinen, unmittelbaren, freien, gleichen und geheimen Wahl zum Bundestag (Art. 38 Abs. 1 S. 1). Das kommt zwar nicht im Wortlaut zum Ausdruck, ergibt sich aber aus Art. 20 Abs. 2: Die Wahlen sind als Ausdruck der Volkssouveränität ein Recht des Staatsvolkes der Bundesrepublik Deutschland. Dieses Staatsvolk umfasst aber nur die Deutschen, nicht dagegen Ausländer und Staatenlose. Das BVerfG hat deshalb die Zuerkennung des Wahlrechts an Ausländer wegen Art. 20 Abs. 2 für verfassungswidrig erklärt und diese Beurteilung wegen des Homogenitätsgebots des Art. 28 Abs. 1 S. 1 und 2 auch auf die Wahlen zu den anderen Volksvertretungen erstreckt[2]. Bei Kommunalwahlen sind aber gem. Art. 28 Abs. 1 S. 3 auch die EU-Bürger wahlberechtigt. **122**

Den *Begriff des Deutschen* bestimmt Art. 116 Abs. 1. Er verbindet die deutschen Staatsangehörigen und Flüchtlinge und Vertriebene deutscher Volkszugehörigkeit, die als sog. Status-Deutsche wegen der Unübersichtlichkeit ihrer Kriegs- und Nachkriegsschicksale weder als deutsche Staatsangehörige noch als Ausländer qualifiziert werden sollten. Die deutsche Staatsangehörigkeit besaßen ungeachtet ihrer DDR-Staatsbürgerschaft auch die Bürger der DDR[3]; die Status-Deutschen besitzen gem. § 6 Abs. 1 des Staatsangehörigkeitsregelungsgesetzes einen Anspruch auf Einbürgerung. **123**

Da Art. 1 Abs. 3 die deutsche öffentliche Gewalt umfassend an die Grundrechte bindet, kann ein *Ausländer* sich auch im Ausland auf seine Jedermannsrechte berufen, wenn er dort der deutschen öffentlichen Gewalt begegnet (vgl Rn 203 f). Die allgemeine Möglichkeit der Berufung auf seine Jedermannsrechte verschafft ihm allerdings kein Recht auf Einreise und Aufenthalt; dieses hat er nur, wenn er sich speziell auf das Asylrecht berufen kann (vgl Rn 1072 ff). Von der Geltung der Grundrechte ist die des einfachen Rechts für Ausländer zu unterscheiden. **124**

Beispiele: Gem. Art. 11 EMRK, § 1 Abs. 1 VersG und § 1 VereinsG haben auch Ausländer Versammlungs- und Vereinsfreiheit. Diese Gewährleistungen haben aber nur den Rang eines Gesetzes. Daher können §§ 14, 15 VereinsG für Ausländer- und ausländische Vereine Verbotsgründe über die Schranken des Art. 9 Abs. 2 hinaus vorsehen, ohne dass dies gegen Art. 9 Abs. 1 verstoßen würde (BVerfG, DVBl. 2000, 1515/1516). Aus § 47 AufenthG ergibt sich ähnlich, dass die Versammlungsfreiheit für Ausländer weiter eingeschränkt werden kann als für Deutsche (vgl *Kaltenborn*, DÖV 2001, 55). **125**

Der Ausschluss der Ausländer von den Deutschenrechten wird oft als *unbefriedigend empfunden* und abgelehnt[4]. Zum einen wird auf Art. 1 Abs. 1 und 2 und Art. 19 Abs. 2 verwiesen[5]. Da jedes Grundrecht, auch jedes Deutschenrecht einen Menschenwürde- und Menschenrechtsgehalt aufweise, der durch Art. 1 Abs. 1 und 2 geschützt und als Wesensgehalt zusätzlich durch Art. 19 Abs. 2 für unantastbar erklärt sei, kämen den Ausländern die Deutschenrechte immerhin in ihrem Menschenwürde-, Menschenrechts- und Wesensgehalt zugute. Zum anderen wird auf Art. 3 Abs. 1 abge- **126**

2 E 83, 37 und 60; aA *Meyer*, Hdb. StR[3] III, § 46 Rn 7 ff.
3 Vgl E 36, 1/30 f; 77, 137/149.
4 Vgl. *Sachs*, BayVBl. 1990, 385.
5 *Dürig*, MD, Erstbearbeitung Art. 1 Abs. II Rn 85, Art. 2 Abs. I Rn 66.

stellt[6]. Als Menschenrecht verlange der Gleichheitssatz für jede Ungleichbehandlung von Deutschen und Ausländern eine Rechtfertigung; die Rechtfertigung, dass die fragliche Ungleichbehandlung im sachlichen Schutzbereich eines Deutschenrechts stattfinde und daher Ausländer benachteiligen dürfe, sei menschenrechtlich nicht akzeptabel.

127 Aber beide Male werden auf diese Weise aus Deutschenrechten keine Jedermannsrechte. Der Schutz über Art. 1 Abs. 1 und Art. 3 Abs. 1 mag sich mit dem Schutz eines Deutschenrechts punktuell berühren oder decken, er *bleibt* hinter dessen vollem Schutz jedoch *zurück*.

128 Dies ist auch beim Schutz der Ausländer durch das Jedermannsrecht des *Art. 2 Abs. 1* zu berücksichtigen. Art. 2 Abs. 1 wird als Auffanggrundrecht verstanden, das die Freiheit allgemein und also stets dann schützt, wenn die speziellen Freiheitsrechte mit ihren Schutzbereichen nicht einschlägig sind (vgl Rn 386 ff). Nach überwiegender Auffassung entfaltet Art. 2 Abs. 1 seine Auffangwirkung auch zu Gunsten von Ausländern[7]. Auch nach Auffassung des BVerfG schließt „die Beschränkung des Grundrechts der Freizügigkeit auf Deutsche und auf das Bundesgebiet (Art. 11 GG) … nicht aus, auf den Aufenthalt von Menschen in der Bundesrepublik auch Art. 2 Abs. 1 GG anzuwenden“[8]. Dabei stellt das BVerfG aber klar, dass der Schutz der Freizügigkeit, den derart auch der Ausländer genießt, nicht dem qualifizierten Gesetzesvorbehalt des Art. 11 Abs. 2, sondern dem einfachen Gesetzesvorbehalt von Art. 2 Abs. 1 unterliegt.

129 Über Art. 2 Abs. 1 haben die Ausländer einen grundrechtlichen Anspruch darauf, dass die öffentliche Gewalt sämtliche Normen des *objektiven Verfassungsrechts* auch ihnen gegenüber einhält. Auch Ausländer können also unter Berufung auf Art. 2 Abs. 1 Verletzungen des Rechtsstaatsprinzips und insbesondere seiner Ausprägungen (Vorbehalt des Gesetzes, Verhältnismäßigkeit, Vertrauensschutz) mit der Verfassungsbeschwerde geltend machen[9].

130 **Beispiel:** Wenn für einen Ausländer, der die Verlängerung seiner Aufenthaltserlaubnis begehrt, durch mehrfache uneingeschränkte und vorbehaltlose Wiederholung seiner Aufenthaltserlaubnis ein Vertrauenstatbestand geschaffen worden ist, rechtfertigt die Befristung der Aufenthaltserlaubnis die Ablehnung der Verlängerung nicht (E 49, 168/185).

131 Für die Ausländer, die aus anderen *Mitgliedstaaten der Europäischen Union* kommen, gilt ein weitergehender Grundrechtsschutz. Da das allgemeine Diskriminierungsverbot des Art. 18 AEUV wie auch die besonderen Diskriminierungsverbote der EG-Grundfreiheiten eine Gleichstellung von EU-Bürgern mit Deutschen verlangen, müssen wegen des Anwendungsvorrangs des Unionsrechts entweder alle Deutschenrechte für EU-Ausländer geöffnet[10] oder Art. 2 Abs. 1 dahin verstanden werden, dass er EU-Ausländern einen den Deutschenrechten gleichwertigen Schutz verbürgt[11].

---

6 *Ruppel*, Der Grundrechtsschutz der Ausländer im deutschen Verfassungsrecht, 1968, S. 43 ff.
7 *Kloepfer*, VerfR II, § 49 Rn 20; *Stern*, StR III/1, S. 1041; aA *Schwabe*, NJW 1974, 1044 f.
8 E 35, 382/399; vgl auch E 78, 179/196 f; 104, 337/346; BVerfG, NVwZ 2011, 486/488.
9 E 35, 382/400; 78, 179/197; BVerfG, NJW 2008, 1369.
10 *Ehlers*, JZ 1996, 776/781; *Wernsmann*, Jura 2000, 657.
11 *Bauer/Kahl*, JZ 1995, 1077/1085; *Dreier*, DR, Vorb. Rn 116.

2. Grundrechtsberechtigung vor der Geburt und nach dem Tod

Soweit natürliche Personen durch die Grundrechte berechtigt sind, versteht sich, dass dies für *Lebende* gilt. Es versteht sich umso mehr, als auch das einfache Recht die Rechtsfähigkeit des Menschen mit der Vollendung der Geburt beginnen lässt (vgl § 1 BGB). Die Rechtsfähigkeit endet grundsätzlich mit dem Tod, der von der medizinischen Wissenschaft und auch vom Gesetzgeber angenommen wird, wenn das Hirn irreversibel funktionsunfähig geworden ist (vgl § 3 Abs. 2 Nr 2 TPG)[12]. 132

Es spricht viel dafür, dass die Grundrechte auch *nur Lebende* berechtigen können: Weder der noch nicht geborene Mensch noch der Tote können eine Meinung äußern (Art. 5 Abs. 1), sich versammeln (Art. 8), einen Verein gründen (Art. 9 Abs. 1), einen Beruf ergreifen (Art. 12 Abs. 1) usw. 133

Doch erkennt das BVerfG nach beiden Richtungen hin mit Blick auf den sachlichen Gehalt einzelner Grundrechte *Ausnahmen* an: Es lässt die Verpflichtung, dem Einzelnen Schutz gegen Angriffe auf seine Menschenwürde zu gewähren, nicht mit dem Tod enden, lehnt aber einen weitergehenden Grundrechtsschutz des Verstorbenen und damit einen Schutz seines allgemeinen Persönlichkeitsrechts aus Art. 2 Abs. 1 ab[13]. 134

Gelegentlich wird dieses mit der Zeit abnehmende „Fortwirken" des Art. 1 Abs. 1 über den Tod hinaus auch als bedeutsam für die Frage nach der Zulässigkeit von *Organentnahmen* von Toten angesehen[14]. Das Transplantationsgesetz hat die Frage dahin beantwortet, dass es auf die Entscheidung des noch Lebenden und bei deren Fehlen auf die Entscheidung des nächsten Angehörigen ankommt. Wenn die Ablehnung der Organentnahme durch den noch Lebenden nach dessen Tod respektiert wird, wird weniger seiner Menschenwürde, als vielmehr seiner Entscheidungsfreiheit gem. Art. 2 Abs. 1 und – sofern die Entscheidung glaubens- oder gewissensgeleitet ist – Art. 4 Abs. 1 und 2 Rechnung getragen[15]. 135

Auf den noch *nicht geborenen* Menschen (Embryo, nasciturus) ist vom BVerfG zunächst Art. 2 Abs. 2 S. 1[16] und später auch Art. 1 Abs. 1 angewendet worden[17]. Dabei lässt das BVerfG offen, „ob, wie es Erkenntnisse der medizinischen Anthropologie nahe legen, menschliches Leben (erst mit Nidation oder) bereits mit der Verschmelzung von Ei und Samenzelle entsteht"[18]. Das Gericht hat aber nicht entschieden, „ob der nasciturus selbst Grundrechtsträger ist oder aber wegen mangelnder Rechts- und Grundrechtsfähigkeit ‚nur' von den objektiven Normen der Verfassung in seinem Recht auf Leben geschützt wird"[19]. 136

---

12 *Anderheiden*, Staat 2000, 509; aA *Rixen*, Lebensschutz am Lebensende, 1999, S. 247 ff.

13 E 30, 173/194; BVerfG, NVwZ 2008, 549/550.

14 Vgl *Herdegen*, MD, Art. 1 Abs. 1 Rn 54.

15 Vgl *Kübler*, Verfassungsrechtliche Aspekte der Organentnahme zu Transplantationszwecken, 1977, S. 42 f, 66 ff; *Maurer*, DÖV 1980, 7.

16 E 39, 1/36 f; krit. *Hoerster*, JuS 1989, 172.

17 E 88, 203/251 f; krit. *Dreier*, DR, Art. 1 I Rn 66 ff; *Michael/Morlok*, GR, Rn 155, 162.

18 E 88, 203/251; für Entstehung mit Verschmelzung *Herdegen*, MD, Art. 1 Abs. 1 Rn 61 f; *Schulze-Fielitz*, DR, Art. 2 II Rn 29; für Entstehung ab Nidation *Anderheiden*, KritV 2001, 353/380; für Entstehung ab der noch etwas später liegenden Individuation *Heun*, JZ 2002, 517/520.

19 E 39, 1/41; für eine Grundrechtsträgerschaft des nasciturus *Herdegen*, MD, Art. 1 Abs. 1 Rn 59, 61; *Kloepfer*, VerfR II, § 49 Rn 6; dagegen *J. Ipsen*, JZ 2001, 989; *Hartleb*, Grundrechtsschutz in der Petrischale, 2006.

3. Grundrechtsmündigkeit

137 *Altersgrenzen* im Zusammenhang der Grundrechte enthält das Grundgesetz nur in Art. 12a Abs. 1 und Art. 38 Abs. 2. Andere Altersgrenzen sind im einfachen Recht enthalten. So beginnt gem. § 106 BGB die beschränkte Geschäftsfähigkeit mit Vollendung des 7. Lebensjahres, nach Vollendung des 12. Lebensjahres kann ein Kind gem. § 5 S. 2 RelKErzG nicht zu einem neuen Bekenntnis gezwungen werden, und nach Vollendung des 14. Lebensjahres kann es selbst entscheiden, zu welchem Bekenntnis es sich halten will.

138 Als Problem der Grundrechtsmündigkeit wird diskutiert, ob bzw wann Minderjährige in der Ausübung von Grundrechten beschränkt sind. Dazu werden zwei Möglichkeiten erwogen: Entweder stellt man auf die Einsichts- und Entscheidungsfähigkeit (Grundrechtsreife) der individuellen Person (*gleitende Altersgrenze*) oder auf die Grenzen ab, die der Gesetzgeber generell gezogen hat (*starre Altersgrenze*). Letzteres führt dazu, bei Grundrechten, die an die menschliche Existenz anknüpfen (Art. 1, 2 Abs. 2 S. 1 und 2, Art. 104), stets Grundrechtsmündigkeit anzunehmen; bei Grundrechten, deren Ausübung mit privatrechtlichen Rechtsgeschäften verbunden ist (Art. 12 Abs. 1, 14 Abs. 1), die Grundrechtsmündigkeit entsprechend den Altersgrenzen für die Geschäftsfähigkeit im BGB eintreten zu lassen; bei den Grundrechten aus Art. 4 Abs. 1 und 2 an die Altersgrenzen im RelKErzG anzuknüpfen und schließlich bei Grundrechten, die erst in einem bestimmten Alter relevant werden (Art. 4 Abs. 3, 6 Abs. 1, 12a), die Grundrechtsmündigkeit mit der entsprechenden Altersgrenze (§ 1 Abs. 1 WPflG, § 1303 Abs. 1, 2 BGB) eintreten zu lassen.

139 In dieser Diskussion um die Grundrechtsmündigkeit vermischen sich *drei unterschiedliche Sachprobleme*: das unmittelbare Verhältnis Minderjähriger zur öffentlichen Gewalt, das Zusammentreffen von Grundrechten Minderjähriger mit dem elterlichen Erziehungsrecht und die Geltendmachung von Grundrechten durch Minderjährige vor Gericht.

140 a) Im Verhältnis eines Minderjährigen zur **öffentlichen Gewalt**, zB in der Schule oder im Heim, gibt es für eine generelle altersmäßige Einschränkung der Grundrechtsausübungsberechtigung keine normative Grundlage[20]. Eingriffe sind nach den allgemeinen Maßstäben zulässig. Dass der Jugendschutz als besondere Eingriffsermächtigung in Art. 5 Abs. 2, 11 Abs. 2 und 13 Abs. 7 ausdrücklich genannt wird, zeigt, dass Minderjährige zur Grundrechtsausübung berechtigt und gegen ungerechtfertigte Eingriffe geschützt sind.

141 b) Wichtiger als sein Verhältnis zur öffentlichen Gewalt ist für den Minderjährigen sein Verhältnis zu den Eltern. Dabei kann das **elterliche Erziehungsrecht** (Art. 6 Abs. 2) mit der zunehmenden Selbstständigkeit des Minderjährigen kollidieren. Art. 6 Abs. 2 ist keine Eingriffsermächtigung der Eltern gegenüber den Grundrechten der Kinder, weil die Eltern gegenüber den Kindern nicht Träger öffentlicher Gewalt sind. Der Gesetzgeber trifft aber für entsprechende Konflikte Regelungen und muss sie wegen des Vorbehalts des Gesetzes (vgl Rn 271 ff) auch treffen: in § 5 RelKErzG

20 *Hesse*, VerfR, Rn 285; *Hohm*, NJW 1986, 3107; vgl auch E 47, 46/74; 75, 201/215.

zum Wechsel des religiösen Bekenntnisses durch Minderjährige, in §§ 1626 ff BGB zur Innehabung und Ausübung des elterlichen Sorgerechts usw. Er muss dabei sowohl den Kindesrechten als auch dem elterlichen Erziehungsrecht gerecht werden.

Die Besonderheit des elterlichen Erziehungsrechts besteht darin, dass es sich um ein subjektives Recht der Eltern *im Interesse der Kinder* handelt. Es enthält einerseits Entscheidungskompetenzen und ist andererseits zeitlich und inhaltlich beschränkt, zeitlich bis zur Fähigkeit des Kindes zur Selbstbestimmung in der jeweiligen Sachfrage, inhaltlich auf die der Erziehung förderlichen Mittel (vgl Rn 702, 713). Angesichts dessen ist es unproblematisch, wenn § 5 S. 1 RelKErzG schon den Vierzehnjährigen das alleinige Entscheidungsrecht über den Wechsel des religiösen Bekenntnisses einräumt. In allen anderen Fragen gilt dagegen grundsätzlich das aus der elterlichen Sorge (§§ 1626 ff BGB) fließende Entscheidungsrecht der Eltern, das aber, zumal bei Fragen von größerer Bedeutung wie Aufenthaltsbestimmung und Berufswahl, dadurch begrenzt ist, dass die das Kindeswohl gefährdenden Entscheidungen der Eltern durch das Familiengericht ersetzt werden können. 142

Beispiele: Das elterliche Erziehungsrecht und die genannten einfach-gesetzlichen Regelungen decken das Verbot gegenüber einem Dreizehnjährigen, aus der Kirche aus- und in einen Fußballverein einzutreten sowie Artikel in der Schülerzeitung zu veröffentlichen. Ein entsprechendes Verbot des Klassenlehrers ist dadurch nicht gerechtfertigt. 143

c) Von den unter a) und b) genannten materiell-rechtlichen Problemen ist das **prozessuale** der Geltendmachung von Grundrechten durch Minderjährige im Rahmen eines gerichtlichen Verfahrens einschließlich der Verfassungsbeschwerde zu unterscheiden. Es betrifft die Zulässigkeitsvoraussetzung der Prozessfähigkeit (vgl Rn 1229 f). Hier sind gewisse altersmäßige Grenzziehungen aus Gründen einer geordneten Rechtspflege unabdingbar; auch hier kann wieder eine das Kindeswohl gefährdende Entscheidung der Eltern durch das Familiengericht ersetzt werden. 144

Ob der Begriff der Grundrechtsmündigkeit enger oder weiter gefasst wird, er darf keinesfalls den *Unterschied* zwischen den drei Konstellationen verwischen. Sinnvollerweise sollte er nur noch als Synonym der Prozessfähigkeit verwendet werden[21]. 145

4. Grundrechtsverzicht

Fraglich ist, ob und inwieweit die Grundrechtsberechtigung zur Disposition des Einzelnen steht bzw welche Bedeutung das Einverständnis eines Grundrechtsberechtigten für die Zulässigkeit staatlichen Eingreifens in den Schutzbereich seiner Grundrechte hat. Dieses Problem wird unter dem Begriff des Grundrechtsverzichts diskutiert. 146

Beispiele: Jemand gestattet der Polizei die Durchsuchung seiner Wohnung, ohne dass ein richterlicher Durchsuchungsbefehl vorliegt (vgl Art. 13 Abs. 2). Ein alleinstehender Untersuchungshäftling möchte vermeiden, dass sein Bekanntenkreis von seiner Verhaftung erfährt, und verzichtet auf die in Art. 104 Abs. 4 vorgesehene Benachrichtigung. Ein gesunder Häftling stellt sich für medizinische Versuche im Anstaltskrankenhaus zur Verfügung (vgl Art. 2 Abs. 2 147

21 Zust. *Dreier*, DR, Vorb. Rn 114; *Gröschner*, DR, Art. 6 Rn 107.

S. 1). Ein Wahlberechtigter füllt den Stimmzettel öffentlich statt geheim aus (vgl Art. 38 Abs. 1 S. 1).

148 Keine Frage eines Grundrechtsverzichts ist es, wenn ein Berechtigter *tatsächlich* von einem Grundrecht keinen Gebrauch macht, zB an keiner Versammlung teilnimmt (Art. 8), keinem Verein beitritt (Art. 9) oder den Rechtsweg nicht beschreitet (Art. 19 Abs. 4). Anders liegt es, wenn er rechtlich bindend auf Versammlungsteilnahme, Vereinsbeitritt und Klage verzichtet; dies sind Fälle des Grundrechtsverzichts.

149 Die Kennzeichnung als Grundrechtsverzicht führt verfassungsrechtlich noch zu *keiner Rechtsfolge*, dh der Verzicht macht die staatliche Maßnahme nicht stets verfassungsmäßig, und andererseits ist das Einverständnis des Betroffenen nicht durchweg unerheblich. Das zeigt sich schon daran, dass in den wenigen Fällen, wo der Text des Grundgesetzes zur Frage eines Grundrechtsverzichts Aufschluss gibt, teils seine Zulässigkeit, teils aber auch seine Unzulässigkeit angeordnet wird:

- In Art. 16 Abs. 1 wird die Schutzwirkung dieses Grundrechts ausdrücklich vom Willen des Bürgers abhängig gemacht; denn der Verlust der deutschen Staatsangehörigkeit darf, wie sich aus Satz 2 ergibt, mit Willen des Staatsangehörigen erfolgen. Weitere Fälle dieser Art finden sich in Art. 6 Abs. 3 und 7 Abs. 3 S. 3.
- In Art. 9 Abs. 3 S. 2 werden die das Grundrecht der Koalitionsfreiheit behindernden Abreden für unwirksam erklärt. Die aus Art. 9 Abs. 3 S. 1 Berechtigten können also nicht vertraglich über ihre Grundrechtsposition verfügen bzw auf sie verzichten.

150 In den allermeisten Fällen jedoch gibt der Text des Grundgesetzes keinen Anhaltspunkt für die Zulässigkeit oder Unzulässigkeit des Grundrechtsverzichts. Daher muss auf die *Funktion der Grundrechte* zurückgegriffen werden. Das klassische Grundrechtsverständnis betont die Funktion der Grundrechte als subjektiver Freiheitsrechte des Bürgers gegen den Staat (vgl Rn 75 ff) und sieht den Verzicht auf Grundrechtspositionen als einen Akt der Freiheitsausübung: Grundrechtsverzicht als Grundrechtsgebrauch[22]. Das neuere Grundrechtsverständnis geht von einer objektiven Funktion der Grundrechte aus (vgl Rn 94 ff), über die der Bürger nicht disponieren und auf die er nicht verzichten kann[23].

151 Die *Rechtsprechung des BVerfG* argumentiert mit beiden Funktionen und kennt sowohl Unverfüg- und Unverzichtbarkeit von Grundrechten als auch die Möglichkeit des Einzelnen, staatliches Handeln durch Einverständnis- bzw Einwilligungserklärungen zu beeinflussen. Maßgeblich ist die Funktion des einzelnen Grundrechts. *Voraussetzung* für die Zulässigkeit eines Grundrechtsverzichts ist aber stets, dass er deutlich erkennbar und freiwillig geleistet wird, dh nicht unter Druck oder Täuschung zu Stande gekommen ist[24].

152 Soweit ein Grundrecht der persönlichen Entfaltungsfreiheit dient, spricht eine Vermutung für die Zulässigkeit des Verzichts. Soweit dagegen ein Grundrecht für den Prozess der staatlichen Willensbildung wichtig ist, indiziert dies die Unzulässigkeit

22 Vgl *Dürig*, AöR 1956, 117/152; *Merten*, in: FS Schmitt Glaeser, 2003, S. 53/60.
23 Vgl *Sturm*, in: FS Geiger, 1974, S. 173/192 ff.
24 Vgl *Stern*, StR III/2, S. 912 ff.

des Verzichts. Auch auf die Menschenwürde des Art. 1 Abs. 1 einschließlich des Menschenwürdegehalts anderer Grundrechte (vgl Rn 367) kann nicht verzichtet werden.

Beispiele: Im Bereich der Berufs- und Eigentumsfreiheit sind Verträge zwischen dem Bürger und der öffentlichen Gewalt in weitem Umfang zulässig (vgl §§ 54 ff VwVfG) und in diesem Zusammenhang auch der Verzicht auf bestimmte Schutzwirkungen aus diesen Grundrechten (vgl BVerfGE 30, 65; 42, 331). Grundsätzlich zulässig ist auch der Verzicht auf den grundrechtlichen Schutz der Wohnung, des Post- und Fernmeldegeheimnisses und anderer personenbezogener Daten (vgl E 85, 386/398; 106, 28/44 ff; krit. *Hoffmann-Riem*, AöR 2009, 513/529 f). – Der Bürger kann demgegenüber nicht auf sein Wahlrecht und dessen geheimen Gebrauch verzichten (vgl OVG Lüneburg, DÖV 1964, 355; OVG Münster, OVGE 14, 257). **153**

Es können *weitere Gesichtspunkte* für die Beurteilung der Zulässigkeit oder Unzulässigkeit eines Grundrechtsverzichts hinzukommen, namentlich die Schwere und Dauer des Eingriffs, die Gefahr des Missbrauchs der Verzichtsmöglichkeit sowie eine mehr oder weniger große Not- oder Zwangslage des Verzichtenden. Außerdem ist zwischen dem Fall eines frei widerruflichen und dem Fall eines für die Zukunft bindenden Grundrechtsverzichts zu unterscheiden[25]. **154**

Beispiele: Der Verzicht auf Rechtsbehelfe und Rechtsmittel wird als zulässig anerkannt, wenn die betreffende Entscheidung erlassen oder jedenfalls in ihrem konkreten Inhalt absehbar ist (E 9, 194/199); ein pauschaler Verzicht auf Rechtsbehelfe gegen zukünftige Entscheidungen ist dagegen unzulässig. – Die freiwillige Inanspruchnahme polizeilicher Schutzhaft ist zulässig, ebenso der begründete Verzicht auf die Benachrichtigung gem. Art. 104 Abs. 4 (*Rüping*, BK, Art. 104 Rn 87 f; aA *Dürig*, MD, Art. 104 Rn 43). – Während bei der Heilbehandlung ein zulässiger Grundrechtsverzicht vorliegt, dürfte der Fall des gesunden Häftlings, der sich für medizinische Versuche im Anstaltskrankenhaus zur Verfügung stellt, anders zu beurteilen sein (vgl *Pietzcker*, Staat 1978, 527/550). **155**

Lösungstechnischer Hinweis: Im grundrechtlichen Prüfungsschema (Schutzbereich – Eingriff – verfassungsrechtliche Rechtfertigung, vgl Rn 358 ff) ist die Frage eines Grundrechtsverzichts regelmäßig bei der Prüfung des Eingriffs zu erörtern: Eine staatliche Maßnahme, die mit zulässigem Einverständnis des Betroffenen erfolgt, stellt keinen Eingriff in das Grundrecht dar. **156**

5. Grundrechtsberechtigung von Personenmehrheiten und Organisationen

Grundrechtsberechtigt sind in erster Linie natürliche Personen („jeder", „alle Menschen", „alle Deutschen", „Männer und Frauen" usw). Sie bleiben auch dann grundrechtsberechtigt, wenn sie sich in Personenmehrheiten und zu Organisationen zusammenschließen. Wenn sie im Zusammenschluss ihre Grundrechte ausüben und dabei durch eine Maßnahme der öffentlichen Gewalt beeinträchtigt werden, kann jeder Einzelne Verfassungsbeschwerde erheben. Es fragt sich aber, ob nicht auch der Zusammenschluss selbst grundrechtsberechtigt ist und Verfassungsbeschwerde erheben kann. Die Frage stellt sich für jede Art von Personenmehrheiten und Organisationen. Die Antwort gibt Art. 19 Abs. 3. Indem er die *Grundrechtsgeltung auch für inländische juristische Personen* ausspricht, spricht er auch ihnen die Grundrechtsberechti- **157**

25 Vgl *Sachs*, VerwArch 1985, 398/422 ff.

gung zu. Als Voraussetzung verlangt er, dass die Grundrechte ihrem Wesen nach auf die inländischen juristischen Personen anwendbar sind.

158 a) Den Begriff der **juristischen Person** hat das einfache Recht ausgeprägt. Er bezeichnet die Personenmehrheiten und Organisationen, denen das Privatrecht oder auch das öffentliche Recht Rechtspersönlichkeit und *Rechtsfähigkeit* zuspricht, dh die Fähigkeit, Träger von Rechten und Pflichten zu sein (juristische Personen des Privat- bzw des öffentlichen Rechts). Er schließt auch die Fähigkeit ein, zu klagen und verklagt zu werden (Partei- oder Beteiligtenfähigkeit).

159 **Beispiele:** Juristische Personen des Privatrechts sind etwa der rechtsfähige Verein, die Gesellschaft mit beschränkter Haftung, die Aktiengesellschaft, der Versicherungsverein auf Gegenseitigkeit, die rechtsfähige Stiftung; juristische Personen des öffentlichen Rechts sind etwa Bund, Länder, Gemeinden, Kirchen, öffentlich-rechtliche Rundfunkanstalten und staatliche Universitäten, Stiftung Preußischer Kulturbesitz.

160 Das einfache Recht erkennt Personenmehrheiten und Organisationen zuweilen die Rechtsfähigkeit nicht umfassend, sondern auf bestimmte Rechtsgebiete und Rechtsnormen beschränkt zu. Dadurch wird nicht die volle Rechtsfähigkeit begründet, die das einfache Recht den juristischen Personen zuschreibt, aber eine so genannte *Teilrechtsfähigkeit*[26].

161 **Beispiele:** §§ 54 BGB und § 50 Abs. 2 ZPO sprechen dem nichtrechtsfähigen Verein bestimmte Rechte und Pflichten zu (als nichtrechtsfähige Vereine sind ua Parteien und Gewerkschaften organisiert); der Betriebsrat besitzt eine Teilrechtsfähigkeit auf dem Gebiet des Betriebsverfassungsrechts; das öffentliche Recht kennt als teilrechtsfähige Verwaltungseinheiten etwa die Fakultäten der staatlichen Universitäten.

162 Art. 19 Abs. 3 erkennt die Grundrechtsberechtigung allen Personenmehrheiten zu, die entweder *voll- oder teilrechtsfähig* sind[27]. Der verfassungsrechtliche Begriff der juristischen Person ist also weiter als der einfach-rechtliche. Da Art. 19 Abs. 3 die Funktion hat, Rechtsfähigkeit des einfachen Rechts zur Grundrechtsberechtigung zu verstärken, ist er nicht einschlägig, wenn eine „schlichte" Personenmehrheit, zB die Essensrunde oder das Streichquartett, keinerlei Rechtsfähigkeit genießt.

163 b) Ob eine juristische Person iSd Art. 19 Abs. 3 **inländisch** oder ausländisch ist, richtet sich nach ihrem *tatsächlichen Aktionszentrum*, das häufig als „Sitz" bezeichnet wird[28], und mit dem satzungsgemäßen Sitz der Hauptverwaltung nicht übereinstimmen muss[29]. Wie bei den Deutschenrechten (vgl Rn 131) müssen juristische Personen mit Sitz in einem anderen Mitgliedstaat der Europäischen Union den inländischen juristischen Personen gleichgestellt werden[30]. Auf die Staatsangehörigkeit der zusammengeschlossenen Personen kommt es nicht an. Völkerrechtliche Verträge über die Inländerbehandlung ausländischer juristischer Personen sind unmaßgeblich.

26 Grundlegend *Bachof*, AöR 1958, 208.
27 *Dreier*, DR, Art. 19 III Rn 44 ff; *Jarass*, JP, Art. 19 Rn 16; *Remmert*, MD, Art. 19 Abs. 3 Rn 37 ff.
28 Vgl BVerfGE 21, 207/209; BVerfG, NJW 2002, 1485.
29 *Dreier*, DR, Art. 19 III Rn 78.
30 BVerfG, 19.7.2011, Rn 68 ff.

Das BVerfG hat die *Prozessgrundrechte* der Art. 101 Abs. 1 S. 2 und 103 Abs. 1 auch *ausländischen juristischen Personen* zugebilligt. Denn sie enthalten „Verfahrensgrundsätze, die für jedes gerichtliche Verfahren gelten und daher auch jedem zugute kommen müssen“[31]. **164**

c) Das Problem der **wesensmäßigen Anwendbarkeit** hat mehrere Aspekte: **165**

aa) Das in Betracht kommende Grundrecht darf nicht an **natürliche Qualitäten des Menschen** anknüpfen, die juristischen Personen fehlen. Knüpft es an Qualitäten an, über die nur bestimmte juristische Personen verfügen, so kann es auch nur bei diesen juristischen Personen wesensmäßig anwendbar sein. **166**

Beispiele: Der juristischen Person fehlt die Menschenwürde, sie hat weder Leben noch Gesundheit, schließt weder Ehen noch bekommt sie Kinder. Dagegen sind wirtschaftliche Betätigung, Beruf und Eigentum auch einer AG oder GmbH durch Art. 12 Abs. 1 bzw 14 Abs. 1 S. 1 geschützt, und jedenfalls in einzelnen Aspekten wie dem Recht der Selbstdarstellung und besonders der informationellen Selbstbestimmung (vgl Rn 397 ff) hat sie auch das allgemeine Persönlichkeitsrecht (E 106, 28/42 f; BVerfG, NJW 2005, 883 f; krit. *Siekmann*, ZIP 1994, 651/652). Sogar im Schutzbereich des Art. 4 Abs. 1 und 2 können sich juristische Personen bewegen, wenn ihr Zweck religiös oder weltanschaulich ist (vgl Rn 559 ff). – E 19, 206 hatte die Verfassungsbeschwerde einer OHG zum Gegenstand, die nach einem badischen Kirchensteuergesetz zu Kirchensteuer herangezogen wurde. Die OHG hatte sich auf Art. 4 Abs. 1 berufen, obwohl sie als solche natürlich keinen Glauben und kein Gewissen haben kann. Das BVerfG hat die Verfassungsbeschwerde unter Berufung nicht auf Art. 4 Abs. 1, aber auf Art. 2 Abs. 1 und Art. 3 Abs. 1 zugelassen; es hat ihr auch stattgegeben (vgl auch BVerfG, NJW 1990, 241). **167**

bb) Das BVerfG hat noch einen weiteren Aspekt entwickelt und „rechtfertigt eine Einbeziehung juristischer Personen in den Schutzbereich der Grundrechte nur, wenn ihre Bildung und Betätigung Ausdruck der freien Entfaltung der natürlichen Personen sind, besonders wenn der ‚Durchgriff‘ auf die hinter den juristischen Personen stehenden Menschen dies als sinnvoll und erforderlich erscheinen lässt“[32]. Im Schrifttum findet dieses Erfordernis eines **personalen Substrats** Widerspruch: Art. 19 Abs. 3 begründe für juristische Personen eine eigenständige Grundrechtsberechtigung, gehe damit über den Grundrechtsschutz natürlicher Personen gerade hinaus und dürfe nicht auf einen Grundrechtsschutz der hinter der juristischen Person stehenden natürlichen Personen zurückgenommen werden. Entscheidend sei nicht das personale Substrat der juristischen Person, sondern die *„grundrechtstypische Gefährdungslage“*, dh ob die Lage der juristischen Person der Lage einer natürlichen Person, die gegen den freiheitsgefährdenden Staat den Schutz der Grundrechte genießt, vergleichbar sei[33]. Das BVerfG hat den Begriff der grundrechtstypischen Gefährdungslage sogar aufgegriffen, hat ihn aber dahin gewendet, dass bei Fehlen des personalen Substrats von einer grundrechtstypischen Gefährdungslage eben schlechterdings keine Rede sein könne[34]. Das BVerfG verfolgt den Aspekt des personalen Substrats allerdings nicht konsequent. **168**

31 E 21, 362/373; 64, 1/11; aA *Merten*, Hdb. GR III, § 56 Rn 100; vgl *Zuck*, EuGRZ 2008, 680.
32 E 21, 362/369; ebenso *Krebs*, MüK, Art. 19 Rn 43 ff; *Remmert*, MD, Art. 19 Abs. 3 Rn 30 ff.
33 Vgl *v. Mutius*, BK, Art. 19 Abs. 3 Rn 114.
34 E 45, 63/79; 61, 82/103 f, 105.

169 **Beispiel:** Stiftungen sind rechtsfähig organisierte Vermögen, die kein personales Substrat erkennen lassen. Gleichwohl haben E 46, 73/83 und auch BVerwGE 40, 347 ihnen die Grundrechtsberechtigung zugesprochen. Sie haben das Fehlen des personalen Substrats gar nicht problematisiert, vielleicht weil schon die Entstehungsgeschichte lehrt, dass Stiftungen in den Genuss von Art. 19 Abs. 3 kommen sollen (JöR 1951, 183).

170 cc) Für **juristische Personen des öffentlichen Rechts** hat das BVerfG am Erfordernis des personalen Substrats besonders nachdrücklich festgehalten. Nach ständiger Rechtsprechung gelten die Grundrechte grundsätzlich nicht für juristische Personen des öffentlichen Rechts[35]. Denn hinter diesen stünden nicht natürliche Personen, sondern stehe stets der Staat. Die verschiedenen staatlichen Funktionsträger seien vom Einzelnen her gesehen nur besondere Erscheinungsformen der einheitlichen Staatsgewalt und könnten nicht gleichzeitig Verpflichtete und Berechtigte der Grundrechte sein (sog. Konfusionsargument: Grundrechtsberechtigung und -bindung sollen nicht konfundiert, dh verwechselt werden). „Eingriffe und Übergriffe" im Verhältnis verschiedener staatlicher Funktionsträger seien immer nur „Kompetenzkonflikte im weiteren Sinne"[36]. Dabei soll es auch nicht darauf ankommen, ob die juristische Person des öffentlichen Rechts hoheitlich handelnd öffentliche Aufgaben wahrnimmt oder nicht hoheitlich tätig wird[37] und ob sie in der Staatsverwaltung rechtlich mehr oder weniger verselbstständigt ist. Sogar eine juristische Person des Privatrechts soll des Grundrechtsschutzes entbehren, wenn sie Aufgaben der Daseinsvorsorge erfüllt und in der Hand eines Trägers öffentlicher Gewalt liegt.

171 **Beispiele:** Eine Gemeinde kann sich nicht auf Art. 14 Abs. 1 S. 1 berufen (E 61, 82; 98, 17/47; vgl *Schmidt-Aßmann*, NVwZ 1983, 1; krit. *Hufen*, StR II, § 38 Rn 18). Eine AG, die Aufgaben der Daseinsvorsorge erfüllt und deren alleiniger (E 45, 63/80) oder mehrheitlicher (BVerfG, NVwZ 2009, 1282 f; krit. *Pieroth*, NWVBl 1992, 85) Aktionär eine Körperschaft des öffentlichen Rechts ist, kann sich nicht auf Grundrechte berufen (aA *Lang*, NJW 2004, 3601); dagegen ist die AG grundrechtsberechtigt, wenn die Körperschaft des öffentlichen Rechts keinen beherrschenden Einfluss auf die Unternehmensführung hat (E 115, 205/227 f).

172 Wie auf die ausländischen juristischen Personen (vgl Rn 164) dehnt das BVerfG den Schutz von *Art. 101 Abs. 1 S. 2* und *103 Abs. 1* auch auf juristische Personen des öffentlichen Rechts aus.

173 **Beispiele:** Allgemeine Ortskrankenkassen (E 39, 302/312), Kassenärztliche Vereinigungen (E 62, 354/369) und öffentlich-rechtliche Sparkassen können „sich jedenfalls auf die grundrechtsähnlichen Rechte des Art. 101 Abs. 1 S. 2 und Art. 103 Abs. 1 berufen" (E 75, 192/200).

174 In bestimmten Fällen sieht das BVerfG das *personale Substrat auch bei juristischen Personen des öffentlichen Rechts* gegeben. Wenn „Einrichtungen des Staates ... Grundrechte in einem Bereich verteidigen, in dem sie vom Staat unabhängig sind", sind sie „unmittelbar dem durch die Grundrechte geschützten Lebensbereich zuzuordnen"[38]. Die Rede ist insoweit auch von der juristischen Person des öffentli-

35 E 21, 362/369 ff; 68, 193/205 ff; ebenso *Krebs*, MüK, Art. 19 Rn 47 ff; *Remmert*, MD, Art. 19 Abs. 3 Rn 45 ff.
36 E 21, 362/368 ff; vgl auch E 61, 82/100 ff.
37 E 61, 82/103 f, 105.
38 E 31, 314/322; 39, 302/314.

chen Rechts als „‚Sachwalter' des Einzelnen bei der Wahrnehmung seiner Grundrechte"[39].

Beispiele: Die staatlichen Universitäten und deren Fakultäten können sich auf die Wissenschaftsfreiheit (E 15, 256/262), die öffentlich-rechtlichen Rundfunkanstalten auf die Rundfunkfreiheit (E 59, 231/255; 78, 101/102 f) und auf das mit ihr in funktionellem Zusammenhang stehende Fernmeldegeheimnis (E 107, 299/310) sowie zur gerichtlichen Kontrolle der Einhaltung dieser Grundrechte auf Art. 19 Abs. 4 (E 107, 299/310 f), aber jeweils nur darauf berufen. Die Religionsgemeinschaften sind wegen ihrer Sonderstellung unter den Körperschaften des öffentlichen Rechts (vgl Rn 563) umfassend grundrechtsberechtigt. 175

Im *Schrifttum*[40] wird der grundsätzlichen Ablehnung der Grundrechtsberechtigung juristischer Personen des öffentlichen Rechts durch das BVerfG nicht nur die Fragwürdigkeit des Erfordernisses des personalen Substrats entgegengehalten. Ihr widerstreitet schon der Wortlaut von Art. 19 Abs. 3, der nicht nach juristischen Personen des Privatrechts und des öffentlichen Rechts differenziert. Zusätzlich ergeben sich aus der Entstehungsgeschichte Anhaltspunkte, dass die Grundrechtsberechtigung juristischer Personen des öffentlichen Rechts nicht grundsätzlich ausgeschlossen werden sollte[41]. Auch das Argument, der Bürger stehe einer monolithischen „einheitlichen Staatsgewalt" gegenüber und staatliche Funktionsträger könnten nicht gleichzeitig Verpflichtete und Berechtigte der Grundrechte sein, überzeugt nicht. Das BVerfG sieht die Rundfunkanstalten, denen es einerseits Grundrechtsschutz gegenüber dem Staat zuerkennt, andererseits doch den Bürgern gegenüber an deren Grundrechte gebunden[42]. 176

Bei Anerkennung der Grundrechtsfähigkeit der juristischen Personen des öffentlichen Rechts ist freilich folgendes zu beachten: Anders als Personenmehrheiten des Zivilrechts, die durch autonome Entscheidungen von Individuen entstehen, existieren und vergehen – die Rechtsordnung stellt insofern nur die Rechtsform zur Verfügung –, sind juristische Personen des öffentlichen Rechts in ihrem Bestand von staatlichen Entscheidungen abhängig. Eine öffentlich-rechtliche Körperschaft, Anstalt oder Stiftung beruht ausschließlich auf einem staatlichen Organisationsakt, existiert und agiert zulässigerweise nur in einem staatlich zugewiesenen Funktions- und Aufgabenbereich, und kann durch staatlichen Akt auch wieder aufgelöst werden. Daraus folgt, dass die Erstreckung der Grundrechtsberechtigung auf juristische Personen des öffentlichen Rechts sich nur auf den *zugewiesenen Funktions- und Aufgabenbereich* beziehen kann[43]. 177

In diesem Rahmen muss das Verhalten der jeweils in Rede stehenden juristischen Person des öffentlichen Rechts wirklich in den Schutzbereich des jeweils in Betracht kommenden Grundrechts fallen. Dafür muss es den sog. *Außen- im Unterschied zu den sog. Innenrechtsbeziehungen*[44] zugehören: Mit ihrem Verhalten muss die juristi- 178

39 E 61, 82/103.

40 Vgl *Broß*, VerwArch 1986, 65/72 ff; *Stern*, StR III/1, S. 1149 ff; aA *Roellecke*, UC, Art. 19 I-III Rn 125 ff.

41 JöR 1951, 182 f.

42 E 14, 121/130 f.

43 *V. Mutius*, BK, Art. 19 Abs. 3 Rn 43 f, 69 f, 105, 111 ff; *Pieroth*, Störung, Streik und Aussperrung an der Hochschule, 1976, S. 197 ff; vgl auch *Frenz*, VerwArch 1994, 22.

44 Vgl *Maurer*, Allg. VwR, § 21 Rn 26 ff.

sche Person dem Staat als rechtlich selbstständiges Rechtssubjekt gegenübertreten können und darf nicht über Weisungsabhängigkeit voll in die Staatsorganisation eingebunden sein. Nur insoweit lässt sich auch von grundrechtstypischen Gefährdungslagen reden; insoweit ließe sich sogar ein großzügig verstandenes Erfordernis personalen Substrats bejahen, denn mit der Weisungsunabhängigkeit einer juristischen Person wird der Blick auf die hinter ihr stehenden Personen, deren Interessen und Handeln frei.

179 **Beispiele:** Eine als juristische Person verfasste Studierendenschaft, die mit allgemeinpolitischen Äußerungen ihren gesetzlichen Aufgabenbereich verlässt, mit hochschulpolitischen dagegen wahrt, unterliegt bei ihren hochschulpolitischen Äußerungen nicht der Fach-, sondern nur der Rechtsaufsicht und tritt dem Staat insofern rechtlich selbstständig und also grundrechtsberechtigt gegenüber (aA BerlVerfGH, NVwZ 2000, 549). Entsprechendes gilt für Äußerungen von Kammern und Stellungnahmen von Gemeinden in Selbstverwaltungsangelegenheiten. Entgegen E 61, 82 (vgl Rn 171) muss sich auch die Gemeinde zum Schutz ihres Eigentums auf Art. 14 berufen können (so auch, allerdings beschränkt auf die nichthoheitliche Aufgabenwahrnehmung, teilweise die Rspr; vgl BVerwGE 132, 261/264; *Englisch*, Die verfassungsrechtliche Gewährleistung kommunalen Eigentums im Geltungskonflikt von Bundes- und Landesverfassung, 1994, S. 31 ff).

II. Grundrechtsbindung

1. Art der Bindung

180 Die Grundrechte binden Gesetzgebung, vollziehende Gewalt und Rechtsprechung als *unmittelbar geltendes Recht* (Art. 1 Abs. 3). Das ist eine bewusste Abkehr von der Weimarer Reichsverfassung, bei der die Grundrechte nur die Verwaltung, nicht aber die Gesetzgebung banden (vgl Rn 30 ff) und viele Grundrechte überhaupt nur als unverbindliche Programmsätze betrachtet wurden, deren Verletzung ohne rechtliche und gerichtliche Sanktion blieb[45]. Unter dem Grundgesetz darf kein Grundrecht zum Programmsatz relativiert und kann jede Grundrechtsverletzung sanktioniert werden.

2. Staatliche Adressaten der Grundrechtsbindung

181 Art. 1 Abs. 3 verpflichtet Gesetzgebung, vollziehende Gewalt und Rechtsprechung. Diese drei Gewalten werden auch einfach als Staat, „staatliche Gewalt" (Art. 1 Abs. 1 S. 2) oder „öffentliche Gewalt" (Art. 93 Abs. 1 Nr. 4a) bezeichnet. Die Grundrechtsbindung der Gesetzgebung und der Rechtsprechung ist unproblematisch. Dagegen wirft die Grundrechtsbindung der vollziehenden Gewalt wegen der Vielgestaltigkeit ihrer Aufgaben, Organisations- und Handlungsformen *Abgrenzungsprobleme* auf.

182 **Beispiele:** Wenn eine öffentliche Schule einem Schüler das Abiturzeugnis und damit die Hochschulzugangsberechtigung nicht erteilt, greift sie in dessen Grundrecht auf freie Wahl der Ausbildungsstätte gem. Art. 12 Abs. 1 ein; liegt ein Eingriff auch dann vor, wenn eine Privatschule gehandelt hat, die ein Rechtssubjekt des Privatrechts und vom Staat mit der Ausstellung

45 Vgl *Anschütz*, Die Verfassung des Deutschen Reichs, 14. Aufl. 1933, S. 505 ff; *Thoma*, in: Grundrechte und Grundpflichten der Reichsverfassung, Bd. I, 1929, S. 1 ff.

von Zeugnissen nur betraut ist? Macht es einen Unterschied für die Grundrechtsbindung der Stadt, ob sie die Versorgung der Bevölkerung mit Trinkwasser von einem städtischen Wasserwerk in der Rechtsform der nichtrechtsfähigen Anstalt des öffentlichen Rechts oder von einer Aktiengesellschaft betreiben lässt, deren Anteile sie hält? Kommt es bei der Wasserversorgung durch eine städtische Anstalt weiter darauf an, ob sie Gebühren auf Grund einer gemeindlichen Satzung erhebt oder mit den Benutzern privatrechtliche Verträge abschließt? Ist die Verwaltung beim Abschluss eines Werkvertrags gem. §§ 631 ff BGB über die Errichtung eines Verwaltungsgebäudes mit einem Bauunternehmer an die Grundrechte gebunden, obwohl es ein privater Auftraggeber im gleichen Fall nicht wäre? Ist der Träger öffentlicher Gewalt, der eine eigene unternehmerische Tätigkeit entfaltet, zB eine Bierbrauerei betreibt oder Anteile einer Aktiengesellschaft hält, hierbei an Grundrechte gebunden?

a) Da Art. 1 Abs. 3 unbedingt und umfassend formuliert ist, kann es nicht darauf ankommen, **durch wen** die vollziehende Gewalt ihre Aufgaben erfüllt. Auch soweit sie ihre Aufgaben nicht durch eigene Organe wahrnimmt, muss der Grundrechtsschutz greifen. Daher unterliegen auch private Rechtssubjekte insoweit der Grundrechtsbindung, als sie *„Beliehene"* sind, dh mit der hoheitlichen Wahrnehmung von Verwaltungsaufgaben im eigenen Namen betraut sind. In diesem Umfang zählen die Privaten zur mittelbaren Staatsverwaltung und somit zum Begriff „vollziehende Gewalt" iSd Art. 1 Abs. 3[46]. **183**

Beispiele: Privatschulen sind da, wo sie von der Befugnis, „mit gleicher Wirkung wie öffentliche Schulen Zeugnisse zu erteilen" (§ 100 Abs. 4 S. 1 nwSchG), Gebrauch machen, an die Grundrechte der Schüler gebunden. Entsprechendes gilt für andere Beliehene, wie den Jagdaufseher, den Fleischbeschauer, den Prüfingenieur für Baustatik, den Bezirksschornsteinfeger. **184**

b) Wegen der umfassenden und unbedingten Grundrechtsbindung kann es auch nicht darauf ankommen, **in welchen Organisations- und Handlungsformen** die vollziehende Gewalt tätig wird. Für die in privatrechtlichen Formen tätig werdende Verwaltung wird dies allerdings teilweise differenzierend gesehen. Hier wirkt die im 18. Jahrhundert entwickelte Fiskustheorie fort, die den privatrechtlich handelnden Staat als selbstständiges Privatrechtssubjekt neben dem Monarchen konstruierte[47]. **185**

Heute kommt eine Anwendung des Privatrechts durch die Verwaltung in drei Bereichen vor[48], bei **186**

- Wahrnehmung von genuinen Verwaltungsaufgaben (sog. *Verwaltungsprivatrecht*); vor allem bei der Erbringung von Leistungen der Daseinsvorsorge und bei Subventionen wird die Verwaltung wahlweise öffentlich-rechtlich und privatrechtlich tätig, wobei sich die Wahlfreiheit sowohl auf die Organisationsform der Einrichtung als auch auf die Ausgestaltung der Leistungs- oder Benutzungsverhältnisse bezieht,
- *Bedarfsdeckung*; die Beschaffung der für die Verwaltung erforderlichen Sachmittel, vom Büromaterial bis zum Verwaltungsgebäude, erfolgt durch privatrechtliche Verträge, und

46 Vgl *Kunig*, MüK, Art. 1 Rn 60; aA *Rupp*, Privateigentum an Staatsfunktionen?, 1963, S. 24 ff.
47 Vgl *Burmeister*, DÖV 1975, 695.
48 Vgl *Maurer*, Allg. VwR, § 3 Rn 18 ff.

– *erwerbswirtschaftlicher Betätigung*; gelegentlich entfaltet ein Träger staatlicher Gewalt entweder eigene unternehmerische Tätigkeit oder besitzt ganz oder zum Teil Anteile an Unternehmen.

187 Unbestritten ist die Grundrechtsgeltung im Bereich des Verwaltungsprivatrechts[49]. Für die anderen beiden Bereiche wird dagegen von der Rechtsprechung des BGH[50] die Grundrechtsbindung der Träger öffentlicher Gewalt, die privatrechtlich handeln oder Anteilseigner privatrechtlicher Unternehmen sind (*Fiskalgeltung der Grundrechte*), verneint. Damit soll der Verwaltung va das Recht gegeben werden, ohne Bindung an Art. 3 Abs. 1 Verträge mit Privaten zu schließen. Hierfür besteht jedoch kein Grund: Art. 3 Abs. 1 lässt der Verwaltung alle Möglichkeiten sachgerechter Differenzierung, derer sie bedarf. Daher ist die Fiskalgeltung der Grundrechte zu bejahen[51]. In allen drei Bereichen gilt allerdings, dass ein privatrechtliches Unternehmen nur dann der Grundrechtsbindung unterliegt, wenn der Träger öffentlicher Gewalt mehr als die Hälfte der Anteile hält[52]; andernfalls kann die Grundrechtsbindung für ihn nur bedeuten, seinen rechtlichen Einfluss so auszuüben, dass durch das privatrechtliche Unternehmen keine Grundrechtsverstöße begangen werden[53]. Ist ihm das einfach-rechtlich verwehrt, muss er seine Anteile veräußern[54].

188 **Beispiel:** Wenn eine Behörde beim Kauf von Büromaterial (Bedarfsdeckung) oder eine staatliche Manufaktur (erwerbswirtschaftliche Betätigung) aus unsachlichen Gründen Anbieter oder Abnehmer bevorzugt oder benachteiligt, ist das nicht nach der Rspr des BGH, wohl aber nach der hier vertretenen Auffassung ein Verstoß gegen Art. 3 Abs. 1.

3. Private Adressaten der Grundrechtsbindung (Drittwirkung)

189 Wenn Art. 1 Abs. 3 *nur den Staat* an die Grundrechte bindet, nicht aber private Rechtssubjekte – außer in dem Fall, dass sie als „Beliehene" selbst punktuell öffentliche Gewalt ausüben –, dann ist das eine deutliche Aussage gegen eine „Drittwirkung" der Grundrechte. Hierunter versteht man die Geltung der Grundrechte über das klassische Zweierverhältnis zwischen Bürger und Staat hinaus auch im Verhältnis des einen zum anderen Bürger (als Dritten).

190 Eine sog. *unmittelbare Drittwirkung*, bei der die Grundrechte den einen Bürger bei seinem Verhalten gegenüber dem anderen Bürger ebenso unmittelbar an die Grundrechte binden, wie sie den Staat binden, wurde früher einmal vom BAG gefordert; der Bedeutungswandel der Grundrechte im Zug der Entwicklung vom liberalen zum sozialen Rechtsstaat (vgl Rn 95) spreche „für die unmittelbare privatrechtliche Wirkung der Grundrechtsbestimmungen, die für den Verkehr der Rechtsgenossen untereinander in einer freiheitlichen und sozialen Gemeinschaft unentbehrlich sind"[55].

49 Vgl BGHZ 52, 325/327 ff; DVBl. 2003, 942.
50 BGHZ 154, 146/150.
51 Vgl *Rüfner*, Hdb. StR³ IX, § 197 Rn 68 ff; *Stern*, StR III/1, S. 1411 ff.
52 E 128, 226/244 ff.
53 *Höfling*, SA, Art. 1 Rn 104; *Herdegen*, MD, Art. 1 Abs. 3 Rn 96.
54 *Kersten/Meinel*, JZ 2007, 1127/1130.
55 BAGE 1, 185/193 f; vgl BAGE 48, 122/138 f.

191 Gegen eine unmittelbare Drittwirkung sprechen aber gewichtige Argumente und stehen auch stRspr des BVerfG und hL. Der *Wortlaut* des Art. 1 Abs. 3 nennt nur die drei Staatsgewalten. Nach der *Entstehungsgeschichte* „sahen die Beteiligten ihre Aufgabe darin, die Grundrechte im Sinne der alten klassischen Grundrechte zu gestalten ... In den Grundrechten sollte also das Verhältnis der einzelnen zum Staat geregelt werden, der Allmacht des Staates Schranken gesetzt werden"[56]. In der Tat hat die *Geschichte* der Grundrechte gezeigt, dass sie als Abwehrrechte des Einzelnen gegen den Staat entstanden und erfochten worden sind (vgl Rn 75 ff). Die *systematische* Auslegung belegt, dass nur bei wenigen Grundrechten oder grundrechtsgleichen Rechten die Wirkung ausdrücklich auf Private bzw ein privates Rechtsverhältnis erstreckt wird (vgl Art. 9 Abs. 3 S. 2, 20 Abs. 4, 38 Abs. 1 S. 1 iVm Art. 48 Abs. 2); das legt den Schluss nahe, dass dies im Normalfall, dh bei allen anderen Grundrechten, nicht so ist. Eine Grundrechtsbindung aller gegenüber allen würde im Ergebnis auch den *Sinn und Zweck* der Grundrechte ins Gegenteil verkehren: Rechte gegenüber dem Staat würden zu Pflichten gegenüber allen Mitbürgern werden; eine weitgehende Freiheitsbeschränkung wäre das unvermeidliche Resultat.

192 Allerdings entscheiden im Streitfall zwischen privaten Rechtssubjekten die ordentlichen Gerichte über bürgerlich-rechtliche Streitigkeiten (vgl § 13 GVG). Die Rechtsprechung unterliegt gem. Art. 1 Abs. 3 der Grundrechtsbindung; sie zählt zur öffentlichen Gewalt iSd Art. 93 Abs. 1 Nr 4a, sodass gegen Gerichtsentscheidungen Verfassungsbeschwerde erhoben werden kann. Kann nun ein Bürger, der in einem bürgerlich-rechtlichen Rechtsstreit einem anderen Bürger gegenübersteht, die Maßgeblichkeit der Grundrechte für die rechtliche Beurteilung des Verhaltens des anderen Bürgers mit der Begründung einfordern, das Gericht übe bei der rechtlichen Beurteilung öffentliche Gewalt aus? Kann sogar weitergehend argumentiert werden, dass jedes privatrechtliche Müssen des einen Bürgers bzw jedes privatrechtliche Dürfen des anderen auf staatlicher Rechtsmacht beruht?[57] Hier müssen drei Fragenkreise auseinander gehalten werden:

193 – Für bürgerlich-rechtliche *Gesetze* gilt nichts anderes als für andere Gesetze: Sie müssen gem. Art. 1 Abs. 3 mit den Grundrechten vereinbar sein. Dabei muss zwischen dispositiven und zwingenden Normen unterschieden werden. Die dispositiven Normen, über die die Einzelnen frei verfügen können, stellen keine Eingriffe in die grundrechtliche Freiheit dar; Eingriffe liegen in den zwingenden Normen. So kann etwa eine mietrechtliche Vorschrift gegen das Eigentumsrecht des Vermieters oder eine familienrechtliche gegen das Erziehungsrecht der Eltern verstoßen.

194 – Es muss bei der Rechtsprechung die Entscheidung des Gerichts in der Sache, dh über die bürgerlich-rechtliche Rechtsbeziehung, von den in den Gerichtsverfassungsgesetzen und Prozessordnungen niedergelegten Anforderungen an die Organisation und das Verfahren des Gerichts unterschieden werden. Diese Gesetze sind öffentliches Recht, weil sie ausschließlich einen Träger öffentlicher Gewalt

56 Anlage zum stenographischen Bericht der 9. Sitzung des Parlamentarischen Rates am 6.5.1949, S. 6.
57 So *Schwabe*, Die sogenannte Drittwirkung der Grundrechte, 1971; vgl auch *Bleckmann*, DVBl. 1988, 938.

berechtigen oder verpflichten[58]. Insoweit hat das BVerfG mit Recht festgestellt: „Im gerichtlichen Verfahren tritt der Richter den Verfahrensbeteiligten formell und in unmittelbarer Ausübung staatlicher Hoheitsgewalt gegenüber. Er ist daher nach Art. 1 Abs. 3 bei der Urteilsfindung an die insoweit maßgeblichen Grundrechte gebunden und zu einer rechtsstaatlichen Verfahrensgestaltung verpflichtet"[59]. Ihn binden vor allem, aber nicht ausschließlich, die prozessualen Grundrechte der Art. 19 Abs. 4, 101 und 103. Das Abgrenzungsproblem zwischen Entscheidungsmaßstäben in der Sache und Organisations- und Verfahrensanforderungen stellt sich in der Strafrechtspflege und bei den Verwaltungs-, Sozial- und Finanzgerichten nicht, weil hier nach dem Maßstab des Öffentlichen Rechts entschieden wird und daher auch die Entscheidung in der Sache unzweifelhaft der Grundrechtsbindung unterliegt.

195 – Bei den die Beziehungen zwischen Privaten regelnden bürgerlich-rechtlichen Gesetzen muss zwischen einerseits *speziellen Normen* und andererseits *Generalklauseln* und unbestimmten Rechtsbegriffen wie „rechtmäßig", „rechtswidrig", „sittenwidrig" unterschieden werden. Bei speziellen Normen stellt sich meist nur die Frage ihrer Verfassungsmäßigkeit oder Verfassungswidrigkeit. Dagegen spielen bei Generalklauseln Fragen der grundrechtskonformen oder -nichtkonformen Auslegung oft die entscheidende Rolle (vgl Rn 101 ff).

196 Dies ist der zutreffende Ansatzpunkt für die stRspr und hL zur *mittelbaren Drittwirkung*. Die Grundrechte wirken im Privatrecht nicht unmittelbar, sie lösen die bürgerlich-rechtlichen Rechtsstreitigkeiten nicht direkt. Aber die objektiv-rechtliche Funktion der Grundrechte bedeutet, dass sie „für alle Bereiche des Rechts Geltung haben, mithin auch das Privatrecht beeinflussen. Hier wirkt der Rechtsgehalt der Grundrechte über das Medium der das einzelne Rechtsgebiet unmittelbar beherrschenden Vorschriften, insbesondere der Generalklauseln und sonstigen auslegungsfähigen und auslegungsbedürftigen Begriffe, die im Sinne dieses Rechtsgehalts ausgelegt werden müssen"[60]; die Generalklauseln und unbestimmten Rechtsbegriffe werden deshalb auch als „Einbruchstellen" der Grundrechte in das Bürgerliche Recht bezeichnet.

197 **Beispiele:** Erich Lüth hatte im Jahr 1950 als Vorsitzender des Hamburger Presseklubs zum Boykott des Films „Unsterbliche Geliebte" von Veit Harlan, der während des Dritten Reichs den antisemitischen Film „Jud Süß" gedreht hatte, aufgerufen. Die Produktions- und die Verleihfirma des Films „Unsterbliche Geliebte" klagten daraufhin gegen Lüth auf Unterlassung des Boykottaufrufs aus § 826 BGB. Das BVerfG verlangte, diese Vorschrift „im Geiste" des Art. 5 Abs. 1 S. 1 dahin auszulegen, dass Lüths Aufruf rechtmäßig war (E 7, 198/205 ff). – Ein Angestellter eines Pharmaunternehmens weigerte sich aus Gewissensgründen, an der Entwicklung eines Medikaments mitzuwirken, das die Kampffähigkeit von Soldaten in einem Nuklearkrieg erhöht. Dies kann den Arbeitgeber wegen Art. 4 Abs. 1 verpflichten, den Angestellten anderweitig zu beschäftigen (vgl BAGE 62, 59).

198 Die *Bedeutung* der mittelbaren Drittwirkung ist vor allem darin zu sehen, dass sie auch unter den Bedingungen der modernen hochkomplexen Industriegesellschaft Freiheit und Gleichheit wahren hilft. Diese setzen nämlich nach ihrem geschichtli-

58 Vgl *Maurer*, Allg. VwR, § 3 Rn 13.
59 E 52, 203/207.
60 E 73, 261/269.

chen Verständnis (vgl Rn 26 ff) einen Zustand *faktischer Symmetrie* voraus, in dem jeder Bürger die gleichen Chancen der Verfolgung und Durchsetzung seiner Interessen hat. Diese faktische Symmetrie ist heute nicht nur durch die Macht des Staates, sondern auch durch private wirtschaftliche und soziale Macht, durch Konzerne und Verbände, Standes- und Interessenorganisationen oft beseitigt oder gefährdet. Zwar ist Machtausübung in gewissem Umfang selbst grundrechtlich abgesichert (vgl die Vertrags- und Eigentumsfreiheit), und im Übrigen ist der demokratische Gesetzgeber legitimiert, die gesellschaftlichen Verhältnisse in den Grenzen der Verfassung auch asymmetrisch zu gestalten, solange er dadurch nicht Privilegien schafft bzw Bürger wehr- oder hilflos stellt. So können die Interessen der Mieter und Vermieter durch den Gesetzgeber durchaus unterschiedlich gewichtet werden. Hieran ist die Rechtsprechung gebunden. Wo sie aber, wie bei Generalklauseln, nicht gebunden ist, verlangen die Grundrechte, Chancengleichheit durch Herstellung faktischer Symmetrie zu wahren; die Selbstbestimmung darf nicht in eine Fremdbestimmung verkehrt werden[61]. Darin entfaltet sich eine schützende Wirkung und erweist sich die Drittwirkungsdogmatik als Ausprägung der Schutzfunktion (vgl Rn 110 ff)[62].

Beispiel: Die kleine Zeitung „Blinkfüer" druckte auch nach dem Bau der Berliner Mauer am 13.8.1961 noch Rundfunkprogramme aus der DDR ab. Darauf wurde sie vom großen Springer-Verlag wie folgt boykottiert: Der Springer-Verlag richtete an alle Zeitschriftenhändler ein Rundschreiben, worin er ihnen drohte, sie nicht mehr zu beliefern, wenn sie weiterhin Blinkfüer vertrieben. Der Umsatz von Blinkfüer ging erheblich zurück. Vor dem BGH unterlag Blinkfüer mit seiner Schadensersatzforderung gegen den Springer-Verlag. E 25, 256 hob die Entscheidung des BGH wegen Verletzung von Art. 5 Abs. 1 auf: Seine wirtschaftliche Überlegenheit durfte der Springer-Verlag im Wettbewerb der Meinungen nicht derart ausspielen; die verschiedenen Meinungen müssen mit geistigen Waffen konkurrieren und die gleiche Chance geistigen Wirkens haben. **199**

Die mittelbare Drittwirkung, die Ausstrahlungswirkung der Grundrechte leitet das BVerfG zwar aus ihrer objektiv-rechtlichen Bedeutung ab (vgl Rn 94 ff); es hat ihr aber von Anfang an zugleich *subjektiv-rechtliche Wirkungen* beigelegt (vgl Rn 99): Lässt der Richter den verfassungsrechtlichen Einfluss auf die bürgerlich-rechtlichen Normen außer Acht, „so verstößt er nicht nur gegen objektives Verfassungsrecht, in dem er den Gehalt der Grundrechtsnorm (als objektiver Norm) verkennt, er verletzt vielmehr als Träger öffentlicher Gewalt durch sein Urteil das Grundrecht, auf dessen Beachtung auch durch die rechtsprechende Gewalt der Bürger einen verfassungsrechtlichen Anspruch hat"[63]. **200**

61 Vgl E 81, 242/261 ff; 89, 214/232 f; 103, 89/100 f; dazu *Hermes*, NJW 1990, 1764; *Hillgruber*, AcP 1991, 69; ferner *Hesse*, VerfR, Rn 357; *Schlink*, Abwägung im Verfassungsrecht, 1976, S. 214 ff.

62 Vgl *Herdegen*, MD, Art. 1 Abs. 3 Rn 64 f; *Floren*, Grundrechtsdogmatik im Vertragsrecht, 1999; krit. *Müller-Franken*, in: FS Bethge, 2009, 223/245 ff.

63 E 7, 198/206 f; 89, 214/229 f; aA *H. Klein*, Staat 1971, 145/172; *Merten*, NJW 1972, 1799.

4. Internationale Aspekte der Grundrechtsbindung

201 a) Wenn in Art. 1 Abs. 3 von der Grundrechtsbindung der staatlichen Gewalt die Rede ist, versteht sich, dass die **deutsche** staatliche Gewalt gemeint ist. Akte ausländischer staatlicher Gewalt sind nicht grundrechtsgebunden. Sie dürfen allerdings von der deutschen staatlichen Gewalt nicht um- und durchgesetzt werden, wenn dies zu einer Verletzung von Grundrechten führen würde. Das bedeutet keine Pflicht der deutschen staatlichen Gewalt, grundrechtsbeeinträchtigende Akte ausländischer Gewalt gegenüber Deutschen zu kompensieren.

202 **Beispiele:** Ausländische Rechtsnormen dürfen von der deutschen Rechtsprechung gem. Art. 6 S. 2 EGBGB nicht in Widerspruch zu den Grundrechten angewendet werden (vgl *Stern*, StR III/1, S. 1238 ff). Die Bindung an Art. 14 verlangte von der deutschen staatlichen Gewalt nicht, die Enteignungen durch die sowjetische Besatzungsmacht rückgängig zu machen oder zu entschädigen (vgl Rn 991).

203 b) Die umfassende Grundrechtsbindung der deutschen staatlichen Gewalt ist auch **territorial umfassend**. Deutsche staatliche Gewalt ist an die Grundrechte gebunden, gleichgültig wo sie ausgeübt wird und ob ihre Wirkungen im In- oder Ausland eintreten[64]. Allerdings ist das BVerfG bereit, bei Sachverhalten mit starkem internationalen Bezug „eine Minderung des Grundrechtsstandards in Kauf zu nehmen", wenn anders die Grundrechte noch weniger verwirklicht würden[65]. Begründen lässt sich das damit, dass eine völkerrechtliche Bindung vorliegt, der Verfassungsrang zukommt[66].

204 **Beispiele:** Die Deutsche Botschaft ist gegenüber Deutschen und Ausländern ebenso an die Deutschen- und Jedermannsrechte gebunden wie im Inland das Auswärtige Amt. Die Bundeswehr ist auch bei ihren Auslandseinsätzen grundsätzlich an die Grundrechte gebunden (vgl *Werner*, Die Grundrechtsbindung der Bundeswehr bei Auslandseinsätzen, 2006). Bei Schiffen, die unter deutscher Flagge, aber mit ausländischer Mannschaft fahren, durfte der Gesetzgeber den Grundrechtsstandard reduzieren, da die deutschen Reeder die Schiffe andernfalls unter ausländischer Flagge mit noch stärker reduziertem Grundrechtsstandard fahren ließen (E 92, 26/42).

205 c) Bei Maßnahmen der **EU** – Entsprechendes gilt bei Maßnahmen zwischenstaatlicher Einrichtungen gem. Art. 24 Abs. 1[67] – ist zu unterscheiden:

206 aa) Das **Unionsrecht selbst** genießt grundsätzlich Anwendungsvorrang vor dem deutschen Recht, einschließlich der Grundrechte. Grundrechtsgebunden ist aber der deutsche Gesetzgeber, wenn er in Ausübung deutscher Staatsgewalt bei der Schaffung und Änderung der vertraglichen Grundlagen der Europäischen Union *(primäres Unionsrecht)* mitwirkt; diese Bindung wird freilich durch Art. 23 Abs. 1 S. 3 auf eine Bindung an Art. 79 Abs. 3 zurückgenommen. Auch der deutsche Vertreter im Ministerrat, der zugleich deutsche Staatsgewalt ausübt und europäischer Organwalter ist, ist bei der Setzung von sekundärem Unionsrecht an die Grundrechte gebunden; auch

64 E 6, 290/295; vgl auch E 57, 9/23; 100, 313/362 ff; *Röben*, Außenverfassungsrecht, 2007.
65 E 92, 26/42.
66 *Herdegen*, MD, Art. 1 Abs. 3 Rn 74 ff.
67 BVerfG, NJW 2001, 2705.

sein integrationspolitischer Handlungsspielraum wird allerdings weithin als nur durch Art. 79 Abs. 3 begrenzt gesehen[68].

Das BVerfG spricht dem *sekundären Unionsrecht* Anwendungsvorrang vor dem deutschen Recht nur dann zu, wenn es die unabdingbaren Grundrechtsstandards des GG wahrt[69]. Allerdings hält es die Bindung des sekundären Unionsrechts an die Grundrechte des GG mit Blick auf den Schutz der Grundrechte durch die EU, namentlich den Europäischen Gerichtshof, gegenwärtig nicht für aktuell. Denn es erachtet diesen Grundrechtsschutz im Hoheitsbereich der EU als „nach Konzeption, Inhalt und Wirkungsweise dem Grundrechtsstandard des GG im Wesentlichen gleich"[70]. Solange dies so bleibt, will das BVerfG seine Gerichtsbarkeit über das sekundäre Unionsrecht nicht mehr ausüben und insoweit auch die Bindung an die Grundrechte des GG nicht mehr überprüfen[71]. Es sieht sich in einem „Kooperationsverhältnis" zum Europäischen Gerichtshof, überlässt diesem den Grundrechtsschutz im Einzelfall und beansprucht für sich die generelle Gewährleistung des unabdingbaren Grundrechtsstandards als Teil der Verfassungsidentität des GG[72]. Inhaltlich dürfte dieser mit dem durch Art. 79 Abs. 3 gesetzten Grundrechtsstandard übereinstimmen. Bei dieser sog. Ultra-vires-Kontrolle beschränkt sich das BVerfG allerdings auf offensichtliches und erhebliches kompetenzwidriges Handeln der Unionsgewalt[73]. 207

bb) Bei der **Umsetzung** und **Vollziehung** von Maßnahmen der Union handelt deutsche staatliche Gewalt iSv Art. 1 Abs. 3. Allerdings darf die auf Unionsrecht beruhende Verpflichtung, Unionsrecht zu vollziehen und umzusetzen, nicht dadurch unterlaufen werden, dass über den Umsetzungs- oder Vollzugsakt sekundäres Unionsrecht am Maßstab der Grundrechte überprüft wird. Soweit daher das Unionsrecht den Mitgliedstaaten zwingende Vorgaben macht, ist es nicht an den Grundrechten des Grundgesetzes zu messen[74], sondern bestimmt sich der Umfang der Grundrechtsbindung wegen der Öffnung der nationalen Rechtsordnung zu Gunsten der Unionsgewalt allein aus Art. 79 Abs. 3. Räumt hingegen das Unionsrecht den deutschen Organen – wie etwa bei der Umsetzung von Richtlinien oder im Rahmen einer Ermächtigung des primären Unionsrechts – einen *Spielraum* ein, steht die deutsche Maßnahme nicht unter zwingenden unionsrechtlichen Vorgaben. In diesem Fall besteht daher eine uneingeschränkte Grundrechtsbindung nach Maßgabe der Art. 1 Abs. 3 nachfolgenden Grundrechte[75]. 208

68 Vgl *Dreier*, DR, Art. 1 III, Rn 17 f.
69 E 37, 271/279 f; 73, 339/375 f; 89, 155/174 f.
70 E 73, 339/378.
71 E 73, 339/387; 102, 147/162 f; 118, 79/95.
72 E 89, 155/175; 123, 267/353 f.
73 E 126, 286/303 ff.
74 E 118, 79/95 ff; 125, 260/306; BVerfG, 19.7.2011, Rn 53 f.
75 Vgl E 125, 260/306 f; *Augsberg*, DÖV 2010, 153; *Calliess*, JZ 2009, 113; anders der EuGH, vgl Rn 61.

5. Grundpflichten?

209 Bei der Beschäftigung mit den Grundrechten wird auch über Grundpflichten nachgedacht[76]. Dafür bieten Art. 5 Abs. 3 S. 2 und Art. 14 Abs. 2 einen Anhalt: Mit der Verfassungstreueklausel könnte dem wissenschaftlichen Lehrer und mit der Gemeinwohlformel dem Eigentümer eine Pflicht auferlegt sein. Aber erst durch ein Handeln des Staats werden diese Pflichten *aktualisiert* und entfalten rechtliche Wirkungen. Bei der Pflicht der Eltern zur Pflege und Erziehung der Kinder gem. Art. 6 Abs. 2 S. 1 spricht das BVerfG zwar von einer „unmittelbar" gegenüber den Kindern bestehenden Pflicht (vgl Rn 700); aber auch diese Pflicht entfaltet sich in den Aktualisierungen des einfachen Rechts. Keine verfassungstextliche Grundlage haben die zuweilen als Grundpflichten angeführten Steuer- und Schulpflicht; zwar lässt sich sagen, dass die Bundesrepublik Deutschland auf sie angewiesen ist, aber darum bedarf es doch des Gesetzgebers, der sie einführt und ausgestaltet. Nachdem er es getan hat, stehen diese Pflichten auch nicht als Grundpflichten neben den Grundrechten, sondern sind Eingriffe wie alle anderen gesetzlich auferlegten Pflichten.

210 Gelegentlich ist von einer *Gehorsamspflicht* die Rede, die allen gesetzlich auferlegten Pflichten als Grundpflicht zu Grunde liege[77]. Die Vorstellung einer Pflicht, Pflichten zu erfüllen, ist ebenso seltsam wie die eines Rechts, Rechte auszuüben, einer Entschlossenheit zu wollen oder einer Fähigkeit zu können. Diese Verdoppelung von Pflichten durch eine Grundpflicht bringt keine zusätzlichen Rechtserkenntnisse.

211 **Literatur:** Zu I: *P.M. Huber*, Natürliche Personen als Grundrechtsträger, Hdb. GR II, § 49; *W. Rüfner*, Grundrechtsträger, Hdb. StR³ IX, § 196. – Zu I. 1.: *J. Gundel*, Der grundrechtliche Status der Ausländer, Hdb. StR³ IX, § 198; *A. Siehr*, Die Deutschenrechte des GG, 2001. – Zu I. 2.: *W. Brohm*, Humanbiotechnik, Eigentum und Menschenwürde, JuS 1998, 197; *E. Iliadou*, Forschungsfreiheit und Embryonenschutz, 1999; *I. Klinge*, Todesbegriff, Totenschutz und Verfassung, 1996. – Zu I. 3.: *W. Roth*, Die Grundrechte Minderjähriger im Spannungsfeld selbstständiger Grundrechtsausübung, elterlichen Erziehungsrechts und staatlicher Grundrechtsbindung, 2003; *D.C. Umbach*, Grundrechts- und Religionsmündigkeit im Spannungsfeld zwischen Kindes- und Elternrecht, in: FS Geiger, 1989, S. 359. – Zu I. 4.: *P.S. Fischinger*, Der Grundrechtsverzicht, JuS 2007, 808; *D. Merten*, Grundrechtsverzicht, Hdb. GR III, § 73; *G. Robbers*, Der Grundrechtsverzicht, JuS 1985, 925. – Zu I. 5.: *D. Krausnick*, Grundfälle zu Art. 19 III GG, JuS 2008, 869, 965; *J. Isensee*, Anwendung der Grundrechte auf juristische Personen, Hdb. StR³ IX, § 199; *F. Schnapp*, Zur Grundrechtsberechtigung juristischer Personen des öffentlichen Rechts, Hdb. GR II, § 52; *F. Schoch*, Grundrechtsfähigkeit juristischer Personen, Jura 2001, 201. – Zu II: *C.D. Classen*, Die Drittwirkung der Grundrechte in der Rspr des BVerfG, AöR 1997, 65; *H. de Wall/R. Wagner*, Die sogenannte Drittwirkung der Grundrechte, JA 2011, 734; *G. Hager*, Von der Konstitutionalisierung des Zivilrechts zur Zivilisierung der Konstitutionalisierung, JuS 2006, 769; *K. Hesse*, Verfassungsrecht und Privatrecht, 1988; *W. Höfling*, Die Grundrechtsbindung der Staatsgewalt, JA 1995, 431; *J. Pietzcker*, Drittwirkung – Schutzpflicht – Eingriff, in: FS Dürig, 1990, S. 345; *H.C. Röhl*, Verwaltung und Privatrecht-Verwaltungsprivatrecht?, VerwArch 1995, 531; *W. Rüfner*, Grundrechtsadressaten, Hdb. StR³ IX, § 197; *F. Schnapp/M. Kaltenborn*, Grundrechtsbindung nichtstaatlicher Institutionen, JuS 2000, 937; *D. Suhr*, Die Freiheit vom staatlichen Eingriff als Freiheit zum privaten Eingriff?, JZ 1980, 166.

76 *Hofmann*, Hdb. StR³ IX, § 195; *Kloepfer*, VerfR II, § 53 Rn 1 ff; *Randelzhofer*, Hdb. GR II, § 37.
77 *Isensee*, DÖV 1982, 609/612 ff.

§ 6 Grundrechtsgewährleistungen und -beschränkungen

I. Schutzbereich und Gewährleistung

Die verschiedenen Grundrechte gelten *verschiedenen Lebensbereichen.* In den mal eng und mal weit ausgreifenden Lebensbereichen schützen sie den Einzelnen gegen staatliche Eingriffe, mal mit seinem Verhalten insgesamt, mal aber auch nur mit bestimmten Verhaltensweisen, indem sie dem Staat für Eingriffe die Rechtfertigungslast aufbürden. 212

Beispiele: Art. 4 gilt dem Leben des Einzelnen aus seinen religiösen oder sonstigen tiefsten Überzeugungen, Art. 5 der Kommunikation durch und über Informationen und Meinungen, Art. 6 der Ehe und Familie, Art. 8 der friedlichen und waffenlosen Versammlung, Art. 9 den Vereinigungen. 213

Dies ist der grundrechtlich geschützte Lebensbereich, der *Schutzbereich* des Grundrechts. Gelegentlich wird er auch der *Normbereich* des Grundrechts genannt, dh der Bereich, den die Grundrechtsnorm aus der Lebenswirklichkeit als Schutzgegenstand herausschneidet[1]. Wenn vom *Regelungsbereich* die Rede ist, dann ist damit nicht der Schutzbereich, sondern der Lebensbereich, dem das Grundrecht gilt und in dem es den Schutzbereich erst bestimmt, gemeint. 214

Beispiel: Der Regelungsbereich des Art. 8 Abs. 1 erstreckt sich auf alle Versammlungen. Sein Schutzbereich umfasst dagegen nur friedliche und waffenlose Versammlungen. 215

Das Verhalten im Schutzbereich eines Grundrechts kann als *Grundrechtsgebrauch* oder *Grundrechtsausübung* bezeichnet werden. Wenn hier vom Verhalten im Schutzbereich der Grundrechte die Rede ist, dann will dies in denkbar weitem Sinn verstanden werden. Gemeint ist nicht nur das Handeln (sog. positive Freiheit), sondern auch das Unterlassen (sog. negative Freiheit)[2] und uU das bloße Sich-Befinden. Gemeint ist das Verhalten nicht nur im Schutzbereich derjenigen Grundrechte, die im Text von Handlungen („seine Meinung … äußern", „sich … unterrichten", „sich … versammeln" etc.) sprechen, sondern auch im Schutzbereich weniger handlungs- als vielmehr sachbezogen formulierter Grundrechte („Kunst und Wissenschaft … sind frei"). 216

Beispiele: Art. 14 Abs. 1 gewährleistet das Eigentum und nimmt damit den Bestand und die Nutzung eigener Sachen und Rechte in seinen Schutzbereich; Art. 13 erklärt die Wohnung für unverletzlich und definiert sie dadurch als Schutzbereich, in dem der Einzelne sich befindet und ua auch entscheidet, wer Zutritt hat; Art. 2 Abs. 2 S. 1 gewährleistet dem Einzelnen mit dem Recht auf das Leben nicht die bloße Befindlichkeit des Lebens, sondern das Atmen, Sich-Ernähren und Sich-Bewegen, ohne das es Leben nicht gibt. 217

Der Schutz, den das Grundrecht in seinem Schutzbereich dem Einzelnen bietet, wirkt zunächst in der Gestalt von *subjektiven Rechten.* Bei manchen Grundrechten findet sich auch der Schutz von Instituten und Institutionen (vgl Rn 88), und allen Grundrechten erkennen BVerfG und hL neben der subjektiv-rechtlichen noch eine *objektiv-* 218

1 *Hesse*, VerfR, Rn 46, 69.
2 Krit. *Hellermann*, Die sogenannte negative Seite der Freiheitsrechte, 1993.

rechtliche Bedeutung zu (vgl Rn 91 ff). Aber dadurch wird die subjektiv-rechtliche Bedeutung nicht beschränkt, sondern nur verstärkt, zB indem das subjektive Recht, Eingriffe abzuwehren, zum Schutz-, Teilhabe- oder Verfahrensrecht geweitet wird.

219 Diese Schutzwirkungen sind die Grundrechtsgewährleistungen, -garantien oder -verbürgungen. *Terminologisch* ist zu unterscheiden: Das Grundrecht *hat* seinen Schutzbereich, und es verbürgt, garantiert oder gewährleistet *im* Schutzbereich subjektive Rechte (Abwehr- oder Schutzrechte), Einrichtungs- (Instituts- oder institutionelle) Garantien, eine grundrechtskonforme Auslegung und Anwendung einfachen Rechts etc. Geläufig ist auch eine Terminologie, die verkürzend einfach davon spricht, dass Grundrechte Freiheiten, Leistungen, Teilhabe, Verfahren, Einrichtungen, Werte und Prinzipien etc. verbürgen, garantieren oder gewährleisten, und auch vom Garantie- oder Gewährleistungsgehalt der Grundrechte ist die Rede[3]. Entscheidend ist, dass der Begriff der Grundrechtsgewährleistung mit den verwandten Begriffen auf rechtlich ausgeformte *Schutzwirkungen* der Grundrechte bezogen ist, während der Begriff des Schutzbereichs, den ein Grundrecht hat, die Lebenswirklichkeit als Schutzgegenstand bezeichnet[4].

220 **Beispiele:** Art. 12 Abs. 1 hat als Schutzbereich das Berufsleben und Ausbildungswesen und gewährleistet in diesem Schutzbereich Abwehr-, eventuell auch Schutz-, Teilhabe- oder Leistungsrechte. Art. 3 gilt nicht einem bestimmten Lebensbereich, sondern fordert die Gleichheit schlechthin; bei Art. 3 geht es daher nicht um Schutzbereiche, sondern nur um Gewährleistungen. Auch bei der allgemeinen Handlungsfreiheit des Art. 2 Abs. 1 erübrigt sich eine positive Bestimmung des Schutzbereichs; nur negativ ist auszugrenzen, was von den anderen Grundrechten spezieller geschützt ist und daher nicht mehr unter den allgemeinen Schutz der allgemeinen Handlungsfreiheit fallen kann.

221 **Lösungstechnischer Hinweis:** Mit der Bestimmung des einschlägigen Schutzbereichs fängt die Fallbearbeitung an. Auf welches Grundrecht sich der Einzelne berufen kann, wenn er staatliche Eingriffe in ein Verhalten abwehren oder auch staatlichen Schutz (vgl Rn 101 ff) für sein Verhalten begehren will, hängt davon ab, in welchen Schutzbereich sein Verhalten fällt. Die gemeinsame Prüfung zweier oder mehrerer Grundrechte, die sich gelegentlich beim BVerfG findet („Schutzbereichsverstärkung", vgl *Spielmann*, JuS 2004, 371; „Grundrechtskombination", vgl *E. Hofmann*, Jura 2008, 667), kommt in der Falllösung nicht in Betracht (aA *Michael/Morlok*, GR, Rn 58). Anschließend verlangt die Fallbearbeitung die Bestimmung der jeweiligen Grundrechtsgewährleistung, -garantie oder -verbürgung: Schließt sie ein, was der Einzelne begehrt? Beispielsweise genügt es dafür, dass jemand unter Berufung auf Art. 12 Abs. 1 die staatliche Unterstützung für eine zusätzliche Berufsausbildung fordern kann, nicht, dass auch die zusätzliche Berufsausbildung in den Schutzbereich von Art. 12 Abs. 1 fällt; vielmehr muss Art. 12 Abs. 1 neben den entsprechenden Abwehrrechten gerade entsprechende Leistungsrechte gewährleisten.

---

3 *Böckenförde*, Staat 2003, 165/174 f; *Hoffmann-Riem*, Staat 2004, 203/226 f.

4 Vgl auch *Volkmann*, JZ 2005, 261/265 ff; *Rusteberg*, Der grundrechtliche Gewährleistungsgehalt, 2009, S. 232 f.

II. Eingriff, Schranke und verwandte Begriffe

Der gewissermaßen wildwüchsige Freiheitsgebrauch der Grundrechtsberechtigten würde zu *Konflikten* führen: zu Konflikten mit den Interessen der Allgemeinheit und auch mit dem Freiheitsgebrauch anderer Grundrechtsberechtigter. Deshalb gibt es Eingriffe in die Grundrechte und werden dem Grundrechtsgebrauch Schranken gezogen. Wann der Staat die Eingriffe vornehmen und die Schranken ziehen darf und wann der Grundrechtsberechtigte sie, weil sie verfassungsrechtlicher Rechtfertigung entbehren, abwehren kann, ist später zu fragen (vgl Rn 263 ff). Zunächst sind die im Grundgesetz gebrauchten sowie die nicht im Grundgesetz gebrauchten, aber von Rechtsprechung und Lehre verwandten einschlägigen Begriffe zu klären. Teils bedeuten sie dasselbe, teils Verschiedenes. **222**

1. Eingriff, Schranke, Be- oder Einschränkung, Beeinträchtigung, Verkürzung, Begrenzung

Ein Eingriff, eine Schranke, eine Be- oder Einschränkung, eine Beeinträchtigung, eine Verkürzung oder eine Begrenzung vonseiten des Staats ist stets dann gegeben, wenn dem Einzelnen ein Verhalten, das vom Schutzbereich eines Grundrechts umfasst ist, durch den Staat verwehrt wird. Der Eingriff kann *individuell* (Verwaltungsakt, Gerichtsurteil) oder *generell* (Gesetz, Rechtsverordnung, Satzung) erfolgen. Er kann auch durch ein Gesetz lediglich ermöglicht werden; wenn das Gesetz zB die Verwaltung ermächtigt, dem Einzelnen dieses oder jenes Verhalten zu verwehren, dann entscheidet es zwar schon, welche Eingriffe den Einzelnen treffen können, nimmt sie aber noch nicht vor. **223**

Die *verschiedenen Begriffe* sind *gleichbedeutend.* Gelegentlich werden die Begriffe der Schranke und der Begrenzung allerdings in anderem Sinn als Bezeichnung der Grenze verstanden, die die grundrechtlich geschützte von der grundrechtlich nicht geschützten Lebenswirklichkeit, den Schutzbereich vom Regelungsbereich (vgl Rn 214 f) oder von einem kollidierenden anderen Schutzbereich (vgl Rn 334) trennt. **224**

2. Ausgestaltung und Konkretisierung

Die Ausgestaltung oder Konkretisierung eines Grundrechts ist stets dann gegeben, wenn dessen Schutzbereich intakt bleibt, dh nicht iSd vorhergehenden Abschnitts be- oder eingeschränkt, beeinträchtigt, verkürzt usw wird. Hier will der Staat nicht etwa ein Verhalten verwehren, das vom Schutzbereich umfasst ist. Vielmehr will er Verhaltensmöglichkeiten gerade *eröffnen*, damit der Einzelne vom Grundrecht Gebrauch machen kann. Solcher Ausgestaltungen und Konkretisierungen bedarf es bei den so genannten *rechts-* oder *normgeprägten Schutzbereichen.* Bei ihnen ist der Einzelne zum Grundrechtsgebrauch nicht schon durch seine Natur und auch nicht durch seine gesellige Natur, sondern erst durch die Rechtsordnung im Stande[5]. **225**

Beispiele: Zu leben (Art. 2 Abs. 2 S. 1) und seinen Aufenthalt hier oder dort zu nehmen (Art. 11 Abs. 1), gehört zur Natur des Einzelnen; sich meinungsmäßig auszutauschen (Art. 5 **226**

5 *Degenhart*, Hdb. GR III, § 61 Rn 19 ff.

Abs. 1 S. 1) und zu versammeln (Art. 8 Abs. 1), gehört zu seiner natürlichen Geselligkeit. Dagegen macht erst die Rechtsordnung aus irgendeinem Zusammenleben von Frau und Mann die Ehe (Art. 6 Abs. 1) und aus irgendeinem Haben das Eigentum (Art. 14 Abs. 1). Beim Eigentum und Erbrecht spricht das Grundrecht die notwendige Rechts- oder Normgeprägtheit dadurch auch deutlich aus, dass es nicht erst eine Schranken-, sondern schon eine Inhaltsbestimmung zulässt (Art. 14 Abs. 1 S. 2).

227 Dabei gibt es nicht nur Schutzbereiche einerseits mit und andererseits ohne Rechts- oder Normprägung. Grundrechte können auch Schutzbereiche haben, die *teilweise rechts- oder normgeprägt* sind.

228 **Beispiele:** Art. 9 Abs. 1 gewährleistet nicht nur das Recht, sich irgendwie zu vereinigen oder zu gesellen, sondern das Recht zur Bildung der Rechtsinstitute des Vereins und der Gesellschaft sowie der weiteren von der Rechtsordnung geschaffenen Vereinigungstypen, wie der Kommanditgesellschaft, der Aktiengesellschaft und der Genossenschaft. Art. 2 Abs. 1 gewährleistet mit der Vertragsfreiheit (vgl Rn 388) die Freiheit zu rechtlich verbindlicher, von der Rechtsordnung vorgesehener und gesicherter Gestaltung (vgl *Höfling*, Vertragsfreiheit, 1991, S. 20 ff; *Pieroth/Hartmann*, WM 2009, 677).

229 Bei den Grundrechten mit rechtsgeprägten Schutzbereichen, zu denen besonders die gehören, die auch Einrichtungsgarantien gewährleisten, taucht stets das folgende *Problem* auf: Einerseits sind sie auf Ausgestaltung angelegt, andererseits sollen sie dem Staat vorausliegen und ihn verpflichten. Dass der Gesetzgeber ein Grundrecht ausgestalten muss, kann nicht heißen, dass er über das Grundrecht verfügen darf. Es muss ihm also eine Grenze gezogen sein, jenseits derer er den Schutzbereich nicht mehr *ausgestaltet*, sondern in ihn eingreift und ihm Schranken zieht. Da die Geschichte die natürliche Geselligkeit des Menschen rechtlich verfasst hat, bietet va die Geschichte das Kriterium für die gesuchte Grenze[6]. Eine Regelung, die *mit der Tradition bricht*, ist grundsätzlich keine Ausgestaltung des Schutzbereichs.

230 **Beispiele:** Die Ehescheidungsreform, die das Verschuldens- durch das Zerrüttungsprinzip ablöste, hielt an der Tradition der monogamischen, einverständlich begründeten und grundsätzlich lebenslangen Ehe fest und gestaltete diese nur neu aus. Ein Eherecht, das alle Ehen nach fünf Jahren auslaufen ließe und für die Fortdauer eine Neubegründung verlangte, wäre ein Eingriff. – Zum Begriff des Eigentums gehört traditionell das Merkmal der Privatnützigkeit. Wenn diese vielfältig beschränkt wird, ist dies, weil ebenfalls traditioneller Befund, durchaus noch Ausgestaltung bzw, wie Art. 14 Abs. 1 S. 2 formuliert, Inhaltsbestimmung. Wenn jedoch dem Eigentümer jegliche Verfügung über sein Eigentum und jegliche Nutzung seines Eigentums verwehrt würde und nur noch das nackte Recht bliebe, wäre dies keine Ausgestaltung bzw Inhaltsbestimmung mehr, sondern ein Eingriff.

231 Auch wo Schutzbereiche nicht rechtsgeprägt sind und der Ausgestaltung oder Konkretisierung insofern nicht bedürfen, kann die Rechtsordnung selbstverständlich den *Grundrechtsgebrauch erleichtern und fördern.*

232 **Beispiel:** Von der Versammlungsfreiheit kann zwar oft ohne jedes staatliche Zutun, ohne jede Erleichterung und Förderung durch die Rechtsordnung Gebrauch gemacht werden. Demonstrationen, in Art. 8 Abs. 1 iVm Art. 5 Abs. 1 S. 1 geschützt, sind dagegen unter Umständen darauf angewiesen, dass die Polizei Wege sichert, Verkehr anhält und umleitet etc. Die Anmeldung

---

6 Vgl *Kloepfer*, Hdb. GR II, § 43 Rn 34.

von Demonstrationen (vgl § 14 Abs. 1 VersG) liegt daher unter Umständen auch im eigenen Interesse der Demonstranten.

Gelegentlich wird hierfür der Begriff der *Konkretisierung* verwandt und bei den rechtsgeprägten Schutzbereichen nur von Ausgestaltung geredet[7]. Wichtig ist der sachliche Unterschied: Bei den rechtsgeprägten Schutzbereichen sind dem Verhalten durch die Rechtsordnung stets und notwendig bestimmte Bahnen vorgegeben und kann das Verhalten nur in diesen Bahnen frei sein. Dem Handeln die Bahnen vorzugeben, muss daher noch nicht einen Eingriff in den Schutzbereich bedeuten. Bei den nicht rechtsgeprägten Schutzbereichen liegt dagegen in der Vorgabe bestimmter Bahnen ein Eingriff. **233**

Beispiele: Die freie Meinungsäußerung und -verbreitung in Wort, Schrift und Bild in bestimmten Medien (Leserbrief, schwarzes Brett, Speakers' Corner) unter Ausschluss anderer zu kanalisieren, wäre ein Eingriff in Art. 5 Abs. 1 S. 1, nicht nur dessen Konkretisierung. Von einer solchen könnte nur dann gesprochen werden, wenn der Staat schwarze Bretter und Speakers' Corners zusätzlich zu den Medien, die sich der Einzelne erschließt, zur Verfügung stellt. Aber hierfür bedarf es nicht des besonderen Begriffs. – Im Beispiel aus Rn 232 wäre es verfehlt, nicht nur die Sicherungsmaßnahmen der Polizei, sondern auch die Verpflichtung zur Anmeldung von Demonstrationen oder gar das ganze Versammlungsgesetz als Konkretisierung der Versammlungsfreiheit zu verstehen. Auch wenn beides den Demonstranten einmal zugute kommen kann, ist es doch Eingriff und Schranke um der Interessen der Allgemeinheit und um der Rechte und Grundrechte derer willen, die nicht demonstrieren. **234**

3. Regelung

Den Begriff der Regelung verwendet das Grundgesetz bei den Grundrechten und grundrechtsgleichen Rechten besonders dann, wenn es den Gesetzgeber lediglich damit betraut, „das Nähere" zu regeln (Art. 4 Abs. 3 S. 2, 12a Abs. 2 S. 3, 104 Abs. 2 S. 4; vgl auch Art. 38 Abs. 3). Damit meint es, dass der Gesetzgeber die jeweilige Gewährleistung zwar durch Modalitäten, Formen und Verfahren handhabbar machen, ihren Gehalt aber *nicht verändern oder verkürzen* darf. Anknüpfend an diesen Begriff der näheren Regelung ließe sich erwägen, vom Gesetzgeber auch da, wo nur von einer Ermächtigung zur *Regelung* die Rede ist (Art. 12 Abs. 1 S. 2), ein besonders behutsames Tätigwerden zu verlangen. Das BVerfG hat dies in seiner älteren Rechtsprechung getan, in seiner neueren aber abgelehnt. Es erkennt Be- und Einschränkungen aller Art als Regelungen des Art. 12 Abs. 1 S. 2 an (vgl Rn 877). **235**

4. Antastung

Sowohl die *Menschenwürde* als auch die *Wesensgehalte* der Grundrechte erklärt das Grundgesetz für unantastbar (Art. 1 Abs. 1 S. 1, 19 Abs. 2). Es verwendet den Begriff der Antastung nur in diesem verbietenden Sinn und nur bei den grundrechtlichen Gewährleistungen, die es der Disposition des Staats verstärkt entzieht. Zwar ist es weder grammatisch noch dogmatisch falsch, auch von der Antastung anderer grundrechtlicher Gewährleistungen zu reden, über die der Staat bei entsprechender verfassungs- **236**

7 *Hesse*, VerfR, Rn 303 ff.

rechtlicher Rechtfertigung disponieren darf. Aber hierfür gibt es genügend andere Begriffe, und so empfiehlt es sich, den Begriff der Antastung der Erörterung und Anwendung von Art. 1 Abs. 1 S. 1 und Art. 19 Abs. 2 vorzubehalten.

5. Verletzung

237 Ein Eingriff in ein Grundrecht kann zulässig oder unzulässig sein. Die Verletzung eines Grundrechts ist stets unzulässig, sie ist der *unzulässige Eingriff* in das Grundrecht. Das Grundgesetz bestimmt die Unverletzlichkeit der Freiheit der Person (Art. 2 Abs. 2 S. 2), der Freiheiten des Glaubens, Gewissens und Bekenntnisses (Art. 4 Abs. 1), des Brief-, Post- und Fernmeldegeheimnisses (Art. 10 Abs. 1) und der Wohnung (Art. 13 Abs. 1). Bei dreien dieser Grundrechte ermächtigt es zugleich zu Eingriffen und/oder Beschränkungen (Art. 2 Abs. 2 S. 3, 10 Abs. 2, 13 Abs. 2–7) und gibt damit zu erkennen, dass nur der Eingriff, der durch diese Ermächtigung nicht zu rechtfertigen ist, eine Verletzung darstellt. Bei Art. 4 wird zu keinerlei Eingriffen oä ermächtigt; hier ist – vorbehaltlich einer Kollision (vgl Rn 327 ff) – jeder Eingriff eine Verletzung.

238 **Lösungstechnischer Hinweis:** Fallbearbeitungen sind terminologisch oft nicht korrekt, sprechen statt vom Eingriff von der Verletzung und fragen nach deren verfassungsrechtlicher Rechtfertigung. Aber die Verletzung ist gerade der verfassungsrechtlich nicht zu rechtfertigende und daher unzulässige Eingriff. Ob ein Grundrecht verletzt worden ist oder nicht, stellt daher das Ergebnis der Prüfung dar.

III. Schutzbereich und Eingriff

239 Die beiden Begriffe des Schutzbereichs und des Eingriffs mit ihren jeweiligen Synonymen sind *aufeinander bezogen.* Je weiter die Schutzbereiche der Grundrechte verstanden werden, desto mehr erscheint staatliches Handeln als Eingriff, je enger sie verstanden werden, desto weniger gerät der Staat mit den Grundrechten in Konflikt.

240 **Beispiel:** Ob die Polizei, die einem Künstler das Abhalten eines Happenings auf der Straßenkreuzung verwehrt, in die Kunstfreiheit eingreift, ist nicht nur die Frage, ob das Verwehren ein Eingriff ist, oder, wenn es freundlich, ohne Zwang und durch bloßen Hinweis auf die drohenden Gefahren erfolgt, kein Eingriff ist. Vielmehr ist schon die Frage, ob das Happening, das Happening auf der Straßenkreuzung, das Happening auf der verkehrsreichen Straßenkreuzung in den Schutzbereich der Kunstfreiheit fallen. Das enge Kunst- und Kunstfreiheitsverständnis gibt der Polizei mehr Handlungsspielraum als das weite.

241 Da der Staat, wenn er einen Eingriff vornimmt, verfassungsrechtlicher Rechtfertigung bedarf, mag es scheinen, als müsse gerade ein freiheitliches Staatsverständnis die Schutzbereiche weit ziehen („in dubio pro libertate")[8] und auch den Eingriffsbegriff weit fassen. Ist nicht der Staat um so freiheitlicher, je mehr er über sein Handeln Rechenschaft ablegen muss, je weiteren und stärkeren Anforderungen verfassungsrechtlicher Rechtfertigung er unterworfen ist? Aber dabei bleibt zweierlei außer Betracht: Zum einen ist die verfassungsrechtliche Rechtfertigung an den Grundrechten nicht

8 *Höfling*, Offene Grundrechtsinterpretation, 1987.

die einzige Rechtfertigung des Staatshandelns; es gibt auch die Rechtfertigung durch den demokratischen politischen Prozess. Zum anderen würde eine Überforderung und Überdehnung der Grundrechte die verfassungsrechtliche Rechtfertigung so oft und so oft da fordern, wo sie sich von selbst versteht, dass ihre Maßstäbe zu kleiner, billiger Münze verkämen.

Beispiel: Ein weiter Begriff des Gewissens und der Gewissensfreiheit könnte jedes Handeln, das von festen Überzeugungen geleitet ist, unter den Schutz von Art. 4 Abs. 1 ziehen. Da für Art. 4 Abs. 1 keine Eingriffe oä vorgesehen sind, wäre jede Schranke, die dem aus festen Überzeugungen Handelnden gezogen wird, eigentlich eine Verletzung der Gewissensfreiheit. Dies kann und darf jedoch nicht sein: Schon das Überqueren der Straße bei roter Ampel kann von der festen Überzeugung geleitet sein, dass der Einzelne selbst beurteilen kann, wann der Verkehr ihn gefährdet und wann nicht. So müssten denn für unendlich viele Situationen in Art. 4 Abs. 1 nicht vorgesehene Eingriffsrechtfertigungen ersonnen werden. Die Rechtfertigung aus kollidierendem Verfassungsrecht (vgl Rn 334 ff), die von Rechtsprechung und Lehre für nicht vorgesehene Eingriffe als letzte und behutsam einzusetzende Möglichkeit und Rechtfertigung entwickelt worden ist, verlöre ihren Ausnahmecharakter, und das differenzierte Schrankensystem der Grundrechte würde gesprengt. **242**

So spricht denn *keine Vermutung* dafür, die Schutzbereiche *weit* zu ziehen. Auch dafür, sie *eng* zu ziehen, spricht keine Vermutung. Die Schutzbereiche jedes einzelnen Grundrechts müssen mit den normalen juristischen Auslegungsmitteln von dessen Text, Geschichte, Genese und systematischer Stellung her einfach richtig bestimmt werden[9]. Auch der Begriff des Eingriffs ist nicht von irgendwelchen Vermutungen, sondern von Funktion und Begriff der Grundrechte her zu bestimmen. **243**

1. Bestimmung des Schutzbereichs

a) Das Reden vom Bereich darf nicht zu **falschem räumlichen Denken** verleiten. Es muss nicht der eine Raum sein, der verschiedenes Verhalten zum Inhalt desselben Schutzbereichs verbindet. Vielmehr kann dieselbe Funktion, dieselbe Rolle, dasselbe Thema den identischen Inhalt des Schutzbereichs ausmachen. **244**

Beispiele: Zwar bezeichnet der Begriff Wohnung einen Raum. Aber Art. 13 stellt den Raum der Wohnung nicht mit allem darin stattfindenden Verhalten frei. Er tut dies nicht nur darum nicht, weil er in Abs. 2–5 und 7 bestimmte Eingriffe und Beschränkungen ausdrücklich vorsieht. Vielmehr hat er schon einen anderen Schutzbereich; er schützt die Wohnung in ihrer Funktion, dem Einzelnen Obdach und die Möglichkeit der Abschirmung und des Rückzugs für sein persönliches und möglicherweise auch geschäftliches Verhalten zu bieten. Wann dieses Verhalten selbst rechtmäßig und wann es rechtswidrig ist, ist nicht an Art. 13, sondern an den anderen Grundrechten zu messen; zB gelten die mit den anderen Grundrechten vereinbaren Straf- und Zivilrechtsnormen innerhalb ebenso wie außerhalb der Wohnung. An Art. 13 ist nur das Eindringen des Staats in die Wohnung zu messen. **245**

b) Der Schutzbereich eines Grundrechts kann oft nicht in isoliertem Blick auf dieses Grundrecht, sondern nur in **systematischer Zusammenschau** mit anderen Grundrechten und sonstigen Verfassungsnormen bestimmt werden. **246**

---

9 Vgl *Hoffmann-Riem*, Staat 2004, 203/229; *Merten*, Hdb. GR III, § 56 Rn 80; *Volkmann*, JZ 2005, 261/267.

247 **Beispiele:** Das Nebeneinander von Art. 4 Abs. 1 und Art. 5 Abs. 1 lehrt, dass unter religiösem Bekenntnis nicht einfach religiöse Meinungen zu verstehen sind (vgl Rn 332); das Nebeneinander von Grundrechten und Staatsorganisationsrecht lässt die Äußerung des Abgeordneten in der Bundestagsdebatte aus dem Schutzbereich von Art. 5 Abs. 1 herausfallen.

248 Wichtig ist der *Unterschied* zwischen

- dem Umfang, den ein Schutzbereich in systematischer Zusammenschau mit anderen Grundrechten und sonstigen Verfassungsbestimmungen erkennen lässt, und
- der Rechtfertigung eines Eingriffs in einen Schutzbereich durch Kollision mit anderen Grundrechten und sonstigen Verfassungsgütern (vgl Rn 327 ff).

Im Unterschied zur punktuell auftretenden Eingriffsrechtfertigung durch Kollision steht der Umfang des Schutzbereichs generell fest.

249 c) Weil Schutzbereich und Eingriff aufeinander bezogen sind, wird der Schutzbereich gelegentlich schon mit **Blick auf den Eingriff** bestimmt. Es wird also gefragt, wogegen ein Grundrecht schützt.

250 **Beispiele:** Art. 8 Abs. 1 bringt schon im Normtext zum Ausdruck, dass die Versammlungsfreiheit ua gegen Anmeldungs- und Erlaubnispflichten schützen soll. Der Schutzbereich des Art. 1 Abs. 1 wird üblicherweise ausschließlich von den Eingriffen in die Menschenwürde her bestimmt (vgl Rn 373 ff).

2. Bestimmung des Eingriffs

251 Der *klassische Eingriffsbegriff* hat vier Voraussetzungen. Er verlangt, dass ein Eingriff

- final und nicht bloß unbeabsichtigte Folge eines auf andere Ziele gerichteten Staatshandelns,
- unmittelbar und nicht bloß zwar beabsichtigte, aber mittelbare Folge des Staatshandelns,
- Rechtsakt mit rechtlicher und nicht bloß tatsächlicher Wirkung ist und
- mit Befehl und Zwang angeordnet bzw durchgesetzt wird[10].

252 Den klassischen Eingriffsbegriff lehnt das moderne Grundrechtsverständnis als *zu eng* ab. Der Erweiterung zum modernen Eingriffsbegriff liegt dieselbe Entwicklung *vom liberalen zum sozialen Rechtsstaat* zu Grunde, die auch die subjektiv-rechtlichen Gewährleistungsgehalte der Grundrechte erweitert und um objektiv-rechtliche ergänzt hat (vgl Rn 95 ff): In immer mehr Lebenslagen auf den Staat angewiesen, erfährt der Einzelne in immer mehr Lebenslagen sogar sozialstaatliches Handeln als nicht nur existenzsichernd, sondern auch -gefährdend, nicht nur freiheitsfördernd, sondern auch -beeinträchtigend. Je mehr Berührungspunkte Staat und Einzelne haben, desto mehr Konfliktmöglichkeiten wachsen zwischen ihnen. Und je mehr Bedeutungen die Grundrechte auch für Organisation, Verfahren, Teilhabe und Leistung gewinnen, desto mehr Fragen nach der Eingriffsqualität auch von Organisationsakten, Verfahrensgestaltungen, Teilhabe- und Leistungsregelungen stellen sich.

10 Vgl E 105, 279/300.

Der moderne Eingriffsbegriff, dem das BVerfG gelegentlich den Begriff der Beeinträchtigung (vgl Rn 223) vorbehält[11], weitet alle vier klassischen Kriterien. Eingriff ist jedes staatliche Handeln, das dem Einzelnen ein Verhalten (vgl Rn 216), das in den Schutzbereich eines Grundrechts fällt, *ganz oder teilweise unmöglich macht*, gleichgültig ob diese Wirkung final oder unbeabsichtigt, unmittelbar oder mittelbar, rechtlich oder tatsächlich (faktisch, informal), mit oder ohne Befehl und Zwang eintritt[12]. **253**

Beispiele: Unbeabsichtigte faktische Eingriffe sind die fehlgehende Kugel eines auf einen flüchtenden Tatverdächtigen schießenden Polizeibeamten, die einen unbeteiligten Passanten trifft, oder die Ansteckung, die sich die Mutter bei der für ihr Kind angeordneten Pflichtimpfung zuzieht. Faktische Eingriffe ohne Befehl und Zwang werden bei der Überwachung von Telefongesprächen und bei sonstigen Informationseingriffen vorgenommen. **254**

Lösungstechnischer Hinweis: Da der moderne Eingriffsbegriff heute allgemein anerkannt ist, muss auf den klassischen Eingriffsbegriff nur noch dann eingegangen werden, wenn der Sachverhalt entsprechende Hinweise enthält (aA *Michael/Morlok*, GR, Rn 500). **255**

Die Erweiterung hat ihre *Folgeproblematik*. Zum einen wird bei Einbezug aller tatsächlichen Wirkungen die Bestimmung der Grenze, diesseits derer staatliches Handeln den Grundrechtsgebrauch lediglich erschwert, während es ihn jenseits wirklich unmöglich macht, zum Problem. Zum anderen liegen bei Einbezug der unbeabsichtigten und mittelbaren Wirkungen Eingriffe nicht nur gegenüber den Einzelnen vor, an die das Staatshandeln gerichtet ist (sog. *Adressaten*), sondern auch gegenüber Dritten, denen gegenüber zu handeln vom Staat unter Umständen weder gewollt noch auch nur ihm bewusst war (sog. *Drittbetroffene*)[13]. Beide Probleme können *zusammentreffen.* **256**

Die Folgeproblematik der Erweiterung des Eingriffsbegriffs ist nicht mit einer schneidigen Formel zu lösen. Sowohl bei der Unterscheidung zwischen Unmöglichmachen und bloßem Erschweren des Grundrechtsgebrauchs als auch bei der zwischen relevantem und irrelevantem Betroffensein von Dritten geht es um die Grenze zwischen Beeinträchtigung und Belästigung. Aber diese Grenze ist *schwierig* zu ziehen. **257**

Gewiss ist, dass ein Eingriff stets dann vorliegt, wenn dem Einzelnen ein grundrechtlich geschütztes Verhalten vom Staat verboten oder zum Anknüpfungspunkt für eine staatliche Sanktion genommen wird. Auch die als Verwaltungsmittel immer wichtiger werdenden negativen öffentlichen Äußerungen, Hinweise und Warnungen des Staates einschließlich der ihnen vorausgehenden und sie vorbereitenden Beobachtungen sind Eingriffe, sofern sie grundrechtlich geschütztes Verhalten auch nur mittelbar-faktisch ganz oder teilweise unmöglich machen[14]. Entsprechendes gilt für gezielte staatliche Förderungen entsprechender privater Tätigkeiten. **258**

Beispiele: Öffentliche Warnungen des Staates und staatlich gezielt geförderter privater Einrichtungen gelten besonders Produkten und sektiererischen Gruppen, die gefährlich sind oder **259**

11 E 105, 279/301.
12 Vgl *Kloepfer*, VerfR II, § 51 Rn 31; *Peine*, Hdb. GR III, § 57 Rn 29 ff.
13 Vgl *Koch*, Der Grundrechtsschutz des Drittbetroffenen, 2000, S. 211 ff.
14 Vgl E 105, 252/273; 105, 279/300 f; 113, 63/76 f; *Gusy*, NJW 2000, 977/982 f; *Murswiek*, NVwZ 2003, 1.

für gefährlich gehalten werden, und können in die Berufsfreiheit (vgl Rn 884) und in die Religions- und Weltanschauungsfreiheit (vgl Rn 570) eingreifen.

260 Im Übrigen ist davon auszugehen, dass bei bloßen Bagatellen, alltäglichen Lästigkeiten, subjektiven Empfindlichkeiten noch nicht von einer Beeinträchtigung bzw einem Eingriff zu reden ist[15].

261 **Beispiele:** Die Polizeikontrolle auf der Autobahn ist ein Eingriff gegenüber dem, dem sie gilt, gehört aber für den, der ihretwegen im Stau stecken bleibt, zu den alltäglichen Lästigkeiten; die subjektive Empfindlichkeit des Pazifisten, der sich durch die Werbeaktion der Bundeswehr beeinträchtigt sieht, ist unbeachtlich.

262 Es bleibt die Frage, ob der *Gesetzgeber*, zB mit der Festsetzung von Grenzwerten, selbst den *Maßstab* vorgeben kann, wann die Grenze von der Belästigung zur Beeinträchtigung überschritten ist und ein Eingriff vorliegt. Da es bedeuten würde, die Grundrechte zu seiner Disposition zu stellen, ist es mit seiner Bindung an die Grundrechte (Art. 1 Abs. 3) nicht vereinbar.

IV. Die verfassungsrechtliche Rechtfertigung von Eingriffen

1. Typologie der Gesetzesvorbehalte

263 Die unterschiedlichen Begriffe des Eingriffs, der Schranke, der Be- und Einschränkung usw (vgl Rn 222 ff) bedeuten keinen Unterschied in der Sache. Nach Art und Umfang, in dem sie Eingriffe usw vorsehen, können die Grundrechte aber in drei verschiedene Typen eingeteilt werden:

- Grundrechte mit einfachem Gesetzesvorbehalt,
- Grundrechte mit qualifiziertem Gesetzesvorbehalt und
- Grundrechte ohne Gesetzesvorbehalt.

264 a) Einen **einfachen Gesetzesvorbehalt** haben die Grundrechte, bei denen das Grundgesetz für Eingriffe lediglich verlangt, dass sie durch Gesetz oder auf Grund Gesetzes erfolgen. Der einfache Gesetzesvorbehalt stellt an das eingreifende Gesetz keine besonderen Anforderungen.

265 **Beispiele:** In Art. 2 Abs. 2 heißt es vom Grundrecht auf körperliche Unversehrtheit einfach, dass in es „nur auf Grund eines Gesetzes eingegriffen werden“ darf; in Art. 10 Abs. 2 S. 1 heißt es zum Grundrecht des Brief-, Post- und Fernmeldegeheimnisses, dass „Beschränkungen ... nur auf Grund eines Gesetzes angeordnet werden“ dürfen.

266 b) Einen **qualifizierten Gesetzesvorbehalt** haben die Grundrechte, bei denen das Grundgesetz nicht nur fordert, dass die Eingriffe durch Gesetz oder auf Grund Gesetzes erfolgen, sondern außerdem verlangt, dass das Gesetz an bestimmte Situationen anknüpft, bestimmten Zwecken dient oder bestimmte Mittel benutzt.

267 **Beispiel:** In Art. 11 Abs. 2 heißt es, dass die Freizügigkeit „nur durch Gesetz oder auf Grund eines Gesetzes und nur für die Fälle eingeschränkt werden (darf), in denen eine ausreichende

15 *Kloepfer*, VerfR II, § 51 Rn 36; aA *Stern*, StR III/2, S. 204 ff.

Lebensgrundlage nicht vorhanden ist und der Allgemeinheit daraus besondere Lasten entstehen würden oder in denen es zur Abwehr einer drohenden Gefahr … erforderlich ist".

c) Bei den Grundrechten **ohne Gesetzesvorbehalt** sieht das Grundgesetz überhaupt keine Eingriffe durch Gesetz oder auf Grund Gesetzes vor. 268

Beispiel: Art. 5 Abs. 3 S. 1 gewährleistet freie Kunst und Wissenschaft, Forschung und Lehre, ohne Eingriffsmöglichkeiten durch Gesetz oder auf Grund Gesetzes einzuräumen. 269

Zwar gilt auch für die Grundrechte ohne Gesetzesvorbehalt, dass der wildwüchsige Freiheitsgebrauch die *Gefahr von Konflikten* in sich birgt. Aber das Fehlen eines Gesetzesvorbehalts zeigt, dass das Grundgesetz dem Gesetzgeber nicht die Freiheit zur Beurteilung und Bekämpfung dieser Gefahr geben wollte. Bei den Grundrechten mit einfachem Gesetzesvorbehalt ist diese Freiheit am größten, bei den Grundrechten mit qualifiziertem Gesetzesvorbehalt ist sie geringer, und bei den Grundrechten ohne Gesetzesvorbehalt kann die Vollmacht des Gesetzgebers eigentlich nicht weiter gehen, als die Grenzen der Reichweite der Schutzbereiche der Grundrechte nachzuziehen (vgl Rn 342 ff). 270

2. Vom Gesetzesvorbehalt zum Parlamentsvorbehalt

Der Gesetzesvorbehalt erfordert für Grundrechtseingriffe der Verwaltung eine gesetzliche Ermächtigung. Seine *historische Funktion* lag im 19. Jahrhundert darin, die bürgerliche Gesellschaft gegen die monarchische Exekutive zu sichern[16]. Aber auch nach dem Wegfall des Gegensatzes zwischen dem in der Verwaltung beheimateten monarchischen und dem in der Gesetzgebung erwachsenden demokratischen Prinzip hat die Verwaltung ein so starkes Eigenleben und besitzt ein so großes Eigengewicht, dass es weiter seinen guten Sinn hat, sie bei Grundrechtseingriffen an das Erfordernis der gesetzlichen Ermächtigung zu binden. Die Rechtsprechung des BVerfG hat diese Bindung über ihre ursprüngliche Bedeutung sogar noch *ausgeweitet.* 271

Ursprünglich verlangte der Gesetzesvorbehalt nur, dass eine gesetzliche Ermächtigung vorlag, aber nicht, wie die gesetzliche Ermächtigung aussah. Möglich war, dass der Gesetzgeber das grundrechtseingreifende Verwaltungshandeln detailliert regelte. Möglich war aber auch, dass der Gesetzgeber bei Grundrechtseingriffen die Verwaltung großzügig zu eigenen Regelungen ermächtigte. Auch dann lag noch eine gesetzliche Ermächtigung für die Grundrechtseingriffe der Verwaltung vor und war der Gesetzesvorbehalt gewahrt. Aber seiner Verantwortung hatte der Gesetzgeber sich in letzterem Fall weithin entledigt. 272

Auch das Grundgesetz verlangt in seinen Gesetzesvorbehalten ausdrücklich nur, dass eine gesetzliche Ermächtigung vorliegt. Es lässt Eingriffe der Verwaltung „auf Grund eines Gesetzes" zu, wobei das Gesetz, von dem es in dieser und ähnlichen Wendungen spricht, wie überall im Grundgesetz das vom Parlament beschlossene *förmliche Gesetz* ist. Dass dieses förmliche Gesetz die Verwaltung zu eigenen grundrechtseingreifenden Regelungen ermächtigt, ist dabei nicht ausgeschlossen. Kein Eingriff ohne gesetzliche Ermächtigung – das bedeutet nur, dass kein Eingriff seine Grundlage al- 273

16 Vgl *Böckenförde*, Gesetz und gesetzgebende Gewalt, 2. Aufl. 1981.

lein im Gewohnheitsrecht finden kann[17], dass aber jeder Eingriff seine Grundlage im Zwischenglied einer Rechtsverordnung oder Satzung finden darf, solange diese sog. *materiellen Gesetze* ihrerseits ihre Grundlage in förmlichen Gesetzen haben. Ist ein Gesetzesvorbehalt qualifiziert, dann muss die Qualifikation durch die Zwischenglieder der ermächtigten materiellen Gesetze ebenso wie durch das ermächtigende förmliche Gesetz erfüllt werden. Will das Grundgesetz Zwischenglieder ausnahmsweise ausschließen, ordnet es dies ausdrücklich an; gem. Art. 13 Abs. 2 oder Art. 104 Abs. 1 S. 1 müssen bei Durchsuchungen und Freiheitsbeschränkungen die handelnden Organe und zu beachtenden Formen im förmlichen Gesetz selbst geregelt sein. Sonst aber lassen auch die Gesetzesvorbehalte des Grundgesetzes dem Gesetzgeber die Möglichkeit, sich seiner Verantwortung durch großzügige Ermächtigungen an die Verwaltung weithin zu entledigen.

274 Den Gesetzgeber in seiner Verantwortung festzuhalten, ist zunächst die Aufgabe von *Art. 80*: Eine Ermächtigung zum Erlass einer Rechtsverordnung muss im Gesetz nach Inhalt, Zweck und Ausmaß bestimmt sein. Aber Inhalt, Zweck und Ausmaß können bestimmt und zugleich doch so weit gefasst sein, dass die eigentliche Entscheidung über die Voraussetzungen von Grundrechtseingriffen bei der ermächtigten Verwaltung liegt[18]. Das BVerfG verhindert dies mit seiner sog. *Wesentlichkeitslehre.* Danach muss der Gesetzgeber „in grundlegenden normativen Bereichen, zumal im Bereich der Grundrechtsausübung, soweit diese staatlicher Regelung zugänglich ist, alle wesentlichen Entscheidungen selbst … treffen“[19], dh er darf sie nicht an die Verwaltung delegieren. Der Gesetzesvorbehalt erstarkt insoweit zum *Parlamentsvorbehalt.*

275 Die Frage bleibt, was im Bereich der Grundrechtsausübung wesentlich ist. Sie wird dadurch erschwert, dass das BVerfG mit der Wesentlichkeitslehre den Gesetzes- bzw Parlamentsvorbehalt von den „überholte(n) Formeln (Eingriff in Freiheit und Eigentum)“ lösen will[20]. Das bedeutet einerseits eine *Ausdehnung*, die der neueren grundrechtstheoretischen Entwicklung (vgl Rn 91 ff) folgt und vom Gesetzgeber auch Regelungen zu Schutzgewähr, Organisation, Verfahren und Teilhabe einfordert. Es könnte andererseits aber auch als *Einschränkung* verstanden werden, wenn zwischen wesentlichen und unwesentlichen Eingriffen unterschieden und dem Gesetzgeber nur für die wesentlichen eine Regelung abverlangt würde. Dies ist *abzulehnen.* Die Wesentlichkeitslehre kann den Grundrechtsschutz nicht verkürzen, sondern nur verstärken.

276 Die *Wesentlichkeitslehre* bedeutet danach, dass

- Eingriffe der Verwaltung nach wie vor nur auf Grund Gesetzes erfolgen dürfen,
- die wesentlichen Entscheidungen über die Voraussetzungen, Umstände und Folgen von Eingriffen vom Gesetzgeber selbst getroffen werden müssen und nicht an die Verwaltung delegiert werden dürfen und
- die Wesentlichkeit der Entscheidungen sich nach der Intensität bemisst, nach der die Grundrechte betroffen sind.

---

17 Vgl *Jarass*, JP, Vorb. Rn 43.
18 AA *Ramsauer*, AK, Art. 80 Rn 28 f.
19 E 61, 260/275; 88, 103/116.
20 E 47, 46/79; *Lerche*, Hdb. GR III, § 62 Rn 26 ff.

Beispiele: Besonders intensiv sind Eingriffe, die gleich mehrere Verhalten, die in den Schutzbereich eines Grundrechts fallen, unmöglich machen; die ein Verhalten nicht nur kurz, sondern lange verwehren; die den Grundrechtsgebrauch nicht nur von subjektiven Voraussetzungen, die der Einzelne erfüllen kann, sondern von objektiven, vom Einzelnen unbeeinflussbaren Voraussetzungen abhängig machen (vgl Rn 306 ff). **277**

Darüber hinaus beurteilen Rspr und Literatur nicht nur die Reichweite des Gesetzesvorbehalts, sondern auch die Anforderungen an die *Regelungsdichte des Gesetzes* mithilfe der Wesentlichkeitslehre: Je intensiver die Grundrechte betroffen sind, desto genauer und differenzierter muss das Gesetz sein[21]. So wird die Wesentlichkeit zugleich zum Kriterium rechtsstaatlicher Klarheit und Bestimmtheit (vgl Rn 325 f)[22]. **278**

Das BVerfG hat die Wesentlichkeitslehre auch für das Verhältnis zwischen Gesetzgeber und *Rechtsprechung* fruchtbar gemacht. Auch der Rechtsprechung darf der Gesetzgeber die wesentlichen Entscheidungen im Bereich der Grundrechtsausübung nicht überlassen, es sei denn, es geht um zivilrechtliche Konflikte zwischen gleichgeordneten Grundrechtsträgern[23]. **279**

3. Vom Vorbehalt des Gesetzes zum Vorbehalt des verhältnismäßigen Gesetzes

Indem die Grundrechte eingreifendes Verwaltungshandeln nur auf gesetzlicher Grundlage vorsehen, binden sie mit ihren Gesetzesvorbehalten die Verwaltung. Nach Art. 1 Abs. 3 binden die Grundrechte aber auch die *Gesetzgebung*. Die Frage ist, was diese Bindung bedeutet. Bisher haben die Grundrechte mit den Gesetzesvorbehalten nur verlangt, *dass* ein Gesetz vorliegt bzw wann irgendeine gesetzliche Grundlage ausreichend (Gesetzesvorbehalt) und wann eine die wesentlichen Entscheidungen treffende gesetzliche Grundlage erforderlich ist (Parlamentsvorbehalt). *Wie* das Gesetz auszusehen und welche Inhalte es aufzuweisen hat, wie viel Freiheit es dem Einzelnen nehmen darf und wie viel es ihm lassen muss, lässt der Gesetzesvorbehalt bisher noch offen. Aber gerade in den *inhaltlichen Anforderungen* muss sich die Bindung der Gesetzgebung an die Grundrechte zeigen. **280**

Wie die inhaltlichen Anforderungen der Grundrechte an die Gesetze aussehen, wird an den *qualifizierten Gesetzesvorbehalten* deutlich. Sie statuieren eine Bindung des Gesetzgebers, indem sie bei einzelnen Grundrechten uU für einzelne Situationen bestimmte Zwecke und bestimmte Mittel ge- oder verbieten. **281**

Beispiele: Zu Zwecken des Jugend- und des Ehrenschutzes dürfen Gesetze, die nicht allgemeine Gesetze sind, die Meinungs- und Pressefreiheit beschränken (Art. 5 Abs. 2); nur zum Zweck, die Verwahrlosung der Kinder zu verhindern, dürfen Gesetze das Mittel der Trennung von der Familie einsetzen (Art. 6 Abs. 3); wenn die ausreichende Lebensgrundlage fehlt und dies die Allgemeinheit belastet, darf die Freizügigkeit zum Zweck der Entlastung der Allgemeinheit eingeschränkt werden (Art. 11 Abs. 2). **282**

21 Vgl E 49, 168/181; 59, 104/114; 86, 288/311; *Maurer*, StR, § 8 Rn 21 f.
22 Vgl *Jarass*, JP, Art. 20 Rn 57.
23 E 88, 103/115 ff.

283 Dabei liegt die Bindung auch darin, dass es einerseits *Zwecke* und andererseits *Mittel* sind, die ge- bzw verboten werden. Von Zwecken und Mitteln handelnd, verlangen die qualifizierten Gesetzesvorbehalte einen Zweck-Mittel-Zusammenhang, dh sie verlangen, dass das Gesetz ein Mittel zur Erreichung des vom Gesetzgeber verfolgten Zwecks ist. Damit geben sie zu erkennen, was Bindung der Gesetzgebung an die Grundrechte auch dort heißt, wo die qualifizierten Gesetzesvorbehalte fehlen. Auch dort verfolgt der Gesetzgeber Zwecke und setzt dafür Mittel ein. Fehlen nun die Ge- oder Verbote bestimmter Zwecke und bestimmter Mittel, dann bleibt doch das Erfordernis eines *stimmigen Zweck-Mittel-Verhältnisses.* Konsequent aktualisiert das BVerfG die Bindung der Gesetzgebung an die Grundrechte vornehmlich in der Kontrolle der Gesetze auf ihre *Verhältnismäßigkeit.* Denn Verhältnismäßigkeit heißt für den Gesetzgeber eben dies: Grundrechtseingreifende gesetzliche Regelungen und Ermächtigungen müssen geeignet und erforderlich zur Erreichung des jeweils verfolgten, seinerseits verfassungslegitimen Zwecks sein.

284 Als *verfassungsrechtliche Grundlage* für den Grundsatz der Verhältnismäßigkeit wird oft das Rechtsstaatsprinzip genannt. Aber unter der Bindung der Gesetzgebung an die Grundrechte ist der grundrechtliche Vorbehalt des Gesetzes zum grundrechtlichen Vorbehalt des verhältnismäßigen Gesetzes geworden[24]. Mit dem Vorbehalt des Gesetzes wehrten und wehren die Grundrechte grundrechtseingreifendes Verwaltungshandeln ohne gesetzliche Grundlage ab, mit dem Vorbehalt des verhältnismäßigen Gesetzes wehren sie unverhältnismäßig in die Grundrechte eingreifende Gesetze ab.

4. Schranken-Schranken

285 Die Gesetzesvorbehalte erlauben dem Gesetzgeber, selbst in die Grundrechte einzugreifen bzw die Verwaltung zu Eingriffen in die Grundrechte zu ermächtigen. Sie erlauben ihm damit, dem Grundrechtsgebrauch *Schranken* zu ziehen. Der **Begriff der Schranken-Schranken** bezeichnet die Beschränkungen, die *für den Gesetzgeber* gelten, wenn er dem Grundrechtsgebrauch Schranken zieht.

286 a) Schranken-Schranken sind in den **Grundrechten selbst** enthalten. Sogar grundrechtliche Verbürgungen, die wie eigene Grundrechte aussehen, können Schranken-Schranken sein. So ist Art. 104 Abs. 1 S. 2 Schranken-Schranke zum Recht auf körperliche Unversehrtheit (vgl Rn 426), Art. 5 Abs. 1 S. 3 Schranken-Schranke zu den Grundrechten des Art. 5 Abs. 1 S. 1 und 2 (vgl Rn 651), Art. 12 Abs. 2 und 3 Schranken-Schranke zur allgemeinen Handlungsfreiheit (vgl Rn 937) und Art. 16 Abs. 2 Schranken-Schranke zur Freizügigkeit (vgl Rn 1041). Wenn diese Verbürgungen mit der Verfassungsbeschwerde geltend gemacht werden, handelt es sich also, grundrechtsdogmatisch genau genommen, um die Geltendmachung von Art. 2 Abs. 2, Art. 2 Abs. 1 und Art. 11 iVm den genannten Verbürgungen. Eine Schranken-Schranke, die nicht wie ein eigenes Grundrecht aussieht, ist in der Verbürgung von Art. 8 enthalten, dass Versammlungen ohne Anmeldung oder Erlaubnis stattfinden können (vgl Rn 775).

24 Vgl *Schlink*, EuGRZ 1984, 457/459 f.

Auch die Qualifizierungen der Gesetzesvorbehalte und die Einrichtungsgarantien sind *grundrechtsdogmatisch* als Schranken-Schranken zu kennzeichnen: Jene beschränken den Gesetzgeber, der in den entsprechenden Schutzbereich eingreifen will, indem sie ihn auf bestimmte Zwecke oder bestimmte Mittel verpflichten; diese entziehen bestimmte Einrichtungen ganz der Disposition des Gesetzgebers. 287

b) Auch der **Parlamentsvorbehalt** ist eine Schranken-Schranke: Er beschränkt den Gesetzgeber, der die Verwaltung zu Eingriffen ermächtigen will, dahin, dass er die wesentlichen Entscheidungen nicht delegieren darf, sondern selbst treffen muss. Sogar die *Gesetzgebungskompetenz- und -verfahrensordnung* des Grundgesetzes kann als Beschränkung des eingreifenden Gesetzgebers verstanden werden, wird aber regelmäßig nicht als Schranken-Schranke bezeichnet, sondern unter dem Stichwort der formellen Verfassungsmäßigkeit vorab erörtert (vgl Rn 358). 288

c) Die in der Rspr des BVerfG bedeutsamste Schranken-Schranke ist der **Grundsatz der Verhältnismäßigkeit** (Übermaßverbot). Er verlangt im Einzelnen zunächst, dass 289

- der vom Staat verfolgte *Zweck* als solcher verfolgt werden darf,
- das vom Staat eingesetzte *Mittel* als solches eingesetzt werden darf,
- der Einsatz des Mittels zur Erreichung des Zwecks *geeignet* ist und
- der Einsatz des Mittels zur Erreichung des Zwecks *erforderlich (notwendig)* ist.

Dies gilt für die eingreifende *Verwaltung* ebenso wie für den eingreifenden bzw die Verwaltung zu Eingriffen ermächtigenden *Gesetzgeber*. Der Unterschied besteht darin, dass der Gesetzgeber bei der Frage, welche Zwecke er verfolgen und welche Mittel er einsetzen darf, viel freier ist als die Verwaltung. Dem Gesetzgeber sind nur im Grundgesetz, besonders in den Grundrechten bestimmte Zwecke und Mittel als solche ge- und verboten, ihm bleibt eine Vielzahl verfassungslegitimer Zwecke und Mittel. Für die Verwaltung ist die Vielzahl reduziert; für sie enthalten zusätzlich die Gesetze eine Fülle von Zweck- und Mittelge- und -verboten. 290

Beispiel: Art. 5 Abs. 2 enthält einen qualifizierten Gesetzesvorbehalt, der den Gesetzgeber bei Eingriffen in Art. 5 Abs. 1 ua auf den Zweck des Jugendschutzes verpflichtet. Wie der Gesetzgeber den Zweck des Jugendschutzes verfolgen, welche Mittel er dabei einsetzen will, ist ihm weitgehend freigestellt; das Mittel der Zensur ist ihm durch Art. 5 Abs. 1 S. 3 allerdings ausdrücklich verboten. Ein weiteres im Grundgesetz selbst verbotenes Mittel ist die Todesstrafe (Art. 102). 291

Auch die Kriterien der Geeignetheit und der Erforderlichkeit haben für Gesetzgebung und Verwaltung *unterschiedliche Bedeutung*. Der Gesetzgeber hat gegenüber der Verwaltung eine Einschätzungsprärogative, genießt gewissermaßen einen Vertrauensvorsprung bei der oft schwierigen Beurteilung des komplexen empirischen Zusammenhangs zwischen dem Zustand, der durch das Mittel des Eingriffs geschaffen wird, und dem Zustand, in dem der Zweck erreicht ist. Auf eben diesen Zusammenhang beziehen sich die Kriterien der Geeignetheit und der Erforderlichkeit: 292

293 aa) **Geeignetheit** bedeutet, dass der Zustand, den der Staat durch das Mittel des Eingriffs schafft, und der Zustand, in dem der verfolgte Zweck als verwirklicht zu betrachten ist, in einem durch bewährte Hypothesen über die Wirklichkeit vermittelten Zusammenhang stehen. Dabei muss das Mittel den Zweck zwar nicht ganz erreichen, aber fördern.

294 **Beispiel:** Eine Geschwindigkeitsbegrenzung zum Zweck des Aufhaltens oder Verlangsamens des Waldsterbens ist unter dem Aspekt der Geeignetheit nur dann verhältnismäßig, wenn bewährte Hypothesen einen Zusammenhang zwischen der Verminderung des Schadstoffausstoßes (Zustand, der durch das Mittel des Eingriffs geschaffen wird) und der Verbesserung der Waldstruktur (Zustand, in dem der Zweck als verwirklicht zu betrachten ist) herstellen.

295 bb) **Erforderlichkeit** bedeutet, dass es keinen anderen Zustand gibt, den der Staat ohne großen Aufwand ebenfalls schaffen kann, der für den Bürger weniger belastend ist und der mit dem Zustand, in dem der verfolgte Zweck als verwirklicht zu betrachten ist, ebenfalls in einem durch bewährte Hypothesen über die Wirklichkeit vermittelten Zusammenhang steht. Der Zweck darf mit anderen Worten nicht durch ein gleich wirksames, aber weniger belastendes Mittel erreichbar sein.

296 **Beispiel:** Die Geschwindigkeitsbegrenzung wäre unter dem Aspekt der Erforderlichkeit dann unverhältnismäßig, wenn die ohnehin anstehenden Aufforstungen, so sie bestimmte Baumsorten bevorzugen würden, eine bestimmte Waldlandschaft herstellen würden und bewährte Hypothesen einen Zusammenhang zwischen dieser Waldlandschaft (der andere Zustand, den der Staat ebenfalls ohne großen Aufwand schaffen kann und der für die Bürger weniger belastend ist) und derselben Verbesserung der Waldstruktur (Zustand, in dem der Zweck als verwirklicht zu betrachten ist) herstellen.

297 Bekanntlich sind die Bedingungen des Waldsterbens komplex und ist die Beurteilung der entscheidenden empirischen Zusammenhänge schwierig. Hier bedeutet die *gesetzgeberische Einschätzungsprärogative* oder der Prognosespielraum des Gesetzgebers, dass Zweifel zu Gunsten des Gesetzgebers gehen, während die Verwaltung nur dann schon im Zweifel zulasten des Einzelnen handeln darf, wenn sie gesetzlich zur Gefahrenabwehr, der stets ein Ungewissheitsmoment innewohnt, ermächtigt ist[25].

298 Die Kriterien der Geeignetheit und der Erforderlichkeit haben *nicht dasselbe Gewicht.* Nur was geeignet ist, kann auch erforderlich sein; was erforderlich ist, kann nicht ungeeignet sein. Hinter der Erforderlichkeitsprüfung tritt die Geeignetheitsprüfung systematisch zurück: Neben dem positiven Ergebnis der Erforderlichkeitsprüfung kann auch das Ergebnis der Geeignetheitsprüfung nur positiv sein, und neben dem negativen Ergebnis der Erforderlichkeitsprüfung kann das positive der Geeignetheitsprüfung die Verhältnismäßigkeit nicht mehr retten. Gleichwohl ist die Geeignetheitsprüfung strategisch wichtig: Sie erschließt die empirischen Zusammenhänge und führt in die Prüfung der Erforderlichkeit ein.

25 Vgl näher *Ossenbühl*, in: FS BVerfG, 1. Bd., 1976, S. 458; vertiefend *Raabe*, Grundrechte und Erkenntnis, 1998.

cc) Rspr und hL gewinnen dem Grundsatz der Verhältnismäßigkeit unter dem Begriff der **Verhältnismäßigkeit ieS** noch ein letztes Kriterium ab und verlangen, dass der Eingriff bzw die Beeinträchtigung, die der Eingriff für den Einzelnen bedeutet, und der mit dem Eingriff verfolgte Zweck in recht gewichtetem und wohl abgewogenem Verhältnis zueinander stehen (auch Proportionalität, Angemessenheit oder Zumutbarkeit genannt)[26]. Gelegentlich stellen die Grundrechte selbst einen Bezug zwischen Eingriff und Eingriffszweck her, der als entsprechende Gewichtung und Abwägung verstanden werden kann. 299

Beispiel: So kann davon gesprochen werden, dass Art. 6 Abs. 3 den Zusammenhalt der Familie höher gewichtet als die Ausbildung des Kindes und niedriger als die Vermeidung seiner Verwahrlosung und dass Art. 5 Abs. 2 der freien Meinungsäußerung und Presseberichterstattung weniger Gewicht als dem Schutz der Jugend und der Ehre und mehr Gewicht als zB der Selbstdarstellung des Staates durch Propaganda zumisst. 300

Aber bei solchen im Grundgesetz vorgegebenen Gewichtungen und Abwägungen wollen Rspr und hL nicht stehen bleiben. Sie verlangen das *eigenständige Gewichten und Abwägen* der jeweils einschlägigen öffentlichen und privaten Güter und Interessen. Dabei ist dann zB von absoluten, überragenden, besonders wichtigen und wichtigen Gemeinschaftsgütern, von lauter motiviertem und bloß formal korrektem Freiheitsgebrauch, vom Rang der Freiheitsrechte und der Bedeutung der freiheitlichen demokratischen Grundordnung die Rede. 301

Beispiele aus dem Lüth- und Apotheken-Urteil: „Das Recht zur Meinungsäußerung muss zurücktreten, wenn schutzwürdige Interessen eines anderen von höherem Rang durch die Betätigung der Meinungsfreiheit verletzt würden" (E 7, 198/210). „Eine Regelung …, die schon die Aufnahme der Berufstätigkeit von der Erfüllung bestimmter Voraussetzungen abhängig macht und die damit die Freiheit der Berufswahl berührt, ist nur gerechtfertigt, soweit dadurch ein überragendes Gemeinschaftsgut, das der Freiheit des Einzelnen vorgeht, geschützt werden soll" (E 7, 377/406). 302

Ein derartiges Gewichten und Abwägen, beim BVerfG auch als „Jonglieren" bezeichnet[27], *entbehrt der rationalen und verbindlichen Maßstäbe*[28]. Auch die Berufung auf die Wertordnung der Grundrechte oder des Grundgesetzes behauptet lediglich einen Maßstab, kann ihn aber nicht aufweisen. Daher läuft die Prüfung der Verhältnismäßigkeit ieS stets Gefahr, bei allem Bemühen um Rationalität die subjektiven Urteile und Vorurteile des Prüfenden zur Geltung zu bringen. Dass das überprüfende BVerfG seine subjektiven Urteile über die des überprüften Gesetzgebers setzt, ist nicht zu rechtfertigen; dort, wo nur noch subjektive Urteile getroffen werden können, beginnen im Gegenteil der Bereich und die Legitimität der Politik. Einen ganz anderen Stellenwert hat die Verhältnismäßigkeit ieS bei der Verwaltung und der die Verwaltung überprüfenden Rechtsprechung; der Gesetzgeber ist ebenso frei, die Verwaltung zu einem bei allem Bemühen um Rationalität letztlich subjektiven Gewichten und Abwägen zu ermächtigen, wie die Rechtsprechung dazu, ihr subjektives Urteil über das der Verwaltung zu setzen. 303

26 Vgl *Stern*, StR III/2, S. 782 ff.
27 *Hoffmann-Riem*, EuGRZ 2006, 492/495.
28 Vgl *Schlink*, in: FS 50 Jahre BVerfG, 2001, Bd. II, S. 445/460 ff; *Groß*, DÖV 2006, 856/858 f.

304 Zur Vermeidung der Gefahren, die die Prüfung der Verhältnismäßigkeit ieS birgt, sind die Probleme eines Falls soweit möglich unter den anderen Prüfungspunkten abzuarbeiten. Auch beim BVerfG spielt die Prüfung der Verhältnismäßigkeit ieS zwar theoretisch eine große, praktisch aber nur eine kleine Rolle; praktisch ist die Verhältnismäßigkeitsprüfung vor allem eine Erforderlichkeitsprüfung. Wenn ein öffentliches Gut oder Interesse wirklich nur um den hohen Preis eines Grundrechtseingriffs erkauft werden kann, dann mag eben darin der Beweis seines hohen Werts erblickt werden. Die Prüfung der Verhältnismäßigkeit ieS hat die Bedeutung einer *Stimmigkeitskontrolle*: Erscheint die Falllösung schlechterdings unsinnig, dann ist das zunächst Anlass, alle anderen Prüfungspunkte nochmals und zumal die Erforderlichkeitsprüfung nochmals besonders sorgfältig durchzugehen; bleibt dabei der Eindruck der Unsinnigkeit, mag zur Korrektur ausnahmsweise die Frage nach der Verhältnismäßigkeit ieS gestellt werden.

305 Vermehrt werden heute das Gebot, das *Vertrauen* der Bürger in den Bestand der Rechts- und Gesetzeslage zu schützen, und das korrespondierende *Verbot rückwirkender Gesetze* als Aspekte der Verhältnismäßigkeit ieS verstanden, und so klingt es auch beim BVerfG gelegentlich an[29]. Es versteht sich, dass die traditionsreiche Dogmatik von Rückwirkung und Vertrauensschutz nicht darum, weil sie bei der Verhältnismäßigkeit ieS neu verortet wird, auch der Kritik unterfällt, die dem Gewichten und Abwägen bei der Verhältnismäßigkeit ieS gilt. Im Gegenteil bietet es eine Rationalisierungschance, die Verhältnismäßigkeit ieS in derartige, dogmatisch ausgearbeitete oder ausarbeitbare einzelne Figuren auseinanderzulegen.

306 Auch das Erforderlichkeitskriterium des Grundsatzes der Verhältnismäßigkeit ist in einigen *dogmatischen Figuren* näher ausgeformt worden. Es verlangt, dass von mehreren, gleichermaßen geeigneten Eingriffen der geringste, der schonendste gewählt wird. Soweit sich Stufen der Eingriffsintensität markieren lassen, verlangt daher der Grundsatz der Verhältnismäßigkeit, dass der Gesetzgeber die Stufe des intensiveren Eingriffs erst dann betritt, wenn er seinen Zweck auf der Stufe des weniger intensiven Eingriffs nicht erreichen kann.

307 So kann zwischen Beschränkungen des *Ob* und Beschränkungen des *Wie* der Grundrechtsausübung und beim Ob zwischen *unbeeinflussbaren* und *beeinflussbaren* Beschränkungen unterschieden und können entsprechende Unterschiede der Eingriffsintensität angesetzt werden; das BVerfG hat diese Unterschiede erstmals zu Art. 12 Abs. 1 entwickelt (vgl Rn 916 ff). Von unterschiedlicher Eingriffsintensität sind auch das repressive Verbot mit Befreiungs- oder Ausnahmebewilligungsvorbehalt und das präventive Verbot mit Erlaubnisvorbehalt, vom BVerfG erstmals zu Art. 2 Abs. 1 herausgearbeitet[30]. Das repressive Verbot hat das Ziel, das verbotene Verhalten möglichst zu unterbinden und nur ausnahmsweise zuzulassen; das präventive Verbot verfolgt lediglich das Ziel einer Kontrolle, bei der das Verhalten zwar grundsätzlich zugelassen sein, aber auf rechtswidriges Fehlverhalten überprüft werden soll.

---

29 Vgl *Möller/Rührmair*, NJW 1999, 908/910 f.
30 E 20, 150.

dd) Die Rechtsprechung des BVerfG[31] und auch die Verfassungsrechtswissenschaft[32] gehen gelegentlich vom Übermaß- zu einem **Untermaßverbot** weiter. Wie der Staat die Grundrechte als Abwehrrechte dadurch respektiert, dass er nicht übermäßig in sie eingreift, so respektiere er die Grundrechte als Schutzpflichten dadurch, dass er sich nicht mit einem Schutz unter Maß begnüge. Aber das Maß, unter dem nicht geblieben werden soll, kann nicht das sein, über das nicht hinausgegangen werden darf. Das Abwehrrecht hat als Maß den geeigneten, erforderlichen und auch ieS verhältnismäßigen Eingriff. Während der nicht geeignete Eingriff ein Eingriff bleibt, nur eben einer, der nicht geeignet ist, bleibt die nicht geeignete Schutzmaßnahme nicht etwa eine Schutzmaßnahme; eine nicht geeignete Schutzmaßnahme ist vielmehr keine Schutzmaßnahme. **308**

Ähnlich *abwegig* ist die Kennzeichnung einer Schutzmaßnahme als erforderlich. Ein Grundrecht oder genauer: den Gebrauch eines Grundrechts zu schützen gibt es stets eine Fülle von Möglichkeiten (vgl Rn 104 ff), angesichts derer das BVerfG dem Gesetzgeber beträchtliche Entscheidungsfreiheit zuerkennt (vgl Rn 113 ff). Die Schutzpflicht verlangt, dass der Staat schützend tätig wird, aber nicht wie; erforderlich ist, eine von vielen Schutzmaßnahmen zu ergreifen, aber nicht eine bestimmte, nicht eine einzige. Sollte sich tatsächlich einmal die schwer vorstellbare Situation ergeben, dass der Schutz nur durch eine einzige Maßnahme bewirkt werden kann, so ist die Kennzeichnung dieser Schutzmaßnahme als erforderlich ohne Gehalt; die notwendige Schutzmaßnahme ist einfach die einzige Schutzmaßnahme. **309**

So bleibt als Maß nur die Verhältnismäßigkeit ieS[33]. Das *BVerfG* verlangt unter Berufung auf das Untermaßverbot neben der Wirksamkeit der Schutzmaßnahme, dh, da eine unwirksame Schutzmaßnahme keine Schutzmaßnahme ist, neben der Eigenschaft der Maßnahme als Schutzmaßnahme denn auch nur, dass „ein unter Berücksichtigung entgegenstehender Rechtsgüter angemessener … Schutz erreicht wird (Untermaßverbot)“[34]. Unter Berufung auf das Untermaßverbot bringen sich letztlich wieder die subjektiven Urteile und Vorurteile der jeweils Prüfenden zur Geltung. **310**

Beispiele: Im zweiten Urteil zum Schwangerschaftsabbruch meinen die Richter der Mehrheit, das Untermaßverbot verlange zum Schutz des werdenden Lebens den Einsatz des Strafrechts oder bestimmte Bedingungen der Schwangerenberatung, weil die Schutzaufgabe „elementar“ sei (E 88, 203/257 f, 270 ff), was die Richter der abweichenden Minderheit, ohne den elementaren Charakter der Schutzaufgabe zu bestreiten, nicht verlangen (E 88, 203/248 ff). In der Kontroverse um die Frage, ob die Unterhaltspflicht für ein Kind verfassungsrechtlich zulässig als Schaden gesehen werden darf, hält der Zweite Senat des BVerfG diese Sicht durch das Untermaß für verwehrt (E 96, 409/412 f), der Erste Senat nicht (E 96, 375/399 ff). Im Urteil zum bayerischen Schwangerenhilfeergänzungsgesetz meinen die Richter der abweichenden Minderheit, „es dränge sich auf“, dass die Auffassung der Richter der Mehrheit das Untermaßverbot verletzt (E 98, 265/355 f), während sich dies den Richtern der Mehrheit nicht aufdrängt. – Außer bei den emotional aufgeladenen Problemen des Schutzes des werdenden Lebens hat das BVerfG, sei es die Mehr-, sei es die Minderheit, nie auf eine Verletzung des Untermaßverbots abgestellt. **311**

31 E 88, 203/254.
32 *Merten*, in: Gedächtnisschrift Burmeister, 2005, S. 227/238 ff; *Klein*, JuS 2006, 960; *Calliess*, in: FS Starck, 2007, S. 201.
33 Vgl *Schlink*, in: FS 50 Jahre BVerfG, 2001, Bd. II, S. 445/462 ff.
34 E 88, 203/254.

312 **d)** Die Schranken-Schranke der **Wesensgehaltsgarantie** (Art. 19 Abs. 2) muss bei jedem einzelnen Grundrecht gesondert bestimmt werden[35]. Hier kann nur angegeben werden, wonach zu fragen und zu suchen ist, wenn der Wesensgehalt bestimmt werden soll.

313 Nach der vielfach vertretenen *Theorie vom relativen Wesensgehalt*[36] muss der Wesensgehalt nicht nur für jedes einzelne Grundrecht, sondern sogar für jeden einzelnen Fall gesondert bestimmt werden. Erst das Gewichten und Abwägen der im einzelnen Fall beteiligten öffentlichen und privaten Güter und Interessen erlaube die Feststellung, ob der Wesensgehalt angetastet ist. Eine Antastung soll ausscheiden, wenn dem Grundrecht „das geringere Gewicht für die konkret zu entscheidende Frage beizumessen ist"[37], und muss entsprechend angenommen werden, wenn ihm das größere Gewicht für die konkret zu entscheidende Frage zukommt. Damit wird nur der Grundsatz der Verhältnismäßigkeit und dieser überdies im fragwürdigen Kriterium der Verhältnismäßigkeit ieS wiederholt.

314 Die *Theorie vom absoluten Wesensgehalt*[38] versteht demgegenüber den Wesensgehalt als eine feste, vom einzelnen Fall und von der konkreten Frage unabhängige Größe. Sie ist mit den Begriffen des Wesenskerns, des Grundrechtskerns, der Grundsubstanz, des Mindestinhalts, der Mindestposition etc. nur vage angedeutet. Was genau unangetastet bleiben soll, musste bisher aber auch noch nicht präziser bestimmt werden. Denn nach dem zu fragen, was von einem Grundrecht keinesfalls preisgegeben werden darf, besteht nur dann Anlass, wenn die Eingriffe in das Grundrecht so intensiv werden, dass dessen Preisgabe droht. Die Eingriffe mussten aber solange nicht von äußerster Intensität sein, solange in Zeiten des Wachstums, des Wohlstands und des politischen Konsenses die harten gesellschaftlichen Konflikte, die nur durch harte Eingriffe hätten geregelt werden können, ausblieben und der Staat Alternativen für Grundrechtseingriffe finanzieren und Grundrechtseingriffe durch Gewährung von Leistungen und Teilhaben abfedern konnte.

315 Zu Art. 19 Abs. 2 ist daher auch aus der *Rechtsprechung des BVerfG* nicht mehr festzuhalten, als dass vom Grundrecht trotz aller Eingriffe noch etwas bleiben muss. Wem es bleiben muss, ist dabei wieder offen: Das BVerfG hat gefragt, „ob Art. 19 Abs. 2 GG die restlose Entziehung eines Grundrechtskerns im Einzelfall verbietet oder ob er nur verhindern will, dass der Wesenskern des Grundrechts als solcher, zB durch praktischen Wegfall der im Grundgesetz verankerten, der Allgemeinheit gegebenen Garantie angetastet wird"[39]. Das eine Mal käme es darauf an, dass jeder Einzelne noch vom Grundrecht Gebrauch machen kann, das andere Mal, dass überhaupt noch und im Allgemeinen vom Grundrecht Gebrauch gemacht werden kann.

316 **Beispiel:** Der gezielte polizeiliche Todesschuss entzieht dem, den er trifft, das Leben restlos. Als allgemeine Gewährleistung wird das Recht auf Leben (Art. 2 Abs. 2 S. 1) dadurch aber nicht angetastet.

---

35 E 22, 180/219; 109, 133/156; *Krebs*, MüK, Art. 19 Rn 23.
36 *Häberle*, S. 234 ff.
37 BVerwGE 47, 330/358.
38 *Stern*, StR III/2, S. 865 ff.
39 E 2, 266/285.

Art. 19 Abs. 2 gibt auf diese Frage keine Antwort. Zwar spricht er aus, dass der Wesensgehalt eines Grundrechts „in keinem Fall" angetastet werden darf. Aber dies kann die verschiedenen Fälle sowohl der verschiedenen Grundrechte als auch der verschiedenen Individuen und Situationen meinen. **317**

Beispiele: Art. 2 Abs. 2 S. 3 sieht Eingriffe auch in das Recht auf Leben vor. Da der Eingriff in das Leben stets den Entzug des Lebens bedeutet, kann der Wesensgehalt von Art. 2 Abs. 2 S. 1 nicht dahin gehen, dass keinem Einzelnen das Leben genommen werden darf. Hier also ist der Wesensgehalt in der Gewährleistung für die Allgemeinheit zu suchen. – Anders steht es schon beim Recht auf körperliche Unversehrtheit, in das anders als in das Recht auf Leben nicht nur ganz oder gar nicht, sondern mehr oder weniger eingegriffen werden kann. Hier besteht kein Grund, den Wesensgehalt in der Gewährleistung für die Allgemeinheit zu suchen. **318**

Im Zweifel ist der Wesensgehalt in der Gewährleistung nicht für die Allgemeinheit sondern *für den Einzelnen* zu suchen. Den Einzelnen sind die Grundrechte verbürgt, und wenn der eine von seinen Grundrechten keinen Gebrauch mehr machen kann, dann nützt ihm nicht, dass ein anderer es noch kann. **319**

Gelegentlich wird behauptet, der Wesensgehalt eines Grundrechts sei mit seinem *Menschenwürdegehalt* (vgl Rn 367) identisch. Dagegen spricht schon die Überlegung, dass dann Art. 19 Abs. 2 funktionslos wäre; denn seine Schutzwirkung wäre in Art. 79 Abs. 3 vollständig enthalten. Außerdem stehen durchaus nicht alle Grundrechte im Zusammenhang mit der Menschenwürde. Wo allerdings ein Grundrecht einen Menschenwürdegehalt hat, dürfte er häufig mit dem Wesensgehalt dieses Grundrechts übereinstimmen[40]. **320**

e) Art. 19 Abs. 1 S. 1 enthält das **Verbot des einschränkenden Einzelfallgesetzes**, indem er verlangt, dass ein (grundrechts)einschränkendes Gesetz *allgemein* und nicht nur für den Einzelfall gilt. Das soll zum einen den Gesetzgeber daran hindern, in den Bereich der Verwaltung einzubrechen und in der Form des Gesetzes derart konkret und individuell tätig zu werden, wie dies die Sache der Verwaltung ist; Art. 19 Abs. 1 S. 1 hat insofern Bezug zur Lehre von der Gewalten- oder Funktionenteilung[41]. Zum anderen soll es verhindern, dass bei Grundrechtseinschränkungen in der einen oder anderen Richtung Ausnahmen gemacht und dadurch Grundrechtsprivilegierungen bzw -diskriminierungen geschaffen werden. **321**

Damit beschränkt Art. 19 Abs. 1 S. 1 den einschränkenden Gesetzgeber *nicht anders, als Art. 3* ihn schon beschränkt. Schon Art. 3 verbietet Privilegierungen und Diskriminierungen. Immerhin kann über Art. 19 Abs. 1 S. 1 unter gewissen Voraussetzungen einem Gesetz die verfassungsrechtliche Rechtfertigung *leichter* abgesprochen werden als bei Art. 3. Bei einschränkenden Gesetzen, die **322**

- einen oder mehrere Adressaten namentlich individualisieren oder
- die Adressaten zwar abstrakt-generell bezeichnen, damit aber ausschließlich bestimmte Individuen umschreiben und auch umschreiben wollen (sog. getarntes oder verdecktes Individualgesetz)[42],

bedarf es keiner Überlegung zu Art. 3.

40 Vgl *Brenner*, Staat 1993, 493/499 ff; *Remmert*, MD, Art. 19 Abs. 2 Rn 44.
41 *Stern*, StR III/2, S. 731; krit. *Remmert*, MD, Art. 19 Abs. 1 Rn 15.
42 Vgl E 99, 367/400; *Kloepfer*, VerfR II, § 51 Rn 75; *Lege*, Hdb. GR III, § 66 Rn 116.

323 **f)** Gem. dem **Zitiergebot** des Art. 19 Abs. 1 S. 2 kann ein Gesetz nur dann verfassungsrechtlich gerechtfertigt sein, wenn es das eingeschränkte Grundrecht unter Angabe des Artikels *nennt*. Diese Schranken-Schranke soll für die Gesetzgebung eine Warn- und Besinnungsfunktion und für die Gesetzesauslegung und -anwendung eine Klarstellungsfunktion haben; die Gesetzgebung soll die Auswirkung eines Gesetzes auf die Grundrechte bedenken, und die Gesetzesauslegung und -anwendung soll wissen, in welche Grundrechte das Gesetz allein einzugreifen ermächtigt. Um dieser Warn- und Besinnungsfunktion willen verlangt das BVerfG die Zitierung eines Grundrechts auch im Änderungsgesetz, wenn die Änderung zu neuen Einschränkungen des Grundrechts führt[43], obwohl das geänderte Gesetz das Grundrecht schon zitiert.

324 Das BVerfG legt Art. 19 Abs. 1 S. 2 in stRspr eng aus, damit das Zitiergebot nicht den „Gesetzgeber in seiner Arbeit unnötig behindert"[44]. Für eine *enge Auslegung* kann der enge Wortlaut angeführt werden, der Zitierung nur da verlangt, wo „ein Grundrecht durch Gesetz oder auf Grund eines Gesetzes eingeschränkt werden kann". Bei den vorbehaltlosen Grundrechten ist von einschränkenden Gesetzen gar nicht, bei Art. 2 Abs. 1, Art. 3, Art. 5 Abs. 2, Art. 12 und Art. 14 Abs. 1 und 3 S. 2 jedenfalls nicht ausdrücklich davon die Rede, dass sie „durch Gesetz oder auf Grund eines Gesetzes eingeschränkt werden". Das BVerfG hat denn auch bei allen diesen Grundrechten, bei denen ein Gesetzesvorbehalt fehlt oder anders als in Art. 19 Abs. 1 S. 2 formuliert ist, auf die Beachtung des Zitiergebots verzichtet[45]. Es wendet das Zitiergebot außerdem dann nicht an, wenn ein Eingriff nur ein Reflex des gegen einen anderen Adressaten gerichteten, gezielten und gewollten Eingriffs ist[46] und wenn ein Gesetz vorkonstitutionelle Grundrechtsbeschränkungen unverändert oder mit geringen Abweichungen fortschreibt[47]; dass vorkonstitutionelle Gesetze selbst dem Zitiergebot nicht genügen können und müssen, versteht sich ohnehin.

325 **g)** Ob das rechtsstaatliche Gebot in Tatbestand und Rechtsfolge klar und bestimmt gefasster Gesetze (**Bestimmtheitsgebot**) über die spezielle Vorschrift des Art. 103 Abs. 2 (vgl Rn 1196 f) hinaus noch eine eigene Schranken-Schranke errichtet, kann bezweifelt werden. Denn ein unklares und unbestimmtes Gesetz würde mehr Eingriffe eröffnen, als zur Erreichung des Gesetzeszwecks erforderlich sind, und dadurch den Grundsatz der Verhältnismäßigkeit verletzen. Das Gebot rechtsstaatlicher Klarheit und Bestimmtheit setzt jedoch insofern einen eigenen Akzent, als es auf die *Perspektive des Einzelnen*, dh darauf abstellt, was dieser vorhersehen und berechnen kann. Ist das Gesetz hierfür zu unklar und zu unbestimmt, dann kann es ohne Verhältnismäßigkeitsprüfung schon daran scheitern.

326 **Beispiele:** § 9 Abs. 1 S. 1 des Volkszählungsgesetzes 1983 gestattete den Gemeinden, bestimmte Angaben aus den Erhebungsunterlagen mit den Melderegistern zu vergleichen, zu deren Berichtigung zu verwenden und auch weiterzugeben. Ausgewählte Personendaten konnten so nicht nur zu statistischen Zwecken, sondern zusätzlich zu einem Verwaltungsvollzug verwandt werden, dem keine konkrete Zweckbindung entsprach. Das führte zur „Unverständlich-

43 E 113, 348/366 f; BVerfG, 12.10.2011, Rn 179.
44 E 35, 185/188.
45 Vgl *Dreier*, DR, Art. 19 I Rn 21 ff; krit. *Axer*, Hdb. GR III, § 67 Rn 25 f.
46 BVerfG, NJW 1999, 3399/3400.
47 E 35, 185/189; 61, 82/113.

keit der gesamten Regelung" sowie „dazu, dass der auskunftspflichtige Bürger die Auswirkungen dieser Bestimmung nicht mehr zu übersehen vermag" (E 65, 1/65). Auch Änderungen der Zweckbindung bedürfen einer „hinreichend normenklaren" gesetzlichen Grundlage (E 100, 313/360). – Für einen verurteilten Straftäter kann in bestimmten Fällen als Maßregel der Besserung und Sicherung vom Gericht Führungsaufsicht angeordnet werden, die mit Weisungen für dessen Verhalten verbunden werden kann. Ein darauf gestütztes fünfjähriges Publikationsverbot für die Verbreitung rechtsextremistischen oder nationalsozialistischen Gedankenguts war „unbestimmt und schon deswegen unverhältnismäßig" (BVerfG, EuGRZ 2011, 88/89).

V. Kollisionen und Konkurrenzen

1. Kollisionen

Kollisionen sind zunächst nichts anderes als Konflikte zwischen Menschen, die sich bei wildwüchsigem Freiheitsgebrauch ergeben. Sie durch Eingriffe einzudämmen, ist der Gesetzgeber durch die Gesetzesvorbehalte befähigt. Wo die Gesetzesvorbehalte bei den *vorbehaltlosen* Grundrechten fehlen, fehlt dem Gesetzgeber die Freiheit zur Eindämmung der Kollisionen. Aber damit sind diese als Gefahr nicht aus der Welt. Es gibt verschiedene Ansätze zur Lösung des Problems: 327

a) Gelegentlich wurde und wird versucht, das Problem der Kollisionen bei den vorbehaltlosen Grundrechten mit der **Übertragung von Schranken** anderer Grundrechte zu lösen. 328

Beispiele: Art. 5 Abs. 3 unterliege den Schranken von Art. 5 Abs. 2; die Schrankentrias („soweit …") des Art. 2 Abs. 1 als des allgemeinsten und „Muttergrundrechts" gelte auch für die speziellen, die „Tochtergrundrechte" und dabei auch für die vorbehaltlosen Grundrechte (vgl zB *Lücke*, DÖV 2002, 93). 329

Dies ist jedoch *abzulehnen*. Es wird der Bedeutung spezieller Grundrechtsverbürgungen und der Bedeutung von Spezialität im Recht überhaupt nicht gerecht. Auch das BVerfG vertritt in stRspr: „Abzulehnen ist … die Meinung, dass die Freiheit der Kunst gem. Art. 2 Abs. 1 Hs. 2 GG durch die Rechte anderer, durch die verfassungsmäßige Ordnung und durch das Sittengesetz beschränkt sei"[48]. Gleiches hat das Gericht für Art. 4 Abs. 1, 2 entschieden[49]. 330

b) In **systematischer Interpretation** lässt sich uU zeigen, dass die Reichweite des Schutzbereichs den kollidierenden wildwüchsigen Freiheitsgebrauch nicht deckt. 331

Beispiel: Der vorbehaltlos gewährleisteten Gewissensfreiheit in weitem Verständnis jedes von festen Überzeugungen geleitete Handeln unterfallen zu lassen, würde Art. 4 Abs. 1 in eine Fülle von Kollisionen mit anderen öffentlichen und privaten Interessen führen. Der systematische Blick auf Art. 5 Abs. 1 zeigt jedoch, dass das weite Verständnis nicht richtig sein kann: Feste Überzeugungen sind zunächst einfach Meinungen, und erst eine zusätzliche, als verpflichtend empfundene religiöse oder moralische Qualität macht das Gewissen aus (vgl *Mager*, MüK, Art. 4 Rn 23). 332

48 E 30, 173/192.
49 E 32, 98/107.

333 Was derart gar nicht erst in den Schutzbereich eines Grundrechts fällt, muss auch nicht durch einen Eingriff in das Grundrecht daran gehindert werden, mit anderen Interessen, mit anderen Grundrechten und Verfassungsgütern zu kollidieren. In der Falllösung hat auch und gerade bei den vorbehaltlosen Grundrechten die *sorgfältige Bestimmung des Schutzbereichs* vor der Frage nach dem Eingriff und dessen verfassungsrechtlicher Rechtfertigung zu erfolgen.

334 c) Die systematische Interpretation soll nach einer Auffassung sogar bewirken, dass die Schutzbereiche der vorbehaltlosen Grundrechte stets nur soweit reichen, wie es ein iS praktischer Konkordanz[50] erfolgender Ausgleich mit kollidierenden anderen Grundrechten oder Verfassungsgütern jeweils erlaubt (**kollidierendes Verfassungsrecht als Schutzbereichsbegrenzung**).

335 **Beispiel:** Bei Ableistung des Wehrdienstes merkt jemand, dass ihm sein Gewissen den Kriegs- und Wehrdienst mit der Waffe verbietet. Mit Rücksicht auf den ungestörten Dienstbetrieb wird jedoch seinem Recht zur Verweigerung von Kriegs- bzw Wehrdienst bis zur rechtskräftigen Anerkennung nicht entsprochen (vgl E 28, 243). Dies wird damit gerechtfertigt, dass der Schutzbereich des Art. 4 Abs. 3 durch das kollidierende Verfassungsrechtsgut der Funktionsfähigkeit der Bundeswehr begrenzt sei (*Erichsen*, Jura Extra: Studium und Examen, 2. Aufl. 1983, S. 214/234).

336 Das Beispiel zeigt das *erste Defizit* dieses Ansatzes: Die besondere Gestaltung des Grundrechts wird tendenziell ihrer *Funktion beraubt*. Die Vorenthaltung des Verweigerungsrechts wird gar nicht erst darauf befragt, ob sie durch die Ermächtigung des Gesetzgebers, bei diesem vorbehaltlosen Grundrecht immerhin das Nähere zu regeln (Art. 4 Abs. 3 S. 2), gedeckt ist. Sie muss gar nicht erst darauf befragt werden, wenn die Verweigerung schon aus dem Schutzbereich herausfällt. Auch bei jedem anderen Grundrecht ist es von diesem Ansatz aus eigentlich richtig, ein Gesetz als erstes darauf zu befragen, ob es den Schutz von anderen Grundrechten oder Verfassungsgütern bezweckt und Kollisionen vermeidet oder ausgleicht. Tut es das, definiert es den Schutzbereich; nur wenn es das nicht tut, behält der Gesetzesvorbehalt noch eine Funktion. Es kann sogar noch weitergehend gefragt werden, woraus sich überhaupt ergeben soll, dass es der gesetzgeberischen Definition des Schutzbereichs bedarf, und warum nicht die Verwaltung, wenn sie sich außerhalb des Schutzbereichs hält, nicht ohne gesetzliche Ermächtigung soll handeln dürfen.

337 Das *zweite Defizit* dieses Ansatzes liegt im *Verlust der Bestimmtheit* der Reichweite des Schutzbereichs. Da Kollisionen vielfältig und verschiedengestaltig sind und ihre Lösungen den konkreten Umständen des einzelnen Falls Rechnung tragen müssen und in der Rechtsprechung des BVerfG auch tragen, wird die Reichweite des Schutzbereichs, wenn sie durch kollidierendes Verfassungsrecht begrenzt wird, fallabhängig. Sie ist nicht mehr generell bestimmt, sondern nur noch ad hoc und punktuell zu bestimmen. – Aus beiden Gründen kann die Auffassung daher nicht überzeugen[51].

50 Vgl *Hesse*, VerfR, Rn 72.
51 Vgl auch *Lege*, DVBl. 1999, 569/571.

d) Eine ähnliche, sich ebenfalls auf die systematische Interpretation berufende wohl als herrschend zu bezeichnende Auffassung versteht kollidierendes Verfassungsrecht (Grundrechte und Verfassungsgüter) als (immanente) Schranken und sieht Eingriffe in die vorbehaltlos gewährleisteten Grundrechte dann verfassungsrechtlich gerechtfertigt, wenn sie Kollisionen mit anderen Grundrechten oder Verfassungsgütern iS praktischer Konkordanz ausgleichen **(kollidierendes Verfassungsrecht als Eingriffsrechtfertigung)**. **338**

In der Lösung konkreter Kollisionen trifft sich der vorliegende mit dem schon dargelegten Ansatz. Sein Vorzug liegt darin, dass er durch das kollidierende Verfassungsrecht nicht die Reichweite der Schutzbereiche bemisst, sondern die Eingriffe in die Schutzbereiche verfassungsrechtlich rechtfertigt; er gewährleistet daher die *Bestimmtheit der Reichweite des Schutzbereichs*. **339**

Die Funktion der Gesetzesvorbehalte ist aber auch hier *gefährdet*. Denn wieder ist nicht hinreichend deutlich, ob die Schranken kollidierenden Verfassungsrechts nur bei den vorbehaltlosen oder auch bei den übrigen Grundrechten vorausgesetzt und nur vom Gesetzgeber oder auch von Rechtsprechung und Verwaltung nachgezeichnet werden können. **340**

Soll bei der *Lösung konkreter Kollisionen* der besondere Wert, den das Grundgesetz einem Grundrecht durch die vorbehaltlose Gewährleistung zuerkennt, sowie Sinn und System der Gesetzesvorbehalte nicht preisgegeben werden, dann sind folgende Punkte zu beachten: **341**

- Dort, wo das Grundgesetz *Gesetzesvorbehalte* enthält, hat es die Kollisionsgefahren gesehen und die Eingriffsmöglichkeit so geschaffen, wie es auch die Eingriffsnotwendigkeit bejaht hat. Bei den Grundrechten mit Gesetzesvorbehalten besteht zu Überlegungen über kollidierendes Verfassungsrecht kein Anlass[52]. **342**
- Dort, wo das Grundgesetz keine Gesetzesvorbehalte enthält, hat es auch keine Kollisionsgefahren gesehen. Es hat keine Eingriffsmöglichkeit geschaffen, weil es auch die Eingriffsnotwendigkeit verneint hat. Alles spricht dafür, dass dabei eine Vorstellung des Schutzbereichs zu Grunde liegt, die Kollisionen ausschließt. Die Lösung eines Kollisionsproblems hat daher mit der Frage, ob das kollidierende Verhalten überhaupt in den Schutzbereich fällt, bzw mit einer präzisen Bestimmung der *Reichweite des Schutzbereichs* zu beginnen. Dies gilt umso mehr, als es *das* Problem der vorbehaltlosen Grundrechte nicht gibt, sondern nur die verschiedenen und verschieden zu lösenden Probleme der verschiedenen vorbehaltlosen Grundrechte. **343**
- Dort, wo das Grundgesetz Eingriffsmöglichkeiten schaffen wollte, hat es die Eingriffe durch Gesetz oder auf Grund Gesetzes vorgesehen. Wenn Eingriffe auch dort möglich sein sollen, wo das Grundgesetz ihre Notwendigkeit nicht gesehen und daher ihre Möglichkeit nicht geschaffen hat, dann gewiss *nicht unter geringeren Voraussetzungen* als dort, wo es die Notwendigkeit gesehen und die Möglich- **344**

52 AA E 66, 116/136; 111, 147/157; BVerwGE 87, 37/45 f; krit. *Schoch*, DVBl. 1991, 667/671 ff; diff. *Michael/Morlok*, GR, Rn 714 ff.

keit geschaffen hat. Der Eingriff in ein vorbehaltloses Grundrecht, der nicht durch Gesetz oder auf Grund Gesetzes erfolgt, ist verfassungsrechtlich nicht zu rechtfertigen[53].

345 – Weil das Grundgesetz bei den vorbehaltlosen Grundrechten Eingriffe nicht vorsieht, müssen sie jedenfalls *Ausnahmen* bleiben. Zur Rechtfertigung unter Berufung auf kollidierendes Verfassungsrecht kann daher entgegen gelegentlichen Tendenzen in der Rspr des BVerfG[54] nicht alles taugen, was das Grundgesetz für den Alltag des Verfassungslebens als Gegenstand von Gesetzgebungs- und Verwaltungskompetenzen benennt[55]. Was als Kompetenz benannt wird, ist darum nicht schon Verfassungsgut.

2. Konkurrenzen

346 a) Das Problem der Konkurrenzen ist das Problem, **welches von mehreren**, auf den ersten Anschein einschlägigen Grundrechten desselben Grundrechtsträgers jeweils **maßgeblich** ist. Es löst sich dadurch, dass der erste Anschein näher überprüft und die Einschlägigkeit näher bestimmt wird[56].

347 **Beispiel:** Ein Redakteur hat Presse zum Beruf und steht damit grundsätzlich unter dem Schutz sowohl von Art. 5 Abs. 1 als auch von Art. 12 Abs. 1. Wird er in seiner Arbeit behindert, scheinen daher zunächst beide Grundrechte einschlägig zu sein. Aber oft kann und muss unterschieden werden, ob die Behinderung presse- oder berufsspezifisch ist, ob ihm zB eine Recherche wegen ihres Inhalts oder durch Verhängung eines vom Richter in seiner berufsregelnden Wirkung erkannten und gewollten Fahrverbots erschwert wird.

348 b) Besonders **Freiheits- und Gleichheitsrechte** sind auf den ersten Anschein oft nebeneinander einschlägig. Wenn in die Freiheit eines Grundrechtsträgers eingegriffen wird, wird dieser gegenüber den anderen Grundrechtsträgern, in deren Freiheit nicht eingegriffen wird, ungleich behandelt. Aber dem Grundrechtsträger, in dessen Freiheit eingegriffen wird, geht es nicht um die Gleichbehandlung mit den anderen Grundrechtsträgern. Die Gleichbehandlung könnte auch dadurch hergestellt werden, dass nicht nur in seine, sondern auch in die Freiheit der anderen eingegriffen wird. Der Grundrechtsträger will nicht dies erreichen, sondern den Eingriff in seine Freiheit als nicht gerechtfertigt abwehren, und er will ihn nicht anders abwehren, als wenn der Eingriff nicht nur ihm, sondern auch den anderen Grundrechtsträgern gälte.

349 Nur wenn der Eingriff in seine Freiheit gerechtfertigt ist, kann es ihm *allein um die Gleichbehandlung* gehen, dh dann, wenn mit derselben Rechtfertigung, mit der in seine Freiheit eingegriffen wird, auch in die Freiheit der anderen Grundrechtsträger eingegriffen werden könnte, aber nicht eingegriffen wird. Auch hier kann die Gleichbehandlung zwar nicht nur dadurch hergestellt werden, dass er mit den anderen vom

53 Vgl E 107, 104/120; *Böckenförde*, Zur Lage der Grundrechtsdogmatik nach 40 Jahren Grundgesetz, 1989, S. 21.

54 E 53, 30/56; 105, 279/301 ff; krit. *Lege*, DVBl. 1999, 569.

55 Vgl abw. M. E 69, 57/58 ff; *Bamberger*, Verfassungswerte als Schranken vorbehaltloser Freiheitsgrundrechte, 1999, S. 145 ff; *Gärditz*, Hdb. StR^3 IX, § 189 Rn 18 ff; *Kloepfer*, VerfR II, § 51 Rn 65.

56 Vgl *Stern*, StR III/2, S. 1365 ff; vertiefend *Spielmann*, Konkurrenz von Grundrechtsnormen, 2008.

Eingriff verschont wird, sondern auch dadurch, dass in die Freiheit der anderen ebenso wie in seine Freiheit eingegriffen wird. Aber dieses Risiko muss er tragen; mehr als die Hoffnung, dass die Gleichbehandlung in der ihm günstigen Weise hergestellt wird, bleibt ihm nicht. Meistens wird die Hoffnung enttäuscht; die Rechtfertigung eines spezifischen Freiheitseingriffs ist meistens so spezifisch, dass in ihr auch die Rechtfertigung der Ungleichbehandlung gegenüber anderen Grundrechtsträgern angelegt ist.

Beispiel: Nachdem das BVerfG das strafbewehrte Verbot des Umgangs mit Cannabis vor Art. 2 Abs. 1 gerechtfertigt hatte, prüfte es unter Art. 3 Abs. 1 die Zulässigkeit der Ungleichbehandlung zwischen dem strafbedrohten Umgang mit Cannabis und dem straffreien Umgang mit Alkohol (E 90, 145/195 ff) und fand die Ungleichbehandlung ebenfalls gerechtfertigt (vgl auch E 89, 69/82 ff). **350**

c) Fällt ein Verhalten in den Schutzbereich zweier Freiheitsrechte, zwischen denen ein Spezialitätsverhältnis besteht, so bestimmt sich sein Schutz allein nach dem **speziellen Grundrecht**. Dies folgt aus dem Vorrang, den allgemein die spezielle vor der generellen Norm genießt. **351**

Beispiele: Die verfassungsrechtliche Zulässigkeit eines Einschreitens gegen eine Versammlung oder eine Vereinigung oder eines Eindringens in eine Wohnung bemisst sich nach Art. 8, Art. 9 Abs. 1 und 2 sowie Art. 13, nicht aber nach Art. 2 Abs. 1; der staatliche Umgang mit einer Koalition beurteilt sich nicht nach Art. 9 Abs. 1, sondern allein nach Art. 9 Abs. 3. – Zum Verhältnis zwischen speziellen Gleichheitssätzen und dem allgemeinen Gleichheitssatz vgl Rn 538. **352**

Die *allgemeine Handlungsfreiheit* ist schon dann einschlägig, wenn ein Verhalten in den Regelungs-, aber nicht in den Schutzbereich eines Grundrechts (vgl Rn 214) fällt[57]. Nach aA soll Art. 2 Abs. 1 schon dann verdrängt werden, wenn das Verhalten nur in den Regelungsbereich eines speziellen Grundrechts fällt[58]. Mit dem weiten Verständnis von Art. 2 Abs. 1 als Grundrecht der allgemeinen Handlungsfreiheit und der Rspr des BVerfG ist dies nicht vereinbar. **353**

Beispiel: Eine unfriedliche Versammlung fällt in den Regelungs-, nicht aber in den Schutzbereich des Art. 8 Abs. 1; sie ist durch Art. 2 Abs. 1 geschützt. **354**

d) Fällt ein Verhalten in die Schutzbereiche zweier Freiheitsrechte, zwischen denen kein Spezialitätsverhältnis besteht (sog. Idealkonkurrenz), dann bestimmt sich der Schutz des Verhaltens nach **beiden Grundrechten**. Wenn die Schutzwirkung beider Grundrechte unterschiedlich stark ist, dann bedeutet der doppelte Schutz, dass ein Eingriff nur gerechtfertigt ist, wenn er auch am Grundrecht mit dem stärkeren Schutz gerechtfertigt werden kann[59]. **355**

Beispiel: Die Prozession unter freiem Himmel verwirklicht die vorbehaltlose Glaubensfreiheit und die unter Gesetzesvorbehalt stehende Versammlungsfreiheit. Nimmt sie einen Weg, der in einer bestimmten religiösen Tradition wurzelt, dann muss sich ein Eingriff in die Wegführung auch an Art. 4 Abs. 2, nicht nur an Art. 8 Abs. 2 messen lassen. Andernfalls sind die Wegführung und ihre Beschränkung allein am Maßstab des Art. 8 zu beurteilen. **356**

---

57 *Lorenz*, BK, Art. 2 Abs. 1, Rn 74.
58 *Krebs*, Vorbehalt des Gesetzes und Grundrechte, 1975, S. 38 ff.
59 *Berg*, Hdb. GR III, § 71 Rn 47.

357 **Literatur:** *A.v. Arnauld,* Die Freiheitsrechte und ihre Schranken, 1999; *H. Bethge*, Mittelbare Grundrechtsbeeinträchtigungen, Hdb. GR III, § 58; *C. Drews*, Die Wesensgehaltsgarantie des Art. 19 II GG, 2005; *P. Häberle*, Die Wesensgehaltgarantie des Art. 19 Abs. 2 GG, 3. Aufl. 1983; *H. Hanau*, Der Grundsatz der Verhältnismäßigkeit als Schranke privater Gestaltungsmacht, 2004; *G. Hermes*, Grundrechtsbeschränkungen auf Grund von Gesetzesvorbehalten, Hdb. GR III, § 63; *C. Hillgruber*, Grundrechtlicher Schutzbereich, Grundrechtsausgestaltung und Grundrechtseingriff, Hdb. StR^3 IX, § 200; *D. Krausnick*, Grundfälle zu Art. 19 I und II GG, JuS 2007, 991, 1088; *K.-H. Ladeur/T. Gostomzyk*, Der Gesetzesvorbehalt im Gewährleistungsstaat, Verwaltung 2003, 141; *J. Lege*, Verbot des Einzelfallgesetzes, Hdb. GR III, § 66; *F. Müller*, Die Positivität der Grundrechte, 2. Aufl. 1990; *D. Murswiek*, Grundrechtsdogmatik am Wendepunkt, Staat 2006, 473; *H.-J. Papier*, Vorbehaltlos gewährleistete Grundrechte, Hdb. GR III, § 64; *B. Schlink*, Abwägung im Verfassungsrecht, 1976; *J. Schwabe*, Probleme der Grundrechtsdogmatik, 1977; *T. Schwarz,* Die Zitiergebote im Grundgesetz, 2002; *K. Stern,* Die Grundrechte und ihre Schranken, in: FS 50 Jahre BVerfG, 2001, Bd. II, S. 1; *L.P. Störring*, Das Untermaßverbot in der Diskussion, 2009; *M. Winkler*, Kollisionen verfassungsrechtlicher Schutznormen, 2000.

Anhang: Aufbauschemata

358 Die dargelegte Systematik von Grundrechtsgewährleistung und Grundrechtsbeschränkung kann für Zwecke der *Falllösung*, insbesondere in Übungsarbeiten, in Aufbauschemata gebracht werden. Von den folgenden Aufbauschemata beziehen sich die ersten beiden auf den typischen Grundrechtsfall, in dem gefragt wird, ob ein Gesetz mit den Grundrechten als Abwehrrechten vereinbar ist (vgl Rn 9 ff) bzw ob die Verfassungsbeschwerde gegen ein Gesetz begründet ist (vgl Rn 1271 f). Wenn nach der Rechtmäßigkeit einer Maßnahme der vollziehenden oder rechtsprechenden Gewalt gefragt wird, kommen Prüfungsgesichtspunkte hinzu, die aber das Aufbauschema nicht sehr verändern (*Augsberg/Viellechner*, JuS 2008, 407). Für den Fall, in dem es um die Pflicht des Staats zum Schutz eines Verhaltens vor Gefahren geht, gilt das dritte Aufbauschema. Für den Fall, in dem es um die Pflicht des Staats zum Schutz durch Teilhabe und damit regelmäßig um ein Gleichheitsproblem geht, gilt das Aufbauschema für die Prüfung von Gleichheitsgrundrechten (vgl Rn 538). Modifikationen ergeben sich dann, wenn nicht nur nach der Grundrechtsgemäßheit, sondern umfassend nach der Verfassungsmäßigkeit eines Gesetzes gefragt wird bzw nicht eine Verfassungsbeschwerde, sondern eine abstrakte oder konkrete Normenkontrolle zu begutachten ist. Dann sind Kompetenz- und Verfahrensnormen des Grundgesetzes („formelle Verfassungsmäßigkeit“) selbstständiger Maßstab neben den Grundrechten („materielle Verfassungsmäßigkeit“) und sollen dementsprechend gleichgeordnet mit diesen und nicht – wie hier – als Unterpunkt III. 1. geprüft werden.

Die Frage, ob ein Freiheitsgrundrecht **durch ein Gesetz** verletzt ist, ist in folgenden Einzelfragen abzuarbeiten (Drei-Schritt-Prüfung): 359

I. Fallen die Verhalten, die das Gesetz regelt, in den Schutzbereich des Grundrechts?
II. Stellt die Regelung des Gesetzes einen Eingriff in den Schutzbereich dar?
III. Ist der Eingriff verfassungsrechtlich gerechtfertigt?
   1. Ist das Gesetz kompetenz- und verfahrensgemäß zu Stande gekommen?
   2. a) Bei Grundrechten mit spezieller Schranken-Schranke: Wahrt das Gesetz die Schranken-Schranke?
      b) Bei Grundrechten mit qualifiziertem Gesetzesvorbehalt: Genügt das Gesetz den Qualifikationsmerkmalen?
      c) Bei Grundrechten ohne Gesetzesvorbehalt: Greift das Gesetz um anderer Grundrechte oder sonstiger Verfassungsgüter willen ein?
   3. Genügt das Gesetz den Anforderungen des Parlamentsvorbehalts?
   4. Greift das Gesetz verhältnismäßig ein?
   5. Nur bei Grundrechten mit Einrichtungsgarantie: Lässt das Gesetz die Einrichtung bestehen?
   6. Lässt das Gesetz den Wesensgehalt des Grundrechts unangetastet?
   7. Gilt das Gesetz allgemein und nicht nur für den Einzelfall?
   8. Nur bei Grundrechten mit Gesetzesvorbehalt: Wahrt das Gesetz das Zitiergebot?
   9. Ist das Gesetz in Tatbestand und Rechtsfolge klar und bestimmt gefasst?
   10. Genügt das Gesetz sonstigem Verfassungsrecht?

Die Frage, ob ein Freiheitsgrundrecht **durch eine Maßnahme der vollziehenden oder der rechtsprechenden Gewalt verletzt** ist, ist wie folgt abzuarbeiten: 360

I. Fällt das Verhalten, dem die Maßnahme gilt, in den Schutzbereich des Grundrechts?
II. Stellt die Maßnahme einen Eingriff in den Schutzbereich dar?
III. Ist der Eingriff verfassungsrechtlich gerechtfertigt?
   1. Besteht eine verfassungsgemäße gesetzliche Grundlage für die Maßnahme? (Zur Verfassungsmäßigkeit der gesetzlichen Grundlage vgl Rn 359 unter III).
   2. Ist die Maßnahme ihrerseits verfassungsgemäß?
      a) Wendet sie das Gesetz in verfassungs-, besonders in grundrechtskonformer Auslegung an?
      b) Ist sie verhältnismäßig?
      c) Begegnet sie dem Betroffenen klar und bestimmt?

Die Frage, ob ein **grundrechtlicher Anspruch auf Schutz** durch eine der staatlichen Gewalten besteht, ist in folgenden Schritten zu prüfen: 361

I. Fällt das Verhalten, für das Schutz begehrt wird, in den Schutzbereich des Grundrechts?
II. Besteht eine Pflicht der staatlichen Gewalten zum Schutz des Verhaltens vor Gefahren?
   1. Verlangt das Grundrecht den Schutz ausdrücklich?
   2. Ist die Freiheit des Verhaltens tatsächlich gefährdet?
   3. Wird die Gefährdung durch den begehrten Schutz beseitigt oder vermindert?
   4. Ist der begehrte Schutz der staatlichen Gewalt tatsächlich und rechtlich möglich?
III. Genügt die staatliche Gewalt der Pflicht auf andere als die begehrte Weise?
   1. Wird die staatliche Gewalt überhaupt zum Schutz des Verhaltens tätig?
   2. Hat die staatliche Gewalt einen legitimen Grund, nicht in der begehrten Weise tätig zu werden?

362 Man könnte daran denken, die jeweils nächste Frage des Aufbauschemas nur dann noch zu beantworten, wenn die jeweils vorangehende bejaht wird; denn mit der Verneinung einer der mit den römischen Ziffern I und II gekennzeichneten Fragen steht fest, dass keine Verletzung des Grundrechts vorliegt, und mit der Verneinung einer der mit arabischen Ziffern und mit Buchstaben gekennzeichneten Fragen steht fest, dass eine Verletzung des Grundrechts vorliegt. Entscheidend ist aber, ob die späteren Fragen ausweislich des Sachverhalts noch problemträchtig sind; diesen Problemen darf nicht ausgewichen werden. Die entsprechende, in einem Rechtsgutachten erforderliche Fortsetzung der Prüfung wird gelegentlich als hilfsgutachtlich bezeichnet. Immer aber gilt, dass Ausführungen zu einer der mit arabischen Ziffern und mit Buchstaben gekennzeichneten Fragen nur dann erforderlich sind, wenn Sachverhalt oder Rechtslage irgendwelche Anhaltspunkte dafür bieten, dass die Frage möglicherweise verneint werden kann. Das Aufbauschema soll eine gedankliche Stütze sein; es darf nicht in jedem Fall zur Gänze reproduziert werden.

Teil II
Die einzelnen Grundrechte

§ 7 Schutz der Menschenwürde (Art. 1 Abs. 1)

Fall 4: Das Entführungsdrama 363
A und B entführen den herzkranken Industriellen I. Sie fordern von den Angehörigen des I ein hohes Lösegeld. I schwebt in äußerster Lebensgefahr, da er seine gewohnten Medikamente nicht einnehmen kann. Selbst wenn die Forderung der Entführer erfüllt würde, dauerte das Verfahren der Übergabe des Lösegelds und der Freilassung doch so lange, dass die medikamentöse Hilfe zu spät käme. Der zwischenzeitlich festgenommene B weiß, wo I von A versteckt gehalten wird, weigert sich aber, dies preiszugeben. Um das Leben des I zu retten, entschließt sich die Polizei, den B mit Folter zum Sprechen zu bringen. Verstößt sie gegen Art. 1 Abs. 1? **Rn 382**

I. Überblick

Die nationalsozialistischen Verbrechen vor Augen hat der Parlamentarische Rat an den *Anfang* der Grundrechte das Bekenntnis zur Menschenwürde gestellt. Im Hinblick auf diese Stellung und darauf, dass auch eine Verfassungsänderung Art. 1 nicht „berühren" darf (Art. 79 Abs. 3), hat das BVerfG schon früh festgestellt: „In der freiheitlichen Demokratie ist die Würde des Menschen der oberste Wert"[1]. 364

Wegen proklamatorischer Unbestimmtheit, wegen der in Art. 1 Abs. 3 statuierten Bindung der öffentlichen Gewalt an die „nachfolgenden" Grundrechte und weil deren Schutz ohnehin lückenlos sei, wird die Auffassung vertreten, Art. 1 Abs. 1 sei selbst kein Grundrecht[2]. Aber proklamatorische Unbestimmtheit findet sich auch bei anderen Grundrechten, und systematisch gehört Art. 1 Abs. 1, wie die Überschrift von Abschnitt I und Art. 142 zeigen, *zu den Grundrechten*. Das BVerfG vertritt von Anfang an, dass Art. 1 Abs. 1 ein Grundrecht ist, und hat auch jüngst wieder klargestellt, dass Art. 1 Abs. 1 als „Grundrecht die Würde jedes individuellen Menschen schützt"[3]. 365

Anders als bei den meisten Grundrechten ist die Rechtsfolge der Gewährleistung der Menschenwürde in einem eigenen Satz formuliert: Art. 1 Abs. 1 S. 2 verpflichtet alle staatliche Gewalt, die Würde des Menschen zu *achten* und zu *schützen*. Die Achtungspflicht verbürgt ein Abwehrrecht, die hier ausnahmsweise (vgl Rn 78 ff) ausdrücklich auferlegte Schutzpflicht einen Leistungsanspruch[4]. 366

Andere Grundrechte formen den Menschenwürdeschutz weiter aus. Dadurch fallen sie zwar nicht unter die Unabänderlichkeitsverbürgung von Art. 79 Abs. 3. Soweit ihr Schutzbereich 367

1 E 5, 85/204.
2 Vgl *Enders*, FH, Art. 1 Rn 60 ff.
3 E 125, 175/223; 1, 332/343.
4 E 125, 175/222 f.

sog. *Menschenwürdegehalt* hat, d. h. sich mit dem Schutzbereich von Art. 1 Abs. 1 deckt, verbürgt dessen Unabänderlichkeit aber, dass von ihnen auch noch nach ihrer Änderung oder sogar Abschaffung etwas übrig bleibt – als Aspekt von Art. 1 Abs. 1[5].

II. Schutzbereich

368 Den Schutzbereich der Menschenwürde zu bestimmen, macht in doppelter Hinsicht *Schwierigkeiten*. Zum einen ist der Begriff der Menschenwürde durch zweieinhalbtausend Jahre Geistesgeschichte gegangen und hat dabei verschiedene theologische, philosophische und soziologische Interpretationen gefunden, die, bis heute aktuell, auch verschiedene juristische Interpretationen nahelegen. Zum anderen ist die Vorstellung davon, was an der Existenz des Menschen besonders gefährdet und besonders darauf angewiesen ist, nicht angetastet zu werden, auch durch den politischen, ökonomischen und kulturellen Zustand einer Gesellschaft bedingt und wandelt sich mit ihm.

369 Es gibt besonders drei Auffassungen, wie der Schutzbereich der Menschenwürde zu bestimmen ist. Nach der sog. *Mitgifttheorie* schützt Art. 1 Abs. 1 das, was den Menschen als Menschen auszeichnet – seine Gottebenbildlichkeit, seine Vernunftbegabtheit, seine Willens- und Entscheidungsfreiheit. Die christlichen und aufklärerischen Wurzeln dieser Auffassung münden in der Philosophie *Kants* zusammen. „Autonomie ist … der Grund der Würde"; der Mensch, frei und zu vernünftiger Selbstgesetzgebung begabt und verpflichtet, ist Subjekt und existiert als Zweck an sich selbst, nicht als Objekt oder Mittel zum Gebrauch für andere – sei es für den Staat, sei es für einen anderen Menschen[6].

370 Die sog. *Leistungstheorie* lässt es nicht bei der Begabung und Verpflichtung zum Vernunftgebrauch bewenden; sie spricht dem Menschen Würde auf Grund und nach Maßgabe seiner Leistung der Identitätsbildung und Selbstdarstellung zu. „Nur er kann bestimmen, was er ist"[7]; dabei gewährt Art. 1 Abs. 1 ihm Schutz vor dem Staat. *Luhmann*, auf den die Theorie zurückgeführt wird, sieht den Menschen durch Art. 1 Abs. 1 nur in seinem Verhältnis zum Staat, nicht in seiner Kommunikation mit anderen Menschen geschützt; Kommunikation, innerhalb weiter rechtlicher Grenzen frei, bietet mit der Chance des Gelingens eben auch das Risiko des Scheiterns von Identitätsbildung und Selbstdarstellung.

371 Nach der sog. *Anerkennungstheorie* liegt der Grund der Würde in der Anerkennung, die sich Menschen als freie und gleiche gegenseitig schulden und gewähren und durch die sie sich zur staatlichen Gemeinschaft als Anerkennungs- und Solidargemeinschaft verfassen. Während die Würde für die Mitgifttheorie beim Menschen schon vorauszusetzen („Substanzbegriff") und für die Leistungstheorie vom Menschen erst zu erwerben ist („Leistungsbegriff"), ist sie für die Anerkennungstheorie „Kommunikationsbegriff" und stellt sich in der Gemeinschaft her[8].

5 Vgl E 109, 279/310.
6 Vgl *Seelmann*, in: Brudermüller/Seelmann, Menschenwürde, 2008, S. 67 ff.
7 Vgl *Luhmann*, Grundrechte als Institution, 1965, S. 53 ff.
8 *Hofmann*, AöR 1993, 353/364 ff; *Kloepfer*, VerfR II, § 55 Rn 8 f.

Alle drei Auffassungen greifen *zentrale Aspekte* dessen auf, was unter dem Begriff der Menschenwürde als unantastbar festgehalten zu werden verdient und in der Rechtsprechung des BVerfG auch festgehalten wird. Die erste Auffassung lehrt, die Würde auch der Menschen zu sehen, bei denen das, was sie als Menschen auszeichnet, nicht mit hinreichender Willens-, Handlungs- oder Leistungsfähigkeit einhergeht. Die zweite Auffassung stellt klar, dass nur der Einzelne entscheiden kann, was seine Würde ausmacht, und dass ihm keine Würdeverwirklichungen und -darstellungen aufgenötigt werden dürfen[9]. Die dritte Auffassung hält fest, dass Würde von Anerkennung lebt. Bereits der Wortlaut von Art. 1 Abs. 1, nach dem die Würde nicht angetastet werden kann und doch geachtet und geschützt werden muss, kann als Andeutung verstanden werden, dass es ein aus der unantastbaren Würde folgender antastbarer Anspruch ist, der Achtung und Schutz benötigt: ein Anerkennungsanspruch[10]. **371a**

Beispiele: Menschenwürde hat auch, wer „auf Grund seines körperlichen oder geistigen Zustands nicht sinnhaft handeln kann" (E 109, 133/150). – Frauen, die bei der Peepshow, und Zwergen, die beim Zwergenweitwurf mitmachen wollen, kann dies nicht um ihrer Menschenwürde willen verboten werden (vgl *Dreier*, DR, Art. 1 I Rn 152). – Wenn jemandem die Freiheit entzogen oder sonst eine Sanktion auferlegt wird, muss er seine Menschenwürde durch die Art und Weise, in der es geschieht, anerkannt finden; daraus folgen Vorgaben besonders für das strafrechtliche Verfahren (vgl Rn 378a). **371b**

Alle drei Auffassungen treffen sich im Konsens, dass zum Schutzbereich *drei Teilbereiche* gehören, **372**

- die menschliche Subjektivität, d. h. besonders die körperliche und seelische Identität und Integrität,
- die prinzipielle rechtliche Gleichheit der Menschen und
- die Gewährleistung des Existenzminimums.

Gelegentlich wird die Ermittlung des Schutzbereichs im konkreten Fall als situations- und kontextabhängig und *abwägungsoffen* bezeichnet. Die Würde habe unterschiedliche Reichweite je nach den Bezügen und Konflikten, in denen der Mensch mit anderen Menschen stehe, den Rücksichten, die er zu nehmen habe, den Gefahren und Verletzungen, die er verursache, und der Schuld, die er auf sich lade[11]. **373**

Beispiele: Wer als Verbrecher die Würde des Opfers antaste, müsse sich die Folter durch die Polizei, die der Rettung des Opfers diene, selbst zurechnen und könne sie nicht als Antastung seiner Würde abwehren. Wer im Flugzeug sitze, das, von Terroristen gekapert, in ein Kernkraftwerk gelenkt werde, habe eine derart reduzierte Lebensperspektive und Würdereichweite, dass der Abschuss des Flugzeugs seine Würde nicht antaste. **373a**

Aber Kollisionen und Konflikte sind nicht als Schutzbereichs-, sondern als *Eingriffsprobleme* zu lösen (vgl Rn 334 ff). Die Relativierung des Schutzbereichs, die mit der Funktion und Bestimmtheit aller Grundrechte unvereinbar ist, ist mit der Unantastbarkeit, der besonderen Achtung und dem besonderen Schutz der Menschenwürde erst recht unvereinbar. Was im Allgemeinen als Schutzbereich der Menschenwürde auszumachen ist, muss auch im konkreten Fall als Schutzbereich festgehalten werden. **373b**

9 Vgl E 87, 209/228; *Podlech*, AK, Art. 1 Abs. 1 Rn 46.
10 E 109, 133/150.
11 *Herdegen*, MD, Art. 1 Abs. 1 Rn 46 ff; *Dederer*, JöR 2009, 89/117 ff.

Das BVerfG sagt denn auch nicht über den Schutzbereich der Menschenwürde, sondern über die Verletzung, sie lasse „sich nicht generell …, sondern immer nur in Ansehung eines konkreten Falles" bestimmen[12].

III. Eingriffe

374 Zur Bestimmung, ob ein Eingriff in die Menschenwürde vorliegt, bedient sich das BVerfG der sog. *Objektformel*. Der Mensch hat Würde als Subjekt; entsprechend widerspricht es seiner Würde, ihn zum „bloßen Objekt des Staates" zu machen[13].

375 Das Problem der Objektformel liegt auf der Hand: Sie lässt manches offen. Im Abhörurteil hat das BVerfG versucht, sie zu *präzisieren*, und den Eingriff in die Menschenwürde dahin gekennzeichnet, dass der Mensch „einer Behandlung ausgesetzt wird, die seine Subjektqualität prinzipiell in Frage stellt [oder in der] eine willkürliche Missachtung der Würde des Menschen liegt. Die Behandlung [muss also] Ausdruck der Verachtung des Wertes, der dem Menschen kraft seines Personseins zukommt, also in diesem Sinn eine ‚verächtliche Behandlung' sein"[14].

376 Aber dieser Präzisierungsversuch hilft nicht viel weiter. Soll neben der unzulässigen „willkürlichen Missachtung der Würde des Menschen" eine willkürfreie Missachtung der Menschenwürde zulässig sein? Auf wessen Einstellung soll das Erfordernis, die Behandlung müsse „Ausdruck der Verachtung" sein, abstellen, und warum soll es statt auf die Wirkung auf die Einstellung ankommen? Schon das abweichende Votum zum Abhörurteil hielt entgegen, der Mensch dürfe *schlechterdings* „nicht unpersönlich, nicht wie ein Gegenstand behandelt werden, auch wenn es nicht aus Missachtung des Personenwertes, sondern in ‚guter Absicht' geschieht"[15]. Jüngst hat das BVerfG die Objektformel ähnlich dahin gefasst: „Schlechthin verboten ist damit jede Behandlung des Menschen durch die öffentliche Gewalt, die dessen Subjektqualität, seinen Status als Rechtssubjekt, grundsätzlich in Frage stellt, indem sie die Achtung des Wertes vermissen lässt, der jedem Menschen um seiner selbst willen, kraft seines Personseins, zukommt"[16].

377 Die Objektformel schafft jedenfalls *Klarheit*, dass der Zweck, für den der Mensch als Objekt oder Instrument behandelt wird, nicht zählt; auch der beste oder höchste Zweck macht die Behandlung nicht menschenwürdeverträglich. Bei der Menschenwürde geht es also nicht um das Verhältnis zwischen Zweck und Mittel, nicht um Abwägung und Verhältnismäßigkeit, sondern um das Verbot der Behandlung als Objekt oder Instrument schlechthin. Wie es nicht auf die Zwecke ankommt, kommt es nicht auf die Willkür oder Willkürfreiheit, Missachtung oder Achtung an, die den Träger der öffentlichen Gewalt leitet. Überdies wird der Mensch umso mehr als Subjekt respektiert und umso weniger als Objekt behandelt je mehr Zustimmung, Partizipation oder immerhin Transparenz zur Voraussetzung seiner Behandlung gemacht wird.

12 E 30, 1/25.
13 E 87, 209/228; 109, 133/149 f; 115, 118/153.
14 E 30, 1/26; vgl auch E 109, 279/312 f.
15 E 30, 1/39 f.
16 E 115, 118/153; vgl *Enders*, JöR 2011, 245/251 ff.

Die verschiedenen Auffassungen zur Menschenwürde treffen sich wie im Konsens über die drei Teilbereiche, die zum Schutzbereich gehören, auch im Konsens über die *teilbereichstypischen Eingriffe*: 378

- In die körperliche und seelische Identität und Integrität wird besonders durch Folter, Brechung des Willens durch Drogen oder Hypnose, heimliche oder gewaltsame medizinische Manipulation zu Forschungs- oder Züchtungszwecken, Zerstörung menschlicher Intimität,
- in die prinzipielle rechtliche Gleichheit besonders durch Sklaverei, Leibeigenschaft, Menschenhandel und andere systematische Diskriminierungen, Demütigungen und Erniedrigungen und
- in die Gewährleistung des Existenzminimums dadurch eingegriffen, dass die Möglichkeit, das Minimum der eigenen Bedürfnisse selbst zu befriedigen, vorenthalten oder die erforderlichen materiellen und kulturellen Ressourcen verweigert werden.

Beispiele: Ob der fortpflanzungsmedizinische und gentechnische Umgang mit menschlichem Leben ein Problem des Identitäts- und Integritätsschutzes aus Art. 1 Abs. 1 oder des Lebens-, Gesundheits- und Persönlichkeitsschutzes aus Art. 2 ist, ist fraglich (vgl *Dreier*, DR, Art. 1 I Rn 80 ff; *Lorenz*, JZ 2005, 1121; *Middel*, Verfassungsrechtliche Fragen der Präimplantationsdiagnostik und des therapeutischen Klonens, 2006; zur Transplantationsmedizin Rn 135, 423); ob die Haftung des Arztes für den Unterhalt eines Kinds, das nach fehlgeschlagener Sterilisation oder fehlerhafter genetischer Beratung geboren wurde, mit der Menschenwürde des Kinds vereinbar oder eine menschenunwürdige „Kommerzialisierung menschlichen Daseins" ist, ist zwischen den Senaten des BVerfG streitig (E 96, 375/400 f; 96, 409/412 f). Im Abschuss eines sog. Renegade-Flugzeugs sieht das BVerfG einen Eingriff in die Würde der Besatzung und der Passagiere, weil ihre Tötung als Mittel zur Rettung anderer benutzt wird (E 115, 118/154; dazu *Merkel*, JZ 2007, 373; *Lindner*, DÖV 2006, 577). – Den Gebrauch des Lügendetektors qualifiziert das BVerfG als Problem nicht der Menschenwürde, sondern des allgemeinen Persönlichkeitsrechts (NJW 1982, 375; vgl auch NJW 1998, 1938). Dagegen sieht es im Lauschangriff (vgl Rn 961 f) einen Eingriff nicht nur in das Wohnungsgrundrecht, sondern auch in die Menschenwürde, wenn der Kernbereich privater Lebensgestaltung angetastet wird (E 109, 279/314 ff). – Bei Strafgefangenen sieht das BVerfG einen Eingriff in die Menschenwürde, wenn sie keine Chance haben, jemals wieder frei zu kommen und der Vollzug nicht auf Resozialisierung hinwirkt (E 109, 133/150 f), wenn sie zu zweit in einer Zelle von rund 8 m^2 untergebracht sind (EuGRZ 2011, 177/180 f) und wenn die Zelle mit Fäkalien verunreinigt ist (NJW 1993, 3190 f, EuGRZ 2010, 531/533). Zum Schutz der Menschenwürde im Strafverfahren fordert das BVerfG, dass der Beschuldigte „die Möglichkeit haben … muss, auf das Verfahren einzuwirken, sich persönlich zu den gegen ihn erhobenen Vorwürfen zu äußern, entlastende Umstände vorzutragen, deren umfassende und erschöpfende Nachprüfung und ggf auch Berücksichtigung zu erreichen" (E 63, 332/337 f). – Zum Schutz des menschlichen Existenzminimums hat der Einzelne, der die notwendigen Mittel „weder aus seiner Erwerbstätigkeit, noch aus eigenem Vermögen noch durch Zuwendungen Dritter erhalten kann", einen Anspruch auf „diejenigen materiellen Voraussetzungen …, die für seine physische Existenz und für ein Mindestmaß an Teilhabe am gesellschaftlichen, kulturellen und politischen Leben unerlässlich sind" (E 125, 175), und darf der Staat das vom Einzelnen erzielte Einkommen, das zur Erhaltung des Existenzminimums nötig ist, weder entziehen noch besteuern (E 82, 60/85; 99, 246/259 ff; 120, 125/155 f). 378a

379 Da sich Menschenwürde im alltäglichen Sprachgebrauch „immer häufiger auf periphere soziale Vorgänge" bezieht[17], werden vor dem BVerfG staatliche Maßnahmen oft unter Berufung auf die Menschenwürde gerügt, die von einer Verletzung der Menschenwürde weit entfernt sind. Das BVerfG hat Verfassungsbeschwerden, die eine Verletzung der Menschenwürde gerügt haben, daher mehrfach als *offensichtlich unbegründet* zurückgewiesen.

380 **Beispiele:** Zahlung einer Geldbuße im Ordnungswidrigkeitsverfahren (E 9, 167/171), Ladung zum Verkehrsunterricht (E 22, 21/28), Leichenöffnung im Ermittlungsverfahren (BVerfG, NJW 1994, 783/784) und Friedhofszwang für Urnen (E 50, 256/262).

IV. Verfassungsrechtliche Rechtfertigung

381 Art. 1 Abs. 1 steht nicht unter Gesetzesvorbehalt. Da er wegen Art. 79 Abs. 3 nicht einmal durch eine Verfassungsänderung berührt werden darf und dadurch dem übrigen Verfassungsrecht vorgeordnet ist, scheidet die *Kollision* mit dem übrigen Verfassungsrecht als Eingriffsrechtfertigung aus[18]. Denkbar ist allenfalls die Eingriffsrechtfertigung durch Kollision mit den ebenfalls durch Art. 79 Abs. 3 der Verfassungsänderung entzogenen Verfassungsgrundsätzen. Die in Art. 20 GG niedergelegten Grundsätze zur Gestalt der staatlichen Gewalt scheiden zur Eingriffsrechtfertigung jedoch aus, da die staatliche Gewalt um der Menschenwürde Willen besteht und diese zu achten und zu schützen hat[19].

381a Es bleibt die Frage, ob in die Menschenwürde des einen zum Schutz der Menschenwürde eines anderen eingegriffen werden darf, besonders in die Menschenwürde von jemandem, der Unrecht tut, zum Schutz der Menschenwürde von jemandem, der Unrecht leidet[20]. Zwar ist der Staat aus Art. 1 Abs. 1 ebenso wie zur Achtung auch zum Schutz der Menschenwürde verpflichtet. Aber wie er seinen Schutzpflichten nachkommt, ist ihm durch das Grundgesetz nicht vorgezeichnet, sondern von ihm „grundsätzlich in eigener Verantwortung zu entscheiden"[21], und seiner Pflicht zum Schutz der Menschenwürde kommt er bereits durch seine Gesetze und deren Vollzug, besonders durch Polizei und Gerichte, nach. Dass der generelle gesetzliche Schutz im einen oder anderen Vollzugsfall versagen mag, gehört zum Wesen jedes generellen gesetzlichen Schutzes. Wie der Staat seiner Achtungspflicht nachkommt, ist ihm dagegen eindeutig vorgegeben: Er hat die menschenwürdeverletzende Behandlung zu unterlassen. Abwehr- und Schutzrechte wirken stets und auch hier nicht in der gleichen Unmittelbarkeit und Unbedingtheit[22]. Da somit kein Eingriff in die Menschenwürde gerechtfertigt werden kann, stellt jeder Eingriff zugleich eine Verletzung der Würde dar[23].

17 *Podlech*, AK, Art. 1 Abs. 1 Rn 12.
18 E 93, 266/293; 107, 275/284.
19 Vgl E 75, 369/380.
20 So *Starck*, MKS, Art. 1 Rn 47; *Wittreck*, DÖV 2003, 873/879 f.
21 E 46, 160/164 f.
22 Vgl *Goos*, S. 186 ff.
23 *Kunig*, MüK, Art. 1 Rn 4; *Michael/Morlok*, GR, Rn 147; *Denninger*, in: FS von Brünneck, 2011, S. 397/409 ff; *Classen*, DÖV 2009, 689/694 f; aA *Kloepfer*, VerfR II, § 55 Rn 76; *Baldus*, AöR 2011, 529.

Lösungsskizze zum Fall 4 (Rn 363): I. Ein wesentlicher Teil des Schutzbereichs der Menschenwürde ist die Wahrung der menschlichen Identität und Integrität sowohl in körperlicher wie in seelischer Hinsicht. Aller staatlichen Gewalt, und damit auch der Polizei, ist daher Folter verboten. Da B eine „festgehaltene Person" ist, ergibt sich dieses Verbot hier zugleich aus Art. 104 Abs. 1 S. 2. – II. Somit hat die Polizei in die Menschenwürde eingegriffen. – III. Eine verfassungsrechtliche Rechtfertigung des Vorgehens der Polizei kann nicht auf den Schutz von I abstellen. Es wäre verfehlt, hier eine Kollision zwischen der Menschenwürde von B und der Menschenwürde von I anzunehmen und die von B der von I zu opfern, weil jener unrecht getan und dieser Unrecht erlitten habe. Zwar ist der Staat aus Art. 1 Abs. 1 iVm Art. 2 Abs. 2 S. 1 zum Schutz des Lebens verpflichtet. Aber seiner Verpflichtung zum Schutz der Würde von I gegen Angriffe von B ist der Staat bereits mit seinen Strafgesetzen nachgekommen, die B die Angriffe verbieten, und durch Polizei und Gerichte, die den Strafgesetzen Geltung verschaffen. Vollständige Geltung kann ihnen nicht verschafft werden; Kriminalität und auch lebens- und würdegefährdende Kriminalität sind eine Geißel jeder Gesellschaft. Die unbedingte Verpflichtung, die Wurde von B nicht zu verletzen, verbietet dagegen auch die Folter unbedingt (aA mit der Konsequenz der Zulässigkeit der Folter *Brugger*, Staat 1996, 67; *Starck*, MKS, Art. 1 Rn 79; vgl auch *Lenzen* [Hrsg.], Ist Folter erlaubt?, 2006). 382

Literatur: *T. Aubel*, Das Gewährleistungsrecht auf ein menschenwürdiges Existenzminimum, in: S. Emmenegger / A. Wiedmann (Hrsg.), Linien der Rechtsprechung des Bundesverfassungsgerichts, 2. Bd., 2011, S. 273; *H.G. Dederer*, Die Garantie der Menschenwürde (Art. 1 Abs. 1 GG), JöR 2009, 89; *G. Dürig*, Der Grundrechtssatz von der Menschenwürde, AöR 1956, 117; *C. Enders*, Die Menschenwürde in der Verfassungsordnung, 1997; *C. Goos*, Innere Freiheit. Eine Rekonstruktion des grundgesetzlichen Würdebegriffs, 2011; *P. Häberle*, Die Menschenwürde als Grundlage der staatlichen Gemeinschaft, Hdb. StR³ II, § 22; *H. Hofmann*, Die versprochene Menschenwürde, AöR 1993, 353; *F. Hufen*, Die Menschenwürde, Art. 1 I GG, JuS 2010, 1; *M. Nettesheim*, Die Garantie der Menschenwürde zwischen metaphysischer Erhöhung und bloßem Abwägungstopos, AöR 2005, 71; *R. Poscher*, Menschenwürde und Kernbereichsschutz, JZ 2009, 269; *B. Schlink*, Aktuelle Fragen des pränatalen Lebensschutzes, 2002; *P. Tiedemann*, Menschenwürde als Rechtsbegriff, 2. Aufl. 2010. 383

§ 8 Freie Entfaltung der Persönlichkeit (Art. 2 Abs. 1)

Fall 5: Reiten im Walde (nach E 80, 137) 384

Das nordrhein-westfälische Landschaftsgesetz erlaubt das Reiten im Walde grundsätzlich nur auf solchen Wegen, die als Reitwege gekennzeichnet sind. Wird dadurch die freie Entfaltung der Persönlichkeit von Reitern verletzt? **Rn 414**

I. Überblick

Art. 2 Abs. 1 gewährleistet das Recht auf die freie Entfaltung der Persönlichkeit, das im gleichen Satz den drei Schranken („Schrankentrias") der Rechte anderer, der verfassungsmäßigen Ordnung und des Sittengesetzes unterworfen wird. Der Schutzbereich dieses Grundrechts ist 385 zunächst von der sog. Persönlichkeitskerntheorie als bestimmter, begrenzter Lebensbereich verstanden und auf einen „Kernbezirk des Persönlichen" bezogen worden[1]. Das BVerfG geht seit dem Elfes-Urteil[2] einen anderen Weg, auf dem ihm Rechtsprechung und Literatur weitestgehend folgen. Es versteht das Grundrecht des Art. 2 Abs. 1 einerseits unter Berufung auf die Entstehungsgeschichte als allgemeine Handlungsfreiheit, andererseits unter Aufnahme des Anliegens der Persönlichkeitskerntheorie als allgemeines Persönlichkeitsrecht. Art. 2 Abs. 1 besitzt eine große Bedeutung in der verfassungsrechtlichen Praxis.

II. Schutzbereiche

1. Allgemeine Handlungsfreiheit

386 Als allgemeine Handlungsfreiheit schützt Art. 2 Abs. 1 nicht einen bestimmten, begrenzten Lebensbereich, sondern jegliches menschliche Verhalten und ist ein „Grundrecht des Bürgers, nur auf Grund solcher Vorschriften mit einem Nachteil belastet zu werden, die formell und materiell der Verfassung gemäß sind"[3]. Dieser weite Schutzbereich, dessentwegen Art. 2 Abs. 1 als Generalklausel bezeichnet wird, hat vor allem zwei Folgen:

387 a) Art. 2 Abs. 1 ist **Auffanggrundrecht** gegenüber den speziellen Grundrechten und tritt hinter diese zurück, soweit deren Schutzbereiche reichen (Subsidiarität; vgl Rn 353 f). Er gewinnt nur Bedeutung, wenn kein Schutzbereich eines speziellen Grundrechts einschlägig ist.

388 **Beispiele:** Abschluss oder Nichtabschluss von privatrechtlichen Verträgen (E 8, 274/328; 95, 267/303; 103, 197/215), soweit es nicht speziell um eigentums- oder berufsrelevante, Erb- oder Eheverträge geht, für die die entsprechenden Grundrechte einschlägig sind (vgl *Höfling*, Vertragsfreiheit, 1991, S. 14 ff); Besuch eines Sonnenstudios (BVerfG, NJW 2012, 1062); Führen eines Kraftfahrzeugs ohne Sicherheitsgurt (BVerfG, NJW 1987, 180); Genuss von Alkohol, Nikotin und Haschisch (E 90, 145/171; dazu *Kniesel*, ZRP 1994, 352); individuelle Gestaltung von Freizeit und Erholung (vgl E 54, 143/146; 55, 159/165; *Burgi*, Erholung in freier Natur, 1993); Veranstaltung von Sammlungen (E 20, 150/154). Selbst kriminelles Verhalten fällt in den Schutzbereich (aA *Kloepfer*, VerfR II, § 56 Rn 10). – Darüber hinaus wird auch die Freiheit, etwas zu unterlassen, eine Pflicht nicht zu erfüllen (negative Freiheit), häufig nicht von speziellen Grundrechten geschützt, zB Hafengebührenpflicht (E 91, 207/221); Kirchensteuerpflicht einer juristischen Person (E 19, 206/215); Versicherungspflicht für die Ehegatten von Landwirten (E 109, 96/109); Unterwerfung von Nichtmitgliedern unter die Normsetzung eines privaten Verbandes (E 64, 208/214).

389 **Lösungstechnischer Hinweis:** In Übungsarbeiten ist zunächst zu behandeln, ob der Schutzbereich eines oder mehrerer spezieller Grundrechte einschlägig ist. Art. 2 Abs. 1 darf nur geprüft werden, wenn kein spezielles Grundrecht einschlägig ist, wobei die Einschlägigkeit eines Grundrechts nicht dadurch entfällt, dass es zwar in seinem Schutzbereich betroffen, aber wegen Fehlens oder Rechtfertigung eines Eingriffs nicht verletzt ist. Diese Aussagen betreffen den sachlichen Schutzbereich; zum persönlichen Schutzbereich vgl Rn 121 ff.

1 *Peters*, Das Recht auf freie Entfaltung der Persönlichkeit in der höchstrichterlichen Rechtsprechung, 1963, S. 49; vgl auch *Hesse*, VerfR, Rn 428; abw. M. E 80, 137/169.
2 E 6, 32.
3 E 29, 402/408; 103, 29/45.

b) Art. 2 Abs. 1 eröffnet in seiner Funktion als Generalklausel in weitem Umfang die **Verfassungsbeschwerde**. Art. 2 Abs. 1 ist eines der in Art. 93 Abs. 1 Nr 4a genannten Grundrechte, auf die die Verfassungsbeschwerde gestützt werden kann. Die Ausweitung des Schutzbereichs hat also eine Ausweitung des Anwendungsbereichs der Verfassungsbeschwerde zur Folge. Soweit nicht die Verletzung eines speziellen Grundrechts gerügt werden kann, kann immer noch die Verletzung des Art. 2 Abs. 1 gerügt werden. 390

2. Allgemeines Persönlichkeitsrecht

Das allgemeine Persönlichkeitsrecht ist vom BVerfG aus *Art. 2 Abs. 1 iVm Art. 1 Abs. 1* entwickelt worden. Es hat seine Wurzeln in Art. 2 Abs. 1, weil es wie die allgemeine Handlungsfreiheit nicht auf bestimmte Lebensbereiche begrenzt ist, sondern in allen Lebensbereichen relevant wird. Es hat eine Verbindung zu Art. 1 Abs. 1, weil es wie die Menschenwürde den Einzelnen weniger mit seinem Verhalten als vielmehr in seiner Qualität als Subjekt schützt. Die verschiedenen Ausformungen des allgemeinen Persönlichkeitsrechts, die die Rechtsprechung des BVerfG hervorgebracht hat, gelten denn auch nicht verschiedenen Lebensbereichen, sondern verschiedenen Entfaltungsweisen des Subjekts: der Selbstbestimmung, Selbstbewahrung und Selbstdarstellung. 391

a) Dabei verbürgt das allgemeine Persönlichkeitsrecht als **Recht der Selbstbestimmung** dem Einzelnen, seine Identität selbst zu bestimmen. Dazu gehören ua das Recht, sich der eigenen Identität zu vergewissern, und die Freiheit, nicht in einer Weise belastet zu werden, die die Identitätsbildung und -behauptung massiv beeinträchtigt. 392

Beispiele: Dem Einzelnen darf die Kenntnis der eigenen Abstammung nicht vorenthalten (E 79, 256/268 f; 90, 263/270 f; 96, 56/63) und nicht verwehrt werden, seinen Namen zu behalten (E 78, 38/49; 109, 256/266 f; 115, 1/14) und seine sexuelle Orientierung (E 47, 46/73; 121, 175/190; 128, 109/124), den entsprechenden Personenstand (E 49, 286/298; vgl auch E 60, 123/134) und die eigene Fortpflanzung (zu Schwangerschaft E 88, 203/254; zu Sterilisation BGH, NJW 1995, 2407/2409; zu Inzest E 120, 224/238 f) zu bestimmen. Einem Mann darf nicht die Erlangung der Kenntnis verwehrt werden, ob ein ihm rechtlich zugeordnetes Kind auch tatsächlich von ihm abstammt (E 117, 202/225 ff; vgl *Gröschner*, Jura 2008, 132). Menschen haben ein Recht auf „Neubeginn" (*Britz*, S. 74): Der Minderjährige hat ein Recht auf schuldenfreien Eintritt in die Volljährigkeit (E 72, 155/170 ff), das ihn seinen Platz im Leben ohne finanzielle Vorbelastungen finden und bestimmen lassen will; der Straftäter hat das Recht nicht nur auf schuldangemessene Bestrafung (E 95, 96/140; 104, 92/115) sondern auch auf Förderung seiner sozialen Integration (E 35, 202/235 f; vgl auch E 64, 261/276 f; BVerfG, EuGRZ 2007, 738/742). 393

b) Als **Recht der Selbstbewahrung** verbürgt das allgemeine Persönlichkeitsrecht dem Einzelnen, sich zurückzuziehen, abzuschirmen, für sich und allein zu bleiben. Der Rückzug und die Abschirmung, die durch das allgemeine Persönlichkeitsrecht als Selbstbewahrungsrecht geschützt sind, sind vor allem sozial, aber auch räumlich zu verstehen. 394

395 **Beispiele:** Geschützt sind die aus dem vertraulichen Kontakt zwischen Arzt und Patient entstehenden Krankenakten (E 32, 373/379; BVerfG, NJW 2006, 1116), Befunde über Genmaterial (E 103, 21/32 f; BVerfG, EuGRZ 2001, 249; vgl *Halàsz*, Das Recht auf bio-materielle Selbstbestimmung, 2004), Gesundheitszustand, seelische Verfassung und Charakter (E 89, 69/82 f) und persönliche Vermögensverhältnisse (vgl BVerfG, NJW 2008, 1435), die Vertraulichkeit des Tagebuchs (E 80, 367/373 ff), die Verweigerung des Umgangs mit den eigenen Kindern (E 121, 69/90 ff) und der Rückzug an abgeschiedene Orte wie den dem unbemerkten Einblick entzogenen ruhigen Winkel eines Gartenlokals (E 101, 361/383 f).

396 Zu den Bereichen des Rückzugs und der Abschirmung hat das BVerfG eine *Sphärentheorie* entwickelt, die zwischen einer der öffentlichen Gewalt schlechthin verschlossenen Intimsphäre[4] und einer Privatsphäre unterscheidet, in die unter strenger Beachtung des Verhältnismäßigkeitsgrundsatzes eingegriffen werden darf. Dabei hat das BVerfG die Intimsphäre als den Kernbereich der privaten Lebensgestaltung gefasst, der aus Art. 1 Abs. 1 folgt und als Menschenwürdegehalt allen Freiheitsgrundrechten eignet (vgl Rn 320, 367, 961)[5]. Intim- und Privatsphäre sind von einiger Unbestimmtheit. Der Schutzbereich zeigt sich „für bisher unbekannte Persönlichkeitsgefahren offen“[6] und stellt grundsätzlich jedem frei, wo und wie er sich zurückzieht und abschirmt und für sich seine Privatsphäre findet oder schafft; allerdings ist der Schutz der familiären Privatsphäre und von Kindern wegen Art. 6 Abs. 1 und 2 besonders stark und fehlen die Voraussetzungen des Privatsphärenschutzes, wenn der Einzelne sich unter vielen Menschen befindet oder selbst seinen privaten Bereich öffentlich macht, zB aus kommerziellen Gründen[7]. Amtsträgern steht dieses Recht nur für ihr Privatleben, nicht aber für ihre Amtsführung zu[8].

397 c) Als **Recht der Selbstdarstellung** verbürgt das allgemeine Persönlichkeitsrecht dem Einzelnen, sich herabsetzender, verfälschender, entstellender und unerbetener öffentlicher Darstellungen, aber auch unerbetener heimlicher Wahrnehmungen seiner Person erwehren zu können.

398 **Beispiele:** Individuelle Gestaltung der äußeren Erscheinung durch Kleidung und Schmuck (BVerfG, NJW 2000, 1399); Schutz der persönlichen Ehre (E 54, 208/217) mit Schutz vor Äußerungen, die geeignet sind, sich abträglich auf das Bild des Einzelnen in der Öffentlichkeit auszuwirken (E 99, 185/193 f; 114, 339/346); Recht am eigenen Namen (E 104, 373/387; 123, 90/102), Bild (E 35, 202/220; 101, 361/380) und Wort (E 54, 148/155) mit Schutz vor heimlichem Mit- oder Abhören und Aufnehmen (E 34, 238/246; 106, 28/39 f), vor offener Videoüberwachung öffentlicher Orte (BVerfG, NVwZ 2007, 688/690), vor technischen Manipulationen (BVerfG, NJW 2005, 3271 f) und vor dem Zugriff auf personenbezogene Verbindungsdaten nach Abschluss des Telekommunikationsvorgangs (E 115, 166/187 ff); Recht auf Gegendarstellung (E 63, 131/142 f) und Berichtigung (E 97, 125/148 f); Recht, in Straf- und ähnlichen Verfahren nicht zur Selbstbezichtigung (Nemo-tenetur-Grundsatz; E 56, 37/41 ff; 95, 220/241) und im Berufsleben nicht zur Offenbarung persönlicher Lebensumstände (E 96, 171/181) gezwungen zu werden.

---

4 E 6, 32/41; 38, 312/320.

5 E 109, 279/310 f; 113, 348/391; 119, 1/29 f; 124, 43/69 f.

6 E 95, 220/241.

7 E 101, 361/385 f; 120, 180/199.

8 E 101, 361/383; vgl aber auch BVerwGE 121, 115/125 f und dazu krit. *Lege*, Jura 2005, 616.

Hieran anknüpfend hat das BVerfG im Volkszählungsurteil ein umfassendes *informationelles Selbstbestimmungsrecht* als „aus dem Gedanken der Selbstbestimmung folgende Befugnis des Einzelnen, grundsätzlich selbst zu entscheiden, wann und innerhalb welcher Grenzen persönliche Lebenssachverhalte offenbart werden," entwickelt[9]. Insofern sind Informationen über eine Person völlig unabhängig von der Sphäre, aus der sie stammen, sensibel und schutzbedürftig; weil zumal durch computertechnische Verarbeitung und Verknüpfung ein für sich gesehen belangloses Datum einen neuen Stellenwert bekommen kann, gibt es „kein ‚belangloses' Datum"[10]. Das informationelle Selbstbestimmungsrecht, ein Recht sowohl auf Abwehr staatlicher Datenerhebungen und -verarbeitungen als auch auf deren Kenntnis[11], hat die speziellen Rechte nicht verdrängt; es ist deren Auffangrecht geworden. Es stellt den informationellen Umgang des Staats mit dem Bürger umfassend unter Rechtfertigungszwang und ist damit zum Anlass einer umfangreichen informations- und datenschutzrechtlichen Gesetzgebung geworden, die zunehmend auch das Verhältnis der Bürger untereinander erfasst[12]. **399**

Nicht vom informationellen Selbstbestimmungsrecht geschützt sieht das BVerfG die informationstechnischen Systeme, vom Personalcomputer bis zum Internet, in denen die persönlichen Verhältnisse, sozialen Kontakte und ausgeübten Tätigkeiten der Nutzer reichen Niederschlag finden; das informationelle Selbstbestimmungsrecht schütze nur gegen einzelne Datenerhebungen, gegen die heimliche Infiltration der Systeme insgesamt schütze das *„Grundrecht auf Gewährleistung der Vertraulichkeit und Integrität informationstechnischer Systeme"*[13]. Die informationstechnischen Systeme erinnern an die Wohnung; sie fallen zwar nicht in den Schutz von Art. 13, weil sie überall benutzt werden, haben aber eine ähnliche Bedeutung als persönlicher Lebensraum und bedürfen ähnlicher Schutzvorkehrungen (vgl Rn 409). **400**

Vom allgemeinen Persönlichkeitsrecht als Grundrecht ist das allgemeine Persönlichkeitsrecht im *BGB* zu unterscheiden. Das vom Gesetzgeber des BGB noch abgelehnte allgemeine Persönlichkeitsrecht hat sich, noch ehe es als Grundrecht anerkannt war, in der Rechtsprechung in der Weise durchgesetzt, dass es als sonstiges Recht iSd § 823 Abs. 1 BGB gilt und im Falle seiner Verletzung entgegen § 253 BGB Geldentschädigung verlangt werden kann[14]. **401**

III. Eingriffe

Wegen des weiten Schutzbereichs des Art. 2 Abs. 1 iSd allgemeinen Handlungsfreiheit und wegen der Auflösung des klassischen Eingriffsbegriffs (vgl Rn 251 ff) mit der Folge, dass jegliche Beeinträchtigung einen Eingriff darstellt, besteht das Problem, dass die Möglichkeit, eine *Verfassungsbeschwerde* zu erheben, *ausufert*. Dieses Problem ist bis heute nicht befriedigend gelöst[15]. **402**

---

9 E 65, 1/42 f; 113, 29/47; 118, 168/183 ff.
10 E 65, 1/45.
11 E 120, 351/360 f.
12 Vgl *Hoffmann-Riem*, AöR 1998, 513; *Gurlit*, NJW 2010, 1035.
13 E 120, 274/302; *Volkmann*, DVBl. 2008, 590; *Rudolf*, Hdb. GR IV, § 90 Rn 73 ff.
14 Vgl E 34, 269/280 ff; *Degenhart*, JuS 1992, 361/362.
15 Vgl *Di Fabio*, MD, Art. 2 Abs. 1 Rn 48 ff; *Cornils*, Hdb. StR^3 VII, § 168 Rn 37 ff.

403 Ein *erwägenswerter* Lösungsansatz besteht darin, die Auflösung des *klassischen Eingriffsbegriffs* nur für die speziellen Grundrechte und die Einzelverbürgungen des Art. 2 Abs. 1 gelten zu lassen, nicht aber für die allgemeine Handlungsfreiheit[16]. Dafür lässt sich anführen, dass die Rechtsprechung des BVerfG insoweit nur gezielte oder adressierte Belastungen zum Gegenstand gehabt hat. Ein Eingriff in die allgemeine Handlungsfreiheit würde danach nur unter zwei Voraussetzungen anzunehmen sein:

- Es muss sich um eine rechtliche (im Unterschied zu einer faktischen) Maßnahme handeln.
- Es muss sich um eine gegenüber dem betroffenen Einzelnen (im Unterschied zu Dritten) ergehende Maßnahme handeln.

404 **Beispiele:** Die Aufnahmeeinrichtung für Asylbewerber in einer Kommune mag von deren Einwohnern als beeinträchtigend empfunden werden, ist aber als faktische Maßnahme kein Eingriff in deren allgemeine Handlungsfreiheit. Die Zulassung von Kraftfahrzeugen mag Fußgänger und Radfahrer in ihrer allgemeinen Handlungsfreiheit beschneiden, sie stellt aber diesen gegenüber keinen Eingriff in Art. 2 Abs. 1 dar. Anders ist die Eingriffsqualität uU zu beurteilen, wenn ein Nachbar durch die Aufnahmeeinrichtung für Asylbewerber sein Grundstück beeinträchtigt sieht (Art. 14) oder wenn die staatliche Festlegung von Emissionswerten über die Luftverschmutzung zu einer Gesundheitsgefährdung führt (Art. 2 Abs. 2 S. 1).

405 Ein Eingriff in das Recht der informationellen Selbstbestimmung ist jeder persönlichen Lebenssachverhalten geltende Akt staatlicher Informations- und Datenerhebung und -verarbeitung, etwa bei einer Volkszählung. Kein Eingriff liegt dagegen vor, wenn Daten ungezielt und allein technikbedingt zunächst miterfasst, aber unmittelbar nach der Erfassung technisch wieder anonym, spurenlos und ohne die Möglichkeit, einen Personenbezug herzustellen, ausgesondert werden[17].

406 **Beispiele:** Bei der automatisierten Erfassung von Kraftfahrzeugkennzeichen wird das mit einer Videokamera optisch erfasste Kennzeichen automatisch mit polizeilichen Fahndungsdateien abgeglichen und im Nichttrefferfall gelöscht; erst die Aufzeichnung im Trefferfall ist ein Eingriff (E 120, 378/399). Der von Kreditkartenunternehmen auf Ersuchen der Staatsanwaltschaft durchgeführte maschinelle Suchlauf nach Zahlungsvorgängen, die bezüglich einer bestimmten Kreditkarte in einem bestimmten Zeitraum über einen bestimmten Betrag mit einer bestimmten Bank getätigt worden sind, ist erst dann ein Eingriff, wenn ein solcher Vorgang an die Staatsanwaltschaft weitergegeben wird (BVerfG, NJW 2009, 1405).

IV. Verfassungsrechtliche Rechtfertigung

407 Die Schranken des Art. 2 Abs. 1 gelten sowohl für die allgemeine Handlungsfreiheit als auch für das allgemeine Persönlichkeitsrecht[18]. Wichtig ist allein die Schranke der verfassungsmäßigen Ordnung.

---

16 Vgl *Pietzcker*, in: FS Bachof, 1984, S 131; *Höfling*, FH, Art. 2 Rn 62; aA *Kahl*, Staat 2004, 167/187.
17 E 100, 313/366; 115, 320/343; 120, 378/399.
18 E 65, 1/43 f; *Jarass*, JP, Art. 2 Rn 58.

1. Verfassungsmäßige Ordnung

Die Rechtsprechung des BVerfG versteht diesen Begriff seit dem Elfes-Urteil als die Gesamtheit der Normen, die formell und materiell mit der Verfassung in Einklang stehen[19], dh als *einfachen Gesetzesvorbehalt.* Diese Ausweitung der Schranke ist eine Folge der Ausweitung des Schutzbereichs (vgl Rn 386 ff). **408**

Der Schwerpunkt der Prüfung am Maßstab des Art. 2 Abs. 1 liegt in vielen Fällen auf der Prüfung der Schranken-Schranken, namentlich des *Verhältnismäßigkeitsgrundsatzes.* Als Folge des Übermaßverbots hat das BVerfG folgende Abwägungsdirektive aufgestellt: „Je mehr dabei der gesetzliche Eingriff elementare Äußerungsformen der menschlichen Handlungsfreiheit berührt, umso sorgfältiger müssen die zu seiner Rechtfertigung vorgebrachten Gründe gegen den grundsätzlichen Freiheitsanspruch des Bürgers abgewogen werden“[20]. Das gilt sowohl für die allgemeine Handlungsfreiheit als auch für das allgemeine Persönlichkeitsrecht; Eingriffe in besonders private Lebensbereiche bedürfen ebenso wie Eingriffe, mit denen der Betroffene nicht rechnet, denen er sich nicht entziehen oder die er nicht wahrnehmen kann, einer besonders sorgfältigen Abwägung[21]. Die heimliche Infiltration informationstechnischer Systeme ist ein besonders intensiver Eingriff; sie darf nur beim Vorliegen einer konkreten oder sich immerhin konkretisierenden Gefahr für ein überragend wichtiges Rechtsgut und, wie die Wohnungsdurchsuchung (vgl Rn 957), grundsätzlich nur auf richterliche Anordnung geschehen[22]. **409**

2. Rechte anderer

Der Begriff umfasst unter Ausschluss bloßer Interessen *alle subjektiven Rechte.* Diese sind aber schon vollständig in der verfassungsmäßigen Ordnung enthalten. **410**

3. Sittengesetz

Einst wurde dieser Begriff mit historisch überlieferten Moralauffassungen gleichgesetzt[23]. Das widerspricht aber der freiheitsbewahrenden Funktion des Art. 2 Abs. 1. **411**

Beispiele: Im Jahr 1957 hat das BVerfG festgestellt: „Gleichgeschlechtliche Betätigung verstößt eindeutig gegen das Sittengesetz“ (E 6, 389/434). Begründet wurde dies mit einer entsprechenden „allgemeinen Anerkennung“, für die die strafgesetzliche Sanktion (§ 175 StGB aF) einen „Anhalt“ liefere. – Im Jahr 1954 hat das OLG Karlsruhe die nicht eheliche Lebensgemeinschaft als gegen das Sittengesetz verstoßend angesehen (FamRZ 1955, 117). Heute sieht man sie im Gegenteil als durch Art. 2 Abs. 1 geschützt an (vgl Rn 693). **412**

---

19 E 6, 32/38 ff; 80, 137/153.

20 E 17, 306/314.

21 Vgl zur DNA-Analyse E 103, 21/33; VGH Mannheim, NJW 2001, 1082/1085; zur GPS-Observation E 112, 304/318 ff; zur Computerbeschlagnahme E 113, 29/52 ff; zur Rasterfahndung E 115, 320/345 ff.

22 E 120, 274/326, 331; vgl auch *Voßkuhle*, in: FS Wahl, 2011, 443.

23 ZB *Starck*, in: FS Geiger, 1974, S. 259/276; heute noch *Kahl*, in: FS Merten, 2007, S. 57.

413 Das Sittengesetz ist richtigerweise iSd „altbewährten und praktikablen Rechtsbegriffe“ *gute Sitten, Treu und Glauben* zu verstehen[24]. Da diese positiviert sind (vgl §§ 138, 242, 826 BGB), kommt auch der Schranke des Sittengesetzes neben der der verfassungsmäßigen Ordnung keine eigenständige Bedeutung zu[25].

414 **Lösungsskizze zum Fall 5 (Rn 384):** I. Das Reiten im Walde ist nicht durch ein spezielles Grundrecht geschützt; es kommt allein der Schutz durch Art. 2 Abs. 1 in Betracht. Macht man den Schutz davon abhängig, dass Verhalten „eine gesteigerte, dem Schutzgut der übrigen Grundrechte vergleichbare Relevanz für die Persönlichkeitsentfaltung besitzen“ (so abw. M. E 80, 137/165), dann fällt das Reiten im Walde schwerlich in den Schutzbereich von Art. 2 Abs. 1. Es unterfällt auch keiner der von Rechtsprechung und Schrifttum entwickelten besonderen Konkretisierungen des allgemeinen Persönlichkeitsrechts. Gleichwohl ist es nach BVerfG, gefolgt von Rechtsprechung und Schrifttum, durch Art. 2 Abs. 1 geschützt, da mit der freien Entfaltung der Persönlichkeit die allgemeine Handlungsfreiheit und mit dieser „jede Form menschlichen Handelns ohne Rücksicht darauf, welches Gewicht der Betätigung für die Persönlichkeitsentfaltung zukommt“, erfasst ist (E 80, 137/152). – II. Durch die Regelung im nordrhein-westfälischen Landschaftsgesetz wird der Reiter belastet, weil er nicht alle Wege, sondern nur die als Reitwege gekennzeichneten Wege benutzen darf. – III. Die Belastung ist gerechtfertigt, wenn sie zur verfassungsmäßigen Ordnung gehört, dh formell und materiell mit der Verfassung in Einklang steht. Zu prüfen ist ein Verstoß gegen das Übermaßverbot. Zweck der Regelung ist es, die Gefahren zu vermeiden, die sich für Erholung suchende Wanderer aus der Begegnung mit Pferden und aus der durch das Reiten verursachten Auflockerung des Waldbodens ergeben. Die Verweisung von Reitern auf besondere Wege ist hierfür ein geeignetes Mittel. Sie ist auch erforderlich. Zwar wäre der Zweck der Regelung statt durch die Ausgrenzung der Reitwege aus der Gesamtheit der Waldwege auch durch eine Ausgrenzung besonderer Wanderwege zu erreichen. Aber dies wäre kein milderes Mittel. Ebenso wie die Reiter können sich auch die Wanderer auf Art. 2 Abs. 1 berufen; sie, deren Zahl die Zahl der Reiter übersteigt, schwerer zu belasten, fällt als milderes Mittel aus. – E 80, 137/160 f thematisiert und akzeptiert den hier „dem Gesetzgeber aufgetragenen gerechten Interessenausgleich“ zwischen Wanderern und Reitern unter dem Stichwort der Verhältnismäßigkeit im engeren Sinn.

415 **Literatur:** *M. Albers*, Grundrechtsschutz der Privatheit, DVBl. 2010, 1061; *G. Britz*, Freie Entfaltung durch Selbstdarstellung, 2007; *H.P. Bull*, Informationelle Selbstbestimmung – Vision oder Illusion?, 2009; *I. Dammann*, Der Kernbereich der privaten Lebensgestaltung, 2011; *M. Germann*, Das Allgemeine Persönlichkeitsrecht, Jura 2010, 734; *W. Kahl*, Grundfälle zu Art. 2 I GG, JuS 2008, 499, 595; *ders./L. Ohlendorf*, Grundfälle zu Art. 2 I iVm Art. 1 I GG, JuS 2008, 682; *H. Kube*, Persönlichkeitsrecht, Hdb. StR[3] VII, § 148; *J. Lege*, Die allgemeine Handlungsfreiheit gem. Art. 2 I GG, Jura 2002, 753; *M. Martini*, Das allgemeine Persönlichkeitsrecht im Spiegel der jüngeren Rspr. des BVerfG, JA 2009, 839; *B. Schlink*, Das Recht der informationellen Selbstbestimmung, Staat 1986, 233; *F. Schoch*, Das Recht auf informationelle Selbstbestimmung, Jura 2008, 352; *D. Suhr*, Entfaltung der Menschen durch die Menschen, 1976.

24 *Dürig*, MD, Erstbearbeitung Art. 2 Abs I Rn 16.
25 *Lorenz*, BK, Art. 2 Abs. 1, Rn 134.

§ 9 Recht auf Leben und körperliche Unversehrtheit (Art. 2 Abs. 2 S. 1)

Fall 6: Röntgenzwang für Studenten (nach VGH Mannheim, DÖV 1979, 338) 416
Das Hochschulgesetz eines Landes bestimmt, dass ein Student ua dann exmatrikuliert werden kann, wenn sein Gesundheitszustand ein ordnungsgemäßes Studium ausschließt. Das Gesetz ermächtigt zu einer Regelung der Einzelheiten der Exmatrikulation in einer Universitätssatzung. Diese sieht vor, dass ein Student exmatrikuliert werden kann, wenn er sich nicht alle vier Semester einmal röntgenologisch untersuchen lässt, obwohl Röntgenstrahlen gefährlich und Tuberkuloseerkrankungen selten sind. Verstößt diese Satzungsbestimmung gegen Art. 2 Abs. 2 S. 1? **Rn 437**

I. Überblick

Das Recht auf Leben und körperliche Unversehrtheit hat keine Vorläufer in der deutschen Ver- 417
fassungsgeschichte. Es ist eine Reaktion auf die Verbrechen der nationalsozialistischen Zeit („Endlösung der Judenfrage", Vernichtung „rassisch wertlosen" oder „lebensunwerten" Lebens, Zwangssterilisationen, Zwangsversuche am lebenden Menschen, Folterungen).

Das Grundrecht auf Leben und körperliche Unversehrtheit ist zum einen ein Abwehrrecht ge- 418
gen den Staat. Noch E 1, 97/104 f hat seine Wirkung ausdrücklich „darauf beschränkt, *negativ* ein Recht auf Leben und körperliche Unversehrtheit zu statuieren, dh insbesondere den staatlich organisierten Mord und die zwangsweise durchgeführten Experimente an Menschen auszuschließen". Seit E 39, 1/41 leitet das BVerfG dagegen aus Art. 2 Abs. 2 S. 1 auch eine Pflicht des Staates zum Schutz von Leben ab. Hierfür mag der systematische Zusammenhang mit Art. 1 Abs. 1 angeführt werden: Das Recht auf Leben und körperliche Unversehrtheit steht dem Gebot des Art. 1 Abs. 1, die menschliche Identität und Integrität zu achten und zu schützen (vgl Rn 377 f), nahe. Art. 2 Abs. 2 S. 1 hat mit anderen Worten einen besonders sichtbaren Menschenwürdegehalt, der auch in Art. 104 Abs. 1 S. 2 zum Ausdruck kommt (vgl Rn 382).

II. Abwehrrechte des Art. 2 Abs. 2 S. 1

1. Schutzbereiche

a) Das Recht auf **Leben** ist das Recht zu leben. Leben ist körperliches Dasein. Das 419
Recht auf Leben beginnt schon vor der Geburt (vgl Rn 136) und endet mit dem Tod (vgl Rn 132). Es umfasst auch das Recht auf den Tod; im Sinn des Schutzes der negativen Freiheit schließt das Recht auf Leben auch das Recht auf die Selbsttötung (Selbstmord, Suizid) und darauf ein, dass nicht entgegen dem eigenen Willen eine lebensverlängernde Behandlung aufgenommen oder fortgesetzt wird[1]. Bei Verweigerungen und Verhinderungen menschenwürdigen Sterbens und bei Maßnahmen der

1 *Fink*, Hdb. GR IV, § 88 Rn 48; *Kämpfer*, Die Selbstbestimmung Sterbewilliger, 2005, S. 177 ff; *Michael/Morlok*, GR, Rn 46, 160; die hM sieht dies anders, zieht aber, wenig konsequent, die Selbsttötung oft in den Schutzbereich der allgemeinen Handlungsfreiheit; vgl *Stern*, StR IV/1, S. 148 f; *Lindner*, JZ 2006, 373/377; oder des allgemeinen Persönlichkeitsrechts; vgl *Möller*, KritV 2005, 230).

Zwangsernährung in staatlichen Anstalten ist zudem die Menschenwürde einschlägig[2].

420 **b) Körperliche Unversehrtheit** bedeutet zum einen Gesundheit im biologisch-physiologischen Sinn. Zum anderen ist Schutzgut auch die Gesundheit im psychischen Bereich[3]. Das folgt aus dem Zusammenhang des Art. 2 Abs. 2 S. 1 mit der Menschenwürde, die die Wahrung der Identität und Integrität ebenfalls nicht auf den körperlichen Bereich beschränkt (vgl Rn 377 f), sowie aus der Entstehungsgeschichte: Zu den Verbrechen der nationalsozialistischen Zeit gehörten gerade auch psychischer Terror, seelische Folterungen und entsprechende Verhörmethoden. Damit umfasst die Gesundheit auch die Freiheit von Schmerz[4]. Nicht dagegen gehören zur körperlichen Unversehrtheit das soziale Wohlbefinden[5] oder die Abwesenheit von Unlustgefühlen[6]. Wiederum gehört iSd Schutzes der negativen Freiheit das Recht auf Krankheit zu Art. 2 Abs. 2 S. 1, so dass der Einzelne auch eine dringend gebotene Heilbehandlung ablehnen kann[7].

2. Eingriffe

421 a) Eingriffe in das **Leben** sind die Verhängung und Vollstreckung der Todesstrafe, der polizeiliche Todesschuss und die Pflicht zum Einsatz von Leben und Gesundheit in den öffentlich-rechtlichen Dienstverhältnissen der Bundeswehr, Polizei, Feuerwehr und des Katastrophenschutzes[8]. Zu den Eingriffen in das Leben zählt auch die Euthanasie, wie sie in der nationalsozialistischen Zeit als staatlich organisierter Mord praktiziert wurde. Davon ist eine Sterbehilfe zu unterscheiden, die das Sterben erleichtert, ohne das Leben zu verkürzen, oder auch entsprechend dem Willen des Patienten das Leben verkürzt (vgl Rn 419). Eine gesetzliche Regelung, die dem Arzt erlauben würde, den Willen des unheilbar und qualvoll kranken Patienten nach Beendigung des Lebens Rechnung zu tragen, müsste dafür enge materiell- und verfahrensrechtliche Voraussetzungen statuieren, um zu gewährleisten, dass tatsächlich dem Willen entsprochen und nicht etwa doch ein Eingriff gesetzt wird[9].

422 b) Eingriffe in die **körperliche Unversehrtheit** liegen nicht nur dann vor, wenn Schmerzen zugefügt oder empfunden werden. Sie schließen Schädigungen und Gefährdungen der Gesundheit ein[10]. Die mit Einwilligung des Betroffenen vorgenommene ärztliche Heilbehandlung ist kein Eingriff[11]. Die geringe Intensität einer Beeinträchtigung der körperlichen Unversehrtheit schließt den Eingriff nicht aus; die Frage der Intensität ist im Rahmen der verfassungsrechtlichen Rechtfertigung zu berücksichtigen.

2 Vgl *Podlech*, AK, Art. 1 Abs. 1 Rn 55.
3 Krit. *Kloepfer*, VerfR II, § 57 Rn 8.
4 E 56, 54/75.
5 *Schmidt-Aßmann*, AöR 1981, 205/210; offen gelassen E 56, 54/74 ff.
6 AA BVerwG, NJW 1995, 2648/2649.
7 E 128, 282/304.
8 Vgl *Sachs*, BayVBl. 1983, 460, 489; *Baldus*, NJW 1995, 1134.
9 Vgl *Höfling*, JuS 2000, 111; *Lorenz*, JZ 2009, 57.
10 E 66, 39/57 f; BVerfG, NJW 1998, 295.
11 E 128, 282/301; *Di Fabio*, MD, Art. 2 Abs. 2 Rn 69.

Beispiele: Menschenversuche, Zwangskastration, Zwangssterilisation und medizinische Zwangsbehandlung (E 128, 282/300 ff; BVerfG, 12.10.2011, Rn 36), körperliche Strafen und Züchtigungen, Impfzwang (BVerwGE 9, 78/79), Beschränkung der Organentnahme bei lebenden Organspendern auf Verwandte und nahe stehende Personen (BVerfG, NJW 1999, 3399/3401) sowie strafprozessuale Eingriffe wie Blutentnahme (BVerfG, NJW 1996, 771/772), Liquorentnahme (E 16, 194/198), Hirnkammerluftfüllung (E 17, 108/115) und zwangsweise Veränderung der Haar- und Barttracht (E 47, 239/248 f). – Dagegen stellt nach BVerwGE 125, 85/88 die Anordnung des Schneidens der Kopfhaare nur einen Eingriff in Art. 2 Abs. 1 dar. 423

3. Verfassungsrechtliche Rechtfertigung

a) Die Grundrechte auf Leben und auf körperliche Unversehrtheit stehen unter dem **Gesetzesvorbehalt** des Art. 2 Abs. 2 S. 3. Wegen der Intensität, die staatliche Eingriffe in den Schutzbereich des Art. 2 Abs. 2 S. 1 haben können, ergibt sich aus der Wesentlichkeitslehre (vgl Rn 274 ff), dass Eingriffe in das Leben und regelmäßig auch Eingriffe in die körperliche Unversehrtheit durch Parlamentsgesetz geregelt sein müssen. Lediglich unwesentliche Beeinträchtigungen der körperlichen Unversehrtheit können sich auf materielle Gesetze stützen. 424

Beispiele: Körperliche Eingriffe zu Untersuchungszwecken im Strafprozess mussten durch Parlamentsgesetz geregelt werden (vgl § 81a StPO). Körperliche Züchtigungen durch den Lehrer sind mit Schmerzen verbunden und sollen gerade damit verbunden sein; sie zählen nicht zu den unwesentlichen Beeinträchtigungen und bedürfen der Regelung durch Parlamentsgesetz (*Kunig*, MüK, Art. 2 Rn 83). 425

b) Als **Schranken-Schranken** wirken zunächst die *speziellen Normen* des Art. 104 Abs. 1 S. 2 und des Art. 102. Gem. *Art. 104 Abs. 1 S. 2* dürfen festgehaltene Personen weder seelisch noch körperlich misshandelt werden. Misshandlung muss hier in einem weiten Sinn verstanden werden[12]; andernfalls würde die Norm neben Art. 1 Abs. 1 keinen Sinn machen (vgl Rn 377 f, 382). Während Misshandlungen, die nicht die Schwere von Verstößen gegen die Menschenwürde aufweisen, als Eingriffe in die körperliche Unversehrtheit grundsätzlich durch den Gesetzesvorbehalt des Art. 2 Abs. 2 S. 3 gerechtfertigt werden können, sind sie gegenüber festgehaltenen Personen schlechthin ausgeschlossen. 426

Beispiel: Der Schlagstockeinsatz der Polizei führt zu körperlicher Misshandlung. Während er als unmittelbarer Zwang zur Vollstreckung rechtmäßiger Polizeiverfügungen zulässig sein kann, ist er gegenüber festgehaltenen Personen in keinem Fall zu rechtfertigen. 427

Gem. *Art. 102* ist die Todesstrafe abgeschafft und zugleich ihre Wiedereinführung durch einfaches Gesetz verboten. Fraglich ist, ob Art. 102 durch Verfassungsänderung aufgehoben und dann die Todesstrafe durch Gesetz wiedereingeführt werden kann. Dafür spricht, dass Art. 102 nicht gem. Art. 79 Abs. 3 der Verfassungsänderung entzogen ist[13]. Dagegen spricht, dass Art. 1 Abs. 1 berührt sein könnte und damit gegen Art. 79 Abs. 3 verstoßen würde. So wird damit argumentiert, dass die Verhängung und Vollstreckung der Todesstrafe den Körper in einer die Personalität beein- 428

12 *Jarass*, JP, Art. 104 Rn 7 f; *Kloepfer*, VerfR II, § 57 Rn 70; *Kunig*, MüK, Art. 104 Rn 14 f.
13 *Tettinger*, JZ 1978, 128/131.

trächtigenden Weise zum bloßen Objekt machen würde[14], und weiter damit, dass es keine Form der Vollstreckung der Todesstrafe gebe, die als Vorgang die Achtung der Menschenwürde gewährleiste, und dass daher „die Vollstreckung für die an diesem Vorgang Beteiligten staatliche Zumutung würdelosen Verhaltens" bedeute[15]. Ferner kann auf die Schutzpflicht des Staates für das Leben verwiesen werden; die staatliche Schutzpflicht kommt bei irreparablen Schäden zu besonderer Geltung (vgl Rn 114, 433), und Fehlurteile, die schlechterdings unvermeidbar sind, führen mit der Todesstrafe zu irreparablen Eingriffen.

429 Umstritten ist, ob Art. 102 der deutschen öffentlichen Gewalt die *Auslieferung eines Ausländers* wegen einer Straftat verbietet, die in dem um die Auslieferung ersuchenden Staat mit der Todesstrafe bedroht ist[16]. Das BVerfG hat es offen gelassen[17]. Inzwischen ist in diesen Fällen durch § 8 des Gesetzes über die Internationale Rechtshilfe in Strafsachen (IRG) die Auslieferung verboten.

430 Sodann sind die *allgemeinen Schranken-Schranken*, namentlich die Rechtfertigungsanforderungen des Verhältnismäßigkeitsgrundsatzes, hier besonders sorgfältig zu beachten; denn das Grundrecht auf körperliche Unversehrtheit ist besonders sensibel.

430a **Beispiel:** Die medizinische Zwangsbehandlung ist wegen des Selbstbestimmungsrechts des Einzelnen auf Fälle der krankheitsbedingten Einsichtsunfähigkeit beschränkt; bei psychisch Kranken ist sie überdies nur mit dem Unterbringungsziel, den Betroffenen entlassungsfähig zu machen, gerechtfertigt (E 128, 282/304 ff; BVerfG, 12.10.2011, Rn 38 ff).

430b Das Grundrecht auf körperliche Unversehrtheit hat einen besonders sichtbaren *Menschenwürdegehalt*, der auch als sein Wesensgehalt iSd Art. 19 Abs. 2 verstanden wird (vgl Rn 320). Soweit er reicht, dürfen Leben und körperliche Unversehrtheit in keinem Fall angetastet werden und sind sie wegen Art. 79 Abs. 3 sogar der Disposition des verfassungsändernden Gesetzgebers entzogen.

431 Dabei ist aber das Leben nicht zugleich sein eigener Wesens- oder Menschenwürdegehalt. Obwohl der *Entzug des Lebens* vom Leben nichts mehr übrig lässt, steht er als solcher mit Art. 19 Abs. 2 und auch Art. 1 Abs. 1 noch nicht in Widerspruch. Denn Art. 2 Abs. 2 S. 3 lässt Eingriffe auch in das Leben gerade zu, und zu den Eingriffen in das Leben zählt in erster Linie dessen Entzug. Wenn Art. 19 Abs. 2 verlangt, dass vom Grundrecht stets noch etwas übrig bleiben muss (vgl Rn 315), kann dies also nicht im individuellen, sondern nur im kollektiven und generellen Sinn gemeint sein.

432 **Beispiel:** Der gezielte polizeiliche Todesschuss darf nur als äußerstes und letztes Mittel zur Rettung der Geisel aus unmittelbar drohender Lebensgefahr abgegeben werden, und dh auch nur dann, wenn der Geiselnehmer die Möglichkeit hatte, durch Freilassung der Geisel den Befreiungsschuss abzuwenden (vgl *Lerche*, in: FS v.d. Heydte, 1977, S. 1033). Sind diese Voraussetzungen gegeben, dann ist der Schuss aber selbst dann zulässig, wenn der Tod nicht nur billigend in Kauf genommen, sondern gewollt wurde (vgl *Schöne/Klaes*, DÖV 1996, 992; *Correll*, AK, Art. 2 Abs. 2 Rn 62); uU muss er gerade gewollt sein, damit das Leben der Geisel gerettet werden kann.

---

14 *Gusy*, MKS, Art. 102 Rn 33; *Degenhart*, SA, Art. 102 Rn 7.
15 *Podlech*, AK, Art. 1 Abs. 1 Rn 43.
16 Vgl *Di Fabio*, MD, Art. 2 Abs. 2 Rn 38.
17 E 60, 348/354.

III. Schutzpflicht und Schutzrecht des Art. 2 Abs. 2 S. 1

1. Grund

Das BVerfG hat seine Ableitung staatlicher Schutzpflichten aus der objektiv-rechtlichen Funktion der Grundrechte zwar allgemein formuliert. Es nahm aber besonders Fälle zum Anlass, bei denen es um den Schutz gegen Gefährdungen der Grundrechte des Lebens und der körperlichen Unversehrtheit ging (vgl Rn 111). Gerade beim Recht auf Leben eine Schutzpflicht zu bejahen, liegt nahe, weil hier Grundrechtsverletzungen, die sich aus Grundrechtsgefährdungen zu entwickeln drohen, *stets irreparabel* wären. Das ist bei anderen Grundrechten anders, und auch bei der körperlichen Unversehrtheit ist die Schutzpflicht schwächer als beim Leben, weil die Grundrechtsverletzungen nicht von derselben Endgültigkeit sein müssen. Vom Schutzrecht ist ein Anspruch auf staatliche Leistung zu unterscheiden; dass der Staat der Grundrechtsverletzung schon im Stadium der Grundrechtsgefährdung wehren und dabei Eingriffen nicht nur vonseiten des Staates selbst, sondern auch vonseiten des Einzelnen vorbeugen muss, ist etwas anderes als die Gewährleistung sozialer Fürsorge und medizinischer Versorgung (zur Sicherung des Existenzminimums Rn 378). **433**

2. Erfüllung

Ob und wie der Schutz verwirklicht werden kann, hängt von vielen Faktoren ab (vgl Rn 113). Der Staat hat daher einen *erheblichen Spielraum* bei der Erfüllung der Schutzpflicht[18]. **434**

Beispiele: E 46, 160/165 betont die Kollision zwischen der Schutzpflicht für das Leben des entführten Arbeitgeberverbandspräsidenten Schleyer und der Schutzpflicht für das Leben aller anderen Menschen, deren Bedrohung durch den Terrorismus wachsen würde, wenn der Staat den Entführern nachgeben und dadurch für Terroristen kalkulierbar würde; über eine solche Kollision könne nur von den staatlichen Organen in eigener Verantwortung entschieden werden. – Im Übrigen besteht der Schwerpunkt des Grundrechtsschutzes darin, dass staatliche Verfahren so ausgestaltet werden, dass ein Ausgleich widerstreitender Schutzgüter herbeigeführt werden kann, etwa durch Genehmigungsvorschriften für die das Leben und die körperliche Unversehrtheit gefährdenden Anlagen gemäß dem Atomgesetz, der Gewerbeordnung und dem Bundesimmissionsschutzgesetz (vgl E 53, 30/55 ff; 56, 54/73 ff) und durch Leistungsvorgaben und Entscheidungen der Vertragsärzte in der gesetzlichen Krankenversicherung (E 115, 25/45 f; krit. *Huster*, JZ 2006, 466 ff). **435**

Äußerst fraglich ist, ob bzw wann sich die Schutzpflicht auch auf den *Erlass von Strafrechtsnormen* erstreckt. Das BVerfG hatte in seiner ersten Entscheidung zum Schwangerschaftsabbruch dessen Straffreiheit während der ersten drei Monate daran scheitern lassen, dass sie das Leben der Leibesfrucht nicht ausreichend schütze, und statt der Fristen- eine Indikationsregelung verlangt[19]. In seiner zweiten Schwangerschaftsabbruchentscheidung hat es dem Gesetzgeber dagegen nicht verwehrt, „für den Schutz des ungeborenen Lebens zu einem Schutzkonzept überzugehen, das in der Frühphase der Schwangerschaft in Schwangerschaftskonflikten den Schwerpunkt auf **436**

18 *Hesse*, in: FS Mahrenholz, 1994, S. 541; *Kunig*, Jura 1991, 415/419 f.
19 E 39, 1.

die Beratung der schwangeren Frau legt, um sie für das Austragen des Kindes zu gewinnen, und dabei … auf eine indikationsbestimmte Strafdrohung … verzichtet“[20]. In der Tat kann die Schutzpflicht keine strafrechtlichen Sanktionen gebieten, wenn diese sich wie beim Schwangerschaftsabbruch als dem Schutz des Lebens nicht förderlich erwiesen haben. Demgegenüber sind die Strafandrohungen zum Schutz des Lebens gem. §§ 211 ff StGB eher, wenn auch gewiss nicht in allen Einzelheiten, von der Schutzpflicht aus Art. 2 Abs. 2 S. 1 geboten[21].

437 **Lösungsskizze zum Fall 6 (Rn 416):** I. Der *Schutzbereich* der körperlichen Unversehrtheit ist durch eine röntgenologische Untersuchung betroffen, da die Strahlen physiologische Veränderungen verursachen können. – II. Rechtsfolge der Ablehnung der Untersuchung ist die Exmatrikulation, die ihrerseits in das Grundrecht der Ausbildungsfreiheit (Art. 12 Abs. 1) eingreift. Um diese Sanktion zu vermeiden, ist jeder Student gezwungen, die Beeinträchtigung der körperlichen Unversehrtheit durch die röntgenologische Untersuchung hinzunehmen. Insofern wird ein Element des Schutzbereichs des Art. 2 Abs. 2 S. 1 zum Anknüpfungspunkt einer beeinträchtigenden staatlichen Maßnahme gemacht. Es liegt ein *Eingriff* nicht nur in Art. 12 Abs. 1, sondern auch in Art. 2 Abs. 2 S. 1 vor (aA VGH Mannheim, DÖV 1979, 338). – III. Da die röntgenologische Untersuchung keineswegs völlig ungefährlich und also auch nicht unwesentlich ist, muss sie ein *Parlamentsgesetz* zur Grundlage haben. Das Hochschulgesetz verlangt zwar einen Gesundheitszustand, der ein ordnungsgemäßes Studium gewährleistet. Wesentlich ist aber, wie der Gesundheitszustand nachgewiesen werden muss und ob zum Nachweis der Eingriff der röntgenologischen Untersuchung verlangt werden kann. Hierzu schweigt das Hochschulgesetz und scheidet daher als Grundlage des Eingriffs aus. Allein in der Satzung findet der Eingriff nicht die gem. Art. 2 Abs. 2 S. 3 erforderliche gesetzliche Grundlage (aA *v. Olshausen*, DÖV 1979, 340/341 f). – Auch bei großzügigerem Verständnis des Gesetzesvorbehalts in Art. 2 Abs. 2 S. 3 bleibt die Satzungsbestimmung verfassungsrechtlich problematisch. Denn auch wenn in der Satzung ein Gesetz iSd Art. 2 Abs. 2 S. 3 erblickt wird, muss doch weiter gefragt werden, ob ihr Erfordernis der röntgenologischen Untersuchung nicht *unverhältnismäßig* ist. Hierfür sprechen die Gefährlichkeit von Röntgenstrahlen und die Seltenheit von Tuberkuloseerkrankungen (aA für Soldaten BVerwGE 83, 191/195).

438 **Literatur:** *M. Anderheiden*, „Leben“ im Grundgesetz, KritV 2001, 353; *I. Augsberg*, Grundfälle zu Art. 2 II 1 GG, JuS 2011, 28, 128; *H. Dreier*, Grenzen des Tötungsverbotes, JZ 2007, 261, 317; *G. Hermes*, Das Grundrecht auf Schutz von Leben und Gesundheit, 1987; *M. Kloepfer,* Leben und Würde des Menschen, in: FS 50 Jahre BVerfG, 2001, Bd. II, S. 77; *J.F. Lindner*, Die Würde des Menschen und sein Leben, DÖV 2006, 577; *R. Müller-Terpitz*, Recht auf Leben und körperliche Unversehrtheit, Hdb. StR[3] VII, § 147; *B. Rütsche*, Rechte von Ungeborenen auf Leben und Integrität, 2009.

20 E 88, 203/264; vgl auch E 98, 265/302 ff.

21 *Kunig*, MüK, Art. 2 Rn 57.

§ 10 Freiheit der Person (Art. 2 Abs. 2 S. 2, Art. 104)

Fall 7: Festnahme eines Eckenstehers (nach OVG Münster, DVBl. 1979, 733) **439**
An einem Tag, an dem wegen nicht angemeldeter Demonstrationen mehrere Polizeieinsätze stattfinden, steht der Bürger B längere Zeit vor dem Polizeipräsidium. Er wird von dem Polizeibeamten P festgenommen, weil dieser annimmt, B spähe das Einsatzverhalten der Polizei aus, um weitere nicht angemeldete Demonstrationen organisieren zu helfen. P glaubte sich hierzu befugt durch § 35 Abs. 1 Nr 2 nw PolG, wonach die Polizei eine Person in Gewahrsam nehmen kann, wenn das unerlässlich ist, um die unmittelbar bevorstehende Begehung oder Fortsetzung einer Straftat oder einer Ordnungswidrigkeit von erheblicher Bedeutung für die Allgemeinheit zu verhindern. B beteuert gegenüber P, er sei nur ein harmloser Eckensteher. Dennoch hält ihn P noch 5 Stunden lang fest. Hat P rechtmäßig gehandelt? **Rn 457**

I. Überblick

Art. 2 Abs. 2 S. 2 und Art. 104 haben den gleichen Schutzbereich: die Freiheit der Person. Insofern stellt Art. 104 also eine eigentlich überflüssige *Verdoppelung der Gewährleistung* dar. Selbstständige Bedeutung gewinnt er aber dadurch, dass er mit seinem qualifizierten Gesetzesvorbehalt lex specialis zum einfachen Gesetzesvorbehalt von Art. 2 Abs. 2 S. 3 ist. Soweit Art. 2 Abs. 2 S. 3 neben den Schutzbereichen des Lebens und der körperlichen Unversehrtheit den Schutzbereich der Freiheit der Person betrifft, wird er durch Art. 104 verdrängt. **440**

Dass Art. 2 Abs. 2 S. 2 und Art. 104 innerhalb des Grundgesetze so weit auseinander gerissen worden sind, hat allein entstehungsgeschichtliche Gründe. Art. 104 knüpft an das zunächst in der englischen Verfassungsgeschichte entwickelte Institut des *habeas corpus* an[1]. Dieses betrifft die rechtsstaatlichen Maßstäbe für Festnahmen und sonstige Freiheitsbeschränkungen durch die öffentliche Gewalt, die vor allem durch den Richter zu gewährleisten sind. Daher hat sie der Parlamentarische Rat in den Abschnitt über die Rechtsprechung eingeordnet. **441**

II. Schutzbereich

Freiheit der Person bedeutet *körperliche Bewegungsfreiheit*. Das Grundrecht umfasst das Recht, (positiv) jeden beliebigen, nahen oder fernen Ort aufzusuchen und (negativ) jeden beliebigen Ort zu meiden. In den Schutzbereich fällt, dass man dort, wo man nicht bleiben will, auch nicht bleiben muss. Die Freiheit der Person ist ebenso wenig wie die anderen nicht normgeprägten Freiheitsrechte nur im Rahmen der allgemeinen Rechtsordnung geschützt[2]. **442**

Nach verbreiteter Auffassung soll die Freiheit der Person aus historischen Gründen nur vor *körperlichen Beeinträchtigungen* der körperlichen Bewegungsfreiheit schüt- **443**

1 Vgl *Amelung*, Jura 2005, 447.
2 *Kloepfer*, VerfR II, § 58 Rn 4; aA E 94, 166/198; 96, 10/21.

zen. Das Verbot, einen bestimmten Ort zu verlassen, ist danach ebenso wie das Gebot, an einem bestimmten Ort zu erscheinen, nur dann ein Eingriff, wenn es von unmittelbarem Zwang oder doch dessen Androhung begleitet ist[3]. Für diese Verengung der körperlichen Bewegungsfreiheit auf eine Freiheit vor körperlichen Beeinträchtigungen reichen aber die historischen Gründe nicht. Der unmittelbare Zwang oder seine Androhung geben den Verlassensverboten und Erscheinensgeboten in Zeiten eines voll entwickelten staatlichen Gewaltmonopols keine besondere Qualität, sondern stehen hinter ihnen ebenso wie hinter allen staatlichen Verboten und Geboten[4].

444 Andererseits ist die körperliche Bewegungsfreiheit aber auch nicht die Freiheit von jeglicher Pflicht zu körperlicher Bewegung. Bei dem Gebot, an einem bestimmten Ort zu erscheinen, muss daher *differenziert* werden. Die Pflicht, bis zu einem bestimmten Zeitpunkt an einem bestimmten Ort etwas Bestimmtes zu tun, lässt dem Betroffenen die Freiheit, wann er der Pflicht nachkommen will. Sie berührt noch nicht die Freiheit der Person, weil deren Schutzbereich die körperliche Bewegungsfreiheit als solche ist und nicht die Freiheit von jeglicher Handlungspflicht, die mit körperlicher Bewegung verbunden ist. Wenn sich die Pflicht jedoch zusätzlich auf einen bestimmten Zeitpunkt bezieht, ist die Freiheit der Person in ihrer negativen Ausprägung berührt.

III. Eingriffe

445 Eingriffe in die Freiheit der Person liegen vor, wenn jemand durch Gebote oder Verbote daran gehindert oder für einen bestimmten Zeitpunkt dazu verpflichtet wird, einen Ort aufzusuchen oder sich an einem Ort aufzuhalten[5]. Sie reichen von der Vorladung über die kurzfristige Festnahme bis zur lebenslangen Freiheitsstrafe. Die körperliche Bewegungsfreiheit wird auch durch die Wehr- und die Schulpflicht beschränkt[6]. Zu den Eingriffen zählen ferner die zur Durchsetzung eingesetzten Vollstreckungshandlungen, besonders der unmittelbare Zwang.

446 **Beispiele:** Das Urteil eines Strafgerichts über die Verhängung einer Freiheitsstrafe ist zu unterscheiden von der Festnahme des Täters sowie von dem Vollzug der Strafe in einer Anstalt. Jede dieser drei Maßnahmen stellt einen eigenen Eingriff in die Freiheit der Person dar (vgl auch E 14, 174/186). Dagegen ist die Geldauflage bei einer zur Bewährung ausgesetzten Freiheitsstrafe kein Eingriff in die Freiheit der Person (BVerfG, NJW 2011, 3508). – Das Nachsitzen eines Schülers ist ein Eingriff in die Freiheit der Person (*Hantel*, JuS 1990, 865/869; aA VGH Mannheim NVwZ 1984, 808; *Kloepfer*, VerfR II, § 58 Rn 41).

447 Als besonders intensive Beschränkung der Freiheit der Person hebt Art. 104 Abs. 2–4 die *Freiheitsentziehung* hervor. Sie bedeutet die Aufhebung der körperlichen Bewegungsfreiheit „nach jeder Richtung hin“[7], das Festhalten (durch Anordnung und/oder Vollzug) an eng umgrenztem Ort[8], also jede Art von Arrest, Gewahrsam, Haft, Frei-

---

3 *Di Fabio*, MD, Art. 2 Abs. 2 Rn 32; *Kunig*, MüK, Art. 2 Rn 76; *Schulze-Fielitz*, DR, Art. 2 II Rn 104.
4 Vgl *Gusy*, MKS, Art. 104 Rn 18.
5 Vgl E 105, 239/248.
6 AA *Gusy*, MKS, Art. 104 Rn 18; *Stern*, StR IV/1, S. 1097 f.
7 E 105, 239/248; BVerfG, DVBl. 2011, 623/624.
8 BVerwGE 62, 325/328; BGHZ 82, 261/267; *Dürig*, MD, Art. 104 Rn 6.

heitsstrafe und Unterbringung. Keine Freiheitsentziehungen, sondern nur Freiheitsbeschränkungen sind aufenthaltsbeschränkende und führungsaufsichtliche Maßnahmen sowie Vorladungen. Die Vorführung als zwangsweise Durchsetzung der Vorladung ist dagegen durch ein Festhalten im Polizeifahrzeug und damit an eng umgrenztem Ort gekennzeichnet[9]. Beim Strafvollzug fallen über die Freiheitsentziehung hinaus notwendig andere Freiheitsbeeinträchtigungen an; sie sind mit der Freiheitsentziehung noch nicht erfasst und gerechtfertigt, sondern Eingriffe in andere Grundrechte und entsprechend eigens zu rechtfertigen[10].

IV. Verfassungsrechtliche Rechtfertigung

1. Gesetzesvorbehalt des Art. 104

Art. 104 stellt verschiedene *form- und verfahrensmäßige Anforderungen* an die Zulässigkeit von Eingriffen in die Freiheit der Person, die auf verschiedene Eingriffsarten und -situationen zugeschnitten sind. Sie sind als Spezial- und Ausnahmeregelungen ineinander verschachtelt: Die Absätze 2–4, die der Freiheitsentziehung gelten, sind leges speciales zu Abs. 1, der von der Freiheitsbeschränkung handelt. Abs. 2 S. 2 und 3 sowie Abs. 3 normieren Ausnahmen zur Regel des Abs. 2 S. 1, wonach die Freiheitsentziehung der vorgängigen richterlichen Entscheidung bedarf. Dabei sind Abs. 2 S. 3 und Abs. 3 wiederum Spezialvorschriften zu Abs. 2 S. 2; sie gelten den besonderen Situationen, in denen jemand von der Polizei und wegen Strafverdachts in Gewahrsam bzw festgenommen wurde. **448**

a) Für alle **Freiheitsbeschränkungen** gilt gem. Art. 104 Abs. 1 S. 1, dass sie **449**
- nur unter Beachtung von Formen ergehen dürfen, die
- im förmlichen Gesetz, also nicht durch Rechtsverordnung, Satzung oder Gewohnheitsrecht geregelt sein müssen; eine analoge Anwendung eines Gesetzes reicht nicht aus[11].

Schon der Verstoß gegen eine gesetzliche Formvorschrift ist, da Art. 104 Abs. 1 ihre Beachtung zur Verfassungspflicht macht, ein Verfassungsverstoß. Dabei meint Art. 104 Abs. 1 S. 1, wenn er von Formen spricht, iS formeller Rechtmäßigkeit Form, Verfahren und Zuständigkeit von Freiheitsbeschränkungen. Für die Voraussetzungen der Freiheitsbeschränkungen gilt gemäß der Wesentlichkeitslehre (vgl Rn 274 ff), dass der parlamentarische Gesetzgeber selbst die wesentlichen Regelungen treffen muss.

b) Die *zusätzliche* Anforderung für die verfassungsrechtliche Zulässigkeit einer **Freiheitsentziehung** besteht in erster Linie darin, dass *vorher* ein Richter entscheiden muss (Art. 104 Abs. 2 S. 1). Die Gerichte müssen organisatorisch gewährleisten, dass Richter erreichbar sind[12]. Ausnahmsweise ist gem. Art. 104 Abs. 2 S. 2 und 3 **450**

9 AA BVerwGE 62, 325/327; 82, 243/245; BGHZ 82, 261/267.
10 E 33, 1/9 f; 116, 69/80 f.
11 E 29, 183/195 f; 109, 133/188.
12 E 105, 239/248; vgl auch Rn 957.

und Abs. 3 auch eine Freiheitsentziehung ohne vorherige richterliche Entscheidung zulässig. Dann ist aber unverzüglich eine richterliche Entscheidung herbeizuführen (S. 2). Aus der *Unverzüglichkeit* folgt, dass nur dann von der vorherigen richterlichen Entscheidung abgesehen werden darf, wenn „der mit der Freiheitsentziehung verfolgte verfassungsrechtlich zulässige Zweck nicht erreichbar wäre, wenn der Festnahme die richterliche Entscheidung vorausgehen müsste“[13]. Die richterliche Entscheidung darf sich nicht auf eine Prüfung der Plausibilität der von der Polizei vorgetragenen Gründe beschränken, sondern muss selbst prüfen und begründen, ob der Gewahrsam unerlässlich ist[14], und dafür den Festgenommenen persönlich anhören[15], gegebenenfalls mit einem Dolmetscher[16].

451 Abs. 2 S. 3 und Abs. 3 stellen noch besondere Voraussetzungen für die Fälle auf, in denen die ohne vorherige richterliche Entscheidung ergehende Freiheitsentziehung durch die *Polizei* bzw im Zuge einer vorläufigen Festnahme wegen Verdachts einer strafbaren Handlung geschieht.

452 Eine weitere zusätzliche Anforderung für die verfassungsrechtliche Zulässigkeit einer Freiheitsentziehung ist die *Benachrichtigungspflicht* gem. Abs. 4. Sie begründet ein subjektives Recht auf die Benachrichtigung lediglich in der Person des Festgehaltenen, nicht auch bei den Angehörigen oder Vertrauenspersonen[17]; das Recht ist verzichtbar (vgl Rn 155).

453 *Gesetze* gestalten die Formerfordernisse des Art. 104 näher aus und verstärken sie gelegentlich sogar.

454 **Beispiel:** Die Landesgesetze über die Unterbringung von psychisch Kranken regeln die Voraussetzungen und das Verfahren für das zwangsweise Einweisen und Festhalten in einer Krankenanstalt. Sie verlangen eine Entscheidung des Amtsgerichts und konkretisieren damit Art. 104 Abs. 2, der einfach vom Richter spricht. Sie verlangen zusätzlich, dass das Amtsgericht grundsätzlich den Kranken mündlich anhört, und konkretisieren damit Art. 104 Abs. 1 S. 1. Verstöße können mit der Verfassungsbeschwerde gerügt werden (vgl E 58, 208/220 f; 66, 191/195 ff).

2. Schranken-Schranken

455 Besonders bedeutsame Schranken-Schranke bei Freiheitsbeschränkungen und Freiheitsentziehungen ist der Verhältnismäßigkeitsgrundsatz. Freiheitsstrafen müssen aufeinander angerechnet werden können; das gilt auch für die Sicherungsverwahrung[18]. Die *lebenslange Freiheitsstrafe* bedarf als besonders intensiver Eingriff einer besonders strengen Prüfung; das BVerfG sieht sie nur gerechtfertigt, wenn der Verurteilte nicht nur auf eine gesetzlich nicht geregelte Begnadigung hoffen darf, sondern wenn die Voraussetzungen, unter denen die Vollstreckung einer lebenslangen Freiheitsstrafe ausgesetzt werden kann, und das dabei anzuwendende Verfahren gesetz-

13 E 22, 311/317; BVerfG, NVwZ 2009, 1033.
14 E 83, 24/33.
15 *Degenhart*, SA, Art. 104 Rn 22 f.
16 BVerfG, NVwZ 2007, 1045.
17 Vgl E 16, 119/122; BVerwG, NJW 1985, 339.
18 BVerfG, 27.3.2012, Rn 60 ff.

lich geregelt sind[19]. Bei der fortdauernden Vollstreckung der lebenslangen Freiheitsstrafe wegen fortdauernder Gefährlichkeit des Gefangenen steigen die materiell- und verfahrensrechtlichen Voraussetzungen für ihre Rechtfertigung, je länger sie andauern[20]. Besonders strenge Anforderungen gelten für die Sicherungsverwahrung, deren Vollzug sich dadurch vom Strafvollzug unterscheiden muss (sog. Abstandsgebot), dass er freiheitsorientiert und therapiegerichtet ist[21].

Bei der Rechtfertigung der *Untersuchungshaft* ist zusätzlich die rechtsstaatliche Un- **456**
schuldsvermutung zu beachten[22]. Sie verbietet, einerseits mit dem Verdächtigen ebenso zu verfahren wie mit einem Verurteilten (Verbot der Vorwegnahme der Strafe)[23] und andererseits mit dem Verdächtigen ohne sachlichen Grund anders zu verfahren als mit einem Nichtverdächtigen. Die Untersuchungshaft ist gerechtfertigt, wenn es bei den Haftgründen der Flucht- und Verdunkelungsgefahr keine milderen Mittel gibt und beim Haftgrund der Wiederholungsgefahr um die Abwehr schwerer Kriminalität geht[24]. Auch die der Untersuchungshaft ähnliche Hauptverhandlungshaft ist nur zur Verfahrenssicherung zulässig[25]. Der Verhältnismäßigkeitsgrundsatz verlangt weiter, dass das Verfahren von den zuständigen Verfolgungsorganen mit größtmöglicher Beschleunigung betrieben wird[26] und die Untersuchungshaft eine Höchstdauer nicht überschreitet[27].

Lösungsskizze zum Fall 7 (Rn 439): Es ist zu unterscheiden zwischen der Rechtmäßigkeit **457**
der Festnahme und der des weiteren Festhaltens des B. I. § 35 Abs. 1 Nr 2 nw PolG ermächtigt zu einem Eingriff in die Freiheit der Person. Als förmliches Gesetz ist er von Art. 104 Abs. 1 S. 1 gedeckt. Art. 104 Abs. 2 S. 2 lässt auch eine nicht auf richterlicher Anordnung beruhende Freiheitsentziehung zu. Ob die Anwendung dieser Vorschrift im vorliegenden Fall rechtmäßig war, muss im Hinblick auf die Merkmale „unmittelbar bevorstehend" und „von erheblicher Bedeutung für die Allgemeinheit" bezweifelt werden, soll aber mangels näherer Sachverhaltsangaben dahinstehen. – II. Die Rechtmäßigkeit des weiteren Festhaltens des B beurteilt sich nach § 36 Abs. 1 S. 1 nw PolG, der mit Art. 104 Abs. 2 S. 2 übereinstimmt. Hier ist nicht unverzüglich eine richterliche Entscheidung herbeigeführt worden. Es fragt sich aber, ob die Polizei die in Art. 104 Abs. 2 S. 3 genannte Frist ausschöpfen darf, was der Fall wäre, wenn diese Vorschrift eine verdrängende lex specialis zu Art. 104 Abs. 2 S. 2 wäre. Diese Frist stellt jedoch – das ergibt sich aus dem Ausnahmecharakter der polizeilichen Freiheitsentziehung – eine *zusätzliche* Einschränkung dar; das Gebot der unverzüglichen Herbeiführung der richterlichen Entscheidung bleibt davon unberührt (E 105, 239/249). Daher hat das OVG Münster, DVBl. 1979, 733 entschieden, dass im Normalfall zwei bis drei Stunden für das Herbeiführen einer richterlichen Entscheidung zu veranschlagen sind und das fünfstündige Festhalten des B rechtswidrig gewesen ist.

19 E 45, 187/242 ff; 72, 105/113; 113, 154/164 ff; für Verfassungswidrigkeit dagegen *Erichsen*, NJW 1976, 1721.
20 E 117, 71/94 ff; BVerfG, NJW 2009, 1941.
21 E 128, 326/374; vgl *Volkmann*, JZ 2011, 835.
22 E 74, 358/370 ff; 82, 106/144 f; 110, 1/23.
23 Vgl *Stuckenberg*, Untersuchungen zur Unschuldsvermutung, 1998, S. 530 ff.
24 *Di Fabio*, MD, Art. 2 Abs. 2 Rn 49 ff; *Schulze-Fielitz*, DR, Art. 2 II Rn 109.
25 BVerfG, NJW 2001, 426; *Hellmann*, NJW 1997, 2145.
26 E 19, 342/347 f; 53, 152/158 f; BVerfG, EuGRZ 2009, 414/416.
27 *Gropp*, JZ 1991, 804/808 f.

458 **Literatur:** *C. Gusy*, Freiheit der Person, Hdb. GR IV, § 93; *P. Hantel*, Das Grundrecht der Freiheit der Person nach Art. 2 II 2, 104 GG, JuS 1990, 865; *H.-H. Jescheck/O. Triffterer* (Hrsg.), Ist die lebenslange Freiheitsstrafe verfassungsmäßig?, 1978; *V. Neumann*, Freiheitssicherung und Fürsorge im Unterbringungsrecht, NJW 1982, 2588; *A. Schieder*, Die richterliche Bestätigung polizeilich veranlasster Freiheitsentziehungen, KritV 2000, 218; *A. Tiemann*, Der Schutzbereich des Art. 2 II 2 GG, NVwZ 1987, 10; *F. Wittreck*, Freiheit der Person, Hdb. StR[3] VII, § 151.

§ 11 Das Gleichheitsgebot (Art. 3, 6 Abs. 1 und 5, 33 Abs. 1–3, 38 Abs. 1 S. 1)

459 **Fall 8:** Staffelung von Kindergartengebühren nach dem Familieneinkommen (nach E 97, 332)

Eine Stadt erhebt von den Eltern der Kinder, die einen städtischen Kindergarten besuchen, Gebühren. Die einschlägige Satzung staffelt die Gebühren nach dem Familieneinkommen. E sind die Eltern eines Kindes, von denen die Stadt den Höchstsatz erhebt, der mehr als das doppelte des niedrigsten Satzes beträgt, die für das Kind tatsächlich anfallenden Kosten allerdings noch nicht deckt. Sie sehen in der Staffelung der Gebühren eine Verletzung von Art. 3 Abs. 1. Zu Recht? **Rn 536**

I. Überblick

460 Das Grundgesetz enthält Gewährleistungen der Gleichheit an verschiedenen Stellen und mit verschiedenen Akzenten. Art. 3 Abs. 1 ist der allgemeine Gleichheitssatz; er verlangt allgemein die *Rechtsanwendungsgleichheit* (Gleichheit vor dem Gesetz) und die *Rechtsetzungsgleichheit* (Gleichheit des Gesetzes). Das Gebot der Rechtsetzungsgleichheit folgt zwar nicht aus dem Wortlaut von Art. 3 Abs. 1, aber aus dem Zusammenhang von Art. 3 Abs. 1 mit Art. 1 Abs. 3, der Bindung der Gesetzgebung an die Grundrechte. Art. 3 Abs. 2 S. 1 und Abs. 3 S. 1 verbieten, bestimmte Gegebenheiten zum Grund für Bevorzugungen und Benachteiligungen zu nehmen. Sie lassen damit erkennen, dass Art. 3 Abs. 1 nicht die völlige Gleichbehandlung verlangt, nicht jede Bevorzugung und Benachteiligung verbietet. Wäre das der Inhalt von Art. 3 Abs. 1, dann bedürfte es der Art. 3 Abs. 2 S. 1 und Abs. 3 S. 1 nicht. Es bedarf ihrer darum, weil Art. 3 Abs. 1 nur die *grundlose Ungleichbehandlung* verbietet; Art. 3 Abs. 1 verlangt rechtfertigende Gründe für Ungleichbehandlungen, und Art. 3 Abs. 2 S. 1 und Abs. 3 S. 1 statuiert, welche Gegebenheiten als rechtfertigende Gründe für Ungleichbehandlungen schlechthin ausfallen.

461 Neben Art. 3 Abs. 2 S. 1 und Abs. 3 enthalten Art. 6 Abs. 1 und 5, Art. 38 Abs. 1 S. 1 und Art. 33 Abs. 1–3 spezielle Gleichheitsgebote und Diskriminierungsverbote. Auch diese speziellen Gleichheitssätze stellen besondere Anforderungen an die rechtfertigende Begründung von Ungleichbehandlungen, indem sie entweder wie Art. 3 Abs. 2 S. 1 und Abs. 3 bestimmte Rechtfertigungsgründe nicht oder wie Art. 33 Abs. 2 bestimmte Rechtfertigungsgründe allein zulassen. Art. 3 Abs. 2 S. 2 ist speziell insofern, als er dem Staat die Herstellung und Durchsetzung der Gleichberechtigung von Frau und Mann aufgibt.

462 Die *politische Forderung* nach möglichst viel gesellschaftlicher Freiheit gerät mit der politischen Forderung nach möglichst viel gesellschaftlicher Gleichheit in *Konflikt*: Gesellschaftliche Freiheit ist auch die Ellenbogenfreiheit des Stärkeren, gesellschaftliche Gleichheit ist gerade die Chancengleichheit des Schwächeren. Die *grundrechtlichen Verbürgungen* von Freiheit und Gleichheit stehen dagegen *konfliktfrei* nebeneinander. Sie überlassen weitgehend dem Gesetzgeber, wie viel Spielraum er den Starken lassen und wie viel Schutz er den Schwachen geben, dh wie er die gegenläufigen politischen Forderungen befriedigen will. Sie setzen ihm dabei nach beiden Seiten nur gewisse Grenzen. Gemeinsam ist den Grenzsetzungen durch Freiheitsverbürgungen und durch Gleichheitsverbürgungen, dass sowohl die Freiheitsverkürzung als auch die Ungleichbehandlung *nicht grundlos* geschehen darf. Unterschiedlich ist jedoch die *Rechtstechnik* der Verbürgungen. Bei den Freiheitsrechten gibt es die einzelnen Lebensbereiche oder das Handeln schlechthin als Schutzbereiche und gibt es die Eingriffe in die Schutzbereiche. An die Feststellung eines Eingriffs schließt dann die Frage nach seiner verfassungsrechtlichen Rechtfertigung an. Bei den Gleichheitsrechten gibt es dagegen keinen Schutzbereich und daher auch keinen Eingriff in den Schutzbereich[1]. Hier vollzieht sich die Prüfung einer Grundrechtsverletzung in *zwei Schritten*; sie besteht aus der Feststellung einer Ungleichbehandlung und aus der Frage nach deren verfassungsrechtlicher Rechtfertigung.

II. Ungleichbehandlung

1. Verfassungsrechtlich relevante Ungleichbehandlung

463 Verfassungsrechtlich *relevant*, dh verfassungsrechtlicher Rechtfertigung bedürftig ist nur die Ungleichbehandlung von „wesentlich Gleichem"[2]. Das bedeutet zum einen, dass die Ungleichbehandlung durch dieselbe Rechtsetzungsgewalt erfolgt sein muss. Soweit die Bürger eines Landes durch ein Landesgesetz anders behandelt werden als die Bürger eines anderen Landes, das kein entsprechendes oder ein abweichendes Landesgesetz erlassen hat, fehlt von vornherein die wesentliche Gleichheit; entsprechendes gilt im Verhältnis zwischen Bundes- und Landesgesetzen und zwischen Satzungen verschiedener Gemeinden, Universitäten usw[3]. Zum anderen gilt, dass kein Mensch genau wie der andere und keine Situation genau wie die andere ist. Daher kann wesentliche Gleichheit nur bedeuten, dass Personen, Personengruppen oder Situationen vergleichbar sind. Vergleichbarkeit bedarf zunächst eines *Bezugspunkts* (tertium comparationis).

464 **Beispiel:** Für den, der einen Personenkraftwagen führt, gilt das Straßenverkehrsrecht, und für den, der eine Schankwirtschaft betreibt, das Gaststättenrecht. Hier werden zwar verschiedene Personengruppen rechtlich verschieden behandelt, aber es fehlt der Bezugspunkt eines Vergleichs, der von einer relevanten, verfassungsrechtlicher Rechtfertigung bedürftigen Ungleichbehandlung reden ließe. Vergleichbar ist dagegen das Führen von Personenkraftwagen mit dem Führen von Lastkraftwagen und Krafträdern und das Betreiben von Schankwirtschaften mit dem Betreiben von Speisewirtschaften und Beherbergungsbetrieben. Der Bezugspunkt liegt das eine Mal darin, dass Kraftfahrzeuge geführt, das andere Mal darin, dass Gaststätten betrieben werden.

1 *Heun*, Hdb. GR II, § 34 Rn 40 ff; aA *Blome*, JA 2011, 486; *Huster*, FH, Art. 3 Rn 79 ff.
2 StRspr, zB E 49, 148/165.
3 Vgl E 33, 224/231; *Huster*, FH, Art. 3 Rn 47.

465 Der Bezugspunkt ist der *gemeinsame Oberbegriff* (genus proximum), unter den die rechtlich verschieden behandelten verschiedenen Personen, Personengruppen oder Situationen fallen. Unter ihm müssen die gemäß einem Unterscheidungsmerkmal (differentia specifica) verschiedenen Personen, Personengruppen oder Situationen vollständig und abschließend sichtbar werden. Anders werden auch der Inhalt, das Ausmaß und der mögliche Grund der Ungleichbehandlung nicht sichtbar.

466 **Beispiel:** Wenn der Gesetz- oder Verordnunggeber allein erziehende Mütter bei der Vergabe von Kindergartenplätzen privilegiert oder ihnen bei Krankheit des Kindes einen zusätzlichen Urlaubsanspruch gibt, ist ein Grund für diese Bevorzugung möglicherweise gegenüber gemeinsam erziehenden Eltern erkennbar, nicht jedoch gegenüber allein erziehenden Vätern. Das zeigt sich aber nur, wenn als nächster gemeinsamer Oberbegriff der der Alleinerziehenden gesehen, und nicht auf den der Eltern abgestellt wird. Der Begriff der Eltern ist nächster gemeinsamer Oberbegriff nur, wenn die Alleinerziehenden (Mütter und Väter) anders behandelt werden als gemeinsam erziehende Paare.

466a **Lösungstechnischer Hinweis:** Der Sinn von Art. 3 wird verkannt, wenn ein an sich sachlich vorliegender gemeinsamer Oberbegriff mit dem Hinweis auf die Verschiedenheit der Geschlechter (oder auf ein anderes in Abs. 2 und 3 genanntes Kriterium) verneint wird, etwa wenn männliche und weibliche Insassen von Justizvollzugsanstalten wegen des Geschlechtsunterschieds als zu verschieden beurteilt werden, einem gemeinsamen Oberbegriff zu unterfallen. Die Differenzierung nach Merkmalen von Abs. 2 bzw 3 ist auf der Rechtfertigungsebene (mit den besonderen verfassungsrechtlichen Anforderungen) zu erörtern und darf nicht zur Verneinung des gemeinsamen Oberbegriffs führen.

467 Eine Ungleichbehandlung, die verfassungsrechtlicher Rechtfertigung bedarf, ist also dann *gegeben*, wenn

- eine Person, Personengruppe oder Situation in einer bestimmten Weise, durch Eingriff oder Leistung, in Teilhabe oder Verfahren, rechtlich behandelt wird,
- eine andere Person, Personengruppe oder Situation in einer bestimmten anderen Weise rechtlich behandelt wird und
- beide Personen, Personengruppen oder Situationen unter einen gemeinsamen, weitere Personen, Personengruppen oder Situationen ausschließenden Oberbegriff gefasst werden können.

2. Gleichbehandlung von wesentlich Ungleichem?

468 Nach stRspr des BVerfG verbietet der Gleichheitssatz nicht nur, „wesentlich Gleiches willkürlich ungleich", sondern auch „wesentlich Ungleiches willkürlich gleich zu behandeln"[4] . Somit gäbe es neben der Ungleichbehandlung, die verfassungsrechtlicher Rechtfertigung bedarf, auch eine Gleichbehandlung, die verfassungsrechtlicher Rechtfertigung bedarf. Wie aus den vielen rechtlichen Ungleichbehandlungen wären auch aus den vielen rechtlichen Gleichbehandlungen zunächst einmal die relevanten, verfassungsrechtlicher Rechtfertigung bedürftigen herauszufiltern. Wie dies genau zu geschehen hätte, mag jedoch dahinstehen. Denn Probleme der Gleichbehandlung lassen sich stets auch als Probleme der Ungleichbehandlung fassen. Es muss nur die richtige Vergleichsgruppe gewählt werden[5].

---

4 E 49, 148/165; 98, 365/385.
5 *Podlech*, S. 53 ff; *Rüfner*, in: FS Kriele, 1997, S. 271.

Beispiele: Nach dem Ladenschlussgesetz gibt es eine weitgehende Ausnahme von den allgemeinen Ladenschlusszeiten für Bahnhofsverkaufsstellen und eine weniger weitgehende Ausnahmeregelung für Apotheken. Für Bahnhofsapotheken gilt nach dem Gesetz Letztere. Bahnhofsapotheken werden also im Vergleich mit anderen Bahnhofsverkaufsstellen ungleich, im Vergleich mit anderen Apotheken dagegen gleich behandelt (vgl E 13, 225/228 f). – Nach dem Asylbewerberleistungsgesetz müssen leistungsberechtigte Asylbewerber ihr Einkommen und Vermögen aufbrauchen, ehe sie Leistungen nach dem Gesetz erhalten. Als einem Asylbewerber auch erhaltenes Schmerzensgeld als aufzubrauchendes Einkommen angerechnet wurde, sah er wesentlich Ungleiches zu Unrecht gleich behandelt: Schmerzensgeld, zur Kompensation einer Einbuße an Lebensfreude bestimmt, sei etwas anderes als das der Sicherung der Existenz dienende Einkommen und Vermögen. Das BVerfG sah ihn zu Unrecht ungleich behandelt, nämlich anders als die Asylbewerber, die Leistungen nicht nach dem Asylbewerberleistungsgesetz, sondern dem Sozialgesetzbuch erhalten, wonach Schmerzensgeld nicht als aufzubrauchendes Einkommen anzurechnen ist (vgl E 116, 229/236, 238 ff). 469

III. Verfassungsrechtliche Rechtfertigung

1. Allgemeine Anforderungen

Bei den Anforderungen an die verfassungsrechtliche Rechtfertigung von Ungleichbehandlungen *differenziert* das BVerfG nach der Intensität, mit der eine Ungleichbehandlung die Betroffenen beeinträchtigt[6]. Die Intensität wächst, 470

- je mehr das Kriterium der Ungleichbehandlung personen- und personengruppen- und je weniger es situationsbezogen ist,
- je mehr das Kriterium der Ungleichbehandlung einem der nach Art. 3 Abs. 3 verbotenen Kriterien ähnelt,
- je weniger der Betroffene das Kriterium der Ungleichbehandlung beeinflussen kann und
- je mehr die Ungleichbehandlung den Gebrauch grundrechtlich geschützter Freiheiten erschwert,

und mit der Intensität wachsen die Anforderungen an die verfassungsrechtliche Rechtfertigung.

Bei Ungleichbehandlungen *geringer Intensität* versteht das BVerfG das Gleichheitsgebot als Willkürverbot, beschränkt die Rechtfertigungsprüfung auf eine Evidenzkontrolle und akzeptiert eine Ungleichbehandlung schon dann als willkürfrei und gerechtfertigt, wenn sich nur irgendein sachlicher Grund zu ihren Gunsten anführen lässt[7]. 471

Bei Ungleichbehandlungen *größerer Intensität* versteht das BVerfG das Gleichheitsgebot als Verbot der Ungleichbehandlung ohne gewichtigen sachlichen Grund, verlangt eine Verhältnismäßigkeitsprüfung und akzeptiert eine Ungleichbehandlung erst dann als durch einen gewichtigen sachlichen Grund gerechtfertigt, wenn sie 472

- einen legitimen Zweck verfolgt,
- zur Erreichung dieses Zwecks geeignet und erforderlich ist und
- auch sonst in angemessenem Verhältnis zum Wert des Zwecks steht.

---

6 E 95, 267/316 f; 99, 367/388; 107, 27/46; 122, 39/52 f.
7 Vgl E 107, 27/46.

473 Zum Erfordernis des *legitimen Zwecks* ist die Rechtsprechung des BVerfG gelegentlich missverständlich. Wenn das BVerfG formuliert, eine Ungleichbehandlung sei gerechtfertigt, wenn zwischen zwei Gruppen „Unterschiede von solcher Art und solchem Gewicht bestehen, dass sie die ungleiche Behandlung rechtfertigen“[8], klingt diese sog. neue Formel, als dürfe der Staat nur da ungleich behandeln, wo er die Ungleichbehandlung rechtfertigende Unterschiede bereits vorfindet. Der regelnde und gestaltende Staat ist jedoch frei, Unterschiede allererst zu schaffen; er verfolgt dann die im Schrifttum sog. externen Zwecke im Unterschied zu den internen Zwecken, um die es bei den bereits vorgefundenen Unterschieden geht[9].

474 **Beispiel:** Wenn der Gesetzgeber den öffentlichen Dienst für Beamte anders regelt als für Angestellte und Arbeiter, dann schafft er durch diese Ungleichbehandlungen die Unterschiede und bestimmt auch deren Art und Gewicht. Dann kann auch die Rechtfertigung nicht in den Unterschieden selbst liegen, sondern nur in den Zwecken, die der Gesetzgeber mit den Ungleichbehandlungen verfolgt; er will durch das unterschiedliche öffentliche Dienstrecht zB gewährleisten, dass die verschiedenen staatlichen Funktionen angemessen versehen werden.

475 Das Erfordernis der *Erforderlichkeit* spielt beim Gleichheitsgebot dann eine schwächere Rolle als bei den Freiheitsrechten, wenn der Staat in Verfolgung von Förderungszwecken ungleich behandelt[10], dh wenn er nicht „negativ“, sondern „positiv“ diskriminiert. Denn eine Personengruppe zu fördern, gibt es regelmäßig eine solche Fülle von Möglichkeiten und entsprechend zu den Förderungsmöglichkeiten, die der Staat wählt, eine solche Fülle von Alternativen, dass der Nachweis des Fehlens milderer, schonenderer Alternativen selten gelingt. Hier muss genügen, dass keine Alternative ersichtlich ist, die den Staat gleich oder weniger belastet, den Förderungszweck besser verfolgt und zugleich die Personengruppe, die nicht gefördert und durch die Förderung der anderen Personengruppe zurückgesetzt wird, milder und schonender behandelt. Wenn der Staat andere als Förderungszwecke verfolgt, behält das Erfordernis der Erforderlichkeit seine dirigierende Kraft.

476 **Beispiele:** Der Gesetzgeber legt Taxenunternehmen bestimmte Pflichten auf und räumt ihnen bestimmte Vergünstigungen ein; dabei behandelt er sie auch steuerrechtlich besser als Mietwagenunternehmen. Sein Ziel ist, dass „der Allgemeinheit mit dem Taxenverkehr ein dem Kontrahierungszwang unterliegendes öffentliches Verkehrsmittel für individuelles Fahren zu einem festgelegten Tarif zur Verfügung steht“. Dieses Ziel „lässt sich … auch dadurch verwirklichen, dass das Umsatzsteuergesetz dem Kraftdroschkengewerbe günstigere Rahmenbedingungen als dem Mietwagenunternehmen einräumt” – mehr zur Geeignetheit und Erforderlichkeit sagt das BVerfG nicht und kann es auch nicht sagen; es prüft und bejaht anschließend nur noch die Angemessenheit (E 85, 238/246). – Die mindernde Berücksichtigung von Einkommen und Vermögen eines vom Auszubildenden getrennt lebenden Ehegatten bei der Bedarfsberechnung wird vom BVerfG dagegen eingehend auf Geeignetheit und Erforderlichkeit überprüft; für das Ziel, der Interessen- und Verantwortungsgemeinschaft von Ehegatten Rechnung zu tragen, ist die bedarfsmindernde Berücksichtigung nicht geeignet, und für das andere Ziel der Verhinderung von Missbrauch ist es, da Missbrauchsfällen anders begegnet werden kann, nicht erforderlich (E 91, 389/402).

8 E 55, 72/88; 105, 73/110; 107, 205/214.
9 Vgl *Huster*, S. 165 ff.
10 Vgl E 99, 165/178.

477 Zu den aufgezeigten Differenzierungen hat das BVerfG erst allmählich gefunden. Lange hat es zwischen dem Willkürverbot und dem Verbot der Ungleichbehandlung ohne sachlichen Grund systematisch und terminologisch nicht deutlich unterschieden („sachfremd und deshalb willkürlich")[11], und dabei in zufälliger Weise seine Rechtfertigungsprüfung mal mehr als bloße Evidenzkontrolle[12] und mal mehr als volle Verhältnismäßigkeitsprüfung[13] angelegt. Das Schrifttum akzeptiert im Wesentlichen die neuen Differenzierungen des BVerfG[14].

478 Sie haben ihren inneren Grund darin, dass gesetzgeberische Regelungen und Gestaltungen, zumal im Steuer- und Sozialrecht[15], mehr noch als ohne Freiheitsbeschränkungen ohne Ungleichbehandlungen schlechterdings nicht möglich sind und dass der Gesetzgeber bei Ungleichbehandlungen daher einen *weiten Ermessensspielraum* braucht. Verfassungsrechtlich bzw -gerichtlich lässt sich „nur die Überschreitung äußerster Grenzen (des Spielraums) beanstanden" und nicht darauf abstellen, „ob der Gesetzgeber die jeweils gerechteste und zweckmäßigste Regelung getroffen" hat[16]. Die Rücknahme des Gleichheitsgebots auf ein Willkürverbot bei Ungleichbehandlungen geringer Intensität und die Reduzierung des Erfordernisses der Erforderlichkeit auch bei fördernden Ungleichbehandlungen größerer Intensität respektieren den Ermessensspielraum des Gesetzgebers. Da der Spielraum des Richters, ungleich zu behandeln, im Vergleich zu dem des Gesetzgebers gering ist, sind die Ungleichbehandlungen bei der richterlichen Rechtsanwendung regelmäßig Ungleichbehandlungen geringer Intensität und werden lediglich auf Willkür überprüft (vgl Rn 1289 f).

479 **Beispiele:** *Angenommen* hat das BVerfG einen Verstoß gegen Art. 3 Abs. 1 bei folgenden Regelungen: unterschiedliche Besoldung von Richtern verschiedener Gerichtsbarkeiten in gleicher Instanz (E 26, 100/110 f); genereller Ausschluss der Studenten vom Bezug des Arbeitslosengeldes (E 74, 9/24 ff); Verweigerung von Vornamensänderung bei Transsexuellen (E 88, 87/97 ff; 116, 243/259 ff); Gleichbehandlung unterschiedlich hoher Versorgungszusagen desselben öffentlichen Arbeitgebers (E 98, 365/384 ff); Ausschluss von Beratungshilfe im Steuerrecht anders als in anderen Rechtsgebieten (E 122, 39/53 ff); Zulassung vom Rauchverbot ausgenommener Raucherräume nicht für Speise-, sondern nur für Schankwirtschaften (BVerfG, 24.1.2012, Rn 37 ff) und von Prozesskostenhilfe ohne Rücksicht auf die persönlichen Verhältnisse des Rechtssuchenden (BVerfG, NJW 2011, 2039 f), sog. Rechtsschutzgleichheit. – *Abgelehnt* hat das BVerfG einen Verstoß gegen Art. 3 Abs. 1 in folgenden Fällen: Übernahme der Kosten künstlicher Befruchtung durch die gesetzliche Krankenversicherung bei verheirateten, nicht aber bei unverheirateten Paaren (E 117, 316/325 ff); Stichtagsregelungen, die am gegebenen Sachverhalt orientiert und somit sachlich vertretbar sind (E 13, 31/38; 87, 1/43 f); abgeschwächter Kündigungsschutz in Kleinbetrieben (E 97, 169/181 ff); Nichterstreckung des Zeugnisverweigerungsrechts gem. § 53 Abs. 1 StPO auf Sozialarbeiter und Tierärzte (E 33, 367/382; 38, 312/323 f); abgeschwächter Rechtsschutz gegen Vergabeentscheidungen unterhalb bestimmter Schwellenwerte (E 116, 135/159 ff).

11 E 17, 122/130.
12 Vgl zB E 52, 277/281.
13 Vgl zB E 63, 255/263 ff.
14 Vgl *Hesse*, in: FS Lerche, 1993, S. 121/128; *Huster*, JZ 1994, 541; *Sachs*, JuS 1997, 124; dagegen für ausnahmslose Willkürprüfung *Starck*, MKS, Art. 3 Rn 11, 17; für ausnahmslose Verhältnismäßigkeitsprüfung *Martini*, Art. 3 Abs. 1 GG als Prinzip absoluter Rechtsgleichheit, 1997.
15 E 113, 167/227 ff.
16 StRspr, vgl E 64, 158/168 f; 66, 84/95.

2. Die besonderen Anforderungen aus Art. 3 Abs. 2 und 3

480 Das Merkmal „Geschlecht“ in Art. 3 Abs. 3 ist inhaltsgleich mit dem Unterschied von Mann und Frau in Art. 3 Abs. 2; es erfasst nicht das Merkmal der sexuellen Orientierung[17]. „Abstammung“ bezieht sich auf die biologische Beziehung zu den Vorfahren. „Heimat“ bedeutet die emotional besetzte örtliche Herkunft eines Menschen nach Geburt oder Ansässigkeit[18] und zielte ursprünglich vor allem auf eine Gleichbehandlung deutscher Flüchtlinge und Vertriebener; es ist nicht zu verwechseln mit dem Merkmal „Staatsangehörigkeit“, das hier nicht genannt ist, den hier genannten Merkmalen aber nahe kommt und daher die erhöhten Rechtfertigungsanforderungen für Ungleichbehandlungen größerer Intensität des allgemeinen Gleichheitssatzes (Rn 472) auslöst [19]. „Herkunft“ meint den sozialen, schichtenspezifischen Aspekt der Abstammung. „Rasse“ umfasst Gruppen mit bestimmten vererblichen Eigenschaften. „Religiöse Anschauungen“ sind mit dem „Glauben“ (vgl Rn 542) identisch. Die Merkmale „Sprache“ und „politische Anschauungen“ verstehen sich hier von selbst. „Behinderung“ ist eine nicht nur vorübergehende Beeinträchtigung der körperlichen, geistigen oder seelischen Funktionen[20].

481 Art. 3 Abs. 2 und 3 setzt der Ermessens- oder Gestaltungsfreiheit feste Grenzen[21]. Früher wurden diese Grenzen von der Rechtsprechung weit gezogen; die Diskriminierungsverbote sollten nur die ausdrückliche und nur die bezweckte Benachteiligung oder Bevorzugung verbieten[22]. Inzwischen sieht das BVerfG, dass auch merkmalsneutral formulierte, nicht auf ein Merkmal zielende Regelungen im Ergebnis überwiegend Angehörige einer Merkmalsgruppe betreffen können (mittelbare Diskriminierung)[23]. Auch hier muss gefordert werden, dass der in Art. 3 Abs. 2 angesprochene Unterschied von Mann und Frau und die in Art. 3 Abs. 3 S. 1 bezeichneten Merkmale nicht als rechtfertigende Kriterien und Gründe für Ungleichbehandlungen taugen[24] und dass die Ungleichbehandlung nicht auf sie „zurückzuführen“ ist[25]. Im obigen Prüfungs- und Begründungsschema wirkt sich das so aus:

482 a) Nach dem Unterschied von Mann und Frau und nach den Merkmalen des Art. 3 Abs. 3 S. 1 zu bevorzugen oder zu benachteiligen, ist kein **Zweck**, den die öffentliche Gewalt verfolgen dürfte. Allerdings darf gem. Art. 3 Abs. 3 S. 2 der Zweck verfolgt werden, Behinderte zu bevorzugen und ihrer gesellschaftlichen Ausgrenzung durch besondere Ausgleichsleistungen und Entfaltungsmöglichkeiten entgegenzuwirken[26].

483 **Beispiele:** Der Gesetzgeber darf sich nicht zum Ziel nehmen, Frau und Mann in ihren tradierten Rollen festzuhalten oder aus ihnen hinauszudrängen; er darf nicht eine Rasse züchten, nicht bestimmte sprachliche oder regionale Minderheiten assimilieren oder erhalten wollen, nicht die

17 BVerfG, NJW 2008, 209/210.
18 E 102, 41/53.
19 BVerfG, 7.2.2012, Rn 46.
20 Vgl E 99, 341/356 f; *Neumann*, NVwZ 2003, 897.
21 StRspr, vgl etwa E 37, 217/244 f.
22 E 75, 40/70; BVerwGE 75, 86/96.
23 Ablehnend *Sachs*, Hdb. StR³ VIII, § 182 Rn 91 ff, der insoweit Art. 3 Abs. 1 für einschlägig hält.
24 Ähnlich E 85, 191/206 f; 89, 276/288 f; *Heun*, DR, Art. 3 Rn 124 f.
25 E 104, 373/393; 121, 241/254 f; 126, 29/53.
26 Vgl E 96, 288/302 f; BVerfG, NJW 2005, 737; *Straßmair*, Der besondere Gleichheitssatz aus Art. 3 Abs. 3 Satz 2 GG, 2002, S. 178 ff.

Förderung oder Unterdrückung bestimmter religiöser oder politischer Anschauungen anstreben. Dagegen darf die Schulverwaltung für behinderte Kinder und Jugendliche schulische Einrichtungen bereithalten, die auch ihnen eine sachgerechte schulische Erziehung ermöglichen; das kann durch Sonderschulüberweisung oder durch integrative Beschulung erfolgen (E 96, 288/304 f; BVerwGE 130, 1/3; *Reichenbach*, Der Anspruch behinderter Schülerinnen und Schüler auf Unterricht in der Regelschule, 2001).

Von diesen durch Art. 3 Abs. 2 und 3 verwehrten Zwecksetzungen ist zu unterscheiden, wenn der Gesetzgeber kulturelles, religiöses und politisches Leben, sprachliche oder regionale Vielfalt *insgesamt fördert*. Ausdrücklich für zulässig erklärt ist durch Art. 3 Abs. 2 S. 2 auch die Herstellung und Durchsetzung der Gleichberechtigung von Frauen und Männern[27]; manchmal wird Art. 3 Abs. 3 S. 1 als entsprechender Staatsauftrag zur Herstellung und Durchsetzung der Gleichberechtigung von Menschen verschiedener Abstammung, Rasse usw verstanden[28]. **484**

Beispiel: Gem. § 6 Abs. 6 S. 2 BWahlG findet die 5%-Klausel „auf die von Parteien nationaler Minderheiten eingereichten Listen keine Anwendung". Hierin liegt keine Bevorzugung wegen Abstammung, Sprache oder Heimat, weil der Begriff der nationalen Minderheit sich nicht auf eines dieser Merkmale reduzieren lässt. Derzeit wird nur eine parallele Vorschrift im Landeswahlrecht Schleswig-Holsteins für die Dänen praktisch (vgl auch E 5, 77/83; BVerfG, NVwZ 2005, 205/207). **485**

Für eine Antidiskriminierungsgesetzgebung zu Gunsten der Frau mit *Quotenregelungen*, die einen bestimmten Prozentsatz der Stellen mit Frauen zu besetzen verlangen und zu einer „reversed discrimination", dh zur Zurücksetzung eines geeigneteren männlichen Bewerbers hinter einer weniger geeigneten weiblichen Bewerberin führen, kann die Rechtfertigung vor Art. 3 Abs. 3 S. 1 nur darin gesucht werden, dass Art. 3 Abs. 2 S. 1 als Gruppengrundrecht[29] oder der Verfassungsauftrag aus Art. 3 Abs. 2 S. 2 als vorrangig gegenüber dem Abwehrrecht aus Art. 3 Abs. 2 S. 1[30] verstanden wird; überwiegend wird dies abgelehnt[31]. **486**

Das *BVerfG* hat sich zu Quotenregelungen bisher noch nicht geäußert, wird aber häufig dahin verstanden, als laufe seine Rspr auf eine Zulassung von sog. qualifikationsabhängigen Quotenregelungen hinaus, die bis zur Besetzung eines bestimmten Prozentsatzes der Stellen mit Frauen bei gleicher Eignung männlicher und weiblicher Bewerber die Einstellung der weiblichen verlangen[32]. Kontrollen und Sanktionen, die gewährleisten, dass Frauen nicht wegen ihres Geschlechts nicht eingestellt oder schlechter bezahlt werden, geraten mit Art. 3 Abs. 2 und 3 von vornherein nicht in Konflikt. Das BVerfG sieht den Gesetzgeber aus Art. 3 Abs. 2 S. 2 sogar verpflichtet, derartige Kontroll- und Sanktionsregelungen zu erlassen und dabei auch faktische Diskriminierungen, die sich aus ihnen ergeben, soweit wie möglich zu vermeiden[33]. **487**

27 E 92, 91/109; 109, 64/89; 113, 1/15.
28 *Frowein*, in: FS Zacher, 1998, S. 157.
29 Vgl *Sacksofsky*, S. 374 ff.
30 Vgl *König*, DÖV 1995, 837; *Pfarr*, NZA 1995, 809; *Schweizer*, S. 210 ff.
31 OVG Münster, NVwZ 1996, 494/495; *Laubinger*, VerwArch 1996, 305/473; *Rüfner*, in: FS Stern, 1997, 1011.
32 *Kokott*, NJW 1995, 1049/1051; *Langenfeld*, DVBl. 2010, 1019/1025; *Osterloh*, SA, Art. 3 Rn 287.
33 E 109, 64/89 ff; dazu *Aubel*, RdA 2004, 141.

488 b) Die **Geeignetheit** und **Erforderlichkeit** einer Ungleichbehandlung für die Erreichung eines legitimen Zwecks muss begründet werden können, ohne dass der Unterschied von Mann und Frau oder die Merkmale des Art. 3 Abs. 3 als Kriterien eine Rolle spielen. Gelingt eine solche Begründung nicht, scheitert die Ungleichbehandlung an Art. 3; gelingt sie jedoch, hat sie vor Art. 3 selbst dann Bestand, wenn sie zu einer verschiedenen rechtlichen Behandlung von einerseits Männern und andererseits Frauen, von Personen verschiedener Sprache oder Herkunft, verschiedener religiöser oder weltanschaulicher Anschauung führen. „Differenzierungen, die auf anderen Unterschiedlichkeiten der Person oder auf Unterschiedlichkeiten der Lebensumstände beruhen, bleiben von dem Differenzierungsverbot unberührt“[34].

489 **Beispiele:** Ein nordrhein-westfälisches Gesetz räumte Frauen mit eigenem Hausstand Anspruch auf einen bezahlten arbeitsfreien Wochentag (Hausarbeitstag) ein. E 52, 369 erklärte es für unvereinbar mit Art. 3 Abs. 2, Männern in der gleichen Lage den gleichen Anspruch vorzuenthalten. Die Regelung beruhe „allein auf der herkömmlichen Vorstellung, dass es der Frau zufällt, den Haushalt ... zu besorgen“ (376). Eine andere Begründung, die nicht auf den Unterschied von Mann und Frau in ihren tradierten Rollen abstellt, ist nicht ersichtlich. Das gleiche gilt für die Regelung, dass Arbeiterinnen anders als Arbeiter nachts nicht arbeiten dürfen (E 85, 191/207 ff), dass nur Mädchen Pflichtunterricht im Fach Handarbeiten haben (VGH München, NJW 1988, 1405), dass nur Männer der Feuerwehrdienstpflicht unterfallen (E 92, 91/109) und dass Frauen beim Einkauf von Kosmetika im Strafvollzug privilegiert werden (BVerfG, EuGRZ 2008, 763/765).

490 Das BVerfG rechtfertigt unterschiedliche Regelungen für Männer und Frauen auch mit *„objektiven biologischen Unterschieden“*, dh damit, dass sie Probleme lösen, „die ihrer Natur nach nur entweder bei Männern oder Frauen auftreten“[35]. Dies hat für die unterschiedliche rechtliche Behandlung von Eltern Bedeutung und erlaubt die Privilegierung der Mutter gegenüber dem Vater insoweit, als sie den Belastungen der Schwangerschaft, der Geburt und des Stillens Rechnung trägt. Überzeugender als auf die objektiven biologischen Unterschiede ist auf Art. 6 Abs. 4 und dessen Verpflichtung zum Schutz der Mutter abzustellen. Aus Art. 3 Abs. 2 folgt dann die Verpflichtung zur Gleichstellung des Vaters, soweit er die Funktion der Mutter übernimmt[36].

491 Art. 3 Abs. 2 spricht nur vom Unterschied zwischen Männern und Frauen und Art. 3 Abs. 3 nur von bestimmten Merkmalen. Vom Verhalten, das aus dem Unterschied bzw aus den Merkmalen folgt, ist nicht die Rede. Die Zulässigkeit solchen *Verhaltens* beurteilt sich auch nicht nach Art. 3, sondern nach den anderen Grundrechten, in deren Schutzbereiche das Verhalten fällt. Ist allerdings ein Verhalten nach Maßgabe der anderen Grundrechte zulässig und die gewissermaßen natürliche Folge der in Art. 3 Abs. 2 und 3 genannten Gegebenheiten, dann darf es ebenso wenig wie diese Gegebenheiten selbst zur Begründung einer Ungleichbehandlung herangezogen werden. Eine Ungleichbehandlung darf dann mit dem Sprechen ebenso wenig begründet werden wie mit der Sprache, mit dem schichtenspezifischen Verhalten ebenso wenig wie mit der Herkunft, mit dem Äußern und Betätigen einer politischen Anschauung ebenso wenig wie mit deren Haben.

---

34 E 3, 225/241; 57, 335/342 f; vgl auch E 128, 138/156 f.
35 E 85, 191/207.
36 *Sacksofsky*, UC, Art. 3 II, III 1 Rn 299; vgl auch E 114, 357/367 ff.

Beispiel: Der gleiche Zugang zum öffentlichen Dienst kann einem Bewerber nicht allein mit der Begründung verwehrt werden, er habe nicht nur eine verfassungsfeindliche politische Anschauung, sondern er äußere und betätige sie auch. Entscheidend ist, ob das Äußern und Betätigen der als verfassungsfeindlich bezeichneten Anschauung von Art. 5, 8, 9 und 2 Abs. 1, besonders aber von Art. 5 gedeckt und durch ein Gesetz, besonders durch ein allgemeines Gesetz nach Art. 5 Abs. 2, zulässigerweise beschränkt ist. Ist es nach Maßgabe der genannten Freiheitsrechte frei, dann darf es auch nicht zum Grund für eine Ungleichbehandlung genommen werden. Beim BVerfG klingt dies anders: Es „geht … nicht an, das Verbot in Art. 3 Abs. 3 GG nicht nur auf das bloße ‚Haben' einer politischen Überzeugung, sondern auch auf das Äußern und Betätigen dieser politischen Anschauung zu beziehen" (E 39, 334/368). Aber das BVerfG will damit nur deutlich machen, dass das Verbot von Art. 3 Abs. 3 dem Gesetzgeber, der das Äußern und Betätigen politischer Anschauungen nach Maßgabe der Freiheitsrechte zulässigerweise beschränkt, nicht „im Wege steht" (vgl zum gleichen Zugang zum öffentlichen Dienst Rn 509 ff). 492

c) Schließlich ist zu beachten, dass von den Anforderungen der Abs. 2 und 3 durch spezielle Verfassungsnormen **Ausnahmen** zugelassen werden. So hatte Art. 117 Abs. 1 das dem Art. 3 Abs. 2 entgegenstehende Recht (vor allem Regelungen des BGB, wie das Letztentscheidungsrecht des Vaters über die Kindererziehung bei fehlender Einigung der Eltern, der Name des Mannes als Ehe- und Familienname) für eine Übergangszeit, „jedoch nicht länger als bis zum 31. März 1953", in Kraft gelassen. Heute noch aktuell ist Art. 12a Abs. 4 S. 2, wonach nur Männer zum Dienst mit der Waffe verpflichtet werden können[37]. 493

3. Die besonderen Anforderungen aus Art. 6

Art. 6 Abs. 1 gebietet nicht die Besserstellung, verbietet aber die Schlechterstellung von Verheirateten gegenüber Ledigen[38], Eltern gegenüber Kinderlosen[39] und Ehe und Familie gegenüber anderen Lebens- und Erziehungsgemeinschaften[40]; er erlaubt eine entsprechende Besserstellung[41]. Das BVerfG hat diesem besonderen Gleichheitssatz zumal für das Steuerrecht Bedeutung gegeben und Grenzen für die steuerliche Belastung von Ehen und Familien entnommen. – Ebenso steckt im Anspruch der Mutter auf Schutz und Fürsorge der Gemeinschaft aus *Art. 6 Abs. 4* ein Verbot der Schlechterstellung von Müttern gegenüber Nicht-Müttern[42]. 494

Auch *Art. 6 Abs. 5* enthält nicht nur einen Auftrag an den Gesetzgeber, sondern einen besonderen Gleichheitssatz. Seit das BVerfG die unmittelbare Anwendbarkeit dieses Grundrechts anerkannt hat[43], gilt für die Geburt als Kind miteinander verheirateter oder nicht miteinander verheirateter Eltern dasselbe wie für die Eigenschaft, Mann oder Frau zu sein (Art. 3 Abs. 2), und die Merkmale des Art. 3 Abs. 3: Sie taugt nicht 495

37 BVerfG, DVBl. 2002, 772.
38 E 76, 126/128 f; 87, 234/259.
39 E 87, 1/37; 103, 242/263 ff; 112, 268/279.
40 E 67, 186/196; 99, 216/232; 107, 205/215; krit. *Kingreen*, Jura 1997, 401/406 f.
41 E 105, 313/348 ff; 117, 316/325 ff.
42 E 44, 211/215; vgl *Aubel*, Der verfassungsrechtliche Mutterschutz, 2003; *Seiler*, BK, Art. 6 Abs. 4 Rn 45 ff.
43 E 25, 167/178 ff.

als rechtfertigender Grund für Ungleichbehandlungen[44]. Inzwischen hat der Gesetzgeber die Unterschiede in der Rechtsstellung zwischen Kindern miteinander verheirateter und nicht miteinander verheirateter Eltern endgültig beseitigt; dazu gehörte auch, dass, wie vom BVerfG verlangt[45], die der Betreuung eines Kindes dienenden Unterhaltsansprüche verheirateter und nichtverheirateter Elternteile sich nicht mehr unterscheiden.

4. Die besonderen Anforderungen bei den politischen Rechten

496 a) Art. 38 Abs. 1 S. 1 schreibt für die Wahl der Abgeordneten zum Deutschen Bundestag ua die **Allgemeinheit und die Gleichheit der Wahl** vor (zu den anderen Geboten des Art. 38 Abs. 1 S. 1 und zu dessen Anwendungsbereich vgl Rn 1135 ff).

497 Allgemeinheit bedeutet gleiche *Fähigkeit* aller Deutschen (vgl Rn 122), zu wählen und gewählt zu werden. Allgemeinheit der Wahl ist also ein Sonderfall der Gleichheit der Wahl. Diese bedeutet darüber hinaus für das aktive Wahlrecht gleichen *Zählwert* („one man, one vote") und gleichen *Erfolgswert* (jede Stimme muss bei der Umsetzung der Stimmen in die Zuteilung von Parlamentssitzen gleiche Berücksichtigung finden), für das passive Wahlrecht *Chancengleichheit* aller Wahlbewerber. Für die Wahlberechtigten wie für die Wahlbewerber bedeutet Wahlgleichheit überdies den Anspruch auf ein Wahlprüfungsverfahren[46].

498 Das BVerfG hat den wahlrechtlichen Gleichheitssatz des Art. 38 Abs. 1 S. 1 lange als „Anwendungsfall des allgemeinen Gleichheitssatzes" verstanden; inzwischen sieht es in ihm eine „spezialgesetzlich normierte Ausprägung der vom Grundgesetz in Art. 3 Abs. 1 allgemein gewährleisteten Gleichheit der Bürger", angesichts deren ein Rückgriff auf Art. 3 Abs. 1 weder notwendig noch auch nur möglich ist[47]. Folge davon ist, dass gegen Verletzungen des wahlrechtlichen Gleichheitssatzes in Art. 28 Abs. 1 S. 2 und seinen landesgesetzlichen speziellen Ausprägungen das BVerfG nicht mehr unter Berufung auf Art. 3 Abs. 1 angerufen werden kann. Unverändert verlangt der wahlrechtliche Gleichheitssatz eine *rechnerisch formale Gleichbehandlung* und lässt dem Gesetzgeber „nur einen eng bemessenen Spielraum für Differenzierungen … Diese bedürfen hier stets zu ihrer Rechtfertigung eines zwingenden Grundes"[48].

499 Der eng bemessene Spielraum des Gesetzgebers und natürlich ebenso der Verwaltung bedeutet wieder eine *Verschärfung der Rechtfertigungs- bzw Begründungslast*. Diese Verschärfung wirkt im obigen Prüfungs- und Begründungsschema als

- Beschränkung auf wenige zu verfolgende Zwecke und
- strenger Maßstab der Geeignetheit und Erforderlichkeit.

500 **Beispiele:** Die *Allgemeinheit* wird durchbrochen durch das Erfordernis der Sesshaftigkeit im Wahlgebiet (§ 12 Abs. 1 Nr 2 BWahlG). Diese Durchbrechung ist in § 12 Abs. 2 BWahlG jedoch wieder relativiert; auch Auslandsdeutsche können weitgehend wählen. Von ihnen eine,

44 Vgl E 74, 33/38 ff; 85, 80/87 f; BVerfG, 12.10.2010, Rn 41 f.
45 E 118, 45/62 ff.
46 E 85, 148/158 f.
47 E 99, 1/10.
48 E 82, 322/338; 95, 408/418 f; BVerfG, 9.11.2011, Rn 87.

durch gelegentliche Aufenthalte in der Bundesrepublik gewährleistete, gewisse Vertrautheit mit den politischen Problemen der Bundesrepublik zu verlangen, ist legitim. – Die *Gleichheit* der Wahl wird durch die 5%-Sperrklausel (zB § 6 Abs. 6 BWahlG) durchbrochen. Die Stimmen, die für die danach nicht berücksichtigten Parteien abgegeben wurden, haben nicht den gleichen Erfolgswert wie die übrigen Stimmen. Diese Ungleichbehandlung wird damit gerechtfertigt, dass sie unter den Bedingungen der Verhältniswahl, die das Aufkommen kleiner Parteien begünstige, zur Sicherung der Funktionsfähigkeit des Parlaments unbedingt erforderlich sei (vgl E 51, 222/235 ff; 95, 408/419 f; krit. *Meyer*, Hdb. StR³ III, § 46 Rn 36 ff; für Kommunalwahlen diff. E 120, 82/110 ff; vgl *Krajewski*, DÖV 2008, 345; für die Wahl zum Europäischen Parlament abl. BVerfG, 9.11.2011, Rn 95 ff; *Morlok*, JZ 2012, 76; krit. *Schönberger*, JZ 2012, 80). – Die ungleiche Gewichtung des Erfolgswerts der abgegebenen Stimmen, die mit einem Mehrheitswahlsystem verbunden wäre, scheint dem BVerfG dagegen überhaupt nicht rechtfertigungsbedürftig zu sein; es sieht gem. Art. 38 dem Gesetzgeber die Entscheidung zwischen Mehrheits- und Verhältniswahlsystem freigestellt (E 95, 335/349 f; krit. *Morlok,* DR, Art. 38 Rn 101) und akzeptiert dabei sowohl die Überhangmandatsregelung (E 95, 335/357 ff; krit. *Meyer*, Hdb. StR³ III, § 46 Rn 45 ff) als auch die Grundmandatsklausel (E 95, 408/420 ff; krit. *Roth*, UC, Art. 38 Rn 72, 98 ff), nicht aber den Effekt eines negativen Stimmgewichts, durch den die Zweitstimme eines Wählers sich bei der Stimmverteilung zu Lasten der gewählten Partei auswirkt (E 121, 266/294 ff).

Von den besonderen Anforderungen werden wieder durch spezielle Verfassungsnormen *Ausnahmen* zugelassen. So sieht Art. 38 Abs. 2 eine Durchbrechung der Allgemeinheit der Wahl vor, indem er das Wahlrecht erst mit der Vollendung des 18. Lebensjahres beginnen lässt. Weitere Ausnahmen normiert Art. 137 Abs. 1 für öffentliche Bedienstete[49]. **501**

b) Das BVerfG hat die besonderen Anforderungen an die verfassungsrechtliche Rechtfertigung vom Wahlrecht als dem Recht der politischen Willensbildung auch auf das „Vorfeld der **politischen Meinungsbildung**" erstreckt und allgemein vom „Grundsatz der formalen Gleichheit, der die Ausübung politischer Rechte in der freien Demokratie beherrscht", gesprochen[50]. Das Gebot rechnerisch formaler Gleichbehandlung kann bei der Wahlvorbereitung und bei der politischen Meinungsbildung aber nur dann gelten, wenn Chancen, Sendezeiten, Plakatflächen und Steuervorteile auch rechnerisch zugeteilt werden. Selbst dann muss es jedoch Modifikationen erfahren: Art. 38 Abs. 1 S. 1 spricht jeder Stimme das gleiche Gewicht beim staatsorganschaftlichen Akt der Wahl zu; die Vorbereitung der Wahl und die Bildung des politischen Willens finden dagegen in der Gesellschaft statt, und hier lassen die Freiheitsrechte zu, dass die Bürger, Gruppen und Parteien sich verschieden stark Gehör und Geltung verschaffen können. Der Staat brächte diese Freiheit um ihren Ertrag und die Freiheitsrechte um ihre Bedeutung, wenn er formale Gleichbehandlung im Sinn nivellierenden Eingreifens praktizieren würde. **502**

Das BVerfG hat dies in seiner umfangreichen Rechtsprechung zur *Chancengleichheit der Parteien*, die es weiterhin primär in Art. 3 Abs. 1 wurzeln sieht[51], durchweg berücksichtigt. Zwar verlangt es für Ungleichbehandlungen besondere, „zwingende" **503**

49 Vgl E 98, 145/160 ff.
50 E 8, 51/68 f; 69, 92/107; 82, 322/337 ff; 120, 82/104.
51 Vgl E 99, 69/79; 121, 108/121.

Gründe[52]. Gleichwohl fordert es insoweit keine formale, schematische Gleichheit; es gibt sich mit einer „abgestuften", einer „proportionalen" Gleichheit zufrieden.

504 **Beispiele:** § 5 Abs. 1 PartG bestimmt, dass ua bei der Zuteilung von Sendezeiten für die Wahlwerbung durch die öffentlich-rechtlichen Rundfunkanstalten alle Parteien gleichbehandelt werden „sollen". Die Zuteilung kann aber „nach der Bedeutung der Parteien … abgestuft werden. Die Bedeutung der Parteien bemisst sich insbesondere auch nach den Ergebnissen vorausgegangener Wahlen zu Volksvertretungen." Diese Vorschrift entspricht im Ergebnis der Rechtsprechung des BVerfG (E 14, 121/134 ff; aA *Lipphardt*, Die Gleichheit der politischen Parteien vor der öffentlichen Gewalt, 1975): Eine formale Gleichbehandlung würde die Parteien um die Bedeutung bringen, die sie selbst in der Gesellschaft erkämpft haben.

505 Die normative Verankerung der Chancengleichheit der politischen Parteien in Art. 3 Abs. 1 durch die Rechtsprechung des BVerfG hat noch einen *prozessualen* Grund: Verstöße der öffentlichen Gewalt gegen Art. 21, der selbst kein Grundrecht oder grundrechtsgleiches Recht ist, können auf diese Weise von den Parteien im Verfahren der Verfassungsbeschwerde vor das BVerfG gebracht werden. Gerät eine Partei dagegen bei der Mitwirkung an der staatlichen Willensbildung in ihrer besonderen, anderen gesellschaftlichen Gruppen und Verbände nicht zukommenden Rolle mit Verfassungsorganen in Konflikt, dann sieht das BVerfG sie nicht als jedermann iSd Art. 93 Abs. 1 Nr 4a, sondern als Quasi-Verfassungsorgan an und erkennt ihnen die Beteiligtenfähigkeit im Organstreitverfahren (Art. 93 Abs. 1 Nr 1) zu[53].

5. Die besonderen Anforderungen bei den staatsbürgerlichen Rechten und Pflichten

506 a) **Art. 33 Abs. 1** ist gegenüber Art. 3 in doppelter Weise speziell: Er verbürgt nicht die Gleichheit allgemein, sondern die gleichen *staatsbürgerlichen* Rechte und Pflichten, und er verbürgt sie nicht allen Menschen, sondern den *Deutschen*. Dabei bestimmt sich der Begriff des Deutschen nach Art. 116, versteht sich der Begriff der staatsbürgerlichen Rechte und Pflichten in weitem Sinn und umfasst „das gesamte Rechtsverhältnis des Staatsbürgers zum Staat", vom Wahlrecht bis zur Steuer- und Dienstleistungspflicht[54]. Bezüglich der Dienstleistungspflicht ist Art. 12 Abs. 2 (vgl Rn 937 ff) speziell. Als Ausnahme zu Art. 33 Abs. 1 ist der wiederum speziellere Art. 36 zu beachten.

507 Art. 33 Abs. 1 verdrängt Art. 3 Abs. 2 und 3 nicht, sondern ergänzt ihn. Die *Ergänzung* liegt darin, dass neben die Begründungs- und Rechtfertigungsverbote von Art. 3 Abs. 2 und 3 ein weiteres Begründungs- und Rechtfertigungsverbot tritt: Dass ein Deutscher Landeskind des einen Bundeslandes ist, kann kein Grund für ein anderes Bundesland sein, ihn anders als seine Landeskinder zu behandeln; dass er von außerhalb der Bundesrepublik Deutschland kommt, kann kein Grund sein, ihn anders zu behandeln, als den, der aus der Bundesrepublik Deutschland stammt. Wieder ist damit aber nicht ausgeschlossen, dass eine Regelung die verschiedenen Deutschen in verschiedener Weise trifft (vgl Rn 488).

52 E 82, 322/338; 111, 382/398; 121, 108/122.
53 E 84, 290/298; 85, 264/284; *Maurer*, JuS 1992, 296.
54 *Badura*, MD, Art. 33 Rn 6, 9.

Beispiel: Sesshaftigkeit im Land als Voraussetzung für das Wahlrecht zum Landtag (vgl zB § 1 Nr 3 nwWahlG) führt dazu, dass der, der kurz vor der Wahl innerhalb des Landes umgezogen ist, wählen darf, während der, der kurz vor der Wahl von außerhalb des Landes zugezogen ist, nicht wählen darf. Obwohl die Versagung des Wahlrechts zumeist die Landeskinder verschonen und die treffen wird, die nicht Landeskinder sind, ist sie zulässig (aA *Sachs*, AöR 1983, 68/89). Die Begründung, dass erst Sesshaftigkeit die nötige Nähe zu den politischen Problemen eines Landes vermittelt und die sinnvolle Ausübung der politischen Rechte erlaubt (vgl Rn 500), stellt nicht auf die Landeskindereigenschaft ab. Zur Vergleichsgruppe, die kurz vor der Wahl von außerhalb des Landes zugezogen sind, gehören denn auch Landeskinder, die das Land zuvor verlassen haben. 508

b) **Art. 33 Abs. 2** enthält nochmals und zusätzlich Begründungs- und Rechtfertigungsverbote. Bei der Übertragung eines *öffentlichen Amts* darf nicht nur weder auf die Gegebenheiten von Art. 3 Abs. 2 und 3 noch darauf abgestellt werden, ob der Bewerber Landeskind ist oder aus der Bundesrepublik Deutschland – im Unterschied zu Deutschen von außerhalb der Bundesrepublik Deutschland – stammt. Bei der Übertragung darf nichts anderes als allein Eignung, Befähigung und fachliche Leistung des Bewerbers zählen (sog. Grundsatz der Bestenauslese). Dabei stehen diese Begründungs- und Rechtfertigungsverbote nicht neben-, sondern greifen ineinander: Eignung, Befähigung und fachliche Leistung dürfen ihrerseits nicht mit Gesichtspunkten begründet werden, die nach Art. 3 Abs. 2 und 3 und nach Art. 33 Abs. 1 verpönt[55] oder mit dem grundrechtlichen Freiheitsschutz unvereinbar sind[56]. Beim Begriff der fachlichen Leistung, der sich auf Fachwissen, Fachkönnen und fachliche Bewährung bezieht, und beim Begriff der Befähigung, der Begabung, Allgemeinwissen und Lebenserfahrung meint, liegt dies auch nicht nahe; wohl aber bei dem der Eignung, der die ganze Person mit ihren körperlichen, seelischen und charakterlichen Eigenschaften erfasst[57]. 509

Beispiel: Das BVerfG und die hM rechnen zur Eignung auch die Verfassungstreue, die dann fehlen soll, wenn jemand einer verfassungsfeindlichen Partei angehört (E 39, 334/348 ff; BVerfG, NVwZ 2002, 848). Dabei meint Verfassungsfeindlichkeit etwas anderes als Verfassungswidrigkeit: Über diese kann nach Art. 21 Abs. 2 S. 2 nur das BVerfG entscheiden, über jene soll der Dienstherr bzw das die Entscheidung des Dienstherrn kontrollierende Gericht befinden können. Mit Art. 3 Abs. 3, der nach politischen Anschauungen zu diskriminieren verbietet, ist dieses Verständnis von Eignung bzw Verfassungstreue unverträglich: Von Grundgesetz wegen genießt, solange das BVerfG nicht gem. Art. 21 Abs. 2 S. 2 entschieden hat, die politische Position jeder Partei dieselbe Freiheit; erst wenn das BVerfG entschieden hat, können an die politische Position einer Partei bzw an die entsprechende politische Anschauung eines Bürgers negative Rechtsfolgen geknüpft werden. Das BVerfG und die hM versuchen, dieser Konsequenz unter Berufung auf Art. 33 Abs. 4 und 5 und auf die dogmatische Figur der streitbaren oder wehrhaften Demokratie zu entgehen: Seit jeher verlange das Beamtenverhältnis als Treueverhältnis eine besondere Identifikation des Beamten mit dem Staat und der Verfassung; dies gelte zumal in der streitbaren oder wehrhaften Demokratie des Grundgesetzes. Aber das Verständnis des Beamtenverhältnisses als Treueverhältnis schwankt in der Geschichte, und die Streitbarkeit der Demokratie ist in Art. 21 Abs. 2 S. 2 durch das Entscheidungsmonopol des BVerfG gerade begrenzt (vgl näher *Pieroth/Schlink*, JuS 1984, 345; *Schlink*, Staat 1976, 335 510

55 *Masing*, DR, Art. 33 Rn 46.
56 E 108, 282/296, 307.
57 E 92, 140/151; BVerfG, NVwZ 2009, 389.

mwN). – Die spätere Rspr des BVerfG zu den Sonderkündigungen für Angehörige des Öffentlichen Diensts der ehemaligen DDR spricht nicht mehr von Verfassungstreue, sondern zurückhaltender von der „Fähigkeit und inneren Bereitschaft, die dienstlichen Aufgaben nach den Grundsätzen der Verfassung wahrzunehmen, insbesondere die Freiheitsrechte der Bürger zu wahren und rechtsstaatliche Regeln einzuhalten" (E 96, 152/163; vgl dazu *Will*, NJ 1997, 513).

511 Wieder gilt, dass die Begründungs- und Rechtfertigungsverbote nicht dadurch verletzt werden, dass der Mann statt der Frau, der Inlandsdeutsche statt des Auslandsdeutschen, der Protestant statt des Katholiken das Amt bekommt. Entscheidend ist, dass eben hierin nicht die Begründung liegt. Das BVerfG meint, es sollte „auf der Hand liegen", dass zB die Leitungsfunktion einer Mädchenschule von einer Frau versehen wird[58]. Aber auf der Hand liegt es nicht. Nicht weil die Schule eine Mädchenschule und die Bewerberin eine Frau ist, darf ihr das Amt gegeben werden, sondern nur wenn die Leitungsaufgaben gerade von ihr pädagogisch und disziplinarisch besonders gut erfüllt werden können. Erfüllt ein Mann sie besser, verdient er den Vorzug[59].

512 Nach hM verlangt seit jeher das Sozialstaatsprinzip und heute Art. 3 Abs. 3 S. 2 für Behinderte *Ausnahmen*[60]. Das erscheint fraglich: Dem Sozialstaatsprinzip bzw Art. 3 Abs. 3 S. 2 und Art. 33 Abs. 2 kann entsprochen werden, wenn Behinderte so gefördert werden, dass sie für bestimmte Funktionen nach Eignung, Befähigung und fachlicher Leistung ebenso gut wie ihre nicht behinderten Mitbewerber qualifiziert sind[61]. Dass politische Beamte jederzeit in den einstweiligen Ruhestand versetzt werden können, rechtfertigt sich hingegen dadurch, dass im parlamentarischen Regierungssystem die politischen Anschauungen von Spitzenbeamten Teil ihrer Eignung sind[62].

513 c) **Art. 33 Abs. 3** *wiederholt* schon erörterte Begründungs- und Rechtfertigungsverbote und wird seinerseits teilweise nochmals in Art. 140 iVm 136 Abs. 2 WRV wiederholt. In Art. 33 wurde er aus historischen und systematischen Gründen aufgenommen: Die Irrelevanz der historisch besonders konfliktträchtigen Religions- und Konfessionsunterschiede sollte im systematischen Zusammenhang der staatsbürgerlichen Rechte- und Pflichtenstellung nochmals deutlich herausgestellt werden, das Verbot konfessioneller Patronage und konfessionellen Proporzes im öffentlichen Dienst sollte besonders betont werden. Art. 33 Abs. 3 ist neben den anderen Begründungs- und Rechtfertigungsverboten zwar eigentlich überflüssig, aber er ist doch *spezieller* als sie. Einschlägige Fälle und Probleme sind daher in erster Linie an ihm zu überprüfen[63].

514 **Beispiele:** Auf Grund eines Vertrags zwischen dem Heiligen Stuhl und dem Freistaat Bayern unterhält dieser an mehreren Universitäten sog. Konkordatslehrstühle für Philosophie, Soziologie und Pädagogik, „gegen deren Inhaber hinsichtlich ihres katholisch-kirchlichen Standpunktes keine Erinnerung zu erheben ist". Dabei hat der zuständige Diözesanbischof eine Zustimmungsbefugnis. Für den Bewerber um ein solches öffentliche Amt, dem die Zulassung wegen

58 E 39, 334/368.
59 So auch *Höfling*, BK, Art. 33 Abs. 1–3 Rn 328.
60 Vgl *Jarass*, JP, Art. 33 Rn 17; *Masing*, DR, Art. 33 Rn 54.
61 Vgl *Schmidt-Aßmann*, NJW 1980, 16.
62 Vgl BVerfG, NVwZ 1994, 477; *Bracher*, DVBl. 2001, 19.
63 *Jachmann*, MKS, Art. 33 Rn 24.

einer Erinnerung hinsichtlich seines katholisch-kirchlichen Standpunkts verweigert wird, ist Art. 33 Abs. 3 lex specialis zu Art. 3 Abs. 3 und zu Art. 33 Abs. 2. Hier liegt eine Ungleichbehandlung wegen des religiösen Bekenntnisses vor; eine verfassungsrechtliche Rechtfertigung ist nicht ersichtlich (*F. Müller*, DuR 1976, 175; *Korioth*, MD, Art. 140 Art. 136 WRV Rn 70; aA *v. Campenhausen/Unruh*, MKS, Art. 140 iVm Art. 136 WRV Rn 25 ff; *Höfling*, BK, Art. 33 Abs. 1–3 Rn 416 f). – Bei der Einstellung eines Lehrers für eine Gemeinschaftsschule darf die Konfessionszugehörigkeit der Schüler nicht zu einer Berücksichtigung der Konfessionszugehörigkeit des Bewerbers führen (BVerwGE 81, 22/24 f).

IV. Wirkungen eines Gleichheitsverstoßes

1. Gleichheitsverstoß durch Gesetze, Rechtsverordnungen und Satzungen

a) Allgemeines

Eine verfassungswidrige Ungleichbehandlung hat *andere Folgen* als ein verfassungswidriger Eingriff in ein Freiheitsrecht. Der Eingriff in das Freiheitsrecht muss einfach abgestellt werden; der Bürger muss wieder in den Genuss der Freiheit kommen, in dem er ohne den Eingriff war. Die Ungleichbehandlung zweier Gruppen kann dagegen verschieden behoben werden: Die eine Gruppe kann ebenso wie die andere, die andere kann ebenso wie die eine, und beide können auf neue dritte Weise behandelt werden. **515**

Diese verschiedenen Möglichkeiten, eine Ungleichbehandlung zu beheben, gibt es sowohl dann, wenn ein Bürger sich gegen eine *Belastung* wendet, die ihn gegenüber anderen ungleich trifft, als auch dann, wenn er eine *Begünstigung* erstrebt, die ihm gegenüber anderen ungleich vorenthalten wird. Gleichwohl kann es einen Unterschied machen, ob ein Bürger sich gegen eine Belastung wendet oder eine Begünstigung erstrebt. Dieser Unterschied beruht auf dem Zusammenspiel zwischen Gesetzgebung und Rechtsprechung. **516**

- Wendet sich ein Bürger gegen eine *Belastung*, die unter Verstoß gegen das Gleichheitsgebot für ihn bzw seine Gruppe in einem Rechtssatz niedergelegt ist, dann kann die Rechtsprechung den Rechtssatz aufheben und dadurch die Belastung beseitigen. **517**
- Erstrebt ein Bürger eine *Begünstigung*, die unter Verstoß gegen das Gleichheitsgebot für eine andere Gruppe in einem Rechtssatz niedergelegt ist, dann kann die Rechtsprechung ihm durch Aufhebung des Rechtssatzes die Begünstigung nicht verschaffen. Wird der Rechtssatz aufgehoben, dann bekommt zwar die andere Gruppe, dann bekommt aber auch der Bürger die Begünstigung nicht. Lediglich dann, wenn ausnahmsweise ein Rechtssatz die Begünstigung allen Bürgern zuspricht und ein weiterer Rechtssatz eine Gruppe von Bürgern von der Begünstigung ausschließt, kann durch Aufhebung dieses weiteren Rechtssatzes der Gruppe von Bürgern die Begünstigung verschafft werden[64]. **518**

64 E 22, 349/360.

519 Die Rechtsprechung kann im gewaltenteiligen Gefüge des Grundgesetzes gegenüber der Gesetzgebung grundsätzlich zwar *kassatorisch*, nicht aber gestaltend tätig werden. Und selbst da, wo sie kassatorisch tätig werden kann – regelmäßig bei belastenden, ausnahmsweise bei Begünstigungsausschlussregelungen –, lässt sich die Rechtsprechung des BVerfG von *Zurückhaltung* leiten. Denn die Kassation enthält immerhin ein gestalterisches Moment: Sie realisiert eine Möglichkeit zur Behebung der Ungleichbehandlung, obwohl auch andere Möglichkeiten bestehen. Das BVerfG gibt seine Zurückhaltung auf, wenn es selbst eine Übergangsregelung bis zum Inkrafttreten einer gesetzlichen Neuregelung trifft, zu der sich das Gericht veranlasst sieht, wenn ohne sie eine unerträgliche Rechtsunsicherheit einträte[65].

b) Ungleich vorenthaltene Begünstigung

520 Nur mit besonderer Zurückhaltung ist das BVerfG bereit, eine *Begünstigung*, die ein Rechtssatz der einen Gruppe vorbehält, auf die andere Gruppe *auszudehnen*. Die besondere Zurückhaltung entspricht dem besonderen gestalterischen Moment, das einer solchen Ausdehnung innewohnt: Das BVerfG, das die Begünstigung ausdehnt, füllt eine „Gesetzeslücke“[66] und gestaltet da, wo der Gesetzgeber zu gestalten gerade unterlassen hat. Eine solche Gesetzeslücke zu schließen, sieht sich das BVerfG nur unter *zwei Voraussetzungen* berechtigt:

521 – Wenn ein *Verfassungsauftrag* oder sonst eine Verfassungsbestimmung eine bestimmte begünstigende Behandlung des Bürgers verlangt und der Gesetzgeber diese Behandlung einer Gruppe von Bürgern gleichheitswidrig vorenthalten hat, darf die Begünstigung auf diese Gruppe von Bürgern ausgedehnt werden[67]. Das folgt allerdings schon unmittelbar aus dem Verfassungsauftrag oder der sonstigen Verfassungsbestimmung.

522 – Hat der Gesetzgeber, wie im Beamten- und Sozialrecht, ein komplexes *Regelungssystem* geschaffen und will er daran erkennbar festhalten und bleibt das Regelungssystem nur dann *konsequent und stimmig*, wenn eine Begünstigung auf eine übersehene Gruppe ausgedehnt wird, dann darf diese Ausdehnung auch durch das BVerfG erfolgen[68].

523 Sind diese Voraussetzungen für eine Ausdehnung der Begünstigung nicht gegeben, dann stellt das BVerfG lediglich die *Verfassungswidrigkeit* des Ausschlusses von der Begünstigung fest, ohne die Norm für nichtig zu erklären[69]. Es fordert zugleich den Gesetzgeber explizit oder implizit auf, eine verfassungsgemäße Rechtslage herzustellen. Teilweise setzt es dem Gesetzgeber darüber hinaus eine Frist, innerhalb derer die verfassungswidrige Rechtslage bereinigt werden muss[70].

65 Vgl E 84, 9/20 f.
66 E 22, 349/360.
67 E 22, 349/361; *Dürig*, MD, Art. 3 Abs. I Rn 374.
68 E 103, 225/238 ff; vgl auch BVerwGE 101, 113/118 f.
69 Vgl näher zu dieser Entscheidungsvariante *Schlaich/Korioth*, BVerfG, Rn 394 ff.
70 Vgl E 82, 126/155.

Beispiel: Zum nordrhein-westfälischen Gesetz über den Hausarbeitstag (vgl Rn 489) tenorierte das BVerfG, dieses sei „mit Art. 3 Abs. 2 des Grundgesetzes unvereinbar, soweit der Hausarbeitstag weiblichen, aber nicht männlichen allein stehenden Arbeitnehmern mit eigenem Hausstand gewährt wird" (E 52, 369/370). Das auf der verfassungswidrigen Vorschrift beruhende Urteil eines Arbeitsgerichts wird vom BVerfG unter Zurückverweisung aufgehoben: „Wenn (das Arbeitsgericht) sein Verfahren aussetzt, wird dem Beschwerdeführer die Chance offen gehalten, an einer etwaigen Erweiterung des Rechts auf den Hausarbeitstag durch den Gesetzgeber teilzunehmen" (ebd.). 524

Dieselbe Zurückhaltung, die das BVerfG bei der Ausdehnung einer Begünstigung übt, hält es auch bei der Kassation eines *Ausschlusses von einer Begünstigung* für angezeigt. Denn derselbe Wille des Gesetzgebers habe im einen und im anderen Fall lediglich einen unterschiedlichen gesetzestechnischen Ausdruck gefunden; in beiden Fällen liege eigentlich dieselbe Gesetzeslücke vor[71]. 525

c) Ungleich auferlegte Belastung

Auch einen ungleich belastenden Rechtssatz hält das BVerfG seit Beginn seiner Rechtsprechung nur dann für nichtig, wenn „keinem Zweifel unterliegt, dass der Gesetzgeber die sonstige gesetzliche Regelung auch ohne den verfassungswidrigen Teil aufrechterhalten hätte"[72]. Daneben ist auch hier, obwohl vom BVerfG nicht benannt, die erste der beiden Voraussetzungen für die Ausdehnung einer Begünstigung einschlägig: Eine ungleiche Behandlung darf als nichtig kassiert werden, wenn eine Verfassungsbestimmung eben diese Belastung verbietet. 526

Wenn diese Voraussetzungen für die Kassation *nicht* vorliegen, ist auch die Feststellung der Verfassungswidrigkeit ausgeschlossen, da dies im Ergebnis einer Kassation gleichkäme: So oder so dürfte die Belastung dem Bürger nicht mehr auferlegt werden. Bei der ungleichen Begünstigung ist das anders: Würde sie als nichtig kassiert, dann dürfte kein Bürger mehr in ihren Genuss kommen; wird lediglich ihre Verfassungswidrigkeit festgestellt, soweit sie eine Gruppe von der Begünstigung ausschließt, kann der anderen die Begünstigung weitergewährt werden, denn das Ergebnis, dass auch der anderen Gruppe die Begünstigung nicht mehr gewährt wird, könnte ohne weiteres durch Ausspruch der Nichtigkeit an Stelle der Feststellung der Verfassungswidrigkeit erreicht werden[73]. So spricht denn das BVerfG da, wo es nicht die ungleiche Belastung als nichtig kassieren kann, die Nichtigkeit der gesamten Regelung aus[74]. 527

71 E 22, 349/360 f.
72 E 4, 219/250.
73 AA *Heußner*, NJW 1982, 257/258; BAGE 37, 352/355; vgl auch *Schlaich/Korioth*, BVerfG, Rn 417 ff.
74 Vgl E 9, 291/302.

d) Zusammenfassung

528 Folgende Situationen und Wirkungen, in bzw mit denen das Gleichheitsgebot den Bürger gegen einen ihn ungleich treffenden Rechtssatz schützt, sind zu unterscheiden:

- Von einer Belastung, die den Bürger unter Verstoß gegen das Gleichheitsgebot trifft, wird er frei: Nichtig ist entweder die belastende Teilregelung oder die Gesamtregelung.
- An einer Begünstigung, die dem Bürger unter Verstoß gegen das Gleichheitsgebot vorenthalten wird, wird er dann beteiligt, wenn ein entsprechendes Verfassungsgebot oder die Systematik der Regelungsmaterie und des Regelungswillens dies verlangen.
- An einer Begünstigung, die dem Bürger zwar ebenfalls unter Verstoß gegen das Gleichheitsgebot vorenthalten wird, deren Ausdehnung aber weder ein Verfassungsgebot noch die Systematik von Regelungsmaterie und -willen verlangt, wird er nicht beteiligt. Er kann nur die Feststellung der Verfassungswidrigkeit, die Aufhebung abschlägiger Entscheidungen und die Aussetzung laufender Verfahren erreichen.

2. Gleichheitsverstoß durch Verwaltung und Rechtsprechung

a) Allgemeines

529 Die Möglichkeit, gleich oder ungleich zu behandeln, haben Verwaltung und Rechtsprechung nur dort, wo sie einen *Handlungsspielraum* haben. Wo ein Rechtssatz keinen Handlungsspielraum lässt, sondern bei Vorliegen einer bestimmten Voraussetzung die Setzung einer bestimmten Rechtsfolge vorschreibt, behandeln Verwaltung und Rechtsprechung, wenn sie bei vorliegender Voraussetzung die Rechtsfolge nicht anwenden, den Bürger zwar ungleich. Diese ungleiche Behandlung ist aber schlicht eine unrichtige Anwendung des Rechtssatzes, wird als solche gerügt und durch die Fachgerichte korrigiert. Einen Handlungsspielraum hat die Verwaltung im Bereich des *Ermessens* und haben Verwaltung und Rechtsprechung bei der Auslegung und Anwendung *unbestimmter Rechtsbegriffe*.

b) Gleichheitsverstoß durch die Verwaltung

530 Im Bereich des *Ermessens* und grundsätzlich auch der Beurteilungsspielräume (vgl Rn 1111 f) realisiert sich die Bindung an das Gleichheitsgebot als Selbstbindung dadurch, dass die Verwaltung von

- Verwaltungsvorschriften, mit denen sie selbst die Ausübung ihres Ermessens steuern will, und
- ständiger Verwaltungspraxis, die sie selbst bei Ausübung ihres Ermessens eingeübt hat,

nicht ohne rechtfertigenden Grund abweichen darf[75].

75 Zur Selbstbindung vgl *Ossenbühl*, DVBl. 1981, 857; *Pietzcker*, NJW 1981, 2087.

Bei Verstoß gegen diese Selbstbindung kann der Bürger aus Art. 3 Abs. 1 sowohl Belastungen abwehren als auch Begünstigungen erreichen. Die Bedenken, die gegen die Ausdehnung einer durch Rechtssatz vorenthaltenen Begünstigung sprechen, greifen hier nicht: Die Gestaltungsfreiheit bei der Vollziehung ist geringer als die bei der Gesetzgebung, und im Zusammenspiel von Rechtsprechung und Verwaltung hat die nicht nur kassatorische, sondern auch *gestaltende* Entscheidung ihren legitimen Ort. **531**

Beispiel: Ein Sozialhilfeträger gewährte Sozialhilfeempfängern für die Weihnachtsfeier eine Weihnachtsbeihilfe. Obdachlosen wurde die Weihnachtsbeihilfe vorenthalten, weil sie ohne Obdach Weihnachten gar nicht feiern könnten. VGH Mannheim, NVwZ 1983, 427 erkannte auch ihnen ohne Umschweife den Anspruch auf Weihnachtsbeihilfe zu. Der vom Sozialhilfeträger angegebene Grund sei diskriminierend und auch mit dem Sozialstaatsprinzip unvereinbar. **532**

Standen Verwaltungsvorschriften oder -praxis im Widerspruch zum Gesetz und geht die Verwaltung bei einem Bürger zu gesetzmäßiger Verwaltungspraxis über, so steht dies nicht im Widerspruch zum Gleichheitsgebot. Der Bürger genießt wegen des Vorrangs der Gesetze (Art. 20 Abs. 3) *keine Gleichheit im Unrecht*, hat keinen Anspruch auf Fehlerwiederholung[76]. Wird allerdings die gleiche Belastung, die ein Gesetz in seinen materiellen Regelungen erreichen will, in seinen Verfahrensregelungen generell verfehlt, dann kann der Bürger verlangen, nicht belastet zu werden; die Gleichheitswidrigkeit des Verfahrens und der Verfahrensregelung schlägt hier auf die materielle Regelung durch[77]. **533**

c) Gleichheitsverstoß durch die Rechtsprechung

Eine Selbstbindung durch ständige Rechtsprechung entsprechend der durch ständige Verwaltungspraxis wird vom BVerfG nur *zögernd* und auch vom Schrifttum nur vorsichtig anerkannt. Das BVerfG hat einerseits ausgesprochen, dass durch das Gleichheitsgebot Rechtsentwicklung und Rechtsfortbildung nicht behindert werden dürfen; andererseits hält es für möglich, dass „einzelne Entscheidungen so sehr die Bahn organischer Fortentwicklung der Rechtsprechung verließen, dass sie als willkürlich bezeichnet werden müssten"[78]. Auch das Schrifttum will Rechtsentwicklung und Rechtsfortbildung nicht behindert, zugleich aber eine Selbstbindung gewahrt sehen[79]. **534**

Das BVerfG nutzt das Gleichheitsgebot auch zu einer *Gerechtigkeitskontrolle*, mit der es einer von ihm für schlechthin unvertretbar und willkürlich gehaltenen unrichtigen Anwendung einfachen Rechts entgegentritt[80]. Mit dem Anspruch des BVerfG, keine Superrevisionsinstanz zu sein, ist dies schwer verträglich[81]. **535**

---

76 HM; vgl *Huster*, FH, Art. 3 Rn 114 ff.

77 E 84, 239/268 ff, 284; 110, 94/112 ff.

78 E 18, 224/240.

79 *Riggert*, Die Selbstbindung der Rechtsprechung durch den allgemeinen Gleichheitssatz (Art. 3 I GG), 1993; *Dürig*, MD, Art. 3 Abs. I Rn 402 ff mit dem Verlangen einer Ankündigung der Rechtsprechungsänderung durch Warnurteile.

80 E 70, 93/97; 86, 59/62 f.

81 Krit. denn auch *Heun*, DR, Art. 3 Rn 61.

536 **Lösungsskizze zum Fall 8 (Rn 459):** I. Der Satzungsgeber müsste mit der Staffelung der Gebühren *wesentlich Gleiches ungleich* behandelt haben. Die Eltern, die wie E mehr, und die, die weniger an die Stadt zahlen, sind dadurch verbunden, dass ihre Kinder einen städtischen Kindergarten besuchen. Sie erhalten von der Stadt die gleiche, auch im Aufwand und in den Kosten gleichwertige Leistung: die Betreuung ihrer Kinder. Dadurch sind sie in einer vergleichbaren Lage; der Satzungsgeber behandelt daher mit der Staffelung der Gebühren wesentlich Gleiches ungleich. – II. Dafür braucht er eine *verfassungsrechtliche Rechtfertigung*. Der Satzungsgeber verlangt keine kostendeckende Beteiligung am Betreuungsaufwand und diskriminiert daher bei einer Förderung, also „positiv"; es könnte dies eine Ungleichbehandlung von geringer Intensität sein, die lediglich willkürfrei sein muss. Da aber das Familieneinkommen ein personenbezogenes Kriterium ist, hat die Ungleichbehandlung durch den Satzungsgeber erhebliche Intensität und ist nur gerechtfertigt, wenn sie einen legitimen Zweck verfolgt, zur Erreichung des Zwecks geeignet und erforderlich ist und auch sonst in angemessenem Verhältnis zum Wert des Zwecks steht. – 1. Der Satzungsgeber verfolgt erkennbar einen sog. internen Zweck; er stellt auf das Familieneinkommen ab, weil er im unterschiedlichen Familieneinkommen iS der sog. neuen Formel einen Unterschied von solcher Art und solchem Gewicht sieht, dass ihm durch eine Ungleichbehandlung Rechnung zu tragen ist. Gegen die Annahme eines *legitimen Zwecks* könnte der vom Verfassungsrecht vorgefundene Gebührenbegriff sprechen, der verlangt, dass Gebühren anders als Steuern aus Anlass individuell zurechenbarer öffentlicher Leistungen erhoben werden und deren Kosten decken. Aus dem Gebührenbegriff folgt aber nur, dass die Gebühren nicht unabhängig von den tatsächlichen Kosten festgesetzt werden dürfen; von Verfassung wegen ist weder eine Über- noch eine Unterdeckung schlechterdings verwehrt. Der Satzungsgeber durfte daher im unterschiedlichen Familieneinkommen und in der Chancenungleichheit, die es für die Lebens- und Bildungsmöglichkeiten der Kinder mit sich bringt, einen Unterschied sehen, der den Zweck, die Familien mit den schlechteren Chancen besser zu stellen, legitimiert. – 2. Die Erhebung höherer Gebühren von den Eltern mit höherem Familieneinkommen ist zur Erreichung des Zwecks *geeignet*, weil sie der Stadt bei gleichem eigenen Aufkommen erlaubt, von den Eltern mit niedrigerem Familieneinkommen niedrigere Gebühren zu erheben. Diesen Eltern wird es erleichtert, das Betreuungsangebot der städtischen Kindergärten anzunehmen; ihren Kindern werden mehr Chancen des Erwerbs wichtiger elementarer Kenntnisse und Fähigkeiten eröffnet. – 3. Da die Chancen von Familien mit niedrigerem Familieneinkommen auf vielerlei Weise gefördert werden können, fragt sich, ob die Erhebung höherer Gebühren von den Eltern mit höherem Familieneinkommen zur Erreichung des Zwecks auch *erforderlich* ist. Bei gleichem eigenen Aufkommen kann die Stadt die Eltern mit niedrigerem Familieneinkommen nur dann entlasten, wenn sie die Eltern mit höherem Familieneinkommen belastet. Diese mehr verdienenden Eltern schonender zu behandeln, dh weniger zu belasten, würde zu Lasten der weniger verdienenden Eltern und damit zu Lasten des Förderungszwecks gehen. – 4. Die *Angemessenheit* der Ungleichbehandlung der Eltern mit höherem Familieneinkommen zeigt sich daran, dass auch deren höhere Gebühren die für ihre Kinder tatsächlich anfallenden Kosten nicht decken. Auch diese Eltern werden von der Stadt gefördert, lediglich in bescheidenerem Ausmaß. E sehen in der Staffelung der Gebühren zu Unrecht eine Verletzung von Art. 3 Abs. 1.

537 **Literatur:** *M. Albers*, Gleichheit und Verhältnismäßigkeit, JuS 2008, 945; *K. Hesse*, Der Gleichheitssatz in der neueren deutschen Verfassungsentwicklung, AöR 1984, 174; *S. Huster*, Rechte und Ziele, 1993; *H.D. Jarass*, Folgerungen aus der neueren Rechtsprechung des BVerfG für die Prüfung von Verstößen gegen Art. 3 I GG, NJW 1997, 2545; *J. Pietzcker*, Zu den Voraussetzungen des Anspruchs auf Gleichbehandlung nach Art. 3 I GG, JZ 1989, 305; *A. Podlech*, Gehalt und Funktionen des allgemeinen verfassungsrechtlichen Gleichheitssatzes,

1971; *K.-A. Schwarz*, Grundfälle zu Art. 3 GG, JuS 2009, 315, 417. – Speziell zu Art. 3 Abs. 2: *U. Di Fabio*, Die Gleichberechtigung von Mann und Frau, AöR 1997, 404; *I. Ebsen*, 15 Jahre Fördergebot des Art. 3 Abs. 2 S. 2 GG – zur praktischen Bedeutung einer Verfassungsänderung –, in: FS Jaeger, 2011, S. 401; *S. Huster*, Frauenförderung zwischen individueller Gerechtigkeit und Gruppenparität, AöR 1993, 109; *J. Kokott*, Gleichheitsschutz und Diskriminierungsverbote in der Rspr des BVerfG, in: FS 50 Jahre BVerfG, 2001, Bd. II, S. 127; *U. Sacksofsky*, Das Grundrecht auf Gleichberechtigung, 2. Aufl. 1996; *K. Schweizer*, Der Gleichberechtigungssatz – neue Form, alter Inhalt?, 1998. – Speziell zu Art. 3 Abs. 3: *G. Beaucamp*, Das Behindertengrundrecht (Art. 3 Abs. 3 Satz 3 GG) im System der Grundrechtsdogmatik, DVBl. 2002, 997; *M. Sachs*, Besondere Gleichheitsgarantien, Hdb. StR^3 VIII, § 182. – Speziell zu Art. 38 Abs. 1 S. 1 s. nach Rn 1154.

Anhang: Aufbauschema

Die Frage, ob ein **Gleichheitsgrundrecht**, sei es ein spezieller oder der allgemeine Gleichheitssatz, **durch ein Gesetz verletzt** ist, ist in folgenden Einzelfragen abzuarbeiten (Zwei-Schritt-Prüfung): 538

I. Behandelt das Gesetz wesentlich Gleiches (Vergleichbares) ungleich (verschieden)?
   1. Sind verschiedene Personen, Personengruppen oder Situationen vergleichbar?
   2. Werden sie durch dieselbe Rechtsetzungsgewalt ungleich (verschieden) behandelt?

II. Ist die Ungleichbehandlung verfassungsrechtlich gerechtfertigt?
   1. Ist das Gesetz kompetenz- und verfahrensmäßig zu Stande gekommen?
   2. a) Bei speziellen Gleichheitssätzen: Sind deren besondere Anforderungen an die Begründung der Ungleichbehandlung erfüllt, dh
         – verzichtet diese auf nicht zugelassene Diskriminierungskriterien (zB gem. Art. 3 Abs. 3)
         – bzw bedient sie sich der allein zugelassenen Rechtfertigungsgründe (zB gem. Art. 33 Abs. 2)
         – oder ist das Abstellen auf die nicht zugelassenen Diskriminierungskriterien bzw das Nichtabstellen auf die allein zugelassenen Rechtfertigungsgründe ausnahmsweise verfassungsrechtlich gerechtfertigt (zB gem. Art. 12a Abs. 1)?
      b) Beim allgemeinen Gleichheitssatz: Liegt eine Ungleichbehandlung geringerer oder größerer Intensität vor?
         – Bei geringerer Intensität: Gibt es für die Ungleichbehandlung einen sachlichen Grund?
         – Bei größerer Intensität: Dient die Ungleichbehandlung einem legitimen Zweck und ist die Ungleichbehandlung zur Erreichung des Zwecks geeignet, erforderlich und angemessen?
   3. Genügt das Gesetz den Anforderungen des Parlamentsvorbehalts?
   4. Ist das Gesetz in Tatbestand und Rechtsfolge klar und bestimmt gefasst?

Da die speziellen Gleichheitssätze keinen Schutzbereich haben, sondern Rechtfertigungsanforderungen stellen, verdrängt ein spezieller Gleichheitssatz, anders als im Verhältnis zwischen speziellen Freiheitsrechten und der allgemeinen Handlungsfreiheit (vgl Rn 387 ff), nicht den allgemeinen Gleichheitssatz; auch wenn ein spezieller Gleichheitssatz der Ungleichbehandlung nicht entgegensteht, ist immer noch der allgemeine Gleichheitssatz zu prüfen. Im Übrigen wird zum Arbeiten mit diesem Aufbauschema auf die Anmerkungen zum Aufbauschema zu den Freiheitsgrundrechten (vgl Rn 358 ff) verwiesen. 539

540 **Beispiel:** Durch Gesetz wird eine bestimmte Frauensportart verboten, weil sie eine überdurchschnittliche Unfallquote aufweist. Das Gesetz scheitert nicht an Art. 3 Abs. 2, weil das Gesetz nicht auf dem Unterschied zwischen Mann und Frau, sondern auf der erhöhten Gefährlichkeit der Sportart beruht. Weiter ist zu fragen, ob nicht Art. 3 Abs. 1 verletzt ist. Denn andere Sportarten, die ebenfalls überdurchschnittliche Unfallquoten aufweisen, sind erlaubt.

§ 12 Religions-, Weltanschauungs- und Gewissensfreiheit (Art. 4, 12a Abs. 2, 140 iVm Art. 136 Abs. 1, 3 und 4, Art. 137 Abs. 2, 3 und 7 WRV)

541 **Fall 9:** Steuerverweigerung aus Gewissensgründen? (nach BVerfG, NJW 1993, 455)

Der Pazifist P beantragt seit Jahren bei der Finanzverwaltung, die von ihm gezahlte Einkommensteuer solle keine Verwendung für militärische Rüstung finden. Die Behörde möge seine Einkommensteuerschuld um den Prozentsatz herabsetzen, der vom Einkommensteueraufkommen jeweils für militärische Rüstung ausgegeben wird. Hilfsweise beantragt P die Genehmigung, diesen Teil seiner Steuerschuld bis zur Schaffung eines Friedensfonds auf einem Sperrkonto zu hinterlegen. Die Anträge werden von der Finanzverwaltung zurückgewiesen, gegerichtlicher Rechtsschutz bleibt erfolglos. P erhebt Verfassungsbeschwerde und trägt vor, sein Gewissen verbiete ihm, Steuern als mittelbaren Beitrag für Kriegszwecke zu leisten. Kann er sich auf sein Gewissen berufen? **Rn 587**

I. Überblick

1. Textaussage

542 Dem unbefangenen Verständnis bietet Art. 4 verschiedene Schutzbereiche[1]: Abs. 1 schützt mit der Freiheit des Glaubens und Gewissens das *Denken*, das sog. forum internum der religiösen (Glauben) und moralischen (Gewissen) Überzeugungen, und mit der Freiheit des religiösen und weltanschaulichen Bekenntnisses das *Äußern* religiöser und areligiöser Sinngebungen und -deutungen. Abs. 2 und Abs. 3 schützen glaubens- und gewissensgeleitetes *Handeln*, allerdings nicht schlechthin, sondern in zwei vor dem Hintergrund des Nationalsozialismus besonders schutzwürdigen Bereichen: Nach dem Kirchenkampf sollte die ungestörte Religionsausübung, nach der moralischen Katastrophe des Kriegs die Kriegsdienstverweigerung aus Gewissensgründen gewährleistet werden.

543 Zur Textaussage gehören auch die durch Art. 140 zum Bestandteil des Grundgesetzes gemachten Art. 136, 137, 138, 139 und 141 WRV. Diese *inkorporierten Artikel* sind „vollgültiges Verfassungsrecht der Bundesrepublik Deutschland geworden und stehen gegenüber den anderen Artikeln des Grundgesetzes nicht etwa auf einer Stufe minderen Ranges“[2].

1 Vgl *Herzog*, MD, Art. 4 Rn 2, 6 ff.
2 E 19, 206/219.

Art. 4 enthält keine Eingriffsermächtigung. Lediglich beim Recht der Kriegsdienstverweigerung aus Gewissengründen ist in Abs. 3 S. 2 eine nähere Regelung vorbehalten. Im Übrigen ist Art. 4 ein *vorbehaltloses Grundrecht*. Demgegenüber enthalten Art. 136 Abs. 1 und 3 S. 2, 137 Abs. 3 S. 1 WRV iVm Art. 140 einzelne Schrankenregelungen. **544**

2. Einheitlicher Schutzbereich?

Zwischen den aufgezeigten verschiedenen Schutzbereichen wurden *Schutzlücken* entdeckt. **545** Wenn vom überzeugungsgeleiteten Handeln neben der Kriegsdienstverweigerung aus Gewissensgründen nur die Religionsausübung geschützt ist – wird dann Religion gegenüber anderen Gewissen und Weltanschauungen nicht privilegiert? Passt das zur Gleichsetzung von Religion und Weltanschauung in Art. 4 Abs. 1, Art. 33 Abs. 3 S. 2 und Art. 137 Abs. 2 und Abs. 7 WRV? Schneidet es nicht auch ab, wozu Gewissen und Weltanschauung ebenso wie Religion drängen: Betätigung dessen, was aus tiefer Überzeugung als richtig empfunden wird? Daraus ist zu erklären, dass die aufgezeigten textlichen Unterscheidungen in der Rechtsprechung des BVerfG nicht genau genommen werden: Art. 4 Abs. 1 und 2 werden als *einheitlicher Bereich* gefasst, der die Freiheit schützt, Glauben und Gewissen, Religion und Weltanschauung zu bilden, zu haben, zu äußern und demgemäß zu handeln. Wenn dabei die Religions- und Weltanschauungsfreiheit einerseits und die Gewissensfreiheit andererseits als getrennte Schutzbereiche behandelt werden, bedeutet das keinen Unterschied in der jeweiligen Intensität des verbürgten Schutzes. Er reicht beide Mal vom Denken über das Äußern bis zum Handeln.

Die Vereinheitlichung hat freilich *Folgeprobleme*: Zum einen treten Art. 4 Abs. 2 und auch die **546** meisten besonderen Gewährleistungen der inkorporierten Artikel der Weimarer Reichsverfassung hinter Art. 4 Abs. 1 als überflüssig und damit auch die Schrankenregelungen der Weimarer Artikel hinter Art. 4 Abs. 1 als von dessen Vorbehaltlosigkeit „überlagert"[3] zurück. Zum anderen wachsen durch die Ausweitung des Schutzbereichs auf jedes glaubens-, gewissens-, religiös und weltanschaulich geleitete Handeln die Konfliktmöglichkeiten. Dadurch wächst auch die Notwendigkeit und Schwierigkeit, Eingriffe zu rechtfertigen, wo doch Art. 4 entsprechende ausdrückliche Ermächtigungen nicht enthält. Art. 4 muss unter den Vorbehalt kollidierenden Verfassungsrechts gestellt werden.

Gleichwohl ist das einheitliche Verständnis solange ganz herrschend gewesen, als das glau- **547** bens- und gewissensgeleitete Verhalten den konflikt- und kollisionsarmen Verhaltenshorizont der vertrauten großen und kleinen christlichen Kirchen wahrte. Seit dem Auftreten von Religionen und Sekten, die der Gesellschaft der Bundesrepublik Deutschland neu, fremd, konflikt- und kollisionsträchtig begegnen, wird es allerdings zunehmend kritisiert[4]. Ob das BVerfG an ihm festhalten wird, ist offen; es hat in seiner bisherigen Rechtsprechung mit den neuen, fremden Religionen und Sekten und den entsprechenden Konflikten und Kollisionen einfach erst wenig zu tun gehabt. Die folgende Darstellung knüpft an die Rechtsprechung des BVerfG an, präzisiert dabei aber den einheitlichen Schutzbereich im Sinn der geäußerten Kritik.

3 E 33, 23/31.

4 *Kloepfer*, VerfR II, § 60 Rn 11, 92; *Muckel*, FH, Art. 4 Rn 5 ff; *Mückl*, BK, Art. 4 Rn 53 ff; *Schoch*, in: FS Hollerbach, 2001, S. 149.

II. Schutzbereiche

1. Religions- und Weltanschauungsfreiheit

a) Individuelle Religions- und Weltanschauungsfreiheit

548 Der Schutzbereich umfasst insoweit die Freiheit, einen Glauben oder eine Weltanschauung (religiöse bzw areligiöse Sinndeutung von Welt und Mensch)[5] zu *bilden*, zu *haben*, zu *äußern* und entsprechend zu *handeln*.

549 Näher bestimmt werden muss der Schutzbereich vor allem für das *Handeln*. Der Wortlaut des Art. 4 Abs. 2 („ungestörte Religionsausübung") und die historische Entwicklung der Glaubensfreiheit legen eine *Beschränkung* auf die traditionelle (häusliche und öffentliche) Manifestation der Glaubensinhalte durch Symbole und Riten, Gebete, Gottesdienste, Sakramente, Prozessionen, Glockengeläut, Ruf des Muezzin usw nahe[6].

550 Das BVerfG ist darüber hinaus gegangen. Es ist dem darüber hinausdrängenden *Selbstverständnis* der Kirchen, Religions- und Weltanschauungsgemeinschaften gefolgt und hat ihm ausdrücklich eine wichtige Bedeutung für die Bestimmung des Schutzbereichs zuerkannt[7]. Geschützt sind dabei nicht nur die genannten kultischen Handlungen und religiösen Gebräuche, sondern auch diakonische und karitative Betätigungen, „religiöse Erziehung, freireligiöse und atheistische Feiern sowie andere Äußerungen des religiösen und weltanschaulichen Lebens"[8], der Genuss der Sonntagsruhe („Konnexgarantie") von Art. 140 iVm Art. 139 WRV[9], schließlich „das Recht des Einzelnen, sein gesamtes Verhalten an den Lehren seines Glaubens auszurichten und seiner inneren Glaubensüberzeugung gemäß zu handeln"[10].

551 Seine frühe Aussage, das Grundgesetz schütze nur diejenige Betätigung des Glaubens, „die sich bei den heutigen Kulturvölkern auf dem Boden gewisser übereinstimmender sittlicher Grundanschauungen im Laufe der geschichtlichen Entwicklung herausgebildet hat"[11], hat das BVerfG später aufgegeben[12]. Auf die zahlenmäßige Stärke und die soziale Relevanz einer religiösen Vereinigung kommt es nicht an[13]; die Glaubensfreiheit ist den Mitgliedern der Großkirchen und den Angehörigen kleiner kirchlicher und religiöser Gemeinschaften in *gleicher Weise* gewährleistet. Auf sie können sich auch die Angehörigen unserem Kulturkreis neuer, ihm fremder oder ihn sogar ablehnender Religionen und Sekten berufen[14]. Auch die vereinzelt auftretende Glaubensüberzeugung, die von den offiziellen Lehren der Kirchen und Religionsgemeinschaften abweicht, wird von Art. 4 Abs. 1 und 2 geschützt[15].

5 Vgl BVerwGE 89, 368/370.
6 Vgl auch *Preuß*, AK, Art. 4 Abs. 1, 2 Rn 25 f; *Waldhoff*, Verh. 68. DJT 2010, D 73 f.
7 E 24, 236/247 f; krit. *Mückl*, BK, Art. 4 Rn 84 ff.
8 E 24, 236/246.
9 E 125, 39/80; vgl *von Lucius*, KritV 2010, 190/207 f.
10 E 32, 98/106; 93, 1/15; 108, 282/297; zust. *Borowski*, S. 381 ff; krit. *Herzog*, MD, Art. 4 Rn 103 ff; *Muckel*, FH, Art. 4 Rn 5 ff; *Vosgerau*, S. 178 ff.
11 E 12, 1/4.
12 E 41, 29/50.
13 E 32, 98/106.
14 Vgl E 105, 279/293; *Diringer*, BayVBl. 2005, 97; einschr. *Starck*, MKS, Art. 4 Rn 60 f.
15 E 33, 23/28 f; krit. *Augsberg*, Staat 2009, 239; nach *Classen*, Religionsfreiheit und Staatskirchenrecht in der Grundrechtsordnung, 2003, S. 54 ff; *Mückl*, BK, Art. 4 Rn 92 ist die vereinzelt auftretende Glaubensüberzeugung nicht als Betätigung der Religions-, wohl aber der Gewissensfreiheit geschützt.

Bei dieser in jeder Hinsicht extensiven Interpretation besteht die *Gefahr*, dass der Schutzbereich *konturenlos* wird. Das BVerfG sucht diese Gefahr dadurch zu bannen, dass es fordert, es müsse sich „auch tatsächlich, nach geistigem Gehalt und äußerem Erscheinungsbild, um eine Religion und Religionsgemeinschaft handeln“[16]. Es lässt auch nicht genügen, dass jemand sein Handeln als glaubensgeleitet und -verpflichtet nur behauptet; die Behauptung muss plausibel sein. **552**

Beispiele für nicht plausible Glaubensgeleitetheit des entgegenstehenden Handelns: Pflicht der Mitglieder und Angehörigen der Universitäten, die gesellschaftlichen Folgen wissenschaftlicher Erkenntnis mitzubedenken (E 47, 327/385); Friedhofszwang für Urnen (E 50, 256/262); Pflicht zur Steuerzahlung bei glaubens- und gewissenswidriger Verwendung von Steuermitteln (vgl BVerfG, NJW 1993, 455). **553**

In der Rechtsprechung des BVerwG und im Schrifttum wird dies dahingehend präzisiert und ergänzt, dass das Handeln für den religiösen oder weltanschaulichen Auftrag notwendig sein und in entsprechendem organisatorischem und sachlichem *Zusammenhang* damit stehen muss[17], dass es nicht genügt, wenn das Handeln nur im äußeren Zusammenhang mit religiösem und weltanschaulichem Handeln oder nur bei dessen Gelegenheit stattfindet[18], und dass ein eigentlich ausschließlich wirtschaftliches oder politisches Handeln nicht durch religiöse Verbrämung zu religiösem Handeln wird[19]. Gelegentlich geht das Schrifttum so weit, fremdschädigendes Verhalten aus dem Schutzbereich der Religions- und Weltanschauungsfreiheit auszuschließen[20]. **554**

Beispiele: Zwar ist der Kontakt zwischen Gläubigem und Seelsorger geschützt, nicht aber jede Hilfe des Seelsorgers für den Gläubigen (BVerfG, NJW 2007, 1865); zwar ist die Werbung für den Glauben von Art. 4 geschützt, nicht aber jedes Mittel, das im Zusammenhang mit der Werbung eingesetzt wird, zB die Ausnutzung einer Zwangslage (E 12, 1/4 f) oder eines Abhängigkeitsverhältnisses (BVerwGE 15, 134/136); zwar ist der Übertritt zu einer anderen Glaubensgemeinschaft geschützt, nicht aber jedes Verhalten bei Gelegenheit dieses Übertritts (E 17, 302/305); zwar sind religiöse Veranstaltungen geschützt, nicht aber der Verkauf von Speisen und Getränken an die Teilnehmer (E 19, 129/133) oder die Erbringung anderer entgeltlicher Leistungen, die üblicherweise auch unabhängig von der Mitgliedschaft in der religiösen Vereinigung erbracht werden (BVerwGE 105, 313/321). **555**

Schließlich ist auch die Überlegung des BVerfG, der Einzelne müsse sein gesamtes Verhalten an seinem Glauben ausrichten dürfen, vom Sinn des Art. 4 her zu präzisieren. Mit der Religion und Weltanschauung, dem Glauben und ebenso auch dem Gewissen einer Person ist deren *Identität* geschützt; die Person soll nicht in den Konflikt zwischen den Geboten des Staats und den Geboten ihres Glaubens und ebenso auch ihres Gewissens gestellt werden und am Konflikt womöglich zerbrechen. Nicht geschützt ist danach ein religiöses Handeln, zu dem sich der Gläubige zwar motiviert, aber nicht verpflichtet sieht, das er also sowohl tun als auch lassen kann[21]. Die Identität der Person, die mit deren Religion und Weltanschauung, Glauben und ebenso auch Gewissen geschützt werden soll, ist hier nicht gefährdet[22]. **556**

16 E 83, 341/353.
17 *Badura*, Der Schutz von Religion und Weltanschauung durch das Grundgesetz, 1989, S. 54.
18 *Müller*, Die Positivität der Grundrechte, 2. Aufl. 1990, S. 99 f.
19 BVerwGE 90, 112/118; *Mückl*, BK, Art. 4 Rn 75; *Poscher*, Staat 2000, 49.
20 *Merten*, Hdb. GR III, § 56 Rn 60; *Muckel*, Hdb. GR IV, § 96 Rn 80 f; *Zähle*, AöR 2009, 434.
21 So aber *Hufen*, StR II, § 22 Rn 9, 13.
22 Zust. *Michael/Morlok*, GR, Rn 195; *Fischer/Groß*, DÖV 2003, 932/938 f.

557 **Beispiele:** Nicht geschützt sind Bigamie, wenn eine Religion die Vielehe lediglich erlaubt, und das Tragen eines Schleiers, wenn eine Religion es freistellt; nicht geschützt ist eigentlich auch das Schlachten durch Schächten, wenn eine Religion zwar das Schlachten durch Schächten, nicht aber den Fleischgenuss gebietet (vgl BVerwGE 99, 1/7 f; *Trute*, Jura 1996, 462; aA E 104, 337/350 f; BVerwGE 127, 183/185 f).

558 Die Religions- und Weltanschauungsfreiheit wäre unvollständig gewährleistet, wenn nicht auch die *Negationen* des entsprechenden Denkens, Redens und Handelns mit gewährleistet wären. Zum Schutzbereich gehört daher neben der hier oft ausdrücklich als positiv bezeichneten Freiheit des Glaubens, Bekennens und Handelns auch die negative Freiheit, nicht zu glauben, einen Glauben oder eine Weltanschauung nicht zu bekennen, dh zu verschweigen, und aus der Kirche oder einer Weltanschauungsgemeinschaft auszutreten[23], glaubensgeleitete Handlungen zu unterlassen[24] und dem Einfluss eines bestimmten Glaubens mit dessen Handlungen und Symbolen nicht unentziehbar ausgesetzt zu sein[25]. Teilbereiche der negativen Religions- und Weltanschauungsfreiheit sind in Art. 7 Abs. 2, Abs. 3 S. 3, Art. 140 iVm Art. 136 Abs. 3 S. 1, Abs. 4 und Art. 141 WRV normiert.

b) Kollektive Religions- und Weltanschauungsfreiheit

559 Dies ist die einer religiösen oder weltanschaulichen Vereinigung als solcher zukommende Freiheit. Sie ist von der individuellen Freiheit, sich zu religiösen und weltanschaulichen Vereinigungen zusammenzuschließen, zu unterscheiden[26] und richtet sich nach Art. 19 Abs. 3[27]. Ein spezieller Aspekt der kollektiven Freiheit ist zudem durch Art. 137 Abs. 2 S. 2 WRV iVm Art. 140 positiviert.

560 **Beispiele:** Grundrechtsberechtigt sind neben den als Körperschaften des öffentlichen Rechts und den in privatrechtlichen Formen organisierten Kirchen, Religions- und Weltanschauungsgemeinschaften (E 105, 279/293) ua auch die gegenüber den Kirchen verselbstständigten Vereinigungen, wie nichtrechtsfähige katholische Jugendvereine (E 24, 236/247), privatrechtlich organisierte konfessionelle Krankenhäuser (E 46, 73/85 ff; 53, 366/391 f) und als Körperschaften des öffentlichen Rechts verfasste Erziehungseinrichtungen (E 70, 138/162 f).

561 Mit dem *Selbstbestimmungsrecht* der Religionsgesellschaften gem. Art. 137 Abs. 3 WRV iVm Art. 140 werden die vom BVerfG wieder weit verstandenen institutionellen und organisatorischen Voraussetzungen der Religions- und Weltanschauungsfreiheit gewährleistet[28]. In der Konsequenz der weiten Interpretation des Art. 4 Abs. 1 und 2 durch das BVerfG läge es, auch das Selbstbestimmungsrecht des Art. 137 Abs. 3 WRV dem Schutzbereich des Art. 4 Abs. 1 und 2 zuzuschlagen. Das BVerfG versteht Art. 137 Abs. 3 WRV aber als eine „rechtlich selbstständige Gewährleistung, die der Freiheit des religiösen Lebens und Wirkens der Kirchen und Religionsgemeinschaften die zur Wahrnehmung dieser Aufgaben unerlässliche Freiheit der Be-

23 BVerfG, NJW 2008, 2978; *Stuhlfauth*, DÖV 2009, 225.
24 Vgl E 49, 375/376; 52, 223/238; 65, 1/39.
25 E 93, 1/16; krit. *J. Ipsen*, in: FS Kriele, 1997, S. 301.
26 E 105, 279/293 f.
27 Vgl E 46, 73/83; 53, 366/386; 70, 138/160; *v. Campenhausen*, Hdb. StR[3] VII, § 157 Rn 103; *Mückl*, BK, Art. 4 Rn 65 ff.
28 Vgl näher *Korioth*, MD, Art. 140 Art. 137 WRV Rn 17 ff; *Grzeszick*, AöR 2004, 168.

stimmung über Organisation, Normsetzung und Verwaltung hinzufügt“[29]. Die Geltendmachung der rechtlich selbstständigen Gewährleistung in der Verfassungsbeschwerde muss allerdings über Art. 4 Abs. 1 und 2 erfolgen, weil Art. 140 kein Grundrecht oder grundrechtsgleiches Recht ist[30].

Beispiele: Unter das Selbstbestimmungsrecht fallen eine eigene, den staatlichen Rechtsschutz verdrängende oder inhaltlich beschränkende kirchliche Gerichtsbarkeit (BVerfG, NJW 2009, 1195; BGH, JZ 2000, 1111; krit. *H. Weber*, NJW 2009, 1179), die Einrichtung eines theologischen Studiengangs (BVerwGE 101, 309/311; dazu *Morlok/Müller*, JZ 1997, 549), die Überwachung des Einklangs von Lehre und Forschung an den theologischen Fakultäten mit den Auffassungen der betroffenen Kirchen (BVerwGE 124, 310/315), das Recht einer Gemeinde, nicht vom Staat als Teil eines Dachverbands behandelt zu werden, dem die Gemeinde nicht angehört (E 123, 148/180), nach Stimmen in der Literatur auch das Kirchenasyl (*Fessler*, NWVBl. 1999, 449; *Görisch*, Kirchenasyl und staatliches Recht, 2000), nicht aber das Beschaffungswesen eines kirchlichen Krankenhauses, das „hier wie ein beliebiger anderer Marktteilnehmer am Rechts- und Wirtschaftsverkehr“ handelt (BVerfG, NJW 1995, 1606/1607). 562

Die kollektive Religions- und Weltanschauungsfreiheit betrifft auch Religionsgemeinschaften als *Körperschaften des öffentlichen Rechts* (Art. 137 Abs. 5 WRV iVm Art. 140), die wegen Art. 4 nicht normale Körperschaften des öffentlichen Rechts sind[31]. Sie sind keine Organe der öffentlichen Gewalt, gehören nicht zur mittelbaren Staatsverwaltung[32] und stehen unbeschadet ihrer besonderen Qualität, die keine besondere Loyalität zum Staat, aber Verfassungs- und Rechtstreue einschließt[33], „wie der Jedermann dem Staat ‚gegenüber‘“[34]. Wenn sie allerdings in bestimmten Teilbereichen, besonders bei der Erhebung von Kirchensteuer gem. Art. 140 iVm Art. 137 Abs. 6 WRV, selbst öffentliche Gewalt ausüben[35], unterliegen sie auch wie beliehene private Rechtssubjekte (vgl Rn 183) der Bindung an die Grundrechte[36]. 563

2. Gewissensfreiheit

a) Begriff

Das **Gewissen** ist eine moralische Haltung, die die personale Identität eines Menschen mitkonstituiert und ihm subjektiv bindend vorschreibt, in einer konkreten Situation bestimmte Handlungen als „gut“ oder „gerecht“ zu tun bzw als „böse“ oder „ungerecht“ zu lassen. Keine Gewissensentscheidung liegt danach vor bei einer Bewertung nach den Kategorien „schön/hässlich“ oder „wahr/unwahr“. Das BVerfG[37] hat richtig definiert: „Als eine Gewissensentscheidung ist somit jede ernste sittliche, dh an den Kategorien von ‚Gut‘ und ‚Böse‘ orientierte Entscheidung anzusehen, die der Einzelne in einer bestimmten Lage als für sich bindend und unbedingt verpflichtend 564

29 E 53, 366/401; 72, 278/289; 83, 341/357.
30 E 19, 129/135; 42, 312/322 f; 99, 100/119 f.
31 Vgl *Stern*, StR IV/2, S. 976 f, 1035.
32 E 66, 1/19 f.
33 E 102, 370/390 ff; dazu *Wilms*, NJW 2003, 1083.
34 E 42, 312/322.
35 Vgl E 73, 388/399 f; BVerfG, DVBl. 2002, 1625.
36 Vgl *Stern*, StR III/1, S. 1210 ff.
37 E 12, 45/55.

innerlich erfährt, sodass er gegen sie nicht ohne ernste Gewissensnot handeln könnte". Der Begriff des Gewissens ist in Art. 4 Abs. 1 und 3 *identisch.*

565 **Beispiele** für fehlende Gewissensentscheidungen: Entscheidungen, seine Kinder nicht in der obligatorischen Förderstufe unterrichten zu lassen (E 34, 165/195), nicht am ärztlichen Bereitschaftsdienst teilzunehmen (BVerwGE 41, 261/268), vor Gericht als Anwalt keine Robe zu tragen (E 28, 21/36).

b) Reichweite des Schutzbereichs

566 Wie in Rn 545 dargelegt, wird in der Rechtsprechung des BVerfG zwischen der Religions- und Weltanschauungsfreiheit einerseits und der Gewissensfreiheit andererseits kein Unterschied gemacht, was die Intensität des verbürgten Schutzes angeht: Auch hier reicht er vom *Denken* über das *Äußern* bis zum *Handeln.* Dafür, die Gewissensfreiheit nicht auf den Innenbereich (forum internum) zu beschränken, sondern auch den Außenbereich, das vom Gewissen ausgelöste und von ihm bestimmte Handeln (forum externum) umfassen zu lassen, spricht, dass eine Gewissensentscheidung regelmäßig überhaupt erst durch ein entsprechendes Handeln zu einem gesellschaftlichen Konflikt werden kann. Diesen zu regeln ist Aufgabe des Art. 4; für sozial folgenlose Gewissensentscheidungen wäre das Grundrecht der Gewissensfreiheit praktisch entbehrlich. Auch hier gilt, dass das Gewissen mit einem Ge- oder Verbot sprechen muss, also das fragliche Handeln nicht freistellen darf, und dass die Gewissensgeleitetheit des Handelns plausibel sein muss. Dagegen gibt es keine kollektive Gewissensfreiheit[38].

c) Kriegsdienstverweigerung aus Gewissensgründen gem. Art. 4 Abs. 3

567 Der extensiven Interpretation des Art. 4 Abs. 1 durch das BVerfG würde es entsprechen, dem Art. 4 Abs. 3 keine selbstständige Bedeutung zuzuerkennen, weil das gewissensgeleitete Handeln schon durch Art. 4 Abs. 1 erfasst ist. Diese Folgerung hat das BVerfG aber nicht gezogen; vielmehr hält es Art. 4 Abs. 3 für eine *lex specialis* gegenüber Abs. 1, die die Wirkungen der Gewissensfreiheit im Bereich der Wehrpflicht, wenn es diese gibt, abschließend regelt[39].

568 -569 Kriegsdienst *mit der Waffe* ist ein Dienst, bei dem der Einzelne entweder selbst Waffen anwenden oder Waffenanwendung anderer unmittelbar unterstützen muss. Es ist Dienst mit der Waffe nicht nur im Krieg, sondern auch im Frieden, dh Ausbildung an der Waffe. Das ergibt sich aus dem systematischen Zusammenhang mit Art. 12a Abs. 2, da der Ersatzdienst, zu dessen Einführung der Gesetzgeber hier ermächtigt wird, gerade an die Stelle des Wehrdienstes im Frieden treten soll. Der Ersatzdienst kann weder unter Berufung auf Art. 4 Abs. 3 noch auf Art. 4 Abs. 1 verweigert werden; der sog. Totalverweigerer genießt nicht den Schutz der Gewissensfreiheit[40].

---

38 Vgl BVerfG, NJW 1990, 241.
39 E 19, 135/138; 23, 127/132.
40 Vgl BVerfG, NJW 2000, 3269; *Franke*, AöR 1989, 7/28 ff; *Mückl*, BK, Art. 4 Rn 190; aA *Kempen*, AK, Art. 4 Abs. 3 Rn 26; *Mager*, MüK, Art. 4 Rn 80.

III. Eingriffe

Hier empfiehlt es sich, nochmals an die durch die Textaussage nahe gelegten drei Bereiche des Denkens, Redens und Handelns anzuknüpfen: In das *Denken* wird schon dann eingegriffen, wenn der Staat die Bildung und den Bestand religiöser, weltanschaulicher und moralischer Überzeugungen indoktrinierend beeinflusst[41]. Eingriffe in das *Reden* können in einer Verpflichtung zum Schweigen die positive und zum Offenbaren die negative Freiheit betreffen. *Verhaltens*mäßige Eingriffe beginnen bei staatlichen oder staatlich geförderten Warnungen vor einer Religions- oder Weltanschauungsgemeinschaft; das BVerfG will dabei fragwürdig zwischen nichteingreifenden sachlichen Informationen und eingreifenden verfälschenden, diskriminierenden und diffamierenden Darstellungen unterscheiden[42]. Verhaltensmäßige Eingriffe bestehen besonders in einer Verpflichtung zu einem Handeln oder Unterlassen, das gegen ein Glaubens-, Weltanschauungs- oder Gewissensgebot oder -verbot des Einzelnen oder gegebenenfalls einer Gemeinschaft verstößt. 570

Die Rechtsordnung kann Eingriffe dadurch vermeiden, dass sie bei Geboten und Verboten *Alternativen* eröffnet. So lässt sie den Eid mit oder ohne religiöse Beteuerung zu, und das BVerfG hat in der Nichteröffnung der weiteren Alternative einer dem Eid gleichstehenden Bekräftigung einen Eingriff in Art. 4 erblickt[43]. Es kann auch demjenigen, dem seine Überzeugungen ein Handeln ge- oder verbieten, zugemutet und abverlangt werden, *seinerseits Alternativen* zu eröffnen und die Verantwortung anderen zu überlassen. 571

Beispiele: Ein Mitglied einer Glaubensgemeinschaft, die die Verwendung der Erzeugnisse moderner medizinischer und pharmazeutischer Forschung als Teufelswerk verbietet, hat ein todkrankes Kind. Der Arzt verschreibt ein heilendes Antibiotikum und gibt dem Vater das Rezept. Vom Vater kann zwar nicht verlangt werden, dass er gegen seine Überzeugung dem Kind das Medikament besorgt und verabreicht (BVerwG, DVBl. 2002, 1645). Aber es kann verlangt werden, dass er seine fehlende Bereitschaft, das Kind medikamentös zu versorgen, dem Arzt offen legt, sodass dieser die Verantwortung für die Verlegung ins Krankenhaus übernehmen kann, und es kann auch verlangt werden, dass er im Krankenhaus nicht den Schlauch zerschneidet, über den dem Kind das Medikament zugeführt wird. Entsprechende Verpflichtungen stellen also keine Eingriffe in Art. 4 dar. – Von der Studentin der Biologie, der ihr Gewissen die Teilnahme an vorgeschriebenen Tierversuchen oder Übungen an eigens getöteten Tieren verbietet, kann verlangt werden, dass sie von ihr für gleichwertig gehaltene, an anderen Einrichtungen gehandhabte Lehr- bzw Lernmethoden aufzeigt und ggf die gleichwertigen Leistungen anbietet (BVerfG, NVwZ 2000, 909; BVerwGE 105, 73/87; krit. *Caspar*, NVwZ 1998, 814). – Von einem Postbediensteten kann verlangt werden, dass er sich an seine Vorgesetzten wendet, bevor er Sendungen der Scientology-Organisation aus religiösen oder Gewissensgründen vernichtet, statt sie zuzustellen (BVerwGE 113, 361/363). 572

Zu beachten ist eine gewisse *Wechselwirkung* zwischen den verschiedenen Ausübungsarten des Denkens, Redens und Handelns sowie der positiven und negativen Freiheitsausübung. Wer sich gegenüber einer staatlichen Handlungs- oder Unterlas- 573

41 Vgl *Mager*, MüK, Art. 4 Rn 18; zur Beeinflussung durch Symbole *Heckmann*, JZ 1996, 880; *Filmer*, S. 222 ff.

42 E 105, 279/294; BVerfG, NJW 2002, 3459; krit. *Kloepfer*, VerfR II, § 60 Rn 54.

43 E 33, 23/32 f; 79, 69/76 f.

sungspflicht auf eine entgegenstehende Glaubens- oder Gewissensposition beruft, kann nicht zugleich sein Recht auf Verschweigen seiner Glaubens- oder Gewissensposition geltend machen. Die Verfassung setzt also „für die Ausübung des Verweigerungsgrundrechts gerade die Offenbarung der Überzeugung voraus“[44].

574 **Beispiele** für Eingriffe in die individuelle Religions- und Weltanschauungsfreiheit: Schulpflicht in einer bekenntnisgebundenen Schule (E 41, 29/48 gegen E 6, 309/339 f), in mit Kreuz oder Kruzifix ausgestatteten Schulräumen (E 93, 1/16; BVerwGE 109, 40/43; vgl *Nolte*, NVwZ 2000, 891) und bei einer Lehrerin, die um ihrer islamischen Religion willen ein Kopftuch trägt (E 108, 282/297; *Anger*, Islam in der Schule, 2003; *Werres*, ZBR 2006, 288); Pflicht zur Teilnahme am Schwimm- und Sportunterricht, wenn dies mit islamischen Bekleidungsvorschriften unvereinbar ist (BVerwGE 94, 82/89 ff); prozessrechtliche Pflichten, die Glaubens- oder Gewissenspositionen widerstreiten, wie die Ableistung eines Eids (E 33, 23/29 f) und das Verhandeln unter einem Kruzifix (E 35, 366/375 f; aA *Starck*, MKS, Art. 4 Rn 25); Kirchensteuerpflicht auf Grund einer Zwangsmitgliedschaft in einer Religionsgemeinschaft (E 30, 415/423 f; vgl auch E 44, 37/50 ff); das Verbot der Beschneidung (*Zähle*, AöR 2009, 434); das Verbot des für ein kultisches Opfer religiös gebotenen Schächtens (vgl BVerwGE 112, 227/234; zum Schächten für den Fleischgenuss vgl Rn 557). – Beispiele für Eingriffe in die kollektive Religions- und Weltanschauungsfreiheit: Verbot der Kanzelabkündigung einer karitativen Sammlung (E 24, 236/251 f); Verbot des sakralen Läutens der Kirchenglocken (BVerwGE 68, 62/66 f; vgl auch 90, 163; *Haaß*, Jura 1993, 302); Verbot des Rufs des Muezzin zum Gebet (*Sarcevic*, DVBl. 2000, 519); speziell zum *Selbstbestimmungsrecht*: Durchführung einer Betriebsratswahl in einem kirchlichen Krankenhaus (E 46, 73/94 ff); Kündigungsschutz für Angehörige des kirchlichen Dienstes (E 70, 138/165 ff).

575 Speziell zu Art. 4 Abs. 3 ist die Frage viel diskutiert worden, ob nicht ein Verwaltungsverfahren zur Anerkennung als Kriegsdienstverweigerer aus Gewissensgründen einen Eingriff in dieses Grundrecht darstellt. Der Staat darf hier aber nicht nur eine Offenbarung (vgl Rn 573), sondern auch die *Begründung* der Gewissensentscheidung verlangen. Da sich die Gewissensentscheidung auf ein bestimmtes moralisches bzw sittliches Wertkonzept beziehen muss, darf nachgeprüft werden, ob es sich um ein solches (und nicht etwa um ein politisches, ökonomisches oder dergleichen) Konzept handelt. Zu diesem Zweck kann von demjenigen, der sich auf eine Gewissensentscheidung beruft, eine Begründung verlangt werden. Dies verletzt deshalb nicht die Gewissensfreiheit, weil die Bewusstwerdung der moralischen Haltung zum Gewissensphänomen hinzugehört. Damit die Pflicht zur Begründung der Gewissensentscheidung – soweit sie vorgesehen wird – nicht leer läuft, kann auch ein Mindestmaß an inhaltlichen Anforderungen gestellt werden; die Begründung muss mit anderen Worten plausibel sein[45]; insoweit kann von einer „Darlegungslast“ des Wehrpflichtigen gesprochen werden[46].

44 E 52, 223/246.
45 Vgl *Böckenförde*, VVDStRL 28, 1970, 33/70 f; krit. *Kempen*, AK, Art. 4 Abs. 3 Rn 18 ff.
46 E 69, 1/34; *Starck*, MKS, Art. 4 Rn 184 ff.

IV. Verfassungsrechtliche Rechtfertigung

Art. 4 selbst ist ein *vorbehaltloses Grundrecht*. Auch der Regelungsvorbehalt des Art. 4 Abs. 3 S. 2 legitimiert keine Eingriffe in die Gewissensfreiheit des Kriegsdienstverweigerers[47], lediglich Art. 12a Abs. 2 enthält eine Eingriffsermächtigung. Wird allein Art. 4 in den Blick genommen, kann zur Rechtfertigung von Eingriffen nur auf kollidierendes Verfassungsrecht zurückgegriffen werden. **576**

1. Art. 136 Abs. 1, 3 S. 2, Art. 137 Abs. 3 S. 1 WRV iVm Art. 140

Eine Schranke der Religionsfreiheit, dh in Konsequenz des einheitlichen Verständnisses von Art. 4 allen dadurch geschützten religiös und weltanschaulichen Handelns, ist Art. 136 Abs. 1 WRV. Die Bestimmung rechtfertigt, dass die privat- und öffentlichrechtlichen Pflichten ungeachtet der Religion und Weltanschauung eingefordert und durchgesetzt werden. Sie enthält damit nichts weniger als einen *einfachen Gesetzesvorbehalt*. Das BVerfG hält dies mit der Vorbehaltlosigkeit des Art. 4 für unvereinbar. Es sieht Art. 136 Abs. 1 WRV von Art. 4 „überlagert“[48]. Rechtsprechung und Schrifttum kündigen ihm dabei zunehmend die Gefolgschaft auf[49]. Der inkorporierte Art. 136 Abs. 1 WRV, „voll gültiges Verfassungsrecht ... geworden und ... gegenüber den anderen Artikeln des Grundgesetzes nicht etwa auf einer Stufe minderen Ranges“ (vgl Rn 543), könne nicht von einem anderen Artikel des Grundgesetzes überlagert sein. Für die Überlagerungsthese spricht aber entscheidend der genetische Befund, nach dem die Religionsfreiheit nicht den weit reichenden Eingriffsmöglichkeiten eines einfachen Gesetzesvorbehalts unterworfen werden sollte[50]. **577**

Von den Schrankenregelungen der Artikel der Weimarer Reichsverfassung hat lediglich Art. 136 Abs. 3 S. 2 in der Rechtsprechung des BVerfG Bedeutung erlangt. Durch ihn werden Eingriffe in die negative *Religions- und Weltanschauungsfreiheit* gerechtfertigt. **578**

Beispiele: E 46, 266/267 hat die Frage nach der Konfessionszugehörigkeit bei der Aufnahme in ein staatliches Krankenhaus für zulässig gehalten, allerdings ohne davon abhängige Rechte und Pflichten zu benennen, vielmehr mit Rücksicht auf eine institutionelle Gewährleistung der Krankenhausseelsorge in Art. 141 WRV. Die Eintragung der Religionszugehörigkeit eines Bürgers auf der Lohnsteuerkarte ist wegen Art. 137 Abs. 6 WRV bei Kirchensteuerpflicht des Bürgers zulässig (E 49, 375 ff). Die statistische Erhebung der Zugehörigkeit oder Nichtzugehörigkeit zu einer Religionsgemeinschaft ist in Art. 136 Abs. 3 S. 2 WRV ausdrücklich vorgesehen (vgl E 65, 1/38 f). **579**

Eine weitere Schranke enthält Art. 137 Abs. 3 S. 1 WRV mit dem „für alle geltenden Gesetz“. Allerdings gilt sie nur für den Schutzbereich der *Ordnung und Verwaltung eigener Angelegenheiten* und ist selbst insoweit vom BVerfG auf ein Gebot der Güterabwägung mit möglichster Schonung des Selbstverständnisses der religiösen oder **580**

47 E 12, 45/53; 69, 1/23; vgl Rn 235.

48 E 33, 23/31.

49 BVerwGE 112, 227/231; NJW 2006, 77/103; *Muckel*, FH, Art. 4 Rn 52; *Schoch*, in: FS Hollerbach, 2001, S. 149/163.

50 *Borowski*, S. 487 ff; *Kloepfer*, VerfR II, § 60 Rn 57; *Korioth*, MD, Art. 140 Art. 136 WRV Rn 54; *Maurer*, ZevKR 2004, 311; *Mückl*, BK, Art. 4 Rn 162.

weltanschaulichen Gemeinschaft zurückgenommen worden[51]. Konkordate und Kirchenverträge können keine Eingriffe rechtfertigen; soweit sich die Kirchen in ihnen zu einer bestimmten Ausübung ihres Selbstordnungs- und -verwaltungsrechts verpflichten, ist dies als Grundrechtsverzicht (vgl Rn 146 ff) zulässig[52].

2. Art. 12a Abs. 2

581 -584 Art. 12a Abs. 2 S. 1 ist eine *Eingriffsermächtigung*, von der gegenwärtig kein Gebrauch gemacht wird. Wird von ihr Gebrauch gemacht, dann ist verfassungsrechtlich gerechtfertigt, eine Gewissensentscheidung, die gem. Art. 4 Abs. 3 grundrechtlichen Schutz genießt, zum Anknüpfungspunkt für die belastende Regelung eines Ersatzdienstes zu machen. Art. 12a Abs. 2 S. 2 und 3 sind dann *Schranken-Schranken*.

3. Kollidierendes Verfassungsrecht

585 Zu Art. 4 hat das BVerfG zum ersten Mal ausgesprochen, dass Eingriffe in vorbehaltlose Grundrechte allein durch kollidierende Grundrechte und andere Verfassungsgüter verfassungsrechtlich gerechtfertigt werden können[53]. Die Kollisionen, mit denen sich die Rechtsprechung zu beschäftigen hatte, spielten besonders in der Schule: zwischen Religionsfreiheit und Schulhoheit und zwischen positiver und negativer Religionsfreiheit.

586 **Beispiele:** Gemäß den Schulgesetzen vieler Länder haben die öffentlichen Grund- und Hauptschulen einen religiös-weltanschaulichen Charakter. Das kann zu Konflikten mit areligiösen Eltern und Kindern führen. E 41, 29/44 ff; 41, 65/77 ff sehen verfassungsrechtlich eine doppelte Kollision: zwischen Art. 4 aufseiten der areligiösen Eltern und Kinder und der staatlichen Schulhoheit, die in Art. 7 Abs. 1 anerkannt und in Art. 7 Abs. 5 speziell zur Errichtung von Gemeinschafts- und Bekenntnisschulen legitimiert ist, aber auch zwischen Art. 4 aufseiten der areligiösen und aufseiten der religiösen Eltern und Kinder. Diese Kollision lässt keinen Beteiligten ungeschoren, sie verlangt und rechtfertigt bei allen Beteiligten Beschränkungen. Das Ergebnis muss iS praktischer Konkordanz die verschiedenen betroffenen Grundrechtspositionen miteinander ausgleichen. – Zu den Problemen einer entsprechenden Kompromisslösung beim christlichen und islamischen Schulgebet vgl E 52, 223/235 ff (dazu *Böckenförde*, DÖV 1980, 323) und BVerwG, NVwZ 2012, 162 (dazu *Enders*, JZ 2012, 363). Zur Ablehnung der entsprechenden Kompromisslösung beim Kruzifix in Schulräumen vgl Rn 574; für die islamische Lehrerin mit Kopftuch hat E 108, 282/309 ff die Kompromisslösung dem Gesetzgeber überantwortet (vgl auch BVerwGE 121, 140/147 ff; zu den entsprechenden Neuregelungen *H. Hofmann*, NVwZ 2009, 74; *Thormann*, DÖV 2011, 945).

587 **Lösungsskizze zum Fall 9 (Rn 541):** I. Für die Entscheidung von P, den entsprechenden Prozentsatz der Einkommensteuer nicht für militärische Rüstung zu leisten, müsste der *Schutzbereich* der Gewissensfreiheit einschlägig sein. Es müsste sich um eine ernste, an den Kategorien von „Gut" und „Böse" orientierte Entscheidung handeln, die P als für sich verpflichtend erfährt. Das BVerfG bejaht eine Gewissensentscheidung, da die Entscheidung in der pazifistischen Überzeugung von P wurzelt, dieser ihre Durchsetzung zum wiederholten Mal mit rechtlichen Mitteln versucht hat und auch bereit ist, den entsprechenden Teil seiner

51 E 53, 366/399 ff; 72, 278/289; krit. *Wieland*, Staat 1986, 321/328 ff.
52 Vgl *Ehlers*, SA, Art. 140 Rn 8; Art. 140 iVm Art. 137 WRV Rn 6.
53 E 28, 243/261.

Steuerschuld einer friedensfördernden Verwendung zur Verfügung zu stellen. – II. Das BVerfG sieht in der Pflicht zur Steuerzahlung jedoch keinen *Eingriff* in die Gewissensfreiheit. Es stellt auf die strikte staatsorganisationsrechtliche Trennung von Steuererhebung und haushaltsrechtlicher Ausgabeentscheidung ab. Der Bürger als Steuerzahler hat keinen Einfluss auf die Ausgabeentscheidung und ist daher für sie auch nicht verantwortlich; seine individuelle Steuerschuld ist unabhängig vom Ausgabezweck. Dieser liegt allein in der Hand des vor dem Wähler verantwortlichen Parlaments. – Diese Überlegung des BVerfG überzeugt, wenn sich auch fragen lässt, ob sie erst den Eingriff in den Schutzbereich oder nicht schon dessen Einschlägigkeit ausschließt (so *Starck*, MKS, Art. 4 Rn 69).

Literatur: Zur Religions- und Weltanschauungsfreiheit: *M. Borowski*, Die Glaubens- und Gewissensfreiheit des Grundgesetzes, 2006; *H.M. Heinig/C. Walter* (Hrsg.), Staatskirchenrecht oder Religionsverfassungsrecht?, 2007; *P. Hoffmann*, Die Weltanschauungsfreiheit, 2012; *S. Korioth*, Freiheit der Kirchen und Religionsgemeinschaften, Hdb. GR IV, § 97; *S. Magen*, Körperschaftsstatus und Religionsfreiheit, 2004; *S. Muckel*, Religiöse Freiheit und staatliche Letztentscheidung, 1997; *G. Neureither*, Grundfälle zu Art. 4 I, II GG, JuS 2006, 1067; 2007, 20; *B. Pieroth/C. Görisch*, Was ist eine „Religionsgemeinschaft"?, JuS 2002, 937; *R. Poscher*, Vereinsverbote gegen Religionsgemeinschaften?, KritV 2002, 298; *U. Vosgerau*, Freiheit des Glaubens und Systematik des Grundgesetzes, 2007; *A. Voßkuhle*, Religionsfreiheit und Religionskritik – Zur Verrechtlichung religiöser Konflikte, EuGRZ 2010, 537; *J. Wieland*, Die Angelegenheiten der Religionsgesellschaften, Staat 1986, 321. – Zur Gewissensfreiheit: *H. Bethge*, Gewissensfreiheit, Hdb. StR[3] VII, § 158; *F. Filmer*, Das Gewissen als Argument im Recht, 2000; *D. Franke*, Gewissensfreiheit und Demokratie, AöR 1989, 7; *G. Klier*, Gewissensfreiheit und Psychologie, 1978; *H.H. Rupp*, Verfassungsprobleme der Gewissensfreiheit, NVwZ 1991, 1033. **588**

§ 13 Meinungs-, Informations-, Presse-, Rundfunk- und Filmfreiheit (Art. 5 Abs. 1 und 2)

Fall 10: Plakettentragen durch einen beamteten Lehrer im Dienst (nach BVerwGE 84, 292) **589**

L ist beamteter Lehrer an einer öffentlichen Schule. Er trägt auch im Unterricht sichtbar eine Ansteckplakette mit der Aufschrift: „Atomkraft? Nein danke!" Das zuständige Schulamt untersagt L das Tragen der Plakette im Schulbereich unter Berufung auf die einschlägige Bestimmung des Landesbeamtengesetzes, die § 53 des Bundesbeamtengesetzes entspricht: „Der Beamte hat bei politischer Betätigung diejenige Mäßigung und Zurückhaltung zu wahren, die sich aus seiner Stellung gegenüber der Gesamtheit und aus der Rücksicht auf die Pflichten seines Amtes ergeben." Verstößt die Untersagungsverfügung gegen die Meinungsfreiheit des L? **Rn 654**

I. Überblick

Das Grundrecht der Meinungsfreiheit steht im Zentrum der Herausbildung des Verfassungsstaats der Moderne. Zu Recht hat es das BVerfG mit den Worten der Erklärung der Menschen- und Bürgerrechte von 1789 („un des droits les plus précieux de l'homme") und des berühmten **590** amerikanischen Rechtslehrers Cardozo („the matrix, the indispensable condition of nearly every other form of freedom“) gewürdigt[1].

591 Art. 5 Abs. 1 enthält insgesamt fünf Grundrechte, neben

- der Meinungsfreiheit (S. 1 Hs. 1) als dem Recht, seine Meinung in Wort, Schrift und Bild frei zu äußern und zu verbreiten, noch
- die Informationsfreiheit (S. 1 Hs. 2) als das Recht, sich aus allgemein zugänglichen Quellen ungehindert zu unterrichten,
- die Pressefreiheit (S. 2 Var. 1),
- die Freiheit der Rundfunkberichterstattung (S. 2 Var. 2) und
- die Freiheit der Filmberichterstattung (S. 2 Var. 3).

Die Zusammenfassung aller fünf Grundrechte zu einer einheitlichen Kommunikationsfreiheit oder der letzten drei Grundrechte zu einer einheitlichen Medienfreiheit kann keine normativen Wirkungen über die einzelnen Grundrechte hinaus entfalten[2].

592 Einige dieser Grundrechte sind nicht vom Grundrechtsberechtigten („jeder hat das Recht ...“), sondern vom Schutzbereich her („die Pressefreiheit ...“) formuliert. Gleichwohl verbürgen auch sie subjektive Rechte. Für die Pressefreiheit hat das BVerfG das Verhältnis zwischen der subjektiv-rechtlichen und der objektiv-rechtlichen Funktion (vgl Rn 90 ff) richtig dahingehend bestimmt, dass „zunächst – entsprechend der systematischen Stellung der Bestimmung und ihrem traditionellen Verständnis – ein subjektives Grundrecht“ gewährt wird und die Bestimmung „zugleich auch eine objektiv-rechtliche Seite“ hat[3]. Aus dieser leitet es eine staatliche Schutzpflicht für die Presse und die grundsätzliche Zulässigkeit meinungsneutraler staatlicher Maßnahmen zur Förderung der Presse ab[4].

593 Die Regelung des Art. 5 Abs. 1 S. 3 („Eine Zensur findet nicht statt.“) ist kein selbstständiges Grundrecht, sondern nur eine für die Grundrechte des Art. 5 Abs. 1 geltende Schranken-Schranke. Eine weitere Schranken-Schranke enthält Art. 42 Abs. 3.

II. Schutzbereiche

1. Meinungsfreiheit (Art. 5 Abs. 1 S. 1 Hs.1)

a) Begriff

594 Meinungsäußerungen sind in erster Linie *Werturteile*, gleichgültig, auf welchen Gegenstand sie sich beziehen und welchen Inhalt sie haben. Sie können politische oder unpolitische, öffentliche oder private Angelegenheiten betreffen, vernünftig oder unvernünftig, wertvoll oder wertlos sein[5]. Sie können sogar beleidigend sein, wie sich aus der Schranke „Recht der persönlichen Ehre“ in Art. 5 Abs. 2 rückschließen lässt.

595 **Beispiele** aus der Rechtsprechung sind der Boykottaufruf, die Filme des nationalsozialistischen Regisseurs Veit Harlan nicht mehr zu spielen und zu besuchen (E 7, 198/217; vgl Rn 197); die Unterschriftensammlung eines Wehrdienstleistenden auf dem Kasernengelände gegen den in der Nähe geplanten Bau eines Kernkraftwerks (E 44, 197/202 f); der Brief eines

---

1 E 7, 198/208.
2 *Degenhart*, BK, Art. 5 Abs. 1 u. 2 Rn 20; *Jestaedt*, Hdb. GR IV, § 102 Rn 27.
3 E 20, 162/175.
4 E 80, 124/133 f.
5 E 61, 1/8; 65, 1/41.

Strafgefangenen, in dem beleidigende Äußerungen über den Anstaltsleiter fallen (E 33, 1/14 f); die Werbung mit dem Greenpeace-Symbol auf dem Briefumschlag (BVerwGE 72, 183/185 f); die kommerzielle Wirtschaftswerbung jedenfalls dann, wenn sie der Meinungsbildung dient (E 71, 162/175; 102, 347/359 f; 107, 275/280; weitergehend *Hufen*, StR II, § 25 Rn 9; krit. *Hochhuth*, S. 311 ff).

Seit alters wird diskutiert, ob auch *Tatsachenbehauptungen* unter die Meinungsäußerungen fallen. Beide lassen sich voneinander deutlich unterscheiden: Tatsachenbehauptungen sind wahr oder falsch, Meinungsäußerungen weder wahr noch falsch. Auch das Strafrecht knüpft bei den Beleidigungsdelikten (§§ 186 ff StGB) und auch beim Betrugstatbestand (§ 263 StGB) unterschiedliche Rechtsfolgen an eine Äußerung, je nachdem ob sie Meinungsäußerung oder Tatsachenbehauptung ist, und die Landespressegesetze gewähren einen Gegendarstellungsanspruch nur dann, wenn Tatsachenbehauptungen vorliegen. Daher wird gelegentlich vertreten, Tatsachenbehauptungen fielen aus dem Schutzbereich des Art. 5 Abs. 1 S. 1 heraus[6]. 596

Aber die Tatsachenbehauptung ist regelmäßig (zumindest stillschweigend) mit einem Werturteil des Behauptenden verbunden. Schon die Entscheidung, dass, wann, wo und wie eine Tatsache behauptet wird, hat wertende Qualität. Zum Rundfunk hat das BVerfG ausgeführt, dass alle Programme „durch die Auswahl und Gestaltung der Sendungen eine gewisse Tendenz haben, insbesondere soweit es um die Entscheidung darüber geht, was nicht gesendet werden soll, was die Hörer nicht zu interessieren braucht, was ohne Schaden für die öffentliche Meinungsbildung vernachlässigt werden kann, und wie das Gesendete geformt und gesagt werden soll"[7]. Im Schrifttum wird teilweise die Abgrenzung von Tatsachenbehauptungen und Werturteilen generell für unmöglich gehalten[8]. 597

Das *BVerfG* geht einen Mittelweg, indem es einen weiten Meinungsbegriff verwendet. Danach fällt eine Äußerung, die durch „die Elemente der Stellungnahme, des Dafürhaltens geprägt" ist, auch dann in den Schutzbereich des Art. 5 Abs. 1 S. 1, wenn „sich diese Elemente, wie häufig, mit Elementen einer Tatsachenmitteilung oder -behauptung verbinden oder vermischen"[9]. Die Verbindung und Vermischung geschieht besonders dadurch, dass Tatsachenbehauptungen „Voraussetzung der Bildung von Meinungen" sind[10]. Nur Tatsachenbehauptungen, die weder mit Werturteilen verbunden noch für die Bildung von Meinungen relevant sind, fallen aus dem Schutzbereich von Art. 5 Abs. 1 S. 1 Hs. 1 heraus, zB Angaben im Rahmen statistischer Erhebungen[11]. 598

Das BVerfG sieht „die erwiesen oder bewusst unwahre Tatsachenbehauptung nicht vom Schutz des Art. 5 Abs. 1 S. 1 umfasst", es sei nämlich die „unrichtige Information kein schützenswertes Gut"[12]. Daran ist richtig, dass bewusste Entstellungen der Wahrheit, die die Meinung des Äußernden nicht wiedergeben, auch nicht als dessen 599

6 Vgl *Huster*, NJW 1996, 487.
7 E 12, 205/260.
8 *Herzog*, MD, Art. 5 Abs. I, II Rn 51; *Schulze-Fielitz*, DR, Art. 5 I, II Rn 65.
9 E 61, 1/9; 90, 241/247; BVerfG, NJW 2011, 47/48.
10 E 85, 1/15.
11 E 65, 1/41.
12 E 61, 1/8; 85, 1/15; 99, 185/187; aA *Jestaedt*, Hdb. GR IV, § 102 Rn 36 ff; *Kloepfer*, VerfR II, § 61 Rn 9.

Meinungsäußerung geschützt sein können. Darüber hinaus kann es für den Schutzbereich nicht auf Wahrheitsbeweise, dh die objektive Richtigkeit von Tatsachen ankommen; Meinungsfreiheit ist immer auch die *Freiheit zum Irrtum*[13]. – Geschützt ist auch die Frage, die rhetorische wie die echte[14].

b) Äußern und Verbreiten in Wort, Schrift und Bild

600 Mit diesen Schutzbereichsmerkmalen ist die Form angesprochen, in der eine Meinung den Mitmenschen kundgegeben wird. Bei den Kundgabemodalitäten des Äußerns und Verbreitens in Wort, Schrift und Bild handelt es sich nur um beispielhafte Aufzählungen; das Äußern und das Verbreiten können zum einen nicht im Sinn fester Tatbestandsmerkmale streng voneinander getrennt werden[15] und geschehen zum anderen in immer wieder neuer Art und Weise[16]. Geschützt ist mit der Meinungskundgabe auch die Wahl ihres Orts und ihrer Zeit[17].

601 Eine Ausnahme ist lediglich in den Fällen zu machen, in denen eine Meinung einem anderen *aufgezwungen* werden soll. Das BVerfG hat immer wieder darauf hingewiesen, dass der Sinn und das Wesen des Grundrechts der Meinungsfreiheit darin liegt, „den *geistigen* Kampf der Meinungen" zu gewährleisten, der als elementare Grundvoraussetzung einer freiheitlichen demokratischen Staatsordnung anzusehen ist[18]. Entsprechend endet der Schutz des Art. 5 Abs. 1 S. 1 Hs. 1 dort, wo das Feld geistiger Auseinandersetzung verlassen wird und Druckmittel an Stelle von Argumenten zur Meinungsbildung eingesetzt werden (vgl Rn 199).

602 Zum Äußern und Verbreiten einer Meinung gehört nicht nur, dass sich der Äußernde und Verbreitende ihrer entledigt. Geschützt ist auch, dass die Meinung beim Adressaten ankommt, von ihm *empfangen* werden kann. Die Nichtweiterleitung von Gefangenenpost ist daher an Art. 5 Abs. 1 und 2 zu messen[19]. Allerdings wirkt dieser Schutz lediglich zu Gunsten dessen, der seine Meinung äußert und verbreitet. Dem Adressaten ist das Recht auf den Empfang nicht durch Art. 5 Abs. 1 S. 1 Hs. 1, sondern nur durch die Informationsfreiheit des Art. 5 Abs. 1 S. 1 Hs. 2 verbürgt, dh soweit es um den Empfang aus allgemein zugänglichen Quellen geht.

c) Negative Meinungsfreiheit

603 Art. 5 Abs. 1 S. 1 Hs. 1 gewährleistet ferner das Recht, Meinungen nicht zu äußern und nicht zu verbreiten[20], und schützt damit gleichzeitig davor, fremde Meinungen als eigene äußern und verbreiten zu müssen. Die Gewährleistung der negativen Meinungsfreiheit macht verständlich, dass das BVerfG statistische Angaben und Tatsachenbehauptungen und -mitteilungen ohne jedes Moment wertender Stellungnahme

---

13 Vgl *Schmalenbach*, JA 2005, 749; aA E 90, 241/249 betr. die sog. Auschwitzlüge; vgl *Wandres*, Die Strafbarkeit des Auschwitz-Leugnens, 2000, S. 276 ff.

14 E 85, 23/31 ff; BVerfG, NJW 2003, 661.

15 *Wendt*, MüK, Art. 5 Rn 17.

16 Vgl *Fiedler*, Meinungsfreiheit in einer vernetzten Welt, 2002.

17 E 93, 266/289.

18 E 25, 256/265.

19 E 35, 35/39; BVerfG, NJW 2005, 1341.

20 Vgl E 65, 1/40; krit. *Jestaedt*, Hdb. GR, § 102 Rn 42.

aus dem Meinungsbegriff herausfallen lassen will. Denn sie einzubeziehen würde bedeuten, dass die zahlreichen, besonders wirtschafts- und gewerberechtlichen Auskunfts- und Meldepflichten Eingriffe in die negative Meinungsfreiheit wären.

Beispiele: Die negative Meinungsfreiheit schützt vor der Pflicht zur Teilnahme an staatlich organisierten Grußbotschaften und Ergebenheitsadressen. – Bei staatlich verordneten Produkthinweispflichten, zB dem Aufdruck „Rauchen gefährdet die Gesundheit“, ist erkennbar, dass dies nicht die Meinung des Produktherstellers ist; daher beeinträchtigt eine derartige Verpflichtung zur Wiedergabe einer erkennbar fremden Meinung zwar Art. 12 Abs. 1, nicht aber Art. 5 Abs. 1 S. 1 Hs. 1 (E 95, 173/182; vgl *Hardach/Ludwigs*, DÖV 2007, 288). **604**

Die Gewährleistung der negativen Meinungsfreiheit macht weiter eine *Abgrenzung* zwischen den Schutzbereichen der Art. 5 Abs. 1 und 10 Abs. 1 erforderlich. Denn wie zur positiven Meinungsfreiheit gehört, dass die Meinung ihren Adressaten erreicht, so gehört zur negativen, dass die Meinung dem, dem der Äußernde und Verbreitende sie nicht zukommen lassen will, auch nicht zukommt. Das aber gewährleistet bei brieflichen, telefonischen und ähnlichen Mitteilungen auch Art. 10 Abs. 1: Sie sollen an niemanden anders als an den gelangen, an den sie gerichtet sind. Art. 10 Abs. 1 ist insoweit lex specialis. **605**

2. Informationsfreiheit (Art. 5 Abs. 1 S. 1 Hs. 2)

Informations*quelle* ist zum einen jeder denkbare *Träger* von Informationen, zum anderen der *Gegenstand* der Information selbst[21]. **606**

Beispiele: Zeitung, Rundfunk- und Fernsehsendung, Akte, Brief, mündliche Auskunft; Verkehrsunfall, Naturkatastrophe. In der Informationsfreiheit und nicht in der Presse- und Rundfunkfreiheit finden die Zeitungsleser bzw Rundfunkteilnehmer ihren Schutz (BVerfG, JZ 1989, 339). **607**

Allgemein zugänglich ist eine Informationsquelle dann, wenn sie „geeignet und bestimmt ist, der Allgemeinheit, also einem individuell nicht bestimmbaren Personenkreis, Informationen zu verschaffen“[22]. Dabei muss die Eignung und Bestimmung zur Information der Allgemeinheit eine tatsächliche oder, wie das BVerfG früher formuliert hat, technische sein, denn anders könnte der Staat durch rechtliche Regelungen oder Maßnahmen über die allgemeine Zugänglichkeit einer Informationsquelle entscheiden und durch vorweggenommene Verengung des Begriffs „allgemein zugängliche Quellen“ die Schranken des Art. 5 Abs. 2 unterlaufen[23]. Dass das BVerfG dem Staat inzwischen zuspricht, er dürfe den Zugang zu „einer im staatlichen Verantwortungsbereich liegenden Informationsquelle“ rechtlich bestimmen und beschränken, ohne dass dies als Eingriff an Art. 5 Abs. 2 GG zu messen sei[24], bricht mit dieser richtigen Einsicht ohne Grund. Nur Modalitäten des Zugangs können gesetzlich ausgestaltet werden (vgl Rn 628 f). **608**

21 *Herzog*, MD, Art. 5 Abs. I, II Rn 87; *Wendt*, MüK, Art. 5 Rn 22.
22 E 27, 71/83; 90, 27/32; 103, 44/60.
23 E 27, 71/83 ff.
24 E 103, 44/60; dagegen auch *Dörr*, Hdb. GR IV, § 103 Rn 30 f, 42 ff.

609 **Beispiele:** Eine Zeitung, die von der Post zum Abonnenten befördert wird, ist eine allgemein zugängliche Quelle, weil die Gesamtauflage allgemein zugänglich ist. Die Tatsache, dass das konkrete, von der Post beförderte Exemplar dem Zugriff für jedermann entzogen ist, ändert hieran nichts (E 27, 71/85). Besonders die Massenkommunikationsmittel der Presse, des Rundfunks, Fernsehens und Films sind grundsätzlich allgemein zugänglich, auch wenn sie aus dem Ausland kommen (E 90, 27/32). Im modernen Verfassungsstaat gilt das auch für die Gerichtsverhandlung (E 91, 125/143; aA E 103, 44/62: nur „Saalöffentlichkeit") und für das Grundbuch (vgl BVerfG, EuGRZ 2000, 484). Keine allgemein zugänglichen Quellen sind dagegen die Redaktion eines privaten Verlags (E 66, 116/137) und der Polizeifunk. Die immer schon fragwürdige Auffassung, auch die Behördenakten seien wegen ihrer rechtlichen Unzugänglichkeit keine allgemein zugänglichen Quellen (BVerfG, NJW 1986, 1243), ist durch die Informationsfreiheitsgesetze des Bundes und einiger Länder überholt (*Schoch*, Jura 2008, 25/30; *Wegener*, in: FS Bartlsperger, 2006, S. 165).

610 Geschützt ist *positiv* die Unterrichtung aus den allgemein zugänglichen Informationsquellen, dh der passive Empfang wie das aktive Beschaffen[25] mit seinen notwendigen Voraussetzungen, zB der Errichtung einer Parabolantenne[26]. Allerdings ist der Staat und sind auch die öffentlich-rechtlichen Rundfunkanstalten nicht verpflichtet, dem Bürger verfügbare Informationen zu beschaffen und zu präsentieren[27]. Neben der positiven ist auch hier eine *negative* Freiheit anzuerkennen. Sie besteht im Schutz vor unentrinnbar aufgedrängter Information[28].

3. Pressefreiheit (Art. 5 Abs. 1 S. 2 Var.1)

a) Begriff

611 Presse umfasst herkömmlich alle zur Verbreitung geeigneten und bestimmten Druckerzeugnisse. Zur Presse gehören nicht nur *periodisch* erscheinende Druckwerke, sondern auch solche, die *einmalig* gedruckt werden, nicht nur allgemein zugängliche, sondern auch gruppeninterne Publikationen. Darüber hinaus definieren die Landespressegesetze als Druckwerke inzwischen auch Ton- und Bildträger. Sie tragen damit einem auch für den Schutzbereich der Pressefreiheit bedeutsamen technischen und gesellschaftlichen Wandel Rechnung[29].

612 **Beispiele:** Periodisch erscheinende Zeitungen und Zeitschriften, auch die Schülerzeitung (im Unterschied zu der von der öffentlichen Schule verantworteten Schulzeitung; vgl *Hufen*, StR II, § 27 Rn 5) und die Werkszeitung (E 95, 28/35), einmalig gedruckte Bücher, Flugblätter, Handzettel, Aufkleber und Plakate, ton- und bildtragende Kassetten, CDs und DVDs sowie das Online-Archiv einer Zeitung (BVerfG, NJW 2012, 755).

b) Umfang der Gewährleistung

613 Der Schutz der Pressefreiheit reicht *positiv* „von der Beschaffung der Information bis zur Verbreitung der Nachrichten und Meinungen"[30]; „in seinem Zentrum steht die

25 E 27, 71/82 f.
26 E 90, 27/36 f.
27 VGH München, NJW 1992, 929/930; *Dörr*, Hdb. GR IV, § 103 Rn 75 ff.
28 *Dörr*, Hdb. GR IV, § 103 Rn 63 ff; *Kloepfer*, VerfR II, § 61 Rn 45.
29 *Bullinger*, Hdb. StR^3 VII, § 163 Rn 2; *Schulze-Fielitz*, DR, Art. 5 I, II Rn 90.
30 E 20, 162/176.

Freiheit der Gründung und Gestaltung von Presseerzeugnissen"[31]. Er erfasst auch pressefunktionswichtige Hilfstätigkeiten, allerdings nur die presseinternen, dh den Presseunternehmen organisatorisch eingegliederten Hilfstätigkeiten; für die presseexternen bleibt es beim Schutz anderer Grundrechte, besonders Art. 12 Abs. 1[32]. Die *negative* Pressefreiheit schützt vor Pflichten zur Veröffentlichung von staatlichen Aufrufen, Warnungen und Bulletins in privaten Presseerzeugnissen[33].

Beispiele: Bestimmung und Verwirklichung der Tendenz einer Zeitung (E 52, 283/296), inhaltliche und formale Gestaltung des Titelblatts (E 97, 125/144 f), Vertrieb einer Zeitung durch den Presse-Grossisten (E 77, 346/354 f). **614**

Grundrechtsberechtigt sind alle „im Pressewesen tätigen Personen und Unternehmen"[34]. Dazu gehören neben Verleger, Herausgeber, Redakteur und Journalist auch der Buchhalter im Presseunternehmen[35] und der Sachbearbeiter in der Anzeigenabteilung[36]. Daraus, dass die Pressefreiheit sowohl dem Verleger als auch dem Redakteur und dem Journalisten zusteht, können sich schwierige Drittwirkungsprobleme ergeben: Darf ein Verleger einem Redakteur und dieser einem Journalisten vorschreiben, über bestimmte Ereignisse nicht oder nur in bestimmter Weise zu berichten? Diese Fragen werden unter dem Stichwort der inneren Pressefreiheit diskutiert[37]. **615**

c) Verhältnis zu den Grundrechten aus Art. 5 Abs. 1 S. 1

Die Pressefreiheit ist kein Spezialfall der Meinungsfreiheit. Für den Schutz von Meinungsäußerungen bleibt es, auch wenn sie in der Presse publiziert werden, bei der Maßgabe von Art. 5 Abs. 1 S. 1 Hs. 1[38]. Der besondere Schutzbereich der Pressefreiheit bezieht sich darauf, dass „es um die im Pressewesen tätigen Personen in Ausübung ihrer Funktion, um ein Presseerzeugnis selbst, um seine institutionell-organisatorischen Voraussetzungen und Rahmenbedingungen sowie um die Institution einer freien Presse überhaupt geht"[39]. Sie ist ein Spezialfall der Informationsfreiheit, da sie die Beschaffung von Informationen nicht nur aus allgemein zugänglichen Quellen, sondern auch durch besondere Recherchen, Beobachtungen, Interviews etc. umfasst und dabei auch einen Informations- und Informantenschutz verlangt, dh die Geheimhaltung von Informationsquellen und das Vertrauensverhältnis zu den privaten Informanten[40]. Sie gewährleistet aber gegenüber öffentlichen Stellen keinen Anspruch auf Auskünfte[41] und erst recht nicht auf Film- oder Tonbandaufzeichnungen[42]; ein solcher Anspruch kann nur aus den Landespressegesetzen folgen. Obwohl kein Spezialfall der Meinungsfreiheit, teilt die Pressefreiheit mit ihr doch Abgrenzungsprobleme und auch deren Lösungskriterien. **616**

31 E 97, 125/144.
32 E 77, 346/354; krit. *Wendt*, MüK, Art. 5 Rn 33.
33 Vgl *Kloepfer*, VerfR II, § 61 Rn 62.
34 E 20, 162/175.
35 E 25, 296/304.
36 E 64, 108/114 f.
37 Vgl *Liesegang*, JuS 1975, 215; *Starck*, MKS, Art. 5 Abs. 1, 2 Rn 90 ff.
38 Vgl BVerfG, NJW 2003, 1110; krit. *Trute*, Hdb. GR IV, § 104 Rn 19.
39 E 85, 1/12 f; 113, 63/75; krit. *Heselhaus*, NVwZ 1992, 740.
40 E 36, 193/204; 107, 299/329 f; 117, 244/265 ff.
41 BVerwGE 70, 310/315; aA *Groß*, DÖV 1997, 133/134 f.
42 BVerwGE 85, 283/285.

617 **Beispiele:** Ebenso wie es für den Meinungsbegriff nicht auf den Inhalt ankommt, spielt es auch für den Pressebegriff keine Rolle, ob die Veröffentlichung ein bestimmtes Niveau besitzt (E 34, 269/283; 101, 361/389 f). Ähnlich wie die Einbeziehung von bloßen Tatsachenbehauptungen in den Schutz von Art. 5 Abs. 1 S. 1 Hs. 1 ist die Einbeziehung des Anzeigenteils, bei dem das Element der wertenden Stellungnahme durch das veröffentlichende Presseunternehmen fast ganz hinter der sachlichen Wiedergabe zurücktritt, in den Schutz der Pressefreiheit zum Problem geworden; das BVerfG hat sie bejaht (E 21, 271/278 f; 64, 108/114), und wenn der Schutz mit BGHZ 116, 47/54 auch auf die Anzeigenblätter ohne redaktionellen Teil erweitert wird, müssen ihm auch die der Zeitung nur beigelegten Werbematerialien unterfallen (*Hufen*, StR II, § 27 Rn 4).

4. Rundfunkfreiheit (Art. 5 Abs. 1 S. 2 Var.2)

a) Begriff

618 Rundfunk umfasst neben dem – in der Umgangssprache allein als Rundfunk bezeichneten – Hörfunk auch das Fernsehen („Hörrundfunk *und* Fernsehrundfunk“[43]). Rundfunk ist jede an eine unbestimmte Vielzahl von Personen gerichtete drahtlose oder drahtgebundene Übermittlung von Gedankeninhalten durch physikalische Wellen. Daher werden auch Kabelhörfunk und -fernsehen von der Rundfunkfreiheit erfasst, nicht aber das private Telefonat und Telefax, weil sie nicht an eine unbestimmte Vielzahl von Personen gerichtet sind[44]. Die Unterscheidung verschwimmt bei der zunehmenden Integration von Medien, Netzen und Diensten (sog. Medienkonvergenz); um Rundfunk handelt es sich insoweit nur, wenn auch eine redaktionelle Tätigkeit vorliegt[45].

b) Umfang der Gewährleistung

619 Wie die Pressefreiheit reicht auch die Rundfunkfreiheit von der Beschaffung der Information bis zur Verbreitung von Nachricht und Meinung; sie erstreckt sich auch auf die erforderlichen medienspezifischen Mittel wie den Einsatz von Aufnahme- und Übertragungsgeräten[46]. Gegenüber dem engen Wortlaut „Berichterstattung“ hat das BVerfG ausdrücklich klargestellt, dass das inhaltliche Spektrum nicht kleiner ist als bei der Pressefreiheit und dass „Information und Meinung … ebenso wohl durch ein Fernsehspiel oder eine Musiksendung vermittelt werden (können) wie durch Nachrichten oder politische Kommentare“[47]. Das Verhältnis zur Meinungsfreiheit ist wie bei der Pressefreiheit zu bestimmen (vgl Rn 616).

620 Grundrechtsberechtigt sind traditionell die *öffentlich-rechtlichen Rundfunkanstalten*. Zwar sind sie juristische Personen des öffentlichen Rechts und verneint das BVerfG grundsätzlich die Grundrechtsberechtigung der juristischen Personen des öffentlichen Rechts. Das BVerfG lässt aber dann etwas anderen gelten, „wenn ausnahmsweise die betreffende juristische Person des öffentlichen Rechts unmittelbar dem durch die

43 E 12, 205/226; 31, 314/315.
44 *Herzog*, MD, Art. 5 Abs. I, II Rn 194 f.
45 *Holznagel*, ZUM 1996, 16; *Jarass*, AfP 1998, 133/135; *Kloepfer*, VerfR II, § 61 Rn 86 f.
46 E 91, 125/134 f; 119, 309/318 f.
47 E 35, 202/222; ebenso *Herzog*, MD, Art. 5 Abs. I, II Rn 200 ff; krit. *Hochhuth*, S. 308 f.

Grundrechte geschützten Lebensbereich zuzuordnen ist“[48]. Die Rundfunkanstalten können das Grundrecht der Rundfunkfreiheit für sich in Anspruch nehmen, weil für sie das aus Art. 5 Abs. 1 S. 2 Var. 2 folgende Gebot der Staatsfreiheit des Rundfunks gilt[49]. Dadurch ergibt sich die Besonderheit, dass die Rundfunkanstalten gleichzeitig Grundrechtsberechtigte und als Bestandteil der vollziehenden Gewalt iSd Art. 1 Abs. 3 Grundrechtsverpflichtete sind. Dies wurde vom BVerfG für die Vergabe von Sendezeiten an politische Parteien ausdrücklich anerkannt[50]. Entsprechendes muss für die Landesmedienanstalten gelten[51].

Grundrechtsberechtigt sind auch *Private*, die Rundfunk veranstalten. Die Rundfunk- **621**
freiheit steht ohne Rücksicht auf öffentlich-rechtliche oder privatrechtliche Rechtsformen, kommerzielle oder nichtkommerzielle Betätigung jedem zu, der Rundfunk veranstaltet oder auch erst veranstalten will und sich um die erforderliche Rundfunklizenz bewirbt[52]. Die Grundrechtsberechtigung ist im Übrigen wie bei der Pressefreiheit (vgl Rn 615) zu bestimmen[53]. Nicht grundrechtsberechtigt sind die Rundfunkteilnehmer[54].

Die Rspr des BVerfG zum Rundfunk knüpft an dessen *Sondersituation* im Vergleich **622**
zur Presse an. Bis Anfang der 80er-Jahre ergab sie sich aus der Knappheit der verfügbaren Frequenzen und dem außergewöhnlich hohen finanziellen Aufwand für die Veranstaltung von Rundfunksendungen. In neuerer Zeit ist diese Situation nicht entfallen; sie hat sich nur dadurch verändert, dass sich die technischen Voraussetzungen der Veranstaltung und Verbreitung von Rundfunkprogrammen durch die Entwicklung neuer Medien verbessert haben und dass ein europäischer und sogar über Europa hinausreichender Rundfunkmarkt entstanden ist[55]. Nach wie vor bestimmt die verfassungsgerichtliche Rechtsprechung den Schutzbereich der Rundfunkfreiheit nach der Funktion des Rundfunks als Medium und Forum öffentlicher Meinungsbildung. Danach verlangt die Rundfunkfreiheit eine gesetzliche Ausgestaltung durch materielle, organisatorische und Verfahrensregelungen, die einen freien Kommunikationsprozess gewährleisten, dh sicherstellen, dass die Vielfalt der bestehenden Meinungen im Rundfunk in Breite und Vollständigkeit Ausdruck findet; insoweit versteht das BVerfG die Rundfunkfreiheit als normgeprägtes Grundrecht.

Im heutigen *dualen System*[56] haben die öffentlich-rechtlichen Rundfunkanstalten die **623**
Aufgabe der für die demokratische Ordnung und für das kulturelle Leben unerlässlichen „Grundversorgung“ der Bürger mit Rundfunksendungen, weil ihre terrestrischen Programme nahezu die gesamte Bevölkerung erreichen und sie zu einem inhaltlich umfassenden Programmangebot in der Lage sind[57]. Die Erfüllung dieser

48 E 31, 314/322; vgl Rn 174 f.
49 StRspr; vgl E 83, 238/322.
50 E 7, 99/103 f; 14, 121/133.
51 *Bumke*, Die öffentliche Aufgabe der Landesmedienanstalten, 1995, S. 197 ff; *Nolte*, in: Symposion Grimm, 2000, S. 161; vgl auch BayVerfGH, NVwZ 2006, 82; aA *Bethge*, NJW 1995, 557.
52 E 95, 220/234; 97, 298/311 f.
53 *Bethge*, DÖV 2002, 673/674.
54 BVerfG, NJW 1990, 311.
55 E 73, 118/121 ff.
56 Vgl *Stock*, JZ 1997, 583.
57 E 73, 118/158 f; 87, 181/198 ff.

Aufgabe ist vom Gesetzgeber auch finanziell zu gewährleisten; dabei ist wegen ihrer Programmneutralität die Gebührenfinanzierung die dem öffentlich-rechtlichen Rundfunk gemäße Finanzierungsart[58]. Das Angebot weitergehender Dienste und Programme, ua die Veranstaltung lokaler und regionaler Programme, darf ihnen nicht verwehrt werden; insofern gibt es eine Bestands- und Entwicklungsgarantie für den öffentlich-rechtlichen Rundfunk[59]. An Stelle des „äußeren Dualismus" eines Nebeneinander von öffentlichen und privaten Veranstaltern ist auch ein „innerer Dualismus" in Form privat-öffentlicher Veranstaltergemeinschaft zulässig[60].

624 Bezüglich der *privaten Veranstalter* beschränkt sich das BVerfG darauf, dem (Landes-)Gesetzgeber grundsätzlich freizustellen, auf eine Meinungsvielfalt durch viele Veranstalter zu setzen (Außenpluralismus) oder die Meinungsvielfalt durch organisatorische und inhaltliche Anforderungen an die Veranstalter zu sichern (Binnenpluralismus). Diese Anforderungen brauchen zwar nicht gleich hoch zu sein wie im öffentlich-rechtlichen Rundfunk, müssen aber auch nicht niedriger sein[61]. Wichtig ist, dass Staatsnähe, der bestimmende Einfluss einer Partei und auch sonst das Entstehen vorherrschender Meinungsmacht verhindert wird[62], auch bei lokalen und regionalen Programmen[63]. Das BVerfG verlangt vom (Landes-)Gesetzgeber Regelungen, die

- Informationsmonopole verhindern,
- ein Mindestmaß an inhaltlicher Ausgewogenheit, Sachlichkeit und gegenseitiger Achtung gewährleisten,
- bei privat-öffentlicher Veranstaltergemeinschaft eine Aushöhlung des öffentlichen Programmauftrags verhindern,
- eine begrenzte Staatsaufsicht (durch die Länder) vorsehen und
- den gleichen Zugang zur Veranstaltung privater Rundfunksendungen eröffnen[64].

5. Filmfreiheit (Art. 5 Abs. 1 S. 2 Var.3)

625 Unter Film versteht man eine Übermittlung von Gedankeninhalten durch Bilderreihen, die zur Projektion bestimmt sind[65]. Im Unterschied zum Rundfunk richtet sich der Film am Ort des Abspielens an die Öffentlichkeit[66]. Entsprechend der Rundfunkfreiheit (vgl Rn 676) erfasst die Filmfreiheit nicht nur dokumentarische Filme, sondern auch Spielfilme und alle anderen filmischen Meinungsäußerungen[67].

---

58 E 90, 60/90; 119, 181/219.
59 E 74, 297/327 ff.
60 E 83, 238/303 ff.
61 E 83, 238/316.
62 E 121, 30/51 ff.
63 BVerfG, NVwZ 2006, 201/203 f.
64 E 83, 238/296 f; 97, 228/257 f; *Schulze-Fielitz*, DR, Art. 5 I, II Rn 253 ff.
65 *Herzog*, MD, Art. 5 Abs. I, II Rn 198.
66 *Degenhart*, BK, Art. 5 I, II Rn 902; *Trute*, Hdb. GR IV, § 104 Rn 72.
67 *Jarass*, JP, Art. 5 Rn 51; *Kloepfer*, VerfR II, § 61 Rn 116; aA *Reupert*, NVwZ 1994, 1155.

III. Eingriffe

1. Meinungs-, Presse-, Rundfunk- und Filmfreiheit

Zu den Eingriffen zählen Verbote, Meinungen zu äußern und zu verbreiten, Sanktionen der Verbote, tatsächliche Be- oder Verhinderungen von Meinungsäußerungen und -verbreitungen und Beeinträchtigungen der technischen, organisatorischen und institutionellen Voraussetzungen, die Presseunternehmen und Rundfunkveranstalter sich für die Erfüllung ihrer Aufgaben geschaffen haben, sowie des Presse- und Rundfunkbetriebs. Eingriffe in die Rundfunkfreiheit liegen nicht vor, wenn Anforderungen an Rundfunkveranstalter und -veranstaltungen die Rundfunkfreiheit sichern; insoweit handelt es sich um Ausgestaltungen des normgeprägten (vgl Rn 225 ff) Grundrechts[68]. **626**

Beispiele für Eingriffe: Verbot des Vertriebs von jugendgefährdenden Schriften über den Versandhandel (E 30, 336/347); Verbot von Fernsehaufnahmen im und von Berichten aus dem Gerichtssaal (E 91, 125/135; 119, 309/318 ff; krit. *Pfeifle*, ZG 2010, 283); Aufnahme einer Zeitschrift in den Verfassungsschutzbericht (E 113, 63/77 f); Vernehmung von Journalisten, Durchsuchung von Redaktionsräumen und Sicherstellung bzw. Beschlagnahme von Presse-, Rundfunk- und Filmmaterial (E 20, 162/185 ff; 77, 65/77 ff; 117, 244/265 ff; BVerfG, NJW 2011, 1860, 1846; vgl *Schmidt-De Caluwe*, NVwZ 2007, 640); Erhebung von Daten über den Telefonverkehr von Presse- und Rundfunkveranstaltern (E 107, 299/330 f); Pflicht privater Rundfunkveranstalter, ihre Sendungen zu Zwecken der Rundfunkaufsicht aufzuzeichnen und der Landesmedienanstalt vorzulegen (E 95, 220/235 f). – Kein Eingriff, sondern eine Ausgestaltung des normgeprägten Grundrechts ist dagegen das Kurzberichterstattungsrecht (E 97, 228/267; *Bethge*, DÖV 2002, 673/680). **627**

2. Informationsfreiheit

Eingriffe in die Informationsfreiheit liegen vor, wenn der Zugang zur Information endgültig verwehrt oder nur zeitlich verzögert wird[69]. Auch die staatliche Erfassung und Registrierung der Informationsquelle, deren sich Bürger bedienen, stellen Eingriffe dar. Alle derartigen Maßnahmen greifen nicht erst dann ein, wenn sie sich auf alle allgemein zugänglichen Quellen beziehen, sondern schon wenn sie einer einzigen Informationsquelle gelten. Insofern beinhaltet Art. 5 Abs. 1 S. 1 Hs. 2 das Recht auf Auswahl zwischen mehreren zur Verfügung stehenden Informationsquellen. Kein Eingriff in die Informationsfreiheit liegt vor, wenn Modalitäten des Zugangs zu einer Informationsquelle bestimmt werden, ohne die es den Zugang schlechterdings nicht geben kann; insoweit ist die Informationsfreiheit normgeprägt[70]. **628**

Beispiele: Die grundsätzlich öffentliche Gerichtsverhandlung ist eine allgemein zugängliche Quelle und der dauernde oder zeitweise Ausschluss der Öffentlichkeit ein Eingriff. Ein Eingriff ist die Verweigerung von Rundfunkempfang für einen Untersuchungshäftling mit der Begründung, es stehe ihm frei, Zeitungen zu halten (E 15, 288/295 f), und das Anhalten einer an den Strafgefangenen adressierten Broschüre über Rechte im Strafvollzug (BVerfG, NJW 2005, 1341). Keine Eingriffe sind die Festlegung der Öffnungszeiten und die Erhebung von Eintrittsgebühren bei staatlichen Archiven, Bibliotheken und Museen. **629**

---

68 Vgl E 95, 220/235; 97, 228/266 f.
69 E 27, 88/98 f.
70 *Schoch*, Jura 2008, 25/29.

IV. Verfassungsrechtliche Rechtfertigung

1. Schranken

630 Die wichtigsten Schranken der Grundrechte aus Art. 5 Abs. 1 sind in Art. 5 Abs. 2 normiert. Deren bedeutsamste ist die Schranke der allgemeinen Gesetze. Daneben findet sich in Art. 17a ein Gesetzesvorbehalt, der für das Grundrecht der Meinungsfreiheit gilt. Auch die Eingriffsermächtigungen der Art. 9 Abs. 2, 18, 21 Abs. 2 können für die Grundrechte aus Art. 5 Abs. 1 von Bedeutung werden.

631 a) Die **Schranken des Art. 5 Abs. 2** werden durch förmliche Gesetze gezogen, die auch zur Schrankenziehung durch Rechtsverordnung und Satzung ermächtigen können. Alle diese Gesetze müssen **allgemein** iSv Art. 5 Abs. 2 sein (vgl Rn 273).

632 aa) **Allgemein** ist ein solches Gesetz nicht schon dann, wenn es abstrakt-generell formuliert ist. Wäre das der Fall, würde sich das Erfordernis der Allgemeinheit vollständig mit dem Verbot des Einzelfallgesetzes in Art. 19 Abs. 1 S. 1 decken und wäre daneben überflüssig. Ferner würden die allgemeinen Gesetze auch die weiteren Schranken der gesetzlichen Bestimmungen zum Schutze der Jugend und des Rechts der persönlichen Ehre schon mitumfassen. Es besteht Einigkeit, dass der Begriff der allgemeinen Gesetze in Art. 5 Abs. 2 eine bestimmte inhaltliche Qualität meint[71].

633 Schon zum insoweit gleich lautenden Art. 118 Abs. 1 S. 2 WRV wurde die sog. *Sonderrechtslehre* vertreten, die das Merkmal der nicht-allgemeinen, also der besonderen Gesetze darin erblickte, dass sie „eine an sich erlaubte Handlung allein wegen ihrer geistigen Zielrichtung und der dadurch hervorgerufenen schädlichen geistigen Wirkung verbieten oder beschränken“[72]. Die Sonderrechtslehre wurde auch dahin formuliert, dass allgemeine Gesetze „nicht eine Meinung als solche verbieten, sich nicht gegen die Äußerung der Meinung als solche richten“[73], wobei unter dem Spezifischen einer Meinung und ihrer Äußerung, das mit „als solche“ angesprochen ist, eben die geistige Zielrichtung und geistige Wirkung zu verstehen ist. Die Sonderrechtslehre begriff die besonderen Gesetze also als „Sonderrecht gegen die Meinungsfreiheit“[74].

634 **Beispiele:** Als Beispiel für ein besonderes Gesetz wurde in der Weimarer Staatsrechtslehre ein „Gesetz, das die Verbreitung kommunistischer oder faszistischer oder atheistischer oder bibelwidriger Lehrmeinungen verbietet“, angeführt (*Anschütz*, Die Verfassung des Deutschen Reichs, 14. Aufl. 1933, Art. 118 Anm. 3), als Beispiel für allgemeine Gesetze die meisten Strafgesetze und die allgemeinen Polizeigesetze.

635 Diese Sonderrechtslehre wahrt die *Freiheit des Geistes*; sie traut und mutet der Gesellschaft einen freien Prozess des Austauschs und auch Konflikts zwischen Meinungen zu, solange nicht ein „Einbruch vom Gebiet des Überzeugens in das Gebiet des unmittelbaren Handelns erfolgt“[75]. Sie erhellt, warum dem Vorbehalt der allgemeinen Gesetze noch die Schranken des Ehren- und Jugendschutzes beigefügt wurden: Ge-

---

71 *Herzog*, MD, Art. 5 Abs. I, II Rn 252 ff; *Starck*, MKS, Art. 5 Rn 197.
72 *Häntzschel*, in: Anschütz/Thoma, Handbuch des Deutschen Staatsrechts II, 1932, S. 651/659 f.
73 *Anschütz*, VVDStRL 4, 1928, 74/75.
74 *Häntzschel*, aaO.
75 *Häntzschel*, aaO.

setze zum Schutze der Jugend und der Ehre sind Sonderrecht gegen die Meinungsfreiheit, denn sie beschränken oder verbieten Meinungsäußerungen wegen ihrer geistigen Zielrichtung und Wirkung und mussten daher neben den allgemeinen Gesetzen *gesondert* aufgeführt werden.

Aber schon unter der WRV wurde die Sonderrechtslehre als formalistisch, ihr Begriff des allgemeinen Gesetzes als formal kritisiert und ein *materialer Begriff* des allgemeinen Gesetzes gefordert. Danach sollten als allgemeine Gesetze diejenigen gelten, „die deshalb den Vorrang vor Art. 118 haben, weil das von ihnen geschützte gesellschaftliche Gut wichtiger ist als die Meinungsfreiheit“[76]. In diesem Sinn sollte es zB die „materiale Überwertigkeit des Strafrechtsgutes gegenüber dem Grundrechtsgut (sein), die dem Strafrecht den Vorzug gibt“[77]. Die Feststellung, ob ein Gesetz allgemein ist, ist danach das Ergebnis einer Abwägung, und *Smend* selbst hat gesehen: „Derartige Abwägungsverhältnisse können schwanken …“[78]. **636**

Diese Weimarer Konkurrenz zwischen herrschender Sonderrechtslehre und Abwägungslehre fand das *BVerfG* vor, als es sich im *Lüth-Urteil*[79] erstmals mit dem Begriff des allgemeinen Gesetzes zu befassen hatte. Es hat seitdem einfach beide Lehren kombiniert und versteht in ständiger Rechtsprechung unter allgemeinen Gesetzen die Gesetze, die sich weder gegen bestimmte Meinungen als solche richten noch Sonderrecht gegen den Prozess freier Meinungsbildung darstellen[80], „die vielmehr dem Schutze eines schlechthin, ohne Rücksicht auf eine bestimmte Meinung, zu schützenden Rechtsguts dienen, dem Schutze eines Gemeinschaftswerts, der gegenüber der Betätigung der Meinungsfreiheit den Vorrang hat“[81]. Diese Formel lässt die Sonderrechtslehre intakt; sie will nur deren freiheitssichernde Wirkung durch das zusätzliche Erfordernis, dass mit dem allgemeinen Gesetz nicht ein beliebiger, sondern nur ein besonders wertvoller Zweck verfolgt werden darf, verstärken. **637**

Was das BVerfG in Aufrechterhaltung der Sonderrechtslehre verlangt, ist – zu einem Leitbegriff zusammengezogen – die *Meinungsneutralität* der allgemeinen Gesetze. Meinungsneutralität bedeutet, dass ein Gesetz nicht zu bestimmten Meinungsinhalten bekehren oder von bestimmten Meinungsinhalten abbringen darf (Verbot der Meinungsmissionierung) und nicht die Wertlosigkeit oder Schädlichkeit von Meinungsinhalten zu Tatbestandsvoraussetzungen von Eingriffen machen darf (Verbot der Meinungsdiskriminierung). Meinungsneutralität spielt auch in die Verhältnismäßigkeitsprüfung hinein und verlangt, dass das Gesetz sich als geeignet und erforderlich zur Erreichung eines legitimen Zwecks begründen lassen muss, ohne dass die Begründung auf den inhaltlichen Wert und die geistige Wirkung von Meinungen abstellt[82]. **638**

Der Ergänzung durch die Abwägungslehre kommt dabei dieselbe Bedeutung wie sonst der *Verhältnismäßigkeit ieS* zu (vgl Rn 299 ff). Die Prüfung, wie wertvoll die **639**

---

76 *Smend*, VVDStRL 4, 1928, 44/51.
77 *Smend*, aaO.
78 AaO, S. 53.
79 E 7, 198.
80 Vgl E 95, 220/235 f.
81 E 7, 198/209 f.
82 *Hoffmann-Riem*, JZ 1986, 494; *Hong*, DVBl. 2010, 1267; *Schlink*, Staat 1976, 335/353 ff.

Verfolgung des Gesetzeszwecks und die Betätigung der Meinungsfreiheit sind und ob das Rangverhältnis zwischen Gesetzeszweck und Meinungsfreiheit stimmt, ist eine das Ergebnis der vorangegangenen Prüfschritte in den Blick nehmende Stimmigkeitskontrolle, die, wenn sie unbefriedigend ausfällt, zunächst die nochmalige Kontrolle der vorausgegangenen Prüfschritte verlangt und nur als letzten Ausweg die Korrektur unter Hinweis auf das Abwägungsverhältnis erlaubt[83].

640 Das BVerfG hat noch einen weiteren Aspekt der Eingriffsrechtfertigung, der auch bei den übrigen Grundrechten einschlägig ist, bei Art. 5 Abs. 2 begrifflich verselbstständigt. Es verlangt „eine Wechselwirkung in dem Sinne, dass die ‚allgemeinen Gesetze' zwar dem Wortlaut nach dem Grundrecht Schranken setzen, ihrerseits aber … in ihrer das Grundrecht begrenzenden Wirkung selbst wieder eingeschränkt werden müssen"[84]. Dieser sog. *Wechselwirkungslehre*, auch spöttisch Schaukeltheorie genannt, kommt hier dieselbe Bedeutung zu wie sonst dem Grundsatz der *verfassungskonformen Auslegung*[85]. Sie stellt die Auslegung der allgemeinen Gesetze unter „die Vermutung für die Zulässigkeit der freien Rede"[86].

641 Diese Vermutung hat nicht nur auf der sog. *Auslegungsebene* für die Interpretation des allgemeinen Gesetzes, sondern auch auf der sog. *Deutungsebene* für die Interpretation der Meinungsäußerung Bedeutung, um deren Beschränkung es geht. Sie verlangt dabei, eine öffentliche Äußerung, die sich auf verschiedene Weise deuten lässt, der rechtlichen Würdigung weder in der Perspektive des Äußernden noch der des Rezipienten, sondern in einer objektiven Perspektive grundsätzlich in der Deutung zugrundezulegen, in der sie mit anderen Rechtsgütern nicht in Konflikt kommt[87]; mindestens muss diese konfliktfreie Deutungsvariante vom Fachgericht erkannt worden sein, ehe sie mit guten Gründen zu Gunsten einer konfliktträchtigen Deutungsvariante verworfen wird[88]. Dieser Grundsatz der wohlwollenden Deutung wirkt allerdings umso schwächer, je mehr in einer Äußerung die wertenden hinter den tatsächlichen Elementen zurücktreten[89]; das BVerfG will ihn, was nicht überzeugen kann, bei zukünftigen Äußerungen schwächer wirken lassen als bei vergangenen[90].

641a **Lösungstechnischer Hinweis:** Die Wechselwirkungslehre als spezieller Fall der verfassungskonformen Auslegung ist bei der Prüfung zu beachten, ob Art. 5 Abs. 1 durch ein Gesetz verletzt ist: Von mehreren möglichen Auslegungen des Gesetzes ist nur diejenige erforderlich und damit verhältnismäßig, die die freie Rede am wenigsten beschränkt. Dagegen ist die Vermutung für die Zulässigkeit der freien Rede auf der Deutungsebene bei der Prüfung zu beachten, ob Art. 5 Abs. 1 durch eine Maßnahme der vollziehenden oder der rechtsprechenden Gewalt verletzt ist: Von mehreren möglichen Deutungen der Meinungsäußerung haben die vollziehende und die rechtsprechende Gewalt diejenige zu Grunde zu legen, die nicht zur Anwendung des Gesetzes führt; nur dann ist ihre Maßnahme verhältnismäßig.

83 Vgl auch *Starck*, MKS, Art. 5 Rn 200 f.
84 E 7, 198/208 f; vgl auch E 71, 206/214.
85 *Herzog*, MD, Art. 5 Abs. I, II Rn 264.
86 E 54, 129/137; 93, 266/294; aA *Maurer*, StR, § 9 Rn 65.
87 Vgl E 82, 43/52 f.
88 E 94, 1/9.
89 E 85, 1/16 f.
90 E 114, 339/350 f; krit. auch *Teubel*, AfP 2006, 20; *Meskouris*, Staat 2009, 355.

Unter den Begriff des allgemeinen Gesetzes fällt vor allem die große Menge der Gesetze, die das nicht nur geistige, sondern handfeste und tatkräftige *Wirken* der Menschen regeln. 642

Beispiele: Meinungsneutral sind etwa die ordnungs- und polizeirechtliche Generalklausel (BVerwGE 84, 247/256), die meisten Bestimmungen des Straf-, Strafprozess- und Strafvollzugsrechts, die Bestimmungen des Straßenverkehrs-, Bau-, Gewerberechts, aus dem BGB der Folgenbeseitigungsanspruch gem. §§ 823, 1004 analog (BVerfG, NJW 1997, 2589). Meinungsneutral ist aber auch das Rechtsberatungsgesetz, das auch die Erteilung von Rechtsrat in den Medien beschränkt (vgl *Ricker*, NJW 1999, 449/452). – Das BVerfG hat überhaupt erst einer Bestimmung die Qualität eines allgemeinen Gesetzes abgesprochen: der Genehmigungspflicht für die Veröffentlichung von Stellenangeboten für die Beschäftigung von Arbeitnehmern im Ausland (E 21, 271/280; vgl aber E 74, 297/343). 643

Einige Bestimmungen des *politischen Strafrechts* und auch des *Beamtenrechts* verbieten allerdings zum Schutz der freiheitlichen demokratischen Grundordnung bestimmte Meinungsäußerungen und -betätigungen. Die beamtenrechtlichen Bestimmungen, die das Äußern und Betätigen von Meinungen lediglich einem Mäßigungs- und Zurückhaltungsgebot unterwerfen (vgl Rn 654) und die strafrechtlichen Bestimmungen, die sich bloß auf die verunglimpfende Art und Weise beziehen, in der Meinungen geäußert und betätigt werden (§§ 90 ff StGB), haben vor Art. 5 Abs. 2 deswegen Bestand, weil sie nicht mit dem inhaltlichen Wert oder der geistigen Wirkung von Meinungsinhalten begründet werden müssen, sondern mit der *Art und Weise* ihrer Äußerung und Betätigung, dh mit dem oft nur schwer zu präzisierenden und in der Rechtsprechung gelegentlich auch falsch präzisierten, aber insgesamt deutlichen und traditionsreichen Unterschied von Form und Inhalt. 644

Neuerlich will das BVerfG allerdings eine unverständliche Ausnahme vom Allgemeinheitserfordernis meinungsbeschränkender Gesetze machen und für „Meinungsäußerungen, die eine positive Bewertung des nationalsozialistischen Regimes in seiner geschichtlichen Realität zum Gegenstand haben", Sonderrecht zulassen[91]. Diese Meinungsäußerungen seien vor dem Hintergrund der nationalsozialistischen Vergangenheit „mit anderen Meinungsäußerungen nicht vergleichbar" und könnten „im Ausland tiefgreifende Beunruhigung auslösen". Für sie eine ungeschriebene Ausnahme zu machen und Sonderrecht zuzulassen hält das BVerfG für geboten, weil ein „historisch zentrales Anliegen aller an der Entstehung wie Inkraftsetzung des Grundgesetzes beteiligten Kräfte es verlange"[92] – als hätten diese Kräfte ihre zentralen Anliegen nicht ausdrücklich ins Grundgesetz schreiben können und auch geschrieben. 645

Beispiel: Als Sonderrecht akzeptiert das BVerfG (E 124, 300) § 130 Abs. 4 StGB und dessen Auslegung dahin, dass eine Versammlung mit dem Thema „Gedenken an Rudolf Heß" und unter dem Motto „Seine Ehre galt ihm mehr als die Freiheit" verboten werden kann; die Bestimmung und ihre Auslegung entspreche, so das BVerfG, auch dem Verhältnismäßigkeitsgrundsatz. 645a

91 E 124, 300/331; krit. *Barczak*, StudZR 2010, 309/314; *Enders*, in: FS Wahl, 2011, S. 283/301; *Höfling/Augsberg*, JZ 2010, 1088; *Hong*, DVBl. 2010, 1267/1271; *Jestaedt*, Hdb. GR IV, § 102 Rn 68; *Lepsius*, Jura 2010, 527/533; *Martini*, JöR 2011, 279.

92 E 124, 300/328 f.

646 **bb)** Auch beim **Recht der persönlichen Ehre und des Jugendschutzes** müssen Gesetzgebung und Verwaltung „das eingeschränkte Grundrecht im Auge behalten und übermäßige Einengungen der Meinungsfreiheit vermeiden“[93]. Gerade bei Konflikten mit dem Recht der persönlichen Ehre gilt die Vermutung für die Zulässigkeit der freien Rede; sie findet ihre Grenze, wenn die Meinungsäußerung kein Thema von allgemeiner, öffentlicher Bedeutung zum Gegenstand hat, die Menschenwürde angreift, eine Formalbeleidigung oder Schmähkritik darstellt, Erst- statt Gegenschlag ist, auf rechtswidrig erlangter Information beruht oder wenn ihr Tatsachengehalt unrichtig ist und nicht sorgfältig geprüft wurde[94]. Die Pressefreiheit tritt gegenüber dem Recht der persönlichen Ehre eher bei Bild- als bei Wortveröffentlichungen zurück[95].

647 **Beispiele:** Der Satz „Soldaten sind Mörder“ kann nicht nur als (strafbare) Kollektivbeleidigung der Soldaten der Bundeswehr, sondern auch als (grundrechtlich geschützte) Äußerung gegen das Soldatentum und Kriegshandwerk schlechthin verstanden werden (E 93, 266/298; vgl dazu *Mager,* Jura 1996, 405). Er muss auch nicht dahin gedeutet werden, Soldaten seien „Straftäter …, die sich einer vorsätzlichen Tötung unter Verwirklichung eines der Mordmerkmale des § 211 StGB schuldig gemacht haben“ (BVerfG, NJW 1994, 2943). – Zivil- und strafrechtliche Bestimmungen zum Schutz der Ehre, die unwahre Äußerungen untersagen, dürfen nicht im Sinne einer so hohen Darlegungslast des Äußernden interpretiert werden, dass sie sich auf den generellen Gebrauch des Grundrechts der Meinungsfreiheit abschreckend auswirken (E 85, 23/34); zB muss die Berufung auf unwidersprochene Pressemitteilungen ausreichen (E 85, 1/21 f), solange deren Unwahrheit vom Angegriffenen nicht substantiiert dargelegt und bewiesen ist (E 99, 185/199), und darf ein Staatsanwalt als „durchgeknallt“ bezeichnet werden, wenn es einen gewissen Sachbezug hat und nicht nur der Diffamierung dient (BVerfG, NJW 2009, 3016). – Wenn Äußerungen über andere wahr sind, müssen deren Persönlichkeitsinteressen regelmäßig zurücktreten, und sie müssen es besonders, wenn die Äußerungen außerdem für die Persönlichkeitsentfaltung des Äußernden wichtig sind (E 97, 391/401 ff). – Der Jugendschutz deckt das Verbot der Ausstrahlung pornographischer Fernsehfilme nur, wenn auch tatsächlich verhindert wird, dass Minderjährige die Filme sehen (BVerwGE 116, 5/23 ff).

648 **b)** Der Gesetzesvorbehalt des **Art. 9 Abs. 2** (vgl Rn 807) und der Regelungsvorbehalt zur Verfassungswidrigkeitserklärung gem. **Art. 21 Abs. 2 und 3** rechtfertigen Vereinigungs- und Parteiverbote und damit Verbote der vereins- und parteimäßigen Äußerung und Betätigung gegen die freiheitliche demokratische Grundordnung gerichteter Meinungen. Dieses Vereinigungs- und Parteiverbotsrecht (§§ 3 ff VereinsG, §§ 32 f PartG) ist kein allgemeines Recht und muss es wegen der besonderen Vorbehalte auch nicht sein; es ist ebenso durch diese Vorbehalte legitimiertes Sonderrecht wie die Bestimmungen des Strafrechts, die dem Vollzug der Verbote dienen (§§ 84 ff StGB). Ein darüber hinaus gehendes Vorgehen gegen Meinungsäußerungen und -betätigungen, die sich gegen die freiheitliche demokratische Grundordnung richten, ist Sonderrecht, das an Art. 5 Abs. 2 scheitert.

649 **Beispiel:** Die Bestrafung der Verbreitung von „Propagandamitteln, die nach ihrem Inhalt dazu bestimmt sind, Bestrebungen einer ehemaligen nationalsozialistischen Organisation fortzusetzen“ (§ 86 Abs. 1 Nr 4 StGB), ist, soweit sie sich nicht auf den Vollzug des durch Besatzungs-

---

93 E 93, 266/290; vgl auch BVerfG, NJW 2008, 1654; 2010, 2193; 2012, 1273.

94 Vgl *Lenski*, Personenbezogene Massenkommunikation als verfassungsrechtliches Problem, 2007, S. 209 ff; *Seyfarth*, NJW 1999, 1287.

95 BVerfG, NJW 2011, 740; 2012, 756.

recht erfolgten Verbots der NSDAP beschränkt und an den inhaltlichen Wert einer Meinung anknüpft, verfassungswidrig (*v. Dewitz*, NS-Gedankengut und Strafrecht, 2006, S. 240 ff; *Hamdan*, Jura 2008, 169/171).

c) Auch zum Schutz der Streitkräfte müssen die einschränkenden Gesetze nicht allgemein sein. **Art. 17a Abs. 1** ermöglicht im Sinne eines einfachen Gesetzesvorbehalts[96] gesetzliche Einschränkungen der Meinungsfreiheit für Soldaten. **650**

2. Zensurverbot (Art. 5 Abs. 1 S. 3)

Zu den allgemeinen, bei allen Grundrechtseingriffen geltenden Schranken-Schranken tritt für Art. 5 Abs. 1 und 2 mit dem Zensurverbot eine spezielle Schranken-Schranke hinzu. Sie gilt entsprechend ihrer systematischen Stellung grundsätzlich für alle Grundrechte des Abs. 1. Auf die Informationsfreiheit will das BVerfG diese Vorschrift hingegen nicht anwenden. Das Zensurverbot schütze „der Natur der Sache nach" nur den Hersteller eines Geisteswerkes, nicht aber dessen Bezieher und Leser[97]. **651**

Zensur iSd Art. 5 Abs. 1 S. 3 ist ein präventives Verfahren, „vor dessen Abschluss ein Werk nicht veröffentlicht werden darf"[98]. Dazu gehören auch Eingriffe in die Grundrechte des Abs. 1, deren Folgen einem präventiven Verfahren faktisch gleichkommen[99]. Erfasst ist nur die sog. *Vor- oder Präventivzensur*[100]. Nachträgliche Kontroll- und Repressionsmaßnahmen (Nachzensur) sind dagegen solange zulässig, als sie sich im Rahmen der dargestellten Schranken des Art. 5 Abs. 2 halten. **652**

Aus der dogmatischen Einordnung des Zensurverbots als Schranken-Schranke folgt, dass es selbst nicht den Schranken Art. 5 Abs. 2 unterliegen kann. Erwägungen, die etwa eine Zensur durch Jugend- und Ehrschutzbestimmungen für zulässig halten wollen, sind daher abzulehnen[101]. **653**

Lösungsskizze zum Fall 10 (Rn 589): I. Der *Schutzbereich* des Art. 5 Abs. 1 S. 1 Hs. 1 ist einschlägig, da das Tragen einer Ansteckplakette mit der Aufschrift „Atomkraft? Nein Danke!" eine Meinungsäußerung darstellt. – II. Die Untersagungsverfügung beinhaltet das Verbot gegenüber L, seine Meinung auf eine bestimmte Art, nämlich durch das Tragen der Plakette im Schulbereich zu äußern, und ist daher ein *Eingriff*. – III. Die Untersagungsverfügung auf der Grundlage der genannten Norm ist *verfassungsrechtlich gerechtfertigt*, wenn diese Vorschrift durch die Schranken des Art. 5 Abs. 2 gedeckt ist und auch ihre Anwendung im konkreten Fall nicht gegen die Meinungsfreiheit verstößt. 1. § 53 des Bundesbeamtengesetzes und die ihm entsprechenden landesrechtlichen Vorschriften müssten „*allgemeine Gesetze*" iSd Art. 5 Abs. 2 sein. In der Auseinandersetzung zwischen Abwägungslehre und Sonderrechtslehre ist grundsätzlich der Letzteren der Vorzug zu geben. Die genannten Normen über die Mäßigungs- und Zurückhaltungspflicht des Beamten verfolgen keinen missionarischen Eingriffszweck; sie bezwecken nicht, den Einzelnen zu bestimmten Mei- **654**

96 *Ipsen*, BK, Art. 17a Rn 21 ff..
97 Vgl E 27, 88/102; 33, 52/65 ff; *Herzog*, MD, Art. 5 Abs. I, II Rn 297; aA *Deumeland*, KUR 2001, 121/123.
98 E 87, 209/230.
99 *Bethge*, SA, Art. 5 Rn 135b; unklar E 87, 209/232 f.
100 *Jarass*, JP, Art. 5 Rn 63; *Stern*, StR IV/1, S. 1480 ff; aA *Hoffmann-Riem*, AK, Art. 5 Rn 93.
101 E 33, 52/72.

nungsinhalten zu bekehren oder von bestimmten Meinungsinhalten abzubringen. Sie stellen auch kein diskriminierendes Eingriffsmittel dar, da sie nicht die Wertlosigkeit oder Schädlichkeit von Meinungsinhalten zu Tatbestandsvoraussetzungen von Eingriffen machen. Sodann müssen sie sich als geeignet und erforderlich zur Erreichung eines legitimen Zwecks begründen lassen, ohne dass die Begründung auf den inhaltlichen Wert und die geistige Wirkung von Meinungsinhalten abstellt. Zweck dieser Vorschrift ist, die Funktionsfähigkeit des Beamtentums dadurch zu gewährleisten, dass zum einen im Rahmen des Dienstbetriebs störende politische Auseinandersetzungen vermieden werden und dass zum andern das Vertrauen der Öffentlichkeit in die politische Neutralität der Amtsführung nicht beeinträchtigt wird. Dies ist als hergebrachter Grundsatz des Berufsbeamtentums iSd Art. 33 Abs. 5 (vgl Rn 1128) ein legitimer Zweck. Ob die Eignung und Erforderlichkeit der Mäßigungs- und Zurückhaltungspflicht begründet werden kann, ohne dass auf die geistige Wirkung abgestellt wird, lässt sich bezweifeln; denn bei den befürchteten Störungen des Dienstbetriebs geht es nicht um Handgreiflichkeiten, sondern um Geistiges, und auch bestehendes oder mangelndes Vertrauen der Bevölkerung sind geistige Phänomene. Die Rechtfertigung gelingt nur, wenn auf den Unterschied von Form und Inhalt und darauf abgestellt wird, dass der Beamte jeden Meinungsinhalt äußern kann und lediglich in der Form der Äußerung Mäßigung und Zurückhaltung wahren muss. Dass diese Pflicht gänzlich unangemessen wäre, ist nicht erkennbar. – 2. Die *Anwendung* der Bestimmung auf L könnte den Art. 5 Abs. 1 S. 1 Hs. 1 verletzen, insbesondere könnte sie unverhältnismäßig sein. Die Verwirklichung des Zwecks der Mäßigungs- und Zurückhaltungspflicht hängt vor allem von zwei Faktoren ab: ob die Meinungsäußerung innerhalb oder außerhalb des Dienstes getätigt wurde und welches konkrete Amt der Beamte bekleidet. Die normativen Anforderungen an die Amtsführung eines beamteten Lehrers werden neben den allgemeinen beamtenrechtlichen Pflichten durch die landesrechtlichen Vorschriften über den Erziehungsauftrag der öffentlichen Schule und die Grundrechte der Eltern und Schüler bestimmt. Daraus ergibt sich als Inhalt der Mäßigungs- und Zurückhaltungspflicht für Lehrer besonders, dass sie die Schüler nicht indoktrinieren, dh nicht autoritär, einseitig und unsachlich beeinflussen dürfen. Das Plakettentragen stellt nicht die in der öffentlichen Schule gebotene sachlich-argumentative, diskursive Auseinandersetzung mit strittigen politischen und weltanschaulichen Fragen dar und ist insofern als Verstoß gegen die beamtenrechtliche Mäßigungs- und Zurückhaltungspflicht zu werten (BVerwGE 84, 292/296 ff). Die Gegenauffassung (zB VG Berlin, NJW 1979, 2629/2630) argumentiert, dass die Gefahr der einseitigen Beeinflussung durch das Tragen von Plaketten nicht größer sei als bei sonstigen Meinungsäußerungen des Lehrers im Unterricht; dabei wird übersehen, dass auch sonstige Meinungsäußerungen jedenfalls nicht einseitig beeinflussend sein dürfen. Die Untersagungsverfügung verletzt den L nicht in seiner Meinungsfreiheit.

655 **Literatur:** *H. Bethge*, Die Freiheit des privaten Rundfunks, DÖV 2002, 673; *M. Bullinger*, Freiheit von Presse, Rundfunk, Film, Hdb. StR^3 VII, § 163; *D. Dörr*, Informationsfreiheit, Hdb. GR IV, § 103; *V. Epping/S. Lenz*, Das Grundrecht der Meinungsfreiheit (Art. 5 I 1 GG), Jura 2007, 881; *C. Fiedler*, Die formale Seite der Äußerungsfreiheit, 1999; *B. Geier*, Grundlagen rechtsstaatlicher Demokratie im Bereich der Medien, Jura 2004, 182; *M. Hochhuth*, Die Meinungsfreiheit im System des Grundgesetzes, 2007; *M. Jestaedt*, Meinungsfreiheit, Hdb. GR IV, § 102; *A. Koreng*, Zensur im Internet, 2010; *K.-H. Ladeur/T. Gostomzyk*, Rundfunkfreiheit und Rechtsdogmatik – Zum Doppelcharakter des Art. 5 I 2 GG in der Rechtsprechung des BVerfG, JuS 2002, 1145; *M. Nolte/C.J. Tams*, Grundfälle zu Art. 5 I 1 GG, JuS 2004, 111, 199, 294; *F. Schoch*, Das Grundrecht der Informationsfreiheit, Jura 2008, 25; *H. Wolter*, Meinung – Tatsache – Einstufung – Deutung, Staat 1997, 426; *R. Zimmermann*, Die Meinungsfreiheit in der neueren Rechtsprechung des Bundesverfassungsgerichts, NJ 2011, 145.

§ 14 Kunst- und Wissenschaftsfreiheit (Art. 5 Abs. 3)

Fall 11: Der Sprayer (nach BVerfG, NJW 1984, 1293) **656**
S praktiziert eine Spray-Kunst, die ihn heimlich auf die Fassaden von Büro- und Geschäftshäusern bizarre, vom Betrachter durchaus als künstlerisch aussagestark empfundene Gestalten sprühen lässt. Die Eigentümer sehen dadurch ihre Büro- und Geschäftsgebäude beschädigt. Als S schließlich gefasst wird, wird er wegen Sachbeschädigung zu Freiheitsstrafe verurteilt. Verletzt die Verurteilung sein Grundrecht der Kunstfreiheit? **Rn 683**

I. Überblick

Art. 5 Abs. 3 S. 1 enthält zwei Grundrechte, nämlich die Kunstfreiheit und die Wissenschaftsfreiheit, wobei Wissenschaft der Oberbegriff für Forschung und Lehre ist[1]. Art. 5 Abs. 3 S. 2 normiert, dass die Freiheit der Lehre nicht von der Treue zur Verfassung entbindet; dies stellt eine Schutzbereichsbegrenzung dar. Kunst- und Wissenschaftsfreiheit unterliegen keinem Gesetzesvorbehalt. **657**

Zu Art. 5 Abs. 3 S. 1 hat das BVerfG festgestellt, er enthalte „zunächst eine objektive … wertentscheidende Grundsatznorm. Zugleich gewährleistet die Bestimmung jedem, der in diesem Bereich tätig ist, ein individuelles Freiheitsrecht"[2]. Das ist ein weder durch den Wortlaut geforderter noch mit der Systematik oder der Tradition verträglicher Vorrang der objektiv-rechtlichen vor der subjektiv-rechtlichen Grundrechtsfunktion. Auch die Freiheiten der Kunst und der Wissenschaft sind wie die Pressefreiheit (vgl Rn 90, 592) in erster Linie subjektive Rechte[3]. **658**

II. Schutzbereiche

1. Kunstfreiheit

a) Begriff

Die Bemühungen in Rechtsprechung und Schrifttum, eine allgemein gültige **Definition der Kunst** zu entwickeln, waren bislang vergebens. Zunehmend setzt sich auch die Einsicht durch, dass eine solche Definition gar *nicht möglich* ist. **659**

Das *BVerfG* war noch im Mephisto-Beschluss von der Definierbarkeit der Kunst ausgegangen: „Das Wesentliche der künstlerischen Betätigung ist die freie schöpferische Gestaltung, in der Eindrücke, Erfahrungen, Erlebnisse des Künstlers durch das Medium einer bestimmten Formensprache zu unmittelbarer Anschauung gebracht werden"[4]. In neuerer Zeit betont das BVerfG aber die „Unmöglichkeit, Kunst generell zu definieren"[5]. Es verwendet nebeneinander mehrere Kunstbegriffe: **660**

1 E 35, 79/113.
2 E 30, 173/188; vgl auch E 35, 79/112.
3 Vgl *Hufen*, Hdb. GR IV, § 101 Rn 36; *Löwer*, Hdb. GR IV, § 99 Rn 40.
4 E 30, 173/188 f.
5 E 67, 213/225.

- den von ihm als material bezeichneten Kunstbegriff der Mephisto-Entscheidung,
- einen von ihm formal genannten Kunstbegriff, der das „Wesentliche eines Kunstwerks“ darin sieht, dass es einem bestimmten Werktyp (Malen, Bildhauen, Dichten, Theaterspielen usw) zugeordnet werden kann,
- einen gewissermaßen offenen Kunstbegriff, der „das kennzeichnende Merkmal einer künstlerischen Äußerung darin sieht, dass es wegen der Mannigfaltigkeit ihres Aussagegehalts möglich ist, der Darstellung im Wege einer fortgesetzten Interpretation immer weiter reichende Bedeutungen zu entnehmen, sodass sich eine praktisch unerschöpfliche, vielstufige Informationsvermittlung ergibt“[6].

661 Den Anachronistischen Zug, die schauspielerische Darstellung eines Gedichts von Bertolt Brecht, subsumiert das *BVerfG* unter alle drei Kunstbegriffe. Es lässt offen, welcher Definition der Kunst es folgen will, wenn die verschiedenen Kunstbegriffe miteinander in Konflikt geraten. Immerhin stellt es im Fortgang der Entscheidungsbegründung immer wieder auf die Interpretationsfähigkeit, die Interpretationsbedürftigkeit und die vielfältigen Interpretationsmöglichkeiten des Anachronistischen Zugs ab und steht damit dem *offenen Kunstbegriff* nahe[7]. Dessen Vorzug liegt nicht zuletzt darin, dass er auch die innere Rechtfertigung für die vorbehaltlose Gewährleistung der Kunstfreiheit erkennen lässt: Weil die Kunst vielfältig interpretierbar ist, entbehrt sie weithin der eindeutigen Aussage- und Stoßrichtung, die sie mit anderen Rechten, Gütern und Interessen in Konflikt bringen und einzuschränken verlangen würde.

662 Im *Schrifttum* hat jeder der drei Kunstbegriffe seine Vertreter[8]. Ferner wird nach dem sog. Kriterium der Drittanerkennung verfahren und die Frage, ob ein Gegenstand ein Kunstwerk ist, davon abhängig gemacht, dass ein in Kunstfragen kompetenter Dritter für vertretbar hält, den Gegenstand als Kunstwerk anzusehen[9]. Schließlich wird die Kunstfreiheit auch als Definitionsverbot verstanden, das dem Staat verwehrt, dem Kommunikationsprozess Kunst seine Vorstellungen von richtiger, wahrer und guter Kunst aufzuzwingen[10]. Angesichts der Verschiedenheit der Kunstbegriffe besteht auch im Schrifttum weitgehend Einigkeit darüber, dass die Gewährleistung der Kunstfreiheit offen verstanden werden muss und auch ungewöhnliche und überraschende Ausdrucksformen umfassen kann (Happening, satirischer Aufkleber, pornografische Provokation, Duftereignis, Spraybild usw).

b) Umfang der Gewährleistung

663 Der Einzelne muss nicht als Künstler anerkannt sein, Kunst nicht als Beruf ausüben und seine Produkte weder publizieren oder ausstellen noch sonst öffentlich darbieten. Tut er Letzteres allerdings, dann wird es von der Kunstfreiheit geschützt (*Wirkbereich* im Unterschied zum *Werkbereich*)[11]. Auch Akte der Vorbereitung der Produkti-

6 E 67, 213/226 f.
7 E 67, 213/228 ff; vgl auch E 81, 278/291 ff; *v. Arnauld*, Hdb. StR³ VII, § 167 Rn 11.
8 Vgl die Nachweise E 67, 213/226 f.
9 *Scholz*, MD, Art. 5 Abs. III Rn 25 f; *Wendt*, MüK, Art. 5 Rn 92.
10 *Knies*, Schranken der Kunstfreiheit als verfassungsrechtliches Problem, 1967, S. 214 ff; *Hoffmann*, NJW 1985, 237.
11 E 30, 173/189 im Anschluss an *Müller*, S. 97 ff.

on, zB das Üben, sind geschützt[12]. Das BVerfG erstreckt den Schutz der Kunstfreiheit sogar vom Künstler auf diejenigen, die eine „unentbehrliche Mittlerfunktion“ zwischen Künstler und Publikum ausüben[13]. Dagegen ist der bloße Kunstkonsum nicht mehr gewährleistet[14].

Beispiele: Der Schutz der Kunstfreiheit erstreckt sich auf das Verlegen eines Romans (E 30, 173/191; 119, 1/20 f), die Werbung für das Kunstwerk (E 77, 240/251; krit. *Hufen*, StR II, § 33 Rn 13) und das Herstellen von Schallplatten (E 36, 321/331), nicht aber auf die Durchsetzung kommerzieller Interessen durch ein Tonträgerunternehmen (BVerfG, NJW 2006, 596/597) oder den Parkplatz-, Restaurations- und Garderobenservice im Theater (aA *Michael/Morlok*, GR, Rn 240). **664**

Die vorbehaltlose Gewährleistung mit ihren Problemen der Rechtfertigung von Eingriffen macht eine besonders *sorgfältige Bestimmung des Schutzbereichs* notwendig. Das BVerfG hat einmal, ohne dies in seiner übrigen Rechtsprechung zu wiederholen und zu vertiefen, mit Blick auf einen Konflikt zwischen Kunst- und Eigentumsfreiheit ausgeführt: Die „Reichweite erstreckt sich aber von vorneherein nicht auf die eigenmächtige Inanspruchnahme oder Beeinträchtigung fremden Eigentums zum Zwecke der künstlerischen Entfaltung (sei es im Werk- oder Wirkbereich der Kunst)“[15]. Das muss ebenso bei der *eigenmächtigen Beeinträchtigung* von fremdem Leib und Leben, fremder Ehre und Freiheit gelten. Es „kann sich Kunst auch ohne Beschädigung fremden Eigentums entfalten“ – diese Aussage, in der „kann“ auch „muss“ bedeutet, geht in ihrer Konsequenz über das Eigentum hinaus. **665**

Wird die Reichweite des Schutzbereichs derart bestimmt, dann konzentriert sich die Gewährleistung der Kunstfreiheit darauf, *auch sonst erlaubtes Verhalten* dann zu schützen, wenn es Kunst herstellt und darbietet. Wie die Berufsfreiheit ein sonst verbotenes Verhalten nicht etwa dann schützt, wenn es beruflich betätigt wird, sondern sich auf die Bündelung sonst erlaubter Handlungen zum Beruf bezieht (vgl Rn 879), so bezieht sich auch die Kunstfreiheit auf die spezifisch künstlerische Betätigung erlaubten Verhaltens. Das ist nicht etwa eine überflüssige zusätzliche Erlaubnis des ohnehin schon Erlaubten. Es schützt die spezifische Anstößigkeit und Provokation, die in der Kunst mit der Mannigfaltigkeit ihres Aussagegehalts stecken kann. Denn im Zusammenhang mit dem offenen Kunstbegriff bedeutet Kunstfreiheit im gekennzeichneten Sinn, dass der rechtlichen Würdigung von mehreren möglichen Interpretationen eines Kunstwerks diejenige zu Grunde zu legen ist, in der das Kunstwerk fremde Rechte *nicht beeinträchtigt*[16]. Ist das Kunstwerk in dieser einen Interpretation erlaubt, dann ist auch das Herstellen und Darbieten des Kunstwerks erlaubtes Verhalten; die ebenfalls möglichen, uU anstößigen und provokativen weiteren Interpretationen sind nur Folge der spezifisch künstlerischen Betätigung des erlaubten Verhaltens und genießen den Schutz der Kunstfreiheit. **666**

---

12 *v. Arnauld*, Hdb. StR[3] VII, § 167 Rn 45.

13 E 30, 173/191; *Hufen*, Hdb. GR IV, § 101 Rn 41 ff; aA *Müller*, S. 101; *Scholz*, MD, Art. 5 Abs. III Rn 13.

14 Vgl BVerfG, NJW 1985, 263 f; *Starck*, MKS, Art. 5 Rn 323; aA *v. Arnauld*, Hdb. StR[3] VII, § 167 Rn 49.

15 BVerfG, NJW 1984, 1293/1294; ebenso BVerwG, NJW 1995, 2648/2649; *Henschel*, Kunstfreiheit als Grundrecht, 1993, S. 22 f; *Murswiek*, Staat 2006, 473/496 f; krit. *Kloepfer*, VerfR II, § 62 Rn 13.

16 E 67, 213/230; 81, 298/307.

667 **Beispiele:** Unzulässig wären nicht nur das Verbot einer Kunst als entartet, das Absprechen der Kunstqualität wegen pornografischen Inhalts (E 83, 130/138 f), das Erfordernis einer Sondernutzungserlaubnis für Straßenkunst, wo andere Formen des kommunikativen Straßenverkehrs erlaubnisfrei sind (VGH Mannheim, NJW 1989, 1299; enger BVerwGE 84, 71/73 f), Anforderungen an die künstlerische Gestaltung von Bauwerken, wenn diese bauplanungs- und bauordnungsrechtlich zulässig sind. Unzulässig wäre auch, einen literarischen Text schlicht als Abbild der Wirklichkeit zu nehmen und in seinen negativen Gestalten persönlichkeitsverletzende Porträts lebenswirklicher Vorbilder zu sehen; bei kunstgemäßer Beurteilung literarischer Texte gilt eine Vermutung für deren Fiktionalität (E 119, 1/28; NVwZ 2008, 549/550). Unzulässig wäre weiter, die tiefere Bedeutung von künstlerischer Satire und Ironie mit der interpretatorischen Elle eines angeblich gesunden Menschenverstandes zu messen und Verletzungen des Ehr-, Persönlichkeits- oder auch Staatsschutzes anzunehmen, wo es auch andere, symbolische und metaphorische Interpretationen gibt. Die Collage, bei der ein Mann auf die anlässlich eines Gelöbnisses von Soldaten gezeigte Bundesflagge uriniert, muss nicht den Staat und die verfassungsmäßige Ordnung angreifen, sondern kann als Satire lediglich dem Militärdienst und den Militäreinrichtungen gelten (E 81, 278/294); eine satirische Nachdichtung des Deutschlandlieds muss dieses nicht der Lächerlichkeit preisgeben, sondern kann Widersprüche zwischen Anspruch und Wirklichkeit anprangern wollen und dabei den Idealen des Deutschlandlieds gerade verpflichtet sein (E 81, 298/306 f). Verfehlt ist es, mit dem BVerfG seit E 75, 369/377 ff bei Satire und Karikatur zwischen Aussagekern und Einkleidung zu unterscheiden und beide verschiedenen Maßstäben zu unterwerfen; was auch immer Kunst sein mag, sie ist jedenfalls Einheit von Form und Inhalt (vgl auch *Nolte*, EuGRZ 1988, 253; *Gärtner*, Was die Satire darf, 2009).

668 Die erwähnte Bestimmung der Reichweite des Schutzbereichs der Kunstfreiheit durch das BVerfG berührt sich mit einer älteren, die das kunstspezifische Verhalten durch die Ausgrenzung dessen zu bestimmen versucht, was bloß *bei Gelegenheit* der künstlerischen Betätigung geschieht, nur im äußeren Zusammenhang mit ihr steht[17].

669 **Beispiele:** Der Bildhauer, der den Marmor, und der Musikant, der das Instrument stiehlt, tut dies nur im Zusammenhang mit seiner künstlerischen Betätigung; der Maler, der sein 13-jähriges Modell verführt, handelt lediglich bei Gelegenheit seines Kunstschaffens. – Wer ein Happening dadurch veranstaltet, dass er die Bahnschranke zerstört und dadurch Zug und Bus zusammenstoßen lässt, handelt allerdings in diesem Sinn nicht nur bei Gelegenheit oder im Zusammenhang seines künstlerischen Schaffens. Ein solches Happening fällt nur beim bundesverfassungsgerichtlichen Verständnis von Kunstfreiheit aus dem Schutzbereich heraus.

2. Wissenschaftsfreiheit

a) Begriff

670 Nach der Definition des *BVerfG* ist Wissenschaft jede Tätigkeit, die „nach Inhalt und Form als ernsthafter und planmäßiger Versuch zur Ermittlung der Wahrheit anzusehen ist“[18]. Diese Formel setzt voraus, dass

- das Merkmal „ernsthaft“ zur Geltung bringt, dass Wissenschaft stets einen gewissen Kenntnisstand voraussetzt und pflegt;
- das Merkmal „planmäßig“ im Sinne methodisch geordneten Denkens verstanden wird;

17 *Müller*, S. 104 ff; vgl auch *Stern*, StR IV/2, S. 695.
18 E 35, 79/113; 47, 327/367; 90, 1/12.

– die Ermittlung der Wahrheit wesentlich davon lebt, dass die Erkenntnisse in den öffentlichen Diskurs gegeben[19] und dort kritisch infrage gestellt werden.

Demnach ist *Wissenschaft* der ernsthafte, auf einem gewissen Kenntnisstand aufbauende Versuch der Ermittlung wahrer Erkenntnisse durch methodisch geordnetes, kritisch reflektierendes und diskursives Denken[20]. Dabei ist zu beachten, dass die Wahrheitsermittlung und ihre Methode und Kritik selbst wieder Gegenstand der Wissenschaft sind und sich wandeln können. Auch der Prozess der Wissenschaft gewinnt immer wieder ungewöhnliche und überraschende Inhalte und Formen, auch der Wissenschaftsbegriff ist insofern offen. **671**

b) Umfang der Gewährleistung

„Jeder, der in Wissenschaft, Forschung und Lehre tätig ist, hat – vorbehaltlich der Treuepflicht gem. Art. 5 Abs. 3 S. 2 – ein Recht auf Abwehr jeder staatlichen Einwirkung auf den Prozess der Gewinnung und Vermittlung wissenschaftlicher Erkenntnisse“[21]. Daraus ergibt sich, dass der Schutzbereich nicht auf die wissenschaftliche Tätigkeit an der Hochschule beschränkt ist. Allerdings liegt hier ein Schwerpunkt wissenschaftlicher Betätigung. Dabei steht die Wissenschaftsfreiheit *Hochschullehrern, Assistenten* und sogar *Studenten*[22] zu, freilich in funktionsspezifisch unterschiedlichem, auf den Typ der Hochschule und die Aufgabe in ihr abstellendem Umfang[23]; nichtwissenschaftliche Bedienstete der Universität sind dagegen nicht erfasst. Auch die *staatlichen Hochschulen* und ihre *Fakultäten* selbst sind als juristische Personen des öffentlichen Rechts aus Art. 5 Abs. 3 grundrechtsberechtigt (vgl Rn 174 ff). Das gleiche muss für *private Hochschulen* gelten[24]. **672**

Außerhalb der Hochschule ist der Unterricht an allgemein bildenden Schulen nicht von Art. 5 Abs. 3 erfasst, und zwar auch dann nicht, wenn er in höheren Klassen ein wissenschaftliches Gepräge besitzt. Denn Art. 7 Abs. 1 ist insoweit als lex specialis anzusehen (vgl Rn 743); pädagogische Freiheit kann es nur auf Grund einfach-gesetzlicher Gewährleistung geben[25]. Hingegen genießen Wissenschaftler in staatlichen und privaten Forschungseinrichtungen, von den Ressortforschungsanstalten über die Labors des Chemiegiganten bis zu den ökologischen Instituten der Umweltschützer, ebenfalls Grundrechtsschutz[26] wie auch der einzelne Privatgelehrte. **673**

Auch bei der Wissenschaftsfreiheit macht die Vorbehaltlosigkeit der Gewährleistung die besonders sorgfältige Bestimmung des Schutzbereichs erforderlich. Denn Art. 5 Abs. 3 S. 2 begrenzt die Reichweite des Schutzbereichs nur für den Teilbereich der *Lehre* und hat selbst insoweit nur eine beschränkte Bedeutung: Von seiner Entstehungsgeschichte her soll Art. 5 Abs. 3 S. 2 nur eine die Verfassung vom Katheder aus verächtlich machende, diffamierende und verunglimpfende Politik verwehren, aber **674**

19 E 111, 333/354; 122, 89/105 f.
20 Vgl *Scholz*, MD, Art. 5 Abs. III Rn 91; *Stern*, StR IV/2, S. 747.
21 E 35, 79/112 f.
22 *E. Stein*, JA 2002, 253; *Glaser*, Staat 2008, 213/221.
23 Vgl E 54, 363/380 ff; 126, 1/19 ff.
24 Vgl *Thieme*, Privathochschulen in Deutschland, 1988, S. 19 ff.
25 Vgl *Rux*, Die pädagogische Freiheit des Lehrers, 2002.
26 Vgl *Thieme*, DÖV 1994, 150; *Stern*, StR IV/2, S. 752.

die Freiheit auch kritischer Äußerungen lassen[27]. Im Übrigen geht es auch bei der Wissenschaftsfreiheit um die Frage, ob eine wissenschaftliche Betätigung, die eigenmächtig fremde Rechte beeinträchtigt, noch in den Schutzbereich fällt[28]. Die Frage besitzt hier allerdings nicht dieselbe Brisanz wie bei der Kunstfreiheit: Wissenschaft ist spezialisierter, stilisierter und abgehobener als Kunst, die alles und jedes zu ihrem Inhalt und Gegenstand macht. Denkbar sind *eigenmächtige Beeinträchtigungen* von fremdem Leib, Leben und Eigentum, fremder Ehre und Gesundheit aber auch hier.

675 **Beispiele:** Für den Sozialwissenschaftler mag es ergiebig sein, soziale Situationen durch den Einsatz unerlaubten technischen Geräts zu belauschen und zu beobachten; beim Arzt ist an Menschenversuche und an genetische Manipulationen zu denken (vgl *Sobota,* in: FS Kriele, 1997, S. 367).

676 Es spricht viel dafür, die Reichweite des Schutzbereichs bei der Wissenschaftsfreiheit nicht anders als bei der Kunstfreiheit zu bestimmen. Auch sie gilt der spezifischen *wissenschaftlichen Betätigung erlaubten Verhaltens.* Wiederum ist dies nicht etwa die überflüssige zusätzliche Erlaubnis des ohnehin schon Erlaubten. Denn auch Wissenschaft kann mit ihrem kritischen und der Wahrheit verpflichteten Anspruch von einer Anstößigkeit und Provokation sein, die spezifischen Schutzes bedarf.

III. Eingriffe

677 Eingriffe in die *Kunstfreiheit* können wie die Eingriffe in die Grundrechte von Art. 5 Abs. 1 durch Verbote, Sanktionen und (schutzbereichsverkürzende) tatsächliche Maßnahmen erfolgen (vgl Rn 626 f). Sie können sowohl das Herstellen (Werkbereich) als auch das Darbieten (Wirkbereich) der Kunst treffen.

678 **Beispiele:** Bestrafung der Darstellung des Kanzlerkandidaten F.J. Strauß im Anachronistischen Zug als Beleidigung (E 67, 213/222 ff); Verbot des Vertriebs des Romans „Mephisto" von Klaus Mann, weil er das Persönlichkeitsrecht von Gustaf Gründgens verletzte (E 30, 173/188 ff).

679 Auch in die *Wissenschaftsfreiheit* können Eingriffe in den von Art. 5 Abs. 1 bekannten Formen erfolgen. Die höchstrichterliche, auch die bundesverfassungsgerichtliche Rechtsprechung ist hierzu unergiebig; die Konflikte um Bio- und Gentechnik und deren Gefahrenpotenzial sowie um kommerziellen Verwertungsdruck und wissenschaftliche Eigengesetzlichkeit[29] erreichen die Gerichte selten. Kein Eingriff sind Bewertung und Kritik, solange sie selbst wissenschaftlichen Standards genügen und Teil entweder von Prüfungs-, Bewerbungs-, Disziplinar- und ähnlichen Verfahren oder des wissenschaftlichen Diskurses sind[30]; darüber hinaus sind Evaluationen von Forschung und Lehre durch staatliche und universitäre Stellen Eingriffe[31]. Gesetzliche Lehrziel- und Lehrstoffvorgaben sind erst dann Eingriffe in die Wissenschaftsfreiheit,

27 *Schlink*, Staat 1976, 335/352 f.

28 Bejahend *Fehling*, BK, Art. 5 Abs. 3 (Wissenschaftsfreiheit) Rn 147; verneinend *Lorenz*, in: FS Lerche, 1993, S. 267/274 f; diff. nach Evidenz *Löwer*, Hdb. GR IV, § 99 Rn 15.

29 *Dähne*, S. 176 ff.

30 Vgl E 96, 205/214; BVerfG, NJW 2000, 3635; BVerwGE 102, 304/311.

31 *Schlink*, Evaluierte Freiheit?, 1999, S. 15 ff.

wenn sie dem wissenschaftlich Lehrenden nicht mehr die Freiheit der Aufbereitung und Darbietung des Stoffs, der Wahl von Lehrmethoden und -mitteln lassen[32], einen anderen Lehrauftrag oder ein anderes Fach übertragen[33].

Zu den *innerorganisatorischen Konflikten an den Hochschulen* hat das BVerfG aus der objektiv-rechtlichen Dimension der Grundrechte eine Pflicht zu vorbeugendem Eingriffsschutz entwickelt, der für die Zusammensetzung und Entscheidungsfindung der Hochschulgremien Strukturen verlangt, die Verletzungen der individuellen Freiheit des einzelnen Wissenschaftlers von vornherein verhindern[34]. Kein Eingriff ist die Auflösung einer Hochschule oder anderer öffentlicher wissenschaftlicher Einrichtungen[35]. **680**

IV. Verfassungsrechtliche Rechtfertigung

Dem Art. 5 Abs. 3 ist kein Gesetzesvorbehalt beigefügt. Die Anwendung der Schranken des Art. 5 Abs. 2 oder auch des Art. 2 Abs. 1 auf Art. 5 Abs. 3 hat das BVerfG ausdrücklich abgelehnt[36]. Der Vorbehaltlosigkeit des Grundrechts soll die Bedeutung zukommen, „dass die Grenzen der Kunstfreiheitsgarantie nur von der Verfassung selbst zu bestimmen sind“[37], dh dass Eingriffe in die Grundrechte des Art. 5 Abs. 3 nur, aber immerhin durch *kollidierendes Verfassungsrecht* gerechtfertigt werden können. Das BVerfG verlangt „staatliche Eingriffe umso weniger zuzulassen, je näher die umstrittene Handlung dem Kern der Kunstfreiheit zuzuordnen ist und je mehr sie sich im Bereich des Schaffens“ (im Unterschied zum Bereich des Wirkens) abspielt[38]. Eine ähnliche Je-desto-Formel gilt auch für die Kollision zwischen Kunstfreiheit und Persönlichkeitsrecht bei Literatur, die die Lebenswirklichkeit zum Vorbild nimmt; je stärker Abbild und Urbild übereinstimmen und je privater das Urbild abgebildet wird, desto eher ist das Persönlichkeitsrecht gegenüber der Kunstfreiheit zu schützen[39]. **681**

Beispiele: Auf das allgemeine Persönlichkeitsrecht und auf das elterliche Erziehungsrecht (Art. 6 Abs. 2 S. 1) können Abgabe-, Vertriebs- und Werbebeschränkungen für künstlerische Schriften gestützt werden, die offensichtlich geeignet sind, Kinder oder Jugendliche sittlich schwer zu gefährden (E 83, 130/139 f; 91, 223/224 f; krit. *Köhne*, KritV 2005, 244); die Aufführung eines Musicals kann nicht unter Berufung auf eine Gefahr für den öffentlichen Frieden (*Bamberger*, Staat 2000, 355 gegen BVerwG, NJW 1999, 304), wohl aber durch das auf den Feiertagsschutz gem. Art. 140 iVm Art. 139 WRV gestützte Landesrecht an sog. stillen Feiertagen (BVerwG, DVBl. 1994, 1242/1243 f) untersagt werden; Baubeschränkungen für Kunstwerke im Außenbereich können mit dem Verfassungsauftrag zum Schutz der Umwelt gem. Art. 20a gerechtfertigt werden (BVerwG, NJW 1995, 2648; dazu *Koenig/Zeiss*, Jura 1997, 225). – Wegen des Selbstbestimmungsrechts der Religionsgesellschaften (Art. 137 Abs. 3 WRV iVm Art. 140) darf einem Theologieprofessor, der sich vom christlichen Glauben losgesagt hat, die Theologenausbildung entzogen werden (E 122, 89/114 ff). Auf das Grundrecht der **682**

32 BVerwG, NVwZ-RR 2006, 36; vgl auch E 93, 85/97.
33 E 122, 89/107 ff; 126, 1/27.
34 E 35, 79/112 ff, 120 ff; 111, 333/353 ff; 127, 87/114 ff; BVerwGE 135, 286/296 f.
35 Vgl E 85, 360/382.
36 E 30, 173/191 f.
37 E 30, 173/193.
38 E 77, 240/254; vgl auch die „Stufentheorie der Einschränkungen“ bei *Starck*, MKS, Art. 5 Rn 330 ff.
39 E 119, 1/29 ff; *Wittreck*, Jura 2009, 128; krit. *Vosgerau*, Staat 2009, 107.

körperlichen Unversehrtheit (Art. 2 Abs. 2 S. 1) und den Schutz der natürlichen Lebensgrundlagen (Art. 20a) sind Beschränkungen der Wissenschaftsfreiheit durch das Gentechnikgesetz gestützt worden (E 128, 1/40 ff).

683 **Lösungsskizze zum Fall 11 (Rn 656):** I. Nach sowohl dem materialen und dem formalen als auch dem offenen Kunstbegriff und dem sog. Kriterium der Drittanerkennung könnten die Spray-Werke in den *Schutzbereich* der Kunstfreiheit fallen. Wird dieser jedoch mit der gelegentlichen Rechtsprechung des BVerfG in seiner Reichweite durch die Rechte anderer begrenzt und damit auf die spezifisch künstlerische Betätigung erlaubten Verhaltens bezogen, handelt der Spray-Künstler nicht mehr im Schutzbereich der Kunstfreiheit. Damit wäre die Lösung schon gewonnen: Eine Verletzung der Kunstfreiheit scheidet aus. Im Folgenden wird skizziert, wie die Lösung unter Zugrundelegung eines weiteren Verständnisses des Schutzbereichs fortzusetzen ist. – II. Die Verurteilung zu Freiheitsstrafe ist Sanktion für die Produktion der Spray-Werke und also ein *Eingriff* in den Schutzbereich. – III. Die *verfassungsrechtliche Rechtfertigung* des Eingriffs in den vorbehaltlos gewährleisteten Art. 5 Abs. 3 kann nur in kollidierendem Verfassungsrecht gefunden werden. Das „Eigentumsgrundrecht (enthält) gleichfalls eine Verbürgung von Freiheit; nach den vom Grundgesetz getroffenen Wertungen steht es nicht prinzipiell hinter der Freiheit der Kunst zurück" (BVerfG, NJW 1984, 1293/1294). In der Kollision zwischen Kunst- und Eigentumsfreiheit erscheint es gerechtfertigt, die Kunstfreiheit jenseits der Grenze der Strafbarkeit hinter der Eigentumsfreiheit zurücktreten zu lassen. Es bleibt also bei dem Ergebnis, dass eine Verletzung der Kunstfreiheit ausscheidet.

684 **Literatur:** Zur Kunstfreiheit: *A. v. Arnauld*, Freiheit der Kunst, Hdb. StR³ VII, § 167; *F. Hufen*, Kunstfreiheit, Hdb. GR IV, § 101; *J. Isensee*, Kunstfreiheit im Streit mit Persönlichkeitsschutz, AfP 1993, 619; *H. Kobor*, Grundfälle zu Art. 5 III GG, JuS 2006, 593, 695; *P. Lerche*, Ausgewählte Fragen der Kunstfreiheit nach deutschem Verfassungsrecht, in: Kunst und Recht im In- und Ausland, 1994, S. 1; *F. Müller*, Freiheit der Kunst als Problem der Grundrechtsdogmatik, 1969. – Zur Wissenschaftsfreiheit: *M. Blankenagel*, Wissenschaft zwischen Information und Geheimhaltung, 2001; *H. Dähne*, Forschung zwischen Wissenschaftsfreiheit und Wirtschaftsfreiheit, 2007; *M.-E. Geis*, Autonomie der Universitäten, Hdb. GR IV, § 100; *A.-K. Kaufhold,* Die Lehrfreiheit – ein verlorenes Grundrecht?, 2006; *W. Löwer*, Freiheit wissenschaftlicher Forschung und Lehre, Hdb. GR IV, § 99; *U. Mager*, Freiheit von Forschung und Lehre, Hdb. StR³ VII, § 166; *M. Nettesheim*, Grund und Grenzen der Wissenschaftsfreiheit, DVBl. 2005, 1072; *H.H. Trute*, Die Forschung zwischen grundrechtlicher Freiheit und staatlicher Institutionalisierung, 1994.

§ 15 Schutz von Ehe und Familie (Art. 6)

685 **Fall 12:** Streit um ein Pflegekind

Ein zweijähriges Kind wurde zu Pflegeeltern gegeben, nachdem seinen leiblichen Eltern wegen drohender Verwahrlosung des Kindes gem. § 1666 Abs. 3 BGB das Aufenthaltsbestimmungsrecht entzogen worden war. Später verbesserten sich die Lebensverhältnisse der leiblichen Eltern wesentlich; sie wollten das inzwischen fünfjährige Kind wieder zu sich nehmen. Im Rechtsstreit zwischen leiblichen Eltern und Pflegeeltern ordnete das Familiengericht gem. § 1632 Abs. 4 BGB die Herausgabe des Kindes an die leiblichen Eltern an. Hierzu waren die Pflegeeltern nicht bereit. Ist ihre auf Art. 6 gestützte Verfassungsbeschwerde begründet? **Rn 723**

I. Überblick

Art. 6 betrifft Ehe und Familie, Eltern und Kinder in verschiedenen Hinsichten. Abs. 1 verbürgt grundsätzlich und allgemein den Schutz von Ehe und Familie durch die staatliche Ordnung. Abs. 2 und 3 gelten als leges speciales der Beziehung zwischen Eltern und Kindern in ihrer pflegerischen und erzieherischen Funktion (Abs. 2) und ihrer Grundlage räumlichen Zusammenseins (Abs. 3). Abs. 4 hebt unter den Eltern die Mutter hervor und räumt für die besonderen Belastungen von Schwangerschaft, Geburt und Stillzeit einen besonderen Anspruch auf Schutz und Fürsorge ein. Abs. 5, die Forderung nach Gleichstellung unehelicher Kinder, trifft sich mit Abs. 2 und 3 in dem Anliegen, dass die Entwicklungsbedingungen der Kinder nicht durch Defizite der familiären Situation beeinträchtigt werden sollen. **686**

In Art. 6 treffen auch verschiedene grundrechtliche Funktionen zusammen. Abs. 1 und Abs. 2 S. 1 enthalten *Abwehrrechte* und sichern die Freiheit des ehelichen und familiären Zusammenlebens gegen staatliche Eingriffe; Abs. 2 S. 2 enthält einen qualifizierten Gesetzesvorbehalt und Abs. 3 eine Schranken-Schranke. Abs. 1, 4 und 5 wirken in ihrer objektiv-rechtlichen Funktion als Diskriminierungsverbote. Abs. 1 und 4 formulieren mit der Verbürgung von Schutz für Ehe und Familie bzw des Anspruchs der Mutter auf Schutz und Fürsorge aber auch *Schutzrechte*. Sie verlangen neben der grundrechtskonformen Auslegung (vgl Rn 102) eine gesetzgeberische Umsetzung zur Erfüllung des Schutzes und erweisen sich damit als *Gesetzgebungsaufträge*. Umgekehrt spricht Abs. 5 einen Gesetzgebungsauftrag aus, der jedoch in der Rechtsprechung des BVerfG in einen unmittelbaren Anspruch auf Gleichbehandlung umgeschlagen ist (vgl Rn 495). Schließlich enthält Abs. 1 *Institutsgarantien* und beschränkt dadurch nochmals die gesetzgeberische Gestaltungsmacht bei der Regelung ehelicher und familiärer Rechtsbeziehungen. **687**

Als Verfassungsnorm soll Art. 6 dem Staat für den Umgang mit Ehe und Familie, Eltern und Kindern verbindliche Maßstäbe vorgeben. Zugleich sind die Beziehungen der Ehe, in der Familie und zwischen Eltern und Kindern aber stets schon vom Staat rechtlich geregelte Beziehungen. Obwohl der Bereich von Ehe und Familie dem Staat nicht unverfügbar vorausliegt, sondern von ihm mitkonstituiert wird, soll er gegenüber dem Staat gesichert sein – hierin liegt das Grundproblem der Interpretation von Art. 6. **688**

II. Abwehrrechte

1. Schutzbereiche

a) Die **Ehe** in Art. 6 Abs. 1 ist zugleich soziales und rechtliches Gebilde. Als *soziales Gebilde* ist sie die Gemeinschaft, die einen Mann und eine Frau nach beiderseitiger Absicht und gegenseitigem Versprechen umfassend und – zwar nicht ausnahmslos, aber doch grundsätzlich – lebenslang verbindet. Insoweit verzichtet der Ehebegriff noch auf alle rechtliche Förmlichkeit und umfasst jedes auf Dauer angelegte Zusammenleben, auch die nicht eheliche oder eheähnliche, allerdings nicht die gleichgeschlechtliche Lebensgemeinschaft[1]. Aber diese Formen des Zusammenlebens sollen nach allgemeiner, schon vom Verfassungsgeber geäußerter und vom BVerfG bekräftigter Auffassung nicht unter den Begriff der Ehe fallen. Die Ehe ist zugleich *rechtliches Gebilde*; der Verfassung liegt insoweit „das Bild der ‚verweltlichten' bürgerlich- **689**

1 E 105, 313/345 f; *Ipsen*, Hdb. StR³ VII, § 154 Rn 9; *Robbers*, MKS, Art. 6 Rn 45.

rechtlichen Ehe“ zu Grunde, die in der rechtlich vorgesehenen Form geschlossen wird[2].

690 Dieser Ehebegriff drückt ein Idealbild aus. Fraglich ist, wie *Abweichungen vom Idealbild*, die es sowohl nach der rechtlichen als auch nach der sozialen Seite gibt, zu beurteilen sind.

691 **Beispiele:** Eine Deutsche und ein Engländer werden in Deutschland von einem englischen Geistlichen getraut. Sie leben zunächst in England, später in Deutschland und gehen stets von der Rechtswirksamkeit ihrer Ehe aus. Auch ihre Umwelt betrachtet und behandelt sie als Ehepaar, bei der Geburt ihres Kindes stellt der deutsche Standesbeamte die entsprechenden Urkunden aus. Als die Frau nach dem Tod ihres Mannes Rente beansprucht, lehnt die zuständige Versicherungsanstalt ab, weil die Eheschließung nach deutschem Recht unwirksam ist. Auch eine derartige sog. hinkende, dh nach deutschem Recht unwirksame, nach fremdem Recht wirksame Ehe fällt in den Schutzbereich von Art. 6 Abs. 1, nicht aber eine nach beiden Rechten unwirksame Ehe (E 62, 323/329 ff; BVerwGE 123, 18/20). In den Schutzbereich von Art. 6 Abs. 1 fällt auch die sog. Schein-, Namens- oder Aufenthaltsehe, die zwar in der rechtlich vorgesehenen Form, aber ohne Absicht lebenslanger Verantwortungsgemeinschaft nur zur Weitergabe des Namens oder zur Verhinderung der Abschiebung eines Ausländers geschlossen wird. Allerdings sieht § 1314 Abs. 2 Nr 5 iVm § 1310 Abs. 1 S. 2 Hs. 2 BGB vor, dass der Standesbeamte sie nicht schließen darf und sie aufgehoben werden kann, und im Ausländerrecht wird zwischen den tatsächlich gelebten und den bloßen Scheinehen bei Aufenthalts-, Nachzugs- und Ausweisungsfragen differenziert (vgl E 76, 1/58 ff; BVerfG, DVBl. 2003, 1260). Die Mehrehe kann wie die hinkende Ehe am verfassungsrechtlichen Ehe- und auch Familienschutz teilhaben (BVerwGE 71, 228/231 f; *Coester-Waltjen*, MüK, Art. 6 Rn 8; *Robbers*, MKS, Art. 6 Rn 42).

692 Sowohl die *hinkende* als auch die *Namens–* oder *Scheinehe* in den Schutzbereich einzubeziehen, leuchtet ein: Würde der verfassungsrechtliche Ehebegriff den einfachrechtlichen schlicht abbilden, dann wäre das Verfassungsrecht dem einfachen Recht nicht mehr über-, sondern untergeordnet; würde der verfassungsrechtliche Ehebegriff auf die persönlichen Motive abstellen, dann müssten diese erforscht und gewertet werden und nähme das Grundrecht als Freiheitsrecht Schaden. Die Abweichungen lassen als entscheidenden Gesichtspunkt hervortreten, dass die Partner für ihr Verhältnis zueinander die *öffentliche Anerkennung als Ehe* gesucht und gefunden haben[3].

693 Neuerdings wird diese öffentliche Anerkennung gelegentlich auch in der gesellschaftlichen Akzeptanz *nicht ehelicher, eheähnlicher* und *gleichgeschlechtlicher Lebensgemeinschaften* gesehen und angenommen, dass Art. 6 Abs. 1 kraft Verfassungswandels auch diese Lebensgemeinschaften umfasse[4]. Gesellschaftlicher Wandel ersetzt aber nicht die Rechtsform. Immerhin stehen die nicht eheliche, eheähnliche und gleichgeschlechtliche Lebensgemeinschaft verfassungsrechtlich unter dem Schutz von Art. 2 Abs. 1[5]. Nicht eheliche Lebensgemeinschaften dürfen, wenn bei ihnen in den Not- und Wechselfällen des Lebens gegenseitiges Einstehen erwartet werden kann („Verantwortungs- und Einstehungsgemeinschaften“), einfach-rechtlich auch in bestimmten Fällen mit Ehen gleichbehandelt werden[6]. Bei gleichgeschlechtlichen

2 E 53, 224/245.
3 Ebenso *v. Coelln*, SA, Art. 6 Rn 10; aA für die Scheinehe *Kloepfer*, VerfR II, § 67 Rn 7.
4 Vgl *Schimmel*, Eheschließung gleichgeschlechtlicher Paare?, 1996, S. 187 ff.
5 Vgl E 82, 6/16; 115, 1/24; 128, 109/125.
6 E 87, 234/265.

Paaren ist eine einfach-rechtliche Anerkennung und Absicherung ihrer Lebensgemeinschaft durch das Lebenspartnerschaftsgesetz erfolgt, das mit Art. 6 Abs. 1 nicht kollidiert, weil es sich an Personen wendet, die miteinander keine Ehe eingehen können[7].

Der Schutzbereich der Ehe *reicht* von der Eheschließung mit einem selbst gewählten Partner[8] über das eheliche Zusammenleben bis zur Ehescheidung. Frei sind die Ehepartner bei Abschluss und Gestaltung eines gleichberechtigten Ehevertrags[9], bei der Entscheidung, ob sie einen gemeinsamen Ehe-/Familiennamen führen wollen oder nicht und bei dessen Wahl[10], bei der Bestimmung des räumlichen Zusammenlebens[11] und bei der Verteilung der Aufgaben in der Ehegemeinschaft[12]. Die Ehescheidung fällt in den Schutzbereich der Ehe, da sie die Wiedererlangung der Eheschließungsfreiheit bedeutet[13]; im Ehescheidungsfolgenrecht wirkt der Schutz der Ehe allerdings noch fort[14]. Schließlich wird als negative Eheschließungsfreiheit auch die Entscheidung geschützt, keine Ehe einzugehen[15]. **694**

b) **Familie** ist das *Beziehungsverhältnis zwischen Eltern und Kindern*, seien die Eltern miteinander verheiratet oder nicht miteinander verheiratet[16] und die Kinder homolog oder heterolog gezeugt[17], minder- oder volljährig[18], aus Ein- oder Mehrehe hervorgegangen[19], Adoptiv-, Stief- oder Pflegekinder[20]. Auch hier können Formfehler bei der Begründung der Adoptiv- oder Pflegeelternschaft die Familienqualität nicht ausschließen, sofern der entsprechende soziale Zusammenhalt gelebt und dafür die *öffentliche Anerkennung* gesucht und gefunden wurde. Der natürliche Zusammenhang genügt allein noch nicht; das Kind und sein Vater, der mit seiner Mutter nicht verheiratet ist, fallen unter den Familienbegriff des Art. 6 Abs. 1 nur, wenn die Vaterschaft von ihm anerkannt oder gerichtlich festgestellt wurde (rechtliche Vaterschaft) oder wenn er als zwar nicht rechtlicher aber leiblicher Vater (biologische Vaterschaft) zumindest eine Zeit lang tatsächlich Verantwortung für das Kind getragen hat[21]. Der biologische Vater ist aber selbst dann nicht Träger des Elternrechts; ihm ist lediglich verfahrensrechtlich die Möglichkeit zu eröffnen, die rechtliche Vaterschaft zu erlangen[22]. **695**

---

7 E 105, 313/350 f; 124, 199/226; *Pieroth/Kingreen*, KritV 2002, 219/239; krit. *Steiner*, Hdb. GR IV, § 108 Rn 37 f; *Stern*, StR IV/1, S. 486 ff.
8 E 31, 58/67; 105, 313/342; BVerfG, NJW 2004, 2008/2010.
9 E 103, 89/101; vgl *Steiner*, Hdb. GR IV, § 108 Rn 13 ff.
10 Vgl mit einer Gleichheitsargumentation E 84, 9/21 ff.
11 E 114, 316/335.
12 E 105, 1/11.
13 E 53, 224/245; 55, 134/142.
14 E 53, 257/296; 108, 351/364.
15 *Kingreen*, Jura 1997, 401/402; *Robbers*, MKS, Art. 6 Rn 57; dagegen stellt E 56, 363/384 insoweit auf Art. 2 Abs. 1 ab; zust. *Ipsen*, Hdb. StR[3]3 VII, § 154 Rn 59 ff; *Kloepfer*, VerfR II, § 67 Rn 28.
16 E 112, 50/65.
17 *Robbers*, MKS, Art. 6 Rn 79.
18 E 57, 170/178; 92, 158/176 ff.
19 BVerwGE 71, 228/231 f.
20 E 68, 176/187; 80, 81/90.
21 E 108, 82/112 ff.
22 E 108, 82/103 ff.

696 Das familiäre Beziehungsverhältnis muss nicht in einer Hausgemeinschaft gelebt werden; wird es aber in einer Hausgemeinschaft gelebt, dann umschließt der Familienbegriff *alle*, die einander dadurch verbunden sind. Ihn auf die Kleinfamilie im Gegensatz zur Großfamilie zu beschränken[23], besteht kein Grund. Den Schutz als Ehe *und* Familie genießt allerdings nur die Hausgemeinschaft mit verheirateten Eltern.

697 Der Schutzbereich der Familie *reicht* von der Familiengründung bis in alle Bereiche des familiären Zusammenlebens und durch das Pflichtteilsrecht sogar darüber hinaus[24]. Er umfasst unter anderem die freie Entscheidung der Eltern, wann und wie viele Kinder sie haben wollen. Das BVerfG misst dem Art. 6 Abs. 1 allerdings abgestufte Schutzwirkungen zu, je nachdem ob es sich um eine Lebens- und Beistands- bzw, bei Minderjährigen, Erziehungsgemeinschaft oder um eine bloße Begegnungsgemeinschaft handelt[25].

698 c) Wie die Eltern für das körperliche Wohl *(Pflege)* und für die seelische und geistige Entwicklung, die Bildung und Ausbildung *(Erziehung)* der Kinder sorgen wollen, ist im **Elternrecht** des Art. 6 Abs. 2 S. 1 gegenüber dem Schutzbereich der Familie zum eigenen Schutzbereich verselbstständigt. Die Eltern haben besonders die Freiheit zu entscheiden, wie das Kind heißen soll[26], ob es überwiegend von einem Elternteil allein, von beiden Eltern in wechselseitiger Ergänzung oder von einem Dritten betreut werden soll[27]. Die Auseinandersetzungen um die Gestaltung des Schulwesens haben Anlass gegeben, den Inhalt des Schutzbereichs näher zu bestimmen.

699 **Beispiele:** Vom Ausgangspunkt aus, dass hier eine „gemeinsame Erziehungsaufgabe" von Eltern und Schule vorliege (E 34, 165/183; 98, 218/244 f), hat das BVerfG den Eltern ein Wahlrecht zwischen verschiedenen Schulformen zuerkannt, das aber solange noch nicht verletzt wird, als es nicht bloß eine einzige Schulform mit einem einzigen Bildungsgang gibt (E 45, 400/416); es versagt den Eltern die Mitwirkung bei der Einrichtung einer Förderstufe (E 34, 165/181 ff), bei der Neuordnung der Oberstufe (E 53, 185/195 ff), bei der Gestaltung des inhaltlichen und didaktischen Unterrichtsprogramms (E 45, 400/415 ff; 47, 46/71 ff) und bei der schulischen Umsetzung der Rechtschreibreform (E 98, 218/244 ff); lediglich bei der Einführung eines fächerübergreifenden Sexualkundeunterrichts hat es aus dem Elternrecht einen Anspruch auf Information über Inhalt und Methode abgeleitet (E 47, 46/76). Die landesrechtlich normierten elterlichen Anhörungs- und Mitspracherechte in Art. 6 Abs. 2 S. 1 verankert zu sehen, wird im Schrifttum zuweilen gefordert (*Coester-Waltjen*, MüK, Art. 6 Rn 90), findet aber beim BVerfG keinen Anhalt (E 59, 360/380 f).

700 Das Elternrecht ist zugleich **Elternpflicht**. Die Eltern sind gem. Art. 6 Abs. 2 S. 1 ihrem Kind gegenüber zu dessen Pflege und Erziehung verpflichtet, und das BVerfG findet in dieser Bestimmung auch ein der Pflicht korrespondierendes Grundrecht des Kindes, das zusätzlich zu seinem allgemeinen Persönlichkeitsrecht gem. Art. 2 Abs. 1 iVm Art. 1 Abs. 1 den wichtigen familiären Bezug seiner Persönlichkeitsentwicklung, besonders beim Umgang mit getrennt lebenden Elternteilen, schützt[28].

---

23 E 48, 327/339; *Badura*, MD, Art. 6 Rn 60; *Ipsen*, Hdb. StR³ VII, § 154 Rn 69 ff; aA *Coester-Waltjen*, MüK, Art. 6 Rn 11; *Gröschner*, DR, Art. 6 Rn 77; *Robbers*, MKS, Art. 6 Rn 88.

24 E 112, 332/352 f.

25 E 80, 81/90 f.

26 E 104, 373/385.

27 E 99, 216/231.

28 E 121, 69/93; *Höfling*, Hdb. StR³ VII, § 155 Rn 32; aA *Jestaedt*, BK, Art. 6 Abs. 2 und 3 Rn 134.

2. Eingriffe

Weil Ehe und Familie zugleich soziale und rechtliche Gebilde sind, ist nicht jede ehe- und familienbezogene Regelung auch schon ein Eingriff. Vielmehr kann es sich um eine der Regelungen handeln, die Ehe und Familie als rechtliche Gebilde überhaupt definieren (vgl Rn 225 ff). Zu den *definierenden Regelungen* gehören grundsätzlich die Normen des Ehe- und Familienrechts; zu den *eingreifenden Regelungen* können die Normen anderer Rechtsgebiete gehören, wenn sie auf Ehe und Familie freiheitsbeschränkend einwirken. **701**

Beispiele: Definierende Regelungen sind § 1353 Abs. 1 S. 2 BGB, der die Ehe als Verantwortungsgemeinschaft kennzeichnet, und § 1357 Abs. 1 BGB, wonach jeder Ehegatte berechtigt ist, Geschäfte zur angemessenen Deckung des Lebensbedarfs der Familie mit Wirkung auch für den anderen Ehegatten zu besorgen (E 81, 1/7). Auch die Regelungen des Ehescheidungsrechts definieren die Ehe als rechtliches Gebilde (E 53, 224/245 ff). Demgegenüber läge ein Eingriff vor, wenn ein scheidungswilliger Beamter durch eine Erschwerung der Beförderung für geschiedene Beamte an der Auflösung der alten und der Eingehung der neuen Ehe gehindert würde. Ebenso würde in die Ehe eingegriffen, wenn ein verheirateter Transsexueller, der sich geschlechtsändernden Operationen unterzogen hat, die personenstandsrechtliche Anerkennung seiner neuen Geschlechtszugehörigkeit nur erhält, wenn seine Ehe zuvor geschieden wird (E 121, 175/198 ff). – Das Verbot entwürdigender Erziehungsmaßnahmen in § 1631 Abs. 2 BGB und die Pflicht eines Elternteils zum Umgang mit seinem Kind gem. § 1684 Abs. 1 BGB sind nur Definitionen dessen, was Art. 6 Abs. 2 S. 1 mit verantwortungsbewusster „Pflege und Erziehung" meint. Die familiengerichtliche Zuweisung des Sorgerechts an einen Elternteil greift dagegen in das Sorgerecht des anderen Elternteils ein. Der klassische Eingriff in das elterliche Erziehungsrecht ist die Schulpflicht. **702**

Die *definierenden* Regelungen des einfachen Rechts sind aber stets am verfassungsrechtlichen Ehe- und Familienbegriff zu *messen*; wenn sie ihm nicht entsprechen, schlägt die Definition in einen *Eingriff* um. Es handelt sich dann, genau besehen, um eine zwar versuchte, aber nicht gelungene Definition. Die Prüfung, ob eine Definition vor Art. 6 Abs. 1 Bestand hat, nimmt das BVerfG ganz ähnlich vor wie sonst die Prüfung, ob ein Eingriff in ein Grundrecht vor diesem Grundrecht Bestand hat: Es fragt nach *rechtfertigenden Gründen*. **703**

Beispiele: Für das ehemalige Eheverbot der Geschlechtsgemeinschaft hat das BVerfG weder in der traditionellen Gestalt oder sozialen Funktion der Ehe noch in erbbiologischen Erkenntnissen hinreichende Gründe gefunden und daher die Vereinbarkeit mit Art. 6 Abs. 1 verneint (E 36, 146/161). Bei einer Orientierung an Tradition und Funktion werden der Wandel der Gesellschaft, der Wandel der Rollen und die grundrechtliche Gewährleistung der Gleichberechtigung von Mann und Frau (Art. 3 Abs. 2) bedeutsam (vgl Rn 447 ff). Das BVerfG hat daran den Stichentscheid des Ehemanns scheitern lassen (E 10, 59/66), die Haushaltsführungspflicht der Ehefrau problematisiert (E 48, 327/338) und die Festlegung eines Ehenamens für entbehrlich erklärt (E 84, 9/19; vgl *Sacksofsky*, KritV 1995, 94). Dagegen hat es für das Verbot eines aus den Namen der Eltern gebildeten Doppelnamens für das Kind einen rechtfertigenden Grund in der Vermeidung von Namensketten gesehen (E 104, 373/390 f). **704**

Die *Ausweisung von Ausländern*, die in der Bundesrepublik Deutschland verheiratet sind und/oder Kinder haben, und die Verweigerung des Nachzugs von ausländischen Ehegatten und Familienangehörigen sind nicht darum ein Eingriff, weil sie die Aufrechterhaltung des ehelichen bzw familiären Zusammenhalts in der Bundesrepublik **705**

Deutschland unmöglich machen[29]. Denn für Ausländer ist der Aufenthalt in der Bundesrepublik Deutschland als solcher nicht grundrechtlich gewährleistet (vgl Rn 124). Ausländer und Deutsche, die Ehen mit Ausländern schließen, müssen damit rechnen, dass das eheliche und familiäre Zusammenleben sich nicht stets in der Bundesrepublik Deutschland vollziehen kann[30]. In der Ausweisung oder Verweigerung des Nachzugs für volljährige Ehepartner oder Familienangehörige ist aber dann ein Eingriff in das Ehe- und Familiengrundrecht zu sehen, wenn es aus besonderen Umständen nicht möglich oder nicht zumutbar ist, die Ehe- bzw Familiengemeinschaft im Ausland zu verwirklichen[31].

706 Für *minderjährige Kinder* gilt, dass ihre Minderjährigkeit sie grundsätzlich das Schicksal ihrer Eltern teilen lässt; gerade dieses Teilen des Schicksals ist durch Art. 6 Abs. 1 geschützt. Weil minderjährige Kinder grundsätzlich das Schicksal der Eltern teilen, können Altershöchstgrenzen für den Kindernachzug (vgl § 32 AufenthG) nur in den Fällen Bestand haben, in denen der familiäre Zusammenhalt und die Abhängigkeit der Kinder von den Eltern ausnahmsweise schon unterhalb der Volljährigkeitsschwelle weitgehend gelöst ist. In den anderen Fällen sind sie ein unzulässiger Eingriff in Art. 6 Abs. 1.

3. Verfassungsrechtliche Rechtfertigung

707 a) Der Unterschied zwischen definierenden und eingreifenden Regelungen und Maßnahmen ist wichtig, weil *Ehe und Familie* in Art. 6 Abs. 1 **vorbehaltlos** geschützt werden. Lediglich beim *Elternrecht* ermächtigt Abs. 2 S. 2 implizit zu Eingriffen, indem er eine Pflicht der Eltern zur Pflege und Erziehung der Kinder begründet und die staatliche Gemeinschaft zum Wächter über die Betätigung der Pflicht einsetzt[32]. Aus rechtsstaatlichen Gründen darf auch von dieser Ermächtigung nur durch oder auf Grund Gesetzes Gebrauch gemacht werden[33]. Die staatlichen Regelungen und Maßnahmen müssen bei Eingriffen in das Elternrecht der Pflege und Erziehung der Kinder dienen; Art. 6 Abs. 2 S. 2 ist somit ein qualifizierter Gesetzesvorbehalt.

708 aa) In die vorbehaltlosen Schutzbereiche von **Ehe und Familie** darf der Staat nicht eingreifen, er darf sie durch *definierende Regelungen* von Ehe und Familie nur gestalten. Ist der Bereich der definierenden Regelungen verlassen, dann können ehe- oder familienungünstige Regelungen oder Maßnahmen ihre Legitimation allenfalls in *kollidierendem Verfassungsrecht* finden.

709 **Beispiel:** Einem Bereitschaftspolizisten, der wie alle Bereitschaftspolizisten unter Zölibatsklausel stand, wurde die Heiratserlaubnis verweigert. BVerwGE 14, 21/27 ff hat die Zölibatsklausel grundsätzlich als verfassungsmäßig akzeptiert und nur deshalb die Verweigerung als unverhältnismäßig und verfassungswidrig abgelehnt, weil die Geburt eines Kindes bevorstand, dem erspart werden sollte, als Kind nicht miteinander verheirateter Eltern geboren zu werden.

29 E 76, 1/47; aA *Zuleeg*, DÖV 1988, 587.
30 Vgl *Renner*, NVwZ 2004, 792/795 ff.
31 Vgl BVerfG, NVwZ 2009, 387; BVerwGE 129, 367/373 ff.
32 *Erichsen*, S. 48; *Burgi*, FH, Art. 6 Rn 149 ff; aA *Klein*, Fremdnützige Freiheitsgrundrechte, 2003, S. 79 f, 88 f; *Ossenbühl*, S. 59 f, 76, 84.
33 E 107, 104/120; *Burgi*, Hdb. GR IV, § 109 Rn 43.

Aber es ist nicht einzusehen, warum die Effizienz der Polizei als möglicherweise in Betracht kommendes kollidierendes Verfassungsrechtsgut vom Bereitschaftspolizisten mehr verlangen soll, als dass er, ob unverheiratet oder verheiratet, seinen Dienst versieht (vgl *Richter*, AK, Art. 6 Rn 19; *Robbers*, MKS, Art. 6 Rn 52).

Auch wenn die *Ausweisung eines Ausländers*, die den ehelichen oder familiären Zusammenhalt zerreißt, kein Eingriff in das Ehe- und Familiengrundrecht ist (vgl Rn 705 f), stellt das BVerfG sie doch unter den Grundsatz der Verhältnismäßigkeit. Es spricht in diesem Zusammenhang von Art. 6 Abs. 1 als wertentscheidender Grundsatznorm, die auch hier, wo das Abwehrrecht und die Institutsgarantie von Art. 6 Abs. 1 nicht greifen, die Berücksichtigung ehelicher und familiärer Bindungen verlangt[34]. Voraussetzung ist dabei, dass die eheliche Lebensgemeinschaft tatsächlich besteht und nicht als Scheinehe nur vorgetäuscht wird[35]; entsprechend müssen auch Eltern und Kinder lebensgemeinschaftlich verbunden sein. Die Ausweisung von Ausländern, die in Deutschland verheiratet sind, Kinder oder Eltern haben, bedarf umso wichtigerer Gründe, je verwurzelter die Ehe und/oder Familie in Deutschland sind. Ähnliches gilt für die Erteilung und Verlängerung einer Aufenthaltserlaubnis[36] und für Einbürgerungen[37]. 710

Beispiele: Ein Ausländer, dessen Ehepartner die deutsche Staatsangehörigkeit hat, darf nicht wegen Bagatelldelikten ausgewiesen werden, und verstärkt spricht gegen die Ausweisung, wenn Kinder deutscher Staatsangehöriger vorhanden sind (E 51, 386/397 f). – Der Ausweisung eines Ausländers, der als Erwachsener von einem deutschen Staatsangehörigen adoptiert wird, steht die Adoption nicht entgegen, wenn sie nur eine Begegnungs-, wohl aber, wenn sie eine Lebens- und Beistandsgemeinschaft begründet (E 80, 81/90 ff; BVerfG, BayVBl. 1996, 144). – Die Versagung einer Aufenthaltserlaubnis oder Aufenthaltsbefugnis an den nicht sorgeberechtigten ausländischen Vater eines deutschen Kindes aus geschiedener Ehe ist mit Art. 6 Abs. 1 vereinbar, weil das Verhältnis des Vaters zum Kind nicht mehr Lebens- und Erziehungs-, sondern bloße Begegnungsgemeinschaft ist (BVerfG, DVBl. 1989, 1246; BVerwGE 106, 13/19; vgl Rn 697). 711

Auch an abschlägige Entscheidungen der Aufenthaltsbehörden zum Nachzug von ausländischen Ehegatten und Familienmitgliedern sind umso höhere Anforderungen zu stellen, je verwurzelter der Ehegatte oder das Familienmitglied, zu dem der Nachzug angestrebt wird, in der Bundesrepublik Deutschland ist und je härter die abschlägige Entscheidung die eheliche und familiäre Gemeinschaft trifft[38]. Es macht auch einen Unterschied, ob der bereits in der Bundesrepublik Lebende Deutscher oder Ausländer ist, wie lange der Ausländer schon in der Bundesrepublik lebt, ob Kinder deutscher Staatsangehörigkeit da sind, ob die Kinder minderjährig sind und ob volljährige Kinder oder Eltern auf die in der Familiengemeinschaft geleistete Lebenshilfe angewiesen sind[39]. 712

34 E 76, 1/41 ff; BVerfG, NVwZ 2011, 870 f.
35 Vgl *Weichert*, NVwZ 1997, 1053.
36 BVerwGE 71, 228/232 ff; 105, 35/39 f; 133, 72/82.
37 BVerwGE 77, 164/171 ff; 84, 93/98 f.
38 E 76, 1/49 ff.
39 Vgl BVerwG, DÖV 1990, 570 f.

713 **bb)** Eingriffe in das **Elternrecht** sind zum einen gem. Art. 6 Abs. 2 S. 2 (vgl Rn 707) gerechtfertigt, wenn sie dem *Wohl des Kindes* dienen. Mit der Regelung des Sorgerechts, nach der die Eltern Rücksicht auf die zunehmende Einsichts- und Verantwortungsfähigkeit der Kinder nehmen müssen, trifft der Staat den Ausgleich zwischen dem Elternrecht und erstarkenden Grundrechten der heranwachsenden Kinder. Bei Interessenkollisionen zwischen dem Kind und seinen Eltern kommt den Interessen des Kindes grundsätzlich der Vorrang zu[40]. Der Eingriff in das Elternrecht des einen Elternteils, der in der Zuweisung des Sorgerechts an den anderen Elternteil liegt, kann durch das Kindeswohl gerechtfertigt sein. Den generellen Ausschluss eines gemeinsamen Sorgerechts hat das BVerfG in zwei Entscheidungen zu Recht als verfassungswidrig verworfen[41]. Allerdings ist es verfassungsgemäß, das nicht eheliche Kind bei seiner Geburt sorgerechtlich zunächst der Mutter zuzuordnen; der Vater darf aber nicht schon deshalb von der Sorgetragung ausgeschlossen werden, weil die Mutter dem nicht zustimmt[42].

714 Eingriffe in das Elternrecht sind zum anderen durch *kollidierendes Verfassungsrecht* gerechtfertigt. In der Schulhoheit des Staates (Art. 7 Abs. 1) ist eine den Prinzipien der Toleranz und der Neutralität verpflichtete, von Indoktrination freie staatliche Erziehungsgewalt grundgelegt[43]; in ihr findet auch der Eingriff in das Elternrecht, der in der Schulpflicht der Kinder liegt, seine Rechtfertigung[44]. Im Jugendstrafrecht rechtfertigt das BVerfG Eingriffe in das Elternrecht aus einem „Verfassungsgebot des strafrechtlichen Rechtsgüterschutzes"[45]; das überzeugt für Jugendstrafen unterhalb der Freiheitsstrafen (vgl Rn 717).

715 **b)** Die Trennung des Kindes von seinen Eltern ist der stärkste Eingriff in das Elternrecht und verwehrt, wenn nicht die besondere Voraussetzung des **Art. 6 Abs. 3** vorliegt. Diese Voraussetzung ist die drohende Verwahrlosung; sie kann ihre Ursache im Versagen der Erziehungsberechtigten oder in anderen Gründen haben.

716 Die Schranken-Schranke des Art. 6 Abs. 3 muss auch für die *Adoption eines Kindes* gegen den Willen der Eltern gelten[46]. Die zwangsweise Adoption trennt das Kind nicht einfach von den falschen Eltern, um es den wahren zu geben. Bis zur Trennung sind die natürlichen Eltern die einzigen Eltern; die zwangsweise Adoption muss daher durch *drohende Verwahrlosung* gerechtfertigt werden können. Bei ihrer Annahme ist der Verhältnismäßigkeitsgrundsatz „strikt" zu wahren[47].

717 Die Auffassung, neben dem Versagen der Erziehungsberechtigten und der drohenden Verwahrlosung der Kinder gebe es noch *andere Trennungsgründe*, z.B. die Einberufung zum Wehrdienst und den Vollzug einer Freiheitsstrafe, ist mit Art. 6 Abs. 3

40 E 61, 358/378; 72, 122/137; 108, 82/102.
41 E 61, 358/375 betraf das gemeinsame Sorgerecht geschiedener, E 84, 168/181 das gemeinsame Sorgerecht nicht miteinander verheirateter Eltern.
42 E 127, 132/145 ff; aA noch E 107, 150/169 ff.
43 Vgl BVerfG, NVwZ 1990, 54; BVerwGE 79, 298/301.
44 BVerfG, DVBl. 2003, 999; *Hebeler/Schmidt*, NVwZ 2005, 1368.
45 E 107, 104/119.
46 *Coester-Waltjen*, MüK, Art. 6 Rn 100; *v. Coelln*, SA, Art. 6 Rn 86; aA E 24, 119/139 ff.
47 E 60, 79/89; BVerfG, NJW 2006, 1723; 2010, 2333; 2011, 3355 f.

nicht vereinbar[48] . Vor Eintritt der Volljährigkeit verbietet Art. 6 Abs. 3 die Einberufung gegen den Willen der Erziehungsberechtigten, und bei der Verhängung einer Freiheitsstrafe verlangt er das Einverständnis der Erziehungsberechtigen, deren Versagen oder aus anderen Gründen drohende Verwahrlosung.

c) Als Schranken-Schranke für definierende und zulässigerweise eingreifende Regelungen wirkt die **Institutsgarantie** der Ehe und Familie. Sie hat wie alle Institutsgarantien einen bewahrenden Gehalt. Die soziale und rechtliche Gestalt, die *Ehe und Familie* als Institute geschichtlich gewonnen haben, ist zwar nicht jeder Änderung durch den Gesetzgeber entzogen, muss aber im Kern intakt bleiben[49]. Dieses Prinzip wird erfüllt, wenn die Änderung aus der gesellschaftlichen Entwicklung gewissermaßen wächst und vom Staat nicht als Fremdkörper aufgezwungen wird. 718

Beispiele: Dem staatlichen Zugriff entzogen sind die Gestalt der Ehe als Einehe, das Erfordernis des Einverständnisses bei Begründung der Ehe, die grundsätzlich lebenszeitliche Dauer der Ehe (E 31, 58/69; 53, 224/245). Dagegen durfte das Eherecht vom Verschuldens- zum Zerrüttungsprinzip übergehen (E 53, 224/245 ff; 55, 134/141 ff) und den Versorgungsausgleich einführen (E 53, 257/299 ff; 71, 364/384 ff). Indem es die Wahlfreiheit beim Ehenamen erweitert, die Aufgabenverteilung in der Ehegemeinschaft den Eheleuten überlassen und ihnen gleichberechtigt Entscheidungsmacht eingeräumt und Familien- und Erwerbsarbeit als gleichwertig eingestuft hat (E 10, 59/66 ff; 48, 327/337; 105, 1/11 ff), ist es nicht nur der gesellschaftlichen Entwicklung gefolgt, sondern hat dem Gleichberechtigungsgebot des Art. 3 Abs. 2 gehorcht (vgl Rn 481 ff). 719

III. Diskriminierungsverbote, Schutz- und Teilhaberechte

Art. 6 enthält in den besonderen Gleichheitssätzen der Abs. 1, 4 und 5 *Diskriminierungsverbote* (vgl Rn 494 ff). Soweit es um Benachteiligungen bei der Vergabe staatlicher Leistungen geht, werden diese besonderen Gleichheitssätze zu Teilhaberechten (vgl Rn 104 ff). 720

In seiner objektiv rechtlichen Funktion beinhaltet *Art. 6 Abs. 1* ferner das Gebot, Ehe und Familie vor Beeinträchtigungen durch gesellschaftliche Kräfte zu schützen und darüber hinaus durch staatliche Maßnahmen zu fördern[50], zB durch steuerliche Berücksichtigung des Betreuungs- und Erziehungsbedarfs von Kindern[51]. Aus der Elternpflicht (Art. 6 Abs. 2 S. 1) und dem staatlichen Wächteramt (Art. 6 Abs. 2 S. 2) folgt eine Verpflichtung zu kinderwohlgerechtem Handeln, auf das das Kind gem. Art. 2 Abs. 1 einen grundrechtlichen Anspruch hat[52]. Aus Art. 6 Abs. 1 folgen aber keine konkreten Ansprüche auf Teilhabe an bestimmten staatlichen Leistungen[53]. 721

Gleiches gilt für den Anspruch der Mutter und schon der Schwangeren auf Schutz und Fürsorge der Gemeinschaft aus *Art. 6 Abs. 4* und den aus *Art. 6 Abs. 5* folgenden 722

48 Vgl auch *Erichsen*, S. 56.
49 E 105, 313/348; *Burgi*, Hdb. GR IV, § 109 Rn 31; *Ipsen*, Hdb. StR³ VII, § 154 Rn 47 ff.
50 E 6, 55/76; 87, 1/35; 105, 313/346; BVerwGE 91, 130/133 f.
51 E 99, 216/233 f; vgl dazu *Birk/Wernsmann*, JZ 2001, 218.
52 E 99, 145/156; 103, 89/107.
53 E 39, 316/326; 87, 1/35 f; 110, 412/436, 445.

Anspruch des Kindes nicht miteinander verheirateter Eltern auf Verbesserung der Bedingungen für seine leibliche und seelische Entwicklung und gesellschaftliche Stellung. Er bedarf jeweils der gesetzgeberischen Umsetzung, sei es im bürgerlichen Recht und Arbeitsrecht[54], im Steuer- oder Sozial-, Beamten- oder Dienstrecht[55]. Nur ausnahmsweise können diese Schutz- und Teilhaberechte auch Einzelmaßnahmen erfordern, zB für Besuche von Ehegatten und Kindern von Untersuchungsgefangenen Besuchsgelegenheiten zu schaffen[56] oder die Hauptverhandlung im Strafverfahren gegen eine Schwangere zu vertagen[57].

723 **Lösungsskizze zum Fall 12 (Rn 685):** I. Der Rechtsstreit zwischen leiblichen Eltern und Pflegeeltern wird im Verfahren der freiwilligen Gerichtsbarkeit geführt. Dies ist ein sog. objektives Verfahren, in dem die leiblichen und die Pflegeeltern nicht die Stellung von Parteien haben, sondern nur antrags- und anhörungsberechtigt sind. Hier spricht der Staat nicht Parteien private Rechte zu, sondern trifft selbst Anordnungen. Die Grundrechte gelten nicht lediglich nach Maßgabe der Lehre von der mittelbaren Drittwirkung, sondern unmittelbar. – II. Die Verpflichtung der Pflegeeltern zur Herausgabe des Kindes an die leiblichen Eltern könnte ein Eingriff in das *Elternrecht der Pflegeeltern* sein. Denn „auch die aus dem Kind und den Pflegeeltern bestehende Pflegefamilie (ist) durch Art. 6 Abs. 1 geschützt“, und damit wirkt Art. 6 Abs. 2 und 3 bei der Trennung des Kindes von den Pflegeeltern auch zu deren Gunsten (E 68, 176/187). – Ein Eingriff in das Elternrecht, der in der Trennung des Kindes von der Familie liegen könnte, ist gem. Art. 6 Abs. 3 nur bei Versagen der Erziehungsberechtigten und bei sonst drohender Verwahrlosung des Kindes gerechtfertigt. Im vorliegenden Fall haben die Pflegeeltern nicht versagt und droht dem Kind bei den Pflegeeltern auch sonst keine Verwahrlosung. – Dennoch ist die Verpflichtung der Pflegeeltern zu einer Herausgabe des Kindes an die leiblichen Eltern vorliegend gerechtfertigt. Das Verhältnis des Kindes zu den leiblichen Eltern ist auf Dauer, das zu den Pflegeeltern auf Zeit angelegt. Wenn ein Kind wegen drohender Verwahrlosung von den leiblichen Eltern getrennt und zu Pflegeeltern gegeben wird, dann wird nicht der dauernde Verbleib des Kindes bei den Pflegeeltern, sondern die behutsame Rückkehr zu den leiblichen Eltern angestrebt. Wenn bei diesen keine Verwahrlosung mehr droht, endet das Elternrecht der Pflegeeltern. – In der Verpflichtung der Pflegeeltern zur Herausgabe des Kindes an die leiblichen Eltern liegt vorliegend also gar *kein Eingriff* in deren Elternrecht. Der Schutz von Art. 6 Abs. 3 zu Gunsten der Pflegeeltern wirkt zwar, wenn der Staat zugunsten Dritter, nicht aber, wenn er zugunsten der leiblichen Eltern, bei denen dem Kind keine Verwahrlosung mehr droht, handelt. Anders liegt es, wenn die leiblichen Eltern das Kind von den Pflegeeltern nur herausverlangen, um es anderen Pflegeeltern in Obhut zu geben (E 75, 201/220), nochmal anders, wenn die Trennung von den Pflegeeltern die Adoption und dafür zunächst die Adoptionspflege ermöglichen soll (E 79, 51/65). – III. Der rechte *Zeitpunkt* für das Ende des Elternrechts der Pflegeeltern kann jedoch schwer zu bestimmen sein. Die Gefahr, dass die richterliche Anordnung der Herausgabe des Kindes an die leiblichen Eltern den Zeitpunkt falsch ansetzt, bedeutet eine Gefährdung des Elternrechts der leiblichen Eltern und der Pflegeeltern. Durch das Antragsrecht und die Anhörung sowohl der leiblichen Eltern als auch der Pflegeeltern (§ 1632 Abs. 1 bzw 4 BGB, §§ 50a bzw 50c FGG) sind beide Grundrechte immerhin *verfahrensrechtlich* gleichermaßen gesichert; verfahrensrechtlich ist durch die Bestellung eines „Anwalts des Kindes“ (§ 50 FGG) auch das Wohl des Kindes gesichert. Da-

54 E 84, 133/156.
55 E 82, 60/85; 109, 64/87; 115, 259/270 ff.
56 E 42, 95/101 f; BVerfG, NJW 1995, 1478.
57 BVerfG, NJW 2005, 2382 f.

durch ist außerdem gewährleistet, dass der richterlichen Anordnung die relevanten Gesichtspunkte zu Grunde liegen. Im Zweifel verlangt Art. 6 Abs. 2, dass „das Wohl des Kindes immer den Richtpunkt" bildet (E 68, 176/188). – IV. E 68, 176 verfolgt bei dem etwas anders gelagerten Fall einen unterschiedlichen Lösungsweg: Das Gericht sieht zunächst die Elternrechte der leiblichen Eltern und der Pflegeeltern miteinander kollidieren und stellt auch nicht mit der nötigen Deutlichkeit auf den entscheidenden Gesichtspunkt der Verwahrlosung ab. Es löst die Kollision dann von der Dauerhaftigkeit des Elternrechts der leiblichen Eltern und der Vorläufigkeit des Elternrechts der Pflegeeltern her. Eben darum lässt sich aber von einer Kollision der Elternrechte letztlich gar nicht sprechen.

Literatur: Zu Art. 6 Abs. 1: *D. Coester-Waltjen*, Art. 6 I GG und der Schutz der Ehe, Jura 2008, 108; *dies.*, Art. 6 I GG und der Schutz der Familie, Jura 2008, 349; *E.B. Franz/T. Günther,* Grundfälle zu Art. 6 GG, JuS 2007, 626, 716; *J. Ipsen*, Ehe und Familie, Hdb. StR³ VII, § 154; *T. Kingreen*, Das Grundrecht von Ehe und Familie (Art. 6 I GG), Jura 1997, 401; *F.G. Nesselrode*, Das Spannungsverhältnis zwischen Ehe und Familie in Art. 6 des Grundgesetzes, 2007; *D. Schwab*, Familie und Staat, FamRZ 2007, 1; *U. Steiner*, Schutz von Ehe und Familie, Hdb. GR IV, § 108. – Zu Art. 6 Abs. 2: *E.-W. Böckenförde*, Elternrecht – Recht des Kindes – Recht des Staates, in: Essener Gespräche, 1980, S. 54; *M. Burgi*, Elterliches Erziehungsrecht, Hdb. GR IV, § 109; *H.-U. Erichsen*, Elternrecht – Kindeswohl – Staatsgewalt, 1985; *W. Höfling*, Elternrecht, Hdb. StR³ VII, § 155; *M. Jestaedt,* Staatliche Rollen in der Eltern-Kind-Beziehung, DVBl. 1997, 693; 724

§ 16 Schulische Grundrechte und Privatschulfreiheit (Art. 7 Abs. 2–5)

Fall 13: Genehmigung eines privaten Gymnasiums 725

P ist ein bekannter Pädagoge und möchte seine Theorien in die Praxis umsetzen. Er hat einen „Förderverein des P-Gymnasiums" gegründet, der die erforderlichen Mittel für die Errichtung und den Betrieb des privaten Gymnasiums in der Stadt S aufgebracht hat. Der Antrag des Vereins auf Genehmigung des P-Gymnasiums als Ersatzschule wird von der zuständigen Schulbehörde mit der Begründung abgelehnt, in S bestünden schon Gymnasien aller Art und bei dem in den nächsten Jahren zu erwartenden Schülerrückgang sei für ein weiteres Gymnasium kein Bedürfnis vorhanden. Verstößt die Ablehnung gegen Art. 7 Abs. 4? **Rn 745**

I. Überblick

Art. 7 enthält nicht nur Grundrechte, sondern auch „Einrichtungsgarantien … und Auslegungsregeln für den Bereich des Schulrechts"[1]. Auf die organisationsrechtlichen Gehalte von Art. 7 Abs. 1 und 6 wird hier nicht eingegangen. Auch Art. 7 Abs. 3 S. 1 ist Einrichtungsgarantie des Religionsunterrichts; Art. 7 Abs. 2 und 3 verbürgen zum Religionsunterricht aber auch Grundrechte. Auch Art. 7 Abs. 4 und 5 sind Einrichtungsgarantie der Privatschulen und enthalten zu- 726

1 E 75, 40/61.

gleich Grundrechte. Entsprechend der überwiegenden Gesetzgebungskompetenz der Länder für diesen Bereich sind die – teilweise ausführlichen – landesverfassungsrechtlichen Grundrechte hier von besonderer Bedeutung. Wegen Art. 5 Abs. 3 erfasst Art. 7 nicht die Hochschulen.

II. Schulische Grundrechte (Art. 7 Abs. 2 und 3)

1. Schutzbereiche

a) Art. 7 Abs. 3 S. 1 und 2

727 Es handelt sich um ein *Grundrecht der Religionsgemeinschaften*, nicht aber auch der Eltern und Schüler[2]. Die Vorschrift konkretisiert Art. 4 Abs. 1 und 2, geht aber hierüber hinaus, denn sie garantiert die Religionsausübung in der Form des Religionsunterrichts *innerhalb* des staatlichen Schulwesens und als Teil der Ausübung öffentlicher Gewalt. Zugleich durchbricht sie die grundsätzliche Trennung von Staat und Kirche; Art. 7 Abs. 3 ist lex specialis zu Art. 137 Abs. 1 WRV iVm Art. 140.

728 *Religionsgemeinschaften* sind nicht nur diejenigen, die die Rechte einer Körperschaft des öffentlichen Rechts erworben haben (vgl Art. 140 iVm Art. 137 Abs. 5 WRV); es genügt die Erlangung einer bürgerlich-rechtlichen Rechtsfähigkeit (vgl Art. 140 iVm 137 Abs. 4 WRV). Unter dieser Voraussetzung kann zB auch islamischer Religionsunterricht in öffentlichen Schulen erteilt werden[3].

729 Art. 7 Abs. 3 S. 2 garantiert – im Zusammenhang mit S. 1 – den Religionsgemeinschaften, dass Religionsunterricht als ordentliches Lehrfach vorgesehen und *veranstaltet* wird, und zwar unter folgenden tatbestandlichen Voraussetzungen: *Öffentliche* Schulen bezeichnet den Gegensatz zu Privatschulen; es fallen alle Schulen darunter, die vom Staat getragen werden. *Bekenntnisfreie Schulen* meint weltliche, herkömmlicherweise auch Weltanschauungsschulen. Eine *territoriale* Beschränkung ergibt sich aus der Sondervorschrift des Art. 141, von der Berlin, Bremen und die neuen Länder betroffen sind[4] und von der Berlin, Brandenburg und Bremen mit der Einführung eines ethischen und religionskundlichen ordentlichen Lehrfachs neben der Veranstaltung von lediglich freiwilligem Religionsunterricht auch Gebrauch gemacht haben.

730 *Ordentliches Lehrfach* bedeutet, dass der Religionsunterricht unbeschadet der aus Art. 7 Abs. 2 und Abs. 3 S. 3 folgenden Besonderheiten nicht Wahl-, sondern Pflichtfach ist und als solches benotet wird, in den Notendurchschnitt eingeht und versetzungsrelevant ist[5]. Er ist also anderen Fächern grundsätzlich gleichberechtigt. Im System der Jahrgangsklassen muss er jedes Jahr im Fächerkanon vertreten sein; im System der Jahrgangsstufen zählt er zwar zum Pflichtbereich, kann aber auf bestimmte Jahrgangsstufen konzentriert werden. Wegen des Charakters als ordentliches Lehr-

2 *Korioth*, NVwZ 1997, 1041/1045 f; aA *Badura*, MD, Art. 7 Rn 83; *Robbers*, MKS, Art. 7 Rn 123.
3 BVerwGE 123, 49/54 ff.
4 *Schmitt-Kammler/Thiel*, SA, Art. 141 Rn 7 ff; *Schlink*, NJW 1992, 1008; für den Ostteil Berlins BVerwGE 110, 327; aA *v. Campenhausen/Unruh*, MKS, Art. 141 Rn 7 ff; *Germann*, EH, Art. 141 Rn 6.
5 BVerwGE 42, 346/349; aA *Korioth/Augsberg*, ZG 2009, 223/224.

fach darf die Landesgesetzgebung gewisse Mindestschülerzahlen für die Erteilung des Religionsunterrichts festsetzen.

Die Garantie richtet sich von vornherein nur auf die *inhaltlichen* Fragen des Religionsunterrichts, nicht auf die organisatorischen, die ganz beim Staat liegen. Das BVerfG geht davon aus, der Religionsunterricht sei „in konfessioneller Positivität und Gebundenheit" zu erteilen[6]. Da es die Religionsgemeinschaften sind, die den Religionsunterricht inhaltlich bestimmen sollen, ist auch ihr Selbstverständnis von konfessioneller Positivität und Gebundenheit maßgeblich. Danach ist sowohl ein Religionsunterricht möglich, der eher Verkündigung oder eher Information ist, als auch ein konfessionell-kooperativer, bikonfessioneller, ökumenischer oder konfessionell geöffneter. Auch die Zulassung bekenntnisfremder Schüler zum Religionsunterricht bemisst sich nach den Grundsätzen der Religionsgemeinschaften[7]. **731**

b) Art. 7 Abs. 3 S. 3

Das Recht der Lehrer, die Erteilung von Religionsunterricht *abzulehnen*, ist eine Konkretisierung ihrer Religions- und Weltanschauungsfreiheit und hat vor allem zur Folge, dass dem Lehrer hieraus keine Nachteile entstehen dürfen. Dieses Grundrecht hat insofern selbstständige Bedeutung, als mögliche Beschränkungen der Grundrechte der Lehrer aus Art. 4 Abs. 1 und 2, die mit ihrem Sonderstatus als Beamte begründet werden könnten, hierdurch ausdrücklich ausgeschlossen werden[8]. **732**

c) Art. 7 Abs. 2

Das Recht der Erziehungsberechtigten, über die Teilnahme des Kindes am Religionsunterricht zu bestimmen, ist eine Konkretisierung des elterlichen Erziehungsrechts (Art. 6 Abs. 2) und der Religions- und Weltanschauungsfreiheit der Eltern (Art. 4 Abs. 1 und 2). Erziehungsberechtigte sind diejenigen, die nach dem Familienrecht das Recht der Personensorge haben, dh in der Regel die *Eltern* gemeinsam. Das Recht des *Kindes*, nach Erreichen der sog. Religionsmündigkeit (vgl Rn 141 f) selbst über die Teilnahme am Religionsunterricht zu bestimmen, ergibt sich unmittelbar aus Art. 4 Abs. 1 und 2[9]. **733**

2. Eingriffe und verfassungsrechtliche Rechtfertigung

Art. 7 Abs. 2 und 3 unterliegt keinem Gesetzesvorbehalt. Art. 7 Abs. 1 legitimiert die organisatorische Gestaltung des Religionsunterrichts, kann aber darüber hinaus keine Eingriffe rechtfertigen. Kein Eingriff in die Freiheit der Teilnahme am Religionsunterricht ist die Pflicht des nicht am Religionsunterricht teilnehmenden Kinds, ersatzweise an einem religiös und weltanschaulich neutralen und dem Religionsunterricht gleichwertigen Ethikunterricht teilzunehmen[10]. **734**

6 E 74, 244/252.
7 E 74, 244/253.
8 *Badura*, MD, Art. 7 Rn 86.
9 Vgl *Badura*, MD, Art. 7 Rn 84; *Stern*, StR IV/2, S. 518 f.
10 BVerfG, NVwZ 2008, 72; BVerwGE 107, 75/80 ff.

III. Privatschulfreiheit (Art. 7 Abs. 4 und 5)

1. Schutzbereich

735 Art. 7 Abs. 4 S. 1 verbürgt Einzelpersonen und Personenmehrheiten (Art. 19 Abs. 3) das *Grundrecht*, Privatschulen zu errichten. Damit ist auch das Recht gewährleistet, Privatschulen zu betreiben, da sonst die Verbürgung leerliefe. Ferner enthält Art. 7 Abs. 4 S. 1 eine Einrichtungsgarantie.

736 Art. 7 Abs. 4 S. 1 sichert der Privatschule das Recht zur

- Gestaltung des *äußeren Schulbetriebs* (Organisation von Schule und Unterricht),
- Gestaltung des *inneren Schulbetriebs* (Aufstellung von Lehrplänen, Festlegung von Lehrzielen, Lehrstoffen und Lehrmethoden, Auswahl der Lehr- und Lernmittel),
- *freien Schülerwahl* und
- *freien Lehrerwahl*[11].

737 Nach Art. 7 Abs. 4 und 5 ist begrifflich zu unterscheiden: Privatschulen, die „als Ersatz für eine in dem Land vorhandene oder grundsätzlich vorgesehene öffentliche Schule dienen sollen“[12], nennt man *Ersatzschulen*. Die Privatschulen, die diese Eigenschaft nicht haben, heißen *Ergänzungsschulen*. Art. 7 Abs. 4 S. 1 gilt für Ersatz- und Ergänzungsschulen, Art. 7 Abs. 4 S. 2–4 und Abs. 5 nur für Ersatzschulen.

738 Das Recht zur Errichtung und zum Betrieb von Ersatzschulen ist ein normgeprägtes Grundrecht (vgl Rn 225). Denn da Ersatzschulen öffentliche Schulen ersetzen, müssen sie „ein Mindestmaß an Verträglichkeit mit vorhandenen Schulstrukturen“ aufweisen, die landesrechtlich geregelt sind[13]. Als Konsequenz hiervon steht das Recht unter dem in Abs. 4 S. 2 Hs. 1 genannten und gesetzlich ausgestalteten Vorbehalt der *Genehmigung*. Ohne die Genehmigung kann vom Recht kein Gebrauch gemacht werden. Auf ihre Erteilung bzw ihren Fortbestand besteht allerdings bei Vorliegen und Fortdauer folgender Voraussetzungen (S. 3 und 4) ein Anspruch:

- Die Ersatzschule steht in ihren Lehrzielen und Einrichtungen sowie der wissenschaftlichen Ausbildung ihrer Lehrkräfte nicht hinter den öffentlichen Schulen zurück;
- sie fördert keine Sonderung der Schüler nach den Besitzverhältnissen der Eltern;
- sie sichert genügend die wirtschaftliche und rechtliche Stellung der Lehrkräfte[14].

739 Bei der *privaten Volksschule*, dh jedenfalls der Grundschule, sind diese Voraussetzungen durch Abs. 5 weiter verschärft. Nach dessen 1. Alternative setzt die Zulassung die Anerkennung eines besonderen pädagogischen Interesses voraus[15]. Nach der 2. Alternative sind auf Antrag von Erziehungsberechtigten und mangels einer öffentlichen Schule Bekenntnis- und Weltanschauungsschulen zuzulassen.

---

11 Vgl E 27, 195/200 f.
12 E 27, 195/201 f; 90, 128/139; BVerfG, NVwZ 2011, 1384; BVerwGE 112, 263/266 f.
13 Vgl BVerwGE 104, 1/7; 112, 263/267 ff.
14 Vgl *Müller*, S. 127 ff; *Stern*, StR IV/2, S. 531 ff.
15 Vgl E 88, 40/47 ff; BVerwG, DVBl. 2000, 706.

Das Landesrecht kennt, mit Ausnahme Nordrhein-Westfalens (Art. 8 Abs. 4 S. 2 nw Verf), neben der Genehmigung noch eine *Anerkennung* als Voraussetzung dafür, dass die Ersatzschulen Berechtigungen (Zeugnisse, Versetzung, Hochschulzugang) mit öffentlich-rechtlicher Wirkung, dh als Beliehene erteilen[16]. Die verfassungsrechtliche Zulässigkeit einer von der Genehmigung gesonderten Anerkennung ist vom BVerfG damit bejaht worden, dass Art. 7 Abs. 4 S. 2 ein herkömmlicher, die Erteilung der Berechtigungen nicht umfassender Ersatzschulbegriff zu Grunde liege, dass die Ordnung des Berechtigungswesens eine „natürliche Aufgabe des Staates" sei und dass die Gegenauffassung zu „unannehmbaren Ergebnissen" führe[17]. Das ist eine fragwürdige Argumentation:[18] Damit die Privatschulen im eigentlichen Sinn als Ersatz für öffentliche Schulen fungieren können, gehört unter heutigen Bedingungen die Erteilung von Berechtigungen mit dazu, und eine Anerkennung neben der Genehmigung hat im Normtext des Art. 7 Abs. 4 keinen Anhalt. **740**

Ebenfalls über den Normtext gehen Fragen der *Privatschulförderung* mit öffentlichen Mitteln hinaus. Die Rspr[19] bejaht eine staatliche Schutzpflicht und ein korrespondierendes grundrechtliches Schutzrecht, das private Ersatzschulwesen neben dem öffentlichen Schulwesen zu fördern und seinen Bestand zu schützen. Diese Schutzpflicht soll dann eine Handlungspflicht auslösen, wenn anderenfalls der Bestand des Ersatzschulwesens evident gefährdet wäre; gegenwärtig sei von einer generellen Hilfsbedürftigkeit privater Ersatzschulen auszugehen und eine verfassungsrechtliche Pflicht zur Privatschulförderung mit öffentlichen Mitteln anzunehmen[20]. **741**

2. Eingriffe und verfassungsrechtliche Rechtfertigung

Art. 7 Abs. 4 enthält *keinen Gesetzesvorbehalt*. Auch Art. 7 Abs. 4 S. 2 Hs. 2 („unterstehen den Landesgesetzen") stellt nach Wortlaut, Systematik und Entstehungsgeschichte keine Eingriffsermächtigung dar; er setzt die aus Art. 7 Abs. 1, Abs. 4 S. 2–4 und Abs. 5 folgenden Ausgestaltungsbefugnisse voraus und stellt nur klar, dass es auch bei Ersatzschulen der Landesgesetzgeber ist, der von den Ausgestaltungsbefugnissen Gebrauch macht[21]. **742**

Art. 7 Abs. 1 gibt dem Staat, dh in der Kompetenzordnung des Grundgesetzes den Ländern die *Schulaufsicht*. Sie ist die Gesamtheit der staatlichen Befugnisse zur Organisation, Planung, Leitung und Beaufsichtigung des Schulwesens[22], nicht aber des Hochschulwesens[23], und umfasst die Festlegung der Ausbildungsgänge und Unterrichtsziele[24], die Einführung neuer, zusätzlicher Unterrichtsfächer, zB des Fachs **743**

16 Vgl BVerwGE 68, 185/187 f; 112, 263/270 f.
17 E 27, 195/204 ff.
18 Vgl *Müller*, S. 353 ff; bloße „Zweifel" bei *Stern*, StR IV/2, S. 535.
19 E 75, 40, 62 ff; 90, 107/114; 112, 74/83 f; BVerwGE 79, 154/156 f.
20 Zust. *F. Müller*, Die Positivität der Grundrechte, 2. Aufl. 1990, S. 120 ff; krit. *Gramlich*, JuS 1985, 607.
21 *Badura*, MD, Art. 7 Rn 100.
22 E 26, 228/238; BVerwGE 47, 201/204; *Jestaedt*, Hdb. StR[3] VII, § 156 Rn 43 ff.
23 E 37, 317/320.
24 E 59, 360/377; BVerwGE 64, 308/313.

Ethik (vgl Rn 734), und die Auswahl von Schulbüchern[25]. Sie gilt für staatliche Schulen wie für private Ersatzschulen.

744 Bei diesen ist sie allerdings inhaltlich beschränkt. Schulaufsicht darf den Betrieb privater Ersatzschulen nicht wie den der staatlichen Schulen bestimmen, sondern nur *überwachen*, ob er die Voraussetzungen von Art. 7 Abs. 4 S. 2–4 und Abs. 5 fortdauernd erfüllt. Entsprechend ist sie zur Rücknahme der Genehmigung und zu allen Maßnahmen befugt, die nach dem Grundsatz der Verhältnismäßigkeit im Einzelfall geeignet, erforderlich und angemessen sind, um beim Betrieb einer Ersatzschule die Einhaltung der genannten Voraussetzungen zu gewährleisten.

745 **Lösungsskizze zum Fall 13 (Rn 725):** I. Ein Verein kann Berechtigter aus Art. 7 Abs. 4 sein. Das P-Gymnasium ist eine Ersatzschule, weil Gymnasien in allen Ländern vorgesehene öffentliche Schulen sind. Aus Art. 7 Abs. 4 S. 2–4 ergibt sich daher ein Anspruch auf Genehmigung unter den Voraussetzungen, dass das P-Gymnasium in seinen Lehrzielen und Einrichtungen sowie in der wissenschaftlichen Ausbildung seiner Lehrkräfte nicht hinter anderen Gymnasien zurücksteht, eine Sonderung der Schüler nach den Besitzverhältnissen der Eltern nicht gefördert, dh kein diskriminierendes Schulgeld erhoben wird und auch die wirtschaftliche und rechtliche Stellung der Lehrkräfte genügend gesichert ist. Diese Voraussetzungen sind hier erfüllt. – II. Die Ablehnung der Genehmigung stellt daher einen Eingriff dar. – III. Da der Katalog der Genehmigungsvoraussetzungen abschließend ist, ließe sich die Ablehnung des Antrags des Vereins nur noch mit sonstigen verfassungsrechtlichen Eingriffsrechtfertigungen begründen. Jedoch unterliegt Art. 7 Abs. 4 keinem Gesetzesvorbehalt, und die Schulaufsicht gem. Art. 7 Abs. 1 ist gegenüber Ersatzschulen darauf beschränkt zu überwachen, ob die genannten Voraussetzungen erfüllt werden. Das auf den Besuch der konkurrierenden staatlichen Schulen abstellende Bedürfnis ist keine für die Errichtung oder den Betrieb einer Ersatzschule zulässige Genehmigungsvoraussetzung. Dies gilt sogar bei der nach Art. 7 Abs. 5 schwächer geschützten privaten Volksschule. Die Ablehnung verstößt also gegen Art. 7 Abs. 4.

746 **Literatur:** *M. Jestaedt*, Schule und außerschulische Erziehung, Hdb. StR[3] VII, § 156; *U. Kramer*, Grundfälle zu Art. 7 GG, JuS 2009, 1090; *W. Loschelder*, Schulische Grundrechte und Privatschulfreiheit, Hdb. GR IV, § 110; *B. Pieroth*, Erziehungsauftrag und Erziehungsmaßstab der Schule im freiheitlichen Verfassungsstaat, DVBl. 1994, 949; *C. Rathke*, Öffentliches Schulwesen und religiöse Vielfalt, 2005; *M. Thiel*, Der Erziehungsauftrag des Staates in der Schule, 2000. – Zu II: *U. Hildebrandt*, Das Grundrecht auf Religionsunterricht, 2000; *S. Korioth/I. Augsberg*, Ethik- oder Religionsunterricht?, ZG 2009, 222; *J. Oebbecke*, Reichweite und Voraussetzungen der grundgesetzlichen Garantie des Religionsunterrichts, DVBl. 1996, 336; *B. Pieroth*, Die verfassungsrechtliche Zulässigkeit einer Öffnung des Religionsunterrichts, ZevKR 1993, 189. – Zu III: *F. Hufen/J.P. Vogel*, Keine Zukunftsperspektiven für Schulen in freier Trägerschaft?, 2006; *F. Müller*, Das Recht der Freien Schule nach dem Grundgesetz, 2. Aufl. 1982; *M. Ogorek*, Der Schutz anerkannter Ersatzschulen durch das Grundrecht der Privatschulfreiheit, DÖV 2010, 341.

25 BVerfG, NVwZ 1990, 54.

§ 17 Versammlungsfreiheit (Art. 8)

Fall 14: Die wirksame Versammlungsauflösung (nach E 87, 399) 747

T ist Teilnehmer einer Sitzblockade vor der örtlichen Kaserne. Die mehrtägige Aktion war zwar nicht angemeldet, aber öffentlich angekündigt worden. Das zuständige Landratsamt hatte daraufhin eine Verfügung erlassen, die Auflagen gemäß § 15 Abs. 1 VersG enthielt. Dennoch wird die Sitzblockade von der Polizei aufgelöst und werden die Zufahrten zur Kaserne geräumt. Gegen T, der sich trotz der Auflösungsverfügung nicht unverzüglich entfernt, erlässt das Landratsamt nunmehr einen Bußgeldbescheid wegen Verstoßes gegen § 29 Abs. 1 Nr 2, Abs. 2 VersG. Den dagegen erhobenen Einspruch weist das Amtsgericht unter Hinweis auf die Wirksamkeit der Auflösungsverfügung zurück und verurteilt T zu einer Geldbuße. Verstößt seine Verurteilung gegen Art. 8? **Rn 776**

I. Überblick

Das Grundrecht der Versammlungsfreiheit schützt eine Form der Kommunikation mit anderen, das Sich-Versammeln. Wie Art. 5 und 9 wird es daher als Kommunikationsgrundrecht bezeichnet; es wird auch Demonstrationsgrundrecht genannt. Die Versammlungsfreiheit schützt öffentliche und nichtöffentliche Versammlungen. Indem sie nur für Versammlungen unter freiem Himmel einen qualifizierten Gesetzesvorbehalt enthält, schützt sie Versammlungen in geschlossenen Räumen vorbehaltlos. 748

II. Schutzbereich

1. Versammlungsbegriff

Bei der Frage nach dem Versammlungsbegriff ist man sich einig, dass nicht jedes Zusammenkommen mehrerer Personen ausreichen kann, vielmehr eine *innere Verbindung* durch gemeinsame Zweckverfolgung erforderlich ist. Keine Versammlungen, sondern bloße Ansammlungen sind daher ein Menschenauflauf bei einem Verkehrsunfall oder die Zuhörerschaft bei einem klassischen Konzert, wo alle zwar den gleichen, aber keinen gemeinsamen Zweck verfolgen, weil sie einander für die Zweckverfolgung nicht brauchen. Doch auch bloße Ansammlungen können zu Versammlungen werden, wenn sich die anfangs fehlende innere Verbindung einstellt[1]. 749

Streitig ist, ob der *gemeinsame Zweck* in gemeinsamer Meinungsbildung und -äußerung liegen muss. Weiter ist streitig, ob diese Meinung öffentliche Angelegenheiten betreffen muss (so der engste Versammlungsbegriff)[2] oder ob die Erörterung irgendwelcher Angelegenheiten ausreicht. Diese Ansichten stützen sich auf die Komplementärfunktion der Versammlungsfreiheit zur Meinungsfreiheit, wobei die Vertreter des engsten Versammlungsbegriffs zusätzlich darauf hinweisen, dass nach der ge- 750

1 *Kunig*, MüK, Art. 8 Rn 14.
2 Vgl *v. Mangoldt/Klein*, GG, 2. Aufl. 1957, Art. 8 Anm. III 2.

schichtlichen Erfahrung, die zu Art. 8 geführt hat, vor allem politische Versammlungen staatlichen Eingriffen ausgesetzt waren.

751 **Beispiele:** Unstreitig Versammlungen sind nach allen Auffassungen politische Diskussionsveranstaltungen oder Demonstrationen; wissenschaftliche Kongresse, Betriebs- oder Gesellschafterversammlungen fallen nach dem engsten Versammlungsbegriff aus dem Schutzbereich heraus; rein gesellige Zusammenkünfte sind vom Schutz des Art. 8 nur umfasst, wenn man für eine Versammlung nicht den Zweck gemeinsamer Meinungsbildung und -äußerung fordert.

752 Die Einschränkung des Versammlungsbegriffs auf die Erörterung *öffentlicher Angelegenheiten* ist *nicht haltbar*. Sie ergibt sich weder aus dem Wortlaut noch aus der systematischen Stellung des Art. 8. Die Tatsache, dass sich der Kampf um die Versammlungsfreiheit historisch gesehen vorwiegend an politischen Zusammenkünften entzündet hat, schließt nicht aus, andere Treffen ebenfalls als schützenswert anzusehen.

753 Doch auch die Beschränkung auf die gemeinsame Meinungsbildung und -äußerung vermag nicht zu überzeugen. Den Schutz speziell der meinungsbildenden und -äußernden Versammlung gewährleistet Art. 8 *iVm Art. 5*[3], sodass auf einen bestimmten Inhalt des *Versammlungszwecks* neben dem der inneren Verbindung ganz *verzichtet* werden kann[4]. Gegen die einengende Auslegung des Art. 8 spricht ferner der Zusammenhang mit der freien Entfaltung der Persönlichkeit (Art. 2 Abs. 1): Das Grundrecht der Versammlungsfreiheit soll die drohende Isolierung des Einzelnen verhindern und (gemeinsam mit Art. 9) die Persönlichkeitsentfaltung in Gruppenform gewährleisten[5]. Das BVerfG will den Versammlungsbegriff neuerdings eng fassen und den Zweck auf die Teilhabe an der öffentlichen Meinungsbildung beschränken[6]. Früher neigte es zum weiten Versammlungsbegriff und überzeugte damit mehr[7]: Es sah „Versammlungen und Aufzüge … als Ausdruck gemeinschaftlicher, auf Kommunikation angelegter Entfaltung (ge)schützt. Dieser Schutz ist nicht auf Veranstaltungen beschränkt, auf denen argumentiert und gestritten wird, sondern umfasst vielfältige Formen gemeinsamen Verhaltens bis hin zu nichtverbalen Ausdrucksformen".

754 **Beispiele:** Gemeinsames Musizieren stellt daher ebenso wie ein Vereinsabend eine Versammlung dar. Bei dem Besuch kultureller und sportlicher Veranstaltungen kommt es darauf an, ob eine innere Verbindung mit anderen vorliegt. So gibt es Kinovorführungen, Konzerte und Sportfeste, bei denen gerade das Zusammenkommen mit anderen von besonderer Bedeutung ist (zB Kultfilme, Rockkonzerte, Public viewing). Treten die Teilnehmer dagegen nicht als Akteure, sondern als bloße Konsumenten in Erscheinung, bilden sie keine Versammlung. Vom neuen Standpunkt des BVerfG fallen alle diese Veranstaltungen aus dem Versammlungsbegriff heraus (vgl für die Love-Parade BVerfG, NJW 2001, 2459; BVerwGE 129, 42/45 ff; zur Kundgebung von Inlineskatern OVG Münster, NVwZ 2001, 1316; zu Flashmobs *Neumann*, NVwZ 2011, 1171/1174; *Levin/Schwarz*, DVBl. 2012, 10).

755 Umstritten ist auch das Erfordernis einer bestimmten *Teilnehmerzahl*. Unter Hinweis auf bürgerlich-rechtliche Bestimmungen zum Verein (§§ 56, 73 BGB) und den allge-

---

3 E 69, 315/344 ff.
4 Ebenso *Sachs*, VerfR II, S. 359; *Schulze-Fielitz*, DR, Art. 8 Rn 26.
5 *Gusy*, MKS, Art. 8 Rn 9.
6 E 104, 92/104; BVerfG, NVwZ 2011, 422; krit. *Michael/Morlok*, GR, Rn 272; *Möllers*, NJW 2005, 1973/1974 f; *Stern*, StR IV/1, S. 1206 ff.
7 E 69, 315/343; vgl dagegen *Hoffmann-Riem*, Hdb. GR IV, § 106 Rn 46 Fn 167.

meinen Sprachgebrauch werden als Mindestzahl sieben oder drei Personen erwogen. Aber der Wortlaut deckt auch eine Versammlung von zwei Personen[8].

2. Friedlichkeit und Waffenlosigkeit

Der sachliche Schutzbereich wird von Art. 8 Abs. 1 auf friedliche Versammlungen **756** ohne Waffen begrenzt. *Waffen* sind neben den Waffen iSd § 1 WaffG (Pistole, Dolch, Schlagring) auch gefährliche Werkzeuge (Baseballschläger, Eisenketten), wenn sie zum Zweck des Einsatzes mitgeführt werden[9]. Keine Waffen sind reine Schutzgegenstände (Gasmasken, Schutzbrillen); der hierfür häufig gebrauchte Ausdruck „passive Bewaffnung" ist irreführend[10].

Wann eine Versammlung *friedlich* ist, wird unbestimmt und untauglich definiert, **757** wenn mit dem BGH[11] auf die „Störung des staatsbürgerlichen Friedens" abgestellt wird. Eine andere Definition, nach der jede Rechtsverletzung zur Unfriedlichkeit führt, leistet zwar klare Abgrenzungen, interpretiert aber schon in Art. 8 Abs. 1 den Gesetzesvorbehalt hinein, den erst Art. 8 Abs. 2 enthält[12]. Ein Gesetzesvorbehalt wird sogar dann in Art. 8 Abs. 1 hineininterpretiert, wenn zwar nicht jede Rechtsverletzung, wohl aber jeder Verstoß gegen das Strafrecht als Unfriedlichkeit gewertet wird. Denn dem Gesetzgeber steht frei, welche Verhalten er strafrechtlich sanktioniert. Unfriedlichkeit kann also auch nicht mit Strafrechtswidrigkeit gleichgesetzt werden[13].

Traditionell wird Friedlichkeit in Anlehnung an §§ 5 Nr. 3, 13 Abs. 1 Nr. 2 VersG in **758** der Weise definiert, dass die Versammlung nicht „einen gewalttätigen oder aufrührerischen Verlauf nimmt". Auch das BVerfG hat den „Einklang" zwischen dem grundrechtlichen Ausschluss unfriedlicher und dem versammlungsgesetzlichen Verbot gewalttätiger, aufrührerischer Versammlungen festgestellt[14]. Die Bestimmung der unfriedlichen als einer gewalttätigen, aufrührerischen Versammlung bedarf allerdings der *Präzisierung*.

Der Begriff der *Gewalttätigkeit* fordert seit jeher die aktive körperliche Einwirkung **759** des Täters auf Personen oder Sachen. Überwiegend wird verlangt, dass die körperliche Einwirkung aggressiv und von einiger Erheblichkeit ist[15]. Der Begriff der Gewalttätigkeit ist damit enger als der heutige Begriff der Gewaltanwendung, der jede körperliche Zwangswirkung beim Opfer genügen lässt. Der Begriff *„aufrührerisch"* bezieht sich seit alters zum einen auf den Umsturz als das Ziel der Versammlung, zum anderen auf das Mittel des aktiven gewaltsamen Widerstands gegen rechtmäßig handelnde Vollstreckungsbeamte. Da die Frage, inwieweit auf einer Versammlung umstürzlerische Meinungen geäußert und propagiert werden dürfen, heute nach Maßgabe von Art. 5 zu beantworten ist, ist im Rahmen von Art. 8 nur das Merkmal des

8 VGH Mannheim, VBlBW 2008, 60; *Höfling*, SA, Art. 8 Rn 9; *Stern*, StR IV/1, S. 1197 f.
9 *Schulze-Fielitz*, DR, Art. 8 Rn 45; weiter („an sich harmlose Gegenstände") *Kloepfer*, VerfR II, § 63 Rn 15.
10 Vgl *Depenheuer*, MD, Art. 8 Rn 91; *Hoffmann-Riem*, Hdb. GR IV, § 106 Rn 61.
11 BGH, DVBl. 1951, 736.
12 *Hoffmann-Riem*, Hdb. GR IV, § 106 Rn 56.
13 E 73, 206/248; *Höfling*, SA, Art. 8 Rn 30; *Kloepfer*, VerfR II, § 63 Rn 21.
14 E 73, 206/249; vager E 104, 92/106.
15 *Lenckner/Sternberg-Lieben*, in: Schönke/Schröder, StGB, 27. Aufl. 2006, § 125 Rn 5.

gewaltsamen Widerstands relevant. Es erfordert, wie das Merkmal der Gewalttätigkeit, die aktive körperliche Einwirkung, lässt aber, anders als das Merkmal der Gewalttätigkeit, auch eine geringfügige Einwirkung von geringfügiger Aggressivität genügen[16]. Unfriedlich ist eine Versammlung mithin dann, wenn sie erheblich und aggressiv körperlich auf Personen oder Sachen einwirkt, wobei gegenüber rechtmäßig handelnden Vollstreckungsbeamten schon eine geringe Erheblichkeit der Einwirkung ausreicht[17].

760 **Beispiele:** Eine Sitzblockade ist entgegen der früheren (vgl E 73, 206/257 ff; BGHSt 35, 270) und Tendenzen der neueren Rspr (E 104, 92/101 f; NJW 2011, 3020; BGHSt 41, 231/241) keine Gewalt (E 92, 1/16 ff; abw. M. E 104, 124 ff; *Rusteberg*, NJW 2011, 2999). Das Grundrecht der Versammlungsfreiheit stellt aber jedenfalls hohe Anforderungen an die Annahme der Verwerflichkeit iSv § 240 Abs. 2 StGB (BVerfG, NJW 2011, 3020 ff). – Beim Werfen mit sog. weichen Gegenständen (zB Tomaten, Eiern) ist nach den oben ausgeführten Kriterien zu differenzieren; entscheidend ist sowohl, gegen wen das Werfen gerichtet ist, als auch ob es bloßen Happening-Charakter hat oder Verletzungen intendiert und bewirkt.

761 Gesondert zu würdigen ist das unfriedliche Verhalten *Einzelner*. Werden die Rechtsverstöße nicht von der Gesamtgruppe getragen, sondern gehen sie nur von Einzelnen innerhalb einer ansonsten friedlichen Versammlung aus, so wird dadurch die Friedlichkeit der Versammlung insgesamt nicht beeinträchtigt[18]. Die Versammlung wird aber unfriedlich, wenn sich die Versammlungsleitung oder die Mehrzahl der Teilnehmer mit dem unfriedlichen Verhalten Einzelner solidarisieren[19].

762 Unfriedlich ist eine Versammlung schließlich auch dann schon, wenn ein gewalttätiger, aufrührerischer Verlauf *droht*, also unmittelbar bevorsteht. Hierfür ist jedoch die Vermummung von Versammlungsteilnehmern allein kein ausreichendes Indiz[20].

763 **Beispiele:** Als nicht mehr von Art. 8 Abs. 1 gedeckt wurden angesehen der Aufruf zu verbrecherischen Handlungen (VG Köln, NJW 1971, 210/211); Sperraktionen gegen die Auslieferung von Zeitungen (BGH, NJW 1972, 1366/1367; NJW 1972, 1571/1573); Behinderung einer Versammlung durch Gegendemonstrationen (OVG Saarlouis, JZ 1970, 283; vgl auch *Rühl*, NVwZ 1988, 577).

3. Versammlungen in geschlossenen Räumen und unter freiem Himmel

764 Die von den Versammlungen unter freiem Himmel zu unterscheidenden Versammlungen in geschlossenen Räumen liegen dann vor, wenn der Raum nach den Seiten umschlossen ist, um dem Publikum den allgemeinen Zugang zu verwehren. Auf die Überdachung nach oben kommt es nicht an; dies folgt aus dem Sinn der Unterscheidung von Versammlungen unter freiem Himmel und in geschlossenen Räumen. Es geht nicht um die Gefahr des Nasswerdens durch Regen, sondern darum, dass die räumliche Offenheit die Versammlung besonders *störanfällig und gefährlich* macht.

---

16 *Rudolphi*, Systematischer Kommentar, § 125 Rn 5.
17 Vgl BVerfG, NJW 2006, 136.
18 E 69, 315/359 ff.
19 *Gusy*, MKS, Art. 8 Rn 24.
20 *Gusy*, MKS, Art. 8 Rn 25; *Hoffmann-Riem*, Hdb. GR IV, § 106 Rn 59; aA *Depenheuer*, MD, Art. 8 Rn 86.

Diese raumbezogene Abgrenzung ist nicht zu verwechseln mit der für die Anwendung des Versammlungsgesetzes bedeutsamen Abgrenzung zwischen *öffentlichen und nichtöffentlichen* Versammlungen, die sich allein nach der für jedermann bestehenden oder nicht bestehenden Zugänglichkeit bemisst[21]. Öffentliche Versammlungen finden nicht nur auf Straßen, Plätzen und in Räumen statt, deren Rechtsverhältnisse sich nach öffentlichem Recht bestimmen, sondern auch in Bahnhöfen, Flughäfen und Einkaufszentren, wenn dort ein allgemeiner Publikumsverkehr eröffnet ist[22]. **765**

4. Umfang der Gewährleistung

Durch Art. 8 werden die Organisation und Vorbereitung der Versammlung (Versendung von Einladungen, Werbung), die Wahl von Ort, Zeit, Ablauf und Gestaltung der Versammlung[23], die An- und Abreise[24], die Leitung sowie die Teilnahme an der Versammlung geschützt, gleichgültig ob die Teilnahme das Anliegen der Versammlung teilt oder sich kritisch dazu verhält. Nicht geschützt sind der Zutritt zu einer Versammlung und die Anwesenheit auf ihr, wenn sie in der Absicht geschehen, die Versammlung zu verhindern, statt an ihr teilzunehmen[25]. Art. 8 enthält auch die negative Versammlungsfreiheit, dass niemand zur Teilnahme an oder Bildung von Versammlungen gezwungen werden darf[26]. **766**

III. Eingriffe

In Art. 8 Abs. 1 werden zwei Eingriffsfälle genannt: *Anmeldungs- und Erlaubnispflicht*. Klare Eingriffe sind, mit ihren strafrechtlichen Sanktionen, auch Verbote und Auflösungen von Versammlungen, Auflagen, Ausschließungen einzelner Teilnehmer, Behinderungen und Beschränkungen bei Anfahrt und Abreise[27]. Schwieriger ist die Eingriffsqualität *staatlicher Überwachungsmaßnahmen* zu beurteilen. Nach dem Volkszählungsurteil soll es auf den Abschreckungseffekt ankommen: Da auch die innere Entschlussfreiheit, an einer Versammlung teilzunehmen, geschützt werde, liege ein Eingriff vor, wenn die Angst vor staatlicher Überwachung dazu führe, dass man lieber auf die Grundrechtsausübung verzichte[28]. Von daher hat das BVerfG einen Eingriff bei „exzessive(n) Observationen und Registrierungen“[29] angenommen. Damit ist das Wesentliche noch nicht hinreichend erfasst, weil unklar bleibt, welche Überwachung „exzessiv“ ist, und weil Angst auch bei „normaler“ Überwachung entstehen kann. Vielmehr ist ein Eingriff immer dann anzunehmen, wenn es um die Beobachtung und Registrierung gerade der Versammlung oder ihrer Teilnehmer gerade in dieser Eigenschaft geht[30]. **767**

---

21 *Gusy*, MKS, Art. 8 Rn 60; *Kloepfer*, VerfR II, § 63 Rn 27.
22 E 128, 226/251; *Enders*, JZ 2011, 577 ff; *Kersten/Meinel*, JZ 2007, 1127/1131.
23 OVG Berlin-Brandenburg, NVwZ-RR 2009, 370; *Gusy*, MKS, Art. 8 Rn 30.
24 *Benda*, BK, Art. 8 Rn 35 f; *Geis*, FH, Art. 8 Rn 30 ff.
25 E 84, 203/209 f.
26 E 69, 315/343; aA *Gusy*, MKS, Art. 8 Rn 33; *Hoffmann-Riem*, Hdb. GR IV, § 106 Rn 81.
27 E 69, 315/349; 87, 399/409; BVerfG, NVwZ 2007, 1181, 1184.
28 E 65, 1/43; ebenso *Hoffmann-Riem*, Hdb. GR IV, § 106 Rn 31; *Kloepfer*, VerfR II, § 63 Rn 46.
29 E 69, 315/349.
30 *Bäumler*, JZ 1986, 469/471; vgl auch *Depenheuer*, MD, Art. 8 Rn 126.

768 **Beispiele:** Die Observation eines einer Straftat Verdächtigen wird nicht dadurch zu einem Eingriff in die Versammlungsfreiheit, dass der Verdächtige an einer Versammlung teilnimmt. Ebenso verhält es sich bei der Beobachtung von gegen die Verfassung gerichteten Aktivitäten bestimmter Personen oder Gruppen. Gilt die Beobachtung dagegen der Frage, ob die Versammlung oder die Teilnahme an ihr selbst eine gegen die Verfassung gerichtete oder sonst rechtswidrige Aktivität ist, so liegt ein Eingriff in Art. 8 vor (*Henninger*, DÖV 1998, 713/715). Eingriffe sind auch polizeiliche Bildaufnahmen von Versammlungen, Einzel- und Übersichtsaufnahmen, sowie die beiderseitige Begleitung eines Demonstrationszugs durch mit Einsatzanzug, Helm und Schlagstock ausgerüstete Polizeibeamte (OVG Bremen, NVwZ 1990, 1188/1189).

IV. Verfassungsrechtliche Rechtfertigung

1. Schranken

769 a) Der Gesetzesvorbehalt des Art. 8 Abs. 2 gilt nur für *versammlungsspezifische Eingriffe*. Für meinungsspezifische Eingriffe in Versammlungen, die durch Art. 8 iVm Art. 5 geschützt sind (vgl Rn 753), bestimmt sich die verfassungsrechtliche Rechtfertigung nach Art. 5 Abs. 2[31] mit der Folge, dass das Vorgehen gegen Versammlungen meinungsneutral sein muss und gegen rechte und rechtsextremistische Versammlungen nicht anders erfolgen darf als gegen linke und linksextremistische oder Mainstream-Versammlungen[32].

770 Art. 8 Abs. 2 enthält einen *qualifizierten Gesetzesvorbehalt*, weil er an eine bestimmte Situation („unter freiem Himmel") anknüpft (vgl Rn 266)[33]. Von ihm macht va das Versammlungsgesetz Gebrauch, das aber grundsätzlich nur für öffentliche, dh jedermann zugängliche Versammlungen gilt. Weitere Einschränkungen enthalten die Polizei- und Ordnungsgesetze, Bannmeilengesetze bzw. Gesetze über befriedete Bezirke[34], Sonn- und Feiertagsgesetze[35], Straßen- und Wegegesetze sowie das Straßenverkehrsrecht[36]. Allerdings zählt die Ausübung der Versammlungsfreiheit zum Gemeingebrauch und tritt hinter dem Straßenverkehr keineswegs zurück (vgl Rn 102). Auch das zivilrechtliche Hausrecht gem. § 903 S. 1, § 1004 BGB kann eine Schranke darstellen, die aber für den staatlichen Hausrechtsinhaber keine weitergehenden Eingriffe rechtfertigt als das Versammlungsrecht[37].

771 b) **Art. 17a Abs. 1** enthält einen **Gesetzesvorbehalt** (vgl Rn 650) für das Wehr- und Ersatzdienstverhältnis. Die besondere Bedeutung dieses neben Art. 8 Abs. 2 bestehenden Vorbehalts liegt in der Möglichkeit, auch Versammlungen in geschlossenen Räumen zu reglementieren. Das Zivildienstgesetz hatte von dieser Ermächtigung

31 Vgl auch E 82, 236/258 ff.

32 Vgl E 111, 147/154 f; BVerfG, NJW 2001, 2069, 2072, 2075, 2076; *Dörr*, VerwArch 2002, 485; *Kloepfer*, VerfR II, § 63 Rn 61; *Röger*, Versammlungsfreiheit für Neonazis?, 2004, S. 65 ff; aA E 124, 300/327 ff (vgl oben Rn 645 f); *Hufen*, StR II, § 30 Rn 38.

33 Vgl auch *Stern*, StR IV/1, S. 1261; aA *Hufen*, StR II, § 30 Rn 22.

34 Vgl *Werner*, NVwZ 2000, 369; *Dietrich*, DÖV 2010, 683.

35 Krit. *Arndt/Droege*, NVwZ 2003, 906.

36 *V. Mutius*, Jura 1988, 79/81 ff.

37 Vgl E 128, 226/262 f; krit. *Enders*, JZ 2011, 579 f.

keinen Gebrauch gemacht. Anders ist die Lage bei Soldaten. Diese dürfen zB nach § 15 Abs. 3 SG nicht in Uniform an politischen Veranstaltungen, dh auch nicht an politischen Versammlungen in geschlossenen Räumen, teilnehmen[38].

c) Die Einschränkungen, die das Versammlungsgesetz für Versammlungen in geschlossenen Räumen vorsieht, sind nicht durch den Gesetzesvorbehalt gedeckt. Sie dienen zum einen dazu, die Schutzbereichsgrenzen der Friedlichkeit und Waffenlosigkeit einfach-rechtlich nachzuziehen. Zum anderen sind sie gerechtfertigt, soweit sie zum Schutz **kollidierenden Verfassungsrechts** geboten sind. 772

Beispiel: Die Polizei erhält Kenntnis davon, dass möglicherweise eine Bombe in einer öffentlichen Versammlung in einem geschlossenen Raum detonieren wird. Um keine Panik hervorzurufen, löst die Polizei die Versammlung kurzerhand auf. Dieses Vorgehen ist durch § 13 Abs. 1 Nr 2, 2. Alt. VersG („unmittelbare Gefahr für Leben und Gesundheit der Teilnehmer") gedeckt, der seinerseits als Konkretisierung des insoweit mit Art. 8 Abs. 1 kollidierenden Art. 2 Abs. 2 S. 1 anzusehen ist (vgl auch *Gallwas*, JA 1986, 484/488; *Krüger*, DÖV 1997, 13). Spielt der Fall in einer nichtöffentlichen Versammlung, dient die entsprechend restriktiv zu interpretierende polizeirechtliche Generalklausel als Ermächtigungsgrundlage (*v. Coelln*, NVwZ 2001, 1234). 773

Zweifelhaft ist die Verfassungsmäßigkeit der *Pflicht zur Bestellung eines Leiters* (§ 7 Abs. 1 VersG). Bei größeren Versammlungen lässt sie sich damit rechtfertigen, dass ohne einen Veranstalter solche Versammlungen faktisch nicht organisiert werden können und die Pflicht zur Bestellung eines Leiters damit der Verwirklichung der Versammlungsfreiheit selbst dient. Das gilt aber nicht für kleinere Zusammenkünfte. Die ausnahmslose Pflicht zur Bestellung eines Leiters ist daher verfassungswidrig[39]. 774

2. Verbot von Anmelde- und Erlaubnispflicht

Der ausdrückliche Ausschluss von Anmeldung und Erlaubnis in Art. 8 Abs. 1 stellt wie das Zensurverbot (vgl Rn 593, 651 ff) eine Schranken-Schranke dar[40]. Das Versammlungsgesetz darf daher die Anmeldung nicht zur Pflicht machen und ihre Nichterfüllung nicht sanktionieren. Es darf lediglich eine Obliegenheit zur Anmeldung statuieren, deren Erfüllung gewährleistet, dass die Polizei rechtzeitig vom Vorhaben der Versammlung weiß und zum Schutz ihres reibungslosen, verkehrssicheren Ablaufs und damit zum Schutz der öffentlichen Sicherheit oder Ordnung ausreichende Maßnahmen treffen kann. Bei Nichterfüllung der Obliegenheit gibt es nicht die automatische Sanktion der Auflösung; die Versammlung riskiert lediglich, dass anders vermeidbare Gefahren für die öffentliche Sicherheit oder Ordnung die Polizei situativ zur Auflösung zwingen. In diesem Sinn interpretiert auch das BVerfG das Versammlungsgesetz, wenn es die in § 15 Abs. 3 VersG als Sanktion auf das Unterlassen der Anmeldung vorgesehene Auflösung für unanwendbar erklärt hat[41]. Bei der Spontan- und der Eildemonstration hat es ohnehin auf das Erfordernis (rechtzeitiger) Anmeldung verzichtet[42]. 775

38 *Kloepfer*, VerfR II, § 63 Rn 53; aA E 57, 29/35 f: Schutzbereich nicht einschlägig.
39 *Hoffmann-Riem*, Hdb. GR IV, § 106 Rn 74; aA *Depenheuer*, MD, Art. 8 Rn 150.
40 *Wege*, NVwZ 2005, 900.
41 E 69, 315/350 f.
42 E 69, 315/350 ff; 85, 69/74 f.

776 **Lösungsskizze zum Fall 14 (Rn 747):** I. Die Sitzblockade unterfällt dem Versammlungsbegriff. Fraglich ist, ob die Versammlung friedlich ist. Zur Unfriedlichkeit der Versammlung führt erst ein Verhalten nicht nur einzelner Versammlungsteilnehmer, das erheblich und aggressiv körperlich auf Personen und Sachen einwirkt. Die Sitzblockade ist weder gewalttätig noch aufrührerisch, sondern friedlich. – II. Mit der Verhängung der Geldbuße wird in die Versammlungsfreiheit eingegriffen. Denn der Schutz dieses Grundrechts endet nicht mit der Auflösung einer Versammlung, sondern wirkt auch in einem anschließenden Ordnungswidrigkeitsverfahren fort. – III. Die Verurteilung stützt sich auf § 29 Abs. 1 Nr 2 iVm § 15 Abs. 2 VersG, also auf ein den Gesetzesvorbehalt des Art. 8 Abs. 2 verfassungsmäßig ausfüllendes Gesetz. Dieses Gesetz muss aber auch in verfassungsrechtlich einwandfreier Weise angewendet und dabei im Lichte der grundlegenden Bedeutung von Art. 8 Abs. 1 ausgelegt werden. Insofern ergeben sich hier Zweifel daraus, dass das Amtsgericht den T verurteilte, ohne die Rechtmäßigkeit der Auflösungsverfügung überprüft zu haben. Vielmehr hielt es die Wirksamkeit dieser Verfügung (dazu § 43 VwVfG) für ausreichend, um den § 29 Abs. 1 Nr 2, Abs. 2 VersG anwenden zu können. Es ist aber nach Wortlaut und Entstehungsgeschichte offen, ob nur die rechtmäßige Versammlungsauflösung mit Bußgeld bewehrt oder ob bereits die Missachtung der wirksamen Auflösungsverfügung ohne Rücksicht auf ihre Rechtmäßigkeit sanktioniert ist. Will man der Bedeutung des Art. 8 Abs. 1 gerecht werden, so ist zwischen der verwaltungsrechtlichen Durchsetzung der Auflösungsverfügung und der späteren Ahndung ihrer Nichtbefolgung zu unterscheiden. Die verwaltungsrechtliche Durchsetzung der Auflösungsverfügung kann wegen der Situationsgebundenheit der Entscheidung nicht von der Rechtmäßigkeit abhängig gemacht werden, wenn man die vom Staat zu leistende Gewähr Sicherheit anderer Rechtsgüter nicht hintanstellen will. Dagegen erfolgt die Ahndung der Widersetzlichkeit nach § 29 Abs. 1 Nr 2, Abs. 2 VersG immer erst nach dem Ereignis, sodass eine verbindliche Klärung der Rechtmäßigkeit möglich ist. § 29 Abs. 1 Nr 2 VersG ist daher verfassungskonform dahin auszulegen, dass nur beim Nichtentfernen von einer rechtmäßig aufgelösten Versammlung ein Bußgeld verhängt werden darf. Weil das Amtsgericht dies nicht geprüft hat, beruht seine Entscheidung auf einer Verkennung des Art. 8.

777 **Literatur:** *C. Enders,* Der Schutz der Versammlungsfreiheit, Jura 2003, 34, 103; *C. Gröpl,* Grundstrukturen des Versammlungsrechts, Jura 2002, 18; *W. Höfling/S. Augsberg*, Versammlungsfreiheit, Versammlungsrechtsprechung und Versammlungsgesetzgebung, ZG 2006, 151; *W. Hoffmann-Riem*, Versammlungsfreiheit, Hdb. GR IV, § 106; *M. Kloepfer*, Versammlungsfreiheit, Hdb. StR^3 VII, § 164; *M. Kniesel/R. Poscher*, Die Entwicklung des Versammlungsrechts 2000–2003, NJW 2004, 422; *M. Kötter/J. Nolte*, Was bleibt von der „Polizeifestigkeit" des Versammlungsrechts?, DÖV 2009, 399; *S. Kraujuttis*, Versammlungsfreiheit zwischen liberaler Tradition und Funktionalisierung, 2005; *H.-W. Laubinger/U. Repkewitz,* Die Versammlung in der verfassungs- und verwaltungsgerichtlichen Rspr, VerwArch 2001, 585; 2002, 149; *U. Lembke*, Grundfälle zu Art. 8 GG, JuS 2005, 984, 1081.

§ 18 Vereinigungs- und Koalitionsfreiheit (Art. 9)

Fall 15: Zwangsmitgliedschaft in der Studierendenschaft (nach VG Sigmaringen, DVBl. 1968, 717) 778

S ist als Jurastudent an der Universität Münster immatrikuliert und entrichtet bei jeder Rückmeldung den Beitrag in Höhe von 475,00 Euro. Im Laufe seines Studiums erfährt er, dass ein gewisser Prozentsatz des Beitrags dem AStA als Organ der Studierendenschaft zufließt. S ist der Ansicht, er sei kein Mitglied der Studierendenschaft, da er nie einen Mitgliedsantrag unterschrieben habe; er sei daher auch nicht verpflichtet, den Beitrag in dieser Höhe zu zahlen. Eine Mitgliedschaft, die ohne sein Dazutun entstehe, sei mit seinem Grundrecht der allgemeinen Vereinigungsfreiheit aus Art. 9 Abs. 1 nicht vereinbar. Hat S Recht? **Rn 823**

I. Überblick

In Art. 9 Abs. 1 wird die allgemeine Vereinigungsfreiheit garantiert. Art. 9 Abs. 3 schützt das 779
Recht, Vereinigungen zur Wahrung und Förderung der Arbeits- und Wirtschaftsbedingungen zu bilden (Koalitionsfreiheit) als Sonderfall der allgemeinen Vereinigungsfreiheit. Das Grundrecht, sich zu politischen Parteien zusammenzuschließen, ist auch von Art. 9 Abs. 1 gewährleistet, sodass diese die Verfassungsbeschwerdebefugnis (vgl Rn 1234 ff) haben[1]; die verfassungsrechtliche Stellung der Parteien bestimmt sich im Übrigen nach Art. 21; einfach-gesetzlich ist darüber hinaus das Parteiengesetz lex specialis zum Vereinsgesetz (vgl auch dessen § 2 Abs. 2). Der Zusammenschluss zu Religionsgemeinschaften durch Art. 4 Abs. 1 und der Zusammenschluss zu Religionsgesellschaften als Körperschaften des öffentlichen Rechts ist nicht durch Art. 9 Abs. 1, sondern auch durch Art. 140 iVm Art. 137 Abs. 5 WRV geschützt (vgl Rn 563).

Die allgemeine Vereinigungsfreiheit und die Koalitionsfreiheit umfassen beide nach hM einer- 780
seits das *Individualfreiheitsrecht* der Vereinigungsmitglieder und andererseits das *kollektive Freiheitsrecht* der Vereinigungen selbst. Art. 9 Abs. 3 enthält darüber hinaus nach stRspr eine *Institutsgarantie* des Tarifvertragssystems[2]. Gelegentlich wird versucht, aus Art. 9 Abs. 1 eine entsprechende Garantie der Rechtsinstitute Verein und Gesellschaft herauszulesen. Da aber die Nennung dieser Vereinigungen nur beispielhaften Charakter hat, ist diese Ansicht unzutreffend. Allerdings muss der Gesetzgeber überhaupt Rechtsformen für Zusammenschlüsse bereitstellen[3].

Art. 9 Abs. 3 schützt nicht nur vor Eingriffen von staatlicher Seite, sondern entfaltet unmittel- 781
bare *Drittwirkung* auch gegenüber Beeinträchtigungen durch Private. Der ausdrückliche Hinweis in Art. 9 Abs. 3 S. 2, wonach Abreden, die die Koalitionsfreiheit einzuschränken oder zu behindern suchen, nichtig und darauf gerichtete Maßnahmen rechtswidrig sind, bezieht sich auf alle privat- oder arbeitsrechtlichen Vereinbarungen einschließlich der Tarifverträge. Insbesondere sind auch die Koalitionen selbst daran gebunden.

1 *Streinz*, MKS, Art. 21 Rn 32; aA *Hesse*, VerfR, Rn 411; *Kunig*, Hdb. StR[3] III, § 40 Rn 90.
2 E 4, 96/104; 44, 322/340.
3 E 50, 290/355; krit. *Ziekow*, Hdb. GR IV, § 107 Rn 40, 42, 44; *Kemper*, MKS, Art. 9 Rn 10 f.

II. Schutzbereiche

1. Allgemeine Vereinigungsfreiheit

a) Begriff

782 Art. 9 Abs. 1 spricht von Vereinen und Gesellschaften. Der Verein wird in *§ 2 Abs. 1 VereinsG* in weitem, auch den Begriff der Gesellschaft umfassenden Sinn beschrieben als „Vereinigung, zu der sich eine Mehrheit natürlicher oder juristischer Personen für längere Zeit zu einem gemeinsamen Zweck freiwillig zusammengeschlossen und einer organisierten Willensbildung unterworfen hat". Auch Art. 9 Abs. 2 setzt Verein iSd § 2 Abs. 1 VereinsG mit Vereinigung gleich.

783 Es ist anerkannt, dass diese weite Definition den Schutzgegenstand von Art. 9 Abs. 1 *zutreffend* umschreibt. Die zivilrechtlichen Bestimmungen bezüglich der Vereine und der Gesellschaften sind für den Schutzgegenstand von Art. 9 Abs. 1 nicht maßgeblich; ihre Nennung stellt nur eine beispielhafte Aufzählung dar, die verdeutlichen soll, dass ein umfassender Freiheitsschutz gewährleistet wird. Er umfasst „das gesamte Spektrum des Assoziationswesens von der lose gefügten Bürgerinitiative bis zum hoch-aggregierten Spitzenverband"[4]. – Im Einzelnen sind für eine Vereinigung die folgenden Elemente konstitutiv:

784 Der Zusammenschluss erfolgt *freiwillig*. Zwangszusammenschlüsse genießen den Grundrechtsschutz aus Art. 9 Abs. 1 nicht (zur negativen Vereinigungsfreiheit des Einzelnen gegenüber Zwangszusammenschlüssen vgl Rn 790 ff). Auch öffentlich-rechtliche Zusammenschlüsse scheiden aus dem Schutzbereich von Art. 9 Abs. 1 aus[5]. Sie können nur durch staatlichen Hoheitsakt, also auf Grund des dem Staat als Sonderrecht vorbehaltenen öffentlichen Rechts errichtet werden. Private können sich nicht freiwillig zu öffentlich-rechtlichen Vereinigungen zusammenschließen.

785 Der Zusammenschluss dient einem *gemeinsamen Zweck*. Dieser kann ganz frei bestimmt werden, sich auf Sport, Kunst, Politik, Wohltätigkeit, Geselligkeit usw beziehen. Er wird nicht dadurch gefährdet, dass zwischen den Mitgliedern neben einer Übereinstimmung im Hauptziel unterschiedliche Auffassungen über Nebenziele bestehen.

786 Der Zusammenschluss vereinigt zwei[6] oder mehr natürliche oder juristische Personen mit einer gewissen *zeitlichen und organisatorischen Stabilität*. Diese stellt sich dadurch her, dass eine gemeinsame Willensbildung stattfindet, die geschriebenen oder ungeschriebenen Regeln folgt[7].

787 **Beispiele:** Vereinigungen iSd Art. 9 Abs. 1 sind ua Handels- und Kapitalgesellschaften, Konzerne und Holdings. Keine Vereinigungen stellen Ein-Mann-GmbH und Stiftung dar, da sie nicht auf einem personalen Zusammenschluss beruhen (vgl BVerwGE 106, 177/181). Kartelle, bei denen lediglich Marktstrategien abgesprochen werden, sind noch nicht Vereinigungen; sie werden dies erst mit organisatorischem Zusammenschluss.

---

4 *Rinken*, AK, Art. 9 Abs. 1 Rn 46.
5 E 10, 89/102; 38, 281/297 f.
6 *Bauer*, DR, Art. 9 Rn 39; *Höfling*, SA, Art. 9 Rn 10, *Ziekow*, Hdb.GR IV, § 107 Rn 18.
7 Vgl *Michael/Morlok*, GR, Rn 294; *Ziekow*, Hdb.GR IV, § 107 Rn 25.

b) Art. 9 Abs. 1 als Individualgrundrecht

Nach seinem Wortlaut schützt Art. 9 Abs. 1 die *Bildung* von Vereinen und Gesellschaften. Das ist das Recht des Einzelnen, sich mit anderen zusammenzuschließen und Vereine zu gründen, und schließt die Entscheidung über den Zeitpunkt der Gründung, den Zweck, die Rechtsform, den Namen, die Satzung und den Sitz der Vereinigung ein (sog. Vereinsautonomie). 788

Würde in Art. 9 Abs. 1 nicht mehr als die Möglichkeit freier Vereinsbildung garantiert, bestünde die Gefahr, dass der Schutz der Vereinigungsfreiheit leerliefe. Es ist daher anerkannt, dass Art. 9 Abs. 1 auch den *Beitritt* zum bereits bestehenden Verein, die *Betätigung* im und mit dem Verein und den *Verbleib* (sog. positive Vereinigungsfreiheit) schützt sowie korrespondierend das Recht zum *Fernbleiben*[8] und *Austritt* (sog. negative Vereinigungsfreiheit), jedenfalls soweit es sich um privatrechtliche Vereinigungen handelt. 789

Umstritten ist, ob die negative Vereinigungsfreiheit auch das Recht umfasst, *öffentlich-rechtlichen Zwangsvereinigungen* fernzubleiben, zB Rechtsanwalts-, Ärzte-, Handwerks-, Industrie- und Handelskammern, Jagdgenossenschaften. BVerfG und BVerwG sehen den Schutzbereich von Art. 9 Abs. 1 als nicht einschlägig an und messen die Zulässigkeit von Pflichtmitgliedschaften ausschließlich an Art. 2 Abs. 1[9]. Dabei sehen BVerfG und BVerwG den Einzelnen als Pflichtmitglied einer öffentlich-rechtlichen Vereinigung immerhin dagegen geschützt, dass diese ihren Aufgabenbereich überschreitet[10]. 790

Begründet wird dies neben der Entstehungsgeschichte mit dem Vereinigungsbegriff, der nur privatrechtliche Vereinigungen schützt. Da der Einzelne aus Art. 9 Abs. 1 kein Recht ableiten könne, sich mit anderen zu einer öffentlich-rechtlichen Vereinigung zusammenzuschließen, sei umgekehrt von Art. 9 Abs. 1 auch nicht das Recht umfasst, solchen Vereinigungen fernzubleiben[11]. 791

Dieser Umkehrschluss ist verfehlt[12]. Zwar trifft es zu, dass Privaten kein Recht auf positive Vereinigungsfreiheit zu öffentlich-rechtlichen Körperschaften zusteht. Das Fernbleiben bedeutet aber gerade keine für den Privaten unmögliche Inanspruchnahme öffentlich-rechtlicher Gestaltungsformen. Vielmehr geht es insoweit um die klassische Grundrechtsfunktion: die Abwehr eines staatlichen Zwangsaktes. Geschichtlich richtete sich die allgemeine Vereinigungsfreiheit gerade auch gegen hoheitliche Zwangszusammenschlüsse wie beispielsweise Zünfte[13]. Diese Schutzfunktion wird auch von der hM anerkannt, die Art. 9 Abs. 1 immerhin gegen privatrechtliche Zwangszusammenschlüsse schützen lässt[14]. Wenn aber Art. 9 Abs. 1 vor Vereinigungszwang schützt, kann es keinen Unterschied machen, ob sich ein Privater gegen 792

8 E 10, 89/102; 50, 290/354; 123, 186/237.
9 E 10, 89/102; 15, 235/239; 38, 281/297 f; BVerfG, NVwZ 2002, 335/336; 2007, 808/811.
10 E 78, 320/330 f; BVerwGE 112, 69/72; *Messerschmidt*, VerwArch 1990, 55/74 ff.
11 *Merten*, Hdb. StR³ VII, § 165 Rn 62 ff; *Kemper*, MKS, Art. 9 Rn 59; *Kloepfer*, VerfR II, § 64 Rn 19 ff; *Ziekow*, Hdb.GR IV, § 107 Rn 33 f.
12 *Bauer*, DR Art. 9 Rn 47; *Höfling*, SA, Art. 9 Rn 22.
13 Vgl *F. Müller*, Korporation und Assoziation, 1965, S. 231 ff.
14 BVerfG, NJW 2001, 2617; BGHZ 130, 243.

die Pflichtmitgliedschaft in privatrechtlichen oder in öffentlich-rechtlichen Vereinigungen wehrt[15]. Die negative Vereinigungsfreiheit schützt den Einzelnen nach alledem auch vor dem staatlichen Zwang, einer öffentlich-rechtlichen Vereinigung beizutreten und in ihr zu verbleiben.

c) Art. 9 Abs. 1 als kollektives Freiheitsrecht

793 Das BVerfG sieht in stRspr[16] neben den aufgezeigten Gewährleistungen für die einzelnen Vereinigungsmitglieder auch die *Vereinigungen selbst*, ihr Entstehen und Bestehen durch Art. 9 Abs. 1 als geschützt an. Es beruft sich auf den Gesichtspunkt der Effektivität des Grundrechtsschutzes, der erst bei Einbeziehung auch der Vereinigungen selbst voll gewährleistet sei. Aber die Frage, in welchem Umfang Vereinigungen grundrechtsberechtigt sind, ist in Art. 19 Abs. 3 speziell und abschließend geregelt, und die dogmatische Konstruktion des „Doppelgrundrechts" von individueller und kollektiver Vereinigungsfreiheit passt nicht zu Art. 19 Abs. 3[17].

794 Die kollektive Vereinigungsfreiheit soll die *Existenz* und die *Funktionsfähigkeit* der Vereinigungen umfassen. Dazu gehört nach innen die „Selbstbestimmung über die eigene Organisation, das Verfahren ihrer Willensbildung und die Führung ihrer Geschäfte"[18]. Umstritten ist, wie weit die kollektive Vereinigungsfreiheit nach außen reicht und ob sie *jede* Vereinstätigkeit schützt[19]. Das BVerfG sieht nur einen „Kernbereich des Vereinsbestandes und der Vereinstätigkeit"[20] geschützt, wozu es die Namensführung[21] und die werbewirksame Selbstdarstellung[22] rechnet; nur beim Kernbereich gehe es um Existenz und Funktionsfähigkeit der Vereinigung. Wird eine Vereinigung jedoch wie jedermann im Rechtsverkehr tätig, so sieht das BVerfG diese Betätigung nicht durch Art. 9 Abs. 1, sondern durch das betätigungsspezifische Grundrecht geschützt[23]; das entspricht im Ergebnis dem Ansatz, der die Vereinstätigkeit nur nach Maßgabe von Art. 19 Abs. 3 iVm dem für die jeweilige Tätigkeit einschlägigen Grundrecht geschützt sieht.

2. Koalitionsfreiheit

795 a) Die Aussage des Art. 9 Abs. 3 S. 1 zum **Koalitionsbegriff** beschränkt sich auf die Beschreibung des Koalitionszwecks, nämlich die Wahrung und Förderung der Arbeits- und Wirtschaftsbedingungen; im Übrigen muss es sich um eine Vereinigung (vgl Rn 782 ff) handeln. *Arbeitsbedingungen* sind Bedingungen, die sich auf das Arbeitsverhältnis selbst beziehen, zB Lohn, Arbeitszeit, Arbeitsschutz, Urlaub. *Wirtschaftsbedingungen* haben darüber hinaus wirtschafts- und sozialpolitischen Charakter, wie zB Maßnahmen zur Verringerung der Arbeitslosigkeit, Einführung von neuen

---

15 *Schöbener*, VerwArch 2000, 374/402 f; *Murswiek*, JuS 1992, 116/118 f.
16 E 13, 174/175; 80, 244/253; 124, 25/34.
17 Vgl *W. Schmidt*, in: FS Mallmann, 1978, S. 233; *Isensee*, Hdb. StR³ IX, § 199 Rn 107 f.
18 E 50, 290/354.
19 Vgl *Kluth*, FH, Art. 9 Rn 74 ff.
20 E 80, 244/253.
21 E 30, 227/241.
22 E 84, 372/378.
23 BVerfG, NJW 2000, 1251.

Technologien, Konjunkturfragen. Beide Ziele müssen *gemeinsam*, dh nicht bloß alternativ, angestrebt werden. Daher genießen reine Wirtschaftsvereinigungen, die die Arbeitsbedingungen nicht berücksichtigen, wie zB Kartelle, Einkaufsgenossenschaften, Verbraucherverbände, nicht den Schutz von Art. 9 Abs. 3.

Nach allgemeiner Auffassung wird der Koalitionsbegriff aber nicht allein durch die Zweckbestimmung definiert. Vielmehr müssen die Vereinigungen noch *weitere Merkmale* aufweisen, um als Koalition angesehen werden zu können. Weitgehend anerkannt ist, dass eine Koalition jedenfalls *Gegnerfreiheit* – Ausschließlichkeit von entweder Arbeitnehmern oder Arbeitgebern als Mitglieder –[24], *Gegnerunabhängigkeit* – wirtschaftliche Selbstständigkeit gegenüber der Gegenseite – und *Überbetrieblichkeit* voraussetzt[25]. Erst wenn diese Voraussetzungen erfüllt sind, kann eine Vereinigung die Durchsetzungskraft gegenüber dem sozialen Gegenspieler erringen, sodass sie in der Lage ist, wirksam und nachhaltig auf die in Art. 9 Abs. 3 genannten Arbeits- und Wirtschaftsbedingungen hinzuarbeiten und sich bei Verhandlung und Abschluss eines Tarifvertrags zu behaupten; Tariffähigkeit und Kampfbereitschaft sind dabei allerdings nicht zwingend gefordert[26]. 796

Beispiele: Koalitionen sind die Berufsverbände der Arbeitnehmer und Arbeitgeber (Gewerkschaften und Arbeitgeberverbände) sowie deren Spitzenorganisationen Deutscher Gewerkschaftsbund und Bundesvereinigung der deutschen Arbeitgeberverbände (vgl § 2 Abs. 2 TVG). Die Einzelverbände sind in der Regel nach dem Industrieverbandsprinzip organisiert, dh sie betätigen sich nur in einem bestimmten Wirtschafts- oder Gewerbezweig (IG Metall, IG Chemie etc); zulässig ist aber auch eine nach Berufsgruppen gebildete Verbandsstruktur wie bei der Deutschen Angestelltengewerkschaft (DAG). 797

b) Art. 9 Abs. 3 gibt dem einzelnen Arbeitnehmer oder Arbeitgeber das **Individualgrundrecht**, Koalitionen zu bilden, dh sich mit anderen zu einer Koalition zusammenzuschließen. Dies gilt für jedermann und alle Berufe, zB auch für Beamte (§ 57 BRRG), Richter (§ 46 DRiG), Soldaten (§ 6 S. 1 SG). Neben einer der Vereinsautonomie (vgl Rn 788) entsprechenden Koalitionsautonomie werden von Art. 9 Abs. 3 die gleichen Verhaltensweisen in positiver und negativer Hinsicht wie bei der allgemeinen Vereinigungsfreiheit (vgl Rn 789) geschützt. Wegen der Benennung des Koalitionszwecks wird darüber hinaus allgemein der Schutz der spezifisch koalitionsmäßigen Betätigung anerkannt (vgl Rn 800). 798

c) Wie bei Art. 9 Abs. 1 tritt nach hM auch hier die **kollektive Freiheit** neben die individuelle: der Schutz des Bestands der Koalition und ihr Recht, durch spezifisch koalitionsmäßige Betätigung die in Art. 9 Abs. 3 genannten Zwecke zu verfolgen[27]. Wie bei Art. 9 Abs. 1 ist auch bei Art. 9 Abs. 3 die Annahme einer eigenständigen kollektiven Freiheit dem Einwand aus Art. 19 Abs. 3 ausgesetzt (vgl Rn 793); allerdings ist mit dem Arbeitskampf immerhin eine spezifisch koalitionsmäßige Betätigung der kollektiven Freiheit in Art. 9 Abs. 3 S. 3 ausdrücklich benannt. Wie bei 799

24 Krit. *Kluth*, FH, Art. 9 Rn 162.
25 Vgl E 50, 290/368; 58, 233/247; *Bauer*, DR, Art. 9, Rn 76 ff; aA *Kemper*, MKS, Art. 9 Rn 102 ff: nur Gegnerunabhängigkeit.
26 E 18, 18/32; 58, 233/249 f; BVerfG, NJW 1995, 3377.
27 E 93, 352/357 ff.

Art. 9 Abs. 1 hat das BVerfG auch bei Art. 9 Abs. 3 die Betätigungsfreiheit lange nur in einem „Kernbereich" als geschützt angesehen, die Begrenzung auf den Kernbereich aber inzwischen aufgegeben[28].

800 Die kollektive Koalitionsfreiheit bedeutet vor allem das Aushandeln und den Abschluss von *Tarifverträgen*, in denen insbesondere das Arbeitsentgelt und die anderen materiellen Arbeitsbedingungen, wie etwa die Dauer von Arbeit und Urlaub, autonom geregelt werden[29]. Zur spezifisch koalitionsmäßigen Betätigung rechnen ferner besonders die Werbung für die Koalition[30], die Beratung und gerichtliche Vertretung von Mitgliedern[31], die Aufrechterhaltung der Verbandsdisziplin[32], die Beteiligung an der betrieblichen Mitbestimmung[33] und Arbeitskampfmaßnahmen[34]. Der Bezug zur Förderung und Wahrung der Arbeits- und Wirtschaftsbedingungen führt Rspr und hL allerdings dazu, den (nicht mittelbar gegen den Tarifpartner gerichteten) politischen, Solidaritäts- und Sympathiestreik und den (nicht von einer Koalition geführten) wilden Streik als nicht von Art. 9 Abs. 3 geschützt anzusehen[35].

801 **Beispiele:** Arbeitskampfmittel der Arbeitnehmerseite sind Streik, dh die gemeinsame und planmäßig durchgeführte Arbeitsniederlegung durch eine größere Anzahl von Arbeitnehmern (BAGE 1, 291/304), Boykott, Betriebsblockaden und -besetzungen. – Arbeitskampfmittel der Arbeitgeberseite sind insbesondere Aussperrung, dh die planmäßige Ausschließung einer Mehrzahl von Arbeitnehmern von der Arbeit, wobei als spezifisch koalitionsgemäß und damit verfassungsrechtlich geschützt jedenfalls die suspendierende Abwehraussperrung angesehen wird (E 84, 212/225; dazu *Coester*, Jura 1992, 84; *Richardi*, JZ 1992, 27; ein Aussperrungsrecht lehnt mangels Erforderlichkeit dieses Kampfmittels ganz ab: *Wolter*, in: Däubler (Hrsg.), Arbeitskampfrecht, 2. Aufl. 1987, Rn 876 ff); Einstellung der Lohnzahlung; Massenänderungskündigung.

III. Eingriffe

1. Eingriffe in die allgemeine Vereinigungsfreiheit

802 Staatliche Beeinträchtigungen der Vereinigungsfreiheit sind vom Gründungs- bis zum Auflösungsstadium denkbar. Keine Eingriffe stellen aber Normen dar, die Typen der Vereinigungen (OHG, AG etc.) festlegen. Als Ausgestaltungen (vgl Rn 227 f) erschweren sie nicht die Bildung einer Vereinigung, sondern ermöglichen überhaupt erst die Ausübung der Vereinigungsfreiheit in bestimmten Rechtsformen, die in ihrer einfach-gesetzlichen Ausprägung nicht vom Schutzbereich umfasst werden[36].

28 E 93, 352/358 ff.
29 E 94, 268/283; 100, 271/282; 103, 293/304.
30 E 57, 220/245 f; 93, 352/357 f.
31 E 88, 5/15.
32 E 100, 214/221.
33 E 50, 290/372.
34 E 84, 212/225; 92, 365/393 f.
35 *Stern*, StR IV/1, S. 2059 ff.
36 Vgl BVerfG, NJW 2001, 2617; krit. *Kluth*, FH, Art. 9 Rn 91 ff.

Beispiele für Eingriffe: Verbot der Gründung eines Vereins; präventive Kontrolle (BVerfG, NVwZ 2003, 855 f), besonders durch ein Konzessionssystem (vgl *v. Münch*, BK, Art. 9 Rn 44); Abhängigmachen der Vereinssatzung von einer behördlichen Genehmigung; Verhinderung des Beitritts oder Verbleibs in der Vereinigung durch den Staat; Erschwerung der Mitgliederwerbung; Vereinsverbot. **803**

Beispiele für Ausgestaltungen: Mindestkapitalvorschriften und Eintragungspflichten in Vereins- und Handelsregister.

2. Eingriffe in die Koalitionsfreiheit

Die Koalitionsfreiheit ist nicht nur vor staatlichen Beeinträchtigungen geschützt, sondern Art. 9 Abs. 3 S. 2 verbietet ausdrücklich auch *Dritten*, in die Koalitionsfreiheit einzugreifen; die Norm entfaltet also unmittelbare Drittwirkung (vgl Rn 191). Keine Eingriffe setzt das Recht, soweit es den gegeneinander gerichteten Betätigungen der Koalitionen den Rahmen und die Formen zur Verfügung stellt, in denen sie die autonome Ordnung des Arbeitslebens verwirklichen können. **804**

Beispiele für Eingriffe in die *individuelle* Koalitionsfreiheit: Verhinderung des Beitritts oder des Verbleibs in einer Gewerkschaft durch einen Arbeitgeber; daraus folgen die Unzulässigkeit einer Kündigung wegen Beitritts zu einer Gewerkschaft und die Nichtigkeit eines Versprechens, aus einer Gewerkschaft auszutreten. Ausübung von Zwang zum Austritt oder Beitritt durch unterschiedliche Behandlung wegen Gewerkschaftszugehörigkeit oder -nichtzugehörigkeit; unzulässig sind daher tarifvertragliche Klauseln, die Arbeitgeber verpflichten, nur organisierte Arbeitnehmer einzustellen oder weiter zu beschäftigen (sog. Organisations oder Absperrklauseln) oder bei der Gewährung von Leistungen zwischen organisierten und nicht organisierten Arbeitnehmern zu unterscheiden (sog. Differenzierungsklauseln; vgl BAGE 20, 175/218 ff; *Scholz*, MD, Art. 9 Rn 231). Keinen Zwang zum Beitritt bedeutet die sog. Tariftreueregelung, nach der ein Unternehmer einen Auftrag nur bekommt, wenn er seine Arbeitnehmer nach den geltenden Entgelttarifen entlohnt (E 116, 202/217 ff). – Beispiele für Eingriffe in die *kollektive* Koalitionsfreiheit: Zuweisung der den Koalitionen nach Art. 9 Abs. 3 obliegenden Aufgaben an öffentlich-rechtliche Körperschaften mit Zwangsmitgliedschaft (sog. Arbeitnehmerkammern, die die Interessen der Arbeitnehmer in wirtschaftlicher, sozialer und kultureller Hinsicht wahrnehmen; vgl E 38, 281/302); staatliche Zwangsschlichtung eines Arbeitskampfes (E 18, 18/30; BAGE 12, 184/190); Beschränkung der Aussperrung (E 84, 212/223 f). **805**

IV. Verfassungsrechtliche Rechtfertigung

1. Allgemeine Vereinigungsfreiheit

a) Art. 9 Abs. 2

Die allgemeine Vereinigungsfreiheit des Art. 9 Abs. 1 steht nicht ausdrücklich unter Gesetzesvorbehalt; in Art. 9 Abs. 2 ist aber das *Verbot bestimmter Vereinigungen* enthalten. Der Wortlaut „sind verboten" lässt an sich vermuten, dass die in Art. 9 Abs. 2 genannten Vereinigungen wie bei Art. 8 Abs. 1 die unfriedlichen und bewaffneten Versammlungen bereits aus dem Schutzbereich herausfallen[37]. **806**

37 Offen gelassen E 80, 244/254.

807 Demgegenüber wird Art. 9 Abs. 2 nach hM als verfassungsrechtliche *Rechtfertigung für einen Eingriff* angesehen[38]. Man ist sich einig, dass aus rechtsstaatlichen Gründen bestimmte Verfahrens- und Zuständigkeitsregelungen für ein Vereinsverbot erforderlich sind und den in diesen Verfahren von den zuständigen Organen ausgesprochenen Verboten konstitutive Wirkung zukommt[39]. Dazu passt die unterverfassungsrechtliche Regelung des § 3 Abs. 1 S. 1 VereinsG, wonach Vereine erst dann als verboten behandelt werden dürfen, wenn dies durch Verfügung der Verbotsbehörde festgestellt ist, in der die Auflösung des Vereins angeordnet wird. Im Ergebnis ist Art. 9 Abs. 2 also ein qualifizierter Gesetzesvorbehalt.

808 Die *Verbotsgründe* sind in Art. 9 Abs. 2 abschließend aufgezählt, dh aus anderen Gründen ist ein Verbot nicht möglich:

809 **aa)** Verboten sind Vereinigungen, deren Zwecke oder deren Tätigkeit den **Strafgesetzen** zuwiderlaufen. Mit Strafgesetzen sind nur die allgemeinen Strafgesetze gemeint, dh Strafvorschriften, die kein gegen die Vereinigungsfreiheit gerichtetes Sonderstrafrecht darstellen[40]. Macht man diese Beschränkung auf die allgemeinen Strafgesetze nicht, steht Art. 9 Abs. 1 zur Disposition des Gesetzgebers.

810 Allerdings gibt es im Strafgesetzbuch Bestimmungen, die ansonsten erlaubte Betätigungen allein deshalb unter Strafe stellen, weil sie von mehreren gemeinsam ausgeübt werden, oder die gemeinsame Ausübung straferschwerend berücksichtigen (zB §§ 121, 129, 129a, 250 Abs. 1 Nr 2, 253 Abs. 4, 284 Abs. 2 StGB). Dies ist solange unproblematisch, als die strafrechtliche Bestimmung auf die besondere Gefährlichkeit der gemeinsamen Ausübung unabhängig davon zielt, ob hinter dieser eine Vereinigung steht. Für §§ 129 und 129a StGB gilt, dass das Vereinigen in Anknüpfung an die disqualifizierenden Tatbestandsmerkmale des Art. 9 Abs. 2 bestraft wird[41].

811 **bb)** Verboten sind Vereinigungen, die sich gegen die **verfassungsmäßige Ordnung** richten. Wegen der sachlichen Zusammengehörigkeit mit Art. 18 S. 1 und 21 Abs. 2 S. 1 ist der Begriff „verfassungsmäßige Ordnung" in Art. 9 Abs. 2 anders als in Art. 2 Abs. 1 (vgl Rn 408) dem der „freiheitlichen demokratischen Grundordnung" gleichzusetzen[42] und umfasst nur die grundlegenden Regelungen zu Demokratie und Rechtsstaat.

812 **cc)** Verboten sind Vereinigungen, die sich gegen den Gedanken der **Völkerverständigung** richten, insbesondere indem sie die Minderwertigkeit von bestimmten Rassen, Völkern oder Nationen propagieren.

813 Stets ist Voraussetzung für ein Vereinsverbot gem. Art. 9 Abs. 2, dass sich die Vereinigung gegen die genannten Rechtsgüter *„richtet"*. Wie bei Art. 18 S. 1 und Art. 21 Abs. 2 ist hierfür eine „aggressiv kämpferische Haltung"[43] erforderlich. Es genügt al-

38 *Höfling*, SA, Art. 9 Rn 38 f; *Ziekow*, Hdb.GR IV, § 107 Rn 57 ff.
39 *Kluth*, FH, Art. 9 Rn 96; *v. Münch*, BK, Art. 9 Rn 77; *Scholz*, MD, Art. 9 Rn 132.
40 *Löwer*, MüK, Art. 9 Rn 48; *Stern*, StR IV/1, S. 1348; aA *Merten*, Hdb. StR[3] VII, § 165 Rn 77.
41 *Löwer*, MüK, Art. 9 Rn 48.
42 BVerwGE 134, 275/292 f; *Maurer*, StR, § 23 Rn 8, krit. *Kluth*, FH, Art. 9 Rn 105.
43 E 5, 85/141.

so nicht die bloße Kritik oder Ablehnung der in Art. 9 Abs. 2 aufgezählten Rechtsgüter. Soweit es um das aggressiv-kämpferische Verhalten *einzelner Mitglieder* geht, kommt es darauf an, ob dies der Vereinigung zuzurechnen ist, zB weil die Mehrheit der Mitglieder dieses Verhalten billigt oder widerspruchslos hinnimmt[44].

b) Kollidierendes Verfassungsrecht

Kollisionen ergeben sich zum einen in Art. 9 Abs. 1 selbst; besonders die individuelle und die kollektive Vereinigungsfreiheit können miteinander in Konflikt geraten. Zum anderen gibt es, wenn der Schutzbereich der Vereinigungsfreiheit so weit gefasst wird, dass auch die Vereinstätigkeit geschützt ist (vgl Rn 794), Konflikte mit Verfassungsrecht außerhalb von Art. 9 Abs. 1. **814**

Beispiel: Die Vereinigung von Strafgefangenen, die sich nicht nur kulturell und sportlich, sondern auch dadurch betätigt, dass Ausbruchstechniken entwickelt und unterrichtet werden, ist mit dieser Tätigkeit bei der weiten Auslegung des Schutzbereichs durch Art. 9 Abs. 1 zunächst geschützt. Der Eingriff, der in der Unterbindung dieser Tätigkeit liegt, ist dann durch kollidierendes Verfassungsrecht zu rechtfertigen: durch Art. 103 Abs. 2 und 3 und Art. 104, aus denen sich die verfassungsrechtliche Anerkennung des Strafvollzugs ableiten lässt. Entscheidend ist dabei, dass die Beschränkung der Vereinstätigkeit für den Bestand und die Funktionsfähigkeit des Strafvollzugs erforderlich ist (vgl *Schneider*, in: FS Klug, 1983, S. 597). **815**

2. Koalitionsfreiheit

a) Umstritten ist, ob die Eingriffsermächtigung des **Art. 9 Abs. 2** auch auf die Koalitionsfreiheit anwendbar ist. Dies wird teilweise verneint unter Hinweis auf die systematische Stellung des Abs. 2 *nach* der Vereinigungsfreiheit, aber *vor* der Koalitionsfreiheit und im systematischen Vergleich mit Art. 5, wo anerkanntermaßen (vgl Rn 681) die in Abs. 2 normierten Schranken nur für Abs. 1, nicht aber für Abs. 3 gelten[45]. Von der hM wird es bejaht, da die Entstehungsgeschichte und der systematische Zusammenhang zwischen Art. 9 und Art. 21 ergeben, dass die Koalitionsfreiheit nicht weitergehend geschützt sein kann als die Parteienfreiheit. **816**

Letztlich ist der Streit *ohne Bedeutung*. Eine Koalition, die sich die Zwecke des Art. 9 Abs. 2 setzen würde, wäre nicht mehr Koalition iSv Art. 9 Abs. 3 S. 1. Denn die Zwecke von Art. 9 Abs. 2 und Art. 9 Abs. 3 S. 1 sind völlig verschieden; die Wahrung und Förderung der Arbeits- und Wirtschaftsbedingungen läuft weder als Zweck noch im tätigen Vollzug den Strafgesetzen zuwider und richtet sich weder gegen die verfassungsmäßige Ordnung noch gegen den Gedanken der Völkerverständigung. Insofern kann die Anwendbarkeit der Eingriffsermächtigung des Art. 9 Abs. 2 auf die Koalitionsfreiheit verneint werden, weil sie nicht hilft und es ihrer nicht bedarf[46]. **817**

b) **Kollisionen** können sich wieder in Art. 9 Abs. 3 selbst ergeben, wenn individuelle und kollektive Koalitionsfreiheit gegenläufig wirken oder die Koalitionsfreiheit einer Koalition mit der einer anderen in Konflikt gerät. BVerfG und BAG sehen Kon- **818**

44 BVerwGE 80, 299/306 ff.
45 *Jarass*, JP, Art. 9 Rn 37; *W. Schmidt*, NJW 1965, 424/426.
46 Ähnlich *Höfling*, SA, Art. 9 Rn 127.

flikte zwischen Koalitionen und deren Ausgestaltung durch den Gesetzgeber oder durch Richterrecht daher durch den Grundsatz der Verhältnismäßigkeit regiert[47].

819 **Beispiele:** Die individuelle Koalitionsfreiheit von Gewerkschaftsmitgliedern, sich zum Betriebsrat wählen zu lassen, wird in verhältnismäßiger Weise durch die kollektive Koalitionsfreiheit ihrer Gewerkschaft beschränkt, wenn diese um der Aufrechterhaltung ihrer Geschlossenheit nach innen und außen willen ihren Mitgliedern die Kandidatur auf einer konkurrierenden Liste verbietet (E 100, 214/223 f). Unzulässig ist ein ruinöser Arbeitskampf, in dessen Verlauf gegen eine andere Koalition in hetzerischer Weise vorgegangen wird oder die Vernichtung des Gegners angestrebt wird (BAG, NJW 1967, 843/845).

820 Ferner können nach den allgemeinen Grundsätzen Rechtsgüter, die mit Verfassungsrang ausgestattet sind, Art. 9 Abs. 3 einschränken[48]. Die weitergehende Annahme einer „Gemeinwohlbindung" der Koalitionen entbehrt demgegenüber der verfassungsrechtlichen Grundlage[49].

821 **Beispiele:** Beamte genießen zwar Koalitionsfreiheit (Art. 9 Abs. 3 gilt „für jedermann und alle Berufe"), jedoch liegt in Art. 33 Abs. 5 („hergebrachte Grundsätze des Berufsbeamtentums") wenn nicht überhaupt eine Begrenzung des Schutzbereichs, dann jedenfalls eine Rechtfertigung für Eingriffe. Für Beamte gibt es daher kein Streikrecht und keine Tarifautonomie (E 44, 249/264; *Lindner*, DÖV 2011, 305); unzulässig sind ferner Arbeitskämpfe, die die Funktionsfähigkeit von Krankenhäusern, Feuerwehren und anderen lebensnotwendigen Betrieben gefährden (vgl Art. 2 Abs. 2 S. 1). Art. 33 Abs. 4, 5 allein kann den Einsatz von Beamten während eines Streiks auf bestreikten Arbeitsplätzen nicht rechtfertigen (so noch BVerwGE 69, 208/214 f; BAGE 49, 303); hierzu bedarf es gesetzlicher Regelung (E 88, 103/116). – Das BVerfG hat gesetzliche Lohnabstandsklauseln, die befristet Zuschüsse für Arbeitsbeschaffungsmaßnahmen an die Vereinbarung von untertariflichen Entgelten knüpfen, mit der sozialstaatlichen Verpflichtung des Gesetzgebers zur Bekämpfung der Arbeitslosigkeit gerechtfertigt (E 100, 271/284) und das Verbot einer gewerkschaftlichen Unterschriftenaktion in den Diensträumen mit der rechtsstaatlich neutralen und objektiven Amtsführung (BVerfG, EuGRZ 2007, 228/231).

822 c) **Schranken-Schranke** für Eingriffe in die Koalitionsfreiheit ist der im Zug der Notstandsgesetzgebung eingefügte Art. 9 Abs. 3 S. 3. Mögen kollidierende Verfassungsgüter im Notstandsfall die Einschränkung des Arbeitskampfrechts noch so sehr verlangen – Art. 9 Abs. 3 S. 3 verwehrt sie.

823 **Lösungsskizze zum Fall 15 (Rn 778):** I. Vom *Schutzbereich* der Vereinigungsfreiheit wird nicht nur die positive, sondern auch die negative Freiheit erfasst, einer Vereinigung fernzubleiben oder aus ihr auszutreten. Fraglich ist, ob sich S gegen die Mitgliedschaft in der Studierendenschaft auf seine negative Vereinigungsfreiheit gem. Art. 9 Abs. 1 berufen kann. Die Studierendenschaft ist eine rechtsfähige Gliedkörperschaft der Hochschule, deren Mitgliedschaft mit der Einschreibung erworben wird (§ 53 Abs. 1 S. 2 nwHG). S ist daher als eingeschriebener Student auch ohne Antrag Mitglied der Studierendenschaft als öffentlich-rechtlicher Körper schaft geworden. Ob die negative Vereinigungsfreiheit auch gegen öffentlich-rechtliche Zwangsverbände schützt, ist umstritten. Nach der Rechtsprechung ist Art. 9 Abs. 1 insoweit nicht einschlägig; doch sprechen die besseren Argumente für die Gegenmeinung. – II. Die Zwangsmitgliedschaft der eingeschriebenen Studierenden in der Stu-

47 E 84, 212/226 ff.
48 E 94, 268/284; 100, 271/283; 103, 293/306.
49 *Kemper*, MKS, Art. 9 Rn 84; aA *Scholz*, Hdb. StR^3 VIII, § 175 Rn 33 ff.

dierendenschaft *greift* in die negative Vereinigungsfreiheit des S *ein*. – III. Problematisch ist die *verfassungsrechtliche Rechtfertigung* für diesen Eingriff. Ein Verbotstatbestand gem. Art. 9 Abs. 2 liegt nicht vor. Es kommt allenfalls eine Rechtfertigung durch kollidierendes Verfassungsrecht in Betracht: Aus Art. 5 Abs. 3 ist zwar ein Mindestmaß an Mitwirkungsrechten der Studierenden in den Selbstverwaltungsorganen der Hochschule abzuleiten (vgl E 35, 79/125), aber dies erfordert nicht notwendig den öffentlich-rechtlichen Zwangszusammenschluss der Studierenden. Die meisten der in § 53 Abs. 2 S. 2 Nr 1–8 nwHG genannten Aufgaben der Studierendenschaft gehören noch nicht einmal zum Schutzbereich der Wissenschaftsfreiheit (zB wirtschaftliche, soziale und kulturelle Belange der Studierenden, Förderung des Studierendensports, Pflege der überörtlichen und internationalen Studierendenbeziehungen). Soweit einzelne Aufgaben der Studierendenschaft in den Schutzbereich des Art. 5 Abs. 3 fallen (zB fachliche Belange der Studierenden), ist sehr fraglich, ob zu ihrer Verfolgung die Zwangsmitgliedschaft erforderlich ist oder nicht privatrechtliche Zusammenschlüsse ausreichend sind (vgl *Damkowski*, DVBl. 1978, 229; *Pieroth*, Störung, Streik und Aussperrung an der Hochschule, 1976, S. 192 f). – Es sprechen daher gute Gründe dafür, dass S Recht hat. Demgegenüber hält die Rspr (BVerfG, DVBl. 2000, 1179; BVerwGE 59, 231/236 ff; 109, 97/100 f) die Zwangsmitgliedschaft in der Studierendenschaft für vereinbar mit Art. 2 Abs. 1.

Literatur: Zu Art. 9 Abs. 1: *T. Günther/E.B. Franz*, Grundfälle zu Art. 9 GG, JuS 2006, 788, 873; *D. Merten*, Vereinsfreiheit, Hdb. StR^3 VII, § 165; *N. Nolte/M. Planker*, Vereinigungsfreiheit und Vereinsbetätigung, Jura 1993, 635; *M. Planker*, Das Vereinsverbot in der verwaltungsgerichtlichen Rechtsprechung, NVwZ 1998, 113; *T. Schmidt*, Die Freiheit verfassungswidriger Parteien und Vereinigungen, 1983. – Zu Art. 9 Abs. 3: *W. Höfling/C. Burkiczak*, Die unmittelbare Drittwirkung gem. Art. 9 Abs. 3 S. 2 GG, RdA 2004, 263; *M. Kittner*, Die Rechtsprechung des Bundesverfassungsgerichts zu Tarifautonomie und Arbeitskampf, in: FS Jaeger, 2011, S. 483; *K.-H. Ladeur*, Methodische Überlegungen zur gesetzlichen „Ausgestaltung" der Koalitionsfreiheit, AöR 2006, 643; *B. Pieroth*, Koalitionsfreiheit, Tarifautonomie und Mitbestimmung, in: FS 50 Jahre BVerfG, 2001, Bd. II, S. 293; *R. Scholz*, Koalitionsfreiheit, Hdb. StR^3 VIII, § 175; *J. Ziekow*, Vereinigungsfreiheit, Hdb.GR IV, § 107. 824

§ 19 Brief-, Post- und Fernmeldegeheimnis (Art. 10)

Fall 16: Sicherstellung des Inhalts eines Postfachs (nach BVerwGE 79, 110) 825

Durch ordnungsgemäße Verfügung des Innenministers ist der Verein „Volkssozialistische Bewegung Deutschlands" (V) gem. § 3 Abs. 1 VereinsG verboten und sein Vermögen beschlagnahmt und eingezogen worden. V besaß im Hauptpostamt seines Sitzortes ein Postfach. Der für den Vollzug der Verfügung des Innenministers gem. § 5 Abs. 1 VereinsG bestimmte Regierungspräsident erlässt einen Sicherstellungsbescheid gem. § 10 Abs. 2 VereinsG, wonach die Deutsche Post AG den Inhalt des Postfachs herausgeben muss. Ist dieser Bescheid mit Art. 10 vereinbar? **Rn 852**

I. Überblick

826 Art. 10 schützt die Vertraulichkeit bestimmter Kommunikationsmedien. Wegen der räumlichen Distanz und der Zugriffsmöglichkeiten für Dritte ist die Privatheit hier besonders gefährdet. Die Unterscheidung von Brief-, Post- und Fernmeldegeheimnis beruht auf der historischen Entwicklung des Nachrichtenverkehrs. Die moderne Entwicklung bringt für die Unterscheidung neue Koordinaten. Neben die Post bzw die gem. Art. 87f Abs. 2 S. 1 und Art. 143b gebildeten privatwirtschaftlichen Nachfolgeunternehmen der Deutschen Bundespost treten andere privatwirtschaftliche Kommunikationsmittler, und neben das Bedürfnis nach Vertraulichkeit der postalisch vermittelten Kommunikationen tritt das nach Vertraulichkeit anders vermittelter Kommunikationen.

827 Besonderen Schutz hatten die postalisch vermittelten Kommunikationen dadurch, dass das Postgeheimnis die von der Post vermittelten Kommunikationen nicht nur gegen Eingriffe des Staats allgemein, sondern auch speziell gegen Eingriffe der staatlichen Post selbst schützte. Eine entsprechende Abwehr von Eingriffen der Nachfolgeunternehmen und anderen Kommunikationsmittler gibt es von Grundrechts wegen nicht oder jedenfalls nicht in gleicher Intensität. Daher wird Art. 10 heute eine Schutzpflicht des Staats bzw ein Schutzrecht des Bürgers abgewonnen, wonach der Staat durch gesetzliche Regelungen gewährleisten muss, dass die Nachfolgeunternehmen und anderen Kommunikationsmittler den Geheimnissen des Art. 10 Abs. 1 ebenso verpflichtet sind, wie es ehedem die staatliche Post war. Der leitende Gedanke ist dabei, dass der Staat sich durch Privatisierungen nicht aus seiner grundrechtlichen Verantwortung stehlen darf.

828 Art. 10 Abs. 2 S. 1 enthält einen einfachen Gesetzvorbehalt. Art. 10 Abs. 2 S. 2 ist kein qualifizierter Gesetzesvorbehalt in dem Sinn, dass er die Ermächtigung zum Eingriff in den Schutzbereich durch Gesetz an zusätzliche Voraussetzungen bindet. Vielmehr ermächtigt er in bestimmten Fällen (des Verfassungs- und Staatsschutzes) zu besonders weitgehenden Eingriffen in die Schutzbereiche des Art. 10 Abs. 1.

II. Schutzbereiche

1. Briefgeheimnis

829 Das Briefgeheimnis verwehrt der öffentlichen Gewalt, vom Inhalt eines Briefs oder einer anderen Sendung Kenntnis zu nehmen, die erkennbar eine *individuelle schriftliche Mitteilung* befördert. Bei verschlossenen Sendungen ist zwar nicht erkennbar, ob sie individuelle schriftliche Mitteilungen befördern, aber da sie sie befördern könnten und sich durch den Verschluss gegen die Erkennbarkeit und Kenntnisnahme gerade schützen, gehören auch sie in den Schutzbereich des Briefgeheimnisses[1].

830 **Beispiele:** Briefe i. S. von Art. 10 Abs. 1 sind neben den eigentlichen Briefen auch Telegramme, Postkarten, Päckchen und Pakete. Offene Drucksachen, Zeitungs- und Büchersendungen, Waren- und Postwurfsendungen dienen dagegen erkennbar nicht der Beförderung individueller schriftlicher Mitteilungen (aA *Michael/Morlok*, GR, Rn 322).

831 Vom *Umfang* her erstreckt sich das Briefgeheimnis nicht nur auf den Inhalt der Sendung, sondern auch auf deren Absender und Empfänger und alle Umstände der Beför-

1 *Durner*, MD, Art. 10 Rn 67, 95; *Hermes*, DR, Art. 10 Rn 31 ff.

derung, einschließlich der Identität des Beförderers. Da das Briefgeheimnis dem Staat auch verwehrt, vom Beförderer Kenntnis zu nehmen, wird teilweise der Schutz des Briefgeheimnisses auch den Beförderungsunternehmen als Grundrechtsberechtigten zuerkannt[2]. Dagegen spricht, dass das Briefgeheimnis im Interesse der Kommunikationsteilnehmer und nicht der Beförderungsunternehmen als Kommunikationsmittler besteht[3].

Das Briefgeheimnis *verpflichtet* nicht nur die Organe öffentlicher Gewalt, die im Bereich des Brief- und Postwesens gem. Art. 87f Abs. 2 S. 2 und Abs. 3 Hoheitsaufgaben ausführen; mit Aufsichtsaufgaben betraut, haben sie zu Eingriffen nicht einmal besondere Gelegenheit und besonderen Anlass. Es verpflichtet auch und vor allem Organe, die mit dem Brief- und Postwesen nichts zu tun haben, zumal die Sicherheitsorgane. **832**

2. Postgeheimnis

In den Schutzbereich des Postgeheimnisses fallen alle *postalisch beförderten Sendungen*, vom Brief über die Zeitungssendung und Warenprobe bis zur Postanweisung, von der Einlieferung bei der Post bis zur Ablieferung beim Empfänger. Bei postalisch beförderten Sendungen mit individuellen schriftlichen Mitteilungen deckt sich der Schutz durch das Postgeheimnis mit dem durch das Briefgeheimnis. **833**

Von besonderer *Bedeutung* war das Postgeheimnis, solange die Deutsche Bundespost das Beförderungsmonopol hatte und eine Einrichtung des Staates war. Je mehr die privatrechtlichen Nachfolgeunternehmen der Deutschen Bundespost Konkurrenz durch andere private Unternehmen bekommen, desto mehr verliert das Postgeheimnis neben dem Briefgeheimnis an Bedeutung. **834**

Dass der Schutz, den das Postgeheimnis auch den Sendungen bietet, die *keine individuellen schriftlichen Mitteilungen* befördern oder befördern könnten, durch die Bedeutungsverschiebung zwischen Post- und Briefgeheimnis verloren geht, ist grundrechtlich nicht gerechtfertigt. Es muss dieser Schutz entweder dem Briefgeheimnis zuwachsen oder das Postgeheimnis letztlich nicht organisatorisch, sondern funktional verstanden werden und allen Sendungen zugute kommen, die postalisch oder funktional äquivalent durch andere Kommunikationsmittler, sog. Postdienstleister, befördert werden[4]. **835**

Vom *Umfang* her erstreckt sich auch das Postgeheimnis auf Kommunikationsinhalt und -umstände. Auch das Postgeheimnis wird gelegentlich und wieder fragwürdig auf den Beförderer, dh die privatrechtlichen Nachfolgeunternehmen der Deutschen Bundespost erstreckt (vgl Rn 831); das BVerfG hatte die Deutsche Bundespost entsprechend als grundrechtsberechtigte und grundrechtsverpflichtete Hoheitsträgerin anerkannt[5]. Heute ist die Grundrechtsbindung der privatrechtlichen Nachfolgeunter- **836**

2 *Badura*, BK, Art. 10 Rn 31.
3 *Gusy*, MKS, Art. 10 Rn 49; *Hermes*, DR, Art. 10 Rn 28; *Kloepfer*, VerfR II, § 65 Rn 17.
4 *Durner*, MD, Art. 10 Rn 76; *Gusy*, MKS, Art. 10 Rn 35 ff.
5 E 67, 157/172.

nehmen der Deutschen Bundespost im Einzelnen umstritten[6]; sie bemisst sich grundsätzlich nach der Fiskalgeltung der Grundrechte, nimmt also mit dem Übergang der Anteile vom Bund auf Private ab (vgl Rn 187)[7] und wird durch Bindung an gesetzliche Bestimmungen, die dem Schutz des Postgeheimnisses dienen, wie §§ 202 ff StGB, § 39 PostG und § 88 TKG, ergänzt.

3. Fernmeldegeheimnis

837 *Gegenstand* des Fernmeldegeheimnisses sind wieder Inhalte und Umstände des individuellen Kommunikationsvorgangs über das Medium drahtloser oder drahtgebundener elektromagnetischer Wellen; es kommt weder auf die konkrete Übermittlungsart noch auf die Ausdrucksform an[8]. Geschützt ist nicht nur der traditionelle Telefon-, Telegramm- und Funkverkehr, sondern auch die Kommunikation mittels neuer Medien, zB Mobilfunk und Internet[9]. Geschützt ist die Kommunikation, von der der Staat selbst oder durch private Diensteanbieter als Hilfspersonen Kenntnis genommen hat, auch während von ihr in Informations- und Datenverarbeitungsprozessen Gebrauch gemacht wird[10]. Gleichgültig ist, ob die Fernmeldeeinrichtung der Öffentlichkeit oder zB als haus- oder betriebsinterne Telefon- oder Computeranlage nur einem begrenzten Kreis von Teilnehmern zugänglich ist. Gleichgültig ist auch, ob das Kommunikationsmedium neben der Individual- auch der Massenkommunikation dient; bei der zunehmenden Integration von Medien, Netzen und Diensten ist die Vermischung von Individual- und Massenkommunikationsformen unvermeidlich und muss für den Schutz eines Kommunikationsvorgangs durch das Fernmeldegeheimnis wieder (vgl. Rn 829) genügen, dass der Kommunikationsvorgang eine individuelle Mitteilung befördern könnte[11].

838 *Nicht geschützt* sind Informationen über die Voraussetzungen und Umstände der Bereitstellung von Kommunikationsdienstleistungen, sofern sie nicht bestimmte Kommunikationsvorgänge zu identifizieren erlauben; anders als die Zuordnung von Vorgangsnummern zu Kommunikationen ist daher die Zuordnung von Anschlussnummern zu Anschlussinhabern nicht von Art. 10 Abs. 1 geschützt, steht aber unter dem Schutz des Rechts der informationellen Selbstbestimmung aus Art. 2 Abs. 1[12]. Nicht geschützt sind die Träger der Information gegen Eingriffe nach dem Abschluss des Kommunikationsvorgangs, weil die Informationen, sind sie erst einmal zugegangen, nicht mehr den Gefahren ausgesetzt sind, die sich aus der Verwundbarkeit des Kommunikationsvorgangs ergeben und vor denen Art. 10 schützen soll; nach Zugang unterscheiden sich diese Informationen nicht mehr von anderen[13]. Nicht geschützt ist auch die vom Kommunikationsvorgang unabhängige Bestimmung des Standorts einer Person über die Bestimmung des Standorts ihres Kommunikationsgeräts[14].

---

6 Vgl *Wieland*, Verwaltung 1995, 315/318; *Hermes*, DR, Art. 10 Rn 44 ff.
7 BVerwGE 113, 208/211; *v. Arnauld*, DÖV 1998, 437.
8 E 115, 166/182; 120, 274/306 f; BVerfG, 12.10.2011, Rn 198.
9 E 120, 274/307; 124, 43/54; *Grote*, KritV 1999, 27/39 f.
10 E 125, 260/309 f; vgl *Britz*, JA 2011, 81.
11 *Gusy*, MKS, Art. 10 Rn 44; *Hermes*, DR, Art. 10 Rn 39; *Schoch*, Jura 2011, 194/195.
12 BVerfG, 24.1.2012, Rn 113 ff.
13 E 115, 166/183 ff; 120, 274/307 f; 124, 43/54; krit. *Schoch*, Jura 2011, 194/198.
14 BVerfG, NJW 2007, 351/353 f; krit. *Durner*, MD, Art. 10 Rn 89; *Schwabenbauer*, AöR 2012, 1/22 f.

Dass der Schutz des Fernmeldegeheimnisses sich auch auf die *Fernmeldeunternehmen* erstreckt, ist hier ebenso fragwürdig wie beim Brief- und Postgeheimnis. Auch das Fernmeldegeheimnis verpflichtet va die Sicherheitsorgane; die Verpflichtung der Deutschen Telekom AG bemisst sich ebenso wie die der anderen privatrechtlichen Nachfolgeunternehmen der Deutschen Bundespost nach der Fiskalgeltung der Grundrechte und den einschlägigen Schutzgesetzen. 839

III. Eingriffe

Eingriffe in das Brief-, Post- und Fernmeldegeheimnis liegen nicht nur vor, wenn die öffentliche Gewalt den Inhalt, sondern auch wenn sie die Tatsache und die Umstände der geschützten Kommunikation erhebt oder sich vom jeweiligen Kommunikationsmittler erheben lässt und speichert, verwertet oder weitergibt[15]. Eingriffe sind schließlich Behinderungen und Verbote der Herstellung der Vertraulichkeit der Kommunikation (Verschlüsselung)[16]. 840

Beispiele: Der Staatsanwalt beschlagnahmt Päckchen in der Verteilungsstation des privaten Paketbeförderers. Der Dienstherr lässt alle Dienst- und Privatgespräche, die von dienstlichen Telefonapparaten aus geführt werden, ohne Einverständnis der Bediensteten elektronisch erfassen (aA noch BVerwG, NVwZ 1990, 71/73; VGH Mannheim, VBlBW 1991, 347). Die Telegraphenordnung von 1872 verbot die Chiffrierung privater Kommunikation. – Kein Eingriff in Art. 10 (wohl aber in Art. 2 Abs. 1 iVm Art. 1 Abs. 1) liegt vor, wenn ein Mobiltelefon beschlagnahmt und die darauf gespeicherten Gesprächsdaten erhoben werden; hier sind die Kommunikationsvorgänge bereits abgeschlossen (E 115, 166/181 ff). 841

Umstritten ist seit alters die Eingriffsqualität von sog. *betriebsbedingten Maßnahmen*, dh den Kenntnisnahmen der Post von Kommunikationsinhalten und -daten, die der Vermittlung der Kommunikation und der Vermeidung von Störungen des Betriebs dienen. 842

Beispiele: Sortieren von Sendungen, Öffnung unzustellbarer absenderloser Sendungen zur Ermittlung von Absender oder Empfänger, Installierung einer Fangschaltung zur Identifizierung eines anonymen Anrufers. 843

Rechtsprechung und Literatur haben teilweise die betriebsbedingten Maßnahmen insgesamt nicht als Eingriffe, sondern als bloße Schutzbereichsbegrenzungen angesehen[17]. Das BVerfG hat das Installieren einer Fangschaltung, obwohl es der Verhinderung von Missbrauch und Störung dient, ausdrücklich nicht als eingriffsneutrale, betriebsbedingte Schutzbereichsbegrenzung, sondern als Eingriff qualifiziert[18]. Ablehnen lässt sich die Eingriffsqualität nur für die betriebsbedingten Maßnahmen, die, wie das Sortieren der Sendungen, für die Vermittlung der Kommunikation schlechterdings *unerlässlich* sind und von den Benutzern auch vorausgesetzt werden. 844

15 E 100, 313/359, 366 f; 107, 299/313 f; 110, 33/53.

16 *Bizer*, AK, Art. 10 Rn 41, 71, 76 f; *Durner*, MD, Art. 10 Rn 52 f, 91; *Gerhards*, (Grund-)Recht auf Verschlüsselung?, 2010, S. 139; aA *Gusy*, MKS, Art. 10 Rn 46; *Hermes*, DR, Art. 10 Rn 82, 95.

17 BVerwGE 76, 152/155.

18 E 85, 386/396 f; vgl auch E 124, 43/58.

845 Bedeutung behält die Frage auch nach der Ersetzung der hoheitlich handelnden Deutschen Bundespost durch *private Kommunikationsmittler*. Denn die Grenze, die bei der hoheitlichen Post zwischen eingriffsneutralen schutzbereichsbegrenzenden Maßnahmen und gesetzlicher Legitimation bedürftigen Eingriffen zu ziehen war, markiert auch die Schwelle, an der der Staat gegenüber den privaten Kommunikationsmittlern in die Pflicht zum Schützen (vgl Rn 827) genommen ist. Wo bei der hoheitlichen Post die Eingriffe begannen, die der Bürger bei Fehlen einer gesetzlichen Ermächtigung abwehren konnte, da beginnt bei privaten Kommunikationsvermittlungen der sensible Bereich, in dem der Staat Regelungen zum Geheimnisschutz zu treffen und mit § 85 TKG auch getroffen hat[19].

846 Eingriffe liegen besonders darin, dass zu Staats- und Verfassungsschutzzwecken sowie zum Zweck der Bekämpfung schwerer Kriminalität *abgehört* und das Abgehörte aufgezeichnet, gespeichert, abgeglichen, ausgewertet, selektiert und übermittelt wird[20]. Regelmäßig vermittelt die Telekom die Leitungen, über die besonders die Geheimdienste die Telefongespräche verfolgen können; denkbar ist aber auch, dass die Geheimdienste sich selbst in die Leitung einschalten. Von diesen Eingriffen zu unterscheiden sind die sog. Lauschangriffe, bei denen nicht Fernmeldeanlagen angezapft, sondern sog. Wanzen installiert oder Richtmikrofone benutzt werden. Sie beurteilen sich, sofern Gespräche in der Wohnung belauscht werden, nach Art. 13 (vgl Rn 954, 961). Stets ist zu beachten, dass Eingriffe in das Fernmeldegeheimnis nicht nur einen, sondern beide Kommunikationspartner treffen[21]. Kein Eingriff in das Fernmeldegeheimnis, wohl aber in das Recht am eigenen Wort als Teil des allgemeinen Persönlichkeitsrechts (vgl Rn 397) liegt vor, wenn ein Kommunikationspartner Dritte das Telefongespräch mithören lässt, das er mit dem anderen Kommunikationspartner führt; denn Art. 10 schützt vor Gefahren des Kommunikationsmittels, nicht vor dem Kommunikationspartner[22].

IV. Verfassungsrechtliche Rechtfertigung

1. Gesetzesvorbehalt des Art. 10 Abs. 2 S. 1

847 Das Brief-, Post- und Fernmeldegeheimnis steht unter einfachem Gesetzesvorbehalt. Er ist durch zahlreiche postrechtliche und andere Bestimmungen ausgefüllt, die teilweise tatbestandlich sehr weit gefasst sind und bei deren Anwendung der Verhältnismäßigkeitsgrundsatz Bedeutung gewinnt. Aus diesem hat das BVerfG wie beim informationellen Selbstbestimmungsrecht (vgl Rn 409) in Parallele zur Wohnungsdurchsuchung (vgl Rn 957) einen Richtervorbehalt abgeleitet[23].

848 **Beispiele:** Gem. dem früheren § 12 FernmeldeanlagenG konnten der Richter und bei Gefahr im Verzug auch die Staatsanwaltschaft in strafgerichtlichen Untersuchungen von Telekommunikationsunternehmen Auskunft über die Telekommunikation auch von selbst unverdächtigen

19 E 106, 28/37.
20 E 125, 260/310.
21 Vgl E 85, 386/398 f; *Gusy*, JuS 1986, 89/94 ff.
22 E 106, 28/44 ff.
23 E 125, 260/337 f; krit. *Roßnagel*, NVwZ 2010, 751/752.

bloßen Nachrichtenmittlern verlangen, wenn „die Auskunft für die Untersuchung Bedeutung hatte". Das BVerfG verlangte einschränkend eine Straftat von erheblicher Bedeutung, einen konkreten Tatverdacht und eine hinreichend sichere Tatsachenbasis für die Annahme, dass der Betroffene als Nachrichtenmittler tätig wird (E 107, 299/321 ff; so jetzt auch § 100g StPO). Der frühere § 39 Abs. 1 und 2 AußenwirtschaftsG, der zur Verhütung von Straftaten nach diesem Gesetz die Überwachung des Brief- und Telekommunikationsverkehrs erlaubte, wenn Tatsachen die Annahme rechtfertigten, dass bestimmte Straftaten von erheblicher Bedeutung geplant wurden, war zu weit gefasst und verstieß gegen den Bestimmtheitsgrundsatz (E 110, 33/57 ff; vgl zur Neuregelung *Huber*, NJW 2005, 2260).

Problematisch sind die strafprozessualen Einschränkungen des Art. 10 für Untersuchungshäftlinge. BVerfG und hM leiten die Rechtfertigung zum Anhalten, Öffnen und Lesen aller ein- und ausgehenden *Post von Untersuchungshäftlingen* aus § 119 Abs. 3 StPO ab. Diese Bestimmung ermächtigt dazu, dem Untersuchungshäftling solche Beschränkungen aufzuerlegen, die der Zweck der Untersuchungshaft oder die Ordnung in der Vollzugsanstalt erfordert, handelt allerdings nicht eigens von Beschränkungen des Brief- und Postgeheimnisses. Wenn man hierin überhaupt eine ausreichend bestimmte gesetzliche Grundlage erblicken will[24], fordert der Verhältnismäßigkeitsgrundsatz jedenfalls, dass eine Kontrolle der Post des Untersuchungshäftlings nur erfolgt, wenn konkrete Anhaltspunkte für eine Störung der Anstaltsordnung vorliegen[25]. **849**

2. Erweiterung des Gesetzesvorbehalts gem. Art. 10 Abs. 2 S. 2

Art. 10 Abs. 2 S. 2 eröffnet die Möglichkeit, von der das Gesetz zur Beschränkung des Brief-, Post- und Fernmeldegeheimnisses (G 10) Gebrauch gemacht hat, dass dem Betroffenen Überwachungs- und Abhörmaßnahmen *nicht mitgeteilt* werden. Dadurch gewinnt der entsprechende Eingriff eine besondere Intensität: Der Betroffene kann ihn nicht bemerken, nicht vermeiden und auch nicht gerichtlich angreifen. Ohnehin ist durch Art. 10 Abs. 2 S. 2 (vgl auch Art. 19 Abs. 4 S. 3) auch die Möglichkeit eröffnet, dass die Kontrolle durch Kommissionen des Bundestages den *Rechtsweg ersetzt*. Beides gilt dann, wenn der Eingriff dem Schutz der freiheitlichen demokratischen Grundordnung oder des Bestandes oder der Sicherung des Bundes oder eines Landes dient. Eine Benachrichtigung muss aber stattfinden, sobald keine Gefährdung des Zwecks der Maßnahme und der genannten Schutzgüter mehr droht; ein Verzicht auf die Benachrichtigung ist nur dann zu rechtfertigen, wenn die erfassten Daten sogleich als irrelevant vernichtet worden sind[26]. **850**

Die *Verfassungsmäßigkeit* des durch die Notstandsgesetzgebung von 1968 eingefügten Satzes 2 in Art. 10 Abs. 2 sowie des G 10 war heftig umstritten: Wegen Verstoßes gegen die Menschenwürde und das Rechtsstaatsprinzip bzw deren Schutz durch Art. 79 Abs. 3 habe Satz 2 auch mittels Verfassungsänderung nicht eingeführt werden dürfen. Auch das BVerfG, das im Abhörurteil Art. 10 Abs. 2 S. 2 und das darauf ge- **851**

---

24 *Badura*, BK, Art. 10 Rn 74; aA abw. M. E 57, 182/185; *Gusy*, MKS, Art. 10 Rn 89; *Stern*, StR IV/1, S. 291.

25 E 35, 5/9 f; 35, 311/315 ff; 57, 170/177; vgl auch BVerfG, NJW 1996, 983.

26 E 100, 313/397 ff.

stützte Gesetz mit dem Grundgesetz für vereinbar hielt[27], wurde stark kritisiert, besonders weil es Art. 79 Abs. 3 dahingehend relativiert, dass er nicht ausschließe, „elementare Verfassungsgrundsätze systemimmanent zu modifizieren"[28].

852 **Lösungsskizze zum Fall 16 (Rn 825):** I. Einschlägig ist der *Schutzbereich* des Postgeheimnisses, da das Postfach des V der Post übergebene Sendungen enthält. Nicht einschlägig ist dagegen der Schutzbereich des Briefgeheimnisses, das den Briefverkehr außerhalb des Postbereichs dagegen schützt, dass die öffentliche Gewalt von dem Inhalt des Briefes Kenntnis nimmt. – II. Der *Eingriff* erfolgt hier durch ein Organ der öffentlichen Gewalt; er liegt darin, dass der Regierungspräsident auf die dem Postgeheimnis unterliegenden Gegenstände zugreifen will, um von ihrem Inhalt Kenntnis zu nehmen. – III. Der Eingriff ist *verfassungsrechtlich gerechtfertigt*, wenn er gem. Art. 10 Abs. 2 S. 1 auf Grund eines Gesetzes angeordnet wurde. In Betracht kommt allein § 10 Abs. 2 VereinsG; der Sicherstellungsbescheid könnte eine besondere Anordnung iSd S. 1 Alt. 2 darstellen. 1. *Materiell-rechtlich* stellt sich insoweit die Frage, ob der Inhalt des Postfachs im Gewahrsam Dritter steht. Sie wird durch die Sonderregelung des § 10 Abs. 2 S. 4 VereinsG iVm § 99 StPO beantwortet: Die Beschlagnahme gem. § 10 Abs. 2 S. 1 VereinsG erfasst auch an V gerichtete Postsendungen, die sich im Gewahrsam der Deutschen Post AG befinden, und ermächtigt damit auch ohne besondere Anordnung zur Sicherstellung des Inhalts des Postfachs des V. – 2. *Formell-rechtlich* ist gem. § 10 Abs. 2 S. 4 VereinsG auch § 100 StPO anzuwenden. Nach dessen Abs. 1 ist für eine Beschlagnahme von Gegenständen iSd § 99 StPO nur der Richter, bei Gefahr im Verzug auch die Staatsanwaltschaft befugt. Der Sicherstellungsbescheid des Regierungspräsidenten verstößt daher gegen Art. 10.

853 **Literatur:** *A. Funke/J. Lüdemann*, Grundfälle zu Art. 10 GG, JuS 2008, 780; *T. Groß,* Die Schutzwirkung des Brief-, Post- und Fernmeldegemeimnisses nach der Privatisierung der Post, JZ 1999, 326; *R. Hadamek*, Art. 10 GG und die Privatisierung der Deutschen Bundespost, 2002; *H.H. Kaysers,* Die Unterrichtung Betroffener über Beschränkungen des Brief-, Post- und Fernmeldegeheimnisses, AöR 2004, 121; *B. Schlink*, Das Abhörurteil des Bundesverfassungsgerichts, Staat 1973, 85; *F. Schoch*, Der verfassungsrechtliche Schutz des Fernmeldegeheimnisses (Art. 10 GG), Jura 2011, 194; *T. Schwabenbauer*, Kommunikationsschutz durch Art. 10 GG im digitalen Zeitalter, AöR 2012, 1.

§ 20 Freizügigkeit (Art. 11)

854 **Fall 17:** Aufenthaltsverbot

Auf einem gemeindlichen Kinderspielplatz hält sich regelmäßig der obdachlose drogenabhängige D auf. Die zuständige Polizei- bzw Ordnungsbehörde befürchtet, dass sich spielende Kinder mit den von D häufig liegen gelassenen Injektionsnadeln verletzen können. Sie verbietet D daher für ein halbes Jahr, sich auf dem Spielplatz aufzuhalten. Ist die Maßnahme verfassungsmäßig? **Rn 872**

27 E 30, 1/26 ff.
28 Vgl abw. M. E 30, 1/38 ff; *Hufen*, StR II, § 17 Rn 14.

I. Überblick

Im Vergleich mit anderen Grundrechten hat Art. 11 in der Rechtsprechung, gerade auch in der Rechtsprechung des BVerfG, bislang wenig Bedeutung gewonnen. Moderne Industriegesellschaften sind auf hohe Mobilität angelegt, sodass sich für einen Staat, der auf das Funktionieren seiner Industriegesellschaft angewiesen ist, die Freizügigkeit fast von selbst versteht. Lediglich in Krisenlagen verhält es sich anders und können Lenkungen der Bevölkerungsbewegungen notwendig werden. Angesichts der durch Evakuierung, Vertreibung und Flucht gekennzeichneten Krisenlage nach dem Zweiten Weltkrieg wurde Art. 11 formuliert und mit besonders detaillierten qualifizierten Gesetzesvorbehalten versehen. **855**

II. Schutzbereich

1. Aufenthalts- und Wohnsitznahme

Freizügigkeit bedeutet die Freiheit, an jedem Ort innerhalb des Bundesgebiets Aufenthalt und Wohnsitz zu nehmen[1]. Diese Definition wurde schon vom Parlamentarischen Rat verwandt[2]. **856**

Wohnsitz ist, wie § 7 Abs. 1 BGB erläutert, die ständige Niederlassung an einem Ort. Die ständige Niederlassung ist die Niederlassung mit dem Willen, nicht nur vorübergehend zu bleiben, sondern den Ort zum Mittelpunkt des Lebens zu machen. Art. 11 Abs. 1 schützt die Begründung, Aufhebung und Verlagerung eines Wohnsitzes und auch mehrerer Wohnsitze. Die bloß vorübergehende Niederlassung unterfällt dem Begriff des Aufenthalts. **857**

Aufenthalt bedeutet vorübergehendes Verweilen. Da jede Fortbewegung eine Folge von Augenblicken des Verweilens ist, stellt sich die Frage, wann das Verweilen durch Art. 11 Abs. 1 und wann es durch Art. 2 Abs. 2 S. 2 geschützt ist, durch die Freiheit der Person, die auch die Bewegungs- und die Fortbewegungsfreiheit einschließt (vgl Rn 442). Von den einen wird Art. 2 Abs. 2 S. 2 auf den Schutz vor strafrechtlichen Freiheitsentziehungen und -beschränkungen reduziert und die Fortbewegungsfreiheit im Übrigen, dh in den meisten Fällen unter den Schutz von Art. 11 Abs. 1 gestellt[3]. Von anderen wird von dem durch Art. 11 Abs. 1 geschützten Aufenthalt eine gewisse Dauer verlangt; er müsse „mehr als flüchtig" sein[4] oder sogar eine Übernachtung einschließen[5]. Von wieder anderen wird eine gewisse Bedeutung gefordert; der Aufenthalt müsse von Relevanz für die Persönlichkeit sein[6] oder sogar einem „Lebenskreis" entsprechen[7]. **858**

Eine gewisse Dauer oder Bedeutung als Merkmal des durch Art. 11 Abs. 1 geschützten Aufenthalts ist auch unerlässlich; die strafrechtliche Reduktion von Art. 2 Abs. 2 S. 2 mit Unterstellung der Fortbewegungsfreiheit in den meisten Fällen unter Art. 11 **859**

1 E 2, 266/273; 80, 137/150; 110, 177/190.
2 JöR 1951, 130.
3 *Pernice*, DR, Art. 11 Rn 14.
4 *Rittstieg*, AK, Art. 11 Rn 33.
5 *Merten*, Hdb.GR IV, § 94 Rn 38.
6 *Kunig*, MüK, Art. 11 Rn 13.
7 *Randelzhofer*, BK, Art. 11 Rn 28 ff; *Ziekow*, FH, Art. 11 Rn 44 f.

Abs. 1 hat in Wortlaut, Genese und Systematik keinen Anhalt. Entscheidend muss für die Abgrenzung sein, dass nicht der Aufenthalt um der Fortbewegung willen geschieht (dann Art. 2 Abs. 2 S. 2), sondern die *Fortbewegung um des Aufenthalts willen* (dann Art. 11 Abs. 1). Letzteres kann sowohl durch die Dauer des Aufenthalts als auch durch dessen Bedeutung indiziert werden[8].

860 **Beispiele:** Die Bergwanderung, die auch eine Rast in der Hütte einschließt, oder der Stadtbummel, der auch in das eine oder andere Geschäft führt, ist durch Art. 2 Abs. 2 S. 2 geschützt, der mehrtägige Urlaub in der Berghütte oder die eintägige Reise in die Stadt, um im Geschäft als Verkäufer auszuhelfen, durch Art. 11 Abs. 1.

2. Fortbewegung zwecks Ortswechsels

861 Wohnsitz und Aufenthalt sind nur Anfangs- und Endpunkte der auf sie bezogenen Fortbewegung, des Ziehens. Freizügigkeit garantiert die Freiheit des Ziehens, dh der Fortbewegung speziell um der Wohnsitz- oder Aufenthaltsnahme willen. Sie umfasst den freien Wegzug, die Möglichkeit, den Weg zwischen altem und neuem Ort zurückzulegen, und den freien Zuzug, jedoch weder einen bestimmten Weg noch ein bestimmtes Mittel der Fortbewegung[9].

3. Einreise und Einwanderung, Ausreise und Auswanderung

862 Nach hM fallen auch *Einreise* und *Einwanderung* in das Bundesgebiet unter den Schutzbereich des Art. 11[10], wobei unter Einreise der Zuzug zur Aufenthaltsnahme und unter Einwanderung der Zuzug zur Wohnsitznahme verstanden wird.

863 Gegen die hM wird der Wortlaut des Art. 11 Abs. 1 angeführt, der von Freizügigkeit „im" ganzen Bundesgebiet spricht[11]. Aber entscheidend ist, dass nicht der Ausgangs-, sondern der Endpunkt der Fortbewegung im Bundesgebiet liegt; Freizügigkeit ist die *Freiheit, das gewählte Ziel zu erreichen.* Außerdem wollte der Parlamentarische Rat mit der Freizügigkeit für alle Deutschen auch den Deutschen aus dem Osten die Einreise in das Bundesgebiet gewähren[12]. Er wollte ihnen die Einreise allerdings auch gem. Art. 11 Abs. 2 verwehren können; an der Entstehungsgeschichte scheitert also auch die Auffassung, das Recht der Deutschen zur Einreise in das Bundesgebiet wurzele unmittelbar in der Staatsangehörigkeit, liege der Freizügigkeit voraus und dürfe durch Art. 11 Abs. 2 ebenso wenig beschränkt werden, wie auch das Verbot des Art. 16 Abs. 2, Deutsche an das Ausland auszuliefern, nicht beschränkt werden darf[13].

864 Nach der Rechtsprechung[14] sind *Ausreise und Auswanderung* nicht von Art. 11, wohl aber von Art. 2 Abs. 1 geschützt. Im Schrifttum sind die Stimmen geteilt[15]. Dabei wird unter Ausreise die Entfernung aus dem Bundesgebiet mit dem Ziel der Begrün-

8 Ähnlich *Durner*, MD, Art. 11 Rn 82; *Kloepfer*, VerfR II, § 69 Rn 4.
9 *Durner*, MD, Art. 11 Rn 74.
10 Vgl *Randelzhofer*, BK, Art. 11 Rn 72.
11 *Gusy*, MKS, Art. 11 Rn 38.
12 JöR 1951, 129 ff.
13 So aber *Isensee*, VVDStRL 32, 1974, 49/62.
14 E 6, 32/35 f; 72, 200/245; BVerwG, NJW 1971, 820.
15 Vgl *Durner*, MD, Art. 11 Rn 100.

dung eines Aufenthalts im Ausland verstanden, unter Auswanderung die mit dem Ziel der Begründung eines Wohnsitzes.

Geschichte und Entstehungsgeschichte sprechen gegen den Einbezug von Ausreise und Auswanderung[16]. Bereits in den Verfassungen des 19. Jahrhunderts hat sich die Auswanderungsfreiheit gegenüber der Freizügigkeit verselbstständigt, und in der Weimarer Republik haben beide auch nebeneinander in Art. 111 und Art. 112 WRV ihren Schutz gefunden. Vom Parlamentarischen Rat wurde ausdrücklich abgelehnt, die Auswanderungsfreiheit unter die Grundrechte aufzunehmen; vermutlich befürchtete man im Nachkriegsdeutschland Auswanderungswellen. **865**

4. Mitnahme der persönlichen Habe

Die Freizügigkeit schließt die Mitnahme von Eigentum ein. Traditionell wird unter dem Ziehen der Ortswechsel mit dem persönlichen Hab und Gut verstanden, nicht aber mit dem gewerblichen und betrieblichen Eigentum[17]. **866**

5. Negative Freizügigkeit

Art. 11 schützt nicht nur die Freiheit, Ortswechsel vorzunehmen, sondern auch die Freiheit, Ortswechsel nicht vorzunehmen (negative Freizügigkeit). Das Recht, an den Ort der Wahl zu ziehen, wäre ohne das Recht, am Ort der Wahl auch zu bleiben, entscheidend entwertet. Die Ausweisung und die Abschiebung von Deutschen sind daher an Art. 11 zu messen[18]; für die Auslieferung bietet Art. 16 Abs. 2 den Schutz einer besonderen Schranken-Schranke. Nicht an Art. 11 zu messen sind ein Umzug und eine Umsiedlung, die dadurch veranlasst werden, dass zum Zweck des Abbaus von Braunkohle oder der Anlage eines Stausees die Wohnung gekündigt oder enteignet und auch der ganze Ort enteignet und abgegraben oder geflutet wird; Art. 11 gibt keinen Anspruch auf Miet- und Eigentumsrechte und insofern auch kein Recht auf Heimat[19]. **867**

III. Eingriffe

Eingriffe in die Freizügigkeit sind Behinderungen oder Beeinträchtigungen des freien Ziehens. Eine Auffassung fordert bei der Freizügigkeit einen unmittelbaren Eingriff und lässt mittelbare Behinderungen und Beeinträchtigungen nicht genügen[20]. Daran ist richtig, dass auch von der Eingriffsseite her gilt, was in Rn 861 schon von der Schutzbereichsseite her erfasst wurde: Es muss um eine aufenthalts- oder wohnsitznahmespezifische Fortbewegung gehen. Insoweit reicht aber auch eine mittelbare Beeinträchtigung aus[21]. **868**

16 Vgl. *Merten*, Hdb.GR IV, § 94 Rn 133.
17 *Gusy*, MKS, Art. 11 Rn 31; aA *Kloepfer*, VerfR II, § 69 Rn 7; *Pernice*, DR, Art. 11 Rn 16; *Ziekow*, FH, Art. 11 Rn 55.
18 AA *Kloepfer*, VerfR II, § 69 Rn 9.
19 *Durner*, MD, Art. 11 Rn 92; aA *Baer*, NVwZ 1997, 27.
20 *Kunig*, MüK, Art. 11 Rn 19; aA *Pernice*, DR, Art. 11 Rn 22.
21 E 110, 177/191.

869 **Beispiele:** In die Freizügigkeit wird eingegriffen, wenn sie von Bedingungen, Genehmigungen, Nachweisen etc abhängig gemacht wird (E 2, 266/274; 8, 95/97 f), nicht aber, wenn sie zu Abgaben führt (BVerfG, NVwZ 2010, 1022/1025). Ein Eingriff ist die sog. Residenzpflicht, die den Wohnort vom Beruf abhängig macht (*Durner*, MD, Art. 11 Rn 124; aA *Kunig*, Jura 1990, 306/309, der nur die Berufsfreiheit betroffen sieht), nicht aber wenn sie zu Abgaben führt (BVerwG, NVwZ 2010, 1022/1025). Von der Residenzpflicht ist das sog. Lokalisationsgebot zu unterscheiden, das berufliche Betätigungen auf bestimmte Orte beschränkt, zB früher die Pflicht der Rechtsanwälte, nur bei einem bestimmten Landgericht in Zivilprozessen aufzutreten (vgl E 93, 362/369); während die Residenzpflicht auch an Art. 12 Abs. 1 zu messen ist (vgl E 65, 116/125; BVerfG, NJW 1992, 1093), ist das Lokalisationsgebot ausschließlich an Art. 12 Abs. 1 zu messen (*Breuer*, Hdb. StR^3 VIII, § 170 Rn 94). Die Regelung, dass Spätaussiedler, die an einem anderen als dem ihnen zugewiesenen Ort ständigen Aufenthalt nehmen, keine Sozialhilfe erhalten, ist ein Eingriff (E 110, 177/191).

IV. Verfassungsrechtliche Rechtfertigung

1. Gesetzesvorbehalt des Art. 11 Abs. 2

870 Der Gesetzesvorbehalt des Abs. 2 ist durch verschiedene Merkmale qualifiziert: In die Freizügigkeit darf nur durch Gesetze eingegriffen werden, die auf die in Abs. 2 genannten Fälle reagieren und die in Abs. 2 genannten Zwecke verfolgen. Für sie ist durchweg eine enge Auslegung geboten. So folgt aus dem Sozialstaatsprinzip, dass eine nicht ausreichende Lebensgrundlage und daraus entstehende besondere Lasten der Allgemeinheit nicht schon allein bei Alter oder Krankheit angenommen werden dürfen[22], wohl aber bei der massenhaften Einwanderung von Spätaussiedlern[23]. Bezüglich der drohenden Gefahr für den Bestand oder die freiheitliche demokratische Grundordnung des Bundes oder eines Landes gelten die zum Begriff der drohenden Gefahr im Polizeirecht anerkannten rechtsstaatlichen Beschränkungen[24]. Der sog. Kriminalvorbehalt (Vorbeugung gegen strafbare Handlungen) stellt höhere Anforderungen als die polizeiliche Generalermächtigung, weil sonst die tatbestandliche Ausdifferenzierung des Art. 11 Abs. 2 leerliefe[25].

2. Weitere Eingriffsrechtfertigungen

871 Einen weiteren Gesetzesvorbehalt enthält Art. 17a Abs. 2 für „Gesetze, die der Verteidigung einschließlich des Schutzes der Zivilbevölkerung dienen"[26]. Die Vorbehalte der Art. 117 Abs. 2 und Art. 119 sind heute obsolet.

872 **Lösungsskizze zum Fall 17 (Rn 854):** Die Maßnahme unterfällt in den meisten Ländern der polizei- und ordnungsrechtlichen Spezialbefugnis des Aufenthaltsverbots. Fraglich ist, ob das Aufenthaltsverbot mit Art. 11 vereinbar ist. – I. Der Aufenthalt auf dem Spielplatz hat die Dauer und für D auch die Bedeutung, dass er nicht in den *Schutzbereich* der Freiheit

22 Vgl *Kunig*, MüK, Art. 11 Rn 22.
23 E 110, 177/192 f.
24 Vgl *Pieroth/Schlink/Kniesel*, Polizei- und Ordnungsrecht, 6. Aufl. 2010, § 8 Rn 40 ff.
25 Vgl *Kloepfer*, VerfR II, § 69 Rn 32; *Kunig*, MüK, Art. 11 Rn 27.
26 Vgl BVerwGE 35, 146/149.

der Person, sondern in den der Freizügigkeit fällt. – II. Die *verfassungsrechtliche Rechtfertigung* wirft ein Kompetenz- und ein Inhaltsproblem auf: 1. Das Aufenthaltsverbot ist in den Polizei- und Ordnungsgesetzen der Länder geregelt; gem. Art. 73 Abs. 1 Nr 3 hat dagegen der Bund die ausschließliche *Gesetzgebungskompetenz* für die Freizügigkeit. Da aber der Kriminalvorbehalt des Art. 11 Abs. 2 einen Aspekt des allgemeinen Gefahrenabwehrrechts bezeichnet, das unter dem Grundgesetz in die ausschließliche Gesetzgebungskompetenz der Länder fällt (vgl *Pieroth*, JP, Art. 70 Rn 17 f), zeigt an, dass die Gesetzgebungskompetenz des Bundes für die Regelung der Freizügigkeit sich nicht auf das allgemeine Gefahrenabwehrrecht bezieht (BayVerfGH, NVwZ 1991, 664/666; *Gusy*, MKS, Art. 11 Rn 52; *Kunig*, MüK, Art. 11 Rn 21). – 2. *Inhaltlich* hat die Spezialbefugnis des Aufenthaltsverbots nur Bestand, wenn sie verfassungskonform dahin interpretiert wird, dass sie zu Eingriffen in Art. 11 Abs. 1 nur unter den Voraussetzungen der Qualifikationsmerkmale des Art. 11 Abs. 2 ermächtigt (vgl *Pieroth/Schlink/Kniesel*, Polizei- und Ordnungsrecht, 6. Aufl. 2010, § 16 Rn 23). Da es hier darum geht, strafbaren Handlungen, nämlich zumindest fahrlässigen Körperverletzungen, vorzubeugen, verstößt die Maßnahme nicht gegen Art. 11.

Literatur: *H.W. Alberts,* Freizügigkeit als polizeiliches Problem, NVwZ 1997, 45; *K. Hailbronner*, Freizügigkeit, Hdb. StR^3 VII, § 152; *D. Merten*, Freizügigkeit, Hdb.GR IV, § 94; *B. Pieroth*, Das Grundrecht der Freizügigkeit (Art. 11 GG), JuS 1985, 81; *F. Schoch*, Das Grundrecht der Freizügigkeit, Jura 2005, 34. 873

§ 21 Berufsfreiheit (Art. 12)

Fall 18: Zulassung als Vertragsarzt nach Vollendung des 55. Lebensjahrs (nach E 103, 172) 874

A, ein 56-jähriger Oberarzt an einer Universitätsklinik, empfand die Fortsetzung des Arbeitsverhältnisses wegen fachlicher und menschlicher Spannungen als belastend, kündigte und beantragte die Zulassung als Vertragsarzt in der gesetzlichen Krankenversicherung; die Zulassung wird längstens bis zur Vollendung des 68. Lebensjahrs erteilt. Da die auf einer ordnungsgemäßen gesetzlichen Grundlage beruhende Zulassungsverordnung für Vertragsärzte die Zulassung von Ärzten, die das 55. Lebensjahr vollendet haben, ausschließt, wurde As Zulassung abgelehnt. Ist A dadurch in Art. 12 Abs. 1 verletzt? **Rn 941**

I. Überblick

1. Textaussage

Dem unbefangenen Verständnis bietet Art. 12 bereits in Abs. 1 *verschiedene Schutzbereiche.* 875
S. 1 schützt die Freiheit der *Wahl des Berufs*, der *Wahl des Arbeitsplatzes* und der *Wahl der Ausbildungsstätte*. Diese Schutzbereiche entsprechen den Abschnitten eines Berufswegs, der mit der Ausbildung beginnt, sich in der Entscheidung für den erlernten Beruf fortsetzt und in der Arbeit im gewählten Beruf erfüllt. Aber da die Schutzbereiche selbstständig nebeneinander stehen, schützt S. 1 die Wahl einer Ausbildungsstätte unabhängig davon, ob sie in die Wahl eines entsprechenden Arbeitsplatzes mündet, und die Entscheidung für einen ungelernten ebenso wie für einen gelernten Beruf. S. 2 schließt mit einem *Regelungsvorbehalt für die Berufsausübung* an. Das deutet an, dass neben den genannten Schutzbereichen noch ein weiterer Schutz-

bereich der Berufsausübung gewährleistet ist. Nur hier ist das Tätigwerden des Gesetzgebers vorgesehen, wobei die Wahl des Regelungs-, statt des Eingriffsbegriffs zusätzlich dahin verstanden werden kann, dass der Gesetzgeber besonders behutsam tätig werden muss (vgl Rn 235).

876 Abs. 2 und 3 verbürgen die nur unter besonderen Voraussetzungen einschränkbare *Freiheit von Arbeitszwang* (Zwang zur Erbringung bestimmter einzelner Arbeitsleistungen) *und von Zwangsarbeit* (Zwang zum Einsatz der gesamten Arbeitskraft in bestimmter Weise). Sie lassen erkennen, dass die Freiheit der Berufs- und Arbeitsplatzwahl mehr ist als die Freiheit der Entscheidung, welche Arbeitsleistungen man erbringen und wie man seine Arbeitskraft einsetzen will; denn anders wären die Abs. 2 und 3 überflüssig. Beruf ist mithin nicht einfach Erbringung von Arbeitsleistung oder Einsatz der Arbeitskraft, sondern auf gewisse Dauer angelegte, der Schaffung und Erhaltung einer Lebensgrundlage dienende Tätigkeit; Arbeitsplatz ist der Platz, an dem nicht nur gearbeitet, sondern der Beruf ausgeübt wird.

2. Einheitlicher Schutzbereich

877 Die aufgezeigte Textaussage des Abs. 1 wurde schon früh anders gelesen[1]. *Berufswahl und Berufsausübung hängen miteinander zusammen:* Mit der Berufswahl beginnt die Berufsausübung, und in der Berufsausübung wird die Berufswahl immer wieder neu bestätigt. Dann ist schon mit der Berufswahl auch die Berufsausübung gewährleistet und mit der Berufsausübung auch die Berufswahl vom Regelungsvorbehalt betroffen. Der Regelungsvorbehalt wurde also ausgedehnt[2], und zwar bald nicht mehr nur auf die Berufswahl, sondern auch auf die Wahl von Ausbildungsstätte[3] und Arbeitsplatz. Zugleich wurde der Regelungsvorbehalt als Gesetzesvorbehalt, dh als Vorbehalt nicht nur besonders behutsamen, sondern jedweden gesetzgeberischen Tätigwerdens verstanden (vgl Rn 235 ff). Dementsprechend spricht das BVerfG auch von „Gesetzesvorbehalt“[4]. So ist Art. 12 Abs. 1 heute ein einheitliches Grundrecht, das auch einheitlich unter Gesetzesvorbehalt steht. Allerdings sollen für Eingriffe in seinen Wahlaspekt höhere Anforderungen an die verfassungsrechtliche Rechtfertigung gelten als für Eingriffe in seinen Ausübungsaspekt.

II. Das Abwehrrecht des Art. 12 Abs. 1

1. Schutzbereich

878 Das einheitliche Grundrecht von Art. 12 Abs. 1 hat zwar einen einheitlichen Schutzbereich. Dessen Inhalt und Umfang werden aber zweckmäßig dadurch beschrieben, dass an die Begriffe Beruf, Ausbildungsstätte und Arbeitsplatz angeknüpft wird.

879 a) Der **Berufsbegriff** wird denkbar weit verstanden. Er umfasst nicht nur die traditionell fixierten Berufsbilder, sondern auch neu entstandene und frei erfundene Berufe[5]. Einschränkend gilt jedoch, dass die einzelnen Handlungen, die der Bürger zum Inhalt

---

1 E 7, 377.
2 Krit. *Lücke*, Die Berufsfreiheit, 1994, S. 26 ff; *Michael/Morlok*, GR, Rn 684.
3 E 33, 303/336.
4 ZB E 54, 224/234; 54, 237/246.
5 E 97, 12/25, 33 f; 119, 59/78.

seines Berufs macht, *nicht verboten* sein dürfen[6]. Dieses Kriterium wird gelegentlich kritisiert[7] oder auch dadurch ersetzt, dass die beruflichen Handlungen nicht sozial- oder gemeinschaftsschädlich[8] oder durch die Verfassung selbst untersagt sein dürfen[9]. Dahinter steht das richtige Anliegen, den Berufsbegriff nicht zur Disposition des Gesetzgebers zu stellen, dh diesem nicht zu gestatten, durch ein Verbot einen Beruf einfach aus dem Schutzbereich von Art. 12 Abs. 1 auszuschließen und dem Maßstab von Art. 12 Abs. 1 zu entziehen. Aber die Kritik am Kriterium des Verbotenseins verkennt, dass es sich auf einzelne Handlungen unabhängig von ihrer beruflichen Vornahme, also auf die Tätigkeit als solche bezieht. Beruf ist die Bündelung vieler Handlungen, und ob diese spezifische, dh berufliche Bündelung verboten oder beschränkt werden darf, bemisst sich stets nach Art. 12 Abs. 1. Die einzelnen Handlungen sind dagegen durch andere Grundrechte geschützt, und ob sie verboten werden dürfen, richtet sich nach diesen anderen Grundrechten[10].

Beispiele: Taschendiebe, Rauschgifthändler oder Menschenhändler haben als solche keine Berufe im Sinn von Art. 12 Abs. 1; ihre Handlungen sind schlechthin strafbar, unabhängig davon, ob sie professionell und dauernd oder nur einmalig und amateurhaft vorgenommen werden. Anders steht es mit dem Schwarzarbeiter, der zB mit dem Renovieren einer Wohnung oder der Reparatur eines Autos eine erlaubte Tätigkeit vornimmt und lediglich die steuer- und sozialversicherungsrechtlich geschuldeten Abgaben nicht abführt; hier liegt ein Beruf im Sinn von Art. 12 Abs. 1 vor, dessen Ausübung aber steuer- und sozialversicherungsrechtlich geregelt ist (vgl *Scholz*, MD, Art. 12 Rn 39 f). Auch die Prostitution ist ein Beruf, denn der Geschlechtsverkehr gegen Entgelt begründet gem. § 1 ProstG eine rechtswirksame Forderung. **880**

Außerdem muss eine Tätigkeit, um unter den Berufsbegriff zu fallen, auf *gewisse Dauer* angelegt sein[11]. Auch dies ist nicht eng zu verstehen; auch der Gelegenheits- und der Ferienjob, das zur Überbrückung eines Zeitraums und das probeweise eingegangene Beschäftigungsverhältnis sind Berufe, nicht jedoch die Beschäftigung, die sich in einem einmaligen Erwerbsakt erschöpft[12]. Ebenso ist weit zu verstehen, dass die Tätigkeit der *Schaffung und Erhaltung einer Lebensgrundlage* dienen muss[13]; die Nebentätigkeit fällt darunter, weil sie, anders als ein bloßes Hobby, zur Schaffung und Erhaltung der Lebensgrundlage immerhin beiträgt[14]; und der Künstler hat einen Beruf, auch wenn ihn das Malen, Dichten oder Komponieren nicht so ernährt, wie er es gerne hätte[15]. Offen ist der Berufsbegriff schließlich auch insoweit, als er *selbstständige und unselbstständige Tätigkeiten* abdeckt[16]. **881**

Die in Art. 12 Abs. 1 geschützte Berufsfreiheit beginnt schon bei der Entscheidung, überhaupt einen Beruf zu ergreifen, und schützt auch den, der ohne Beruf bleiben und **882**

6 Vgl E 7, 377/397; 81, 70/85; 115, 276/300 f.
7 *Breuer*, Hdb. StR[3] VIII, § 170 Rn 69; *Kloepfer*, VerfR II, § 51 Rn 15.
8 BVerwGE 22, 286/289; *Kloepfer*, VerfR II, § 70 Rn 30.
9 *Stern*, StR IV/1, S. 1793 ff.
10 Ebenso *Rusteberg*, Der grundrechtliche Gewährleistungsgehalt, 2009, S. 197 f; ähnlich *Lerche*, in: FS Fikentscher, 1998, S. 541; krit. *Suerbaum*, DVBl. 1999, 1690.
11 E 32, 1/28 f.
12 E 97, 228/253.
13 E 105, 252/265.
14 Vgl E 110, 141/157.
15 *Scholz*, MD, Art. 12 Rn 32.
16 E 7, 377/398 f; 54, 301/322.

zB von seinem Vermögen leben möchte (*negative Berufsfreiheit*)[17]. Sie umfasst besonders die Wahl eines bestimmten Berufs und dessen Ausübung. Sie schließt das Fordern einer angemessenen Vergütung ein[18] und reicht über die Erweiterung des Betätigungsfelds und den Berufswechsel bis zur Berufsbeendigung, sei es die Aufgabe einer bestimmten oder der Rückzug aus jeder beruflichen Tätigkeit.

883 Eine Gesellschaft, deren Bürgern die Berufs- und die Eigentumsfreiheit grundrechtlich verbürgt sind, wird dadurch in ihrer Wirtschaft geprägt. Nicht, dass das Grundgesetz eine bestimmte Wirtschaftsverfassung enthielte oder eine bestimmte Wirtschaftspolitik verlangte; es ist, wie das BVerfG mehrfach betont hat, *„wirtschaftspolitisch neutral"* und überlässt die Wirtschaftspolitik grundsätzlich dem gesetzgeberischen Ermessen[19]. So ist nicht etwa die gegenwärtige Wirtschaftsordnung im Schutzbereich von Art. 12 Abs. 1 oder von Art. 12 Abs. 1 iVm Art. 14 enthalten. Gleichwohl sind unter der Bedingung der Berufsfreiheit bestimmte Aspekte der gegenwärtigen Wirtschaftsordnung geschützt. Berufe frei wählend und frei ausübend geraten die Einzelnen als Unternehmer, als Handel- und Gewerbetreibende, als Freiberufler, aber auch als Arbeitnehmer, notwendig miteinander in Wettbewerb. Das Verhalten im Wettbewerb gehört zur Berufsausübung und zum Schutzbereich der Berufsfreiheit. Zu den Funktionsbedingungen des Wettbewerbs gehört aber auch, dass man darin unterliegen kann[20]. Mit der *Freiheit zum Wettbewerb* ist die Vorstellung einer Freiheit von Konkurrenz unverträglich.

884 **Beispiele:** Die Berufsfreiheit eines staatlich zugelassenen Unternehmers wird dadurch, dass der Staat andere Unternehmer zulässt, die den ersten durch scharfe Konkurrenz zur Aufgabe von Unternehmen und Beruf bringen, nicht berührt (E 34, 252/256; 55, 261/269; BVerwG, DVBl. 1983, 1251; HessStGH, NVwZ 1983, 542). Ebensowenig wird die Berufsfreiheit berührt, wenn der Staat Markttransparenz fördert und wahrheitsgemäß und sachlich auf den Markt bezogen, zB über gefährliche Produkte, informiert (E 105, 152/267 ff; *Bäcker*, Wettbewerbsfreiheit als normgeprägtes Grundrecht, 2007, S. 124 ff; krit. *Bethge*, Jura 2003, 327/332 f; *Huber*, JZ 2003, 290/292 f). Berührt wird die Berufsfreiheit eines Unternehmers aber dann, wenn er im Wettbewerb mit einem Konkurrenten darum unterliegt, weil der Staat dem Konkurrenten durch Subventionen einen Vorteil im Wettbewerb verschafft (E 46, 120/137 f; BVerwGE 71, 183/191 ff), durch Monopolisierung Konkurrenz ausschaltet (BVerwG, NJW 1995, 2938), in einem staatlich regulierten Markt erhebliche Konkurrenznachteile für Einzelne schafft (vgl BVerfG, NJW 2005, 273/274) oder gegen öffentlich-rechtliche Bindungen, etwa für die wirtschaftlichen Betätigungen der Gemeinden, verstößt (vgl *Pieroth/Hartmann*, NWVBl. 2003, 322; krit. *Stern*, StR IV/1, S. 1861 ff).

885 Bei der beruflichen Ausübung von *Staatsfunktionen* ist zu unterscheiden:

- Als Inhalt eines *selbstständigen* Berufs scheidet sie aus. Zwar können von Privaten regelnde, richtende und schlichtende sowie verwaltende Dienstleistungen erbracht werden. Aber sie entbehren der verbindlichen Geltung, die den entsprechenden Staatsakten eignet.

17 Vgl E 58, 358/364.
18 E 101, 331/346 ff; 110, 226/251.
19 Vgl zB E 50, 290/336 ff.
20 E 105, 252/265; 110, 274/288; 116, 135/151 f.

– Zum Inhalt eines *unselbstständigen* Berufs wird sie im Staatsdienst. Dabei ist aber nicht nur Art. 12 Abs. 1, sondern auch Art. 33 einschlägig. Art. 33 verdrängt Art. 12 Abs. 1 nicht insgesamt[21], statuiert und erlaubt als Spezialvorschrift jedoch Sonderregelungen für den öffentlichen Dienst. Dabei reduziert Art. 33 Abs. 2 in Rücksicht auf die staatliche Organisationsgewalt den Schutzbereich des Art. 12 Abs. 1 hinsichtlich der Berufswahl auf das Recht des gleichen Zugangs zu den öffentlichen Ämtern[22]. **886**

– Auch bei den sog. *staatlich gebundenen* Berufen, bei denen öffentliche Aufgaben in privater Hand liegen, gewinnt die staatliche Organisationsgewalt Bedeutung und können „Sonderregelungen in Anlehnung an Art. 33 … die Wirkung des Grundrechts aus Art. 12 Abs. 1 zurückdrängen“[23]. Sie können dies mehr, wenn der Gesetzgeber, wie bei der Tätigkeit des Notars, die öffentliche Aufgabe auch der staatlichen Verwaltung vorbehalten könnte, und weniger, wenn, wie bei der Tätigkeit des Schornsteinfegers, eine eigentlich private Aufgabe vorliegt. Hier sind die Sonderregelungen durchaus Eingriffe in die Berufsfreiheit[24] und ist Art. 33 nicht mehr als ein Indiz dafür, dass sie verfassungsrechtlich gerechtfertigt werden können[25]. **887**

b) Art. 12 Abs. 1 spricht nicht von einer freien Wahl und auch nicht von einer freien Durchführung der **Ausbildung**, sondern nur von der freien Wahl der Ausbildungsstätte. Das BVerfG sieht dadurch jedoch allgemein ein *„Abwehrrecht gegen Freiheitsbeschränkungen im Ausbildungswesen“* verbürgt[26]. Das überzeugt: Wer seine Ausbildung individuell bei einem Lehrer oder Meister, in Gruppen oder Kursen, durch Lesen oder Reisen arrangiert, verdient denselben Schutz wie der, der sie an öffentlichen oder privaten Ausbildungsstätten absolviert. Beide Mal sind mithin die Entscheidungen für eine bestimmte, sei es die erste oder eine zweite, zusätzliche Ausbildung, für deren Durchführung und für deren Beendigung frei. Frei ist auch die Entscheidung gegen jede Ausbildung. Die Ausbildungsfreiheit bedeutet aber keinen Anspruch auf kostenlose Ausbildung, zB auf kostenloses Hochschul-/Universitätsstudium; der Verfassunggeber wollte die erst 1970 abgeschaffte Erhebung von Studiengebühren nicht unterbinden[27]. **888**

Dabei ist Ausbildung nicht Bildung. Zum Inhalt der Bildung kann alles werden, was überhaupt geistig erworben werden kann, und wie die Inhalte sind auch die Ziele der Bildung offen. Dagegen ist Ausbildung auf das Ziel einer *berufsbezogenen Qualifikation* gerichtet, und dieses Ziel bestimmt auch den Inhalt. Daran mangelt es nicht nur bei der Bildung allgemein, sondern auch bei der schulischen Bildung ohne Berufsbezug. **889**

---

21 *Michael/Morlok*, GR, Rn 348; aA *Wieland*, DR, Art. 12 Rn 58.
22 E 7, 377/397 f; 16, 6/21; 39, 334/369.
23 E 73, 280/292; 110, 304/321.
24 E 73, 301/316 ff; BVerwG, NVwZ 1995, 484.
25 Vgl *Scholz*, MD, Art. 12 Rn 232 ff; *Wieland*, DR, Art. 12 Rn. 59.
26 E 33, 303/329.
27 BVerwGE 115, 32/36; *Pieroth/Hartmann*, NWVBl. 2007, 81.

890 **Beispiele:** Zu den Ausbildungsstätten iSd Art. 12 Abs. 1 S. 1 gehören ebenso wenig wie kirchliche Akademien und private Sport- und Kultureinrichtungen auch Grund- und Hauptschulen, wohl aber nach hM weiterführende Schulen (E 41, 251/262 f; 58, 257/273; krit. *Kloepfer*, VerfR II, § 70 Rn 37), Fachhochschulen und Hochschulen/Universitäten, staatliche Vorbereitungsdienste (Referendardienste), betriebliche und überbetriebliche Ausbildungsgänge, private Lehrstellen, Sprachschulen, Therapeutenausbildungseinrichtungen etc. Bei städtischen Volkshochschulen ist danach zu differenzieren, ob ihr Bildungsangebot Berufsbezug hat oder nicht hat.

891 c) Der **Arbeitsplatz** ist die Stätte, an der eine berufliche Tätigkeit ausgeübt wird, sei es bei unselbstständiger Tätigkeit in der staatlichen Verwaltung, in der Produktion oder Administration eines Unternehmens, sei es bei selbstständiger Tätigkeit in der eigenen Praxis oder Werkstatt, im eigenen Büro oder Atelier. Frei ist die Entscheidung über Wahl, Wechsel, Beibehaltung und Aufgabe des Arbeitsplatzes. Bei abhängig Beschäftigten umfasst das Grundrecht auch den Zutritt zum Arbeitsmarkt und die Wahl des Vertragspartners[28].

892 d) Geschützt sind nur **berufs- und ausbildungsspezifische Handlungen** (vgl Rn 879). Die Rechtsprechung erfasst diesen Aspekt von der Eingriffsseite her. Sie verlangt, dass eine staatliche Regelung oder Maßnahme nicht nur irgendwie geartete, entfernte Folgen für die berufliche Tätigkeit hat. Vielmehr muss ihr subjektiv oder objektiv eine *berufsregelnde Tendenz* eignen, dh sie muss entweder gerade auf die Berufsregelung zielen oder, bei berufsneutraler Zielsetzung, sich unmittelbar auf die berufliche Tätigkeit auswirken oder in ihren mittelbaren Auswirkungen von einigem Gewicht sein[29].

893 **Beispiele:** Die Haftung aus beruflich geschlossenem Vertrag oder beruflich begangener unerlaubter Handlung hat weder subjektiv noch objektiv eine berufsregelnde Tendenz (E 96, 375/397; BVerfG, NJW 2009, 2945). Auch ist die Übernahme einer Vormundschaft und Pflegschaft grundsätzlich berufsunspezifisch; E 54, 251/270 spricht von der entsprechenden Pflicht als einer „allgemeinen staatsbürgerlichen Pflicht ohne spezielle berufsregelnde Tendenz". Wird jedoch ein Anwalt gerade wegen seiner beruflichen Qualifikation und in erheblichem Umfang mit Vormundschaften und Pflegschaften betraut, die er nur im Rahmen seiner beruflichen Tätigkeit wahrnehmen kann und in diesem Rahmen unentgeltlich wahrnehmen soll, dann geht es für ihn um eine berufsspezifische Handlung bzw liegt ein Eingriff in die Berufsfreiheit vor. – Auch eine Steuer, bei deren Erlass dem Gesetzgeber zwar eine berufsregelnde subjektive Zielsetzung fehlt, die sich aber auf bestimmte Berufe unmittelbar oder gewichtig auswirkt, bedeutet einen Eingriff in die Berufsfreiheit (E 13, 181/186; 47, 1/21 f). Anders liegt es bei der Ökosteuer, die alle Verbraucher ungeachtet ihrer beruflichen Betätigung trifft (E 110, 274/288). – Berufsregelnde Tendenz hat auch die gesetzliche Zulassung nachrichtenmäßiger Kurzberichterstattung im Fernsehen, obwohl sie nur zum Teil berufsmäßig organisierte und verwertete Veranstaltungen betrifft; es reicht, dass die betroffenen unterhaltenden, sportlichen und kulturellen Ereignisse typischerweise berufsmäßig veranstaltet werden (E 97, 228/254).

28 E 84, 133/146; 128, 157/176.

29 Vgl E 97, 228/253 f; krit. *Manssen*, MKS, Art. 12 Rn 74 ff.

2. Eingriffe

a) Ein **Eingriff in die Berufsfreiheit** kann dieser mehr in ihrem Ausübungsaspekt (*Wie* der beruflichen Tätigkeit) oder mehr in ihrem Wahlaspekt (*Ob* der beruflichen Tätigkeit) gelten. Ein Eingriff, der die Berufsfreiheit in ihrem Wahlaspekt betrifft, kann die Wahl entweder an subjektive oder an objektive Zulassungsvoraussetzungen knüpfen. Diese verschiedenen Eingriffe sind zu unterscheiden, weil sie regelmäßig *verschieden intensiv* sind und daher unter verschieden hohen Rechtfertigungsanforderungen stehen. **894**

Objektive Zulassungsschranken verlangen für die Wahl eines Berufs die Erfüllung objektiver, dem Einfluss des Berufswilligen entzogener und von seiner Qualifikation unabhängiger Kriterien. Zu ihnen gehören besonders *Bedürfnisklauseln*, wie sie das Personenbeförderungsgesetz für den Linienverkehr in § 13 Abs. 2 Nr 2 und für den Verkehr mit Taxen in § 13 Abs. 4[30] enthält. Auch das Apothekenurteil, Ausgangspunkt des einheitlichen Verständnisses der Berufsfreiheit, hatte eine Bedürfnisklausel zum Gegenstand, die als Voraussetzung für die Errichtung einer Apotheke verlangte, dass die vorhandenen Apotheken zur Versorgung der Bevölkerung mit Arzneimitteln nicht ausreichten und durch die Errichtung wirtschaftlich nicht wesentlich beeinträchtigt würden[31]. **895**

Zu den objektiven Zulassungsbeschränkungen können weiter *steuerliche Vorschriften* zählen, die bestimmten Berufen gelten. Obwohl sie nur mittelbar auf die Berufsfreiheit einwirken, können sie doch von solchem Gewicht sein, dass sie einen Beruf wirtschaftlich „erdrosseln" und die Möglichkeit seiner Ergreifung tatsächlich ausschließen. **896**

Beispiel: Würde der Verkauf von Tabak, Zigarren und Zigaretten derart besteuert, dass er kaum noch Gewinn abwürfe, dann würden die Tabakwaren zwar noch verkauft und auch im Sortiment des Handels gehalten werden, aber der Beruf des selbstständigen Tabakwareneinzelhandelskaufmanns wäre tatsächlich erledigt. – Das BVerfG hat bisher noch keiner steuerlichen Vorschrift diese erdrosselnde Wirkung zuerkannt und nur angelegentlich ausgesprochen, dass erdrosselnde Besteuerung vor Art. 12 schwerlich Bestand haben könnte (E 8, 222/228; vgl ferner E 13, 181/185 ff); das Schrifttum zieht den Kreis der Eingriffe in die Berufsfreiheit durch Besteuerung zT weiter (vgl *Hohmann*, DÖV 2000, 406). **897**

Wo ein *Verwaltungsmonopol* die Ausübung einer Tätigkeit dem Staat vorbehält, da kann der Bürger sie nicht mehr zum Inhalt eines selbstständigen Berufs machen[32]. Zwar kennen die Verwaltungsmonopole regelmäßig Ausnahmen, die bestimmte Aspekte der monopolisierten Tätigkeit unter bestimmten Voraussetzungen zum Inhalt eines Berufs zu machen gestatten, wobei unter diesen Voraussetzungen objektive wie subjektive Zulassungsvoraussetzungen begegnen. Stets bleibt die monopolisierte Tätigkeit der selbstständigen beruflichen Ausübung jedoch überwiegend verschlossen[33]. **898**

Beispiele: Das Spielbankenmonopol nach baden-württembergischem Landesrecht darf den Beruf des Spielbankbetreibers zwar nicht völlig versperren (E 102, 197/200 f; *Brüning*, JZ 2009, 29/31 f), lässt Ausnahmen aber nur in ganz engem Rahmen zu. Das bayerische Staatslot- **899**

30 E 11, 168; BVerwGE 79, 208; vgl auch E 126, 112/138.
31 E 7, 377.
32 Vgl E 21, 245; 108, 370/389.
33 Vgl *Breuer*, Hdb. StR³ VIII, § 171 Rn 89 f.

teriegesetz darf die Veranstaltung von Sportwetten nur dann vollständig auf staatliche Einrichtungen beschränken, wenn dadurch die Spielsucht wirksam bekämpft wird (E 115, 276/300 ff; BVerfG, NVwZ 2008, 301).

900 Auch der Zugang zum *Staatsdienst* und zu bestimmten staatlich gebundenen Berufen wird durch objektive Zulassungsschranken reglementiert. Wenn die verfügbaren Stellen, über deren Zahl der Staat kraft seiner Organisationsgewalt entscheidet, erschöpft sind, dann bleibt selbst dem qualifiziertesten Lehrer oder Juristen der Zugang zum Staatsdienst verschlossen (vgl Rn 886 f).

901 *Subjektive Zulassungsvoraussetzungen* knüpfen die Wahl eines Berufs an persönliche Eigenschaften und Fähigkeiten, Kenntnisse und Erfahrungen, erworbene Abschlüsse und erbrachte Leistungen, schon ausgeübte Berufe und eingegangene Verpflichtungen.

902 **Beispiele:** Bestimmte Lebensalter (für Hebammen E 9, 338; für öffentlich bestellte und vereidigte Sachverständige BVerwGE 139, 1/11; für Vertragsärzte E 103, 172/184; für Notare BVerfG, NJW 2008, 1212; für Piloten BVerfG, EuGRZ 2007, 231/233; krit. *Hufen*, StR II, § 35 Rn 56), Zuverlässigkeit (für Einzelhandelsunternehmer BVerwGE 39, 247/251), Würdigkeit (für Rechtsanwälte E 63, 266/287 f; BVerfG, NJW 1996, 709; für Ärzte BVerwGE 94, 352/357 ff), Geschäfts- und Prozessfähigkeit (für Rechtsanwälte E 37, 67), erfolgreich abgelegte Prüfungen und beruflich erworbene Erfahrungen (E 13, 97; 19, 330; 34, 71), keine Ernennung von Rechtsanwälten zu Staatsbeamten (BVerfG, NJW 2007, 2317).

903 Mit einer dichten Normierung subjektiver Zulassungsvoraussetzungen fixiert der Gesetzgeber bestimmte *Berufsbilder*. Wenn in in Rn 879 bemerkt wurde, dass der Berufsbegriff des Art. 12 Abs. 1 nicht an fixierte Berufsbilder anknüpft, dann heißt das nicht etwa, dass es fixierte Berufsbilder gar nicht geben dürfte oder könnte. Es heißt, dass der Schutzbereich von Art. 12 Abs. 1 nicht über fixierte Berufsbilder definiert ist, dass vielmehr die Fixierung eines Berufsbilds einen Eingriff in den Schutzbereich darstellt.

904 *Berufsausübungsregelungen* gelten den wieder teils objektiven, teils subjektiven[34] Bedingungen, unter denen, und den Modalitäten, in denen sich die berufliche Tätigkeit vollzieht. Sie sind einfach die übrigen Eingriffe in die Berufsfreiheit.

905 **Beispiele:** Festsetzungen von Ladenschlusszeiten (E 13, 237; 111, 10) und Polizeistunden (BVerwGE 20, 321/323); Rauchverbot in Gaststätten (E 121, 317/345 f); Beschränkungen des Schwerlastverkehrs in Ferienzeiten (E 26, 259); Werbeverbote für Rechtsanwälte (E 76, 196; 82, 18; BVerfG, NJW 2008, 839, 1298), Notare (BVerfG, NJW 1997, 2510), Steuerberater (E 85, 97; 111, 366), Ärzte (E 71, 162; 85, 248; BVerfG, NJW 2011, 2636, 3147; BVerwGE 105, 362/366 ff), Apotheker (E 94, 372) und Taxiunternehmer (BVerwGE 124, 26); Verpflichtung von Rechtsanwälten, vor Gericht in Robe aufzutreten (E 28, 21); Singularzulassung von Rechtsanwälten (E 103, 1); Facharztvorbehalt bei Schwangerschaftsabbrüchen (E 98, 265/305, 308); Verbot der Augeninnendruckmessung und Gesichtsfeldprüfung durch Optiker (BVerfG, NJW 2000, 2736); Verbot für Apotheker, Impfstoffe an Ärzte zu versenden (E 107, 186); Verbot einer Sozietät von Anwaltsnotaren und Angehörigen anderer freier Berufe (E 98, 49/59); Heranziehung von Banken zur Einbehaltung und Abführung der Kapitalertragsteuer (E 22, 380); die Verpflichtung zur Offenlegung von Betriebs- und Geschäftsgeheimnissen (E 115,

34 E 86, 28/39.

205/229 ff); die Einschränkung der Erwerbstätigkeit von Ruhestandssoldaten (BVerwGE 84, 194/198); hierzu zählen auch steuerliche und sonstige Abgaben-Vorschriften, deren berufsregelnde Tendenz nicht auf die Erdrosselung eines Berufs, aber doch auf eine Lenkung seiner Ausübung hinausläuft (E 13, 181/187; 99, 202/211; 113, 128/145).

Die *Abgrenzung* zwischen objektiven und subjektiven Berufswahlregelungen und zwischen Berufswahl- und Berufsausübungsregelungen ist zuweilen schwierig. So enthalten Unvereinbarkeits- oder Inkompatibilitätsvorschriften, die zB Rechtsanwälten einen zweiten Beruf nur unter engen Voraussetzungen gestatten, objektive und subjektive Elemente[35]. Mit der Fixierung von Berufsbildern werden jeweils bestimmte Betätigungen als typisch festgehalten und andere als untypisch ausgeschlossen. Dies wirkt für diejenigen, die gemäß dem fixierten Berufsbild tätig sind und tätig sein wollen, als bloße Ausübungsregelung. Für diejenigen, die sich aus den als typisch festgehaltenen und den als atypisch ausgeschlossenen Betätigungen einen Beruf eigenständig zusammenstellen wollen, wirkt es jedoch als Berufswahlregelung. 906

Beispiel: Das Steuerberatungsgesetz hatte früher die geschäftsmäßige Erledigung der laufenden Lohnbuchhaltung den steuerberatenden Berufen vorbehalten. Gleichwohl bot eine Kaufmannsgehilfin die geschäftsmäßige Erledigung der laufenden Lohnbuchhaltung an. Sie wurde wegen Verstoßes gegen das Steuerberatungsgesetz belangt. Im Verfassungsbeschwerdeverfahren hat das BVerfG die einschlägigen Bestimmungen des Steuerberatungsgesetzes als Berufsausübungsregelung gekennzeichnet, die jedoch auch die Berufswahl beschränkten und daher den Rechtfertigungsanforderungen genügen müssten, die für Berufswahlbeschränkungen gelten. Es hat sie daran scheitern lassen (E 59, 302). 907

Auch mit der Einordnung von Vorschriften, die die *Aufgabe des Berufs* verlangen oder verbieten, tut sich die Rechtsprechung gelegentlich schwer; das BVerfG ordnet die Zusammenführung mehrerer Berufe zu einem einheitlichen Beruf[36], die Festsetzung einer Altersgrenze (vgl Rn 902) und die Anordnung der sofortigen Vollziehung des Widerrufs der Approbation eines Arztes[37] überzeugend den subjektiven Zulassungsvoraussetzungen zu, das BVerwG versteht eine Bestimmung des Soldatengesetzes, die Berufssoldaten vom Antrag auf Entlassung abhält, als Ausübungsregelung[38]. 908

b) Auch bei den **Eingriffen in die Ausbildungsfreiheit** lassen sich objektive Zulassungsschranken, subjektive Zulassungsvoraussetzungen und sonstige Regelungen des Ausbildungswesens unterscheiden. *Objektive Zulassungsschranken* sieht das BVerfG im sog. absoluten Numerus clausus, der nicht nur die Wahl einer bestimmten Universität und den Ablauf des Studiums reglementiert, sondern das gewünschte Studium bundesweit und langfristig Bewerbern versperrt, die mit dem Abiturzeugnis eigentlich die Hochschulreife erworben haben[39]. Auch wenn der Zugang zu staatlichen Vorbereitungsdiensten, die zB für Juristen und Lehrer bestimmte Ausbildungsabschnitte monopolisieren, langfristig verschlossen ist, liegen objektive Zulassungsschranken vor. *Subjektive Zulassungsvoraussetzungen* regeln den Zugang und auch den Abgang von Ausbildungsstätten nach Maßgabe persönlicher Qualifikationen; daher ist der 909

35 E 87, 287/317.
36 E 119, 59/79 f.
37 BVerfG, DVBl. 1991, 482/483; vgl auch BVerwGE 105, 214/217.
38 BVerwGE 65, 203/207.
39 E 33, 303/337 f.

Schulausschluss[40], nicht aber die Nichtversetzung ein Eingriff[41]. Sie gelten sowohl für staatliche als auch für private Ausbildungsstätten, deren Abschlüsse staatlich anerkannt werden. Schließlich wird in das Ausbildungswesen auch durch *ausbildungsbezogene Regelungen* über Arbeitszeit, Kündigungsschutz und Betriebsverfassung eingegriffen.

910 c) **Eingriffe in die freie Wahl des Arbeitsplatzes** liegen vor, wenn der Staat den Einzelnen am Erwerb eines zur Verfügung stehenden Arbeitsplatzes hindert, ihn zur Annahme eines bestimmten Arbeitsplatzes zwingt oder die Aufgabe eines Arbeitsplatzes verlangt[42]. Insoweit kann nochmals nach objektiven und subjektiven Voraussetzungen für den Erhalt eines Arbeitsplatzes unterschieden werden.

911 **Beispiele:** Vereinbarungen, die einen Bediensteten bei vorzeitigem Ausscheiden aus dem öffentlichen Dienst zur Erstattung der aufgewandten Ausbildungskosten verpflichten (E 39, 128/141 ff; BVerwGE 30, 65/69; 40, 237/239), greifen in die freie Wahl des Arbeitsplatzes ein. Sie sind subjektive Zulassungsschranken, solange sie das Ausscheiden aus dem öffentlichen Dienst als Voraussetzung für die Wahl eines neuen Arbeitsplatzes von einer dem Ausbildungsvorteil angemessenen, vertret- und erbringbaren Geldleistung abhängig machen; bei prohibitiven Geldforderungen wären sie objektive Zulassungsschranken.

912 Da die Arbeitswelt vor allem privatwirtschaftlich organisiert ist, ist auch die freie Wahl des Arbeitsplatzes vor allem privatrechtlich bedingt und begrenzt. Hier sind Entscheidungen des Arbeitgebers nur im Sinn und unter den Voraussetzungen der mittelbaren Drittwirkung (vgl Rn 196 ff) gebunden, wobei das Arbeitsrecht zahlreiche „Einbruchstellen“ der Grundrechte enthält.

913 **Beispiele:** Vereinbarungen über die Erstattung von Ausbildungskosten finden sich wie im öffentlichen Dienst auch in der Privatwirtschaft und werden hier den gleichen Kriterien unterworfen wie dort (BAG, NJW 1977, 973). – Auch Wettbewerbsverbote können nach Gewicht und Wirkung objektiven Zulassungsschranken gleichkommen und von Rechtsprechung und Gesetzgebung eine Behandlung verlangen, die dem Schutz gegen staatliche objektive Zulassungsschranken entspricht (E 84, 133/151; 96, 152/163).

3. Verfassungsrechtliche Rechtfertigung

914 a) Art. 12 Abs. 1 S. 2 enthält einen **einfachen Gesetzesvorbehalt** (vgl Rn 235, 273, 877). Art. 33, der bei staatlich gebundenen Berufen Sonderregelungen rechtfertigen kann, macht die gesetzliche Grundlage nicht entbehrlich[43]. Keine Gesetze sind Verwaltungsvorschriften[44]; dazu gehören auch die Richtlinien des Standesrechts, in denen die Auffassungen der Standesgenossen über eine standesgemäße Berufsausübung niedergelegt sind. Sie dürfen nicht einmal als Maßstab für die Auslegung der Generalklauseln über die Berufspflichten der Standesgenossen (vgl zB § 43 BRAO) genommen und damit zu gesetzesähnlicher Bedeutung erhoben werden[45].

40 E 58, 257/273 ff.
41 BVerwG, DVBl. 1998, 969.
42 E 92, 140/151; 97, 169/175.
43 E 80, 257/265; BVerwGE 75, 109/116.
44 E 80, 257/265; BVerfG, NVwZ 2007, 804.
45 E 76, 171/184 ff; 82, 18/26 f; dazu *Pietzcker*, NJW 1988, 513.

Auch bei Art. 12 Abs. 1 ist die *Wesentlichkeitslehre* zu beachten (vgl Rn 274 ff). Sie verlangt, dass der Gesetzgeber staatlichen Stellen, die Postionen im beruflichen Wettbewerb ver- und zuteilen, die Auswahlkriterien und -verfahren vorgibt[46]. Besondere Bedeutung hat sie bei der Verleihung von Satzungsgewalt an Berufsverbände des öffentlichen Rechts und verlangt, dass der Gesetzgeber die sog. statusbildenden Regelungen der Berufswahl selbst treffen muss und nur die Regelung der Berufsausübung an die Berufsverbände delegieren darf[47]. Geht es allerdings um Berufsausübungspflichten, die sich intensiv auf die Rechte Dritter auswirken, müssen auch sie vom Gesetzgeber geregelt werden[48]. 915

b) Die **Stufenlehre**, im Apothekenurteil[49] entwickelt, unterscheidet die Stufen der Regelung der *Berufsausübung, subjektiver Zulassungsvoraussetzungen* und *objektiver Zulassungsschranken* als drei Stufen zunehmender Eingriffsintensität. Mit der Zunahme der Eingriffsintensität geht eine Abnahme der Gestaltungsfreiheit des Gesetzgebers einher. Dieser steht unter um so höheren Rechtfertigungsanforderungen, je intensiver er eingreift oder einzugreifen ermächtigt. In den Rechtfertigungsanforderungen kommt der *Verhältnismäßigkeitsgrundsatz (Übermaßverbot)* zur Geltung: Die „,Stufentheorie' ist das Ergebnis strikter Anwendung des Prinzips der Verhältnismäßigkeit bei den vom Gemeinwohl her gebotenen Eingriffen in die Berufsfreiheit"[50]. 916

aa) Stufenlehre bzw Verhältnismäßigkeitsgrundsatz verlangen also zunächst, dass der Eingriff in die Berufsfreiheit einen **legitimen Zweck** verfolgt und zur Erreichung des Zwecks **geeignet** ist. 917

Beispiele: Könnten die Ärzte oder Rechtsanwälte in ihrer Furcht vor verschärftem Wettbewerb den Gesetzgeber dazu bewegen, Hürden gegen das Überschwappen der sog. Mediziner- und Juristenschwemme in ihre freien Berufe zu errichten, so würden diese berufswahl- oder -ausübungsbeschränkenden Hürden mit der Verhinderung von Wettbewerb einen illegitimen Zweck verfolgen (vgl *Tettinger*, NJW 1987, 293; Rn 883 f). – Einem Rechtsanwalt, der zugleich den Architektenberuf ausübt, im Geschäftsverkehr beide Berufsbezeichnungen führt und dadurch attraktiver ist als seine Konkurrenten, darf die Führung der beiden Berufsbezeichnungen standesrechtlich nicht verboten werden; Konkurrentenschutz ist kein legitimer Zweck (E 82, 18/28). – Das Verbot des Führens mehrerer Facharztbezeichnungen ist nicht geeignet, die hohe Qualität der medizinischen Versorgung für die Bevölkerung sicherzustellen (E 106, 181/194 ff). 918

Stufenlehre bzw Verhältnismäßigkeitsgrundsatz verlangen weiter, dass der Eingriff zur Erreichung des Zwecks erforderlich ist und zur Bedeutung des Zwecks in angemessenem Verhältnis steht (Verhältnismäßigkeit ieS). Bei der Bestimmung von Erforderlichkeit und Angemessenheit machen sie von der Unterscheidung der drei Eingriffsstufen Gebrauch: 919

---

46 E 73, 280/294 ff; VGH Mannheim, VBlBW 1999, 389.
47 E 33, 125/160; 94, 372/390.
48 E 101, 312/323.
49 E 7, 377.
50 E 13, 97/104.

920 **bb)** Dass der Eingriff zur Erreichung des Zwecks **erforderlich** sein muss, bedeutet, dass nicht ein anderer Eingriff, der den Bürger weniger belastet, zur Erreichung des Zwecks ebenso geeignet sein darf. Ob nun ein Eingriff den Bürger mehr oder weniger belastet, mehr oder weniger intensiv ist, bemisst sich besonders nach den oben erörterten Eingriffsstufen: Grundsätzlich gilt, dass am intensivsten die objektiven Zulassungsschranken sind, dass dann die subjektiven Zulassungsvoraussetzungen kommen und dass am wenigsten belastend die bloßen Berufsausübungsregelungen sind. Ein Eingriff auf einer höheren Stufe ist nur dann verhältnismäßig, wenn sein Zweck nicht ebenso gut durch einen Eingriff auf einer niederen Stufe erreicht werden kann. Auch auf ein und derselben Stufe kann es mehr und weniger intensive Eingriffe geben. Dies ist der erste Teil der Stufenlehre.

921 **Beispiel:** Gegenstand des Apothekenurteils war ein bayerisches Apothekengesetz, das die Eröffnung neuer Apotheken von einer objektiven Zulassungsschranke, einem entsprechenden Bedürfnis der Allgemeinheit, abhängig machte. Ziel der Niederlassungsbeschränkung war die Erhaltung der Volksgesundheit; der Gesetzgeber fürchtete, freie Konkurrenz vieler Apotheken werde zu einer Vernachlässigung der gesetzlichen Verpflichtungen, zu leichtfertigem Medikamentenverkauf, zu verführerischer Medikamentenwerbung und zu schädlicher Tablettensucht führen. Das BVerfG fragte, ob das gesetzgeberische Ziel nicht auch durch Berufsausübungsregelungen, durch staatliche Kontrollen der Medikamentenherstellung sowie durch Beschränkungen der freien Werbung und des freien Verkaufs erreicht werden könnte. Es hat die Frage bejaht und daran das bayerische Apothekengesetz scheitern lassen.

922 Allerdings hat die weitere Entwicklung der Rechtsprechung des BVerfG gezeigt, dass die *Stufen ineinander verschwimmen* können; nicht nur kann, wie in Rn 906 ff schon bemerkt, die Zuordnung eines Eingriffs zur einen oder zur anderen Stufe schwer fallen, sondern es kann auch ein Eingriff auf niederer Stufe intensiver sein als ein Eingriff auf höherer.

923 **Beispiele:** Eine Berufsausübungsregelung, die für bestimmte Handelssparten die Öffnungszeiten oder das Warensortiment empfindlich beschneiden oder hohe und teuere Anforderungen an Verpackungs- und Lagerungshygiene stellen würde, könnte den Handel in der fraglichen Sparte empfindlicher treffen als leicht zu erfüllende subjektive Zulassungsvoraussetzungen. – Das BVerfG hat die Regelung des Zugangs zur vertragsärztlichen Tätigkeit (E 11, 30/42 f; 103, 172/184) und das Verbot der leihweisen Arbeitnehmerüberlassung in Betriebe des Baugewerbes (E 77, 84/106) als eine Regelung der Berufsausübung beurteilt, wegen seiner Auswirkungen aber in die Nähe eines Eingriffs in die Freiheit der Berufswahl gerückt.

924 In derartigen Fällen kann die Prüfung der Erforderlichkeit nicht einfach fragen, ob es einen Eingriff auf derselben oder auf niederer Stufe gäbe, der den Zweck ebenfalls erreichte. Vielmehr muss sie die Intensität des Eingriffs und seiner allfälligen Alternativen aus den Sach- und Fallgegebenheiten bestimmen. Wie bei Art. 14 (vgl Rn 1010 f) ist dabei auch der personale oder soziale Bezug zu berücksichtigen[51]. Die Stufenlehre eröffnet zwar den *Einstieg* in die Frage nach der Erforderlichkeit eines Eingriffs und lässt immer wieder auch die Antwort finden. Gelegentlich reicht sie jedoch nicht aus und muss sich die Frage nach der Erforderlichkeit des Eingriffs von ihr lösen.

---

51 *Bryde*, NJW 1984, 2177/2181 f.

cc) Für das BVerfG und die hL bedeutet Verhältnismäßigkeit weiter **Verhältnismäßigkeit im engeren Sinn**, dh, dass der Zweck, dem der Eingriff dient, um so wertvoller sein muss, je intensiver der Eingriff ist. Es ist mit anderen Worten eine *Güterabwägung* vorzunehmen. Dies ist der zweite Teil der Stufenlehre: 925

- Objektive Zulassungsschranken sind nur gerechtfertigt, wenn sie zur „Abwehr nachweisbarer oder höchstwahrscheinlicher schwerer Gefahren für ein überragend wichtiges Gemeinschaftsgut" erforderlich sind;
- subjektive Zulassungsvoraussetzungen sind nur gerechtfertigt, wenn die Ausübung des Berufs ohne Erfüllung der Voraussetzungen „unmöglich oder unsachgemäß wäre" und auch, wenn sie Gefahren oder Schäden für die Allgemeinheit mit sich brächte;
- Berufsausübungsregelungen sind gerechtfertigt, wenn „Gesichtspunkte der Zweckmäßigkeit" sie verlangen, wobei es mal mehr um die Allgemeinheit, der Gefahren oder Schäden drohen, und mal mehr um den Berufsstand, der gesichert und gefördert werden soll, gehen kann.

Diese im Apothekenurteil geprägten und seitdem regelmäßig wiederholten Formeln sind blass, und mit ihnen lässt sich nicht leicht arbeiten. Auch die Bestimmungen der Wertigkeiten von einzelnen Gemeinschaftsgütern und -zwecken, die das BVerfG vorgenommen hat, zeigen eine ziemliche *Beliebigkeit*. 926

Beispiele: Als überragend wichtig hat das BVerfG so heterogene Gemeinschaftsgüter und -zwecke wie zB den Schutz von Gesundheit und Leben der Bevölkerung (E 103, 172/184; 126, 112/140), die finanzielle Stabilität der gesetzlichen Krankenversicherung (BVerfG, DVBl. 2002, 400), die funktionstüchtige Rechtspflege (E 93, 213/236), den Schutz vor ungeeigneten Rechtsberatern (E 75, 246/267), die Leistungsfähigkeit des öffentlichen Verkehrs (E 11, 168/184 f), die Wirtschaftlichkeit der Deutschen Bundesbahn (E 40, 196/218) und den schnellen Aufbau einer effektiven Verwaltung in den neuen Ländern (E 84, 133/151 f) anerkannt. 927

Die Beliebigkeit war in der Rechtsprechung des BVerfG jedoch deswegen *unschädlich*, weil jeweils die Prüfung der Erforderlichkeit ganz im Vordergrund stand. Nur wenn ein Eingriff zur Erreichung des verfolgten Zwecks wirklich erforderlich ist, stellt sich noch die Frage, ob der Zweck auch hinreichend wertvoll ist. Allerdings verlagert es in neuerer Zeit ohne Grund den Schwerpunkt der Begründung von der Erforderlichkeit auf die Verhältnismäßigkeit ieS[52]. In den besseren Fällen verbarg sich unter der fehlenden Angemessenheit oder Zumutbarkeit eine mangelnde Erforderlichkeit; in den schlechteren vermied das BVerfG, sich der mangelnden Erforderlichkeit zu stellen. War andererseits ein Eingriff wirklich erforderlich, dann hat das BVerfG ihn nie an der mangelnden Wertigkeit des Zwecks scheitern lassen, sondern hat stets die hinreichende Wertigkeit eingeräumt. 928

Dahinter mag unausgesprochen die folgende Erkenntnis gestanden haben: Wenn ein Gemeinschaftszweck oder -gut tatsächlich nur um den teueren Preis eines intensiven Grundrechtseingriffs erreicht werden kann, dann zeigt sich regelmäßig eben darin sein hoher Wert. Richtigerweise hat die Prüfung der Verhältnismäßigkeit ieS die Bedeutung einer *Stimmigkeitskontrolle* (vgl Rn 304). 929

52 Vgl E 97, 228/259 ff; 104, 357/368 ff; 110, 226/264 ff; 115, 276/308 ff; 119, 59/86 ff; 121, 317/355 ff.

930 **Beispiele,** bei denen das BVerfG den Eingriff in die Berufsfreiheit für gerechtfertigt hielt:

- hinsichtlich objektiver Zulassungsschranken: Festsetzung von Höchstzahlen der Genehmigungen für Kraftfahrzeuge im Güterfernverkehr (E 40, 196/218); Eingliederung des privaten in die Trägerschaft des öffentlichen Rettungsdienstes (E 126, 112/139 ff); Arbeitsvermittlungsmonopol der Bundesanstalt für Arbeit (E 21, 245/250); Beschränkungen von Rechtsanwälten bei der Übernahme von Zweitberufen (E 87, 287/321);
- hinsichtlich subjektiver Zulassungsvoraussetzungen: Altersgrenzen (vgl Rn 902); Befähigungsnachweis für das Handwerk (E 13, 97/113 ff; vgl aber BVerfG, EuGRZ 2005, 740); Zulassungsregelungen für Rechtsanwälte und Rechtsbeistände (E 41, 378/389 f; BVerfG, NJW 2009, 3710); ärztliche Prüfungen nach dem Antwort-Wahl-(Multiple Choice-)Verfahren (E 80, 1/23 ff);
- hinsichtlich Berufsausübungsregelungen: Ladenschlussregelung (E 111, 10/32 ff), Nachtbackverbot (E 87, 363/382 ff); Anbaubeschränkung von Weinreben auf ungeeigneten Böden (E 21, 150/160); Vergnügungsteuer auf Gewinnapparate (E 14, 76/100 f; 31, 8/26 f); Sonderbesteuerung des Werkfernverkehrs (E 16, 147/162 ff); Tariftreueregelung (E 116, 202/221 ff); Rückkehrgebot für Mietwagen (E 81, 70/84 ff).

Dagegen hat das BVerfG in folgenden Fällen einen Verstoß gegen Art. 12 Abs. 1 angenommen: absolute Zugangssperre für Spielbankunternehmen in privater Trägerschaft (E 102, 197/217 ff); Singularzulassung von Rechtsanwälten bei den Oberlandesgerichten (E 103, 1/13 ff) im Gegensatz zu der beim BGH (E 106, 216/219 ff); uneingeschränktes Verbot anwaltlicher Erfolgshonorare (E 117, 163/181 ff); Bedürfnisprüfung bei der öffentlichen Bestellung von Sachverständigen (E 86, 28/41 ff); Ausschluss der Apotheken von der Teilnahme an verkaufsoffenen Sonntagen (E 104, 357/368 ff); Ausschluss einer Karenzentschädigung bei Wettbewerbsverboten für Handelsvertreter (E 81, 242/260 ff); Pflicht der Arbeitgeber zur vollen Entgeltzahlung während eines Sonderurlaubs für Zwecke der Jugendpflege (E 85, 226/234 ff); Verbot gegenüber Ärzten, an Presseberichten über die berufliche Tätigkeit mitzuwirken (E 85, 248/261 f).

931 Die aufgezeigte Prüfungs- bzw Rechtfertigungsweise gilt nicht nur bei den Eingriffen in den Teilbereich der Berufsfreiheit, sondern auch bei denen in die Teilbereiche der *Ausbildungsfreiheit* und der *Freiheit der Wahl des Arbeitsplatzes.* Jeweils kann nach objektiven Zulassungsschranken und sonstigen Eingriffen unterschieden, eine entsprechende Stufung von Eingriffsintensitäten vorgenommen und der Verhältnismäßigkeitsprüfung zu Grunde gelegt werden.

932 **Lösungstechnischer Hinweis:** Es empfiehlt sich, bei der Frage nach dem Vorliegen eines Eingriffs zugleich mitzuprüfen und zu entscheiden, welcher Stufe der Eingriff zugehört. Der Verhältnismäßigkeitsgrundsatz verlangt, den legitimen Zweck zu identifizieren, dann die Geeignetheit und die Erforderlichkeit des Eingriffs für den Zweck zu prüfen und dabei zu fragen, ob ein Eingriff auf niederer Stufe gleichermaßen geeignet wäre, und erst an- und abschließend, falls überhaupt noch ein Problemrest bleibt, die Verhältnismäßigkeit ieS zu untersuchen, dh Wert und Rang des Zwecks zu bestimmen und beide, Eingriff und Zweck, gegeneinander abzuwägen.

III. Schutz- und Teilhaberechte des Art. 12 Abs. 1

933 Soweit die Rechte auf freie Wahl des Berufs, des Arbeitsplatzes und der Ausbildungsstätte gegen den Staat, dh auf Zugang zu staatlichen Berufen, Arbeitsplätzen und Ausbildungsstätten gerichtet sind, werden sie unter den Bedingungen der *Knappheit* notwendig zu Teilhaberechten. Wenn es mehr Interessenten als Güter gibt, dann

kann jeder Interessent nur noch einen Teil des knappen Guts bekommen. Da staatliche Berufe, Arbeitsplätze und Ausbildungsstätten als Güter nicht teilbar sind, können sie nur unter allen Interessenten in gleicher Weise, dh nach gleichen Kriterien verteilt werden. Teilhaberechte sind *Gleichheitsrechte*. Für den Zugang zum öffentlichen Dienst spricht Art. 33 Abs. 2 dies auch aus. Für den Zugang zum Universitäts- oder Hochschulstudium hat das BVerfG es aus der Logik des Problems entwickelt.

Beispiele: Die Studienplatzkapazitätsgrenzen müssen in Orientierung an der Funktionsfähigkeit der Universität und unter Ausschöpfung aller sachlichen und personellen Mittel bestimmt und die begrenzten Studienplatzkapazitäten so verteilt werden, dass jeder Interessent die gleiche Chance hat, überhaupt und auch an der bevorzugten Universität zu studieren (E 33, 303/338; 85, 36/54). Die Chancengleichheit verlangt die gleiche Anwendung legitimer Auswahlkriterien; das BVerfG akzeptiert eine Auswahl nach Leistung (Abiturnoten und Testergebnisse), Los, Wartezeit und Gesichtspunkten sozialer Härte (E 43, 291/317 ff) und formuliert für die Kumulation dieser Kriterien wiederum Kriterien (E 59, 1/21 ff). In der heutigen Hochschule, der gesteigerte Autonomie gewährt und zugleich Wettbewerbsorientierung, Leistungsdifferenzierung und Profilbildung abverlangt werden, ist der Zulassungsanspruch auf die Bewerber beschränkt, die die studiengangsspezifischen Fähigkeiten nachweisen (*Steinberg/Müller*, NVwZ 2006, 1113/1117). Chancengleichheit bedeutet nicht Kostenfreiheit (BVerwGE 134, 1/8 ff; *Pieroth/Hartmann*, NWVBl 2007, 81). **934**

Eine Verstärkung der Rechte auf freie Wahl des Berufs, des Arbeitsplatzes und der Ausbildungsstätte zu Rechten auf Arbeit oder Ausbildung wird allgemein verneint[53]; sie wäre ohne umfassende, ihrerseits freiheitsgefährdende Ausbildungs- und Berufslenkung auch nicht realisierbar. Auch die Rechtsprechung hat sich insoweit stets zurückgehalten. Sie hat weder Ansprüche auf Schaffung von Lehrkapazitäten, Studienplätzen und Lehrmittelfreiheit anerkannt[54] noch den Gesetzgeber gehindert gesehen, einmal geschaffene Lehrkapazitäten und Studienplätze abzubauen[55]. **935**

Als *Schutzrecht* hat das BVerfG Art. 12 Abs. 1 besonders bei Verfahren für Prüfungen entfaltet, die wie die juristischen Staatsprüfungen den Zugang zu Berufen eröffnen oder versperren. Die Rechtsprechung fordert, dass die Prüfung ohne unnötige Verzögerung durchgeführt wird, dass Prüfung und Benotung transparent sind, dass der Prüfer dem Prüfling einen Antwortspielraum zugesteht und Vertretbares nicht als falsch bewertet, dass der Prüfling Einwände gegen die Benotung wirksam vorbringen kann[56] und dass eine Leistungsbewertung mit Begründung erfolgt[57]. Erheblichen verfahrensmäßigen Aufwands zur Vermeidung von Fehlfragen und -bewertungen bedarf das Antwort-Wahl-Verfahren[58]. Vergleichbare Anforderungen gelten für andere staatliche Auswahlentscheidungen über die Zulassung einer beruflichen Tätigkeit[59]. – Als Schutzrecht gebietet Art. 12 Abs. 1 auch einen gewissen Mindestschutz des Arbeitsplatzes vor Verlust durch private Disposition, der durch das Kündigungsschutzgesetz und zivilrechtliche Generalklauseln gewährleistet ist[60]. **936**

53 *Papier*, Hdb. GR II, § 30 Rn 18 f; *Stern*, StR IV/1, S. 1915 f.
54 Vgl BVerwGE 102, 142/146 f.
55 Vgl OVG Berlin, NVwZ 1996, 1239.
56 E 84, 34/45 ff; BVerfG, EuGRZ 1999, 359; BVerwGE 98, 324/330 ff; vgl Rn 1111 f.
57 BVerwGE 99, 185/189 ff.
58 E 84, 59; BVerfG, NVwZ 1995, 469.
59 Vgl E 82, 209/227; 116, 1/16 ff; BVerfG, NVwZ 2011, 113/114.
60 E 97, 169/175 ff; 128, 157/176 f; vgl auch *Otto*, JZ 1998, 852.

IV. Freiheit von Arbeitszwang und Zwangsarbeit (Art. 12 Abs. 2 und 3)

1. Schutzbereich

937 Die Freiheit von Zwang zu bestimmten einzelnen Arbeitsleistungen (Arbeitszwang) oder zum Einsatz der gesamten Arbeitskraft in bestimmter Weise (Zwangsarbeit) gehört systematisch eher zu *Art. 2 Abs. 1* als zu Art. 12 Abs. 1. Denn es geht nicht um den Zwang, bestimmte Berufe und Arbeitsplätze zu wählen oder nicht zu wählen, bestimmte berufliche Tätigkeiten auszuüben oder nicht auszuüben. Zwar kann man während der Zeit, während der man einem Arbeitszwang oder einer Zwangsarbeit unterliegt, nicht seinem Beruf nachgehen. Aber während der Zeit ist man ebenso an allen anderen Betätigungen gehindert, und außerhalb ihrer ist man zu allen beruflichen und nichtberuflichen Aktivitäten frei[61]. Außerdem sind beide Gewährleistungen anders als die Berufsfreiheit Menschenrechte. Art. 12 Abs. 2 und 3 schützen mithin als Schranken-Schranken die *allgemeine Handlungsfreiheit* gegen bestimmte Eingriffe[62].

2. Eingriffe und verfassungsrechtliche Rechtfertigung

938 In der Qualifizierung einer Pflicht als *Arbeitszwang* (Art. 12 Abs. 2) sind Rechtsprechung und Schrifttum äußerst *zurückhaltend.* Sie verlangen, dass die Arbeitsleistung, zu der gezwungen wird, einen gewissen Aufwand erfordert und üblicherweise erwerbsmäßig erbracht wird; gelegentlich fordern sie auch, dass sie „durch persönliche Arbeitsleistung (zu) erfüllen" ist[63]. Aus der Entstehungsgeschichte ergibt sich, dass „im Wesentlichen nur die gemeindlichen Hand- und Spanndienste, die Pflicht zur Deichhilfe und die Feuerwehrpflicht als überkommene Pflichten"[64] zugelassen werden sollten. Damit erweist sich Art. 12 Abs. 2 als wenig bedeutsam. Immerhin müssen diese Pflichten iSd Gesetzesvorbehalts (vgl Rn 271 ff, 408) eine gesetzliche Grundlage haben[65].

939 **Beispiele:** Kein Arbeitszwang soll in der Schulpflicht, der Meldepflicht, der Pflicht zu ehrenamtlicher Tätigkeit (VGH München E 7, 77/80), der Pflicht zur Tätigkeit als Volkszähler (VGH München, NJW 1987, 2538; aA *Günther*, DVBl. 1988, 429), der Pflicht der Straßenanlieger zur Gehwegreinigung (BVerwGE 22, 26; VGH Kassel, DVBl. 1979, 83) und der Mitwirkungspflicht der Arbeitgeber bei der Einziehung von Lohnsteuer und Sozialversicherung (E 22, 380) liegen.

940 Auch Art. 12 Abs. 3 hat bisher wenig Bedeutung gewonnen. Die Einführung von *Zwangsarbeit* in Arbeits-, Erziehungs- und Konzentrationslagern liegt dem freiheitlichen Staat ohnehin fern. In ihm hat nur die Anordnung von Zwangsarbeit bei gerichtlich angeordneter Freiheitsentziehung Tradition (vgl § 41 Abs. 1 StVollzG); eben sie ist vom Verbot der Zwangsarbeit ausdrücklich ausgenommen, zugleich unter den Primat der Förderung der sozialen Integration gestellt und von einer allein auf Zwang

61 Vgl auch *Stern*, StR IV/1, S. 1017.
62 Dagegen für ein eigenes Grundrecht *Kloepfer*, VerfR II, § 70 Rn 3, 107.
63 BVerwGE 22, 26/29.
64 E 22, 380/383; 92, 91/109.
65 *Gusy*, JuS 1989, 710/713.

gegründeten zu einer durch angemessene Anerkennung kompensierten Arbeit gewandelt[66]. Unter Berufung auf die Entstehungsgeschichte hat das BVerfG auch die in § 10 Abs. 1 S. 3 Nr 4 JGG als Erziehungsmaßregel vorgesehene Weisung, Arbeitsleistungen zu erbringen[67] sowie die in § 56b Abs. 2 Nr 3 StGB ermöglichte Bewährungsauflage, gemeinnützige Leistungen zu erbringen[68] als vom Verbot der Zwangsarbeit und des Arbeitszwangs nicht erfasst angesehen. Von ihm erfasst soll dagegen nach gelegentlich vertretener Auffassung die Einführung eines allgemeinen Dienstes für junge Bürger sein[69].

Lösungsskizze zum Fall 18 (Rn 874): I. Es gibt nicht einfach den *Beruf* des Arztes, sondern zum einen den Beruf des selbstständig tätigen und zum anderen den des unselbstständig tätigen Arztes. Als Oberarzt an einer Universitätsklinik hatte A den Beruf des unselbstständig tätigen Arztes, als Vertragsarzt will er dagegen den Beruf des selbstständig tätigen Arztes ausüben. – II. 1. Die Ablehnung der beantragten Zulassung als Vertragsarzt wäre ein *Eingriff* in die Berufswahlfreiheit, wenn sie A die Ausübung des Berufs des selbstständig tätigen Arztes verwehren würde. Der Beruf des selbstständig tätigen Arztes umfasst aber nicht nur die Tätigkeit als Vertragsarzt, sondern auch die als Arzt, der privatversicherte Patienten behandelt. Diese letztere Tätigkeit kann A auch ohne Vertragsarztzulassung ausüben; die Ausübung des Berufs des selbstständig tätigen Arztes wird ihm daher nicht verwehrt, sondern nur beschränkt. Es liegt kein Eingriff in die Berufswahl-, sondern einer in die Berufsausübungsfreiheit vor. – 2. Angesichts der wenn nicht überhaupt Unmöglichkeit, dann doch Schwierigkeit, sich wirtschaftlich als ein Arzt zu behaupten, der allein privatversicherte Patienten behandelt, kommt diese Berufsausübungsregelung einer Berufswahlregelung aber sehr nahe. Geregelt wird keine objektive, sondern eine *subjektive Zulassungsvoraussetzung* zur vertragsärztlichen Ausübung des Berufs des selbstständig tätigen Arztes, weil das Lebensalter eine persönliche Eigenschaft ist. Die Intensität des Eingriffs in die Berufsausübungsfreiheit von A ähnelt also der Intensität eines Eingriffs in seine Berufswahlfreiheit auf der Stufe einer subjektiven Zulassungsbeschränkung. – III. Die Zulassungsverordnung kann als materielles Gesetz den Eingriff *verfassungsrechtlich rechtfertigen*, wenn auch die Schranken-Schranke des Verhältnismäßigkeitsgrundsatzes gewahrt ist. 1. Der Eingriff dient dem *legitimen Zweck*, die Kosten der gesetzlichen Krankenversicherung, die erfahrungsgemäß mit der Zahl der zugelassenen Vertragsärzte steigen, zu begrenzen. – 2. Dafür ist eine Zulassungssperre eher für ältere als für jüngere Ärzte deshalb *geeignet*, weil von Ärzten, die erst nach Vollendung des 55. Lebensjahrs als Vertragsärzte zugelassen werden und ihre Tätigkeit mit Vollendung des 68. Lebensjahrs schon wieder beenden müssen, eine kostenbewusste Mitwirkung in der gesetzlichen Krankenversicherung besonders wenig zu erwarten ist. – 3. Die Zulassungssperre ist auch *erforderlich*, weil mildere, aber für die Personengruppe der bereits 56 Jahre alten Ärzte gleich wirksame Berufsregelungen nicht ersichtlich sind. – 4. Eine Berufsausübungsregelung mit ähnlicher Wirkung wie eine subjektiv zulassungsbeschränkende Berufswahlregelung bedarf wie diese der Rechtfertigung durch einen Zweck von *hinreichendem Gewicht*. Die Sicherung der finanziellen Stabilität und damit der Funktionsfähigkeit der gesetzlichen Krankenversicherung ist ein Gemeinwohlbelang von überragender Bedeutung. A ist durch die Ablehnung der Vertragsarztzulassung nicht in Art. 12 Abs. 1 verletzt. **941**

66 E 98, 169/199 ff; BVerfG, NJW 2002, 2023.
67 E 74, 102/122; dazu *Gusy*, JuS 1989, 710.
68 E 83, 119/125 ff.
69 Vgl *Köhler*, ZRP 1995, 140.

942 **Literatur:** *R. Breuer*, Freiheit des Berufs, Hdb. StR[3] VIII, § 170; *B.-O. Bryde*, Artikel 12 Grundgesetz – Freiheit des Berufs und Grundrecht der Arbeit, NJW 1984, 2177; *O. Depenheuer,* Freiheit des Berufs und Grundfreiheiten der Arbeit, in: FS 50 Jahre BVerfG, 2001, Bd. II, S. 241; *F. Hufen*, Berufsfreiheit – Erinnerung an ein Grundrecht, NJW 1994, 2913; *A.-B. Kaiser*, Das Apotheken-Urteil des BVerfG nach 50 Jahren, Jura 2008, 844; *S. Langer*, Strukturfragen der Berufsfreiheit, JuS 1993, 203; *R.A. Lorz*, Die Erhöhung der verfassungsrechtlichen Kontrolldichte gegenüber berufsrechtlichen Einschränkungen der Berufsfreiheit, NJW 2002, 169; *M. Nolte/C.J. Tams*, Grundfälle zu Art. 12 I GG, JuS 2006, 31, 130, 218; *J. Pietzcker*, Artikel 12 Grundgesetz – Freiheit des Berufs und Grundrecht der Arbeit, NVwZ 1984, 550; *R. Pitschas*, Berufsfreiheit und Berufslenkung, 1983; *R. Waltermann*, Freiheit der Arbeitsplatzwahl (Art. 12 Abs. 1 GG) – Grundrecht der Arbeitnehmer, DVBl. 1989, 699.

§ 22 Unverletzlichkeit der Wohnung (Art. 13)

943 **Fall 19:** Die Betretungsbefugnis zur Überwachung einer Abgabepflicht

Das Absatzfondsgesetz begründet für Betriebe der Landwirtschaft eine Abgabepflicht zur Förderung des Absatzes und der Verwertung landwirtschaftlicher Erzeugnisse. § 11 Abs. 1 verpflichtet die Abgabepflichtigen, der zuständigen Behörde auf Verlangen unverzüglich die Auskünfte zu erteilen, die zur Durchführung der durch das Gesetz übertragenen Aufgaben erforderlich sind. § 11 Abs. 2 ermächtigt die von den zuständigen Behörden mit der Einholung von Auskünften beauftragten Personen, Grundstücke und Geschäftsräume des Auskunftspflichtigen zu betreten, dort Besichtigungen vorzunehmen und in die geschäftlichen Unterlagen des Auskunftspflichtigen Einsicht zu nehmen. Ist § 11 Abs. 2 des Absatzfondsgesetzes mit Art. 13 vereinbar? **Rn 968**

I. Überblick

944 Der Schutzbereich dieses Grundrechts wird in Abs. 1 nur mit dem Begriff der Wohnung umrissen. Abs. 2–5 und 7 enthalten Eingriffsermächtigungen, wobei Abs. 2, 4 und 5 Spezialfälle von Abs. 7 sind und Abs. 3 über Abs. 7 hinausgeht. Abs. 6 ist eine organisationsrechtliche Bestimmung. Art. 13 ist ein Abwehrrecht gegen die öffentliche Gewalt. Er gibt also dem Mieter kein Abwehrrecht gegen den Vermieter und enthält auch kein Leistungsrecht gegen die öffentliche Gewalt auf Versorgung mit einer Wohnung, wie es einige Landesverfassungen kennen (vgl Art. 106 Abs. 1 bay Verf; Art. 28 Abs. 1 berl Verf; Art. 14 Abs. 1 brem Verf).

II. Schutzbereich

945 Nach seiner geschichtlichen Entwicklung[1] steht das Grundrecht der Unverletzlichkeit der Wohnung im Zusammenhang mit der freien Entfaltung der Persönlichkeit. Es soll dem Einzelnen einen „elementaren Lebensraum“[2] und darin das Recht gewährleisten,

1 Dazu *Berkemann*, AK, Art. 13 Rn 1 ff; *Herdegen*, BK, Art. 13 Rn 4 ff.
2 E 42, 212/219; 51, 97/110.

„in Ruhe gelassen zu werden"[3]. Wohnung bedeutet von daher „räumliche Privatsphäre"[4]. Indem Art. 13 ausdrücklich gegen das technische Eindringen schützt, stellt er klar, dass er für diese Eingriffe in das allgemeine Persönlichkeitsrecht lex specialis zu Art. 2 Abs. 1 iVm Art. 1 Abs. 1 ist[5].

Fraglich ist, wo die *Grenzen* des Schutzbereichs zu ziehen sind. Eine Möglichkeit bestünde in der Anknüpfung an unterverfassungsrechtliche Begriffsverständnisse. So ist im *Strafrecht* neben der Wohnung ieS und den Geschäftsräumen auch das befriedete Besitztum iS eines eingehegten Teils der Erdoberfläche geschützt (§ 123 Abs. 1 StGB). Der eingefriedete Acker hat aber mit der Privatsphäre des Bauern nichts zu tun. Als *zivilrechtlicher* Anknüpfungspunkt kommt zwar offensichtlich nicht das Eigentum in Betracht, weil dann alle Mieter ohne den Grundrechtsschutz des Art. 13 wären, wohl aber der unmittelbare Besitz (§§ 854 ff BGB)[6] und gelegentlich sogar die Besitzdienerschaft (§ 855 BGB). **946**

Unterverfassungsrechtliche Bestimmungen können einen ersten Anhaltspunkt bieten, aber nicht den Schutzbereich abschließend definieren. Dies muss wie immer aus dem *Schutzzweck* des Grundrechts und dem *Gesamtzusammenhang der Verfassung* geschehen. Entscheidend für die räumliche Privatsphäre ist danach zum einen der nach außen erkennbare Wille des Einzelnen zur bloß privaten Zugänglichkeit von Räumen und Örtlichkeiten und zum anderen die soziale Anerkennung dieser individuellen Bestimmung der räumlichen Privatsphäre[7]. **947**

Beispiele: Ohne Weiteres Wohnung im verfassungsrechtlichen Sinn sind daher neben den Wohnräumen ieS: Keller, Garage, Innenhof, Vorgarten (BGH, NJW 1997, 2189), Campingwagen, Zelt, Jacht usw. Auch dem gekündigten Mieter, der trotz abgelaufener Kündigungsfrist die Wohnung noch innehat, wird der Schutz des Art. 13 zugebilligt (E 89, 1/12; *Ziekow/Guckelberger*, FH, Art. 13 Rn 44). Darüber hinaus können der Verschlag, in dem der Nichtsesshafte während des Winters im Gemeindewald wohnt, und unter bestimmten Voraussetzungen die von Hausbesetzern okkupierte Wohnung (*Kunig*, MüK, Art. 13 Rn 14; aA *Papier*, MD, Art. 13 Rn 12) unter Art. 13 fallen. – Für den durch das Internet erschlossenen „virtuellen Raum" wird eine analoge Anwendung des Art. 13 diskutiert (vgl *Rux*, JZ 2007, 285/293). **948**

Umstritten ist, ob *Betriebs- und Geschäftsräume* zum Schutzbereich der Unverletzlichkeit der Wohnung gehören. Der Zusammenhang des Art. 13 mit der Privatheit könnte zunächst dafür sprechen, diese Räume auszuklammern und Wohnung auf den Schutz des Einzelnen für sich und im Kreis seiner Familie zu beschränken. Dagegen spricht aber die in Art. 12 und 14 zum Ausdruck kommende Bedeutung, die Arbeit, Beruf und Gewerbe für die menschliche Selbstverwirklichung haben (vgl Rn 807). Das BVerfG hat daher zu Recht die Betriebs- und Geschäftsräume in den Schutzbereich des Art. 13 einbezogen[8]. **949**

---

3 E 27, 1/6; 103, 142/150.
4 E 65, 1/40.
5 E 109, 279/325.
6 So *Gentz*, S. 46 f.
7 *Berkemann*, AK, Art. 13 Rn 32 ff.
8 E 32, 54/68 ff; 76, 83/88; 96, 44/51.

950 Dabei ist allerdings zu *differenzieren*. Die Betriebs- und Geschäftsräume können

- in die eigentliche Wohnung integriert und dadurch dem öffentlichen Zutritt ebenso entzogen sein wie die Wohnung selbst (zB Wohnzimmerkanzlei, Dachatelier, Kellerwerkstatt),
- von der Wohnung getrennt, gleichwohl dem unkontrollierten öffentlichen Zutritt entzogen sein (zB Arztpraxis, Büroetage, Fabrik, Restaurantküche) und
- der Öffentlichkeit umfassend zugänglich, auf den unkontrollierten Zutritt geradezu angelegt sein (zB Einkaufspassage, Kaufhaus, Freizeitzentrum).

Die auf unkontrollierten öffentlichen Zutritt angelegten Betriebs- und Geschäftsräume verdienen während der Zeit dieser Zugänglichkeit nicht den Schutz von Art. 13[9]. Sie fallen nur dann, wenn sie geschlossen sind, mit den Betriebs- und Geschäftsräumen der zweiten Gruppe in den Schutzbereich von Art. 13. Unproblematisch fallen dagegen die in die Wohnung integrierten Betriebs- und Geschäftsräume unter Art. 13.

III. Eingriffe

951 Die Verletzungshandlung besteht in einem körperlichen oder sich technischer Hilfsmittel bedienenden unkörperlichen Eindringen in die Wohnung und dortigen Verbleiben durch die staatliche Gewalt. Sie wird durch die Speicherung und Verwendung der gewonnenen Informationen sowie durch deren Weitergabe an andere Stellen fortgesetzt; die Verwendung der gewonnenen Informationen zu einem anderen Zweck ist dagegen ein eigenständiger Eingriff[10]. Abs. 2–7 differenzieren dabei nach für die Unverletzlichkeit der Wohnung typischen Gefährdungslagen.

1. Durchsuchungen

952 Unter einer *Durchsuchung* (Art. 13 Abs. 2) versteht das BVerfG „das ziel- und zweckgerichtete Suchen staatlicher Organe nach Personen oder Sachen oder zur Ermittlung eines Sachverhalts, um etwas aufzuspüren, was der Inhaber der Wohnung von sich aus nicht offen legen oder herausgeben will“[11]. Darunter würde auch die Besichtigung einer Hotelküche durch einen Bediensteten der Gewerbeaufsicht fallen, der durch Suche nach Schmutz, Schimmel und Schaben ermitteln will, ob die hygienischen Verhältnisse ausreichend oder, was der Hotelier natürlich nicht offen legen will, ungenügend sind. Dass dergleichen Besichtigungen und Überprüfungen keine Durchsuchungen sind, ist aber seit jeher unstreitig. Die Definition des BVerfG ist daher zu präzisieren: Das, was aufgespürt werden soll, darf nicht einfach der Zustand der Wohnung und die Gewähr ihres funktionsgemäßen Gebrauchs sein. Durchsuchung ist das Suchen staatlicher Organe nach Personen oder Sachen, die sich in einer Wohnung befinden oder sogar in ihr versteckt sind, um dem Augenschein oder Zugriff entzogen zu sein; es ist durch Handlungen gekennzeichnet, die Verborgenes zu Tage fördern sollen[12].

9 Vgl BVerfG, NJW 2003, 2669; *Kloepfer*, VerfR II, § 66 Rn 6; aA BVerwGE 121, 345/348.
10 E 109, 279/327, 374 f.
11 E 76, 83/89.
12 Vgl OVG Hamburg, DVBl. 1997, 665/666.

Beispiele: Unter Art. 13 Abs. 2 fallen nicht nur strafprozessuale, sondern auch administrative Durchsuchungen, zB des Gerichtsvollziehers nach § 758 ZPO (E 51, 97; 76, 83; vgl dazu *Behr*, NJW 1992, 2125) und § 33 Abs. 2 FGG (BVerfG, NJW 2000, 943 f), der Finanzbehörden nach der Abgabenordnung (E 57, 346), der Polizeibehörden nach den Polizeigesetzen (BVerwGE 28, 285). Nicht mehr zur Durchsuchung gehört die Beschlagnahme oder Sicherstellung der aufgespürten Sachen (E 113, 29/45). 953

2. Lauschangriffe

Der Einsatz technischer Mittel, von dem Abs. 3–5 handeln, wird üblicherweise als Lauschangriff bezeichnet. Abs. 3 handelt vom großen Lauschangriff zum Zweck der Strafverfolgung, der sich allein technischer Mittel zur akustischen Überwachung bedient, dh eines Richt- oder installierten Mikrofons (Wanze). Abs. 4 handelt vom großen Lauschangriff zum Zweck der Gefahrenabwehr, der sich sowohl akustischer als auch optischer und sonstiger technischer Mittel bedient, dh auch der Video- und Infrarotkamera, des Peilsenders und des Bewegungsmelders. Der kleine Lauschangriff des Abs. 5 zielt anders als der große nicht auf das Eindringen in die Wohnung, sondern auf den Schutz eingesetzter Personen, zB des als Dealer in die Szene eingeschleusten V-Manns. 954

3. Sonstige Eingriffe

Die sonstigen *Eingriffe und Beschränkungen* (Art. 13 Abs. 7) umfassen das Betreten, Besichtigen, Verweilen zu anderen Zwecken als dem der Durchsuchung. Da das unkörperliche Eindringen durch technische Mittel in Abs. 2–5 eigens geregelt wird, ist diese Regelung auch abschließend. Ein Einsatz akustischer und optischer technischer Mittel, der nicht unter Abs. 2–5 fällt, fällt also auch nicht unter die sonstigen Eingriffe und Beschränkungen. 955

Fraglich ist, ob Art. 13 auch gegen *substanzielle Eingriffe* schützt, mit denen die räumliche Privatsphäre der eigenen Verfügung oder Nutzung ganz oder teilweise entzogen wird; dann würden auch die Räumung wegen Brand-, Einsturz- oder Seuchengefahr, die Beschlagnahme und der Abriss einen Eingriff in die Wohnungsfreiheit darstellen[13]. Damit wird aber das Spezifische der Wohnungsfreiheit verkannt und ihr Anwendungsbereich überdehnt[14]. Eingriffe in die Substanz sind an Art. 14 zu messen; das Institut der Enteignung ist lex specialis für die Entziehung von Wohnraum[15]. Die Abrissverfügung beeinträchtigt daher Art. 13 nicht. Gegen Wohnraumbewirtschaftungsmaßnahmen (vgl Abs. 7 „Behebung der Raumnot") schützt Art. 13 allerdings insoweit, als die Privatheit durch Zwangsbelegungen beeinträchtigt wird[16]. 956

13 So *Berkemann*, AK, Art. 13 Rn 64; vgl auch E 89, 1/12.
14 Vgl *Gentz*, S. 96 ff.
15 AA abw. M. E 49, 228/238.
16 *Kloepfer*, VerfR II, § 66 Rn 17; offen gelassen von E 8, 95/98.

IV. Verfassungsrechtliche Rechtfertigung

1. Durchsuchungen

957 Sie sind unter den Voraussetzungen des Art. 13 Abs. 2 verfassungsrechtlich zulässig. Durchsuchung ist ein Spezialfall der Eingriffe und Beschränkungen, von denen Art. 13 Abs. 7 handelt[17]. Da Durchsuchungen grundsätzlich nur durch den *Richter* angeordnet werden dürfen, müssen die Gerichte organisatorisch gewährleisten, dass Richter erreichbar sind[18]. Durchsuchungen dürfen nur in der gesetzlich vorgeschriebenen *Form* durchgeführt werden. Aus welchen *inhaltlichen* Gründen der Richter die Durchsuchung anordnen darf, wird hier nicht normiert. Sie ergeben sich aus den entsprechenden Gesetzen, die die Voraussetzungen für die Durchsuchung festlegen müssen.

958 **Beispiele:** Die strafprozessuale Durchsuchung setzt voraus, dass sie verspricht, geeignete Beweismittel zu erbringen, zur Ermittlung und Verfolgung der Straftat erforderlich ist sowie in angemessenem Verhältnis zur Schwere der Straftat und zur Stärke des Tatverdachts steht. Dabei sind auch die Grundrechte Dritter zu berücksichtigen, etwa der Mandanten bei der Durchsuchung einer Rechtsanwaltskanzlei (E 113, 29/46 ff; BVerfG, NJW 2009, 2518). Der richterliche Durchsuchungsbeschluss als rechtliche Grundlage der konkreten Maßnahme muss hinreichend bestimmt sein, dh Rahmen, Grenze und Ziel der Durchsuchung definieren (vgl E 42, 212/220; 103, 142/151 f; 115, 166/197; *Papier*, MD, Art. 13 Rn 26 ff), und verliert spätestens nach Ablauf eines halben Jahres seine den Eingriff in das Grundrecht rechtfertigende Kraft (E 96, 44/52 ff). Zum Beweisverwertungsverbot vgl Rn 82 f.

959 Ausnahmsweise sind bei Gefahr im Verzug auch andere gesetzlich vorgesehene Organe befugt, Durchsuchungen anzuordnen. Das betrifft vor allem Staatsanwaltschaft und Polizei. Gefahr im Verzug bedeutet eine konkrete Gefahr, nicht schon die bloße Möglichkeit eines Beweismittelverlusts[19], und liegt nur dann vor, „wenn die vorherige Einholung der richterlichen Anordnung den Erfolg der Durchsuchung gefährden würde“[20]. Der Begriff „Gefahr im Verzug“ unterliegt unbeschränkter richterlicher Kontrolle; die Strafverfolgungsbehörden haben für das Gericht zu dokumentieren und vor Gericht zu begründen, warum sie eine Durchsuchung angeordnet haben[21].

960 Sieht das Gesetz, das zur Durchsuchung ermächtigt, auch in Fällen fehlender Gefahr im Verzuge keine richterliche Anordnung vor, ergibt sich deren Erforderlichkeit unmittelbar aus Abs. 2; die gesetzliche Regelung wird also durch die im Verfassungstext enthaltene Verfahrensvorschrift *ergänzt* [22].

2. Lauschangriffe

961 Abs. 3 lässt den großen Lauschangriff zum Zweck der *Strafverfolgung* durch Gesetz unter bestimmten materiellen und formellen Voraussetzungen zu: Es müssen bestimmte Tatsachen den Verdacht begründen, dass jemand eine bestimmte besonders

17 Vgl BVerwGE 28, 285/286 f; 47, 31/35 ff.
18 E 103, 142/156.
19 E 103, 142/155.
20 E 51, 97/111.
21 E 103, 142/160; dazu *Lepsius*, Jura 2002, 259.
22 E 51, 97/114 f.

schwere Straftat begangen hat; die Erforschung des Sachverhalts auf andere Weise muss unverhältnismäßig erschwert oder aussichtslos sein; es muss eine richterliche Anordnung ergehen. Darüber hinaus hat das BVerfG aus Art. 1 Abs. 1 und dem Grundsatz der Verhältnismäßigkeit weitere Voraussetzungen für die Rechtfertigung des großen Lauschangriffs abgeleitet: Er muss unterbleiben oder jedenfalls abgebrochen werden, wenn Informationen aus dem Kernbereich privater Lebensgestaltung erhoben werden; Aufzeichnungen darüber müssen gelöscht und dürfen nicht verwertet werden[23].

Der große (Abs. 4) und der kleine (Abs. 5) Lauschangriff zum Zweck der *Gefahrenbekämpfung* stehen unter strengeren Rechtfertigungsvoraussetzungen als vor der Änderung von Art. 13, als sie auf den damaligen Abs. 3, den heutigen Abs. 7 gestützt wurden; sie sind nur noch zur Gefahrenabwehr, nicht mehr zur Verhütung von Gefahren zulässig. Durch die Änderung und Ergänzung von Art. 13 hat der damalige Abs. 3 und heutige Abs. 7 trotz gleich bleibenden Wortlauts eine andere systematische Stellung und damit auch eine andere Bedeutung gewonnen; die „Eingriffe und Beschränkungen … zur Verhütung dringender Gefahren für die öffentliche Sicherheit und Ordnung“, von denen der damalige Abs. 3 und heutige Abs. 7 handelt, schließen die Lauschangriffe, seit diese in Abs. 3 und 4 speziell geregelt sind, nicht mehr ein. Die Polizeigesetze, die Lauschangriffe zur vorbeugenden Bekämpfung von Straftaten zulassen, sind mit dem neuen Art. 13 daher unvereinbar[24]. Strenger als vor der Änderung von Art. 13 sind die Rechtfertigungsvoraussetzungen für die Lauschangriffe zur Gefahrenabwehr auch insofern, als sie einen Richtervorbehalt enthalten und eine richterliche Anordnung oder, wenn Gefahr im Verzug ist, eine nachträgliche richterliche Entscheidung verlangen. **962**

3. Sonstige Eingriffe

Sie sind unter den Voraussetzungen des Art. 13 Abs. 7 verfassungsrechtlich zulässig. **963** Aus dem Vergleich der Wortlaute (Abs. 2: „in den Gesetzen“, Abs. 7: „auf Grund eines Gesetzes“) ergibt sich, dass Eingriffe und Beschränkungen gem. Abs. 7 weitergehend als Durchsuchungen gem. Abs. 2 in Rechtsverordnungen und Satzungen geregelt werden können. Für die Eingriffsermächtigungen des ersten Halbsatzes ist zwar im Gegensatz zu denen des zweiten Halbsatzes eine gesetzliche Grundlage nicht ausdrücklich gefordert, doch versteht sich dieses Erfordernis im Rechtsstaat von selbst. Lediglich die Anforderungen an die Bestimmtheit der gesetzlichen Grundlage sind beim ersten Halbsatz geringer als beim zweiten Halbsatz[25]. Im Übrigen hat der Gesetzgeber auch hier eine Fülle gesetzlicher Regelungen getroffen, die von der Exekutive beachtet werden müssen. Ein Gesetz iSd zweiten Halbsatzes ist die Generalermächtigung; sie ist aber in verfassungskonformer Auslegung dahin zu verschärfen, dass eine dringende Gefahr Voraussetzung der Befugnis zum polizeilichen Einschreiten ist[26].

---

23 E 109, 279/315 ff; BVerfG, NJW 2007, 2753; krit. *Lepsius*, Jura 2005, 433, 586.
24 *Pieroth/Schlink/Kniesel*, Polizei- und Ordnungsrecht, 6. Aufl. 2010, § 14 Rn 125.
25 *Jarass*, JP, Art. 13 Rn 35; aA *Papier*, MD, Art. 13 Rn 121.
26 BVerwGE 47, 31/40.

964 **Beispiele:** Eine gemeine Gefahr bezieht sich auf eine unbestimmte Zahl von Personen und Sachen und kommt in ihrer Bedeutung einer Lebensgefahr nahe. Zu denken ist an Überschwemmungen, Lawinenkatastrophen, Erdbeben usw. Ein Eingriff zur Abwehr einer Lebensgefahr für einzelne Personen ist die (zeitweise) Unterbringung eines Unfallverletzten in einer Wohnung. Dringende Gefahr bedeutet angesichts der in Abs. 7 aufgeführten Beispielsfälle, dass Rechtsgüter von besonderem Gewicht gefährdet sein müssen (vgl BVerwGE 47, 31/40; *Papier*, MD, Art. 13 Rn 129 ff will auch auf die zeitliche Nähe und die Wahrscheinlichkeit des Schadenseintritts abstellen).

965 Umstritten sind Eingriffsqualität und verfassungsrechtliche Rechtfertigung der *Betretungs- und Besichtigungsbefugnisse* von Ordnungsbehörden[27]. Das BVerfG[28] will die Geschäfts- und Betriebsräume im Hinblick auf ihre mindere Schutzbedürftigkeit von den Anforderungen des Abs. 7 ausnehmen und die Betretungs- und Besichtigungsbefugnisse wie Eingriffe in Art. 2 Abs. 1 nur unter den Grundsatz der Verhältnismäßigkeit stellen:

- Eine besondere gesetzliche Vorschrift muss zum Betreten und Besichtigen der Räume ermächtigen;
- das Betreten und Besichtigen der Räume muss einem erlaubten Zweck dienen und für dessen Erreichung erforderlich sein;
- das Gesetz muss den Zweck des Betretens, den Gegenstand und den Umfang der Besichtigung deutlich erkennen lassen;
- das Betreten und Besichtigen der Räume ist nur in den Zeiten statthaft, zu denen die Räume normalerweise für die geschäftliche oder betriebliche Nutzung zur Verfügung stehen.

Das BVerwG hat noch eine Informationspflicht der betretenden und besichtigenden Beamten gegenüber dem Inhaber des Hausrechts hinzugefügt[29].

966 Diese Rechtsprechung ist *inkonsequent*: Wenn die Geschäfts- und Betriebsräume dem Schutzbereich unterfallen, sind auch Eingriffe nur nach Maßgabe der Abs. 2 und 7 verfassungsrechtlich zulässig[30]. Auch die genannten Betretungs- und Besichtigungsbefugnisse müssen dann den Erfordernissen der Abs. 2 und 7 genügen[31].

4. Weitere Eingriffsrechtfertigungen

967 Einen Gesetzesvorbehalt enthält noch Art. 17a Abs. 2 für „Gesetze, die der Verteidigung einschließlich des Schutzes der Zivilbevölkerung dienen".

968 **Lösungsskizze zum Fall 19 (Rn 943):** I. Der *Schutzbereich* des Art. 13 Abs. 1 ist nur teilweise einschlägig: Grundstücke sind keine Wohnung. Geschäftsräume fallen zwar grundsätzlich in den Schutzbereich; das gilt aber nicht für die der Öffentlichkeit umfassend zugänglichen Geschäftsräume für die Zeit ihrer öffentlichen Zugänglichkeit. – II. Ein Eingriff liegt bei edem Eindringen in die Wohnung durch die staatliche Gewalt vor. Darunter fällt

27 Vgl *Herdegen*, BK, Art. 13 Rn 71 f.
28 E 32, 54/75 ff; 97, 228/266; BVerfG NJW 2008, 2426 f.
29 BVerwGE 78, 251/255 f; dazu *Kunig*, DVBl. 1988, 578.
30 Krit. auch *Hermes*, JZ 2005, 461; *Lübbe-Wolff*, DVBl. 1993, 762.
31 *Voßkuhle*, DVBl. 1994, 611/616 f; *Ennuschat*, AöR 2002, 252/287 f; *Schoch*, Jura 2010, 22/30.

auch die Betretungsbefugnis einer Behörde. Die Rechtsprechung des BVerfG, die die Befugnis zum Betreten eines Geschäftsraums nicht als Eingriff iSd Art. 13 Abs. 7 ansieht, ist als inkonsequent abzulehnen. – III. Die *verfassungsrechtliche Rechtfertigung* richtet sich nicht nach Art. 13 Abs. 2, da die Betretungsbefugnis keine Durchsuchung darstellt, sondern nach Art. 13 Abs. 7.

Zweck der Betretungsbefugnis ist, einen ordnungsgemäßen Vollzug des Absatzfondsgesetzes sicherzustellen. Dieser ist dadurch gefährdet, dass der Abgabepflicht nicht oder nicht vollständig nachgekommen wird. Dies ist ein Rechtsverstoß, und damit besteht eine Gefahr für die öffentliche Sicherheit; sie ist aber keine mit den in Art. 13 Abs. 7 aufgeführten Beispielsfällen auf eine Stufe zu stellende dringende Gefahr. Ein Eingriff in den Schutzbereich der Unverletzlichkeit der Wohnung wird durch § 11 Abs. 2 des Absatzfondsgesetzes nicht gerechtfertigt. Soweit durch diese Bestimmung nicht der Öffentlichkeit umfassend zugängliche Geschäftsräume erfasst sind, ist sie verfassungswidrig. – IV. Es kommt eine *verfassungskonforme Auslegung* des § 11 Abs. 2 des Absatzfondsgesetzes in Betracht. Dieser hat einen verfassungsmäßigen (Grundstücke und Geschäftsräume, soweit sie der Öffentlichkeit umfassend zugänglich sind) und einen verfassungswidrigen (Geschäftsräume, soweit sie der der Öffentlichkeit gar nicht oder nur kontrolliert zugänglich sind) Anwendungsbereich. Eine Aufrechterhaltung seiner Geltung unter Beschränkung auf den verfassungsmäßigen Anwendungsbereich bestimmt den normativen Gehalt der Vorschrift nicht grundlegend neu (vgl Rn 103). Der Begriff „Geschäftsräume" kann und muss daher verfassungskonform als „der Öffentlichkeit umfassend zugängliche Geschäftsräume" interpretiert werden.

Literatur: *F. Braun*, Der so genannte „Lauschangriff" im präventivpolizeilichen Bereich, NVwZ 2000, 375; *J. Ennuschat*, Behördliche Nachschau in Geschäftsräume und die Unverletzlichkeit der Wohnung gem. Art. 13 GG, AöR 2002, 252; *M. Gentz*, Die Unverletzlichkeit der Wohnung, 1968; *C. Gusy*, Lauschangriff und Grundgesetz, JuS 2004, 457; *O. Lepsius*, Die Unverletzlichkeit der Wohnung bei Gefahr im Verzug, Jura 2002, 259; *J. Ruthig*, Die Unverletzlichkeit der Wohnung (Art. 13 GG nF), JuS 1998, 506; *F. Schoch*, Die Unverletzlichkeit der Wohnung nach Art. 13 GG, Jura 2010, 22; *A. Voßkuhle,* Behördliche Betretungs- und Nachschaurechte, DVBl. 1994, 611; *H. Wißmann*, Grundfälle zu Art. 13 GG, JuS 2007, 324, 426. 969

§ 23 Eigentumsgarantie (Art. 14, 15)

Fall 20: Die Buchshecke als Naturdenkmal 970

Die Einfahrt des schlossartigen Landhauses des E ist von einer selten hohen und sehr schönen Buchshecke flankiert. Vorfahren von E haben sie nicht nur aus ästhetischen, sondern auch aus wirtschaftlichen Gründen gepflanzt: Der langsam wachsende Buchs hat ein außerordentlich festes Holz, das schon immer für die Herstellung mancher Produkte unentbehrlich und entsprechend teuer war. Inzwischen ist der Preis für Buchsholz weiter erheblich gestiegen. E, der in finanziellen Schwierigkeiten und der Buchshecke außerdem überdrüssig ist, will das Holz abschlagen lassen und verkaufen. Die für Natur- und Landschaftsschutz zuständige Behörde erfährt von diesem Vorhaben und setzt die Buchshecke als Naturdenkmal fest. Damit ist das Verbot des Abholzens verbunden (vgl zB §§ 22, 34 Abs. 3 nw LG). Die Zahlung einer Entschädigung lehnt die Behörde ab. Wie ist die Rechtslage nach Art. 14? **Rn 1034**

I. Überblick

971 Art. 14 und 15 gelten dem Eigentum und dem Erbrecht. Von der wirtschafts- und gesellschaftspolitischen Bedeutung her tritt Art. 15 hinter Art. 14 und tritt das Erbrecht hinter das Eigentum zurück. Auch Rechtsprechung und Rechtslehre konzentrieren sich auf die Gewährleistung des Eigentums. Diese hat „die Aufgabe …, dem Träger des Grundrechts einen Freiheitsraum im vermögensrechtlichen Bereich zu sichern und ihm dadurch eine eigenverantwortliche Gestaltung seines Lebens zu ermöglichen“[1]; das Eigentum soll in der Hand des Grundrechtsträgers „als Grundlage privater Initiative und im eigenverantwortlichen privaten Interesse ‚von Nutzen‘ sein“[2]. Es steht in engem Zusammenhang mit der persönlichen Freiheit[3].

972 Art. 14 stellt die Dogmatik vor folgende *Schwierigkeit*: Abs. 1 gewährleistet das Eigentum, überantwortet aber zugleich die Inhaltsbestimmung des Eigentums dem Gesetzgeber. Wie aber soll Art. 14 das Eigentum gegen den Gesetzgeber schützen, wenn es inhaltlich überhaupt erst durch den Gesetzgeber bestimmt wird? Diese Schwierigkeit lässt sich nicht dadurch lösen, dass auf vorrechtliche, natürliche oder soziale Gegebenheiten zurückgegriffen wird. Denn unter den normgeprägten Schutzbereichen zeichnet sich der Schutzbereich von Art. 14 durch eine besonders *intensive Normprägung* aus. Während sich zB die Ehe immerhin als soziales Gebilde ohne Rückgriff auf Normen beschreiben lässt (vgl Rn 689), bestimmt sich das Eigentum allein durch die normative Zuordnung von Gütern und Rechten zu Personen.

973 Somit erscheint Art. 14 auf einen ersten Blick als *Grundrecht mit mehreren Unbekannten*: Unklar ist zunächst, wie Art. 14 Abs. 1 der gesetzgeberischen Inhalts- und Schrankenbestimmungsmacht soll Grenzen ziehen können, in welchem Verhältnis die Inhalts- und Schrankenbestimmungen, die der Gesetzgeber trifft, zu der Pflichtigkeit des Eigentums stehen sollen, die Art. 14 Abs. 2 statuiert, und welche Bedeutung, Erforderlichkeit und Berechtigung die Enteignung (Art. 14 Abs. 3) neben der Inhalts- und Schrankenbestimmung (Art. 14 Abs. 1 S. 2) haben soll. Klar ist demgegenüber, welche *Aufgaben* der Auslegung von Art. 14 gestellt sind:

974 – Art. 14 Abs. 1 S. 2 kann dem Gesetzgeber, den Art. 1 Abs. 3 auch an Art. 14 bindet, nicht völlige Bestimmungsmacht einräumen. Art. 14 muss absolute Vorgaben und Maßstäbe für die einfach-rechtliche Eigentumsordnung und dabei auch gewisse verfassungsrechtliche Konturen eines Eigentumsbegriffs enthalten. Insoweit wird nach der *Institutsgarantie* (Einrichtungsgarantie) des Eigentums gefragt.

975 – Als Grundrecht, dh als subjektives Recht des Einzelnen, muss Art. 14 vor allem dem Einzelnen gegenüber staatlichen Eingriffen einen Bestand an Gütern und Rechten garantieren. Unter dem Begriff der *Bestandsgarantie* (Rechtsstellungsgarantie) des Eigentums wird vom Einzelnen her danach gefragt, welches dieser Bestand ist und welches seine Garantien gegenüber der öffentlichen Gewalt sind.

976 – Mit der Möglichkeit der Enteignung gegen Entschädigung zeigt Art. 14 Abs. 3, dass es wie die Eigentumsbestandsgarantie auch eine *Eigentumswertgarantie* gibt: Mit ihr wird dem Einzelnen nicht der Bestand, sondern der Wert des Eigentums garantiert, wird ihm das Eigentum zwar nicht gelassen, wohl aber dessen Verlust entschädigt. Dabei gelten die Fragen zum einen den Voraussetzungen der Enteignung und zum anderen dem Umfang der Entschädigung.

1 E 102, 1/15.
2 E 50, 290/339.
3 E 24, 367/389.

II. Schutzbereich

1. Begriff des Eigentums

Eigentum iSd Art. 14 Abs. 1 S. 1 umfasst zu einem bestimmten *Zeitpunkt* alles, was das *einfache Recht* zu diesem bestimmten Zeitpunkt als Eigentum definiert[4]. Aus dem Bezug auf den bestimmten Zeitpunkt folgt die *Wandelbarkeit* des Eigentumsbegriffs und damit auch des Eigentumsschutzes[5]. Daraus folgt auch, dass Änderungen des eigentumsrelevanten einfachen Rechts zugleich Inhalt und Schranke bestimmen, dh zugleich den Schutzbereich definieren und Eingriffe darstellen können: In das vor dem Änderungszeitpunkt nach altem Recht begründete Eigentum wird durch das neue Recht eingegriffen; nach dem Änderungszeitpunkt wird Eigentum nur nach neuem Recht begründet und ist von vornherein entsprechend definiert. **977**

Anders als bei anderen normgeprägten Grundrechten (zB bei Art. 6 – vgl Rn 701 ff – und bei Art. 19 Abs. 4 – vgl Rn 1113 ff –) hat das BVerfG *keine hohen Anforderungen* an die einfach-rechtliche Definition des Schutzbereichs gestellt. Dies findet im Wortlaut von Art. 14, der dem Gesetzgeber die Inhaltsbestimmung ausdrücklich überantwortet, eine Stütze. Die Definitionsmacht ist aber insoweit indirekt durch den Verhältnismäßigkeitsgrundsatz begrenzt, als die Definitionen für zukünftiges Eigentum zugleich Schrankenbestimmungen für nach altem Recht begründetes Eigentum sind. Begrenzung ist außerdem die Institutsgarantie, die zugleich Schranken-Schranke jedes Eingriffs ist und vor allem als solche Bedeutung hat (vgl Rn 1030 f). **978**

Zum Schutzbereich des Art. 14 zählt zunächst das Eigentum nach *bürgerlichem Recht*. § 903 BGB definiert es als Grund- und Fahrniseigentum unter Einräumung der Befugnis, mit der Sache nach Belieben zu verfahren. Das entgegenstehende Gesetz und die entgegenstehenden Rechte Dritter erscheinen in § 903 BGB als gewissermaßen von außen kommende und nachträgliche Beschränkungen. Das Eigentum iSd Art. 14 Abs. 1 S. 1 wird aber durch das gesamte einfache Recht definiert; die privat und auch die öffentlich-rechtlichen Beschränkungen des Eigentümerbeliebens sind nicht von außen kommend und nachträglich, sondern von vornherein Bestandteile der Eigentumsdefinition. **979**

Beispiel: Die Eigentumsgarantie enthält keine umfassende Baufreiheit, die nachträglich durch das Bauplanungs- und -ordnungsrecht beschränkt wird, sondern schützt von vornherein nur das „Recht …, (das) Grundstück im Rahmen der Gesetze zu bebauen“ (E 35, 263/276; vgl auch *Dähne*, Jura 2003, 455; *Lege*, Jura 2011, 507/510; krit. *Hufen*, StR II, § 38 Rn 9). **980**

Eigentum iSd Art. 14 Abs. 1 S. 1 geht somit über das hinaus, was das einfache Recht als Eigentum benennt. Unter den Eigentumsbegriff von Art. 14 fallen alle *privatrechtlichen vermögenswerten Rechte*. Dies ist ein Ertrag schon der Diskussion zu Art. 153 WRV[6], mit der den gewandelten gesellschaftlichen Rahmenbedingungen Rechnung getragen wurde: Während im 19. Jahrhundert der Schutz des Sacheigentums, besonders des Grundeigentums, maßgebliche wirtschaftliche Grundlage gesi- **981**

4 Vgl E 58, 300/336.
5 Vgl *Hesse*, VerfR, Rn 442 f.
6 *M. Wolff*, in: Festgabe Kahl, 1923, Teil IV, S. 3.

cherter wirtschaftlicher Existenz war, kommt heute auch dem Geldeigentum und anderen Vermögensrechten eine gleiche Bedeutung zu[7].

982 **Beispiele:** Erbbaurecht (E 79, 174/191), festverzinsliche Wertpapiere (E 105, 17/30), Vorkaufsrecht (E 83, 201/209 f), Aktien (E 100, 289/301 f), Bergbaurechte (E 77, 130/136), Urheber- (E 31, 229/240 f; 79, 29/40), Patent- (BVerfG, NJW 2001, 1784) und Warenzeichenrechte (E 51, 193/217), die Internet-Domain (BVerfG, NJW 2005, 589), Forderungen des privaten Rechts (E 42, 263/293; 92, 262/271; 112, 93/107), das Besitzrecht des Mieters am Wohnraum (E 89, 1/7; *v. Mutius*, in: Gedächtnisschrift Sonnenschein, 2003, S. 69/83 f; krit. *Kloepfer*, VerfR II, § 72 Rn 40, 75).

983 Auch das *Recht am eingerichteten und ausgeübten Gewerbebetrieb* wird von BGH, BVerwG und hL dem Eigentumsbegriff unterstellt, und zwar mit allem, was den wirtschaftlichen Wert des Betriebs ausmacht[8]. Das BVerfG ist skeptisch: „Es ist die Frage, ob der Gewerbebetrieb als solcher die konstituierenden Merkmale des verfassungsrechtlichen Eigentumsbegriffs aufweist. Eigentumsrechtlich gesehen ist das Unternehmen die tatsächliche – nicht aber die rechtliche – Zusammenfassung der zu einem Vermögen gehörenden Sachen und Rechte, die an sich schon vor verfassungswidrigen Eingriffen geschützt sind“[9]. Der Schutz des Gewerbebetriebs kann jedenfalls „nicht weitergehen als der Schutz, den seine wirtschaftliche Grundlage genießt“[10]. Damit fallen tatsächliche Gegebenheiten und günstige Umweltbedingungen aus dem Schutz des Gewerbebetriebs heraus. Im Übrigen ist beim Gewerbebetrieb der Unterschied zwischen geschütztem Bestand und nicht geschütztem Erwerb (vgl Rn 990) besonders wichtig.

984 **Beispiele:** Tatsächliche Gegebenheiten sind „die bestehenden Geschäftsverbindungen, der erworbene Kundenstamm oder die Marktstellung“ (E 77, 84/118). Als günstige Umweltbedingungen fallen die Nachbarschaft der Kaserne, die der Gaststätte die Kunden verschafft (BGHZ 55, 261), die Parkmöglichkeiten auf öffentlicher Straße in der Nähe des Geschäfts (BVerwG, NJW 1983, 770) und die Möglichkeit einer Betriebserweiterung (BGHZ 98, 341) nicht unter den Eigentumsbegriff.

985 Erst recht ist fraglich, ob dem Eigentumsbegriff das *Vermögen als solches,* dh die in der Hand einer Person vereinigte Gesamtheit von Geld oder geldwerten Gütern, unterfällt. Die Frage ist bedeutsam dafür, ob die Auferlegung staatlicher Geldleistungspflichten, namentlich von Steuern, an Art. 14 zu messen ist. Dagegen sprechen der Wortlaut – der Unterschied zwischen Eigentum und Vermögen ist in vielen Rechtsgebieten geläufig – wie die Entstehungsgeschichte[11]. Das BVerfG lehnt in stRspr ab, das Vermögen als solches dem Schutz des Art. 14 zu unterstellen[12]. Es verlangt aber, dass Steuergesetze keine das vorhandene Eigentum „erdrosselnde Wirkung“ haben (sog. konfiskatorische Besteuerung)[13]. Auch die überwiegende Auffassung im

7 E 97, 350/370 f; aA für Geldeigentum *Lepsius*, JZ 2002, 313.

8 Vgl BGHZ 111, 349/356; BVerwGE 81, 49/54; *Ossenbühl*, S. 159 ff; *Stern*, StR IV/1, S. 2191 ff; aA *Berkemann*, UC, Art. 14 Rn 144 ff.

9 E 51, 193/221 f; BVerfG, NVwZ 2009, 1426/1428.

10 E 58, 300/353.

11 Vgl Der Parlamentarische Rat 1948 – 1949. Akten und Protokolle, Bd. 5/I, S. 147 ff, 197 ff, Bd. 5/II, S. 724 ff; Zusammenfassung JöR 1951, 146.

12 E 4, 7/17; 96, 375/397; 123, 186/258 f.

13 Vgl E 14, 221/241; 87, 153/169.

Schrifttum unterstellt das Vermögen als solches nicht dem Eigentumsbegriff[14]. Allerdings sieht die hL insofern in Art. 14 einen Maßstab für das Steuerrecht, als Steuern zwar aus dem Vermögen bezahlt werden, die Besteuerungstatbestände aber an Eigentumsbestand oder -verwendung anknüpfen. Der Zweite Senat des BVerfG ist darüber hinausgegangen und misst auch die Einkommensteuer an Art. 14[15].

Die *vermögenswerten subjektiv-öffentlichen Rechte* werden vom BVerfG dann in den Eigentumsbegriff einbezogen, „wenn es sich um vermögenswerte Rechtspositionen handelt, die nach Art eines Ausschließlichkeitsrechts dem Rechtsträger als privatnützig zugeordnet sind, auf nicht unerheblichen Eigenleistungen" des Rechtsträgers „beruhen und seiner Existenzsicherung dienen"[16]. Keinen Eigentumsschutz genießt vor allem ein Anspruch, der vorwiegend auf staatlicher Gewährung beruht[17]. Das Schrifttum ist dem BVerfG gefolgt[18]; gelegentlich wird neben der eigenen Leistung auch das eigene Opfer als Kriterium genannt[19] oder ein solches einschränkendes Kriterium überhaupt abgelehnt[20]. **986**

Beispiele: Anspruch auf Erstattung zu viel gezahlter Steuern (E 70, 278/285); Ansprüche von Soldaten (E 16, 94/110 f; 71, 255/271), nicht aber beamtenrechtliche Ansprüche, da insoweit Art. 33 Abs. 5 lex specialis ist (E 52, 303/344 f; 76, 256/294). Nicht auf eigener Leistung beruhen Sozialhilfe, Kindergeld (BSG, NJW 1987, 463), Subventionen (E 72, 175/193 ff) und die Hinterbliebenenversorgung in der gesetzlichen Rentenversicherung (E 97, 271/284 f). **987**

Speziell *sozialversicherungsrechtliche* Positionen fallen dann unter die Eigentumsgarantie, wenn sie erstens dem Versicherten ausschließlich und privatnützig zugeordnet sind, zweitens auf nicht unerheblichen Eigenleistungen des Versicherten beruhen und drittens der Sicherung seiner Existenz dienen[21]. **988**

Beispiele: Renten der Sozialversicherung und Anwartschaften hierauf (E 75, 78/97; 117, 272/292 f; 128, 138/147), auch soweit sie in der DDR erworben wurden (E 100, 1/33 ff; 126, 233/256 f; vgl *Will*, NJ 1999, 337); rentenversicherungsrechtlicher Anspruch auf Beiträge oder Zuschüsse zur Krankenversicherung, nicht aber auf beitragslosen Krankenversicherungsschutz im Rentenfall (E 69, 272/304 ff). **989**

2. Umfang des Eigentumsschutzes

a) Geschützt ist der vorhandene **Bestand** des Eigentums. Hierzu rechnen nicht bloße Umsatz-, Erwerbs- und Gewinnchancen, -hoffnungen, -erwartungen und -aussichten[22]. Es gilt die Faustformel: Art. 14 schützt das Erworbene, das Ergebnis einer Betätigung; den Erwerb, die Betätigung selbst schützt dagegen Art. 12[23]. Obwohl das **990**

14 Vgl *Bryde*, MüK, Art. 14 Rn 23; *Depenheuer*, MKS, Art. 14 Rn 160; *Papier*, MD, Art. 14 Rn 160 ff; *Wieland*, DR, Art. 14 Rn 56.
15 E 115, 97/110 ff; zust. *F. Kirchhof*, Hdb. GR III, § 59 Rn 48 ff; krit. *Wernsmann*, NJW 2006, 1169.
16 E 97, 271/284.
17 E 53, 257/291 f; 116, 96/121 f; 128, 90/101.
18 Vgl *Bryde*, MüK, Art. 14 Rn 25; *Ossenbühl*, S. 155 ff; teilw. aA *Wieland*, DR, Art. 14 Rn 63.
19 *Dürig*, in: FS Apelt, 1958, S. 13/24 ff.
20 *Schmidt-De Caluwe*, JA 1992, 129.
21 E 69, 272/300 ff; 72, 9/18 ff; krit. *Schenke*, in: FS Lorenz, 2004, S. 715.
22 E 78, 205/211 f; 105, 252/277; 128, 90/101.
23 E 88, 366/377; 121, 317/345; 126, 112/135 f; aA *Kloepfer*, VerfR II, § 72 Rn 61.

Eigentum „geronnenes Vertrauen" ist, sind vermögenswerte Positionen nur insoweit geschützt, als der Eigentümer von Rechts wegen auf ihren Bestand vertrauen kann. Das Vertrauen in das Ausbleiben rechtlich möglichen und zulässigen Staatshandelns ist hier sowenig wie bei anderen Grundrechten geschützt[24].

991 **Beispiele:** Vom Eigentumsschutz nicht umfasst ist die Erwartung, dass ein landwirtschaftliches Grundstück Bauland wird (BGHZ 62, 96) oder dass von einer nicht an das Grundgesetz gebundenen Staatsgewalt entzogene Eigentumspositionen wieder eingeräumt oder entschädigt werden (E 102, 254/297). Der Betriebsinhaber wird nicht in seinem Vertrauen darauf geschützt, dass eine widerrufliche Konzession oder Genehmigung nicht widerrufen (BVerwGE 62, 224) oder dass ein im Übrigen zulässiger Anschluss- und Benutzungszwang nicht eingeführt wird (BVerwGE 62, 224; BGHZ 40, 355; 54, 293; vgl aber auch BGHZ 77, 179). Auch Beeinträchtigungen durch Straßenarbeiten muss der an der Straße gelegene Gewerbebetrieb wie jeder Anlieger hinnehmen, es sei denn, die Straßenarbeiten würden rechtswidrig verzögert oder die Beeinträchtigungen wären von ganz unerwartbarer außergewöhnlicher Schwere (BGHZ 57, 359/361 f).

992 b) Geschützt ist auch die **Nutzung** des Eigentums. Der Eigentümer hat die Freiheit, sein Eigentum nicht nur schlicht zu behalten, sondern auch es zu verwenden, zu verbrauchen und zu veräußern. Beim Grundeigentum gehört zur Nutzung auch der Kontakt nach außen, der im Anliegerrecht zum Ausdruck kommt[25]. Nutzungen, die das Eigentum zu allgemein verbotenen Handlungen verwenden, sind allerdings nicht vom Eigentumsschutz erfasst. Neben der positiven gibt es wieder eine *negative* Eigentumsfreiheit, dh die Freiheit, das Eigentum nicht zu nutzen.

993 Zwar werden die meisten menschlichen Handlungen an Gegenständen oder durch Gegenstände vorgenommen und stellen insofern Nutzungen dieser Gegenstände dar. Dennoch fallen sie nicht in den Schutzbereich von Art. 14, sondern in die Schutzbereiche der Grundrechte, denen sie nach ihrer sozialen Funktion zugehören[26]. Nur wenn die soziale Funktion die Handlung der Eigentumssphäre zuordnet, ist der Schutzbereich von Art. 14 einschlägig.

994 **Beispiele:** Die Lektüre der gekauften Zeitung ist Ausübung nicht der Eigentumsfreiheit, sondern der Freiheit, sich aus allgemein zugänglichen Quellen ungehindert zu unterrichten (Art. 5 Abs. 1 S. 1); das Autofahren wird nicht von Art. 14, sondern von der allgemeinen Handlungsfreiheit des Art. 2 Abs. 1 geschützt. Die Nutzung eines Grundstücks zur Sicherung eines Darlehens durch Hypothek oder Grundschuld oder die Nutzung einer Aktienmehrheit zur Einflussnahme auf ein Unternehmen fallen dagegen in den Schutzbereich von Art. 14.

995 c) Geschützt ist auch das Recht des Eigentümers, seine Eigentümerinteressen im Verwaltungs- und im Gerichtsverfahren effektiv vertreten und gegenüber anderen Privatrechtssubjekten verfolgen und durchsetzen zu können. Diese Wirkungen werden oft unter dem Stichwort der **Verfahrensgarantie** des Art. 14 Abs. 1 zusammengefasst bzw daraus abgeleitet[27].

---

24 Vgl *Bryde*, MüK, Art. 14 Rn 20.
25 Vgl BVerwG, BayVBl. 1999, 634; *Hobe,* DÖV 1997, 323 ff.
26 Vgl *Rittstieg*, AK, Art. 14/15 Rn 84 f.
27 Vgl *Stern*, StR IV/1, S. 2289 ff.

Beispiele: Vor allem im Mietrecht (E 37, 132/143 ff; 53, 352/357 ff) und im Zwangsversteigerungsrecht (E 46, 325/333 ff; 51, 150/156; BVerfG, NJW 2009, 1259) hat das BVerfG das Recht des Eigentümers auf Verfolgung und Durchsetzung seiner Interessen betont. **996**

3. Erbrecht

Das Recht des Erblassers, sein Vermögen an den zu vererben, an den er es vererben möchte (Testierfreiheit), fällt eigentlich als Verfügung über das das Vermögen bildende Eigentum ebenso unter dessen Schutz wie das Recht des Erben am ererbten Vermögen bzw Eigentum. Das Erbrecht verdankt seine besondere Erwähnung lediglich der *Tradition*: Schon die Weimarer Reichsverfassung hatte es neben dem Eigentum erwähnt, sogar in einem eigenen Artikel (Art. 154 neben Art. 151). Wie das Eigentum wird auch das Erbrecht durch die Inhalts- und Schrankenbestimmungen des einfachen Rechts *definiert*[28]. Andererseits *greifen* die Inhalts- und Schrankenbestimmungen wie in das Eigentum auch in das Erbrecht *ein*[29]; dabei sind die Möglichkeiten des Gesetzgebers zur Einschränkung des Erbrechts weitergehend als beim Eigentum, weil sie an einen Vermögensübergang anknüpfen[30]. Im Übrigen gilt die folgende Darstellung auch zum Erbrecht. **997**

III. Eingriffe

1. Inhalts- und Schrankenbestimmungen

Die gesetzlichen Inhalts- und Schrankenbestimmungen gem. Art. 14 Abs. 1 S. 2 können die Eigentumsfreiheit erweitern oder verkürzen: Sie können die Eigentümerbefugnisse vermehren oder vermindern, Eigentumsnutzungen eröffnen oder verschließen. *Verkürzen* die Inhalts- und Schrankenbestimmungen die Eigentumsfreiheit, dann stellen sie, auch wenn sie dadurch das Eigentum für die Zukunft definieren, für das in der Vergangenheit begründete Eigentum Eingriffe dar (vgl Rn 977). Inhalts- und Schrankenbestimmungen können daher nur nach ihrer zeitlichen Wirkung unterschieden werden[31]. **998**

Das BVerfG definiert die Inhalts- und Schrankenbestimmungen auch noch *formell*. Sie „legen generell und abstrakt die Rechte und Pflichten des Eigentümers fest“[32]. Verkürzen gesetzliche Bestimmungen die Eigentumsfreiheit dagegen konkret und individuell, dann setzen sie zwar Eingriffe, aber nicht Eingriffe durch Inhalts- und Schrankenbestimmungen. **999**

28 Vgl E 99, 341/352.
29 E 93, 165/174.
30 E 112, 332/348.
31 *Sachs*, VerfR II, S. 440 f; *Stern*, StR IV/1, S. 2234 f.
32 E 58, 300/330; 72, 66/76.

2. Enteignung

1000 Auch die Enteignung gem. Art. 14 Abs. 3 verkürzt, sogar besonders drastisch, die Eigentumsfreiheit. Sie ist auf „die vollständige oder teilweise Entziehung konkreter subjektiver, durch Art. 14 Abs. 1 S. 1 gewährleisteter Rechtspositionen zur Erfüllung bestimmter öffentlicher Aufgaben gerichtet“[33]. Enteignung bedeutet, entweder „durch Gesetz einem bestimmten oder bestimmbaren Personenkreis konkrete Eigentumsrechte zu entziehen“ (*Legalenteignung*) oder auf Grund Gesetzes durch administrative Maßnahmen „konkretes Eigentum Einzelner zu entziehen“ (*Administrativenteignung*)[34].

1001 Die Enteignung ist somit durch vier Merkmale von den Inhalts- und Schrankenbestimmungen unterschieden: Sie ist *konkret* statt abstrakt, trifft *individuell* statt generell, belässt das Eigentum dem Eigentümer nicht, sondern *entzieht* es ihm und dient öffentlichen Aufgaben. Allerdings rechnet das BVerfG zur Enteignung neben der vollständigen auch die teilweise Entziehung, und zwischen dieser und einer weitgehenden Verkürzung der Eigentümerbefugnisse durch Inhalts- und Schrankenbestimmungen ist die Grenze uU nur schwer zu ziehen. Immerhin lassen sich Orientierungspunkte abstecken: Einerseits ist eine Verkürzung der Eigentümerbefugnisse, die das Eigentum zum nudum ius werden lässt, schon Enteignung. Andererseits kann nur etwas (ganz oder teilweise) entzogen und damit enteignet werden, was als rechtliche Position verselbstständigungsfähig ist[35]. Ohne diese Verselbstständigungsfähigkeit fehlt das Objekt, das jeder Vorgang der Güterentziehung wie auch der hoheitlichen Güterbeschaffung voraussetzt.

1002 **Beispiele:** Das Wasserhaushaltsgesetz entzieht nicht dem Grundeigentümer die Befugnis des freien Zugriffs auf das Grundwasser, sondern definiert das Grundeigentum und den Zugriff auf das Grundwasser als verschiedene vermögenswerte Rechte (E 58, 300/332 ff); das gleiche gilt für die Abspaltung bestimmter Bodenschätze vom Grundeigentum (sog. Bergfreiheit) nach dem Bundesberggesetz (BVerwGE 94, 23/27); der nahezu völlige Ausschluss der Kündigung kleingartenrechtlicher Pachtverträge ist keine Enteignung des Eigentümers, sondern eine Inhalts- und Schrankenbestimmung (E 52, 1/26 ff); das gesetzliche Verbot der Erhöhung der Miete um mehr als 30% ist keine teilweise Entziehung, sondern Inhalts- und Schrankenbestimmung des Eigentums des Vermieters (E 71, 230/247); die den Ausgleich privater Interessen bezweckende Baulandumlegung ist trotz der Entziehungen, die mit ihr einhergeben, nicht Enteignung, sondern Inhalts- und Schrankenbestimmung (E 104, 1/9 ff); die Belastung eines Grundstücks mit dinglichen Rechten (E 45, 297/323 ff, 339; 56, 249/259 f) ist Enteignung. – Die strafrechtliche Einziehung und der Verfall werden als traditionelle, stillschweigend vom GG zugelassene gesetzliche Schrankenbestimmungen gem. Art. 14 Abs. 1 angesehen (BVerfG, NJW 1996, 246; E 110, 1/24 f).

---

33 E 104, 1/9; BVerwGE 132, 261/264.

34 E 58, 300/330 f; vgl *Schmidt-Aßmann*, JuS 1986, 833.

35 Vgl *Wieland*, DR, Art. 14 Rn 79; *Burgi*, NVwZ 1994, 527.

3. Sonstige Eingriffe

a) Als weitere Eingriffe kommen – allerdings praktisch bedeutungslos – konkret-individuelle Eingriffe des Gesetzgebers, die keine Enteignungen sind, in Betracht. Von großer Bedeutung sind dagegen konkret-individuelle Handlungen der Judikative und besonders der Exekutive. Dabei handelt es sich zum einen um **Anwendungs- und Vollzugsakte**, in denen die gesetzlichen Inhalts- und Schrankenbestimmungen von Rechtsprechung und Verwaltung konkretisiert und individualisiert werden. Aber auch andere Maßnahmen und Realakte können Bestand und Nutzung des Eigentums beeinträchtigen. 1003

b) Unter diesen Beeinträchtigungen gibt es die **enteignenden und enteignungsgleichen Eingriffe**. Es handelt sich um Eingriffe, die Unmittelbarkeit besitzen, ein Sonderopfer abverlangen und von hinreichender Intensität sind. 1004

Unmittelbarkeit bedeutet, dass die Beeinträchtigung des Eigentums entweder eine unmittelbare Folge einer hoheitlich gesetzten Ursache oder eine typische Aktualisierung einer hoheitlich geschaffenen Gefahrenlage oder ein Ergebnis ist, das einem hoheitlichen Verantwortungszusammenhang wertend zuzurechnen ist[36]. Sonderopfer bedeutet, dass zulasten einzelner Eigentümer die allgemeine, durch Inhalts- und Schrankenbestimmungen gezogene Opfergrenze überschritten wird. Hinreichende Intensität bedeutet, dass das Eigentum, wenn schon nicht entzogen, dann schwer, unerträglich, unzumutbar beschränkt wird. Handelt die Verwaltung rechtmäßig und ist die Entziehung oder Beschränkung eine unbeabsichtigte Nebenfolge dieses rechtmäßigen Handelns, dann spricht man vom *enteignenden Eingriff*. Handelt sie rechtswidrig oder unterlässt sie im Widerspruch zu einer Rechtspflicht (sog. qualifiziertes Unterlassen), dann spricht man vom *enteignungsgleichen Eingriff*.

Beispiele: Straßenbauarbeiten können für anliegende Gewerbebetriebe schwere Beeinträchtigungen mit sich bringen. Sind die Beeinträchtigungen die Folge davon, dass die Behörde die Straßenbauarbeiten nicht in möglichst schonender Weise angekündigt, vorbereitet und durchgeführt hat, dann handelt es sich um einen (rechtswidrigen) enteignungsgleichen Eingriff; treten sie dagegen ein, obwohl die Behörde alles ihr Mögliche unternommen hat, um den Gewerbebetrieb zu schonen, handelt es sich um einen (rechtmäßigen) enteignenden Eingriff. – Enteignende Eingriffe sah die Rechtsprechung in der Verursachung eines Waldbrands durch Artillerieschießübungen (BGHZ 37, 44), in der Beeinträchtigung von Grundstücken durch Straßen- (BGHZ 97, 369), Fluglärm (BGHZ 122, 76; 129, 124) und einen Rohrbruch der gemeindlichen Wasserleitung (BGHZ 55, 229) sowie in der Verwüstung eines Ackers durch Möwen und Krähen, die von der gemeindlichen Mülldeponie angelockt worden waren (BGH, NJW 1980, 770; dazu und zu weiteren Fällen *Külpmann*, S. 27 ff). – Als enteignungsgleiche Eingriffe wurden qualifiziert der Abriss eines zwar kriegsbeschädigten, aber aufbaufähigen Lagerhauses ohne gesetzliche Grundlage (BGHZ 13, 88), die Bauverzögerung wegen ungerechtfertigter Änderungswünsche der Baugenehmigungsbehörde trotz Genehmigungsfähigkeit (BGHZ 76, 375), die nachteilige Folgen bewirkende rechtswidrige Bauleitplanung (BGHZ 92, 34) und die rechtswidrige Versagung der Teilungsgenehmigung für ein Grundstück (BGHZ 134, 316/320). – Das Waldsterben ist dem Staat weder als enteignender noch als enteignungsgleicher Eingriff zuzurechnen (BGHZ 102, 350; dazu *Rüfner*, Jura 1989, 134). 1005

36 Vgl BGHZ 92, 34/41 f.

IV. Verfassungsrechtliche Rechtfertigung

1. Inhalts- und Schrankenbestimmungen

1006 a) Inhalts- und Schrankenbestimmungen erfolgen „durch die **Gesetze**". Obwohl bei Art. 14 anders als bei den anderen Grundrechten nicht von Schranken auf Grund Gesetzes die Rede ist, gilt auch hier, dass der Gesetzgeber nicht nur selbst Inhalt und Schranken bestimmen, sondern auch die Verwaltung dazu ermächtigen kann. Gewohnheitsrecht genügt auch hier nicht[37].

1007 b) Inhalts- und Schrankenbestimmungen müssen weiter dem **Grundsatz der Verhältnismäßigkeit** entsprechen. Dieser ist wegen der sog. Sozialbindung des Eigentums gem. Art. 14 Abs. 2 von besonderer Struktur. Der Gesetzgeber darf hier nicht nur die Freiheit nicht mehr als verhältnismäßig verkürzen, er darf auch die Sozialbindung nicht mehr als verhältnismäßig vernachlässigen und ist verpflichtet, „die Interessen der Beteiligten in einen gerechten Ausgleich und ein ausgewogenes Verhältnis zu bringen"[38]. Den Gestaltungsspielraum des Gesetzgebers[39] schränkt das BVerfG unter den folgenden Aspekten und für die folgenden Situationen ein. Sie sind besondere Ausprägungen des Verhältnismäßigkeitsgrundsatzes.

1008 c) Der Gesetzgeber muss die **Eigenart des vermögenswerten Guts oder Rechts** beachten. Unter diesem Gesichtspunkt werden Inhalts- und Schrankenbestimmungen gerechtfertigt, die um der Sozialbindung willen notwendig sind.

1009 **Beispiele:** „Die Tatsache, dass der Grund und Boden unvermehrbar und unentbehrlich ist, verbietet es, seine Nutzung dem unübersehbaren Spiel der freien Kräfte und dem Belieben des Einzelnen vollständig zu überlassen; eine gerechte Rechts- und Gesellschaftsordnung zwingt vielmehr dazu, die Interessen der Allgemeinheit beim Boden in weit stärkerem Maße zur Geltung zu bringen als bei anderen Vermögensgütern" (E 21, 73/82 f; 52, 1/32 f). – Der BGH hat mit der Lehre von der Situationsgebundenheit des Eigentums für die Beurteilung der Zulässigkeit entschädigungsloser Verbote bestimmter Eigentumsverwendungen einen ähnlichen Gesichtspunkt fruchtbar gemacht und gefragt, ob der vernünftige und einsichtige Eigentümer von sich aus mit Rücksicht auf die natürliche Situation die verbotene Verwendung überhaupt ins Auge fassen würde (BGHZ 23, 30/35; 80, 111/116; 90, 4/15; vgl *Ossenbühl*, S. 171 ff).

1010 d) Der Gesetzgeber muss die **Bedeutung des vermögenswerten Guts oder Rechts für den Eigentümer** beachten. Unter diesem Gesichtspunkt kann sowohl die personale wie die soziale Funktion des Eigentums bedeutsam und nach der Geeignetheit und Erforderlichkeit von Inhalts- und Schrankenbestimmungen in der einen wie in der anderen Richtung gefragt werden.

1011 **Beispiele:** „Soweit es um die Funktion des Eigentums als Element der Sicherung der persönlichen Freiheit des Einzelnen geht, genießt dieses einen besonders ausgeprägten Schutz" (E 101, 54/75). Hieraus folgert das BVerfG, dass der Gesetzgeber beim Verbot der Veräußerung von Eigentum, die ein elementarer Bestandteil der Eigentumsfreiheit sei, und bei Eingriffen in die-

---

37 Vgl *Jarass*, JP, Vorb. vor Art. 1 Rn 43; *Wieland*, DR, Art. 14 Rn 86; aA *Papier*, MD, Art. 14 Rn 339.
38 E 101, 239/259; 112, 93/109.
39 E 8, 71/80; 53, 257/293.

jenigen vermögenswerten Güter und Rechte, die durch eigene Arbeit und Leistung erworben worden sind, einen eingeschränkteren Gestaltungsspielraum hat (vgl *v. Brünneck*, JZ 1991, 992/994). – „Dagegen ist die Gestaltungsfreiheit des Gesetzgebers umso größer, je stärker der soziale Bezug des Eigentumsobjekts ist“ (E 101, 54/76). Das gilt namentlich für das Eigentum an Produktionsmitteln, das Macht über Dritte verleiht (*Jarass*, JP, Art. 14 Rn 42). Die Mitbestimmung der Arbeitnehmer nach dem Mitbestimmungsgesetz von 1976 fällt in diesen „Bereich, den das Grundgesetz in Art. 14 Abs. 1 S. 2 der Gestaltung durch den Gesetzgeber öffnet“ (E 50, 290/347). – Der Gesetzgeber ist auch zu unterschiedlicher Behandlung von Sacheigentum und geistigem Eigentum und von Verfügungsrecht und Verwaltungsrecht des Urhebers verpflichtet (E 79, 29/41). – Die polizei- und ordnungsrechtliche Zustandsverantwortlichkeit kann unzumutbar sein, wenn die Gefahr, um deren Abwehr es geht, aus Natur-, der Allgemeinheit oder Dritten zuzurechnenden Ereignissen herrührt und ihre Beseitigung den wesentlichen Teil des Vermögens des Pflichtigen aufzehren würde (E 102, 1/20 ff; vgl. *Lepsius*, JZ 2001, 22).

e) Der Gesetzgeber muss den Eingriff uU durch **finanzielle Entschädigung** ausgleichen (sog. Eigentumsopferentschädigung)[40]. Darin schlägt die Bestands- in die Wertgarantie um: Der Bestand wird bei manchen, den sog. ausgleichspflichtigen Inhaltsbestimmungen, im Unterschied zur Enteignung zwar noch nicht entzogen, aber besonders intensiv beeinträchtigt und muss deswegen in seinem Wert ausgeglichen werden. Die Intensitätsgrenze zieht das BVerfG zum einen da, wo in den Ertrag eigener Arbeit und Leistung eingegriffen, zum andern da, wo der Gleichheitssatz verletzt wird. Die Nähe zur Sonderopfer- und Intensitätsschwelle beim enteignenden und enteignungsgleichen Eingriff ist augenfällig, und viele lange als enteignende Eingriffe beurteilten Sachverhalte werden denn inzwischen auch als ausgleichspflichtige Inhaltsbestimmungen verstanden[41]. **1012**

Beispiele: Ein Pressegesetz bestimmte, dass Verleger von jedem Druckwerk ohne Unterschied ein Belegstück unentgeltlich an eine Bibliothek abliefern mussten. Die Pflicht zur unentgeltlichen Ablieferung galt somit auch für mit großem Aufwand und in kleiner Auflage hergestellte, teuere Druckwerke. Dadurch sah das BVerfG besonders intensiv gerade den Verleger getroffen, der „durch seine private Initiative und Risikobereitschaft … möglich (macht), künstlerisch, wissenschaftlich und literarisch exklusives Schaffen … der Öffentlichkeit zu erschließen,“ und erklärte die Vorschrift für teilweise verfassungswidrig (E 58, 137/150). Außerdem hielt das BVerfG diese Regelung für einen Verstoß gegen den „im Rahmen des Art. 14 Abs. 1 Satz 2 GG zu beachtenden Gleichheitssatz“, weil die unterschiedslos unentgeltliche Ablieferungspflicht zur „Belastung von erheblich unterschiedlicher Intensität“ führe (ebd.). Es könnte gefragt werden, ob hier nicht schon eine Enteignung vorliegt; das BVerfG verneint dies, denn die einschlägige Bestimmung begründet „in genereller und abstrakter Weise eine Naturalleistungspflicht in Form einer Abgabe“, und das „Eigentum am Druckwerk ist schon bei seiner Entstehung mit der Verpflichtung zur Ablieferung eines Exemplars belastet“ (E 58, 137/144). – Als Ausgleichsleistungen zur Herstellung der Verhältnismäßigkeit kommen die Entschädigungsbestimmungen der Natur- und Denkmalschutzgesetze in Betracht, wenn der Erhalt der Natur oder des Denkmals nicht möglich ist (E 100, 226/244 ff; vgl *Papier*, DVBl. 2000, 1398). **1013**

40 Vgl *Bryde*, MüK, Art. 14 Rn 64; krit. *Ossenbühl*, in: FS Friauf, 1996, S. 391.
41 Vgl *Bryde*, MüK, Art. 14 Rn 98.

1014 f) Der Gesetzgeber muss den Eingriff uU durch **Härteklauseln** und **Übergangsregelungen** gewissermaßen abfedern[42]. Hierzu ist nicht nur auf die Verhältnismäßigkeit ieS, die Zumutbarkeit für den Eigentümer, sondern auch auf den rechtsstaatlichen Vertrauensschutz zu verweisen, der „für die vermögenswerten Güter im Eigentumsgrundrecht eine eigene Ausprägung und verfassungsrechtliche Ordnung erfahren" hat[43]. Das BVerfG sieht Übergangsregelungen besonders bei der Neuordnung eines ganzen Rechtsgebiets[44] sowie dann als erforderlich an, „wenn von einer nach früherem Recht möglichen Nutzungsbefugnis bereits Gebrauch gemacht worden ist und diese entzogen wird"[45].

1015 **Beispiele:** Durch eine Änderung des Atomgesetzes wird das Ziel verfolgt, die Nutzung der Kernenergie zur gewerblichen Erzeugung von Elektrizität geordnet und sicher zu beenden. Es sollen keine neuen Betriebsgenehmigungen mehr erteilt werden. Für die vorhandenen, in Betrieb befindlichen Kernenergieanlagen werden Restlaufzeiten bestimmt. Dadurch werden einerseits Inhalt und Schranken des Eigentums an Kernenergieanlagen für die Zukunft neu bestimmt und andererseits das Vertrauen auf den Bestand erworbenen Eigentums gewahrt (*Koch*, NJW 2000, 1529; dagegen für Enteignung *Schmidt-Preuß*, NJW 2000, 1524). – Unzumutbar ist eine denkmalschutzrechtliche Regelung, die eine Beseitigung eines geschützten Baudenkmals auch dann ausschließt, wenn für es keinerlei sinnvolle Nutzungsmöglichkeit mehr besteht, und die keine Ausnahme- und Ausgleichsregelungen enthält (E 100, 226/243).

2. Enteignung

1016 a) Eine Enteignung muss gem. Art. 14 Abs. 3 S. 2 entweder durch **Gesetz** (Legalenteignung) oder auf Grund Gesetzes (Administrativenteignung) erfolgen. Dabei folgt aus der Wesentlichkeitslehre (vgl Rn 274), dass „allein dem parlamentarisch-demokratischen Gesetzgeber … vorbehalten (ist), die eine Enteignung legitimierenden Gemeinwohlaufgaben zu bestimmen"[46], und dass allein er „festzulegen (hat), für welche Vorhaben unter welchen Voraussetzungen und für welche Zwecke eine Enteignung zulässig sein soll"[47].

1017 b) Die sog. **Junktimklausel** des Art. 14 Abs. 3 S. 2 verlangt, dass das Gesetz eine Entschädigung vorsieht und deren Art und Ausmaß regelt. Ein Enteignungsgesetz ohne Entschädigungsregelung ist verfassungswidrig[48]; die gem. Art. 14 Abs. 3 S. 4 angerufenen Gerichte können eine fehlende Entschädigungsregelung weder durch Analogie ergänzen noch aus Art. 14 unmittelbar ableiten, sondern müssen das verfassungswidrige Enteignungsgesetz nach Art. 100 Abs. 1 dem BVerfG vorlegen[49]. Dadurch werden sowohl die Haushaltshoheit des Gesetzgebers als auch das Verwerfungsmonopol des BVerfG gewahrt: Der Haushalt wird nicht mit unbedachten finan-

42 Vgl *Bryde*, MüK, Art. 14 Rn 62; *Papier*, MD, Art. 14 Rn 327.
43 E 76, 220/244; 95, 64/82.
44 E 70, 191/201 f; 83, 201/211 ff.
45 E 58, 300/338; BVerfG, NJW 1998, 367; krit. *Kube*, Jura 1999, 465.
46 E 56, 249/261.
47 E 74, 264/285.
48 E 24, 367/418.
49 E 58, 300/323.

ziellen Folgen eines Gesetzes belastet – die Junktimklausel hat Warnfunktion –[50], und die Verwerfung von Gesetzen durch das BVerfG wird nicht durch Korrekturen der Gesetze durch die Gerichte unterlaufen.

Die *Folgen* für den Enteigneten sind erheblich: Er kann nicht nach dem alten Grundsatz „Dulde und liquidiere" darauf vertrauen, eine erduldete Enteignung dank Art. 14 auch dann entschädigt zu bekommen, wenn die Entschädigungsregelung im Enteignungsgesetz fehlt. Er kann die Entschädigung bei den ordentlichen Gerichten nur einklagen, wenn sie im Gesetz geregelt ist; fehlt sie, muss und kann er vor den Verwaltungsgerichten gegen die Enteignung selbst vorgehen. „Lässt er den Eingriffsakt unanfechtbar werden, so verfällt seine Entschädigungsklage der Abweisung. Wer von den ihm durch das Grundgesetz eingeräumten Möglichkeiten, sein Recht auf Herstellung des verfassungsmäßigen Zustandes zu wahren, keinen Gebrauch macht, kann wegen eines etwaigen, von ihm selbst herbeigeführten Rechtsverlustes nicht anschließend von der öffentlichen Hand Geldersatz verlangen"[51]. **1018**

Die Junktimklausel *gilt nicht für vorkonstitutionelle Gesetze*[52] und lässt zu, dass der Gesetzgeber für die Durchführung des Enteignungsverfahrens und die Regelung der Enteignungsentschädigung auf ein allgemeines Enteignungsgesetz verweist[53]. Ob auch sog. salvatorische Entschädigungsklauseln, die eine Entschädigung für den offen gelassenen Fall vorsehen, dass das Gesetz enteignende Wirkung haben sollte, mit der Junktimklausel vereinbar sind, hat das BVerfG dahinstehen lassen[54]. Dem Zweck der Junktimklausel ist nur dann genügt, wenn das Gesetz sich nicht mit salvatorischen Klauseln begnügt, sondern die Tatbestände regelt, bei deren Vorliegen die Rechtsfolge der Entschädigung eintreten soll[55]. Salvatorische Entschädigungsklauseln können aber uU verfassungskonform als ausgleichspflichtige Inhaltsbestimmung (vgl Rn 1012 f) interpretiert werden[56]. **1019**

c) Die Enteignung ist gem. Art. 14 Abs. 3 S. 1 nur zum **Wohl der Allgemeinheit** zulässig. Die Legal- und die Administrativenteignung sind darauf zu prüfen, ob der Gesetzgeber das Wohl der Allgemeinheit richtig oder falsch definiert bzw ob die Verwaltung die definierte Gemeinwohlaufgabe richtig oder falsch konkretisiert hat. Nicht durch das Gemeinwohl gedeckt sind Enteignungen allein aus fiskalischen Gründen[57] oder allein zur Förderung privater Interessen[58]. Die Enteignung muss zum Wohl der Allgemeinheit auch tatsächlich erforderlich sein. **1020**

Beispiele: Eine Enteignung dient nicht der Förderung privater Interessen, wenn die Verwaltung ihre Zwecke in privatrechtlichen Organisationsformen erfüllt und wenn ein Privater öffentliche Aufgaben wahrnimmt (E 66, 248/257; BVerfG, BayVBl. 1999, 756). Eine Enteig- **1021**

50 E 46, 268/287.
51 E 58, 300/324.
52 E 4, 229/237; 46, 268/288.
53 E 56, 249/263 f; vgl *Bryde*, MüK, Art. 14 Rn 88.
54 E 58, 300/346.
55 BVerwGE 84, 361/365; vgl *Detterbeck*, DÖV 1994, 273; *Pietzcker*, JuS 1991, 369; aA BGHZ 99, 24/28; 105, 15/16 f.
56 BVerwGE 94, 1/5; BGHZ 126, 379/381 ff; krit. *Rozek*, S. 105 ff.
57 E 38, 175/180; BVerfG, NJW 1999, 1176.
58 Abw. M. E 56, 266/284 ff.

nung dient nicht allein der Förderung privater Interessen, wenn sie privates Gewinnerzielungs- und Innovationspotenzial mehrt und dadurch der Erhaltung oder Verbesserung der Wirtschaftsstruktur oder der Bekämpfung der Arbeitslosigkeit dient; dabei verlangt das BVerfG vom Gesetzgeber, die entsprechenden strukturpolitischen Gemeinwohlaspekte ausdrücklich und differenziert als Enteignungszwecke zu bezeichnen (E 74, 264/287 ff). – Die Enteignung ist nicht erforderlich, wenn der freihändige Erwerb zumutbar ist, wenn das Vorhaben auch auf einem öffentlichen Grundstück verwirklicht werden kann oder wenn statt der vollständigen auch die teilweise Entziehung, zB eine dingliche Belastung, ausreicht. Weil die Administrativenteignung mehr Rechtsschutzmöglichkeiten bietet als die Legalenteignung, ist sie das mildere Mittel; die Legalenteignung ist daher nur zulässig, wenn eine Administrativenteignung „mit erheblichen Nachteilen für das Gemeinwohl verbunden wäre, denen nur durch eine gesetzliche Regelung begegnet werden kann" (E 95, 1/22). Wenn der Enteignungszweck nachträglich entfällt, hat der ehemalige Eigentümer einen Anspruch auf Rückübereignung (E 38, 175/179 ff; BVerwG, NVwZ 1987, 49).

1022 d) Die Bestimmung der Enteignungsentschädigung muss schließlich gem. Art. 14 Abs. 3 S. 3 unter **gerechter Abwägung** der Interessen der Allgemeinheit und der Beteiligten erfolgen. Dieses Abwägungsgebot richtet sich wieder an Gesetzgebung und Verwaltung; das Gesetz muss jedenfalls einen Entschädigungsrahmen festsetzen, der dem Abwägungsgebot genügt, und die Verwaltung muss ihn dem Abwägungsgebot entsprechend ausfüllen. Daneben richtet sich das Abwägungsgebot auch an die gem. Art. 14 Abs. 3 S. 4 im Streitfall entscheidenden ordentlichen Gerichte. Es erlaubt nicht eine bloß nominelle Entschädigung, verlangt andererseits aber auch nicht die Entschädigung zum vollen Verkehrswert[59]. Dazwischen ist die Entschädigung daran zu orientieren, wieweit das enteignete Eigentum eigener Arbeit und Leistung und wieweit es staatlichen Vorkehrungen oder einfach Zufällen zu verdanken ist[60].

1023 Die *Verletzung* der Gemeinwohlbindung führt ebenso wie die der Junktimklausel zur Verfassungswidrigkeit der Enteignung und dazu, dass der Enteignete keine Entschädigung erhalten kann, sondern sich gegen die Enteignung selbst wehren muss. Für die Verletzung des Abwägungsgebots durch das die Legalenteignung durchführende oder das zur Administrativenteignung ermächtigende Gesetz muss konsequent dasselbe gelten, während die Verletzung durch die Verwaltung im Streitfall von den Gerichten korrigiert werden kann, indem eine höhere Entschädigung zugesprochen wird.

3. Sonstige Eingriffe

1024 a) Soweit die sonstigen Eingriffe **Anwendungs- und Vollzugsakte** von Inhalts- und Schrankenbestimmungen sind, hängt ihre Rechtfertigung wie stets von der Verfassungsmäßigkeit der Bestimmungen und davon ab, dass etwa vorhandene Beurteilungs- und Ermessensspielräume unter Beachtung von Art. 14 Abs. 1 und 2 ausgefüllt werden. Realakte minderer Intensität sind durch die Sozialbindung des Eigentums gerechtfertigt. Erreichen sie die Intensität eines enteignenden oder enteignungsgleichen Eingriffs, stellt sich die Frage einer Entschädigung. Auch bei den Maßnahmen, die

59 E 24, 367/421; 46, 268/285; BGHZ 67, 190/192.
60 Vgl *Papier*, MD, Art. 14 Rn 607 ff.

gesetzlicher Ermächtigung entbehren und daher rechtfertigungsunfähig sind, stellt sich die Frage einer Entschädigung.

b) Allerdings kann die Entschädigung den **enteignungsgleichen Eingriff** nicht nachträglich rechtfertigen und den **enteignenden Eingriff** nicht rechtmäßiger machen, als er schon ist. Von der Frage der verfassungsrechtlichen Rechtfertigung her kann die Berechtigung dieser richterrechtlichen Entschädigungsinstitute überhaupt *bezweifelt* werden: Wenn der Einzelne bei der rechtswidrigen Enteignung nicht einfach dulden und liquidieren kann – warum soll er dies beim (rechtswidrigen) enteignungsgleichen Eingriff können? Warum soll er beim (rechtmäßigen) enteignenden Eingriff überhaupt liquidieren können? Diese Fragen liegen auf der Linie des BVerfG: „Sieht der Bürger in der gegen ihn gerichteten Maßnahme eine Enteignung, so kann er eine Entschädigung nur einklagen, wenn hierfür eine gesetzliche Anspruchsgrundlage vorhanden ist. Fehlt sie, so muss er sich bei den Verwaltungsgerichten um die Aufhebung des Eingriffsaktes bemühen. Er kann aber nicht unter Verzicht auf die Anfechtung eine ihm vom Gesetz nicht zugebilligte Entschädigung beanspruchen“[61]. Angesichts dieser Rechtsprechung wurden die Rechtsinstitute des enteignungsgleichen und enteignenden Eingriffs im Schrifttum zT für *überholt* erklärt[62]. **1025**

Die hL versucht dagegen, die Rechtsinstitute zu *retten*[63]. Sie kann darauf verweisen, dass das BVerfG zum enteignungsgleichen und enteignenden Eingriff ausdrücklich nichts gesagt hat. Sie versteht die beiden Entschädigungsinstitute als Ausprägungen des neben Art. 14 Abs. 3 stehenden, einstmals in §§ 74, 75 Einl. ALR positivierten, richterrechtlich entfalteten, heute gewohnheitsrechtlich anerkannten Gedankens der Aufopferung[64]. Damit eröffnet sich die Perspektive einer ganz vom Eigentumsgrundrecht abgelösten und zB auch Eingriffe in andere Grundrechte umfassenden Haftung für staatliches Unrecht (vgl Rn 82)[65]. **1026**

Ohne Einbußen können die Entschädigungsinstitute des enteignungsgleichen und des enteignenden Eingriffs vor Art. 14 jedoch *keinen Bestand* haben. Eine vom Gesetzgeber als Legal- oder von der Verwaltung als Administrativenteignung gemeinte Maßnahme, die als Enteignung jedoch rechtswidrig und gescheitert ist, kann nicht als enteignungsgleicher Eingriff doch noch zu dem Erfolg für den Staat und zu der Entschädigung für den Betroffenen führen, die von Verfassung wegen nur die Enteignung haben kann: Hier gilt grundsätzlich, dass der Betroffene sich gegen die Maßnahme wehren oder sie entschädigungslos hinnehmen muss[66]. Auch da, wo Eingriffe in das Eigentum gesetzlich ausdrücklich geregelt sind, kann dieses Regelungssystem nicht dadurch gesprengt werden, dass gesetzlich nicht vorgesehene oder gesetzwidrige Eingriffe als enteignungsgleich (mit der Folge der Entschädigung) gerettet werden; sie müssen vor den Verwaltungsgerichten abgewehrt werden. Demgegenüber hält die **1027**

61 E 58, 300/324.
62 *Sendler*, DVBl. 1982, 812/816; *Weber*, JuS 1982, 855; allein für den enteignenden Eingriff *Külpmann*, S. 238 ff; vgl Rn 1012.
63 Exemplarisch *Papier*, MD, Art. 14 Rn 714 ff.
64 BGHZ 91, 20/27 f; 102, 350/357; vgl *Bryde*, MüK, Art. 14 Rn 98 f; *Hendler*, DVBl. 1983, 873/881; *Ossenbühl*, NJW 1983, 1.
65 Vgl BVerfG, NJW 2000, 1402; *Schoch*, Jura 1989, 529/534 f.
66 Vgl *Hendler*, DVBl. 1983, 873/881 f

Rechtsprechung des BGH auch in diesen Fällen an dem Institut des enteignungsgleichen Eingriffs fest; auch sie erkennt allerdings grundsätzlich den Vorrang des primären Rechtsschutzes vor den Verwaltungsgerichten an, wertet eine unterbliebene Anfechtung der Enteignungsmaßnahme als Mitverschulden (§ 254 BGB analog) und schließt den Entschädigungsanspruch für solche Nachteile aus, die der Betroffene durch eine Anfechtung hätte vermeiden können[67].

1028 Es bleiben jedoch Beeinträchtigungen des Eigentums durch *Realakte*, die als unbeabsichtigte Nebenfolge rechtmäßigen Verwaltungshandelns vom Gesetzgeber nicht vorhersehbar und dadurch auch nicht regelbar waren, und es bleiben rechtswidrige Eingriffe, die *sogleich vollzogen* worden sind. Gegen beide kann sich der Einzelne nicht mehr wehren. Der vom BVerfG für diese Fälle angeführte verwaltungsrechtliche Folgenbeseitigungsanspruch richtet sich nur auf die Wiederherstellung des status quo ante, die überhaupt unmöglich sein kann und jedenfalls für zwischenzeitlich erlittene Nachteile keine Entschädigung bietet. Hier zumindest müssen enteignender und enteignungsgleicher Eingriff ihre Bedeutung behalten[68]. Als rechtliche Begründung hierfür könnte die Rechtsprechung des BVerfG herangezogen werden, wonach Inhalts- und Schrankenbestimmungen gelegentlich nur bei finanzieller Entschädigung für verfassungsrechtlich gerechtfertigt angesehen werden (vgl Rn 1012 f): Die Rechtsordnung ist auch insofern Inhalts- und Schrankenbestimmung, als sie derartige enteignende und enteignungsgleiche Eingriffe nicht verhindern kann; sie ist insofern aber nur bei Einräumung eines Entschädigungsanspruchs verfassungsrechtlich gerechtfertigt[69]. Insofern ist die Entschädigung beim enteignungsgleichen und beim enteignenden Eingriff doch Voraussetzung der verfassungsrechtlichen Rechtfertigung.

1029 Insgesamt wird die Rechtslage als unklar, unbefriedigend und *gesetzgeberischer Reform bedürftig* empfunden; die Reform durch das Staatshaftungsgesetz von 1981 war jedoch mit den Kompetenzbestimmungen des Grundgesetzes unvereinbar und ist gescheitert[70]. Seit Ende 1994 hat der Bund gem. Art. 74 Abs. 1 Nr 25 die konkurrierende Gesetzgebungskompetenz für die Staatshaftung, von der er aber noch keinen Gebrauch gemacht hat.

V. Die Institutsgarantie als Schranken-Schranke

1030 Als Schranken-Schranke setzt die Institutsgarantie des Art. 14 Abs. 1 S. 1 den ansonsten verfassungsrechtlich gerechtfertigten Inhalts- und Schrankenbestimmungen sowie der Enteignung *letzte Grenzen*. Über sie darf sich auch keine Eigentumsdefinition hinwegsetzen. Ihre Bedeutung in der Rechtsprechung des BVerfG ist gering, weil das Netz der übrigen Anforderungen verfassungsrechtlicher Rechtfertigung dicht genug ist.

---

67 Vgl BGHZ 90, 17/31 ff; 110, 12/15 f; *Papier*, JuS 1985, 184; mit noch weitergehendem Festhalten an der alten Dogmatik BGHZ 105, 15/16 f; dazu krit. *Ossenbühl*, JZ 1989, 190.

68 Vgl *Ossenbühl*, S. 223 f, 270.

69 Ähnlich sieht *Maurer*, DVBl. 1991, 781, den enteignenden Eingriff in der ausgleichspflichtigen Inhaltsbestimmung aufgehen.

70 E 61, 149.

Die Institutsgarantie sichert einen „Grundbestand von Normen“, die ein Rechtsinstitut ausformen, das den Namen des Eigentums verdient[71]. Um den *Namen des Eigentums* zu verdienen, muss das Rechtsinstitut „Privatnützigkeit“, dh die Zuordnung zu einem Rechtsträger, der zugleich Nutznießer ist, und dessen grundsätzliche Verfügungsbefugnis über den Eigentumsgegenstand gewährleisten[72]. Insofern soll Art. 14 Abs. 1 S. 1 eine „grundlegende Wertentscheidung des Grundgesetzes zu Gunsten des Privateigentums“[73] enthalten. Verwehrt ist aber nur, „dass solche Sachbereiche der Privatrechtsordnung entzogen werden, die zum elementaren Bestand grundrechtlich geschützter Betätigung im vermögensrechtlichen Bereich gehören“[74]. Unter einem wirtschaftspolitisch neutralen Grundgesetz darf Art. 14 dem Gesetzgeber auch nicht mehr an absoluten Bindungen auferlegen. 1031

VI. Vergesellschaftung

Die Vergesellschaftung des Art. 15 ist ein *Eingriff* in das Eigentum, der sich sowohl von den Inhalts- und Schrankenbestimmungen als auch von der Enteignung unterscheidet: Anders als die Inhalts- und Schrankenbestimmungen belässt sie das Eigentum dem Eigentümer nicht, sondern entzieht es ihm; anders als die Enteignung ist sie nicht konkret und individuell, sondern abstrakt und generell. Sie ist strukturelle Enteignung. 1032

Art. 15 lässt sie nur bei *Grund und Boden, Naturschätzen und Produktionsmitteln* zu. Bei anderen vermögenswerten Gütern und Rechten ist nicht die strukturelle Enteignung der Vergesellschaftung, sondern nur eine konkrete und individuelle Enteignung zulässig. Die Entschädigungsregelung ist die des Art. 14 Abs. 3 S. 3 und 4. Sie soll als „Sozialisierungsbremse“[75], nicht aber als Ausschluss der Sozialisierung wirken. Auch daraus folgt, dass das Abwägungsgebot des Art. 14 Abs. 3 S. 3 keine Entschädigung nach dem Verkehrswert verlangen kann. Ob vergesellschaftet wird, ist in die gesetzgeberische Entscheidung gestellt. An den Verhältnismäßigkeitsgrundsatz ist der Gesetzgeber hier nicht gebunden[76]; von der Pflicht zur verhältnismäßigen Berücksichtigung der Eigentümerinteressen des Art. 14 ist er deswegen befreit, weil Art. 15 gegenüber Art. 14 zur eigenen Grundgesetzbestimmung verselbstständigt ist. Nur dies wird auch der Entstehung der Bestimmung gerecht: Die SPD hat dem Grundgesetz nicht zuletzt deswegen zugestimmt, weil es ihr in Art. 15 die Möglichkeit eröffnete, bei entsprechender Mehrheit im Parlament eine grundlegende Umgestaltung der Wirtschaftsordnung vorzunehmen[77]. 1033

71 E 24, 367/389.
72 E 91, 294/308.
73 E 21, 150/155.
74 E 24, 367/389.
75 *Bryde*, MüK, Art. 15 Rn 22.
76 *Bryde*, MüK, Art. 15 Rn 10; *Rittstieg*, AK, Art. 14/15 Rn 250; aA *Schliesky*, BK, Art. 15 Rn 55; *Sieckmann*, FH, Art. 15 Rn 28 ff; diff. *Durner*, MD, Art. 15 Rn 85.
77 Vgl *Bryde*, MüK, Art. 15 Rn 1.

1034 **Lösungsskizze zum Fall 20 (Rn 970):** I. Die Buchshecke steht im zivilrechtlichen Eigentum von E (§ 94 BGB) und fällt insofern unter den *Eigentumsbegriff* von Art. 14 Abs. 1 S. 1. Es fragt sich aber, ob das Abschlagenlassen und Verkaufen der Buchshecke als Nutzung vom Schutzbereich des Eigentums umfasst ist. Sieht man das Eigentum an Naturdenkmälern als durch das naturschutz- oder landschaftsgesetzliche Beseitigungs- und Veränderungsverbot definiert, dann könnte die fragliche Nutzung aus dem Schutzbereich von Art. 14 Abs. 1 S. 1 herausfallen. Die durch die Naturschutz- und Landschaftsgesetze eingeführten Beseitigungs- und Veränderungsverbote sind jedoch neueren Datums und haben hier einen schon vorhandenen Bestand vorgefunden. Das Eigentum an der Buchshecke ist also nicht etwa durch die genannten Gesetze lediglich definiert. – II. Die mit dem Verbot des Abholzens verbundene Festsetzung der Buchshecke als Naturdenkmal durch die zuständige Behörde ist ein *Eingriff*. Fraglich ist, welcher Art der Eingriff ist. 1. Eine *Entziehung* scheidet aus. E soll sowohl das Grundstück, dessen wesentlicher Bestandteil die Buchshecke ist, als auch diese selbst behalten dürfen, sogar müssen; damit entfällt eine vollständige Entziehung. Auch eine teilweise Entziehung scheidet aus; denn das Eigentum selbst soll E ganz erhalten bleiben, nur sein Eigentümerbelieben, seine Eigentümerbefugnisse sollen verkürzt werden (vgl auch BGH, DVBl. 1957, 861). 2. Beim Verbot, die Buchshecke abholzen zu lassen und zu verkaufen, handelt es sich mithin um eine *Beschränkung* des Eigentums. – III. Diese Beschränkung ist *verfassungsrechtlich gerechtfertigt*, wenn sie in Anwendung oder Vollzug einer verfassungsmäßigen Inhalts- und Schrankenbestimmung erfolgt ist. 1. Zu den Beseitigungs- und Veränderungsverboten der Naturschutz- und Landschafts*gesetze* lässt sich vertreten, dass sie um der Eigenart des vermögenswerten Guts willen überhaupt geboten sind: Eine für die Gefährdung der Natur sensible Zeit hat erkannt, dass die nur knapp vorhandenen und kaum vermehrbaren Naturschönheiten nicht entbehrt werden können. Naturschönheiten dürfen dem freien Spiel der Kräfte und Belieben des Einzelnen nicht vollständig überlassen werden. Zwar kann bei einem Verbot der Veräußerung besondere Behutsamkeit verlangt werden, weil das Veräußern ein elementarer Bestandteil der Eigentumsfreiheit ist. Als Naturschönheit, an der viele Freude haben, stehen diese Eigentumsobjekte jedoch in einem sozialen Bezug und haben eine soziale Funktion. Da die Naturschutz- und Landschaftsgesetze auch einen Ausgleich von Eingriffen durch finanzielle Entschädigung vorsehen, sind sie insgesamt verfassungsrechtlich gerechtfertigt. 2. Auch der *Vollzug* der einschlägigen Gesetze lässt keinen Rechtsfehler erkennen. Den Eingriff hier nur bei finanzieller Entschädigung zuzulassen, besteht kein Anlass, weil die Buchshecke zwar auch aus wirtschaftlichen Gründen angepflanzt worden war, ihren Wert aber nicht durch Arbeit und Leistung gewonnen hat (aA *Lege*, Jura 2011, 826/839). Sie zu behalten, belastet E auch nicht wirtschaftlich unzumutbar.

1035 **Literatur:** Zu Art. 14 allgemein: *A. v. Brünneck*, Die Eigentumsgarantie des Grundgesetzes, 1984; *D. Ehlers*, Eigentumsschutz, Sozialbindung und Enteignung bei der Nutzung von Boden und Umwelt, VVDStRL 51, 1992, 211; *R. Hendler*, Zur Inhalts- und Schrankenbestimmung des Eigentums, in: FS Maurer, 2000, S. 127; *H.D. Jarass*, Inhalts- und Schrankenbestimmung oder Enteignung?, NJW 2000, 2841; *H. Jochum/W. Durner*, Grundfälle zu Art. 14 GG, JuS 2005, 220, 320, 412; *J. Lege*, Das Eigentumsgrundrecht aus Art. 14 GG, Jura 2011, 507, 826; *L. Osterloh*, Eigentumsschutz, Sozialbindung und Enteignung bei der Nutzung von Boden und Umwelt, DVBl. 1991, 906; *H.-J. Papier*, Der Stand des verfassungsrechtlichen Eigentumsschutzes, in: Depenheuer (Hrsg.), Eigentum, 2005, S. 93; *G. Schwerdtfeger*, Die dogmatische Struktur der Eigentumsgarantie, 1983; *D. Waschull*, Das Unternehmen im engeren Sinne als verfassungsrechtliches Eigentum, 1999. – Speziell zu Enteignung, enteignendem und enteignungsgleichem Eingriff: *A.v. Arnauld*, Enteignender und enteignungsgleicher Eingriff heute, VerwArch 2002, 394; *M. Baldus/B. Grzeszick/S. Wienhues*, Staatshaftungsrecht, 3. Aufl. 2009;

S. Detterbeck/K. Windthorst/H.-D. Sproll, Staatshaftungsrecht, 2000; *C. Külpmann*, Enteignende Eingriffe, 2000; *H. Maurer*, Enteignungsbegriff und Eigentumsgarantie, in: FS Dürig, 1990, S. 293; *F. Ossenbühl*, Staatshaftungsrecht, 5. Aufl. 1998; *J. Rozek*, Die Unterscheidung von Eigentumsbindung und Enteignung, 1998; *W. Sass*, Art. 14 GG und das Entschädigungserfordernis, 1992; *A. Scherzberg*, Die Subsidiarität des „enteignungsgleichen Eingriffs", DVBl. 1991, 84; *J. Schwabe*, Die Misere des Enteignungsbegriffs, in: FS Thieme, 1993, S. 251.

Anhang: Aufbauschemata

Die Frage, ob ein **Gesetz Art. 14 verletzt**, ist in folgenden Einzelfragen abzuarbeiten: **1036**

I. Unterfällt die vom Gesetz betroffene Vermögensposition nach
   1. Begriff und
   2. Umfang

   dem Schutzbereich der Eigentumsgarantie?

II. Greift das Gesetz in die Eigentumsfreiheit ein, dh
   1. verkürzt es Eigentümerbefugnisse durch abstrakt-generelle Inhalts- und Schrankenbestimmungen oder
   2. entzieht es konkret-individuell Eigentumspositionen vollständig oder teilweise (Legalenteignung) oder ermächtigt es die Verwaltung zu solchen Entziehungen (Administrativenteignung)?

III. Ist der Eingriff verfassungsrechtlich gerechtfertigt?
   1. Ist das Gesetz kompetenz- und verfahrensgemäß zustandegekommen?
   2. Bei Enteignungen:
      a) Handelt es sich um ein Parlamentsgesetz, das selbst die Vorhaben und die Voraussetzungen der Enteignung regelt?
      b) Sieht das Gesetz eine Entschädigung vor (Junktimklausel)?
      c) Hat die Enteignung das Wohl der Allgemeinheit zum Ziel?
      d) Ist die Enteignung zum Wohl der Allgemeinheit geeignet und erforderlich?
      e) Regelt das Gesetz Art und Ausmaß der Entschädigung unter gerechter Abwägung der Interessen der Allgemeinheit und der Beteiligten?
   3. Bei Inhalts- und Schrankenbestimmungen:
      a) Handelt es sich um ein Parlamentsgesetz, wenn wesentliche Eigentumsregelungen getroffen werden?
      b) Ist das Gesetz zur Erreichung eines legitimen Zwecks geeignet und erforderlich?
      c) Trägt es der Eigenart des vermögenswerten Guts oder Rechts und dessen Bedeutung für den Eigentümer Rechnung, uU durch Entschädigungs- und Übergangsregelungen?
   4. Respektiert das Gesetz die Institutsgarantie?

Werden die einschlägigen Einzelfragen bejaht, dann verletzt das Gesetz Art. 14 nicht; wenn das **1037**
Gesetz das Eigentum durch Enteignung entzieht, bleibt die Eigentumsgarantie nicht als Bestands-, wohl aber als Wertgarantie gewahrt. Wird eine Einzelfrage verneint, dann liegt eine Verletzung des Eigentums vor, bei der nicht einfach geduldet und liquidiert werden kann, sondern die entweder geduldet oder gerichtlich abgewehrt werden muss.

1038 Die Frage, ob ein **Handeln der Verwaltung Art. 14 verletzt**, ist in folgenden Einzelfragen abzuarbeiten:

I. Unterfällt die vom Verwaltungshandeln betroffene Vermögensposition nach
   1. Begriff und
   2. Umfang
   dem Schutzbereich der Eigentumsgarantie?

II. Greift das Verwaltungshandeln in die Eigentumsfreiheit ein, dh
   1. beschränkt es Eigentümerbefugnisse oder
   2. entzieht es Eigentumspositionen?

III. Ist das Verwaltungshandeln verfassungsrechtlich gerechtfertigt?
   1. Bei Beschränkungen: Erfolgt die Beschränkung in Anwendung oder Vollzug verfassungsmäßiger Inhalts- und Schrankenbestimmungen?
   2. Bei Entziehungen: Erfolgt die Entziehung als Administrativenteignung gegen Entschädigung auf Grund entsprechender verfassungsmäßiger Ermächtigung?
   3. Ist die Beschränkung bzw Entziehung ihrerseits verfassungsmäßig (vgl Rn 360 unter III. 2.)?
   4. Bei unmittelbaren Eingriffen, die ein Sonderopfer abverlangen und hinreichend intensiv sind:
      a) Erfolgen sie
         – als unbeabsichtigte, nicht vorhersehbare und nicht regelbare Nebenfolge rechtmäßigen Verwaltungshandelns (enteignender Eingriff)?
         – durch rechtswidriges, sofort vollzogenes Verwaltungshandeln (enteignungsgleicher Eingriff)?
      b) Sind sie nicht mehr abzuwehren?
      c) Erfolgen sie gegen Entschädigung?

1039 Werden die einschlägigen Einzelfragen bejaht, dann verletzt das Verwaltungshandeln Art. 14 nicht. Die gutachtliche Fallfrage gilt oft nicht einfach der Vereinbarkeit des Verwaltungshandelns mit Art. 14, sondern der Entschädigung. Die Prüfung ist dann entsprechend anders aufzubauen. Sie kann ergeben, dass das Verwaltungshandeln schon ohne Entschädigung mit Art. 14 vereinbar ist (III. 1./3.) oder dass es nur gegen Entschädigung mit Art. 14 vereinbar ist und dass die Entschädigung daher verlangt werden kann (III. 2./3. u. 4.). Sie kann aber auch ergeben, dass das Verwaltungshandeln auch gegen Entschädigung nicht mit Art. 14 vereinbar ist (III. 4. Verneinung von a oder b) und dass daher keine Entschädigung verlangt, sondern nur das Verwaltungshandeln gerichtlich abgewehrt werden kann.

§ 24 Schutz vor Ausbürgerung und Auslieferung und das Asylrecht (Art. 16, 16a)

1040 **Fall 21:** Die bosnische Muslimin

B ist Bosnierin muslimischen Glaubens. Im November 1991 reiste sie über Frankreich in das Bundesgebiet ein. Im Laufe des Jahres 1992 griff der Bürgerkrieg im ehemaligen Jugoslawien auch auf Bosnien-Herzegowina über. Den bosnischen Serben gelang es, mehr als die Hälfte des Landes unter ihre Herrschaft zu bringen. In den von ihnen beherrschten Gebieten errichteten sie Gefangenenlager, in denen es zu systematischen Misshandlungen, Folterungen, Vergewaltigungen und außergerichtlichen Hinrichtungen vor allem gefangener Muslime kam. Das administrative und wirtschaftliche System in Bosnien-Herzegowina brach vollständig zusammen. In dieser Situation stellt B einen Asylantrag. Hat sie Anspruch auf politisches Asyl? **Rn 1080**

I. Überblick

Art. 16 und 16a enthalten drei Verbürgungen: 1041
- den Schutz Deutscher vor Ausbürgerung,
- den Schutz Deutscher vor Auslieferung und
- das Recht Jedermanns auf politisches Asyl.

Der sachliche Zusammenhang dieser drei Verbürgungen besteht darin, dass ihnen die Anknüpfung an ein status- oder territorialrechtliches Band zwischen der Bundesrepublik Deutschland und einem Einzelnen gemeinsam ist. Dieser kann das eine Mal als Deutscher oder deutscher Staatsangehöriger, das andere Mal als politisch verfolgter Ausländer Rechte geltend machen, und zwar auf Aufrechterhaltung des personenrechtlichen Status (Art. 16 Abs. 1) und auf Einreise und Aufenthalt auf deutschem Territorium (Art. 16 Abs. 2 und Art. 16a). Dabei sind der Schutz vor Ausbürgerung und das Recht auf politisches Asyl Grundrechte, der Schutz vor Auslieferung ist grundrechtsdogmatisch Schranken-Schranke zu Art. 11 (vgl Rn 867).

Die Unterscheidung der Begriffe des Deutschen und des deutschen Staatsangehörigen von dem 1042
Begriff des Ausländers kennzeichnet verschieden geartete Rechtsbeziehungen. Sie beruhen auf zwei gegenläufigen Prinzipien moderner Staatlichkeit, der Personalhoheit und der Gebietshoheit. Inhalt des ersten Prinzips ist die Zuordnung von Personen zu einem Staat, der ihnen Schutz bietet und von ihnen Gehorsam verlangt und beides selbst dann, wenn sie das Staatsgebiet verlassen. Gebietshoheit meint die grundsätzlich alleinige, dh andere Staaten ausschließende Herrschaftsausübung auf einem Teil der Erdoberfläche über alle dort befindlichen Personen und Sachen. Beide Prinzipien sind Ausdruck staatlicher Souveränität. Staatsangehöriger eines Staates ist, wer dessen Personalhoheit unterliegt, Fremder oder Ausländer hingegen, wer zwar der Gebietshoheit eines Aufenthaltsstaates unterliegt, nicht aber dessen Personalhoheit, sondern keinem Staat (sog. Staatenloser) oder einem anderen, dem sog. Heimatstaat, durch ein solches personales Band verbunden ist.

Die Verbürgungen des Art. 16 und 16a hängen auch historisch miteinander zusammen. Das 1043
Entziehungsverbot des Art. 16 Abs. 1 S. 1 reagiert auf die vorwiegend rassistisch motivierte Ausbürgerungspraxis im nationalsozialistischen Deutschland. Auch das Asylrecht des Grundgesetzes ging ursprünglich auf Erfahrungen im und mit dem Dritten Reich zurück, weil damals rassisch bzw politisch verfolgte Deutsche, wenn überhaupt, so nur unter erheblichen Schwierigkeiten im Ausland Schutz finden konnten und weil mit der Schaffung eines vorbehaltlosen Asylgrundrechts Menschen, die sich in einer ähnlichen politischen Lage in anderen Staaten befinden, geholfen werden sollte. Nur das Auslieferungsverbot, wie es heute in Art. 16 Abs. 2 normiert ist, wurde schon Ende des 19. Jahrhunderts als wesentlicher Bestandteil des Reichsbürgerrechts und eigentlich in die Reichsverfassung gehörig bezeichnet[1]. Es war seit 1871 aber nur einfach-gesetzlich verankert, erst 1919 wurde es in die Verfassung aufgenommen (Art. 112 Abs. 3 WRV).

1 Vgl *Laband*, Das Staatsrecht des Deutschen Reiches, 5. Aufl. 1911, 1. Bd., S. 155.

II. Schutz vor Ausbürgerung (Art. 16 Abs. 1)

1. Schutzbereich

1044 Art. 16 Abs. 1 S. 1 schützt vor dem Entzug der deutschen Staatsangehörigkeit; Art. 16 Abs. 1 S. 2 nennt die Voraussetzungen, unter denen gesetzlich festgelegte Tatbestände den Verlust der deutschen Staatsangehörigkeit vorsehen dürfen. Berechtigt sind hieraus nur deutsche Staatsangehörige (vgl Rn 123), nicht auch Status-Deutsche[2].

2. Eingriffe

1045 Art. 16 Abs. 1 kennt die Entziehung gem. Satz 1 und den Verlust gem. Satz 2. Satz 2 kennt weiter den Verlust mit Willen des Betroffenen und den Verlust gegen den Willen des Betroffenen. Klärungsbedürftig ist das Verhältnis zwischen der Entziehung gem. Satz 1 und dem Verlust gegen den Willen des Betroffenen gem. Satz 2. Denn mit dem Begriff der Entziehung verbindet sich sowohl die Folge des Verlusts als auch das Merkmal der mangelnden Freiwilligkeit; aber wegen der unterschiedlichen Rechtsfolgen müssen die Entziehung gem. Satz 1 und der Verlust gegen den Willen des Betroffenen gem. Satz 2 unterschiedliche Tatbestände bezeichnen. Der Verfassunggeber[3] hatte in der Tat drei Tatbestandsgruppen vor Augen:

- den Verlust mit Willen des Betroffenen, heute besonders durch Entlassung, Verzicht und Erklärung (vgl § 17 Nr 1, 3 und 6 StAG),
- die überkommenen Tatbestände des Verlusts gegen den Willen des Betroffenen, besonders bei Erwerb einer ausländischen Staatsangehörigkeit, ursprünglich durch Eheschließung (vgl § 17 Nr 6 RuStAG aF), heute auf Antrag oder durch Adoption (§ 17 Nr 2 und 4 StAG),
- die willkürliche Entziehung der Staatsangehörigkeit, besonders die Ausbürgerung und Aberkennung der Staatsangehörigkeit aus politischen Gründen.

1046 Der Wortlaut spiegelt diese dreifache Unterscheidung nicht klar wider. Um zwischen dem Verlust gegen den Willen des Betroffenen gem. Satz 2 und der Entziehung gem. Satz 1 tatbestandlich deutlicher zu unterscheiden, wird daher im Schrifttum gelegentlich der Entziehung als weiteres Merkmal die Unvermeidbarkeit beigelegt; der gegen den Willen erfolgende Verlust bei Erwerb einer ausländischen Staatsangehörigkeit sei vermeidbar, die Entziehung durch Ausbürgerung und Aberkennung der Staatsangehörigkeit dagegen unvermeidbar, da sie erfolge, „ohne auf den Willen oder das Verhalten des Betroffenen in irgendeiner Weise Rücksicht zu nehmen“[4]. Auch damit ist das Problem nicht gelöst, denn die Aberkennung der Staatsangehörigkeit aus politischen Gründen erfolgt natürlich mit Rücksicht auf die politische Einstellung und das politische Verhalten des Betroffenen. Das BVerfG setzt an die Stelle des Begriffs der Vermeidbarkeit den der zumutbaren Beeinflussbarkeit; Entziehung liegt dann vor,

2 BVerwGE 8, 340/343; *Masing*, DR, Art. 16 Rn 42; aA *Becker*, MKS, Art. 16 Rn 57.
3 Vgl JöR 1951, 159 ff.
4 *Randelzhofer*, MD, Art. 16 Abs. I Rn 49.

wenn es nicht zumutbar ist, den Verlust, etwa durch Änderung der politischen Einstellung oder des politischen Verhaltens, zu beeinflussen[5].

Umstritten ist, ob die *Rücknahme einer fehlerhaften Einbürgerung* eine Entziehung im definierten Sinne und damit unzulässig ist. Dafür spricht zwar, dass die bloß fehlerhafte, aber nicht nichtige Einbürgerung gem. § 43 VwVfG verbindlich ist, also eine Rechtsposition begründet, die nur noch entzogen werden kann[6]. Aber die Rücknahme kann, „wenn der Verwaltungsakt durch arglistige Täuschung, Drohung oder Bestechung oder durch vorsätzlich unrichtige oder unvollständige Angaben, die wesentlich für seinen Erlass gewesen sind" (§ 35 Abs. 1 StAG), nicht als willkürliche Entziehung angesehen werden. In solchen Fällen ist die Rücknahme zulässig[7]. Fällt rückwirkend die deutsche Staatsangehörigkeit eines Kindes aufgrund erfolgreicher Vaterschaftsanfechtung weg, stellt dies keine unzulässige Entziehung dar[8]. 1047

3. Verfassungsrechtliche Rechtfertigung

Art. 16 Abs. 1 S. 1 verbietet die Entziehung der Staatsangehörigkeit vorbehaltlos. Der Verlust der Staatsangehörigkeit steht dagegen unter einem Gesetzesvorbehalt. Für den Fall, dass der Verlust gegen den Willen des Betroffenen erfolgt, ist der Gesetzesvorbehalt dadurch qualifiziert, dass der Verlust nicht zur Staatenlosigkeit des Betroffenen führen darf. 1048

Beispiele: Der Verlust gem. §§ 17 Nr 1, 18 StAG (Entlassung) ist zulässig, weil er mit Willen erfolgt. Der Verlust gem. §§ 17 Nr 2, 25 StAG (Erwerb einer ausländischen Staatsangehörigkeit) ist zulässig, weil er zwar gegen den Willen des Betroffenen erfolgt, aber nicht zu dessen Staatenlosigkeit führt; denn der Verlust tritt erst mit rechtswirksamem Erwerb der ausländischen Staatsangehörigkeit ein (BVerfG, NVwZ 2007, 441). 1049

III. Auslieferungsverbot (Art. 16 Abs. 2)

1. Schutzbereich

Art. 16 Abs. 2 schützt den Bürger davor, „gegen seinen Willen aus der ihm vertrauten Rechtsordnung entfernt (zu) werden"[9]. Berechtigt sind – anders als bei Art. 16 Abs. 1 (vgl Rn 1044) – alle Deutschen (vgl Rn 121 ff). 1050

2. Eingriff

Auslieferung bedeutet die – notfalls zwangsweise – Entfernung eines Deutschen aus dem Hoheitsbereich der Bundesrepublik Deutschland, verbunden mit der Überführung in den Bereich einer Macht auf deren Ersuchen. Eine derartige Macht ist auch, 1051

---

5 E 116, 24/44 f.
6 *Lübbe-Wolff*, Jura 1996, 57/62.
7 E 116, 24/36 ff; vgl auch *Kämmerer*, BK, Art. 16 Rn 57 ff; *Masing*, DR, Art. 16 Rn 74; *Zimmermann/Tams*, FH, Art. 16 Rn 48 f.
8 BVerfG, NJW 2007, 425.
9 E 113, 273/293.

wie sich aus Art. 16 Abs. 2 S. 2 ergibt, ein internationaler Gerichtshof. Unter die Auslieferung fällt auch die sog. *Durchlieferung*, wenn ein Deutscher von einem Staat an einen anderen unter Durchquerung der Bundesrepublik Deutschland ausgeliefert wird; weder ist die Weitergabe an den Bestimmungsstaat noch die Rückführung an den übergebenden Staat erlaubt[10].

1052 Von der Auslieferung zu unterscheiden ist die *Ausweisung* eines Deutschen. Darunter versteht man das ohne Ersuchen eines anderen Staates an einen Deutschen ergehende Gebot, die Bundesrepublik egal wohin zu verlassen. Gegen die Ausweisung und deren Vollzug, die sog. *Abschiebung*, schützt aber Art. 11 (vgl Rn 867).

1053 Schwierig ist der Fall der sog. *Rücklieferung* zu beurteilen. Darunter versteht man die Auslieferung eines Deutschen ins Ausland, nachdem dieser zuvor nur vorläufig auf Grund einer Rückführungszusage aus dem Ausland in die Bundesrepublik Deutschland verbracht worden ist. Das BVerfG[11] hat hierin keine verbotene Auslieferung gesehen, weil die Rücklieferung nur wieder den Zustand herstellt, der schon vor der vorläufigen Verbringung in das Bundesgebiet bestanden hat, sich also per saldo die Lage des Betroffenen nicht verschlechtert hat. Diese Erwägung hat jedoch vor der strikten Anordnung des Art. 16 Abs. 2, wonach ein Deutscher niemals gegen seinen Willen einer anderen Macht zugeführt werden darf, keinen Bestand[12]. Danach ist schon die Abgabe einer Rücklieferungszusicherung verboten, und ihr darf, falls sie doch abgegeben worden ist, nicht nachgekommen werden (auch wenn sich die Bundesrepublik Deutschland dadurch möglicherweise nach völkerrechtlichen Grundsätzen haftbar macht).

3. Verfassungsrechtliche Rechtfertigung

1054 Das Auslieferungsverbot steht unter dem *qualifizierten Gesetzesvorbehalt* des Art. 16 Abs. 2 S. 2. Das Gesetz darf Auslieferungen nur an einen Mitgliedstaat der Europäischen Union oder an einen internationalen Gerichtshof, zB den Internationalen Strafgerichtshof (IStGH), und nur dann zulassen, wenn für den Ausgelieferten dort rechtsstaatliche Grundsätze, wie richterliche Unabhängigkeit, rechtliches Gehör, faires Verfahren und Unschuldsvermutung, gewährleistet sind. Nach dem BVerfG[13] darf eine Auslieferung auch bei maßgeblichem Inlandsbezug der vorgeworfenen Straftat nicht erfolgen.

10 E 10, 136/139.
11 E 29, 183/193 f.
12 Vgl *Kämmerer*, BK, Art. 16 Rn 87; *Masing*, DR, Art. 16 Rn 91; aA *Zimmermann/Tams*, FH, Art. 16 Rn 89.
13 E 113, 273/302 f, 331, 342 f.

IV. Asylrecht (Art. 16a)

1. Schutzbereich

Das BVerwG definiert den *Begriff des politisch Verfolgten* in Art. 16a Abs. 1 ausgehend von der Genfer Flüchtlingskonvention vom 28.6.1951[14]. Politisch verfolgt ist, wer „wegen seiner Rasse, Religion, Nationalität, Zugehörigkeit zu einer sozialen Gruppe oder wegen seiner politischen Überzeugung Verfolgungsmaßnahmen mit Gefahr für Leib oder Leben oder Beschränkungen seiner persönlichen Freiheit ausgesetzt ist oder solche Verfolgungsmaßnahmen begründet befürchtet"[15]. Weitere Kriterien, zB „irreversible, schicksalhafte homosexuelle Prägung", treten hinzu; entscheidend ist, dass jemand „Verfolgungsmaßnahmen deshalb befürchten muss, weil er auf Grund unabänderlicher persönlicher Merkmale anders ist, als er nach Ansicht des Verfolgers zu sein hat"[16]. 1055

a) **Verfolgung** ist Beeinträchtigung von Rechtsgütern, die den Betroffenen in eine ausweglose Lage bringt[17]. Sie kann alle Lebensbereiche beeinträchtigen, auch den religiösen, den kulturellen und den wirtschaftlichen[18]. Soweit die Beeinträchtigungen Leben, Leib oder persönliche Freiheit nicht gezielt verletzen oder gefährden und auch soweit sie andere Rechtsgüter betreffen, sind sie nur bei menschenwürdeverletzender Intensität Verfolgung iSv Art. 16a Abs. 1[19]. Bei „Nachteilen, die jemand auf Grund der allgemeinen Zustände in seinem Heimatstaat zu erleiden hat, wie Hunger, Naturkatastrophen, aber auch bei den allgemeinen Auswirkungen von Unruhen, Revolutionen und Kriegen" liegt Verfolgung nicht vor[20]. 1056

Beispiele: Die Beeinträchtigung der beruflichen Betätigung begründet Verfolgung nur dann, wenn das Existenzminimum nicht mehr gewährleistet ist (BVerwGE 88, 367/374); Beeinträchtigungen der Religionsfreiheit sind nur dann Verfolgung, wenn das „religiöse Existenzminimum", dh die Religionsausübung im häuslich-privaten Bereich nicht mehr gewährleistet ist (E 76, 143/158 ff; 81, 58/66; BVerwGE 120, 17/20 f). 1057

Verfolgungsfurcht setzt *Verfolgungsgefahr* voraus. Diese ist gegeben, wenn dem Asylsuchenden politische Verfolgung mit überwiegender Wahrscheinlichkeit droht, sodass ihm der Aufenthalt in seinem Heimatstaat nicht zumutbar ist[21]. Für Vorverfolgte, bei denen schon vor Verlassen des Heimatstaats eine Verfolgung stattgefunden oder unmittelbar gedroht hat, ist der Wahrscheinlichkeitsmaßstab herabgestuft; bei der Rückkehr muss ein Wiederaufleben der ursprünglichen Verfolgung oder eine gleichartige Verfolgung mit hinreichender Wahrscheinlichkeit ausgeschlossen sein[22]. Bei dem, der sich selbst dem Schutz seines Heimatstaats unterstellt, ist davon auszugehen, dass ihm dort keine Verfolgung (mehr) droht[23]. 1058

14 BGBl. 1953 II, 559; vgl auch E 94, 115/134 f.
15 BVerwGE 67, 184/186; krit. *Selk*, NVwZ 1990, 1133/1135.
16 BVerwGE 79, 143/146.
17 E 74, 51/64.
18 *Kimminich*, BK, Art. 16 Rn 181.
19 E 54, 341/357; 76, 143/158; BVerwGE 80, 321/324.
20 E 80, 315/335.
21 E 76, 143/167; BVerwGE 89, 162/169.
22 E 54, 341/356 ff; BVerwGE 104, 97/99 ff.
23 Vgl BVerwGE 89, 231/233 ff.

1059 Der Betroffene befindet sich dann nicht (mehr) in auswegloser Lage, wenn er eine Fluchtalternative hat. Eine sog. *inländische Fluchtalternative* besteht, wenn der Betroffene nicht überall in seinem Heimatland schutzlos ist, sondern in verfolgungsfreie Landesteile ausweichen kann. Das BVerfG spricht in diesem Zusammenhang von einem „mehrgesichtigen Staat", der in verschiedenen Landesteilen unterschiedliche politische Zwecke verfolgt und unterschiedliche Kultur- und Rechtsordnungen zulässt[24]. Entsprechend ist nicht mehr verfolgt, wem die Rückkehr in sein Heimatland[25] oder nur schon in bestimmte Gegenden seines Heimatlandes wegen zwischenzeitlich eingetretener Änderungen der dortigen politischen Lage zugemutet werden kann[26]; das soll selbst dann gelten, wenn dort keine staatliche Friedensordnung mehr besteht[27]. An einer zumutbaren Fluchtalternative fehlt es aber dann, wenn der Betroffene dort existenziell gefährdet ist, weil er auf Dauer ein Leben am Rand des wirtschaftlichen Existenzminimums zu erwarten hat[28].

1060 Auch bei einer sog. *ausländischen Fluchtalternative* ist die Situation des Betroffenen nicht (mehr) ausweglos. Eine solche besteht, wenn der Betroffene in einem anderen Staat Aufnahme und Schutz vor Verfolgung gefunden hat. Objektive Sicherheit[29] vor Verfolgung ist besonders dann gegeben, wenn die Flucht im Drittstaat ihr Ende gefunden hat[30]. Entsprechend der inländischen Fluchtalternative muss der Betroffene im Drittstaat auch vor einer Existenzbedrohung durch Obdachlosigkeit, Mittellosigkeit, Krankheit und Hunger sicher sein[31].

1061 **b)** Die Verfolgung muss **gegenwärtig** oder gegenwärtig zu befürchten sein. Dies ist nicht der Fall, wenn jemand erst mehrere Jahre nach erlittener, aber beendeter Verfolgung seinen Heimatstaat[32] oder einen von diesem beherrschten Drittstaat[33] verlässt oder in seinen inzwischen verfolgungsfreien Heimatstaat zurückkehren kann[34]. Ihren Anlass kann die Verfolgung oder Verfolgungsfurcht aber auch in sog. Nachfluchtgründen haben, dh in nach Verlassen des Heimatstaates eingetretenen Handlungen, Vorgängen oder Ereignissen wie zB in einem Putsch oder einer Revolution im Heimatstaat, im Beitritt zu einer Exilorganisation oder in der Stellung eines Asylantrags durch den Asylbewerber.

1062 Dabei schränkt die Rechtsprechung ein: Grundsätzlich verlange das Asylrecht den kausalen Zusammenhang zwischen Verfolgung und Flucht. Danach könne das bloße illegale Verlassen des Heimatstaates allein keinen Asylanspruch begründen[35]. Nach der Flucht einsetzende Verfolgung oder Verfolgungsfurcht könne das Asylrecht allerdings dann begründen, wenn sie durch sog. *objektive Nachfluchttatbestände*, dh durch

24 E 80, 315/342 f; vgl auch E 81, 58/65 f.
25 BVerwGE 124, 276/281 ff.
26 BVerwGE 85, 139/146; 112, 345/347 f.
27 BVerwGE 108, 84/90.
28 E 80, 315/344; 81, 58/65 f; BVerwGE 105, 211 f; 131, 186/190.
29 BVerwGE 77, 150/152.
30 BVerwGE 79, 347/351; 84, 115/121; vgl auch § 27 Abs. 3 AsylVfG.
31 BVerwGE 78, 332/345 f; 88, 226/232.
32 BVerwGE 87, 52/53 f.
33 BVerwGE 89, 171/175 f.
34 E 54, 341/360.
35 BVerwGE 81, 41/46.

„Vorgänge oder Ereignisse im Heimatland" oder sonstige vom Betroffenen nicht selbst herbeigeführte Umstände ausgelöst werde[36]. Sog. *subjektive* oder selbstgeschaffene Nachfluchttatbestände seien dagegen grundsätzlich unbeachtlich; etwas anderes gelte nur, wenn sie „sich als Ausdruck und Fortführung einer schon während des Aufenthalts im Heimatstaat vorhandenen und erkennbar betätigten festen Überzeugung darstellen"[37] oder Folge einer zum Nachfluchtverhalten drängenden, zumindest latenten Gefährdungslage im Heimatstaat sind[38] oder wenn Verfolgung unter Verletzung der Menschenwürde drohe[39]. Bei unbeachtlichen subjektiven Nachfluchtgründen kommt allerdings Abschiebungsschutz nach § 60 Abs. 1 AufenthG in Betracht[40].

c) Die Verfolgung muss eine **eigene** sein. Dass jemand einer Gruppe zugehört, die Verfolgungsmaßnahmen ausgesetzt ist, begründet eigene politische Verfolgung, wenn alle Gruppenangehörigen dasselbe asylerhebliche Merkmal teilen, sich in einer nach Ort und Zeit vergleichbaren Lage befinden und wenn jeder angesichts einer hinreichenden Vielzahl von Verfolgungsschlägen (sog Verfolgungsdichte) oder eines staatlichen Verfolgungsprogramms befürchten muss, jederzeit selbst Opfer der Verfolgungsmaßnahmen zu werden[41]. Familiäre Verbundenheit mit einem Verfolgten begründet als solche noch keine eigene Verfolgung[42]. Allerdings ist bei Ehegatten und minderjährigen Kindern, nicht aber bei anderen Verwandten anerkannt, dass sie gewissermaßen stellvertretend politisch verfolgt werden können; daraus resultiert eine widerlegliche Vermutung für eigene politische Verfolgung[43]. Daher räumt § 26 AsylVfG Ehegatten und minderjährigen Kindern von Asylberechtigten unter bestimmten Voraussetzungen die Rechtsstellung von Asylberechtigten ein. **1063**

Beispiel: Eine kleine Minderheit, wie die Jeziden in der Türkei, wird mit solcher Härte, Ausdauer und Unnachsichtigkeit verfolgt, dass jeder Angehörige dieser Minderheit sich ständig der Gefährdung an Leib, Leben oder persönlicher Freiheit ausgesetzt sieht (E 83, 216/232; BVerwGE 88, 367/371 ff). **1064**

d) Die Verfolgung muss eine **politische** sein, obwohl die Asylgewährung selbst nicht aus politischen, sondern humanitären Gründen erfolgt[44]. Die politische Verfolgung ist objektiv zu bestimmen; sie hängt mit „Auseinandersetzungen um die Gestaltung und Eigenart der allgemeinen Ordnung des Zusammenlebens von Menschen und Menschengruppen" zusammen und geht von einem „Träger überlegener, in der Regel hoheitlicher Macht" aus[45]. **1065**

36 E 74, 51/64 f; BVerwGE 88, 92/94 f.
37 E 74, 51/64 ff; BVerwGE 77, 258/261; krit. *Masing*, DR, Art. 16a Rn 68 f; vgl auch § 28 AsylVfG.
38 BVerwGE 81, 170/172 f; DVBl. 1992, 1543.
39 BVerwGE 90, 127/132 f.
40 E 74, 51/66 f; *Hailbronner*, Ausländerrecht, Stand: Juni 2005, § 28 AsylVfG Rn 26.
41 E 83, 216/231; BVerwGE 125, 243/249.
42 BVerwGE 65, 244/245.
43 BVerwGE 75, 304/312 f; 79, 244/246.
44 E 54, 341/357.
45 E 80, 315/333 f; BVerfG, NVwZ 2000, 1165/1166.

1066 Schwierig ist besonders die Zuordnung von *strafrechtlicher* zu politischer Verfolgung. Zum sog. politischen Strafrecht (zB Hochverrat, Sabotage) gilt, dass eine staatliche Verfolgung von Handlungen, die aus politischer Überzeugung begangen werden, grundsätzlich politische Verfolgung selbst dann ist, wenn der Staat nur gewaltsame Angriffe auf die Integrität seines Territoriums oder seiner Ordnung abwehrt. Sie ist es nach der Rechtsprechung nicht, wenn ein Staat politischen Terrorismus bekämpft und sich dabei auf die eigentlichen Taten, Täter und Förderer und auf eine gewissermaßen normale Intensität der Bekämpfung beschränkt[46]. Auch eine Verfolgung wegen Tatbeständen, die nicht dem politischen Strafrecht zugehören, kann politische Verfolgung sein; es kommt darauf an, ob nur der gewissermaßen normale kriminelle Gehalt der Tat geahndet wird oder ob die Sanktion an asylrelevante Eigenschaften, besonders an die politische Überzeugung des Täters anknüpft und auf sie abzielt[47] oder härter ist als die im Verfolgerstaat sonst bei ähnlichen, nichtpolitischen Straftaten verhängte Sanktion (sog. Politmalus)[48].

1067 Da Art. 16a Abs. 1 eine politische Verfolgung verlangt, bietet er nicht ohne weiteres Schutz gegen *Folter* und *Todesstrafe*, die nicht im Zusammenhang mit politischer Verfolgung stehen. Die Folter stellt aber dann politische Verfolgung dar, wenn sie wegen eines der in Rn 1055 genannten Merkmale eingesetzt oder verschärft wird[49]. Außerdem kommt eine Abschiebung des Asylbewerbers in einen Staat, in dem ihm Folter droht, wegen der Bindung der deutschen Staatsorgane an Art. 1 Abs. 1 nicht in Betracht[50]. Auch bei drohender Todesstrafe ist eine Abschiebung wegen Art. 2 Abs. 2 S. 1 und Art. 102 regelmäßig unzulässig[51].

1068 e) Politische Verfolgung ist grundsätzlich **staatlich**[52], dh sie wird von staatlichen Bediensteten ausgeübt; nur vereinzelte Exzesstaten solcher Personen stellen allerdings keine staatliche politische Verfolgung dar[53]. Darüber hinaus kann politische Verfolgung auch in Verfolgungshandlungen durch Dritte bestehen, die dem Staat zuzurechnen sind (sog. mittelbare staatliche Verfolgung). Verfolgungshandlungen Dritter sind dem Staat dann zuzurechnen, wenn er Einzelne oder Gruppen zu Verfolgungsmaßnahmen anregt oder derartige Handlungen unterstützt oder tatenlos hinnimmt und damit den Betroffenen den erforderlichen Schutz versagt, weil er hierzu nicht willens oder im einzelnen Fall nicht in der Lage ist[54].

1069 Dem Staat können Verfolgungshandlungen Dritter nicht mehr zugerechnet werden, wenn die Schutzgewährung seine *Kräfte übersteigt*[55]. Grundlagen der Zurechnung von Drittverfolgungen sind nämlich das staatliche Gewaltmonopol iS einer überlegenen Hoheitsmacht und das damit korrespondierende Schutzmonopol, das eine Garan-

46 E 80, 315/339 f; 81, 142/149 ff; BVerwGE 111, 334/339.
47 Vgl BVerwGE 80, 136/140; *Masing*, DR, Art. 16a Rn 42; *Davy*, AK, Art. 16a Rn 27.
48 E 80, 315/338; 81, 142/150.
49 E 81, 142/151; BVerwG, DVBl. 1993, 325/326.
50 BVerwGE 67, 184/194; *Frowein/Kühner*, ZaöRV 1983, 537/560 ff; vgl auch § 60 Abs. 2 AufenthG.
51 *Jarass*, JP, Art. 102 Rn 3; vgl § 60 Abs. 3 AufenthG.
52 E 54, 341/356 ff; 80, 315/334; BVerwGE 95, 42/44 ff.
53 E 80, 315/352; BVerfG, DVBl. 2003, 1261 f.
54 E 54, 341/358; 80, 315/336; BVerwGE 67, 317/319.
55 E 80, 315/336.

tenstellung begründet, die der Staat für und gegen jedermann durch Einsatz seiner Sicherheits- und Ordnungskräfte zum Schutz vor (politisch motivierten) Übergriffen wahrnehmen muss[56]. Diese Garantenstellung und der Zurechnungsgrund entfallen, wenn der Staat zur Verhinderung solcher Übergriffe prinzipiell und auf Dauer und nicht nur im einzelnen Fall und zeitweise[57] nicht in der Lage ist, weil, zB wegen eines Bürgerkriegs, er das Gesetz des Handelns an andere Kräfte verloren hat und seine staatlichen Sicherheits- und Ordnungsvorstellungen insoweit nicht mehr durchzusetzen vermag. Dann kommt aber eine unmittelbare politische Verfolgung durch die Gruppe oder Bürgerkriegspartei in Betracht, die den Staat aus seiner überlegenen Position verdrängt und zumindest in einem Kernterritorium ein Herrschaftsgefüge von gewisser Stabilität errichtet hat (sog. quasistaatliche Verfolgung)[58]. Dieser Wechsel des Zurechnungssubjekts setzt weder voraus, dass der Konkurrent um die überlegene Staatsgewalt völkerrechtlich anerkannt worden noch dass der Bürgerkrieg beendet ist[59].

Auch in einem Bürgerkrieg, in dem die Bürgerkriegspartei oder -parteien *kein Herrschaftsgefüge* von gewisser Stabilität errichtet hat bzw haben, kann es politische Verfolgung geben. Zwar hat das Asylrecht nicht die Aufgabe, vor den allgemeinen Unglücksfolgen zu bewahren, die sich aus Krieg, Bürgerkrieg und sonstigen Unruhen ergeben[60]. Daraus folgt aber nicht, dass Bürgerkriegsverhältnisse das Entstehen eines Asylanspruchs durchweg ausschließen. Die Möglichkeit einer politischen Verfolgung ist vielmehr dann gegeben, wenn die Maßnahmen gegen den Bürgerkriegsgegner nicht alle Betroffenen gleichmäßig, sondern Einzelne und bestimmte Gruppen in Abhängigkeit von asylerheblichen Gesichtspunkten stärker treffen[61]. Dies ist besonders dann der Fall, wenn die staatlichen Kräfte im Bürgerkrieg auf die physische Vernichtung von auf der Gegenseite stehenden oder ihr zugerechneten und nach asylerheblichen Merkmalen bestimmten Personen zielen, obwohl diese keinen Widerstand mehr leisten wollen oder können und an dem militärischen Geschehen nicht oder nicht mehr beteiligt sind; vollends, wenn die Handlungen der staatlichen Kräfte in die gezielte physische Vernichtung oder Zerstörung der ethnischen, kulturellen oder religiösen Identität des gesamten aufständischen Bevölkerungsteils umschlagen (sog. Gegenterror)[62]. Diese Maßstäbe für die staatlichen Kräfte im Bürgerkrieg gelten unter dem Gesichtspunkt der quasistaatlichen Verfolgung auch für den Bürgerkriegsgegner. 1070

f) Als **Schutzbereichsbegrenzung** wirkt Art. 16a Abs. 2 S. 1: Wer aus einem Mitgliedstaat der Europäischen Gemeinschaften, heute: Union, einreist, dem ist von Verfassung wegen die Berufung auf Art. 16a Abs. 1 verwehrt[63]. Dagegen handelt es sich bei Art. 16a Abs. 2 S. 2 um einen Gesetzesvorbehalt; hier wird der Gesetzgeber er- 1071

56 *Rothkegel*, UC, Art. 16a Rn 72 ff.
57 BVerwGE 70, 232/236 f; 72, 269/271 f.
58 BVerwGE 101, 328/333; 104, 254/258.
59 BVerfG, NVwZ 2000, 1165; BVerwGE 114, 16/21 ff.
60 E 80, 315/335.
61 BVerwGE 72, 269/277.
62 E 80, 315/340; 81, 142/152; BVerwG, NVwZ 1993, 191 f.
63 E 94, 49/85.

mächtigt, andere Staaten zu bestimmen, in denen die in S. 1 festgelegten Voraussetzungen vorliegen[64]. Die Mitgliedstaaten und die anderen Staaten werden unter dem Begriff der sog. sicheren Drittstaaten zusammengefasst. Da sämtliche an Deutschland angrenzende Staaten zu den sicheren Drittstaaten gehören[65], ist eine Anerkennung nach Art. 16a bei einer Einreise auf dem Landweg grundsätzlich ausgeschlossen. Sofern sich kein sicherer Drittstaat zur Aufnahme bereit findet, weil die Einreiseroute nicht nachweisbar ist, greift für politische Flüchtlinge jedoch der Abschiebungsschutz gem. § 60 Abs. 1 AufenthG[66].

2. Eingriffe

1072 Als Eingriffe stellen sich alle aufenthaltsverweigernden und -beendenden Maßnahmen gegenüber den vom Asylrecht geschützten politisch Verfolgten dar. Daher liegt wie in der Abweisung eines Asylsuchenden an der Grenze[67] und in der Verweigerung eines für die Einreise gegebenenfalls erforderlichen Sichtvermerks durch eine deutsche Auslandsvertretung auch in dem Verbot, Asylsuchende ohne Sichtvermerk auf dem Luftweg in die Bundesrepublik Deutschland zu befördern, ein Eingriff[68]. Die gelegentlich vom BVerwG geäußerte Auffassung[69], Ausländer seien aus Art. 16a Abs. 1 erst dann berechtigt, wenn sie das Staatsgebiet der Bundesrepublik Deutschland erreicht haben, widerspricht Art. 1 Abs. 3 (vgl Rn 203 f). Kein Eingriff in das Asylgrundrecht ist die Vorenthaltung von Hilfeleistungen, Unterbringung und Versorgung[70], denn Art. 16a Abs. 1 enthält ein Recht des status negativus, nicht des status positivus[71]. Die Vorenthaltung kann aber eine Verletzung von internationalen Menschenrechten oder sonstigen einfach-gesetzlichen Positionen sein[72].

3. Verfassungsrechtliche Rechtfertigung

1073 a) Art. 16a Abs. 2 S. 2 und Abs. 3 S. 1 enthalten qualifizierte **Gesetzesvorbehalte**. Art. 16a Abs. 2 S. 2 verwehrt die Berufung auf Art. 16a den Personen, die aus einem nicht den Europäischen Gemeinschaften, heute: Union, angehörenden sog. sicheren Drittstaat einreisen, dh aus einem Staat, für den ein Gesetz, das der Zustimmung des Bundesrates bedarf, feststellt, dass in ihm die Anwendung der Genfer Flüchtlingskonvention (vgl Rn 1055) und der EMRK sichergestellt ist. Art. 16a Abs. 3 S. 1 enthält auf den ersten Blick dieselbe Rechtsfolge, wenn er bei gesetzlich bestimmten sog. sicheren Herkunftstaaten die Vermutung fehlender politischer Verfolgung anordnet. Doch kann diese Vermutung gem. Abs. 3 S. 2 durch einen Vortrag von Tatsachen

64 E 94, 49/89.
65 Vgl § 26a AsylVfG iVm Anlage I.
66 *Marx*, Kommentar zum Asylverfahrensgesetz, 6. Aufl. 2005, § 26a Rn 189 f.
67 BVerfG, NVwZ 1992, 973; BVerwGE 105, 28/32.
68 *Becker*, MKS, Art. 16a Rn 125; *Kloepfer*, VerfR II, § 73 Rn 115; *Masing*, DR, Art. 16a Rn 96; vgl aber BVerwG, NVwZ 2000, 448.
69 BVerwGE 69, 323/325 ff.
70 BVerwGE 71, 139/141.
71 Vgl *Rottmann*, Staat 1984, 337/346 ff; *Zimmermann/Tams*, FH, Art. 16 Rn 41 ff; aA *Masing*, DR, Art. 16a Rn 91 ff; *Randelzhofer*, MD, Art. 16a Abs. 1 Rn 28.
72 Vgl BVerwGE 111, 200.

über individuelle politische Verfolgung entkräftet werden[73]. Die eigentliche Bedeutung des Abs. 3 liegt in den prozessualen Rechtsfolgen des Abs. 4.

b) Art. 16a Abs. 2 S. 3 und Abs. 4 enthalten **Beschränkungen des gerichtlichen Rechtsschutzes** bei der Asylgewährung und sind daher Spezialregelungen zu Art. 19 Abs. 4 S. 1. Bei der Einreise aus einem sog. *sicheren Drittstaat* wird durch Art. 16a Abs. 2 S. 3 der vorläufige Rechtsschutz gegen aufenthaltsbeendende einschließlich einreiseverhindernder[74] Maßnahmen ausgeschaltet. Dies gilt nach Wortlaut, Systematik und Sinn der Vorschrift auch dann, wenn der Einzelne sich nicht auf das Asylgrundrecht beruft, sondern die drohende Verletzung der Menschenwürde geltend macht[75]. **1074**

Auch bei der Einreise aus einem sog. *sicheren Heimatstaat* und in anderen Fällen offensichtlicher Unbegründetheit eines Asylantrags geht es um sowohl aufenthaltsbeendende als auch einreiseverhindernde Maßnahmen[76]. Die Anforderungen an die Erlangung vorläufigen Rechtsschutzes werden durch Art. 16a Abs. 4 zwar insofern nicht verschärft, als es wie bisher darauf ankommt, ob das Bundesamt für Migration und Flüchtlinge den Asylantrag zu Recht als offensichtlich unbegründet abgelehnt hat. Aber eine Verschärfung liegt darin, dass das Verwaltungsgericht nicht mehr nach der Richtigkeit des Offensichtlichkeitsurteils, sondern nur noch danach fragt, ob an der Richtigkeit ernstliche Zweifel bestehen[77]. Auch sonst ermächtigt der Gesetzesvorbehalt, den Prüfungsumfang der Verwaltungsgerichte einzuschränken und verspätetes Vorbringen für nicht berücksichtigungsfähig zu erklären. Eine Beschränkung des verfassungsgerichtlichen Eilrechtsschutzes ergibt sich daraus aber nicht[78]. Verfassungswidrig ist die Vollziehung einer Eilentscheidung vor Zustellung ihrer Begründung[79]. **1075**

c) Der **Vorbehalt völkerrechtlicher Verträge** gem. Art. 16a Abs. 5 soll bestimmte völkerrechtliche Bindungen der Bundesrepublik Deutschland bezüglich der Zuständigkeitsregelungen für die Prüfung von Asylbegehren einschließlich der gegenseitigen Anerkennung von Asylentscheidungen selbst dann ermöglichen, wenn dies nach den bisher dargestellten Schutzbereichsbegrenzungen und Eingriffsrechtfertigungen nicht zulässig sein sollte; auf die unionsrechtliche Harmonisierung des Asylrechts gem. Art. 78 AEUV findet er keine Anwendung[80]. Da derartige völkerrechtliche Bindungen nur durch ein Zustimmungsgesetz gem. Art. 59 Abs. 2 innerstaatlich wirksam werden, handelt es sich um einen qualifizierten Gesetzesvorbehalt[81]. **1076**

---

73 E 94, 115/145 ff.

74 E 94, 49/101.

75 So wohl auch E 94, 49, wo auf die Berufung der Verfassungsbeschwerden auf die Menschenwürde nicht eingegangen wird.

76 E 94, 166/192; diff. *Randelzhofer*, MD, Art. 16a Abs. 4, Rn 149 f.

77 E 94, 166/190.

78 Abw. M. E 94, 223/233; *Rozek*, DVBl. 1997, 517/526; aA E 94, 166/218 f; *Tomuschat*, EuGRZ 1996, 381/385.

79 *Zimmermann/Tams*, FH, Art. 16a, Rn 227 f.

80 *Masing*, DR, Art. 16a Rn 133; *Zimmermann/Tams*, FH, Art. 16a Rn 237.

81 *Becker*, MKS, Art. 16a Rn 230.

1077 d) Darüber hinaus kann das Grundrecht nur nach **Art. 18** verwirkt werden; die von Art. 16a Abs. 2–5 nicht gedeckte, auf eine Verwirkung hinauslaufende, aber nicht als Verwirkung ausgestaltete Einreiseverhinderung nach § 18 Abs. 2 Nr 3 AsylVfG sowie die Ausweisung und Abschiebung von Asylberechtigten nach §§ 56 Abs. 1, 60 Abs. 8 AufenthG sind daher verfassungswidrig[82]. Nicht angängig ist es, diesen verfassungstextlichen Befund durch die Annahme kollidierenden Verfassungsrechts zu unterlaufen. So beruft die Rechtsprechung sich für die Rechtfertigung auf das Sicherheitsinteresse des Staates und der Allgemeinheit und Art. 26 Abs. 1[83]. Im Schrifttum wird diesem Sicherheitsinteresse gelegentlich sogar eine „Kapazitätsschranke" entnommen[84]. Grundrechte unterliegen jedoch keiner Bewirtschaftung nach vorhandenen Kapazitäten.

1078 e) Ob Art. 16a in vollem Umfang **verfassungsmäßig** ist, war umstritten[85], wurde aber vom BVerfG bejaht[86]. Problematisch ist Art. 16a zum einen, weil der Schutz der Menschenwürde die Abschiebung eines Asylbewerbers in einen Staat, in dem ihm Folter (vgl Rn 1067) oder die Abschiebung in einen anderen, ihn mit Folter bedrohenden Staat (sog. Kettenabschiebung) droht, verbietet und weder in allen Mitgliedstaaten der Europäischen Union noch in anderen Drittstaaten iSv Art. 16a Abs. 2 S. 1 Kettenabschiebungen schlechterdings auszuschließen sind. Hierzu spricht das BVerfG vom „Konzept normativer Vergewisserung"; der verfassungsändernde Gesetzgeber habe sich daran orientiert und orientieren dürfen, dass in den fraglichen Staaten von Rechts wegen Kettenabschiebungen ausgeschlossen sind. Wo in den fraglichen Staaten allerdings die Sicherstellung der Anwendung des Flüchtlingsabkommens und der Menschenrechtskonvention ausnahmsweise durch Umstände gefährdet sei, die im Konzept der normativen Vergewisserung nicht hätten berücksichtigt werden können, bleibe die Bundesrepublik Deutschland zur Gewährung von Schutz verpflichtet[87].

1079 Problematisch ist zum anderen die Einhaltung des *Art. 20 Abs. 2 und 3* durch Art. 16a. Zwar ist die Rechtsschutzgarantie des Art. 19 Abs. 4 einer Einschränkung durch verfassungsändernde Gesetze nicht entzogen[88], doch verlangen die Gewaltenteilung und die Bindung der vollziehenden Gewalt an Gesetz und Recht einen Grundstandard an effektivem Rechtsschutz, der nach dem Abhör-Urteil des BVerfG zwar nicht notwendig gerichtlicher Rechtsschutz, aber irgendeine Art „unabhängiger Kontrolle" sein muss[89]. Das Problem bei Art. 16a Abs. 2 S. 3 ist, dass eine entsprechende Kontrolle durch deutsche Gerichte oder andere unabhängige Instanzen verwehrt wird; das BVerfG lässt wieder die normative Vergewisserung betreffend die Sicherstellung der Anwendung des Flüchtlingsabkommens und der Menschenrechtskonvention in

---

82 *Renner*, ZAR 2003, 52/55 f; aA *Zimmermann/Tams*, FH, Art. 16a Rn 130 f.

83 BVerfG, DVBl. 2001, 66; BVerwGE 139, 272/293.

84 *Randelzhofer*, Hdb. StR^3 VII, § 153 Rn 62.

85 Vgl einerseits *Brenner*, Staat 1993, 493; *Schoch*, DVBl. 1993, 1161; andererseits *Pieroth/Schlink*, in: FS Mahrenholz, 1994, S. 669; auch *Voßkuhle*, DÖV 1994, 53.

86 E 94, 49.

87 E 94, 49/99 f.

88 E 30, 1/25; 94, 49/103.

89 Vgl E 30, 1/27 ff; *Schlink*, Staat 1973, 85/98 ff.

den fraglichen Staaten genügen[90]. Treffen allerdings die Befürchtungen des Betroffenen zu und erweist sich zB der Drittstaat als nicht sicher, indem er ihn in den Verfolgerstaat abschiebt, ist die politische Verfolgung irreparabel. Die Verfassungsänderung hat das Asylrecht zu einem „Grundrecht zweiter Klasse“ gemacht[91].

Lösungsskizze zum Fall 21 (Rn 1040): I. Der Schutzbereich des Art. 16a Abs. 1 setzt voraus, dass B politisch verfolgt ist. B befürchtet begründet Beeinträchtigungen von Leib und Leben wegen ihrer Religion und Volkszugehörigkeit. Sie hat keine inländische Fluchtalternative, weil ihr bei der katastrophalen Versorgungslage in Bosnien-Herzegowina ein Leben am Rande des Existenzminimums droht, und keine ausländische Fluchtalternative, weil sie in keinem anderen Staat Aufnahme und Schutz vor Verfolgung gefunden hat. Die Verfolgungsgefahr ist gegenwärtig, weil sich die Verhältnisse in Bosnien-Herzegowina geändert haben und damit ein beachtlicher objektiver Nachfluchttatbestand gegeben ist. Der B droht eigene Verfolgung. Dies ergibt sich aus der Situation der Muslime in Bosnien-Herzegowina insgesamt (sog. Einzelverfolgung wegen Gruppenangehörigkeit). B befindet sich nach Ort, Zeit und Wiederholungsträchtigkeit in einer vergleichbaren Lage mit den in den Lagern der bosnischen Serben gefangenen Muslimen. Angesichts der großen Zahl intensiver Menschenrechtsverletzungen an Mitgliedern der muslimischen Bevölkerungsgruppe besteht für B nicht nur die theoretische, sondern die reale Möglichkeit, selbst Opfer von schwersten Misshandlungen zu werden. B befürchtet auch politische Verfolgung. Zwar geht die Verfolgung der Muslime weder aktiv vom bosnischen Staat aus (sog. unmittelbare staatliche Verfolgung) noch ist dieser auf absehbare Zeit in der Lage, seinen Bürgern Schutz vor Übergriffen zu gewähren. Daher scheidet auch eine sog. mittelbare staatliche Verfolgung aus. Es liegt aber eine sog. quasistaatliche Verfolgung durch die bosnischen Serben vor, die faktisch die Staatsgewalt in Bosnien-Herzegowina innehaben; denn diesen ist es gelungen, auf dem Territorium des Staates Bosnien-Herzegowina eine selbstständige Herrschaftsordnung zu etablieren, die es ihnen möglich macht, staatsähnliche Herrschaftsgewalt auszuüben. Dass die Verfolgungshandlungen im Rahmen eines Bürgerkriegs begangen wurden, ist hier unschädlich, denn Bürgerkriegsverhältnisse schließen das Entstehen eines Asylbegehrens jedenfalls dann nicht aus, wenn die Handlungen quasistaatlicher Kräfte in die gezielte physische Vernichtung oder Zerstörung der ethnischen oder religiösen Identität einer bestimmten Bevölkerungsgruppe umschlagen. Das kann angesichts der sog. ethnischen Säuberungen in Bosnien-Herzegowina angenommen werden. – II. Der B den Asylanspruch zu versagen, wäre ein Eingriff, der verfassungsrechtlich nicht gerechtfertigt wäre. Insbesondere greift Art. 16a Abs. 2 nicht ein; denn diese Regelung gilt nur für die Fälle, in denen der Betroffene nach dem 30.6.1993 eingereist ist (BVerfG, NVwZ-Beilage 2/1993, 12). 1080

Literatur: *A. Meßmann/T. Kornblum*, Grundfälle zu Art. 16, 16a GG, JuS 2009, 688, 810. – Zu II.: *R. Grawert*, Staatsvolk und Staatsangehörigkeit, Hdb. StR³ II, § 16; *K. Hailbronner*, Staatsangehörigkeitsrecht, 5. Aufl. 2010; *A. Leupold*, Einführung in das Staatsangehörigkeitsrecht, JuS 2006, 126; *G. Lübbe-Wolff*, Entziehung und Verlust der deutschen Staatsangehörigkeit – Art. 16 I GG, Jura 1996, 57; *F.E. Schnapp/M. Neupert*, Grundfragen des Staatsangehörigkeitsrechts, Jura 2004, 167. – Zu III.: *U. Häde*, Die Auslieferung – Rechtsinstitut zwischen Völkerrecht und Grundrechten, Staat 1997, 1; *K. Lubenow*, Verfassungsrechtliche Schranken der Auslieferung in der Rechtsprechung des BVerfG, in: FS Graßhof, 1998, S. 325; *A. Uhle*, Auslieferung und Grundgesetz, NJW 2001, 1889; *A. Zimmermann*, Die Auslieferung Deutscher an Staaten der Europäischen Union und internationale Strafgerichtshöfe, JZ 2001, 233. – 1081

90 E 94, 49/104.
91 *Tomuschat*, EuGRZ 1996, 381/386.

Zu IV.: *M. Hong*, Asylgrundrecht und Refoulementverbot, 2008; *G. Lübbe-Wolff*, Das Asylgrundrecht nach den Entscheidungen des BVerfG vom 14. Mai 1996, DVBl. 1996, 825; *F. Moll*, Das Asylgrundrecht bei staatlicher und frauenspezifischer Verfolgung, 2007; *A. Randelzhofer*, Asylrecht, Hdb. StR³ VII, § 153; *T. Roeser*, Die Rechtsprechung des BVerfG zum Grundrecht auf Asyl und zum Ausländerrecht (einschließlich Auslieferungsrecht) in den Jahren 2009 und 2010, EuGRZ 2011, 445; *F. Schoch*, Das neue Asylrecht gem. Art. 16a GG, DVBl. 1993, 1161.

§ 25 Petitionsrecht (Art. 17)

1082 **Fall 22:** Der abgewiesene Lehramtsanwärter (nach E 2, 225)

L wendet sich mit einem Brief an den Kultusminister des Bundeslandes B. Darin führt er aus, dass er die Zurückweisung seines Antrages auf Einstellung in den Schuldienst durch die zuständige Abteilung des Kultusministeriums für rechtswidrig halte und eine Klage erwäge. Zuvor wolle er jedoch dem Minister Gelegenheit bieten, selbst dem Recht zur Geltung zu verhelfen. Daraufhin erhält er folgende Antwort eines Ministerialbeamten: „Der Herr Minister hat Ihre Eingabe vom … zur Kenntnis genommen, sieht sich jedoch nicht veranlasst, auf Ihre Vorstellungen hin eine Verfügung zu treffen.“ Wird dadurch Art. 17 verletzt? **Rn 1093**

I. Überblick

1083 Das Petitionsrecht ist ein altes Grundrecht. Mit ihm wird dem Einzelnen allein oder „in Gemeinschaft mit anderen“ (sog. Sammelpetition) ein formloser Rechtsbehelf garantiert. Art. 17 ist nicht nur ein Abwehrrecht; er beinhaltet einen Anspruch auf sachliche Bescheidung der Petition und stellt insofern ein Teilhaberecht dar (vgl Rn 104). Das Petitionsrecht hat große praktische Bedeutung; so gingen beim Deutschen Bundestag im Jahr 2009 ca. 19 000 Eingaben ein[1]. Die Befugnisse des Petitionsausschusses des Deutschen Bundestages sind in einem auf Grund des Art. 45c ergangenen Gesetz besonders geregelt.

II. Schutzbereich

1. Petitionsbegriff

1084 Petitionen iSd Art. 17 werden als „Bitten und Beschwerden“ umschrieben. Bitten richten sich auf künftiges, Beschwerden gegen vergangenes Verhalten. Grundrechtlich geschützt ist nur die schriftliche Petition (anders zB Art. 16 hess Verf). Wortlaut und Systematik führen zu folgenden Abgrenzungen: reine Meinungsäußerungen werden ausschließlich von Art. 5 Abs. 1 S. 1 Hs. 1 geschützt; für Bitten um Zugang zu allgemein zugänglichen staatlichen Informationsquellen ist Art. 5 Abs. 1 S. 1 Hs. 2 speziell; förmliche Rechtsbehelfe und Rechtsmittel fallen unter Art. 19 Abs. 4. Aus

1 Vgl BT-Drucks. 17/2100, S. 6.

dem Sinn und Zweck des Art. 17 ist schließlich zu folgern, dass anonyme Eingaben keine Petitionen sind[2].

Beispiele: Petitionen sind nicht nur die herkömmlicherweise unterschiedenen drei Typen der formlosen Rechtsbehelfe, nämlich Gegenvorstellung (Bitte an die handelnde Behörde, die beanstandete Maßnahme zu überprüfen und ggf zu korrigieren), Aufsichtsbeschwerde (entsprechende Bitte an die übergeordnete Behörde) und Dienstaufsichtsbeschwerde (Beschwerde an einen Dienstvorgesetzten über das Verhalten eines Bediensteten), sondern alle Bitten und Beschwerden bezüglich der Ausübung öffentlicher Gewalt. **1085**

2. Adressaten der Petition

Die Petition muss an die zuständige Stelle oder an die Volksvertretung gerichtet sein. **1086** Zur *Volksvertretung* rechnen nicht nur der Deutsche Bundestag und die Landtage bzw Bürgerschaften, sondern auch die Gemeinderäte (vgl Art. 28 Abs. 1 S. 2)[3]. Die *Zuständigkeit* der Stelle wird nach allgemeiner Meinung nicht streng organisationsrechtlich verstanden: So muss der Instanzenzug nicht gewahrt werden[4]. Bei Petitionen an die sachlich unzuständige Stelle fordert Art. 17 die Weiterleitung oder immerhin eine Mitteilung an die zuständige Stelle[5].

3. Inhaltliche Zulässigkeitsvoraussetzungen

Nach der Rechtsprechung des BVerfG soll eine Petition unzulässig sein, wenn mit ihr **1087** „etwas gesetzlich Verbotenes gefordert wird" oder sie „beleidigenden, herausfordernden oder erpresserischen Inhalt hat"[6]. Hierbei wird die rechtliche Bewertung des Verhaltens des Petenten mit der rechtlichen Bewertung des Verhaltens, das er von der angeschriebenen Stelle verlangt, vermengt[7]: Einerseits wird ein *rechtlich verbotenes Verhalten* nicht dadurch zulässig, dass es sich als Petition ausgibt. Nicht von Art. 17 geschützt ist daher eine Petition, die gegen Strafgesetze verstößt. Die Auslegung der Strafgesetze muss allerdings die objektiv-rechtliche Bedeutung des Art. 17 berücksichtigen.

Beispiel: Beleidigende Äußerungen können durch die Wahrnehmung berechtigter Interessen **1088** (§ 193 StGB) gerechtfertigt sein. Da Petitionen nicht auf die Geltendmachung von Individualinteressen beschränkt sind, sondern auch ein allgemeines Anliegen verfolgen dürfen, muss auch die Wahrnehmung von Interessen der Allgemeinheit nach § 193 StGB gerechtfertigt sein (vgl auch OLG Düsseldorf, NJW 1972, 650).

Andererseits sind Petitionen, die etwas *rechtlich Verbotenes verlangen*, nicht unzu- **1089** lässig. Es kann gerade ein sinnvoller Inhalt der Petition sein, eine Rechtsänderung anzuregen. Für die Zulässigkeit derartiger Petitionen spricht auch die Überlegung, dass

---

2 *Brenner*, MKS, Art. 17 Rn. 31; *Jarass*, JP, Art. 17 Rn 4; *Kloepfer*, VerfR II, § 76 Rn 19; aA *Krings*, FH, Art. 17 Rn 41; *Stern*, StR IV/2, S. 305.

3 OVG Münster, DVBl. 1978, 895; OLG Düsseldorf, NVwZ 1983, 502; aA OVG Lüneburg, OVGE 23, 403/407.

4 E 2, 225/229.

5 BVerwG, DÖV 1976, 315; aA *Krings*, FH, Art. 17 Rn 57.

6 E 2, 225/229.

7 Vgl *Stein*, AK, Art. 17 Rn 23.

gerichtliche Klagen, die viel strengeren Zulässigkeitsvoraussetzungen unterliegen, nicht allein deshalb unzulässig sind, weil sie auf etwas rechtlich Verbotenes gerichtet sind[8].

4. Anspruch auf sachliche Bescheidung

1090 Dem Wortlaut nach gewährt Art. 17 nur das Recht, sich an die genannten Stellen zu *wenden*. Wenn man daraus nur deren Pflicht entnähme, die Petition *entgegenzunehmen*, bliebe das Petitionsrecht ein wirkungsloses Instrument. Zu einem Rechtsbehelf im eigentlichen Sinn wird es erst, wenn auch eine inhaltliche Auseinandersetzung mit dem Anliegen des Einzelnen erfolgen muss. Daher ist anerkannt, dass Art. 17 einen Anspruch auf *Prüfung* und *Bescheidung* der Petition gewährt. Aus dem Bescheid muss sich „zum mindesten die Kenntnisnahme von dem Inhalt der Petition und die Art ihrer Erledigung ergeben"; eine „besondere Begründung" soll dagegen nicht erforderlich sein[9]. Im Schrifttum wird dagegen überwiegend ein Anspruch auf wenigstens knappe Begründung bejaht[10].

III. Eingriffe und verfassungsrechtliche Rechtfertigung

1091 Jedes Zurückbleiben hinter den dargestellten Anforderungen stellt einen Eingriff dar. Art. 17 enthält keinen Gesetzesvorbehalt; lediglich für Sammelpetitionen von Soldaten sieht Art. 17a Abs. 1 eine Einschränkungsmöglichkeit (vgl Rn 650) vor, von der bisher nur für Beschwerden, nicht aber für Bitten durch § 1 Abs. 4 WBO Gebrauch gemacht worden ist. Das BVerfG hat eine Eingriffsrechtfertigung nur durch kollidierendes Verfassungsrecht anerkannt.

1092 **Beispiel:** Das sog. Kontaktsperregesetz hat im Jahr 1977 die §§ 31–38 EGGVG eingeführt. Danach kann jedwede Verbindung von Gefangenen untereinander und mit der Außenwelt unter eng umschriebenen Voraussetzungen für einen begrenzten Zeitraum unterbrochen werden. Den darin liegenden Eingriff ua in Art. 17 hat E 49, 24/64 f mit dem „Interesse überragender Gemeinschaftswerte", nämlich dem Schutz des Lebens vor terroristischen Gewalttätern gerechtfertigt

1093 **Lösungsskizze zum Fall 22 (Rn 1082):** I. Der *Schutzbereich* des Art. 17 ist betroffen, wenn es sich bei dem Schreiben des L um eine zulässige Petition handelt, die nicht sachlich beschieden wurde. 1. Die Bitte, der Minister möge sich des Falles annehmen und der bisherigen Entscheidung seiner Behörde abhelfen, fällt ohne weiteres unter den Begriff der Petition. L muss sich auch an die zuständige Stelle gewendet haben. Da ein Minister für die Rechtmäßigkeit des Verwaltungshandelns seiner Behörde verantwortlich ist, kann auch diese Voraussetzung bejaht werden. Nach der Rechtsprechung des BVerfG ist eine Petition dann unzulässig, wenn sie „beleidigenden, herausfordernden oder erpresserischen Inhalt hat" (E 2, 225/229). Allgemeiner gesagt darf die Petition nicht gegen – ihrerseits verfassungsmäßige – Strafgesetze verstoßen. Da die Androhung des L, ggf den Rechtsweg zu be-

8 *Klein*, MD, Art. 17 Rn 55; *Kloepfer*, VerfR II, § 76 Rn 30.
9 Vgl E 2, 225/230; BVerfG, NJW 1992, 3033; BVerwG, BayVBl. 1991, 152; aA OVG Bremen, JZ 1990, 965/966 f; zust. *Stern*, StR IV/2, S. 315.
10 Vgl *Klein*, MD, Art. 17 Rn 90 f; *Kloepfer*, VerfR II, § 76 Rn 16; *Stettner*, BK, Art. 17 Rn 92 ff.

schreiten, nicht als unzulässiges Druckmittel anzusehen ist, ist die Eingabe keinesfalls unzulässig. – 2. Daraus ergibt sich für L nicht nur ein Anspruch auf Entgegennahme, sondern darüber hinaus auf Prüfung und Bescheidung durch die angegangene Stelle. Der Bescheid muss nach der Rechtsprechung zwar keine Begründung enthalten, wohl aber dem Petenten gegenüber erkennen lassen, dass die Eingabe vom Adressaten zur Kenntnis genommen worden ist und was dieser zur Erledigung veranlasst hat. Dagegen wird im Schrifttum überwiegend eine, wenn auch kurze, Begründung verlangt. Hier ist dem dem L gegenüber ergangenen Bescheid zu entnehmen, dass der Minister mit der Eingabe befasst war, jedoch nichts unternehmen wird. Damit wurde den Anforderungen der Rechtsprechung, nicht aber den weitergehenden des Schrifttums genügt. – II. Nach der Rechtsprechung liegt schon kein *Eingriff* in Art. 17 vor. Nach der abweichenden Auffassung wäre ein solcher zu bejahen; da hierfür keine verfassungsrechtliche Rechtfertigung ersichtlich ist, läge auch ein Verstoß gegen Art. 17 vor.

Literatur: *A. Guckelberger*, Neue Erscheinungen des Petitionsrechts – E-Petitionen und öffentliche Petitionen, DÖV 2008, 85; *W. Hoffmann-Riem*, Zum Gewährleistungsgehalt der Petitionsfreiheit, in: FS Selmer, 2004, S. 93; *M. Hornig*, Die Petitionsfreiheit als Element der Staatskommunikation, 2001; *C. Langenfeld*, Das Petitionsrecht, Hdb. StR[3] III, § 39; *U.F.H. Rühl*, Der Umfang der Begründungspflicht von Petitionsbescheiden, DVBl. 1993, 14; *W. Vitzthum/W. März*, Das Grundrecht der Petitionsfreiheit, JZ 1985, 809. 1094

§ 26 Rechtsschutzgarantie (Art. 19 Abs. 4)

Fall 23: Beschwerdeverfahren im Strafvollzug (nach E 40, 237) 1095

A verbüßt eine Freiheitsstrafe in einer Justizvollzugsanstalt. Wegen eines Verstoßes gegen die Anstaltsordnung erteilt ihm der Anstaltsleiter Hausarrest. Zwei Wochen später erhebt A hiergegen Beschwerde, die der Präsident des Justizvollzugsamts zurückweist. Sein Antrag auf gerichtliche Entscheidung gem. § 23 EGGVG wird vom OLG wegen Fristversäumnis als unzulässig zurückgewiesen. Das Gericht stützt sich auf § 24 Abs. 2 EGGVG, wonach der Antrag auf gerichtliche Entscheidung erst nach vorausgegangenem Beschwerdeverfahren gestellt werden darf, sowie eine Verwaltungsvorschrift, in der das Beschwerdeverfahren zu dem Präsidenten des Justizvollzugsamts geregelt und für die Einlegung dieser Beschwerde eine Frist von einer Woche vorgeschrieben ist. Verstößt die Entscheidung des OLG gegen Art. 19 Abs. 4? **Rn 1116**

I. Überblick

Art. 19 Abs. 4 ist formelles oder *Verfahrensgrundrecht*: Er setzt die materiellen Grund- und einfach-rechtlichen Rechte voraus und gewährleistet, dass ihre rechtliche Geltung im gerichtlichen Verfahren zu tatsächlicher Wirksamkeit gebracht wird. Seine formell-rechtliche Bedeutung entspricht der materiell-rechtlichen Bedeutung von Art. 2 Abs. 1: Wie Art. 2 Abs. 1 den Freiheitsschutz materiell lückenlos abschließt, verbürgt Art. 19 Abs. 4 den lückenlosen gerichtlichen Rechtsschutz. Art. 19 Abs. 4 steht im Zusammenhang mit dem Rechtsstaat und wird als dessen Krönung, als Schlussstein in dessen Gewölbe bezeichnet[1]. Das Offenstehen des Rechts- 1096

1 Vgl *Dürig*, Gesammelte Schriften 1952–1983, 1984, S. 137 ff.

wegs in zivilrechtlichen Streitigkeiten, das nicht Inhalt von Art. 19 Abs. 4 ist, folgt aus dem allgemeinen Justizgewährungsanspruch, den das BVerfG aus dem Rechtsstaatsprinzip abgeleitet hat[2].

1097 Art. 19 Abs. 4 ist Grundrecht mit *normgeprägtem* Schutzbereich. Damit man Rechtswege beschreiten und Rechtsschutz erlangen kann, müssen Gerichte geschaffen, Zuständigkeiten begründet und Verfahren eingerichtet sein; Art. 19 Abs. 4 setzt Gerichtsverfassungs- und Verfahrensgesetze voraus und wird daher als institutionelle Garantie der Gerichtsbarkeit bezeichnet[3]. Zugleich kann Art. 19 Abs. 4 als verfassungsrechtliche Bestimmung aber nicht dem einfachen Recht überlassen, wie eng- oder weitherzig es Rechtswege eröffnet und Rechtsschutz ermöglicht. Eine gewisse Unabhängigkeit vom einfachen Recht liegt darin, dass Art. 19 Abs. 4 S. 2 bei fehlender anderer Zuständigkeit, dh wenn der Gesetzgeber für eine öffentlich-rechtliche Streitigkeit bei einem Fachgericht keine Zuständigkeit begründet hat, die Zuständigkeit der ordentlichen Gerichte bestimmt. Außerdem verlangt das BVerfG „effektiven Rechtsschutz" und gibt damit dem Gesetzgeber einen Maßstab für die Eröffnung von Rechtswegen und Ermöglichung des Rechtsschutzes.

II. Schutzbereich

1. Öffentliche Gewalt

1098 Der Begriff der öffentlichen Gewalt oder der Staatsgewalt bezeichnet im Grundgesetz üblicherweise Gesetzgebung, vollziehende Gewalt und Rechtsprechung (vgl Art. 1 Abs. 1 und 3, 20 Abs. 2, 93 Abs. 1 Nr 4a). Anders in Art. 19 Abs. 4:

1099 – Nach der Rechtsprechung des BVerfG[4] ist hier die *Rechtsprechung nicht* erfasst. Art. 19 Abs. 4 soll den Schutz *durch*, nicht *gegen* den Richter gewährleisten. Das ergibt auch der systematische Zusammenhang mit dem Grundsatz der Rechtssicherheit als Element des Rechtsstaatsprinzipes: Richterliche Entscheidungen müssen um der Rechtssicherheit willen in Rechtskraft erwachsen. Dies würde vereitelt, wenn gegen sie wieder und wieder der Rechtsweg beschritten werden könnte[5]. Soweit ein Richter gegen den Anspruch auf rechtliches Gehör gemäß Art. 103 Abs. 1 verstößt, leitet das BVerfG einen wenigstens einmaligen fachgerichtlichen Rechtschutz aus dem allgemeinen rechtsstaatlichen Justizgewährungsanspruch ab[6].

1100 – Nach der Rechtsprechung des BVerfG[7] ist hier auch *nicht* die *Gesetzgebung*, jedenfalls nicht die formelle Gesetzgebung gemeint. Dies ist zwar nicht zweifelsfrei, aber mit einleuchtenden systematischen Argumenten begründbar: Die gerichtliche Überprüfung von Gesetzen, dh die Normenkontrolle, ist im Grundgesetz an mehreren Stellen ausdrücklich geregelt, in Art. 93 Abs. 1 Nr 2, Art. 93 Abs. 1 Nr 4a und Art. 100 Abs. 1. Das Kennzeichnende dieser Vorschriften ist,

2 E 93, 99/107; 97, 169/185; 108, 341/347; BVerfG, NJW 2011, 2277.
3 *Ibler*, FH, Art. 19 IV Rn 19 ff; krit. *Schenke*, BK, Art. 19 Abs. 4 Rn 39 f.
4 E 49, 329/340 f; 107, 395/404 ff.
5 Ebenso *Jarass*, JP, Art. 19 Rn 45; *Ramsauer*, AK, Art. 19 Abs. 4 Rn 55 f; *Schenke*, BK, Art. 19 Abs. 4 Rn 371 ff; aA *Huber*, MKS, Art. 19 Rn 435 ff; *Ibler*, FH, Art. 19 IV Rn 91 ff.
6 E 107, 395/407, 411; dazu *Voßkuhle*, NJW 2003, 2193; *Dörr*, Jura 2004, 334.
7 E 24, 33/49 ff; 24, 367/401.

dass es regelmäßig (mit Ausnahme des Art. 93 Abs. 1 Nr 4a) nicht in der Macht des Einzelnen steht, die Normenkontrolle bei formellen Gesetzen in Gang zu setzen, und dass es außerdem nicht in der Macht der in Art. 19 Abs. 4 angesprochenen ordentlichen und Fachgerichte steht, sie durchzuführen. Dies darf nicht durch Art. 19 Abs. 4 überspielt werden, und daher muss die (Parlaments-)Gesetzgebung bei Art. 19 Abs. 4 aus dem Begriff der öffentlichen Gewalt ausgenommen werden[8].

Die danach übrig bleibende Exekutive unterliegt der gerichtlichen Kontrolle aber *umfassend*. Ebenso umfassend wie die Exekutive durch Art. 1 Abs. 3 an die Grundrechte gebunden ist (vgl Rn 181 ff), wird sie über Art. 19 Abs. 4 auf die Einhaltung der Grundrechte kontrolliert. Die Kontrolle erfasst auch den Rechtspfleger[9] und den Staatsanwalt[10], die zwar in Nachbarschaft zur Rechtsprechung agieren, ihr aber nicht zugehören. Durch das Wahlprüfungsverfahren gem. Art. 41 wird der gerichtliche Rechtsschutz nur insoweit speziell geregelt, als die Erklärung der Ungültigkeit der Bundestagswahl begehrt wird; gegen behördliche Maßnahmen im Wahlverfahren steht der Rechtsweg offen[11]. Aus der Zeit vor der Geltung des Grundgesetzes stammen Versuche, den Rechtsschutz zumal im sog. besonderen Gewaltverhältnis und bei sog. justizfreien Hoheitsakten (Regierungsakten, Gnadenakten) einzuschränken; sie haben vor Art. 19 Abs. 4 keinen Bestand[12]. Allerdings hält das BVerfG in stRspr Gnadenentscheidungen für nicht gerichtlich überprüfbar[13]. Schließlich gehört die Rechtsetzung der Exekutive in der Form von Rechtsverordnungen und Satzungen zur öffentlichen Gewalt iSv Art. 19 Abs. 4; wo das Landesrecht keine Normenkontrolle gem. § 47 VwGO vorsieht, hat verwaltungsgerichtlicher Rechtsschutz über die Feststellungsklage stattzufinden[14]. 1101

2. Rechtsverletzung

Unter Rechten sind nicht etwa nur die im selben Abschnitt aufgeführten Grundrechte[15], sondern *alle subjektiven Rechte* des öffentlichen wie des privaten Rechts zu verstehen. Art. 19 Abs. 4 setzt sie voraus und schafft sie nicht. Es kommt also darauf an, ob im sonstigen Recht ein subjektives Recht begründet ist[16]. 1102

Beispiele: Grundrechte des Grundgesetzes, die als einfaches Recht geltenden Grundrechte der EMRK, Rechte auf Baugenehmigung, Reisegewerbekarte, Ausbildungsförderung, Sozialhilfe, der öffentlich-rechtliche Folgenbeseitigungsanspruch, privatrechtliche Eigentums-, Forderungs-, Gesellschafter-, Wertpapierrechte usw. 1103

8 Ebenso *Hesse*, VerfR, Rn 337; *Jarass*, JP, Art. 19 Rn 43 f; aA *Ibler*, FH, Art. 19 IV Rn 82 ff; *Schenke*, BK, Art. 19 Abs. 4 Rn 338 ff; *Schmidt-Aßmann*, MD, Art. 19 Abs. 4 Rn 93 ff.
9 E 101, 397/407.
10 E 103, 142/156.
11 *Pieroth*, JP, Art. 41 Rn 4.
12 Vgl *Kloepfer*, VerfR II, § 74 Rn 8; *Schenke*, BK, Art. 19 Abs. 4 Rn 306 ff, 316.
13 E 25, 352/358; BVerfG, NJW 2001, 3771; anders aber für den Widerruf eines Gnadenakts E 30, 108/111.
14 E 115, 81/92 ff.
15 So *Pestalozza*, NVwZ 1999, 140.
16 E 15, 275/281; 83, 184/194 f.

1104 Unter Rechtsverletzung ist der *rechtswidrige Eingriff* zu verstehen. Er muss nicht wirklich erfolgt sein, damit der Rechtsweg offen steht; die Feststellung, ob er wirklich erfolgt ist, ist gerade die den Gerichten durch Art. 19 Abs. 4 zugewiesene Aufgabe. Die Rechtsverletzung muss lediglich *geltend gemacht*, dh immerhin schlüssig und plausibel vorgetragen werden.

1105 **Beispiel:** Gem. § 42 Abs. 2 VwGO sind die Anfechtungs- und Verpflichtungsklage vor dem Verwaltungsgericht nur zulässig, wenn der Kläger geltend macht, durch den Verwaltungsakt oder seine Ablehnung oder Unterlassung in seinen Rechten verletzt zu sein. Hier wird genau das gefordert, was auch Art. 19 Abs. 4 voraussetzt. Folglich ist § 42 Abs. 2 VwGO nicht etwa eine Beeinträchtigung des Schutzbereichs von Art. 19 Abs. 4.

1106 Mit der Voraussetzung, dass der Grundrechtsberechtigte in *seinen* Rechten verletzt sein muss, ist klargestellt, dass eine *Popularklage* – Klage eines beliebigen Bürgers, der einen beliebigen Rechtsverstoß rügt – und eine *Verbandsklage* – Klage eines Verbands, der die Verletzung von Rechten seiner Mitglieder oder auch gemäß dem Verbandsanliegen die Verletzung sonstiger Rechtsnormen geltend macht – nicht von Art. 19 Abs. 4 geschützt sind[17]. Diese Klagen sind durch die Rechtsweggarantie aber auch nicht verboten. Dem Gesetzgeber steht es frei, sie allgemein oder nur für bestimmte Bereiche einzuführen.

1107 **Beispiele:** Art. 53 Abs. 1 S. 1 bay VerfGHG lautet: „Die Verfassungswidrigkeit eines Gesetzes oder einer Verordnung wegen unzulässiger Einschränkung eines Grundrechts (Art. 98 Satz 4 der Verfassung) kann von jedermann durch Beschwerde beim Verfassungsgerichtshof geltend gemacht werden" (Popularklage). – Durch § 61 BNatSchG ist den vom Bund und den Ländern anerkannten Verbänden ein eigenes Klagerecht in Naturschutzangelegenheiten eingeräumt worden (materiell-rechtliche Verbandsklage; vgl *Calliess*, NJW 2003, 97 ff). Dagegen ist das Klagerecht der anerkannten Naturschutzverbände aus §§ 58, 60 BNatSchG auf die Beteiligung am Verwaltungsverfahren beschränkt (verfahrensrechtliche Verbandsklage; vgl BVerwGE 87, 62/69 f).

3. Offenstehen des Rechtswegs

1108 Mit dem Offenstehen des Rechtswegs ist der *Zugang* zum Gericht, das *Verfahren* vor dem Gericht und die *Entscheidung* durch das Gericht verbürgt. Dabei sind staatliche Gerichte gemeint, die in ihrer organisatorischen Stellung und personellen Besetzung den Anforderungen von Art. 92 und 97 genügen[18]. Das Grundgesetz kennt verschiedene Gerichtsbarkeiten (Art. 95 und 96) und begründet einige Zuständigkeiten der ordentlichen Gerichtsbarkeit (Art. 14 Abs. 3 S. 4, Art. 34 S. 3, hilfsweise Art. 19 Abs. 4 S. 2). Im Übrigen überlässt es die Ausgestaltung von Gerichtsverfassung und -verfahren dem Gesetzgeber und *nur dem Gesetzgeber*; da der Richter allein dem Gesetz unterworfen ist, kann der Rechtsweg auch nur durch den Gesetzgeber und nicht etwa durch die Verwaltung eröffnet und verschlossen werden. Der Gesetzgeber ist frei, einen mehrstufigen Instanzenzug oder nur ein einstufiges Gerichtsverfahren einzurichten; Art. 19 Abs. 4 verlangt keinen Rechtsweg in zweiter oder dritter Instanz[19].

---

17 Vgl BVerfG, NVwZ 2001, 1149; *Michael*, Verwaltung 2004, 35.
18 E 11, 232/233; 49, 329/340.
19 E 4, 74/94 f; 104, 220/231 f; 107, 395/401 ff; BVerwGE 120, 87/93.

Die Rechtsschutzgarantie wäre offensichtlich wirkungslos, wenn die Gerichte das Rechtsschutzbegehren inhaltlich nicht prüfen müssten und sich mit der Entscheidung beliebig viel Zeit lassen könnten. Das BVerfG hat deshalb betont, dass Art. 19 Abs. 4 einen *effektiven Rechtsschutz* garantiert, der den Grundrechten tatsächliche Wirksamkeit verschafft; er darf nicht „leerlaufen"[20]. Hier wirken die Rechtsschutzgarantie und die jeweiligen Grundrechte als Verfahrensrechte (vgl Rn 115 f) zusammen. **1109**

Beispiele: Dem Rechtsschutzsuchenden muss der Zugang zum Gericht, wenn er ihn sich anders nicht leisten kann, durch Prozesskostenhilfe ermöglicht werden (BVerfG, DVBl. 2001, 1748), ihm dürfen keine unangemessenen verfahrensrechtlichen Hindernisse begegnen (E 60, 253/266 ff), ua keine überspannten Darlegungsanforderungen aufgebürdet werden (BVerfG, NVwZ 2001, 552); die Überprüfung einer richterlichen oder staatsanwaltschaftlichen (BVerfG, NJW 2007, 1345 f) Anordnung der Durchsuchung (E 96, 27/40), Inhaftierung (E 104, 220/233 ff) und Telekommunikationsüberwachung (BVerfG, NJW 2005, 1637, 1855) sowie einer Eilverfahrensentscheidung (E 110, 77/86 ff) darf nicht nur deshalb, weil sie bereits vollzogen worden ist oder sich erledigt hat, verweigert werden; die Gerichte müssen eine vollständige rechtliche und tatsächliche Prüfung vornehmen (E 64, 261/279; 78, 88/99; 103, 142/156) und dafür auch Einsicht in die relevanten Akten der Verwaltung bekommen (E 101, 106/125 ff); sie müssen in angemessener Frist entscheiden (E 93, 1/13; BVerfG, NVwZ 2011, 486/492; dies gilt auch für das BVerfG selbst, vgl EGMR, NJW 2001, 213); es muss vorläufiger Rechtsschutz gewährleistet sein, wenn ohne ihn unzumutbare, anders nicht abwendbare Nachteile entstünden (E 65, 1/70 f; BVerfG, NVwZ 2004, 95); schon im Vorfeld des Gerichtsverfahrens verlangt effektiver Rechtsschutz von der Verwaltung das Unterlassen von Maßnahmen, die ohne hinreichenden Grund vollendete Tatsachen schaffen (E 37, 150/153; 69, 200/227 ff), die Benachrichtigung bei nicht erkennbaren Eingriffen wie dem Lauschangriff (E 109, 279/363 f), die Rechtsbelehrung des rechtsunkundigen Einzelnen (vgl abw. M. E 53, 69/74 f) und die Begründung der Bewertung bei Berufszugangsprüfungen (vgl Rn 936); der Bürger muss auch zuverlässig in Erfahrung bringen können, wie die Rechtsprechung seine Rechte und Rechtsschutzaussichten sieht, und hat einen Anspruch auf Zugang zu getroffenen Entscheidungen, aus dem eine Pflicht zur Veröffentlichung von wichtigen Entscheidungen folgt (vgl BVerwGE 104, 105); die Vollstreckung gerichtlicher Entscheidungen muss wirkungsvoll sein (BVerfG, BayVBl. 2000, 47). **1110**

Ihre *Grenze* findet die Rechtsschutzgarantie bzw die richterliche Prüfung da, wo das Handeln der öffentlichen Gewalt *nicht normiert* ist. Gerichte kontrollieren die Rechtmäßigkeit, nicht die Zweckmäßigkeit staatlichen Handelns. Wo der Gesetzgeber der Verwaltung Entscheidungsspielräume einräumt (Ermessens- und Beurteilungsspielräume)[21], können die Gerichte nur prüfen, ob die Entscheidungsspielräume überschritten sind. Dass der Gesetzgeber der Verwaltung Entscheidungsspielräume einräumt oder zur Konkretisierung unbestimmter Rechtsbegriffe auf Verwaltungsvorschriften verweist und die Verwaltung damit zu Letztentscheidungen ermächtigt, ist, solange der Gesetzgeber Umfang und Gehalt der subjektiven Rechte der Bürger definiert, mit Art. 19 Abs. 4 vereinbar[22]; was rechtlicher Regelung unzugänglich ist, kann zwar Interessen, aber keine Rechte verletzen. Das BVerfG erkennt Beurteilungsspielräume mit reduzierter richterlicher Kontrolle nur an, wenn den jeweiligen Rechtsvorschriften zumindest konkludent entnommen werden kann, dass die Verwaltung er- **1111**

20 BVerfG, NJW 2010, 2864.
21 Vgl dazu *Maurer*, Allg.VwR, § 7.
22 BVerfG, 31.5.2011, Rn 66 ff.

mächtigt ist, abschließend darüber zu befinden, ob die durch einen unbestimmten Gesetzesbegriff gekennzeichneten tatbestandlichen Voraussetzungen vorliegen (sog. normative Ermächtigungslehre)[23].

1112 **Beispiel:** Prüfungsentscheidungen müssen aus der Prüfungssituation heraus getroffen werden, lassen sich in späteren Verwaltungsstreitverfahren faktisch nicht wiederholen, und ihrer Wiederholbarkeit ist rechtlich auch dadurch eine Grenze gesetzt, dass Chancengleichheit die Prüfung und Bewertung eines Kandidaten im Vergleichsrahmen der Prüfung und Bewertung aller Kandidaten verlangt. Daher ist seit langem ein prüfungsrechtlicher Beurteilungsspielraum anerkannt, der nur auf Verfahrens- und sonstige Rechtsfehler, Verkennung des Sachverhalts, Verletzung allgemein gültiger Bewertungsmaßstäbe und sachfremde Erwägungen gerichtlich kontrolliert wird. Das BVerfG hat die gerichtliche Kontrolle erweitert; es hat ihr auch fachliche Meinungsverschiedenheiten zwischen Prüfer und Prüfling unterworfen und dort, wo unterschiedliche Auffassungen vertretbar sind, wie dem Prüfer den Bewertungsspielraum so dem Prüfling einen Antwortspielraum zugestanden (E 84, 34/54 f; BVerwGE 104, 203/206; vgl *Müller-Franken*, VerwArch 2001, 507).

III. Eingriffe

1113 Eingriffe können allein solche staatlichen Maßnahmen sein, die *nicht Elemente der Ausgestaltung des Rechtswegs* sind. Wegen des normgeprägten Schutzbereichs von Art. 19 Abs. 4 ist die Ausgestaltung unerlässlich und gibt es keinen gewissermaßen natürlichen Rechtsschutz, in den durch die prozessrechtlichen Vorschriften über Partei- und Prozessfähigkeit, Anwaltszwang, Klage- und Ausschlussfristen, Bindung an Entscheidungen anderer Gerichte, Rechtskraft etc. eingegriffen würde. Lediglich der Ausschluss des Zugangs zu den Gerichten sowie unangemessene, durch die Funktionsbedingungen von Rechtspflege und Rechtssicherheit nicht gebotene und dem Rechtsschutzsuchenden unzumutbare gesetzliche Erschwerungen des Zugangs zu den Gerichten bzw des Verfahrens vor ihnen sind Eingriffe. Daneben liegen Eingriffe dann vor, wenn die Verwaltung oder die Rechtsprechung selbst den Rechtsweg gegen dessen gesetzliche Ausgestaltung erschwert oder behindert.

1114 Ein vielfach diskutiertes Problem stellen die materiellen und verwaltungsverfahrensrechtlichen *Präklusionsvorschriften* dar[24]. Das BVerfG sieht in ihnen Ausformungen des materiellen subjektiven Rechts, das von Art. 19 Abs. 4 nicht geschaffen, sondern vorausgesetzt wird. Gleichwohl seien die Präklusionsvorschriften am Grundrecht des Art. 19 Abs. 4 zu messen, da sich aus ihm auch „Vorwirkungen auf die Ausgestaltung des den gerichtlichen Rechtsschutzverfahren vorgelagerten Verwaltungsverfahrens" ergeben[25].

23 E 88, 40/56 ff; BVerwGE 94, 307/309 ff; 100, 221/225; vgl auch *Pieroth/Kemm*, JuS 1995, 780.
24 Vgl *Schenke*, BK, Art. 19 Abs. 4 Rn 758 ff.
25 E 61, 82/110.

IV. Verfassungsrechtliche Rechtfertigung

Art. 19 Abs. 4 enthält keinen Gesetzesvorbehalt. Eingriffe könnten ihre verfassungsrechtliche Rechtfertigung daher allein in kollidierendem Verfassungsrecht finden. Eingriff im Unterschied zur Ausgestaltung ist jedoch nur die Regelung des Rechtswegs, die durch die Funktionsbedingungen von Rechtspflege und Rechtssicherheit gerade nicht geboten ist. Aus den kollidierenden Verfassungsgütern der Rechtspflege und Rechtssicherheit kann es für Eingriffe daher auch keine Rechtfertigung geben; andere Rechtfertigungen aus anderen Verfassungsgütern sind nicht ersichtlich. Jeder Eingriff ist somit eine verfassungsrechtlich nicht zu rechtfertigende Verletzung. 1115

Lösungsskizze zum Fall 23 (Rn 1095): I. Der *Schutzbereich* des Art. 19 Abs. 4 ist einschlägig: A will gegen eine Maßnahme der Verwaltung, die Verhängung des Hausarrests, ein Gericht anrufen, und kann eine Verletzung eines subjektiven Rechts, des Grundrechts der Freiheit der Person, geltend machen. Offenstehen des Rechtswegs bedeutet eine vollständige Nachprüfung der Verwaltungsmaßnahme in rechtlicher und tatsächlicher Hinsicht durch das Gericht. – II. Dies erfolgt nicht: Das OLG weist den Antrag auf gerichtliche Entscheidung wegen Fristversäumnis als unzulässig zurück. Es stützt sich dabei auf die Regelung des Beschwerdeverfahrens in der Verwaltungsvorschrift. Hierin liegt dann ein Eingriff, wenn der Rechtsweg nicht nur *ausgestaltet* wird. Keine Ausgestaltung des Art. 19 Abs. 4 ist eine unangemessene und unzumutbare Erschwerung des Zugangs zu den Gerichten bzw des Verfahrens durch das Gesetz oder durch eine gerichtliche Entscheidung. Eine lediglich einwöchige Beschwerdefrist mag im Strafvollzug angemessen und zumutbar sein (E 40, 237/258). Fragwürdig ist jedoch, dass das BVerfG auch von einer hinreichenden gesetzlichen Ausgestaltung des Rechtswegs ausgeht: Die grundlegende Entscheidung hat der Gesetzgeber in § 24 Abs. 2 EGGVG getroffen, die Verwaltungsvorschrift sei demgegenüber nur eine „untergeordnete Regelung" (E 40, 237/251). Aber die Frage der Fristen ist eine wichtige, sonst durchweg gesetzlich geregelte Frage. Das BVerfG hat denn auch weithin Ablehnung gefunden (abw. M. E 40, 260; *Schenke*, DÖV 1977, 27; *Schwabe*, JuS 1977, 661). 1116

Literatur: *C. Bickenbach*, Grundfälle zu Art. 19 IV GG, JuS 2007, 813, 910; *R. Herzog*, Verfassung und Verwaltungsgerichte – Zurück zu mehr Kontrolldichte?, NJW 1992, 2601; *F. Hufen*, Verwaltungsprozessrecht besteht, Verfassungsrecht vergeht? Rechtsschutzgarantie (Art. 19 Abs. 4 GG) und Grundrechte in der neueren verwaltungsprozessualen Rechtsprechung und Literatur, Verwaltung 1999, 519; *H.-J. Papier*, Rechtsschutzgarantie gegen die öffentliche Gewalt, Hdb. StR[3] VIII, § 177; *W.-R. Schenke*, Die Rechtsschutzgarantie des Art. 19 IV GG im Spiegel der Rechtsprechung des Bundesverfassungsgerichts, in: Wolter/Riedel/Taupitz (Hrsg.), Einwirkungen der Grundrechte auf das Zivilrecht, Öffentliche Recht und Strafrecht, 1999, S. 153; *E. Schmidt-Aßmann*, Art. 19 IV als Teil des Rechtsstaatsprinzips, NVwZ 1983, 1. 1117

§ 27 Widerstandsrecht (Art. 20 Abs. 4)

1118 **Fall 24:** Bau einer Bunkeranlage

Seit Wochen sichert die Bundespolizei mit großem Aufwand ein Gelände in der Nähe von Berlin, auf dem eine weitläufige Bunkeranlage entsteht. Die Öffentlichkeit ist darüber, was auf dem Gelände geschieht, nicht unterrichtet. Als der gerade gewählte Bundestag, der unter Parteienzersplitterung und dünnen Mehrheiten leidet und eine krisenreiche Legislatur- und Regierungsperiode verspricht, zusammentreten soll, gewinnen mehrere Bürger den Eindruck, dass sich die Bewegungen der Bundespolizeieinheiten häufen und mehren. Sie finden sich in einer Gruppe zusammen, die einen überzeugt davon, dass auf dem Gelände Bundespolizeieinheiten für eine Entmachtung von Bundestag und Bundesregierung zusammengezogen werden, die anderen im Glauben, dass der Bau einer Chemiefabrik neuen und großen Stils und besonders gefährlichen Typs vorbereitet und gesichert werde. Um ein Zeichen des Widerstands zu setzen, legen sie nachts Nagelbretter auf zwei Zufahrtsstraßen zum Gelände. Dadurch bleiben zwei Bundespolizeilastwagen liegen; auf der einen Zufahrtsstraße kommt es zu einem größeren Unfall mit erheblichem Sach- und auch Personenschaden. Vor Gericht berufen die Bürger sich auf Art. 20 Abs. 4. Zu Recht? **Rn 1123**

1119 Das Widerstandsrecht ist im Zusammenhang mit der Notstandsgesetzgebung in das Grundgesetz eingefügt worden. Dahinter stand eine doppelte Absicht: Zum einen sollte der Schutz der Verfassungsordnung nicht nur durch die Notstandsgesetze zur Aufgabe des Staats, sondern mit dem Widerstandsrecht auch zum *Recht der Bürger* gemacht werden. Zum anderen sollte gewährleistet werden, dass der Notstands- oder Ausnahmefall als Stunde der Exekutive, der Verfassungsverkürzung und der Freiheitsbeschneidung *nicht von der Exekutive* dazu *missbraucht* wird, die Verfassungsordnung zu beseitigen.

1120 Dass die gute Absicht ein gutes Resultat erbracht hat, muss bezweifelt werden. Art. 20 Abs. 4 will eine Situation rechtlich regeln, in der die *rechtlichen Regelungen versagen:* Die andere Abhilfe, von der Art. 20 Abs. 4 spricht, ist die Abhilfe in den rechtlich geregelten Bahnen der Verfassungs- und Rechtsordnung, und gerade ihre Unmöglichkeit ist Voraussetzung für das Widerstandsrecht. Wo die Voraussetzung des Widerstandsrechts vorliegt, da kann der Bürger in der nicht mehr funktionierenden Rechts- und Verfassungsordnung für sein Widerstandsrecht keine rechtliche Anerkennung mehr finden; wo der Bürger umgekehrt in der noch funktionierenden Rechts- und Verfassungsordnung die rechtliche Anerkennung seines Widerstandsrechts finden könnte, da fehlt dessen Voraussetzung[1]. Anders und salopp ausgedrückt: Wenn der Staatsstreich misslingt, werden die, die Widerstand geleistet haben, ohnehin gefeiert; wenn er gelingt, können die, die Widerstand geleistet haben, sich gegenüber der neuen Staatsordnung ohnehin nicht mehr auf die alte berufen. Art. 20 Abs. 4 will rechtlich regeln, was letztlich nicht rechtlich geregelt, sondern nur dem Gewissen des Einzelnen überlassen werden kann; er hat mit anderen Worten nur symbolische Funktion[2].

1 Vgl E 123, 267/333.
2 *Kloepfer*, VerfR II, § 77 Rn 28 f.

Art. 20 Abs. 4 will verbürgen, dass Widerstandshandlungen, mit denen der Bürger um der Verteidigung der Verfassungsordnung willen rechtliche Gebote oder Verbote überschreitet, gleichwohl als *rechtmäßig* betrachtet werden – wie auch der Staat im Notstand, den das Grundgesetz und das einfache Recht regeln, um der Verteidigung der Verfassungsordnung willen von sonst geltendem Recht suspendiert wird. Ein Eingriff in den Schutzbereich von Art. 20 Abs. 4 wäre darin zu sehen, dass die Widerstandshandlungen des Bürgers dennoch von der öffentlichen Gewalt als rechtswidrig behandelt würden. Eine verfassungsrechtliche Rechtfertigung hierfür gäbe es nicht. **1121**

Das Widerstandsrecht gehört nicht zu den Elementen des Art. 20, die nach Art. 79 Abs. 3 auch im Wege einer *Verfassungsänderung* nicht mehr geändert oder aufgehoben werden dürfen. Art. 79 Abs. 3 bezieht sich auf Art. 20 nur mit den ersten drei Absätzen, mit denen er ursprünglich vorlag. Anders könnte der verfassungsändernde Gesetzgeber die Grenzen der Verfassungsänderung verschieben, die ihm in Art. 79 Abs. 3 gerade unverrückbar vorgegeben sind[3]. **1122**

Lösungsskizze zum Fall 24 (Rn 1118): Es ist zu unterscheiden zwischen einer möglichen Rechtfertigung derer, die sich gegen den Bau von Chemiefabriken und Kernkraftwerken, und derer, die sich gegen einen Putsch der Bundespolizei wenden wollen. – I. Aktionen gegen den Bau von Kernkraftwerken, die Stationierung von Raketen, die Lagerung von chemischen oder biologischen Waffen etc. fallen von vornherein aus dem Schutzbereich von Art. 20 Abs. 4 heraus: Der Bau, die Stationierung oder die Lagerung mögen in die Grundrechte eingreifen oder sie sogar verletzen, sie haben aber mit der Beseitigung der Verfassungsordnung noch nichts gemein. Auch die Frage, ob ziviler Ungehorsam in Formen ge waltlosen oder gewaltarmen Widerstands, besonders Blockaden, gegen bestimmte energie- und militärpolitische Unternehmungen gerechtfertigt ist, ist keine Frage des Art. 20 Abs. 4, sondern der Auslegung des Nötigungstatbestandes (§ 240 StGB), seines Gewaltbegriffs und seines Verwerflichkeitskriteriums (vgl Rn 760). Vor allem diese Frage ist gemeint, wenn heute über Widerstand und Loyalität der Bürger diskutiert wird. – II. Eine Entmachtung von Bundestag und Bundesregierung würde sich dagegen durchaus gegen die Verfassungsordnung iSd Art. 20 Abs. 4 richten und sie auch nicht nur beeinträchtigen, sondern beseitigen. Denn mit der Entmachtung würde die Staatsgewalt nicht mehr vom Volk ausgehen. Ob mit dem Zusammenziehen von putschbereiten Bundespolizeieinheiten schon der Übergang vom Stadium der Vorbereitung zu dem des Versuchs erreicht ist, mag zweifelhaft sein. Außerdem kann bezweifelt werden, ob das Setzen eines Zeichens des Widerstands, das keinerlei Widerstandserfolg verspricht, als Widerstandshandlung gerechtfertigt ist. Jedenfalls ist aber, solange die putschbereiten Bundespolizeieinheiten erst zusammengezogen werden, noch andere Abhilfe möglich. So wäre das Handeln der Bürger nicht einmal dann durch Art. 20 Abs. 4 gerechtfertigt, wenn ihre Einschätzung der Lage zutreffend wäre (zur Frage der irrtümlichen Berufung auf Art. 20 Abs. 4 vgl *Herzog*, MD, Art. 20 Abschn. IX Rn 44). **1123**

Literatur: *R. Dreier*, Widerstandsrecht im Rechtsstaat?, in: FS Scupin, 1983, S. 573; *C. Enders*, Bürgerrecht auf Ungehorsam?, Staat 1986, 351; *J. Isensee*, Das legalisierte Widerstandsrecht, 1969; *H.H. Klein*, Ziviler Ungehorsam im demokratischen Rechtsstaat, in: FS Gesellschaft für Rechtspolitik, 1984, S. 177; *U.K. Preuß*, Politische Verantwortung und Bürgerloyalität, 1984; *S. Schmahl*, Rechtsstaat und Widerstandsrecht, JöR 2007, 99. **1124**

3 Vgl *Hesse*, VerfR, Rn 761; *Pieroth*, JP, Art. 79 Rn 12.

§ 28 Berücksichtigung der hergebrachten Grundsätze des Berufsbeamtentums (Art. 33 Abs. 5)

1125 **Fall 25:** Beihilfe für Beamte (nach E 58, 68)

P ist Polizeiobermeister a.D. und erhält Versorgungsbezüge aus der Besoldungsgruppe A 8. Seine private Krankenversicherung erstattet ihm bei ambulanter Behandlung 30 % der Aufwendungen. Nach unterverfassungsrechtlichen Vorschriften wird ihm eine Beihilfe von weiteren 65 % gewährt. P meint, gem. Art. 33 Abs. 5 steht ihm ein Beihilfeanspruch in Höhe von 70 % zu, um nicht gegenüber seiner aktiven Dienstzeit schlechter gestellt zu sein. Hat er Recht? **Rn 1131**

I. Überblick

1126 Seinem Wortlaut nach enthält Art. 33 Abs. 5 kein Grundrecht oder grundrechtsgleiches Recht, sondern einen Regelungsauftrag an den Gesetzgeber und eine institutionelle Garantie. Das BVerfG, gefolgt von der hL, vertritt aber in stRspr[1], dass Art. 33 Abs. 5 auch ein mit der Verfassungsbeschwerde durchsetzbares subjektives Recht des Beamten enthält. Da der einzelne Beamte die den Arbeitnehmern durch Art. 9 Abs. 3 garantierte Arbeitskampf- und Tarifgestaltungsmöglichkeit nicht habe, bedürfe er für die Gestaltung seiner Rechtsverhältnisse des subjektiven Rechts aus Art. 33 Abs. 5.

II. Schutzbereich

1127 Den Schutzbereich bezeichnet der Begriff des *Berufsbeamtentums*. Dessen Garantie ist aber in charakteristischer Weise *abgeschwächt*: Erstens geht es nicht um jeden einzelnen Rechtssatz überkommenen Beamtenrechts, sondern nur um die „Grundsätze". Zweitens sind diese Grundsätze nicht zu beachten, sondern nur zu „berücksichtigen", was vom Parlamentarischen Rat mit Bedacht so formuliert worden ist[2] und dem Gesetzgeber einen „weiten Spielraum des politischen Ermessens" eröffnet[3]. Drittens dürfen diese Grundsätze ausdrücklich „fortentwickelt" werden. Und viertens folgt aus der Eigenschaft des Art. 33 Abs. 5 als „Transformationsnorm" – er übernimmt früheres in geltendes Recht –, dass nur diejenigen hergebrachten Grundsätze verbindlich sind, die mit dem Grundgesetz im Übrigen vereinbar sind[4].

1128 Das BVerfG *definiert* die hergebrachten Grundsätze des Berufsbeamtentums als „jenen Kernbestand von Strukturprinzipien ..., die allgemein oder doch ganz überwiegend und während eines längeren, Tradition bildenden Zeitraums, mindestens unter der Reichsverfassung von Weimar, als verbindlich anerkannt und gewahrt worden

1 E 8, 1/17; 107, 218/236 f; 117, 330/344.
2 Vgl JöR 1951, 322 f.
3 E 76, 256/295.
4 E 3, 58/137; vgl auch Art. 123 Abs. 1.

sind“[5]. Als *wichtigste Fälle* hat das BVerfG genannt: „Pflicht zu Treue und Gehorsam gegenüber dem Dienstherrn und zu unparteiischer Amtsführung, fachliche Vorbildung, hauptberufliche Tätigkeit, lebenslängliche Anstellung, Rechtsanspruch auf Gehalt, Ruhegehalt, Witwen- und Waisenversorgung“[6]. Die hergebrachten Grundsätze des Berufsbeamtentums enthalten also objektiv-rechtliche Anforderungen an das Beamtenrecht sowie Rechte und Pflichten der einzelnen Beamten. Als Inhalt des Art. 33 Abs. 5 als grundrechtsgleiches Recht kommen vor allem die *Rechte des Beamten* in Betracht.

Beispiele: Anspruch auf amtsangemessene Alimentation, dh Besoldung und Versorgung (stRspr; E 71, 39/60), die ein „Minimum an Lebenskomfort“ gewährleisten (E 99, 300/315), nicht aber die Gewährung von Ortszulagen einschließen müssen (E 117, 330/348 ff); Anspruch auf Versorgung nach Maßgabe der Besoldung im zuletzt ausgeübten Amt (E 117, 372/381 ff); Anspruch auf eine amtsangemessene Amtsbezeichnung (E 38, 1/12); Anspruch auf Fürsorge, wodurch der Dienstherr verpflichtet wird, „den Beamten gegen unberechtigte Anwürfe in Schutz zu nehmen, ihn entsprechend seiner Eignung und Leistung zu fördern, bei seinen Entscheidungen die wohlverstandenen Interessen des Beamten in gebührender Weise zu berücksichtigen“ (E 43, 154/165); zur Treuepflicht vgl Rn 510. – Dagegen besteht kein Anspruch auf den Schutz wohlerworbener Rechte (E 3, 58/137), kein Recht am Amt im Sinn eines Rechts auf „unveränderte und ungeschmälerte Ausübung der übertragenen dienstlichen Aufgaben“ (E 43, 242/282), kein Anspruch auf Beschäftigung jenseits der gesetzlich festgelegten Altersgrenze (E 71, 255/270) und kein Anspruch „auf Erhaltung des Besitzstandes in Bezug auf ein einmal erreichtes Einkommen“ (E 44, 249/263). 1129

III. Eingriffe und verfassungsrechtliche Rechtfertigung

Ein Eingriff liegt erst dann vor, wenn die Grundsätze nicht mehr berücksichtigt, dh die Strukturprinzipien nicht nur zeitgemäß fortentwickelt, sondern über Bord geworfen werden. Für diesen Eingriff gibt es dann auch keine verfassungsrechtliche Rechtfertigung. 1130

Lösungsskizze zum Fall 25 (Rn 1125): Es fragt sich, ob der Beihilfeanspruch des P unter die hergebrachten Grundsätze des Berufsbeamtentums fällt. Die Gewährung von Beihilfe ist ein Anwendungsfall der beamtenrechtlichen Fürsorgepflicht des Dienstherrn gegenüber dem Beamten für die Fälle von Krankheit, Geburt oder Tod in dessen Familie. Der Anspruch auf Fürsorge ist zwar selbst ein hergebrachter Grundsatz des Berufsbeamtentums (E 43, 154/165), allerdings nur in dem Umfang, wie er 1949 schon bestanden hat (vgl E 58, 68/76 f). Damals gab es aber noch kein Beihilfensystem wie heute; es ist erst später entstanden und also nicht hergebracht. Allerdings verlangt der Anspruch auf amtsangemessene Alimentation, der ein hergebrachter Grundsatz des Berufsbeamtentums ist, eine so bemessene Versorgung, dass der Beamte sich eine angemessene Krankenversicherung leisten kann (E 83, 89/101 f). Daher könnte allenfalls eine Anpassung der Versorgung, nicht aber eine Erhöhung der Beihilfe aus Art. 33 Abs. 5 verlangt werden. 1131

5 E 8, 332/343; 107, 218/237; 117, 330/348 f.
6 E 9, 268/286; vgl auch *Masing,* DR, Art. 33 Rn 82 ff.

1132 **Literatur:** *W. Höfling/C. Burkiczak*, Die Garantie der hergebrachten Grundsätze des Berufsbeamtentums unter Fortentwicklungsvorbehalt, DÖV 2007, 321; *H. Lecheler*, Der öffentliche Dienst, Hdb. StR³ V, § 110; *F. Rottmann*, Der Beamte als Staatsbürger, 1981; *B. Schlink*, Zwischen Identifikation und Distanz. Zur Stellung des Beamten im Staat und zur Gestaltung des Beamtenrechts durch das Staatsrecht, Staat 1976, 335.

§ 29 Wahlrecht (Art. 38)

1133 **Fall 26:** Die Wahl von Bezirksvertretungen (nach E 47, 253)

Durch eine Änderung der Gemeindeordnung werden Bezirksvertretungen in den kreisfreien Städten vorgeschrieben, denen selbstständige Entscheidungsbefugnisse auf dem Gebiet der Verwaltung übertragen werden. Die Mitglieder der Bezirksvertretungen werden gleichzeitig mit den Mitgliedern des Rates gewählt. Die Sitze für die Bezirksvertretungen werden auf Grund von Listen, die die Parteien und Wählergruppen aufstellen, nach der Wahl des Rates auf die Parteien und Wählergruppen unter Berücksichtigung der auf sie im jeweiligen Stadtbezirk entfallenen gültigen Stimmen nach den d'Hondtschen Höchstzahlverfahren verteilt. Die Mitglieder der Bezirksvertretungen werden sodann vom Wahlleiter berufen, der die sich aus den Listen ergebende Reihenfolge der Bewerber einzuhalten hat. Bei der Nachfolge ausgeschiedener Mitglieder der Bezirksvertretungen bestimmt die zuständige Stelle der Partei oder der Wählergruppe die Reihenfolge der Sitzzuteilung. Die Vorschrift des kommunalen Wahlgesetzes, wonach die Kandidatenaufstellung durch geheime Wahlen in Mitglieder- und Vertreterversammlungen zu erfolgen hat, ist auf die Aufstellung der Listen für die Bezirksvertretungen nicht anwendbar. Verstößt diese Regelung gegen Art. 38? **Rn 1154**

I. Überblick

1134 Art. 38 Abs. 1 S. 1 gewährleistet das aktive und passive Wahlrecht für die Wahlen zum Deutschen Bundestag und stellt mit den so genannten Wahlrechtsgrundsätzen der Allgemeinheit, Unmittelbarkeit, Freiheit, Gleichheit und Geheimheit bestimmte Anforderungen an diese Wahlen. Diese Gewährleistung steht in engem Zusammenhang mit dem Demokratieprinzip (Art. 20 Abs. 1, 2). Art. 38 Abs. 1 S. 2 normiert mit der Rechtsstellung der Abgeordneten des Deutschen Bundestages deren organschaftliche Berechtigung und ist kein grundrechtsgleiches Recht. In Art. 38 Abs. 2 findet sich die Festlegung des Beginns der Wahlberechtigung; systematisch ist dies eine Ausnahmevorschrift zur Allgemeinheit der Wahl (vgl Rn 496 ff). Gem. Art. 38 Abs. 3 bestimmt das Nähere ein Bundesgesetz. Damit ist in erster Linie auf das Bundeswahlgesetz verwiesen; erst dort ist das geltende Wahlsystem („personalisierte Verhältniswahl") normiert. Art. 38 Abs. 3 ist kein Gesetzesvorbehalt; er ermächtigt nicht zu Eingriffen in die Rechte des Art. 38 Abs. 1, sondern nur dazu, die Wahlgrundsätze form- und verfahrensmäßig handhabbar zu machen.

II. Das unmittelbare, freie und geheime Wahlrecht

1135 Die Wahlrechtsgrundsätze der Allgemeinheit und Gleichheit sind als besondere Anforderungen der Rechtfertigung von Ungleichbehandlungen im Zusammenhang mit dem Gleichheitsgebot schon behandelt worden (vgl Rn 496 ff). Hier wird auf die Wahlrechtsgrundsätze der Unmittelbarkeit, Freiheit und Geheimheit eingegangen.

1. Schutzbereich

a) Art. 38 Abs. 1 S. 1 gilt sowohl für das **aktive Wahlrecht** (Wahlberechtigung) als **1136** auch für das **passive Wahlrecht** (Wählbarkeit, Eligibilität). Der Schutzbereich umfasst den gesamten Wahlvorgang, von der Aufstellung der Bewerber bis zur Zuteilung der Abgeordnetensitze[1].

Dieses grundrechtsgleiche Recht betrifft direkt nur die *Wahl zum Deutschen Bundes-* **1137** *tag*. Dieselben Wahlrechtsgrundsätze sind aber gem. Art. 28 Abs. 1 S. 2 auch für die Wahlen in den Ländern, Kreisen und Gemeinden maßgeblich. Sie gelten nach allgemeiner Meinung auch als ungeschriebenes Verfassungsrecht für alle Wahlen zu Volksvertretungen und für politische Abstimmungen, wie zB Volksentscheide, die in einigen Landesverfassungen vorgesehen sind[2]. Hiervon sind Wahlen innerhalb von Selbstverwaltungseinrichtungen zu unterscheiden, soweit die spezifische Sachaufgabe an Stelle der allgemeinen demokratischen Legitimation der Ausübung öffentlicher Gewalt im Vordergrund steht.

Beispiele: Der Schlüsselstellung, die den Hochschullehrern an den Universitäten nach „Quali- **1138** fikation, Funktion, Verantwortung und Betroffenheit" zukommt, muss das Wahlrecht zu den Hochschulgremien durch eine besondere Gewichtung der Stimmen der Hochschullehrer gerecht werden (E 39, 247/254 ff). – Die Richtergesetze des Bundes und der Länder sehen für die Beteiligung der Richter an allgemeinen, sozialen und personellen Angelegenheiten als Vertretungsorgane Richter- und Präsidialräte vor. Die spezifische Sachaufgabe einer leistungsfähigen Rechtspflege durch eine unabhängige und unparteiliche Richterschaft lässt Abweichungen von den Wahlrechtsgrundsätzen des Art. 38 Abs. 1 S. 1 zu, zB dass der Wahlvorschlag für den Vorsitz des Präsidialrates mindestens einen Gerichtspräsidenten enthalten muss (E 41, 1/12 f). – Dagegen gelten die Wahlrechtsgrundsätze der Allgemeinheit und Gleichheit im Bereich der Sozialversicherung (E 30, 227/246), Personalvertretung (E 60, 162/169 ff) und Arbeitnehmerkammern (E 71, 81/94 f).

b) Die **Unmittelbarkeit der Wahl** verlangt, dass jede Stimme bestimmten oder be- **1139** stimmbaren Wahlbewerbern zugerechnet wird, ohne dass nach der Stimmabgabe eine Zwischeninstanz nach ihrem Ermessen die Abgeordneten auswählt. „Nur wenn die Wähler das letzte Wort haben, haben sie auch das entscheidende Wort; nur dann wählen sie unmittelbar"[3]. Dies ist auch bei einer Listenwahl (vgl § 1 Abs. 2 BWahlG) gewährleistet, denn „der Grundsatz der unmittelbaren Wahl hindert nicht, dass die Wahl eines Bewerbers von der Mitwahl weiterer Bewerber abhängig gemacht wird"[4]. Die Unmittelbarkeit verlangt ferner, dass der Wähler erkennen kann, welche Personen

---

1 Vgl *Pieroth*, JP, Art. 38 Rn 1; *Stern*, StR I, S. 304 f.

2 E 13, 54/91 f; 47, 253/276; 60, 162/167; BVerwGE 118, 345/347 f; einschr. *Hartmann*, Volksgesetzgebung und Grundrechte, 2005, 140 ff.

3 E 7, 63/68.

4 E 7, 63/69.

sich um ein Mandat bewerben[5] und wie sich die eigene Stimmabgabe auf Erfolg oder Misserfolg der Wahlbewerber auswirken kann[6].

1140 c) Die **Freiheit der Wahl** bedeutet zunächst, „dass der Akt der Stimmabgabe frei von Zwang und unzulässigem Druck bleibt"[7]. Um der Freiheit von Zwang und unzulässigem Druck willen ist auch die **Geheimheit der Wahl** verbürgt; Freiheit und Geheimheit der Wahl hängen miteinander zusammen. Ein wirkungsvoller Schutz der Wahl kann sich auf die Stimmabgabe nicht beschränken, sondern muss auch die vorbereitende Willensbildung umfassen und nachträgliche Sanktionen ausschließen. Freiheit und Geheimheit der Wahl gelten demgemäß vor, bei und nach der Stimmabgabe. Inhaltlich bedeutet die Freiheit der Wahl die freie Entschließung über das Ob und das Wie der Wahl sowie die Möglichkeit hinreichender Auswahl zwischen verschiedenen Kandidaten bzw Listen. Die Geheimheit der Wahl bedeutet inhaltlich, dass niemand von einem anderen ohne dessen Willen wissen darf, wie er gewählt hat, wählt oder wählen wird.

1141 Überwiegend wird den Grundsätzen der Freiheit und Geheimheit der Wahl *unmittelbare Drittwirkung* zuerkannt: Sie sollen nicht nur gegenüber der öffentlichen Gewalt, sondern auch gegenüber nichtstaatlichen Organisationen und Einzelpersonen gelten[8]. Dies mag unter dem Gesichtspunkt der Schutzpflicht als Ausfluss einer objektivrechtlichen Funktion von Art. 38 Abs. 1 S. 1 verstanden werden.

1142 **Beispiele:** Die von einem privaten Arbeitgeber ausgesprochene Kündigung eines Arbeitnehmers wegen einer bestimmten Stimmabgabe bzw eine entsprechende Bevorzugung eines anderen Arbeitnehmers ist gem. §§ 134, 138 BGB nichtig (vgl *Trute*, MüK, Art. 38 Rn 43). – Andererseits ist selbst massive Wahlpropaganda nichtstaatlicher Stellen, solange sie mit allgemein erlaubten Mitteln erfolgt, von Art. 5 Abs. 1 und 2 geschützt. Das gilt auch für kirchliche Aufrufe zur Wahl einer bestimmten Partei (Hirtenbriefe; vgl BVerwGE 18, 14; OVG Münster, JZ 1962, 767). – Durch §§ 108 (Wählernötigung), 108a (Wählertäuschung) und 108b (Wählerbestechung) StGB wird die Freiheit der Wahl gegenüber jedermann strafrechtlich geschützt. Wo keine Wählernötigung vorliegt, ist die Freiheit der Wahl durch Private nicht verletzt (E 66, 369/380).

1143 Das BVerfG rechnet zur Wahlfreiheit – über das bisher Gesagte hinaus – auch „ein grundsätzlich freies Wahlvorschlagsrecht für alle Wahlberechtigten"[9] sowie „eine freie Kandidatenaufstellung unter Beteiligung der Mitglieder der Parteien und Wählergruppen"[10]. Es verbindet dabei die Wahlfreiheit mit der aus der passiven Wahlgleichheit folgenden *Chancengleichheit* der Bewerber (vgl Rn 497).

1144 Weitere Anforderungen für Wahlen hat die Rspr aus Art. 38 iVm dem Demokratieprinzip abgeleitet: die *Öffentlichkeit des Wahlverfahrens* – abgesehen von der Geheimheit der Stimmabgabe –[11] und das Gebot, dass zwischen Wahl und Zusammen-

5 E 47, 253/280 f; 95, 335/350; 97, 317/326.
6 BVerfGE 121, 266/307.
7 E 44, 125/139; 103, 111/133.
8 *Achterberg/Schulte*, MKS, Art. 38 Rn 125; *Stern*, StR IV/2, S. 229; *Trute*, MüK, Art. 38 Rn 42.
9 E 41, 399/417.
10 E 47, 253/282.
11 E 121, 266/291; 123, 39/68.

tritt neu gewählter Volksvertretungen nicht mehr als *drei Monate* liegen dürfen[12]. Auch hierauf kann die Verfassungsbeschwerde gestützt werden.

d) Im Zusammenhang mit dem Prozess der europäischen Einigung hat das BVerfG Art. 38 Abs. 1 S. 1 einen weiteren Aspekt abgewonnen. Weil Art. 38 Abs. 1 S. 1 einen „**Anspruch auf demokratische Selbstbestimmung**, auf freie und gleiche Teilhabe an der in Deutschland ausgeübten Staatsgewalt sowie auf die Einhaltung des Demokratiegebots einschließlich der Achtung der verfassungsgebenden Gewalt des Volkes"[13] begründe, gebe er den Bürgern das Recht, Demokratiedefizite der EU und Aushöhlungen der Kompetenzen des Bundestags, nach noch weitergehender Ansicht „jede Verletzung der Schutzgüter des Art. 79 Abs. 3"[14] mit der Verfassungsbeschwerde vor das BVerfG zu bringen. **1144a**

2. Eingriffe

a) Eine **mittelbare Wahl** liegt vor, wenn eine fremde Willensentscheidung außer der des Bewerbers selbst zwischen den Wahlakt und das Wahlergebnis *geschaltet* ist. **1145**

Beispiele: Bei der Listenwahl (vgl § 1 Abs. 2 BWahlG) darf die Liste nicht nachträglich aufgefüllt (E 3, 45/51) oder abgeändert werden (E 47, 253/279 ff), außer es geschieht durch freie Willensentscheidung des Gewählten selbst, zB durch Nichtannahme, späteren Rücktritt (E 3, 45/50) oder freiwilliges Ausscheiden aus der Partei (E 7, 63/72). Soweit § 48 Abs. 1 S. 2 BWahlG dagegen einen auf der Landesliste einer Partei an sich nachrückenden Bewerber von der Nachfolge auch dann ausschließt, wenn er aus der Partei ausgeschlossen worden ist, liegt ein Eingriff in die Unmittelbarkeit der Wahl vor (*Erichsen*, Jura 1983, 635/640; aA *Maurer*, StR, § 13 Rn 11). **1146**

b) Eine **unfreie Wahl** durch unzulässigen Druck auf die Wahlentscheidung des Bürgers vonseiten eines Trägers öffentlicher Gewalt kann bei *kompentenzüberschreitendem* Verhalten gegeben sein. **1147**

Beispiele: Der Staat darf nicht, außer im Rahmen der gesetzlich geregelten staatlichen Finanzierung, einer Partei zur Finanzierung des Wahlkampfes Steuergelder zukommen lassen. Die Kompetenz der Regierung zur Information durch Öffentlichkeitsarbeit darf nicht durch Wahlwerbung überschritten werden (vgl E 44, 125/147 ff; 63, 230/243 f). **1148**

Darüber hinaus bestimmt sich die Unzulässigkeit des Drucks danach, ob eine inhaltliche Beeinflussung des Wählers vorliegt. Hinsichtlich des *Ob* der Wahl und damit der Frage der verfassungsrechtlichen Zulässigkeit einer Wahlpflicht ist dies umstritten. Teilweise wird von der Wahlentscheidungsfreiheit eine Wahlbeteiligungsfreiheit unterschieden, die von Art. 38 Abs. 1 S. 1 nicht geschützt sei[15]. Aber auch im Fernbleiben von der Wahl kann ein Kundtun des politischen Willens der Wählerschaft liegen. Die Einführung einer Wahlpflicht ist daher als Eingriff in die Freiheit der Wahl zu qualifizieren[16]. Hinsichtlich des *Wie* der Wahl bedeutet inhaltliche Beeinflussung die **1149**

---

12 VerfGH NRW, NWVBl. 2009, 98.

13 E 123, 267/340; BVerfG, 7.9.2011, Rn 97 ff; ähnlich schon E 89, 155/171 f; krit. *Tomuschat*, EuGRZ 1993, 491; *Trute*, MüK, Art 38 Rn 17 ff.

14 *Murswiek*, JZ 2010, 702/708, 1164; dagegen mit Recht *Schönberger*, JZ 2010, 1160.

15 *Merten*, in: FS Broermann, 1982, S. 301/308 ff; vgl auch *Volkmann*, FH, Art. 20 Rn 30.

16 *Butzer*, EH, Art. 38 Rn 50; *Morlok*, DR, Art. 38 Rn 83; *Stern*, StR IV/2, S. 201 f.

Bevorzugung einer Partei oder eines Bewerbers gegenüber anderen. Auch die hinreichende *Auswahlmöglichkeit* zwischen verschiedenen Kandidaten bzw Listen kann durch staatliche Maßnahmen beeinträchtigt werden.

1150 **Beispiele:** Ein Bürgermeister lässt eine Wahlempfehlung für eine Partei in einer von ihm herausgegebenen „Amtlichen Bekanntmachung" drucken (BVerwG, DVBl. 1993, 207) oder ruft in amtlicher Eigenschaft zur Wiederwahl eines Landrats auf (BVerwGE 104, 323/327). – Im Wahlraum hängen Plakate einiger Parteien. Selbst wenn von allen Parteien Plakate aufgehängt würden, ist ein bevorzugter Platz eines Plakats faktisch nicht zu vermeiden. Daher bestimmt § 32 Abs. 1 BWahlG, dass im Gebäude, in dem sich der Wahlraum befindet, jede Beeinflussung der Wähler durch Wort, Ton, Schrift oder Bild verboten ist.

1151 Eine **nicht geheime Wahl** liegt vor bei einer Pflicht zur Offenbarung, wie jemand wählen will, wählt oder gewählt hat. Aber auch eine staatliche Regelung, die es erlaubt, dass der Wahlakt selbst nicht geheim vorgenommen wird, beeinträchtigt die Geheimheit der Wahl.

1152 **Beispiele:** Ein Gericht erlässt einen Beweisbeschluss dahingehend, dass die Wahlentscheidung einer Person ermittelt wird (BVerwGE 49, 75/76; vgl auch BGHSt 29, 380/385 f). – Die Briefwahl (vgl § 36 BWahlG) ist solange unbedenklich, als alle geeigneten und erforderlichen Vorkehrungen zur Sicherung des Wahlgeheimnisses getroffen sind (E 21, 200/204 ff; 59, 119/127 f). – Keine Beeinträchtigung der Geheimheit der Wahl sind Unterschriftenquoren für Wahlvorschläge (vgl §§ 20 Abs. 2 und 3, 27 Abs. 1 BWahlG), da eine derartige Unterschrift nicht zwingend auf die Wahlentscheidung schließen lässt. Von der Rechtsprechung werden sie demgegenüber als Durchbrechung des Grundsatzes der geheimen Wahl angesehen und damit gerechtfertigt, dass sie zur ordnungsgemäßen Durchführung der Wahl unbedingt erforderlich sind (E 12, 135/137).

3. Verfassungsrechtliche Rechtfertigung

1153 Art. 38 Abs. 3 ermächtigt nicht zu Eingriffen (vgl Rn 1134). Gewisse Durchbrechungen der Allgemeinheit und Gleichheit sind dargestellt worden (vgl Rn 500 f). Das BVerfG hat dem Gesetzgeber bei der Entscheidung, ob mögliche Gefährdungen der Verwirklichung eines Wahlrechtsgrundsatzes zur besseren Durchsetzung eines anderen Wahlrechtsgrundsatzes in Kauf zu nehmen sind, einen Ermessensspielraum zugebilligt; nicht jeder Wahlrechtsgrundsatz könne „in voller Reinheit" verwirklicht werden[17]. Sonstige verfassungsrechtliche Rechtfertigungen von Eingriffen sind nicht ersichtlich.

1154 **Lösungsskizze zum Fall 26 (Rn 1133):** Art. 38 Abs. 1 S. 2 kommt hier als Maßstab offensichtlich nicht in Betracht, da es um die Wahl von Volksvertretern und nicht um die Ausübung eines Abgeordnetenmandats geht. Außerdem betrifft Art. 38 Abs. 1 S. 2 nur die Abgeordneten des Deutschen Bundestages. Dies trifft zwar auch für die Wahlrechtsgrundsätze des Art. 38 Abs. 1 S. 1 zu; doch gelten sie anerkanntermaßen auch darüber hinaus (Art. 28 Abs. 1 S. 2; ungeschriebenes Verfassungsrecht für alle Wahlen zu den Volksvertretungen und für politische Abstimmungen). Im vorliegenden Fall handelt es sich um die Wahl zu einer kommunalen Volksvertretung, für die die Wahlrechtsgrundsätze gelten. –

17 E 59, 119/124; BVerwG, DVBl. 1986, 240: Allgemeinheit contra Geheimheit bei der Briefwahl; krit. *Meyer*, Hdb. StR[3] III, § 46 Rn 31.

I. *Unmittelbarkeit* der Wahl: Dieser Grundsatz verbietet, dass nach der Wahlhandlung zwischen Wähler und Wahlbewerber eine Instanz eingeschaltet wird, die nach ihrem Ermessen den Vertreter auswählt. Genau das geschieht, wenn bei der Nachfolge ausgeschiedener Mitglieder der Bezirksvertretung eine Stelle der Partei oder Wählergruppe die Reihenfolge der Sitzzuteilung bestimmt. Das ist mit der Unmittelbarkeit der Wahl nicht vereinbar (E 47, 253/280). –
II. *Freiheit* der Wahl: 1. Zwar ist die Listenwahl als solche verfassungsgemäß. Staatliche Maßnahmen dürfen aber nicht die Auswahlmöglichkeit zwischen verschiedenen Listen beeinträchtigen. Die vorgeschriebene einheitliche Stimmabgabe für die Vertreter und Listen des Rates und der Bezirksvertretungen führt zu einer nicht zu rechtfertigenden „Verengung der Entschließungsfreiheit des Wählers": „Hat sich der Wähler für die Wahl eines Ratskandidaten entschlossen, so kann er nicht mehr frei entscheiden, welcher gebundenen Liste von Kandidaten für die Bezirksvertretung er seine Stimme geben will" (E 47, 253/283 f). – 2. Nach der Rechtsprechung des BVerfG ist auch die freie Kandidatenaufstellung ein Gebot der Freiheit der Wahl: „Der Gesetzgeber darf es nicht bei der Annahme bewenden lassen, eine demokratischen Grundsätzen entsprechende Kandidatenaufstellung werde auf Grund der Parteiensatzungen und tatsächlicher Übung regelmäßig auch ohne Nachweis erfolgen" (E 47, 253/283; aA OVG Münster, OVGE 22, 66/70 ff). Der Ausschluss der Anwendbarkeit der entsprechenden Vorschrift des Kommunalwahlgesetzes verstößt danach gegen die Freiheit der Wahl.

Literatur: *H.H. v. Arnim*, Wahlgesetze: Entscheidungen des Parlaments in eigener Sache, JZ 2009, 813; *C. Burkiczak*, Die verfassungsrechtlichen Grundlagen der Wahl des Deutschen Bundestags, JuS 2009, 805; *D. Ehlers*, Sperrklauseln im Wahlrecht, Jura 1999, 1760; *B.J. Hartmann*, Eigeninteresse und Gemeinwohl bei Wahlen und Abstimmungen, AöR 2009, 1; *H. Meyer*, Wahlgrundsätze, Wahlverfahren, Wahlprüfung, Hdb. StR[3] III, § 46; *W. Pauly*, Das Wahlrecht in der neueren Rechtsprechung des Bundesverfassungsgerichts, AöR 1998, 660; *W. Schreiber*, Bundeswahlgesetz. Kommentar, 8. Aufl. 2009; *M. Wild*, Die Gleichheit der Wahl, 2003. 1155

§ 30 Recht auf den gesetzlichen Richter (Art. 101 Abs. 1 S. 2)

Fall 27: Der Richter in Luxemburg (nach E 82, 159) 1156

Landwirt L wird auf Grund des Absatzfondsgesetzes zur Entrichtung der Absatzfondsabgabe herangezogen. Weil er das Gesetz für unvereinbar mit den Bestimmungen des AEUV zum gemeinsamen Agrarmarkt hält, erhebt er Klage mit der Behauptung, die gemeinschaftsrechtswidrige Abgabe verletze ihn in seinen Rechten. Die Verwaltungsgerichte weisen die Klage jedoch ab. Dabei legen sie den AEUV so aus, dass er – entgegen einer in der Literatur vertretenen Auffassung – dem Absatzfondsgesetz nicht entgegensteht. Das letztinstanzlich zuständige BVerwG sieht sich mit denselben Gründen nicht zur Vorlage zum EuGH gemäß Art. 267 Abs. 3 AEUV verpflichtet und verwirft die Revision. L erhebt Verfassungsbeschwerde und rügt eine Verletzung des Art. 101 Abs. 1 S. 2. Zu Recht? **Rn 1173**

I. Überblick

1157 Art. 101 Abs. 1 S. 2 ist ein subjektives und gem. Art. 93 Abs. 1 Nr 4a ein grundrechtsgleiches Recht. Es verbürgt dem Einzelnen, dass nur der durch Gesetz bestimmte, nicht ein auf andere Weise bestimmter Richter über ihn Recht spricht. Damit stellt Art. 101 Abs. 1 S. 2 die Bestimmung des zuständigen Richters unter Gesetzesvorbehalt. Zugleich handelt es sich wie bei Art. 19 Abs. 4 um einen stark normgeprägten Schutzbereich: Es sind Gesetze erforderlich, die die richterliche Zuständigkeit ausgestalten. Art. 101 Abs. 1 S. 1 verbietet Ausnahmegerichte, dh Gerichte, die entweder keine gesetzliche Grundlage haben oder zwar eine gesetzliche Grundlage, aber keine abstrakt-generelle Festlegung ihrer Zuständigkeit haben[1]. Art. 101 Abs. 2 enthält einen Gesetzesvorbehalt für Gerichte für besondere Sachgebiete, zB Ehren- und Berufsgerichte[2]. Dieser Gesetzesvorbehalt wäre neben dem des Art. 101 Abs. 1 S. 2 überflüssig, wenn er für die Errichtung von Gerichten für besondere Sachgebiete nicht ein förmliches Gesetz verlangen würde. Insgesamt ist dieser Artikel ein wichtiger Bestandteil des Rechtsstaatsprinzips des Grundgesetzes.

II. Schutzbereich

1. Gesetzliche Zuständigkeit des Richters

1158 Dies ist das überkommene und unstreitige Verständnis der Gewährleistung: Die Zuständigkeit eines Richters für einen konkreten Fall muss im Voraus abstrakt-generell festgelegt sein; dieser muss „blindlings“ auf Grund allgemeiner Merkmale an den entscheidenden Richter kommen[3].

1159 *Richter* iSd Art. 101 Abs. 1 S. 2 sind die staatlichen Richter von der untersten Instanz bis zum BVerfG[4] und die Richter des Gerichtshofs der Europäischen Union, der anders als der Internationale Strafgerichtshof[5] mit der deutschen Gerichtsbarkeit funktional verschränkt ist[6]. Zu den staatlichen Richtern gehören auch die ehren- und nebenamtlichen Richter (zB Schöffen). Gleichgültig ist auch ihr Status als Richter auf Zeit oder Lebenszeit. Nicht unter den Begriff des Richters iSd Grundgesetzes fallen private Gerichte und ihre Richter, wie zB Schiedsgerichte gem. §§ 1025 ff ZPO und Parteischiedsgerichte gem. § 14 PartG.

1160 Die *Zuständigkeit* des Richters im konkreten Fall ergibt sich aus dem Zusammenspiel des Gerichtsverfassungsrechts und der verschiedenen Prozessgesetze: Zunächst ist sie eine Frage der Gerichtsbarkeit (zB ordentliche Gerichte oder Verwaltungsgerichte usw), dann der verschiedenen Gerichte derselben Gerichtsbarkeit (zB Amtsgericht oder Landgericht – sachliche und instanzielle Zuständigkeit – bzw Amtsgericht A oder B – örtliche Zuständigkeit –), weiter der verschiedenen Spruchkörper bzw Einzelrichter desselben Gerichts (zB I. oder II. Kammer bzw Senat), schließlich der verschiedenen Richter desselben Spruchkörpers (zB Richter A, B oder C der I. Kammer).

1 E 3, 213/223.
2 E 26, 186/193; 71, 162/178.
3 E 95, 322/329.
4 Vgl *Höfling/Roth*, DÖV 1997, 67.
5 BVerfG, NJW 2011, 2569 f.
6 E 73, 339/366 ff; 82, 159/192; BVerfG, 19.7.2011, Rn 96 ff.

Nach der *Wesentlichkeitslehre* (vgl Rn 264 f) müssen die wesentlichen Regelungen, das sind hier die „fundamentalen Zuständigkeitsregeln“[7], in einem Parlamentsgesetz enthalten sein (vgl Rn 271 ff). Im Übrigen kann aber die Bestimmung des zuständigen Richters auch in einer Rechtsverordnung oder Satzung geregelt werden[8]; Satzungen sind die Geschäftsverteilungspläne der Gerichte[9]. **1161**

2. Unabhängigkeit und Unparteilichkeit des Richters

Nach der stRspr des BVerfG wird Art. 101 Abs. 1 S. 2 nicht nur als Recht auf den gesetzlich zuständigen Richter angesehen, sondern darüber hinaus als Recht auf einen Richter und damit auf Gerichte, die in jeder Hinsicht den Anforderungen des Grundgesetzes entsprechen[10]. Die wesentlichen Anforderungen des Grundgesetzes an den Richter sind seine Unabhängigkeit gem. Art. 97 und seine Unparteilichkeit („Neutralität und Distanz des Richters gegenüber den Verfahrensbeteiligten“)[11] gem. Art. 92 und dem Rechtsstaatsprinzip. Praktisch werden so diese nicht grundrechtlichen Vorschriften verfassungsbeschwerdefähig gemacht. **1162**

Beispiel: In einem Verfahren über die Erteilung eines Erbscheins vor dem Amtsgericht als Nachlassgericht lehnte der Testamentsvollstrecker den Richter wegen Besorgnis der Befangenheit ab. Das wurde vom Amtsgericht und nach Beschwerde vom Oberlandesgericht unter Berufung auf eine Vorschrift im FGG zurückgewiesen, wonach die Ablehnung eines Richters im Verfahren der freiwilligen Gerichtsbarkeit ausgeschlossen war. Die Verfassungsbeschwerde hiergegen hatte Erfolg, weil zu einem Richter nach den rechtsstaatlichen Anforderungen des Grundgesetzes auch seine Unparteilichkeit gehört: „Deshalb muss im System der normativen Vorausbestimmung des gesetzlichen Richters Vorsorge dafür getroffen werden, dass im Einzelfall ein Richter, der nicht die Gewähr der Unparteilichkeit bietet, von der Ausübung seines Amtes ausgeschlossen ist oder abgelehnt werden kann“ (E 21, 139/146). **1163**

III. Eingriffe

Der Eingriff wird hier als das „Entziehen“ des gesetzlichen Richters gekennzeichnet: Das bedeutet eine Verhinderung oder Beeinträchtigung der Verhandlung und Entscheidung einer Sache durch den gesetzlichen Richter. Je nach Zweig der öffentlichen Gewalt wirft das besondere Probleme auf. **1164**

1. Entziehung durch die Legislative

Nicht jede Zuständigkeitsregelung durch den Gesetzgeber genügt den Anforderungen des Art. 101 Abs. 1 S. 2. Das zeigt schon Art. 101 Abs. 1 S. 1: Auch gesetzlich eingerichtete Ausnahmegerichte sind unzulässig. Entscheidend ist die vorherige abstrakt-generelle Festlegung einer einzigen Zuständigkeit. Nicht ausreichend – und damit **1165**

7 E 19, 52/60; 95, 322/328.
8 Vgl E 17, 294/298 ff; 27, 18/34 f.
9 Vgl *Degenhart*, SA, Art. 101 Rn 7; *Pieroth*, JP, Art. 101 Rn 14.
10 Vgl E 60, 175/214; 82, 286/298.
11 E 21, 139/146.

Verstöße des Gesetzgebers gegen Art. 101 Abs. 1 S. 2 – sind die Normierung mehrerer Zuständigkeiten für eine Sache und die gesetzliche Einräumung eines Ermessens an nichtrichterliche Organe bei der Bestimmung der Zuständigkeit.

1166 **Beispiel:** Gem. §§ 7–11 und 13 Abs. 1 StPO hat die Staatsanwaltschaft die Wahl, bei welchem von mehreren örtlich zuständigen Gerichten sie Anklage erheben will (Begründung des Gerichtsstandes am Tatort, Wohnsitz oder Aufenthaltsort, Ergreifungsort und als Gerichtsstand des Zusammenhangs). Das ist nach dem Gesagten verfassungswidrig (*Roth*, S. 126; *Classen*, MKS, Art. 101 Rn 37 f; *Kunig*, MüK, Art. 101 Rn 28). Auch die Rechtsprechung des BVerfG ist hier zu nachgiebig, wenn sie lediglich die „möglichst eindeutige" Bestimmung des zuständigen Richters durch den Gesetzgeber fordert (vgl E 6, 45/50 f; 63, 77/79; 95, 322/329 f).

2. Entziehung durch die Exekutive

1167 Hier liegen zwar die geschichtlichen Wurzeln des Rechts auf den gesetzlichen Richter[12], nicht aber die aktuellen Probleme: Dass die Exekutive richterliche Befugnisse wahrnimmt („Kabinettsjustiz"), ist gegenwärtig nicht zu befürchten. Dass die Richter von der Exekutive ernannt werden, ist in der gewaltenteiligen Struktur des Grundgesetzes angelegt und nicht als Entziehung anzusehen[13]. Eine Entziehung wäre jedoch die Ernennung eines Richters „ad hoc und ad personam"[14]. Auch ist die Aufstellung der Geschäftsverteilungspläne der Gerichte nach dem GVG hinreichend gegenüber Einflussnahmen der Exekutive abgesichert. Das einzige in diesem Zusammenhang zu nennende Beispiel für einen Eingriff in den Art. 101 Abs. 1 S. 2 durch die Exekutive aus der Rechtsprechung des BVerfG betraf die Ausübung von Strafgerichtsbarkeit durch die Finanzämter, die ihrerseits auf einem Gesetz beruhte[15].

3. Entziehung durch die Judikative

1168 a) Der im Einzelfall zuständige Richter könnte schon dann durch die Gerichte selbst entzogen werden, wenn bei der **Rechtsprechung** verfahrensrechtliche Bestimmungen, zB über die Zusammensetzung der Richterbank, Abstimmungsmehrheiten, Vorlagepflichten an andere Gerichte usw falsch angewandt werden. Wenn aber jeder Verstoß gegen derartige prozessrechtliche Vorschriften Art. 101 Abs. 1 S. 2 verletzen würde, käme dem BVerfG die Aufgabe einer Superrevisionsinstanz zu und würde die Kompetenz der ordentlichen und der Fachgerichte über Gebühr zurückgedrängt. Daher ist eine Differenzierung geboten. Die stRspr des BVerfG nimmt sie dahingehend vor, dass zwischen einem error in procedendo und einer „willkürlich unrichtigen" Anwendung von Verfahrensvorschriften unterschieden wird[16]. Verfassungswidrig ist aber stets die Beteiligung eines zB wegen Befangenheit ausgeschlossenen Richters[17] sowie eine Entscheidung, die die Bedeutung und Tragweite von Art. 101 Abs. 1 S. 2 grundlegend verkennt[18].

12 Vgl *Kern*, Der gesetzliche Richter, 1927.
13 Vgl *Kunig*, MüK, Art. 101 Rn 29 f; *Pieroth*, JP, Art. 101 Rn 10.
14 E 82, 159/194.
15 E 22, 49/73 ff.
16 Vgl E 75, 223/234; 87, 282/284 f; *Schulze-Fielitz*, DR, Art. 101 Rn 59; krit. zur Willkürformel *Classen*, MKS, Art. 101 Rn 29 ff.
17 E 30, 165/167; 63, 77/79 f.
18 E 82, 286/299; vgl Rn 1287 f.

Beispiel: Ein Zivilgericht nimmt nach den maßgeblichen Vorschriften der ZPO seine Zuständigkeit zur Entscheidung über eine Klage an. Im Rahmen einer Verfassungsbeschwerde gegen diese Entscheidung ist das BVerfG der Auffassung, das Zivilgericht sei nicht zuständig gewesen (error in procedendo). Gleichzeitig sei dem Zivilgericht aber keine Willkür vorzuwerfen. Dann liegt keine Entziehung des gesetzlichen Richters vor. 1169

b) **Gerichtsorganisatorische** Maßnahmen von Gerichtspräsidien und Vorsitzenden von Spruchkörpern, insbesondere die von diesen zu erstellenden Geschäftsverteilungs- und Mitwirkungspläne, müssen die Zuständigkeitsverteilung schriftlich im Voraus – dh vor dem Beginn des Geschäftsjahres für dessen Dauer – nach objektiven Kriterien – dh ohne Ansehen der Person und des Einzelfalles – und vollständig regeln; Ermessensentscheidungen sind unzulässig[19]. Ausnahmsweise kommt eine nachträgliche Änderung in Betracht, wenn anders das verfassungsrechtliche Beschleunigungsgebot (vgl Rn 116) verletzt würde (BVerfG, NJW 2009, 1734). Bereits die Möglichkeit der Manipulation begründet einen Verstoß gegen Art. 101 Abs. 1 S. 2[20]. 1170

Beispiel: Bei Spruchkörpern, die in der Besetzung von drei Mitgliedern entscheiden müssen, zB Zivilkammern und -senate, ist es ein Verstoß gegen Art. 101 Abs. 1 S. 2, wenn der Spruchkörper mehr als fünf ordentliche Mitglieder hat; denn dann ist es möglich, dass in zwei personell voneinander verschiedenen Sitzungsgruppen verhandelt und entschieden werden kann, was die Möglichkeit der Manipulation in sich birgt (E 17, 294/301). Dagegen wird eine Überbesetzung von ein oder zwei Richtern wegen der Fälle des Ausscheidens, der Krankheit, der Verhinderung, des Urlaubs und des Wechsels von Richtern als unvermeidlich hingenommen; auch dann muss aber im Voraus nach abstrakt-generellen Merkmalen bestimmt sein, welcher Richter bei welcher Sache mitwirkt (E 95, 322/331 f). 1171

IV. Verfassungsrechtliche Rechtfertigung

Art. 101 Abs. 1 S. 2 steht unter keinem Gesetzesvorbehalt. Die aufgeführten Eingriffe sind verfassungswidrig. 1172

Lösungsskizze zum Fall 27 (Rn 1156): I. Der EuGH ist gesetzlicher Richter gem. Art. 101 Abs. 1 S. 2, soweit ihm durch die Zustimmungsgesetze zu den Unionsverträgen darin enthaltene Rechtsprechungsaufgaben übertragen sind. Dazu gehört insbesondere die Kompetenz des Gerichtshofs zu Vorabentscheidungen gemäß Art. 267 AEUV. Nach dessen Abs. 3 sind letztinstanzliche mitgliedstaatliche Gerichte verpflichtet, dem EuGH Fragen der Gültigkeit und Auslegung unionsrechtlicher Vorschriften, die für den Ausgangsrechtsstreit erheblich sind, vorzulegen. Diese Pflicht entfällt nur dann, wenn die betreffende Norm so klar ist, dass vernünftigerweise nur eine einzige Auslegung möglich ist. – II. Indem das BVerwG hier die umstrittene entscheidungserhebliche Frage nach der Auslegung der einschlägigen unionsrechtlichen Bestimmungen dem EuGH nicht zur Vorabentscheidung vorlegte, hat es gegen die Vorlagepflicht des Art. 267 Abs. 3 AEUV verstoßen. Ein Eingriff in das Recht auf den gesetzlichen Richter gem. Art. 101 Abs. 1 S. 2 liegt darin aber nur dann, wenn der Verstoß auf Willkür beruht, die Zuständigkeitsregel des Art. 267 Abs. 3 AEUV also in offensichtlich unhaltbarer Weise gehandhabt worden ist. Das BVerfG konkretisiert die 1173

19 *Roth*, S. 193.
20 Vgl E 95, 322/327.

Willkürgrenze wie folgt: Die Nichteinleitung eines Vorlageverfahrens nach Art. 267 AEUV „verletzt die Garantie des gesetzlichen Richters (Art. 101 Abs. 1 S. 2 GG), wenn ein letztinstanzliches Hauptsachegericht eine Vorlage trotz der seiner Auffassung nach bestehenden Entscheidungserheblichkeit einer zweifelhaften unionsrechtlichen Frage überhaupt nicht in Erwägung zieht, es in seiner Entscheidung bewusst von der Rechtsprechung des Europäischen Gerichtshofs zu entscheidungserheblichen Fragen abweicht oder wenn das Gericht trotz Fehlens oder nicht abschließender Aussagen einer Rechtsprechung des Europäischen Gerichtshofs zu entscheidungserheblichen Fragen seine Entscheidung auf eine europarechtliche Auffassung stützt, obwohl mögliche Gegenauffassungen eindeutig vorzuziehen sind" (E 82, 159; stRspr, vgl BVerfG, NVwZ 2012, 298). Da diese Voraussetzungen hier nicht erfüllt sind, das BVerwG seine Vorlageverpflichtung vielmehr mit sachlicher Begründung verneint, verletzt seine Entscheidung nicht das grundrechtsgleiche Recht des L aus Art. 101 Abs. 1 S. 2.

1174 **Literatur:** *G. Britz*, Das Grundrecht auf den gesetzlichen Richter in der Rspr des BVerfG, JA 2001, 573; *C. Degenhart*, Gerichtsorganisation, Hdb. StR³ V, § 114; *M. Pechstein*, Der gesetzliche Richter, Jura 1998, 197; *C. Sowada*, Der gesetzliche Richter im Strafverfahren, 2002; *T. Roth*, Das Grundrecht auf den gesetzlichen Richter, 2000.

§ 31 Anspruch auf rechtliches Gehör (Art. 103 Abs. 1)

1175 **Fall 28:** Die Beschlagnahme von Diebesgut

Die Staatsanwaltschaft verdächtigt den Elektrohändler H der Hehlerei; sie hat Anhaltspunkte dafür, dass er im Keller seiner Geschäftsräume Diebesgut lagert. Auf ihren Antrag ordnet der zuständige Richter die Beschlagnahme aller dort gelagerten Gegenstände an, ohne H zuvor Gelegenheit zur Stellungnahme zu geben. Verletzt diese Anordnung Art. 103 Abs. 1? **Rn 1184**

I. Überblick

1176 Art. 103 Abs. 1 enthält ein grundrechtsgleiches Recht, das mit der Verfassungsbeschwerde gem. Art. 93 Abs. 1 Nr 4a geltend gemacht werden kann. Der Anspruch auf rechtliches Gehör vor Gericht ist eine Ausprägung des Rechtsstaatsprinzips[1] und dient „auch der Achtung der Würde des Menschen, der in einer so schwerwiegenden Lage, wie ein Prozess sie für gewöhnlich darstellt, die Möglichkeit haben muss, sich mit tatsächlichen und rechtlichen Argumenten zu behaupten"[2]. Wie der verwandte Art. 19 Abs. 4 ist Art. 103 Abs. 1 stark normgeprägt.

1 E 107, 395/409.
2 E 55, 1/6.

II. Schutzbereich

1. Rechtliches Gehör

Rechtliches Gehör bedeutet, sich grundsätzlich vor Erlass einer Entscheidung in tatsächlicher und rechtlicher Hinsicht zur Sache äußern zu können. Soweit dies bei vorläufigen und Eilmaßnahmen nicht möglich ist, weil sonst der Rechtsschutz und die Rechtspflege als solche verfehlt würden, muss das rechtliche Gehör unverzüglich nachgeholt werden[3]. Rechtliches Gehör setzt voraus, dass der Betroffene vollständig über den Verfahrensstoff informiert wird und erkennen kann, worauf es dem Gericht für seine Entscheidung ankommt. Andererseits ist es mit dem bloßen Äußern-Können nicht getan: Das Gericht muss das Vorbringen auch zur Kenntnis nehmen und in Erwägung ziehen. **1177**

Daraus ergeben sich *drei Stadien* oder Verwirklichungsstufen des rechtlichen Gehörs[4]: **1178**

- Als *Recht auf Information* verpflichtet Art. 103 Abs. 1 das Gericht, den Beteiligten tatsächlich Kenntnis zu verschaffen über alle Äußerungen der Gegenseite[5], über von Amts wegen eingeführte Tatsachen und Beweismittel[6] einschließlich der Auffassungen gerichtlicher Sachverständiger[7], und über die Rechtsauffassungen, die es selbst seiner Entscheidung zugrundelegen will und mit der die Beteiligten nicht rechnen müssen[8],
- als *Recht auf Äußerung* fordert Art. 103 Abs. 1 hinreichende Möglichkeit zu mindestens schriftlicher Äußerung zu Tatsachen- und Rechtsfragen[9],
- als *Recht auf Berücksichtigung* verlangt Art. 103 Abs. 1 Gegenwart, Aufnahmefähigkeit und -bereitschaft aller an der Entscheidung mitwirkenden Richter sowie grundsätzlich eine Begründung der gerichtlichen Entscheidungen, die auch auf das wesentliche Parteivorbringen eingeht[10].

Umstritten ist, ob Art. 103 Abs. 1 die Heranziehung eines *Rechtsanwalts* garantiert. **1179** Dafür spricht, dass angesichts der Kompliziertheit des Rechts die Gefahr besteht, dass einzelne Bürger ohne rechtskundigen Beistand ihr Recht gar nicht zu Gehör bringen können. Die Möglichkeit, die Hilfe eines Rechtsanwalts in Anspruch zu nehmen, gehört daher zum Recht aus Art. 103 Abs. 1[11]. Das BVerfG leitet lediglich das Recht, sich im Strafverfahren von einem Rechtsanwalt verteidigen zu lassen, aus dem Rechtsstaatsprinzip ab[12], hat eine aus Art. 103 Abs. 1 folgende Garantie ansonsten aber abgelehnt[13]. Problematisch ist, inwieweit dem Beteiligten die von seinem Anwalt verschuldete Fristversäumnis zugerechnet und dadurch sein Anspruch auf recht-

---

3 E 18, 399/404; 65, 227/233.
4 Vgl *Höfling/Burkiczak*, FH, Art. 103, Rn 41 ff; *Rüping*, BK, Art. 103 Abs. 1 Rn 44 ff; *Schmidt-Aßmann*, MD, Art. 103 Abs. I Rn 66 ff.
5 E 55, 95/99; BVerfG, NJW 2006, 2248.
6 E 15, 214/218; 101, 106/129.
7 BVerfG, NJW 1998, 2273.
8 E 84, 188/190; 98, 218/263.
9 E 86, 133/144 f; 101, 106/129.
10 Vgl E 63, 80/85 ff; 115, 166/180.
11 So auch *Schmidt-Aßmann*, MD, Art. 103 Abs. I Rn 103 ff; *Nolte*, MKS, Art. 103 Rn 67.
12 E 110, 226/254.
13 E 9, 124/132; 39, 156/168.

liches Gehör beschnitten werden darf. Die Rspr hält eine Zurechnung unter Hinweis auf Belange der Rechtssicherheit sehr weitgehend für zulässig[14].

1180 Die Eigenart rechtlicher und gerichtsförmiger Entscheidungsfindung *begrenzt* nach dem Wortlaut die Reichweite des Art. 103 Abs. 1. Daraus ergibt sich namentlich, dass der Einzelne keinen Anspruch darauf hat, mit rechtlich Unerheblichem gehört zu werden. Auch verletzen die Beschränkung der Nachprüfung auf Rechtsfragen im Revisionsverfahren und Ausschluss-(Präklusions-)Vorschriften, wonach schuldhaft verspätetes Vorbringen vom Gericht nicht mehr berücksichtigt werden muss, nicht das rechtliche Gehör[15]. Dagegen begründet eine offensichtlich fehlerhafte oder missbräuchliche Anwendung einer Präklusionsvorschrift einen Verstoß gegen Art. 103 Abs. 1[16].

2. Vor Gericht

1181 Der Anspruch auf rechtliches Gehör besteht vor jedem staatlichen Gericht (vgl Art. 92). Art. 103 Abs. 1 gilt für alle Gerichtsbarkeiten mit allen Instanzen und für alle Gerichtsverfahren. Dagegen gilt er nicht für das Verwaltungsverfahren oder das Verfahren vor dem Rechtspfleger; allerdings wird hier ein grundsätzliches Anhörungsrecht aus dem Rechtsstaatsprinzip, dem allgemeinen Persönlichkeitsrecht oder auch der Menschenwürde abgeleitet[17]. Das Merkmal „vor Gericht" markiert im Übrigen die tatbestandliche Abgrenzung zwischen Art. 19 Abs. 4 und Art. 103 Abs. 1: Jener betrifft den Zugang zum Gericht, dieser den angemessenen Ablauf des Verfahrens[18].

III. Eingriffe

1182 Grundsätzlich stellt jedes Zurückbleiben hinter den dargestellten Anforderungen einen Eingriff dar. Funktion und Organisation des Rechtsschutzsystems führen allerdings dazu, in folgenden Fällen *keinen Eingriff* anzunehmen:

- wenn das Fehlen des rechtlichen Gehörs für die gerichtliche Entscheidung *unerheblich* ist bzw die gerichtliche Entscheidung auf dem fehlenden rechtlichen Gehör *nicht beruht;* das ist der Fall, wenn ausgeschlossen werden kann, dass die Gewährung des rechtlichen Gehörs zu einer anderen, für den Betroffenen günstigeren Entscheidung geführt hätte[19];
- wenn ein zunächst unterbliebenes rechtliches Gehör in derselben Instanz oder in der Rechtsmittelinstanz[20] – nicht aber in einem neuen gerichtlichen Verfahren[21] – *nachgeholt* wird (das BVerfG spricht insoweit von *Heilung*).

14 Vgl E 60, 253/266; BVerwG, NJW 1988, 577 f.
15 E 60, 305/310; 75, 183/190 f.
16 E 75, 302/316 f; 81, 97/105 f.
17 E 101, 397/404 f; vgl *Martensen*, DÖV 1995, 538; *Schmidt-Aßmann*, MD, Art. 103 Abs. I Rn 62 ff.
18 E 107, 395/409; 119, 292/296; *Nolte*, MKS, Art. 103 Rn 89 f.
19 StRspr; E 89, 381/392 f.
20 Vgl E 5, 9/10; 73, 322/326.
21 Vgl E 42, 172/175.

IV. Verfassungsrechtliche Rechtfertigung

Art. 103 Abs. 1 enthält keinen Gesetzesvorbehalt. Eingriffe könnten ihre Rechtfertigung daher allein in kollidierendem Verfassungsrecht finden, das zB in der Rechtssicherheit und der Funktionsfähigkeit der Rechtspflege gesehen wird. Die Normgeprägtheit des Art. 103 Abs. 1 führt jedoch dazu, diesen Gesichtspunkten schon bei der Bestimmung von Schutzbereich und Eingriff Rechnung zu tragen (vgl Rn 1115). Jeder Eingriff ist daher eine Verletzung dieses grundrechtsgleichen Rechts[22]. 1183

Lösungsskizze zum Fall 28 (Rn 1175): Art. 103 Abs. 1 gebietet, „dass einer gerichtlichen Entscheidung nur solche Tatsachen und Beweisergebnisse zugrundegelegt werden, zu denen Stellung zu nehmen den Beteiligten Gelegenheit gegeben war" (E 18, 399/404). Diesem Gebot muss grundsätzlich durch vorherige Anhörung genügt werden. Zur verfassungsmäßigen Rechtspflege gehören auch Maßnahmen der vorläufigen Beweissicherung wie hier die Beschlagnahme (vgl Art. 13 Abs. 2, 104 Abs. 3). Zu deren Eigenart gehört es aber gerade, dass sie ohne vorherige Anhörung ergehen; andernfalls würden sie ihren Zweck verfehlen, da der Betroffene Gelegenheit erhielte, die zu sichernden Beweise zu beseitigen. Art. 103 Abs. 1 verlangt in solchen Fällen, dass das rechtliche Gehör unverzüglich nach Durchführung der vorläufigen Beweissicherung gewährt wird (E 18, 399/404). H ist in seinem Anspruch auf rechtliches Gehör nicht verletzt. 1184

Literatur: *F.-L. Knemeyer*, Rechtliches Gehör im Gerichtsverfahren, Hdb. StR[3] VIII, § 178; *J. Mauder*, Der Anspruch auf rechtliches Gehör, 1986; *M. R. Otto*, Grundfälle zu den Justizgrundrechten: Art. 103 I GG, JuS 2012, 412; *E. Schmidt-Aßmann*, Verfahrensfehler als Verletzungen des Art. 103 Abs. 1 GG, DÖV 1987, 1029; *W. Waldner*, Der Anspruch auf rechtliches Gehör, 2. Aufl. 2000. 1185

§ 32 Nulla poena sine lege (Art. 103 Abs. 2)

Fall 29: Der unkollegiale Architekt (nach E 45, 346) 1186

In einem Landes-Architektengesetz war bestimmt, dass Verstöße von Architekten gegen ihre Berufspflichten im berufsgerichtlichen Verfahren geahndet werden. Die Berufspflichten waren in einer von der Architektenkammer auf Grund einer entsprechenden Ermächtigung im Landes-Architektengesetz erlassenen Berufsordnung festgelegt; zu ihnen zählte ua das Gebot, sich kollegial zu verhalten. Architekt A wurde auf Grund dieser Vorschriften zu einer Geldbuße verurteilt, weil er Kollegen erheblich herabgesetzt hatte, um selber Aufträge zu bekommen. Lag darin ein Verstoß gegen Art. 103 Abs. 2? **Rn 1202**

22 *Höfling/Burkiczak*, FH, Art. 103 Rn 25.

I. Überblick

1187 Das Recht auf bestimmte und nicht rückwirkende Strafgesetze („nullum crimen, nulla poena sine lege") hat eine lange Tradition[1]. Der wortgleiche § 1 StGB erhält durch Art. 103 Abs. 2 Verfassungskraft. Das grundrechtsgleiche Recht des Art. 103 Abs. 2 steht in engem sachlichen Zusammenhang mit dem Rechtsstaats- und Demokratieprinzip. Da Art. 103 Abs. 2 dem Staat bei der Verhängung von Strafen Schranken zieht, Strafen ihrerseits aber Eingriffe in Grundrechte, bei Freiheitsstrafen zB in Art. 2 Abs. 2, darstellen, handelt es sich bei Art. 103 Abs. 2 systematisch um eine Schranken-Schranke[2]. Als eigenständige Maßstabsnorm in der Verfassungsbeschwerde wird Art. 103 Abs. 2 aber traditionell dreistufig mit eigenem Schutzbereich geprüft[3].

II. Schutzbereich

1. Begriff der Strafbarkeit

1188 Strafbarkeit iSd Art. 103 Abs. 2 bezieht sich auf staatliche Maßnahmen, die eine missbilligende hoheitliche Reaktion auf ein rechtswidriges, schuldhaftes Verhalten darstellen und wegen dieses Verhaltens ein Übel verhängen, das dem Schuldausgleich dient[4]. Neben dem Kriminalstrafrecht fallen daher auch das Ordnungswidrigkeitenrecht[5], das Disziplinar- und Standesrecht[6] unter Art. 103 Abs. 2.

1189 Zur Strafbarkeit gehören der Straftatbestand und die Strafandrohung[7]. Die strafrechtlichen Maßregeln der Besserung und Sicherung (§§ 61 ff StGB) und die Sicherungsverwahrung verfolgen anders als die Strafen nach dem StGB ausschließlich präventive Zwecke und dienen nicht dem Schuldausgleich. Daher hat sie das BVerfG von Art. 103 Abs. 2 ausgenommen[8].

1190 Im Unterschied zu den materiellen Regeln über die Strafbarkeit fallen die formellen Regelungen der *Strafverfolgung* nicht mehr unter den Begriff der Strafbarkeit iSd Art. 103 Abs. 2. Diese Vorschrift sagt also nichts über das „wie lange" der Strafbarkeit[9].

1191 **Beispiele:** Als sich in den Sechzigerjahren herausstellte, dass die Ermittlungen gegen nationalsozialistische Verbrechen noch längere Zeit beanspruchen würden, wurde im Jahr 1965 zunächst das Ruhen der Verjährung zwischen 1945 und 1949 gesetzlich festgestellt, im Jahr 1969 sodann die bis dahin geltende Verjährungsfrist von 20 Jahren für Mord auf 30 Jahre verlängert und im Jahr 1979 ganz aufgehoben. Das verstieß nach der im Schrifttum teilweise bestrittenen Auffassung des BVerfG nicht gegen Art. 103 Abs. 2, weil die Strafbarkeit für Mord gesetzlich bestimmt war, bevor die Tat begangen wurde, und zu der Strafbarkeit nicht die im Zeitpunkt

1 Vgl *Schreiber*, Gesetz und Richter, 1976.
2 *Appel*, Jura 2000, 571/576.
3 Vgl E 109, 133/168.
4 E 109, 133/167; 110, 1/13; 117, 71/110.
5 E 87, 399/411.
6 E 60, 215/233 f; 116, 69/82 f; *Schulze-Fielitz*, DR, Art. 103 II Rn 19; aA *Rüping*, BK, Art. 103 Abs. 2, Rn 78.
7 E 86, 288/311; 105, 135/153.
8 E 109, 133/167 ff; 128, 326/392 f.
9 E 81, 132/135; 112, 304/315.

der Tat geltende Verjährungsregelung gehört: Das die Strafbarkeit kennzeichnende Unwerturteil ergibt sich aus Straftatbestand und Strafandrohung, nicht aber aus den formellen Regelungen der Strafverfolgung (E 25, 269/284 ff; vgl zum entsprechenden Streit um die Verlängerung der Verjährungsfristen für SED-Unrecht BVerfG, NJW 2004, 214; *Pieroth/Kingreen*, NJ 1993, 385). – Fraglich ist die Anwendbarkeit des Art. 103 Abs. 2 bei strafrechtlichen Regelungen, deren materieller oder formeller Charakter umstritten ist, wie zB beim Strafantrag (vgl *Pieroth*, JuS 1977, 394).

2. Tatprinzip

Ein rechtsstaatliches Strafrecht knüpft an *Taten*, dh Handlungen, nicht an Gesinnungen an. 1192

3. Gesetzlichkeitsprinzip

Ein rechtsstaatliches Strafrecht setzt Gesetze voraus. Art. 103 Abs. 2 statuiert den Gesetzesvorbehalt für das Strafrecht. Die Strafbarkeit muss sich bereits aus dem Parlamentsgesetz ergeben[10]. Gleichwohl kann die gesetzliche Strafnorm zur Konkretisierung auf Administrativakte wie etwa eine Rechtsverordnung[11] oder Satzung[12] verweisen, denen aber nur „Spezifizierungen" des Straftatbestandes verbleiben dürfen[13]. Auch ein Verweis auf Verwaltungsakte soll nicht schlechthin unzulässig sein[14]. 1193

4. Bestimmtheitsgrundsatz

Ein rechtsstaatliches Strafrecht erfordert *bestimmte* Gesetze. Der Einzelne soll von vornherein wissen können, was strafrechtlich verboten und mit welcher Strafe es sanktioniert ist, damit er in der Lage ist, sein Verhalten danach einzurichten. Als spezielle Normierung reicht Art. 103 Abs. 2 weiter als der allgemeine rechtsstaatliche Bestimmtheitsgrundsatz (vgl Rn 325 f), schließt allerdings nicht aus, dass im Tatbestand und bei der Strafandrohung unbestimmte Rechtsbegriffe verwendet werden, die der Auslegung durch den Richter bedürfen. Die Strafvorschrift muss jedoch umso präziser sein, je schwerer die angedrohte Strafe ist[15]; Strafrahmen müssen von Strafzumessungsregeln begleitet sein[16]. 1194

Beispiele: § 15 Abs. 2 lit. a FernmG, wonach die Einrichtung, die Änderung oder das Betreiben genehmigungspflichtiger Fernmeldeanlagen unter Strafe gestellt war, soweit gegen die Bedingungen verstoßen wurde, an die die Postbehörden die Genehmigung knüpften, verstieß gegen Art. 103 Abs. 2 (E 78, 374/383 ff): Die Strafbarkeit war nicht im Gesetz hinreichend bestimmt, sondern ergab sich erst aus Ermessensentscheidungen der Exekutive. – Dagegen ist der Untreuetatbestand des § 266 Abs. 1 StGB trotz seiner weiten und unscharfen Formulierungen 1195

10 E 75, 329/342; 95, 96/131; 126, 170/194.
11 E 14, 174/185; 78, 374/382.
12 E 32, 346/362.
13 E 22, 21/25; 75, 329/342.
14 Vgl zur sog. Verwaltungsakzessorietät *Degenhart*, SA, Art. 103 Rn 66; *Schmidt-Aßmann*, MD, Art. 103 Abs. II Rn 216 ff.
15 E 75, 329/342 f; 126, 170/196 f.
16 E 105, 135/156 f.

noch ausreichend bestimmt, weil er restriktiv und präzisierend ausgelegt werden kann (E 126, 170/200 f).

1196 Für die Rechtsprechung folgt aus dem Erfordernis gesetzlicher Bestimmtheit das Verbot des *Gewohnheitsrechts* und der *Analogie* zulasten des Täters[17]. Es ist Sache des Gesetzgebers und nicht des Richters, Strafbarkeitslücken zu schließen[18]. Nach hM wird von der unzulässigen Analogie die zulässige extensive Interpretation unterschieden. Dabei zieht der Wortlaut der Norm der Auslegung die äußerste Grenze[19].

1197 **Beispiele:** Der von der Rechtsprechung zu § 240 StGB (Nötigung) entwickelte sog. vergeistigte Gewaltbegriff, der beim Täter keinen körperlichen Kraftaufwand und beim Opfer keine körperliche Krafteinwirkung verlangt, sondern psychischen Zwang genügen lässt, wird vom BVerfG inzwischen als Verstoß gegen das Analogieverbot angesehen (E 92, 1/14 ff; 104, 92/101 f; vgl dazu *Amelung*, NJW 1995, 2584; *Jeand'Heur*, NJ 1995, 465; aA noch E 73, 206/239 ff). – Ein Verstoß gegen das Analogieverbot liegt dann vor, wenn angenommen wird, der Begriff „Mensch" in § 131 StGB erfasse „menschenähnliche Wesen" (E 87, 209/225), die heute erfundene Parole „Ruhm und Ehre der Waffen-SS" sei der seinerzeitigen Hitler-Jugend-Parole „Blut und Ehre" zum Verwechseln ähnlich (BVerfG, NJW 2006, 3050) oder ein Personenkraftwagen sei eine Waffe iSd § 113 Abs. 2 S. 2 Nr. 1 StGB (BVerfG, NJW 2008, 3627 ff).

5. Rückwirkungsverbot

1198 Ein rechtsstaatliches Strafrecht umfasst das Verbot *rückwirkender* Bestrafung. Art. 103 Abs. 2 verbietet also, jemanden auf Grund eines Gesetzes zu bestrafen, das zur Zeit der Tat noch nicht in Kraft war, bzw jemanden schärfer zu bestrafen, als zur Zeit der Tat gesetzlich bestimmt war.

1199 **Beispiele:** Das Gesetz gegen Straßenraub mittels Autofallen vom 22.6.1938 (RGBl., 651) trat „mit Wirkung vom 1. Januar 1936 in Kraft" (zur Abschaffung des Rückwirkungsverbots in der nationalsozialistischen Zeit vgl *E. Schmidt*, Einführung in die Geschichte der deutschen Strafrechtspflege, 3. Aufl. 1965, S. 435 f). – Ein Gericht kann dadurch gegen das Rückwirkungsverbot verstoßen, dass es ein Gesetz, das sich selbst keine Rückwirkung beilegt, gleichwohl auf Taten anwendet, die vor Inkrafttreten des Gesetzes begangen worden sind und damals überhaupt nicht oder milder strafbar waren.

III. Eingriffe

1200 Ein Zurückbleiben hinter den dargestellten Anforderungen bedeutet einen Eingriff in Art. 103 Abs. 2. Er kann sowohl durch die Legislative als auch durch die Judikative erfolgen[20].

17 E 71, 108/114 ff; 92, 1/12.
18 E 92, 1/13; 126, 170/197.
19 E 71, 108/115; 87, 209/224.
20 E 105, 135/153.

IV. Verfassungsrechtliche Rechtfertigung

Art. 103 Abs. 2 ist vorbehaltlos gewährleistet und „der Abwägung nicht zugänglich“[21]; Eingriffe in den Schutzbereich des Art. 103 Abs. 2 führen stets zu seiner Verletzung. Ein sich an Art. 103 Abs. 2 stoßendes politisches Strafbedürfnis kann sich nur über eine Verfassungsänderung zur Geltung bringen[22]. Das BVerfG hat die strafrechtliche Verurteilung der Mauerschützen auf anderem Weg zu rechtfertigen versucht: In dem Konflikt zwischen dem Rückwirkungsverbot des Art. 103 Abs. 2 und dem rechtsstaatlichen Gebot materieller Gerechtigkeit müsse „in dieser ganz besonderen Situation“, in der die Strafbarkeit für Mord und Totschlag durch Rechtfertigungsgründe ausgeschlossen war, die als „extremes staatliches Unrecht“ anzusehen seien, der strikte Schutz von Vertrauen durch Art. 103 Abs. 2 zurücktreten[23]. Die Verfassung kennt aber keine ungeschriebenen Ausnahmen für besondere Situationen. 1201

Lösungsskizze zum Fall 29 (Rn 1186): I. Eine berufsgerichtliche Sanktion betrifft die Strafbarkeit iSd Art. 103 Abs. 2. Es geht hier um eine Tat, die nach vorher bestehenden Vorschriften bestraft wurde. Damit scheiden Verstöße gegen das Tatprinzip und das Rückwirkungsverbot aus und sind nur das Gesetzlichkeitsprinzip und der Bestimmtheitsgrundsatz problematisch: 1. Das Landes-Architektengesetz enthielt als Tatbestand nur den „Verstoß gegen Berufspflichten“; erst die Berufsordnung konkretisierte die Berufspflichten. Es ist daher schon fraglich, ob nicht gegen den *Parlamentsvorbehalt* verstoßen wurde. Das wird von E 45, 346/353 mit der Erwägung verneint, dass das Berufsbild des Architekten im Gesetz festgelegt sei und sich aus diesem Berufsbild und den daraus zu entnehmenden Berufsaufgaben auch die Berufspflichten des Architekten ergeben. – 2. Der *Bestimmtheitsgrundsatz* wird nicht schon durch unbestimmte Rechtsbegriffe verletzt. Da die einzelnen Berufspflichten nicht vollständig aufgezählt werden können, reicht auch eine allgemeine Umschreibung aus (vgl E 66, 337/355 f; 94, 372/394). Hier lag aber noch nicht einmal das vor, sodass Art. 103 Abs. 2 verletzt war (so auch *Kunig*, MüK, Art. 103 Rn 34). E 45, 346/352 hat mit der Begründung, es werde von der Norm im Landes-Architektengesetz dadurch, dass sie von „Berufspflichten“ spreche, ein entsprechender Pflichtenkodex „vorausgesetzt und sanktioniert“, anders entschieden. – II. Der Verstoß der Norm gegen Art. 103 Abs. 2 führt zu ihrer Verfassungswidrigkeit und Nichtigkeit. A durfte unabhängig von der Frage, ob er sich kollegial verhalten hat, nicht zu der Geldbuße verurteilt werden. 1202

Literatur: *R. Herzberg*, Wann ist die Strafbarkeit „gesetzlich bestimmt“ (Art. 103 Abs. 2 GG)?, in: Symposium Schünemann, 2005, S. 31; *V. Krey*, Keine Strafe ohne Gesetz, 1983; *L. Kuhlen*, Zum Verhältnis von Bestimmtheitsgrundsatz und Analogieverbot, in: FS Otto, 2007, S. 89; *B. Pieroth,* Der rückwirkende Wegfall des Strafantragserfordernisses, JuS 1977, 394. 1203

21 E 109, 133/172; *Höfling/Burkiczak*, FH, Art. 103 Rn 132.

22 *Pieroth*, VVDStRL 51, 1992, S. 91/104; *Schlink*, NJ 1994, 433/437.

23 E 95, 96/133; zust. *Alexy*, Der Beschluss des BVerfG zu den Tötungen an der innerdeutschen Grenze vom 24. Oktober 1996, 1997, S. 25 f; krit. *Nolte*, MKS, Art. 103 Rn 124 ff; *Schwill*, KritV 2002, 79.

§ 33 Ne bis in idem (Art. 103 Abs. 3)

1204 **Fall 30:** Erweiterung der Wiederaufnahmegründe

Aus der Mitte des Bundestags wird ein Gesetz zur Änderung der Strafprozessordnung eingebracht. Es soll § 362 StPO dahin ergänzen, dass eine Wiederaufnahme zu Ungunsten des Angeklagten auch dann zulässig ist, wenn Beweismittel beigebracht werden, die vom Angeklagten verändert oder unterdrückt worden waren. Ist die Ergänzung mit Art. 103 Abs. 3 vereinbar? **Rn 1220**

I. Überblick

1205 Art. 103 Abs. 3 enthält als grundrechtsgleiches Recht das Verbot der Doppelbestrafung („ne bis in idem"). Der Grundsatz ist alt, allerdings von der Inquisition bis zum Nationalsozialismus immer wieder bestritten und durchbrochen worden. Die Erfahrung der *nationalsozialistischen Durchbrechungen* hat zur Aufnahme in das Grundgesetz geführt.

1206 Der Grundsatz gewährleistet die Rechtskraft des Strafurteils und verwirklicht *Rechtssicherheit*. Hinter die Rechtssicherheit tritt hier die materielle Gerechtigkeit zurück. Der Rechtsstaat verlangt zwar beides, Rechtssicherheit und materielle Gerechtigkeit, aber beides steht in einem Spannungsverhältnis, das manchmal nur nach entweder der einen oder der anderen Seite aufgelöst werden kann. Art. 103 Abs. 3 schützt durch die Auflösung nach der Seite der Rechtssicherheit die individuelle Freiheit: Der Einzelne wird davor bewahrt, sich nach einer rechtskräftigen strafgerichtlichen Entscheidung erneut verantworten zu müssen.

1207 Art. 103 Abs. 3 ist insofern *normgeprägt*, als er Strafgesetze und das Institut der Rechtskraft voraussetzt. Der Verfassunggeber wollte den Grundsatz „ne bis in idem" so in das Grundgesetz aufnehmen, wie er im Strafverfahrensrecht ausgebildet und anerkannt war[1]. Das bedeutet aber nicht, dass alle traditionellen Beschränkungen des Grundsatzes verfassungsmäßig wären: Die Aufnahme in das Grundgesetz betrifft nur den Kerngehalt des Satzes „ne bis in idem"[2]. Im Randbereich sind die traditionellen Beschränkungen daran zu überprüfen, ob sie um der materiellen Gerechtigkeit willen unerlässlich sind. – Wie Art. 103 Abs. 2 ist Art. 103 Abs. 3 systematisch eine Schranken-Schranke, die traditionell dreistufig geprüft wird (vgl Rn 1187).

II. Schutzbereich

1. Dieselbe Tat

1208 Der Begriff derselben Tat meint den „geschichtlichen Vorgang, auf welchen Anklage und Eröffnungsbeschluss hinweisen und innerhalb dessen der Angeklagte als Täter oder Teilnehmer einen Straftatbestand verwirklicht haben soll"[3]. Die Rechtsprechung bestimmt dies danach, ob bei natürlicher Betrachtungsweise ein *einheitlicher Lebensvorgang* zu erkennen ist. Dieser sog. prozessuale Tatbegriff ist nicht identisch mit

1 Vgl *Rüping*, BK, Art. 103 Abs. 3 Rn 16 ff.
2 E 56, 22/34 f.
3 E 23, 191/202; 56, 22/28.

dem sog. materiellen Tatbegriff[4]. „Dieselbe Handlung“ iSd § 52 Abs. 1 StGB kann zwei Taten iSd Art. 103 Abs. 3 darstellen, weil die Normen unterschiedliche Zwecke verfolgen: Dort geht es um die Bildung des Schuld- und Strafausspruchs, hier um die Grenzen der materiellen Rechtskraft[5].

Beispiele: Jemand ist durch ein rechtskräftiges Urteil wegen Beteiligung an einer kriminellen Vereinigung gem. § 129 StGB zu einer Freiheitsstrafe verurteilt worden. Später stellt sich heraus, dass er als Mitglied der kriminellen Vereinigung weitere, bisher unberücksichtigte, § 129 StGB gegenüber schwerere Straftaten begangen hat. Deretwegen kann er ohne Verstoß gegen Art. 103 Abs. 3 bestraft werden, weil verschiedene geschichtliche Vorgänge zu Grunde liegen (E 56, 22/28 ff). – Hingegen liegt dieselbe Tat vor, wenn die Einberufung zum Ersatzdienst wegen einer ein- für alle Mal getroffenen Gewissensentscheidung wiederholt nicht befolgt wird (E 23, 191/203; 78, 391/396). 1209

Nach der rechtskräftigen Verurteilung eintretende *neue Umstände* können nicht dazu führen, dass nicht mehr „dieselbe Tat“ angenommen wird. 1210

Beispiel: Jemand hat bei einem Verkehrsunfall einen anderen verletzt und ist durch rechtskräftiges Urteil wegen fahrlässiger Körperverletzung gem. § 230 StGB zu einer Geldstrafe verurteilt worden. Später stirbt das Unfallopfer an den Folgen seiner Verletzungen. Schon die Einleitung eines neuen Strafverfahrens und erst recht die Verurteilung wegen fahrlässiger Tötung verstoßen gegen Art. 103 Abs. 3 (vgl E 56, 22/31; 65, 377/381). 1211

2. Die allgemeinen Strafgesetze

Das Merkmal „auf Grund der allgemeinen Strafgesetze“ soll, wie die Entstehungsgeschichte belegt[6], Anwendungsbereich des Art. 103 Abs. 3 auf das deutsche[7] *Kriminalstrafrecht* beschränken. Da zum Strafrecht iSd Art. 74 Abs. 1 Nr 1 auch das Ordnungswidrigkeitenrecht zählt[8], sprechen systematische Gründe dafür, auch Normen des Ordnungswidrigkeitenrechts zu den allgemeinen Strafgesetzen zu rechnen (vgl auch Rn 1188)[9]. Der Grundsatz „ne bis in idem“ kann für das Disziplinar- und Berufsstrafrecht nur aus dem Rechtsstaatsgebot und Verhältnismäßigkeitsgrundsatz abgeleitet werden. 1212

Art. 103 Abs. 3 gilt auch nicht im Verhältnis von Kriminalstrafrecht einerseits und Disziplinar- und Berufsstrafrecht andererseits[10]. Eine mehrfache Bestrafung ist wegen des unterschiedlichen Rechtsgrunds und der unterschiedlichen Zweckbestimmung gerechtfertigt[11]. Allerdings folgen aus dem *Verhältnismäßigkeitsgrundsatz* Grenzen für das Nebeneinander von Kriminalstrafrecht einerseits und Disziplinar- und Berufsstrafrecht andererseits: Soweit dieses im Einzelfall keine gegenüber dem Kriminalstrafrecht eigenständige Funktion hat, ist seine Anwendung ein nicht erforderlicher Grundrechtseingriff. Aus dem gleichen Grund ist bei der jeweils nachfolgenden Sanktion die vorangegangene zu berücksichtigen. 1213

4 Vgl *Roxin*, Strafverfahrensrecht, 25. Aufl. 1998, § 20 Rn 8 ff.
5 E 56, 22/28 ff; BVerfG, NJW 2004, 279.
6 JöR 1951, 744.
7 E 12, 62/66; 75, 1/15 f; BVerfG, NJW 2012, 1202/1203.
8 E 31, 142/144.
9 AA *Kloepfer*, VerfR II, § 75 Rn 105.
10 E 66, 337/356 f.
11 E 32, 40/48.

1214 **Beispiel:** Ein Soldat wird wegen Gehorsamsverweigerung disziplinarrechtlich von seinem Bataillonskommandeur mit Freiheitsstrafe (Arrest) und strafrechtlich vom Schöffengericht mit Freiheitsstrafe bestraft. Auf die jeweils spätere Freiheitsstrafe muss die frühere angerechnet werden (vgl E 21, 378/388; 27, 180/192 ff).

1215 Das Verbot der Doppelbestrafung gilt ferner nicht für das Verhältnis zwischen Kriminalstrafen einerseits und Ordnungs- und Beugemaßnahmen sowie Verwaltungs- und Steuersanktionen andererseits.

1216 **Beispiel:** Die Entziehung der Fahrerlaubnis ist gem. § 69 StGB als strafgerichtliche Maßnahme und gem. § 4 StVG als verwaltungsbehördliche Maßnahme zulässig. Es verstößt nicht gegen Art. 103 Abs. 3, wenn die Verwaltungsbehörde nach Ablauf der mit der strafgerichtlichen Entziehung der Fahrerlaubnis bestimmten Sperrfrist ihrerseits die Erteilung einer neuen Fahrerlaubnis wegen in diesem Zeitpunkt festzustellender fehlender Eignung versagt (E 20, 365/372).

3. Einmaligkeit der Strafverfolgung

1217 Der Wortlaut verbietet ausdrücklich nur die mehrfache Verhängung von Strafe wegen derselben Tat. Nach der geschichtlichen Entwicklung schützt der Grundsatz „ne bis in idem“ aber auch die Rechtskraft des Freispruchs: Nach verurteilender wie nach freisprechender Entscheidung ist die Einleitung eines weiteren Strafverfahrens ausgeschlossen. Bei sonstigen strafprozessualen Entscheidungen kommt es darauf an, ob sie mit der Rechtskraft eines Urteils einen Vorgang vollständig erfassen und abschließend entscheiden[12].

1218 **Beispiele:** Verfahrenseinstellungen durch Staatsanwaltschaft und Gericht haben keine bzw eingeschränkte Rechtskraft; die Verwerfung der Revision durch Beschluss hat grundsätzlich volle Rechtskraft. Ein Strafbefehl, gegen den nicht rechtzeitig Einspruch erhoben worden ist, steht gem. § 410 Abs. 3 StPO einem rechtskräftigen Urteils gleich. Gleichwohl hat die stRspr der Strafgerichte wegen des summarischen Charakters des Strafbefehlsverfahrens nur eine eingeschränkte Rechtskraft des Strafbefehls angenommen und eine erneute Verfolgung zugelassen, wenn sich nachträglich ein im Strafbefehl nicht gewürdigter rechtlicher Gesichtspunkt ergibt, der eine erhöhte Strafbarkeit begründet. E 65, 377/382 ff hat diese Rechtsprechung zwar nicht verworfen, aber mit einer auf Art. 3 Abs. 1 gestützten Argumentation in ihrer Tragweite erheblich eingeschränkt; danach steht die Rechtskraft des Strafbefehls einer erneuten Verfolgung entgegen, wenn ein Umstand, der die Bestrafung des Täters wegen eines schwereren Vergehens begründen würde, erst nach rechtskräftiger Erledigung des Strafbefehlsverfahrens eingetreten ist. Die Wiederaufnahme des Verfahrens ist für Strafbefehle mittlerweile in § 373a StPO geregelt und zulässig, wenn neue Umstände die Verurteilung wegen eines Verbrechens begründen würden.

III. Eingriffe und verfassungsrechtliche Rechtfertigung

1219 Als Eingriff in den Schutz rechtskräftiger Verurteilungen und Freisprüche kann die wiederholte Strafverfolgung wegen derselben Tat und die *Wiederaufnahme zu Ungunsten des Angeklagten* (§ 362 StPO) verstanden werden. Zur verfassungsrechtlichen Rechtfertigung dieses Eingriffs kann dann nur auf die Kollision zwischen

12 Vgl *Rüping*, BK, Art. 103 Abs. 3 Rn 61 ff; aA *Höfling/Burkiczak*, FH, Art. 103 Rn 171.

Rechtssicherheit und materieller Gerechtigkeit verwiesen und geltend gemacht werden, dass bei Vorliegen der Wiederaufnahmegründe von § 362 StPO die Aufrechterhaltung der Rechtskraft die materielle Gerechtigkeit unerträglich beeinträchtigen würde[13]. Demgegenüber stellt die *Wiederaufnahme zu Gunsten des Angeklagten* keinen Eingriff in den Schutzbereich des Art. 103 Abs. 3 dar.

Lösungsskizze zum Fall 30 (Rn 1204): I. Das Änderungsgesetz soll ermöglichen, dass Wiederaufnahmen zu Ungunsten des Angeklagten in weiterem Ausmaß als bisher stattfinden können. Der Umfang der Geltung des Grundsatzes „ne bis in idem“ würde dadurch *beschränkt*. – II. Es fragt sich, ob diese Beschränkung noch als Teil der *immanenten Schranke*, durch welche Rspr und hL den Schutzbereich von Art. 103 Abs. 3 begrenzt sehen, verstanden werden kann. Sie gehört nicht zu dem „bei Inkrafttreten des Grundgesetzes geltenden Stand des Prozessrechts und seiner Auslegung durch die herrschende Rechtsprechung“, an dem das BVerfG die immanente Schranke orientiert (E 3, 248/252). Im Schrifttum wird die Festlegung auf den damaligen Stand des Prozessrechts jedoch überwiegend abgelehnt und eine Erweiterung des § 362 StPO unter mal mehr und mal weniger strengen Voraussetzungen für zulässig gehalten (*Rüping*, BK, Art. 103 Abs. 3 Rn 22). Dagegen argumentiert überzeugend *Grünwald*, dass die Einführung einer „Wiederaufnahme zu Ungunsten des Angeklagten wegen neuer Tatsachen oder Beweismittel ... durch die Verfassung ausgeschlossen ist. Denn der Tradition der StPO ist sie fremd, und das bedeutet zugleich, dass eine Behauptung, ihr Fehlen sei unerträglich, von einem rechtsstaatlichen Standpunkt aus nicht zu begründen ist“ (Beiheft ZStW 1974, 94/103). 1220

Literatur: *O. Fliedner*, Die verfassungsrechtlichen Grenzen mehrfacher staatlicher Bestrafungen auf Grund desselben Verhaltens, AöR 1974, 242; *G. Grünwald*, Die materielle Rechtskraft im Strafverfahren der Bundesrepublik Deutschland, Beiheft ZStW 1974, 94; *D. Schroeder*, Die Justizgrundrechte des GG, JA 2010, 167; *H. Thomas*, Das Recht auf Einmaligkeit der Strafverfolgung, 2002. 1221

13 Vgl *Kloepfer*, VerfR II, § 75 Rn 111 f; krit. *Nolte*, MKS, Art. 103 Rn 221 ff.

Teil III

Verfassungsbeschwerde

§ 34 Allgemeines zur Verfassungsbeschwerde

1222 Im Grundgesetz handelt Art. 93 Abs. 1 Nr 4a von der Verfassungsbeschwerde. Er begründet die Zuständigkeit des BVerfG und legt die wesentlichen Voraussetzungen der Zulässigkeit fest. Einzelheiten zu Verfahren und Zulässigkeit regeln §§ 90–95 BVerfGG.

1223 Das Grundgesetz hat eine *starke Verfassungsgerichtsbarkeit* eingerichtet. Dadurch kann der Vorrang der Verfassung allgemein durchgesetzt werden[1]. Mit der Verfassungsbeschwerde hat das Grundgesetz den Bürgern die Möglichkeit eröffnet, speziell den Vorrang der Grundrechte durchzusetzen. Das ist in der deutschen Verfassungsgeschichte neu; die Verfassungsstreitigkeiten des Art. 19 WRV umfassten noch nicht Behelfe des Bürgers gegen den Staat. Die Verfassungsbeschwerde ist der einzige Weg, auf dem der Einzelne ein Verfahren vor dem BVerfG einleiten kann. Sie ergänzt den durch Art. 19 Abs. 4 (vgl Rn 1096 ff) garantierten Individualrechtsschutz.

1224 Die Verfassungsbeschwerde ist die zahlenmäßig *bedeutendste* Zuständigkeit des BVerfG. Sie macht ca. 96% aller anhängigen Verfahren aus. Derzeit werden pro Jahr ca. 6000 Verfassungsbeschwerden erhoben. Die Erfolgsquote liegt bei etwa 2%.

1225 Die sehr hohe Zahl von Verfassungsbeschwerden hat zur Einführung des *Annahmeverfahrens* gem. § 93a ff BVerfGG geführt, das das Gericht entlasten soll. Demselben Ziel dient die umstrittene[2] Vorprüfung durch die Präsidialräte gemäß der Geschäftsordnung des BVerfG. Das Annahmeverfahren verläuft folgendermaßen: Eine der von beiden Senaten berufenen Kammern prüft, ob eine Pflicht zur Annahme besteht, weil der Verfassungsbeschwerde grundsätzliche verfassungsrechtliche Bedeutung zukommt oder weil es zur Durchsetzung der Grundrechte angezeigt ist (§ 93a Abs. 2). Sie kann die Annahme durch einstimmigen Beschluss, der gem. § 93d Abs. 1 S. 3 nicht begründet werden muss, ablehnen. Sie kann der Verfassungsbeschwerde auch stattgeben, wenn diese offensichtlich begründet ist (§ 93b S. 1 iVm § 93c Abs. 1 S. 1). Hat die Kammer weder die Annahme abgelehnt noch der Verfassungsbeschwerde stattgegeben, entscheidet der Senat über die Annahme. Er nimmt die Verfassungsbeschwerde an, wenn mindestens drei Richter ihr zustimmen (§ 93d Abs. 3 S. 2). Es kann also dazu kommen, dass eine Verfassungsbeschwerde trotz Begründetheit keinen Erfolg hat, weil sie im Annahmeverfahren scheitert; dies passiert etwa in Bagatellfällen[3]. Bedenklich ist die Rspr des BVerfG, bis zur Grenze existenzieller Betroffenheit einen Bagatellfall anzunehmen[4].

---

1 Vgl *Wahl*, Staat 1981, 485.
2 Vgl *Schlink*, NJW 1984, 89.
3 Vgl *Hömig*, in: FS Jaeger, 2011, S. 767/778; *Schlaich/Korioth*, BVerfG, Rn 258 ff.
4 E 90, 22/25; BVerfG, EuGRZ 2000, 242/246; krit. *Hartmann*, in: Pieroth/Silberkuhl, § 90 Rn 266.

Lösungstechnischer Hinweis: In Übungsarbeiten ist regelmäßig auf das Annahmeverfahren nicht einzugehen, da es sich weder um eine Zulässigkeits- noch um eine Begründetheitsfrage handelt. Vielmehr hängt es von der gutachtlichen Prüfung der Zulässigkeit und der Begründetheit ab, wie die Verfassungsbeschwerde im Annahmeverfahren voraussichtlich behandelt wird. Es gehört aber auch nicht etwa in die Übungsarbeit, dass am Ende eine Prognose über die Behandlung der Verfassungsbeschwerde durch die Kammern geäußert wird. **1226**

Literatur: Vgl nach § 36.

§ 35 Zulässigkeit der Verfassungsbeschwerde

Lösungstechnischer Hinweis: Die folgenden Zulässigkeitsvoraussetzungen sind zwar rechtlich alle wichtig: Das Nichtvorliegen jeder einzelnen macht die Verfassungsbeschwerde unzulässig. In Übungsarbeiten haben sie dagegen unterschiedliche Bedeutung. Allein die Voraussetzungen I. 1, II, III und IV sind stets zu prüfen; die Voraussetzungen I. 2, V und VI bedürfen nur dann der Prüfung, wenn der Sachverhalt entsprechenden Anlass bietet, zB den Hinweis enthält, dass der Beschwerdeführer ausländische juristische Person oder erst 16 Jahre alt ist, die Verfassungsbeschwerde per E-Mail eingelegt wurde, der Akt der öffentlichen Gewalt, der mit der Verfassungsbeschwerde angegriffen wird, schon mehr als einen Monat zurückliegt, etc. **1227**

I. Beschwerdeführer

1. Beschwerdefähigkeit

1228 Gem. § 90 Abs. 1 BVerfGG kann „jedermann" Verfassungsbeschwerde erheben. Da die Verfassungsbeschwerde die Rüge der Verletzung von Grundrechten oder grundrechtsgleichen Rechten beinhaltet, setzt die Beschwerdefähigkeit nur voraus, dass der Beschwerdeführer überhaupt in Grundrechten oder grundrechtsgleichen Rechten verletzt sein kann. Die Beschwerdefähigkeit folgt der Grundrechtsberechtigung oder -fähigkeit (vgl Rn 121 ff, 157 ff). Die Fälle partieller Grundrechtsunfähigkeit (Ausländer bezüglich der Deutschengrundrechte; Personenmehrheiten und Organisationen bezüglich der Grundrechte, die ihrem Wesen nach auf sie nicht anwendbar sind) werden allerdings regelmäßig erst bei der Beschwerdebefugnis (vgl Rn 1238) relevant[1].

2. Prozessfähigkeit

1229 Das BVerfGG regelt die Prozessfähigkeit nicht, sondern handelt lediglich vom Recht und der Pflicht der Beteiligten auf Hinzuziehung von Prozessbevollmächtigten (§ 22 BVerfGG). In anderen Gerichtsverfahren bedeutet Prozessfähigkeit die Fähigkeit, Prozesshandlungen selbst oder durch selbst bestimmte Bevollmächtigte vorzunehmen. Für Minderjährige und Entmündigte kann normalerweise nur der gesetzliche Vertreter oder, bei Interessenkonflikt zwischen Vertreter und Vertretenem, ein Ergän-

1 Vgl *Pestalozza*, S. 171, 178.

zungspfleger[2] oder ein Verfahrenspfleger[3] die Prozesshandlungen vornehmen oder den Bevollmächtigten bestimmen. Ist der minderjährige Beschwerdeführer als reif anzusehen und wird er insbesondere von der Rechtsordnung als reif angesehen, in dem vom Grundrecht geschützten Freiheitsbereich eigenverantwortlich zu handeln (vgl Rn 138 ff), dann kann er selbst die Prozesshandlungen vornehmen oder den Bevollmächtigten bestimmen. Das gleiche gilt für psychisch Kranke oder Behinderte, die ihre Angelegenheiten nicht selbst besorgen können, in den Verfahren, in denen über ihre Betreuung entschieden wird (vgl § 66 FGG).

1230 **Beispiel:** Der 15-Jährige, der sich auf Art. 4 Abs. 1 und 2 beruft, ist unabhängig von der Mitwirkung eines gesetzlichen Vertreters prozessfähig im Hinblick auf § 5 RelKErzG (E 1, 87/89).

II. Beschwerdegegenstand

1231 Gegenstand der Verfassungsbeschwerde kann *jeder* Akt der öffentlichen Gewalt sein, also Akte der vollziehenden Gewalt, Rechtsprechung (vgl §§ 94 Abs. 3, 95 Abs. 2 BVerfGG) und Gesetzgebung (vgl §§ 93 Abs. 3, 94 Abs. 4, 95 Abs. 3 BVerfGG). Der Umfang möglicher Beschwerdegegenstände entspricht also der Grundrechtsbindung gem. Art. 1 Abs. 3 (vgl Rn 181 ff). Der Begriff der öffentlichen Gewalt iSd Art. 19 Abs. 4 ist in der Beschränkung auf die vollziehende Gewalt enger (vgl Rn 1098 ff).

1232 Akte der öffentlichen Gewalt umfassen nicht nur Handeln, sondern auch *Unterlassen* (vgl §§ 92, 95 Abs. 1 S. 1 BVerfGG: „Handlung oder Unterlassung")[4]. Daher kann die grundrechtliche Schutzfunktion (vgl Rn 100 ff) verfassungsgerichtlich durchgesetzt werden[5]. Ferner brauchen die Akte nicht unbedingt auf Setzung einer Rechtsfolge gerichtet zu sein; auf einen *tatsächlichen* Erfolg gerichtete Akte, wie die Rüge des Vorstands einer Anwaltskammer[6], reichen aus.

1233 Bei *mehreren* Akten der öffentlichen Gewalt in der gleichen Sache – zB Verwaltungsakt, Widerspruchsbescheid, Urteil des Verwaltungsgerichts, Urteil des Oberverwaltungsgerichts/Verwaltungsgerichtshofs, Urteil des Bundesverwaltungsgerichts – lässt das BVerfG dem Beschwerdeführer die Wahl, ob er nur die letztinstanzliche Gerichtsentscheidung oder zusätzlich die Entscheidungen der Vorinstanzen bzw den zu Grunde liegenden Akt der vollziehenden Gewalt mit der Verfassungsbeschwerde angreifen will[7]. In jedem Fall liegt nur *eine* Verfassungsbeschwerde vor[8].

---

2 E 72, 122/135.
3 E 99, 145/157.
4 *Stern*, StR III/1, S. 1283 ff.
5 E 77, 170/215; 79, 174/201 f; BVerfG, NVwZ 2010, 702/704; vgl *Möstl*, DÖV 1998, 1029.
6 E 18, 203/213.
7 Vgl zB E 19, 377/389; 54, 53/64 ff.
8 AA *Stelkens*, DVBl. 2004, 403.

III. Beschwerdebefugnis

Gem. § 90 Abs. 1 BVerfGG ist die Verfassungsbeschwerde nur zulässig, wenn der Beschwerdeführer behauptet, in einem seiner Grundrechte oder grundrechtsgleichen Rechte (vgl Rn 65 f) verletzt zu sein. Daraus ergeben sich folgende einzelne Voraussetzungen der Zulässigkeit, die unter dem Begriff der Beschwerdebefugnis zusammengefasst werden. **1234**

1. Möglichkeit einer Grundrechtsverletzung

Damit eine Grundrechtsverletzung behauptet werden kann, reicht einerseits das subjektive Empfinden, im Grundrecht verletzt zu sein, nicht aus; andererseits ist es nicht Gegenstand der Zulässigkeits-, sondern erst der Begründetheitsprüfung, ob eine Verletzung wirklich vorliegt. Daher verlangt die Behauptung bei § 90 Abs. 1 BVerfGG wie bei § 42 Abs. 2 VwGO einen Vortrag, aus dem die *Möglichkeit* einer Grundrechts- bzw Rechtsverletzung hervorgeht; die Verletzung darf mit anderen Worten nicht von vornherein ausgeschlossen sein[9]. **1235**

Die Möglichkeit einer Grundrechtsverletzung kann auf *allen Stufen* der inhaltlichen Grundrechtsprüfung scheitern, also weil von vornherein der persönliche oder sachliche Schutzbereich nicht betroffen, ein Eingriff ausgeschlossen oder auch die verfassungsrechtliche Rechtfertigung offensichtlich ist. **1236**

Lösungstechnischer Hinweis: In Übungsarbeiten kann es problematisch sein, welche Gesichtspunkte bei der Zulässigkeit und welche erst bei der Begründetheit zu prüfen sind. Als übliche Vorgehensweise wird vorgeschlagen: Nur eine offensichtliche und daher leicht und rasch zu begründende Ablehnung des Schutzbereichs eines Grundrechts oder des Eingriffs in den Schutzbereich eines Grundrechts führt zur Unzulässigkeit der Verfassungsbeschwerde. Wenn die Ablehnung des Schutzbereichs oder des Eingriffs eingehender Begründung bedarf, sollte diese Erörterung im Rahmen der Begründetheit erfolgen. Die Bejahung eines Eingriffs in den Schutzbereich führt fast stets zur Bejahung der Beschwerdebefugnis. Dass die verfassungsrechtliche Rechtfertigung offensichtlich ist, kommt in Übungsarbeiten kaum vor. **1237**

Beispiele: Die Beschwerdebefugnis fehlt dem Ausländer, der nur die Verletzung eines Deutschengrundrechts geltend macht (vgl Rn 124 ff; aA *Felix/Jonas*, JA 1994, 343); dem Beschwerdeführer, der eine Grundrechtsverletzung behauptet, weil er sich nicht bewaffnet versammeln durfte; dem Bundestagsabgeordneten, der eine Verletzung seiner Stellung im Bundestag (und nicht als Bürger) geltend macht (vgl E 64, 301/312 ff); dem Verurteilten, der bei der Geltendmachung einer Verletzung des Art. 103 Abs. 1 nicht die Tatsachen oder Argumente vorträgt, die die Entscheidung im Ergebnis hätten beeinflussen können (vgl Rn 1182 sowie E 58, 1/25 f). – Auch die Bedeutung der Grundrechte im Zivilrecht (vgl Rn 189 ff) ist eine Frage der Beschwerdebefugnis; wäre den Grundrechten insoweit jede, dh nicht nur die unmittelbare, sondern auch die mittelbare Drittwirkung abzusprechen, dann wären Grundrechtsverletzungen durch zivilrechtliche Gerichtsentscheidungen von vornherein ausgeschlossen (*Augsberg/Viellechner*, JuS 2008, 406/407). **1238**

Die Beschwerdebefugnis bzw die Beschwer wird verneint, wenn ein Verhalten der öffentlichen Gewalt *keinerlei Regelungsgehalt* und wenn es *keinerlei Außenwirkung* **1239**

9 Vgl E 6, 445/447; 52, 303/327; 125, 39/73; *Hartmann*, JuS 2003, 897.

(sog. Rechtsrelevanz) hat. Hier scheidet die Möglichkeit eines Grundrechtseingriffs und daher auch einer Grundrechtsverletzung von vornherein aus.

1240 **Beispiele:** Keinen Regelungsgehalt haben Meinungsäußerungen zur Rechtslage (E 37, 57/61) und Mitteilungen über den Stand der Dinge (E 33, 18/21 f). Keine Außenwirkung haben Verwaltungsvorschriften (E 41, 88/105), behördeninterne Anträge (E 20, 162/172), noch nicht verkündete Gesetze (zu noch nicht in Kraft getretenen Gesetzen vgl E 86, 390/396; 108, 370/385; 117, 126/141), bloße Entscheidungsentwürfe des Gerichts und noch nicht von allen Richtern unterzeichnete Entscheidungen (BVerfG, NJW 1985, 788).

1241 Im Übrigen kann die Möglichkeit eines *Eingriffs* unter verschiedenen Aspekten fraglich sein: Liegt überhaupt ein Eingriff vor? Trifft er gerade den Beschwerdeführer oder andere Personen? Trifft er den Beschwerdeführer gerade jetzt oder ist er schon vorbei oder steht er erst bevor? Ist es die als Eingriff zunächst erscheinende oder eine andere Maßnahme, die den Beschwerdeführer trifft? Diese Fragen prüft das BVerfG nach der Formel, ob der Beschwerdeführer „selbst, gegenwärtig und unmittelbar" beschwert bzw betroffen ist[10]. Zwar hat das BVerfG die Formel für die Verfassungsbeschwerde gegen Gesetze entwickelt, aber der Sache nach ist sie auf alle Akte der öffentlichen Gewalt anwendbar[11]. Freilich ist die eigene, gegenwärtige und unmittelbare Beschwer bei Individualakten wie einem Verwaltungsakt und einer Gerichtsentscheidung in der Regel unproblematisch. Der Rechtsprechung folgend werden diese Voraussetzungen im Folgenden als selbstständige Aspekte der Beschwerdebefugnis dargestellt.

1242 **Lösungstechnischer Hinweis:** Die Beschwerdebefugnis ist in Übungsarbeiten zwar stets zu prüfen. Ihre einzelnen Elemente – Möglichkeit einer Grundrechtsverletzung, eigene, gegenwärtige und unmittelbare Beschwer – sind aber nur dann auch unter verschiedenen Gliederungspunkten in einzelnen Schritten zu prüfen, wenn sie jeweils besondere Probleme aufwerfen. Die Prüfung der Zulässigkeit einer Verfassungsbeschwerde gegen zB einen Verwaltungsakt kann einfach unter dem einen Gliederungspunkt der Beschwerdebefugnis fragen, ob die Verletzung des Beschwerdeführers in eigenen Grundrechten nicht von vornherein ausgeschlossen ist.

2. Eigene Beschwer

1243 Der Beschwerdeführer muss in *eigenen Grundrechten* betroffen sein. Während andere Prozessordnungen zulassen, dass jemand fremde Rechte im eigenen Namen geltend macht, ist bei der Verfassungsbeschwerde eine Geltendmachung fremder Grundrechte im eigenen Namen und damit auch eine sog. Popularbeschwerde ausgeschlossen[12]. Dagegen ist eine Prozessstandschaft zulässig, bei der fremde Grundrechte geltend gemacht werden, wenn diese ohne die Geltendmachung um ihre Wirksamkeit gebracht würden.

1244 **Beispiele:** Ein Verband darf nicht die Rechte seiner Mitglieder wahrnehmen, eine Gesellschaft nicht die Rechte ihrer Gesellschafter, eine Verwertungsgesellschaft nicht die ihr treuhänderisch übertragenen Urheberrechte der Mitglieder, es sei denn, diese können ausschließlich durch die Verwertungsgesellschaft geltend gemacht werden (E 77, 263/269; vgl *Cornils*, AöR 2000, 45). Dagegen gibt es Situationen, in denen Grundrechte, auch fort- und vorwirkende Verstorbener

10 StRspr seit E 1, 97/101 f.
11 So auch *Pestalozza*, S. 181 f; *Schlaich/Korioth*, BVerfG, Rn 231.
12 Vgl E 79, 1/14.

bzw Ungeborener (vgl Rn 134 ff), nur wirksam sind, wenn sie von Eltern, Kindern und ähnlich nahestehenden Personen geltend gemacht werden können; vgl zur Geltendmachung von Kindesgrundrechten durch die Eltern E 74, 244/251, von Grundrechten des entführten Vaters durch den Sohn E 46, 160.

Der Beschwerdeführer ist nicht nur dann selbst betroffen, wenn er *Adressat* des Akts der öffentlichen Gewalt ist. Wenn aber der Akt an Dritte gerichtet ist, muss für eine eigene Beschwer zwischen der Grundrechtsposition des Beschwerdeführers und dem Akt eine hinreichend enge Beziehung bestehen; eine bloß „mittelbare" bzw „wirtschaftliche" Berührung soll nicht ausreichen. **1245**

Beispiele: Adressat der Regelung der Ladenöffnungs- bzw. -schlusszeiten sind nur die Inhaber von Verkaufsstellen; selbst betroffen sind aber auch die Verbraucher (E 13, 230/232 f) und die Religionsgemeinschaften (E 125, 39/75). Durch eine Steuernorm, die von zwei Konkurrenten den einen begünstigt, kann der andere in seiner Berufsfreiheit selbst betroffen sein (E 18, 1/12 f; 43, 58/68 f). Die strafgerichtliche Verurteilung eines Minderjährigen beschwert zugleich die aus Art. 6 Abs. 2 S. 1 berechtigten Eltern (E 107, 104/115 f). **1246**

Das sog. Selbstbetroffensein setzt voraus, dass das Grundrecht als subjektives Recht des Beschwerdeführers und nicht nur in seiner objektiv-rechtlichen Funktion (vgl Rn 91 ff) betroffen ist. Wo das BVerfG in der Begründetheitsprüfung auf die Verletzung der *objektiv-rechtlichen* Funktion der Grundrechte abstellt, bejaht es in der Zulässigkeitsprüfung die Beschwerdebefugnis mit der Begründung, dass ein Träger öffentlicher Gewalt, wenn er den objektiv-rechtlichen Gehalt des Grundrechts nicht beachtet, zugleich das subjektive Grundrecht des betroffenen Einzelnen verletzt[13]. Das wird besonders bei der Verfassungsbeschwerde gegen zivilrechtliche Gerichtsentscheidungen aktuell, bei denen die objektiv-rechtliche Funktion der Grundrechte als mittelbare Drittwirkung zu beachten ist (vgl Rn 195 ff). **1247**

Beispiel: Die Verkennung der objektiv-rechtlichen Funktion von Art. 6 Abs. 1 durch einen Richter, der in einem Scheidungsurteil mit der Schutzunwürdigkeit von Ehen zwischen Deutschen und Ausländern argumentieren würde, wäre keine Verletzung der subjektiven Rechte der Ehegatten, die geschieden werden wollten und geschieden worden sind. **1248**

3. Gegenwärtige Beschwer

Der Beschwerdeführer muss *schon* oder *noch* betroffen sein. Die gegenwärtige Beschwer fehlt zum einen, wenn die Beschwerdeführer „irgendwann einmal in der Zukunft (‚virtuell') von der gerügten Gesetzesbestimmung betroffen sein könnten"[14]. Es reicht nicht, dass es den Beschwerdeführern gelingt, die Verwaltung schon jetzt zu einer Feststellung über die erst in der Zukunft aktuelle Rechtslage zu provozieren[15]. Es genügt jedoch, „wenn ein Gesetz die Normadressaten bereits gegenwärtig zu später nicht mehr korrigierbaren Entscheidungen zwingt, oder schon jetzt zu Dispositionen veranlasst, die sie nach dem späteren Gesetzesvollzug nicht mehr nachholen können"[16]. **1249**

13 Vgl E 7, 198/206 f; 35, 202/218 f.
14 E 60, 360/371.
15 E 72, 1/5 f.
16 E 65, 1/37; 75, 78/95.

1250 Das Merkmal der Gegenwärtigkeit leistet zum anderen die Abgrenzung gegenüber vergangenen Beeinträchtigungen[17]. Allerdings fehlt die gegenwärtige Beschwer nicht bei allen vergangenen Beeinträchtigungen; das BVerfG bejaht die Beschwerdebefugnis, wenn von einer vergangenen, sogar aufgehobenen Maßnahme weiterhin beeinträchtigende Wirkungen ausgehen[18] oder wenn eine Wiederholung zu besorgen ist[19]. – Das BVerfG ist mit der Annahme gegenwärtiger Betroffenheit recht großzügig; wegen der nicht nur subjektiven, sondern auch objektiven Funktion der Verfassungsbeschwerde entscheidet es bei allgemeiner Bedeutung und nach mündlicher Verhandlung sogar über die Verfassungsbeschwerden von Toten[20].

1251 **Beispiele:** Das Ingenieurgesetz, das den Absolventen bestimmter Ausbildungsgänge verbietet, die Bezeichnung „Ingenieur" zu führen, betrifft schon die in der Ausbildung Befindlichen gegenwärtig (E 26, 246/251). – Ein Verwaltungsakt, der gerade wegen seiner Grundrechtswidrigkeit aufgehoben worden ist, betrifft den Beschwerdeführer demgegenüber nicht mehr gegenwärtig (E 11, 336/338).

4. Unmittelbare Beschwer

1252 Die unmittelbare Beschwer fehlt, wenn nicht der angegriffene Akt selbst, sondern erst ein notwendiger oder in der Verwaltungspraxis üblicher Vollzugsakt in Grundrechte des Beschwerdeführers eingreift[21]. Zu den Vollzugsakten zählen nicht die Sanktionen des Straf- oder Ordnungswidrigkeitenrechts, da ihr Abwarten dem Betroffenen nicht zugemutet werden kann[22]. Bei Rechtsnormen fehlt die Unmittelbarkeit der Beschwer, wenn sie auf den Vollzug durch Behörden und Gerichte angelegt sind und der Vollzug selbst vor den Gerichten angegriffen werden kann[23]. Da dieser Angriff unter dem Gesichtspunkt des Rechtsschutzbedürfnisses auch geboten ist, tritt beim BVerfG der Gesichtspunkt der Unmittelbarkeit oft hinter dem des Rechtsschutzbedürfnisses zurück.

1253 **Beispiele:** Unmittelbar wirken die durch Gesetz erfolgende Änderung von Amtsbezeichnungen (E 38, 1/8), das gesetzliche Verbot, künftig einen bestimmten Beruf ohne Zulassung auszuüben (E 1, 264/270), die gesetzliche Einschränkung des Rechts von Krankenhausärzten, Privatrechnungen auszustellen (E 52, 303/327), und ein Bebauungsplan, der die Bebaubarkeit eines Grundstücks wegfallen lässt (E 70, 35/52 f) oder eine öffentliche Straße festsetzt (E 79, 174/187 ff). – Andererseits fehlt es an einer unmittelbaren Betroffenheit in der Regel bei Vertragsgesetzen gem. Art. 59 Abs. 2 S. 1, bei solchen Abgabengesetzen, die durch Gebühren- oder Beitragsbescheid vollzogen werden (Steuergesetze können allerdings auch unmittelbar wirken), bei gesetzlichen Ermächtigungen zu Rechtsverordnungen oder Satzungen (E 53, 366/388 ff; 53, 37/52 f; vgl aber E 93, 85/93) und bei der Mitwirkung deutscher Organe an der Entstehung sekundären Unionsrechts (BVerfG, NJW 1990, 974).

17 *Pestalozza*, S. 184 f.
18 E 99, 129/138.
19 E 103, 44/58 f; 116, 69/79.
20 E 124, 300/318 f.
21 E 53, 366/389; 70, 35/50 f.
22 E 81, 70/82 f.
23 E 67, 157/170; 100, 313/354; 109, 279/306 f.

IV. Rechtsschutzbedürfnis

Das prozessrechtliche Institut des Rechtsschutzbedürfnisses hat im Verfassungsbeschwerdeverfahren zwei Ausprägungen erfahren: das Erfordernis der Rechtswegerschöpfung und den Grundsatz der Subsidiarität. Daneben noch von einem allgemeinen Rechtsschutzbedürfnis zu reden, ist entbehrlich; die darunter gelegentlich gefassten Probleme lassen sich unschwer als Probleme der Rechtswegerschöpfung oder der Subsidiarität behandeln. 1254

1. Rechtswegerschöpfung

§ 90 Abs. 2 S. 1 BVerfGG verlangt, gestützt auf Art. 94 Abs. 2 S. 2, die Erschöpfung des Rechtswegs, wenn ein Rechtsweg eingeräumt ist. Dies ist bei formellen Gesetzen nicht der Fall, sodass das Erfordernis der Rechtswegerschöpfung insoweit grundsätzlich keine Bedeutung hat. 1255

a) **Rechtsweg** ist der Weg, der den Einzelnen mit dem Begehren, die behauptete Grundrechtsverletzung zu überprüfen und auszuräumen, vor die deutschen staatlichen Gerichte führt. Er beginnt uU bei der Verwaltung, wenn nämlich dem Gerichtsverfahren das Widerspruchsverfahren vorgeschaltet ist. Er endet mit der Entscheidung, gegen die kein Fachgericht mehr angerufen werden kann (möglicherweise aber noch ein Landesverfassungsgericht oder der Europäische Gerichtshof für Menschenrechte). 1256

Beispiele: Zum Rechtsweg zahlen Normenkontrollen gem. § 47 VwGO, Verfahren des vorläufigen Rechtsschutzes, zB nach §§ 80 Abs. 5, 123 VwGO, sowie solche Rechtsbehelfe, die keinen Devolutiveffekt haben, dh zur Überprüfung nicht durch eine höhere, sondern dieselbe Instanz führen, zB Einspruch gegen einen Strafbefehl gem. §§ 409 ff StPO, Einspruch gegen ein Versäumnisurteil gem. § 338 ZPO und Änderungsverfahren gem. § 80 Abs. 7 VwGO. Zum Rechtsweg zählen auch der Antrag auf Wiedereinsetzung in den vorigen Stand (E 42, 252/257; BVerfG, EuGRZ 2005, 632), der Antrag auf Wiederaufnahme des Verfahrens (E 11, 61/63; BVerfG, NJW 1992, 1030 f) und die Gehörsrüge, zB gem. § 321a ZPO, § 356a StPO und § 152a VwGO. 1257

b) **Erschöpfung** des Rechtswegs bedeutet, dass der Beschwerdeführer alle prozessualen Möglichkeiten zur Beseitigung der behaupteten Grundrechtsverletzung in Anspruch genommen haben muss. Das bedeutet im Einzelnen: 1258

- Der Beschwerdeführer darf die prozessualen Möglichkeiten nicht versäumt haben, zB dadurch, dass er ein zulässiges Rechtsmittel nicht eingelegt oder zurückgenommen[24] oder eine zulässige Rüge nicht erhoben[25] oder Beweisanträge nicht gestellt hat[26]. 1259
- Wenn zwar das Verfahren des vorläufigen Rechtsschutzes, aber noch nicht das Hauptsacheverfahren durchgeführt ist, kann der Rechtsweg schon erschöpft sein, nämlich der Rechtsweg des Eilverfahrens. Wenn der Beschwerdeführer die Ver- 1260

24 E 1, 12/13.
25 E 83, 216/228 ff; 84, 203/208; 110, 1/12.
26 BVerfG, NJW 2005, 3769 f; *Zuck*, NVwZ 2006, 1119.

sagung gerade des vorläufigen Rechtsschutzes rügt, hat er mit der letztinstanzlichen Versagung des vorläufigen Rechtsschutzes den Rechtsweg erschöpft und kann Verfassungsbeschwerde erheben[27]. Anders verhält es sich, wenn die Grundrechtsverletzung noch im Hauptsacheverfahren ausgeräumt werden kann[28].

2. Subsidiarität

1261 Mit dem Grundsatz der Subsidiarität geht das BVerfG über das Erfordernis der Rechtswegerschöpfung hinaus. Weil das BVerfG entlastet werden und auf einen in tatsächlicher und rechtlicher Hinsicht aufbereiteten Fall treffen soll[29], sind auch alle Möglichkeiten, gerichtlichen Rechtsschutz mittelbar oder außergerichtlichen Rechtsschutz zu erhalten, auszuschöpfen[30]. Die Unzulässigkeit der Verfassungsbeschwerde kann danach auch dann gegeben sein, wenn

- ein Rechtsweg gegen die behauptete Grundrechtsverletzung nicht unmittelbar, aber mittelbar gegeben ist, weil der Beschwerdeführer den Vollzug eines Grundrechte verletzenden Gesetzes abwarten oder herbeiführen und dagegen die Gerichte anrufen kann[31] oder weil er, wo eine Grundrechte verletzende Regelung eine Ausnahme zulässt, eine Ausnahmeregelung beantragen kann[32];
- andere Organe als Gerichte Grundrechtsschutz gewähren, zB die G 10-Kommission in der Überprüfung von Beschränkungen des Brief-, Post- und Fernmeldegeheimnisses gem. Art. 10 Abs. 2 S. 2[33] oder der Bundestag in der Wahlprüfung gem. Art. 41 Abs. 1; dabei schließt die Beschwerde gem. Art. 41 Abs. 2 die Verfassungsbeschwerde aus[34].

3. Durchbrechungen der Rechtswegerschöpfung und der Subsidiarität

1262 Eine sog. *Vorabentscheidung* kann gem. § 90 Abs. 2 S. 2 BVerfGG getroffen werden, wenn die Verfassungsbeschwerde von allgemeiner Bedeutung ist oder wenn dem Beschwerdeführer ein schwerer und unabwendbarer Nachteil entstünde, falls er zunächst auf den Rechtsweg verwiesen würde. Sinn einer solchen Vorabentscheidung ist es, dem Beschwerdeführer den an sich vorgesehenen Rechtsweg zu ersparen. Das setzt voraus, dass der Rechtsweg tatsächlich noch offen steht bzw bereits beschritten ist.

1263 **Beispiele:** Ob die Fortgeltung der Mietpreisbindung in den neuen Ländern und Ost-Berlin mit Art. 14 vereinbar ist, hat weit reichende Auswirkungen für Vermieter und Mieter und ist deshalb von allgemeiner Bedeutung (E 91, 294/306). – Einer politischen Partei wird die Einräumung von Rundfunksendezeiten für die Ausstrahlung von Wahlpropaganda kurz vor einer Wahl verweigert. Hier ist der Verwaltungsrechtsweg und in diesem Rahmen die Möglichkeit einstweiligen Rechtsschutzes gegeben. Selbst dieser kommt aber möglicherweise zu spät, so-

27 E 80, 40/45.
28 E 77, 381/400 f; 104, 65/70 f.
29 E 79, 1/20; 88, 384/400.
30 E 112, 50/60; krit. *Hartmann*, in: Pieroth/Silberkuhl, § 90 Rn 236 ff.
31 E 97, 157/166; BVerfG, NVwZ 2005, 79.
32 E 78, 58/69; BVerfG, DVBl. 2000, 622.
33 BVerfG, NVwZ 1994, 367.
34 E 74, 96/101.

dass der Partei der schwere und unabwendbare Nachteil entstünde, dass sie vor der Wahl nicht in gleicher Weise wie die anderen Parteien (vgl § 5 PartG) Rundfunksendezeit in Anspruch nehmen konnte (E 7, 99/105; 14, 121/130 f). – Droht zwar bei Verweis auf den Rechtsweg in der Hauptsache ein schwerer und unabwendbarer Nachteil, ist aber der Rechtsweg im Verfahren des vorläufigen Rechtsschutzes gegeben, dann ist er auch zu beschreiten (E 86, 382/388 f).

Darüber hinaus lässt das BVerfG Durchbrechungen der Rechtswegerschöpfung und **1264**
der Subsidiarität zu, wenn dem Beschwerdeführer die Erschöpfung des Rechtswegs bzw das Bemühen um sonstige Abhilfe unzumutbar ist. Es stellt aber „strenge Anforderungen“ an die Unzumutbarkeit[35].

Beispiele: Die Erschöpfung des Rechtswegs ist unzumutbar, wenn dem Begehren des Be- **1265**
schwerdeführers eine gefestigte höchstrichterliche Rechtsprechung entgegensteht (E 84, 59/72), wenn das Gericht den Beschwerdeführer falsch darüber belehrt hat, dass kein Rechtsmittel gegeben sei (E 19, 253/256 f) oder wenn ein Rechtsbehelf nur vereinzelt als zulässig angesehen wird (E 85, 80/86). Zumutbar ist dagegen der Gebrauch eines Rechtsmittels, dessen Zulässigkeit umstritten ist (E 70, 180/185; *Hartmann*, JuS 2007, 657). – Immer wieder hat das BVerfG erfolglose Studienbewerber, die die mangelnde Nutzung vorhandener Kapazitäten nur im Verfahren des vorläufigen Rechtsschutzes gerügt hatten, mit dem Argument zur Verfassungsbeschwerde zugelassen, dass „anderenfalls vorhandene Kapazitäten in erheblichem Umfang für längere Dauer ungenutzt geblieben wären“ und dass dies objektiv nicht vertretbar und daher auch subjektiv nicht zumutbar sei (E 51, 130/143).

V. Beschwerdehindernis der Rechtskraft

Entscheidungen des BVerfG erwachsen wie die anderer Gerichte in materieller **1266**
Rechtskraft. Dieser allgemeine prozessrechtliche Grundsatz liegt auch der Regelung des § 41 BVerfGG zu Grunde. Die *materielle Rechtskraft* bedeutet, dass über dasselbe Begehren desselben Beschwerdeführers bei gleicher Rechts- und Sachlage nicht erneut entschieden werden darf. Die materielle Rechtskraft bezieht sich nur auf den Tenor, nicht auf die Entscheidungsgründe, die aber zur Auslegung des Tenors herangezogen werden dürfen; sie gilt für Kammer- ebenso wie für Senatsentscheidungen[36].

Beispiel: Eine Verfassungsbeschwerde gegen ein Urteil wird von einer Kammer des BVerfG **1267**
nicht zur Entscheidung angenommen, weil sie keine hinreichende Aussicht auf Erfolg habe. Die erneute Verfassungsbeschwerde des A gegen dasselbe Urteil mit dem Antrag, „dass der zuständige Senat über die Sache entscheiden möge“, ist wegen des Beschwerdehindernisses der Rechtskraft unzulässig.

35 E 79, 1/24.
36 Vgl *Rixen*, NVwZ 2000, 1364.

VI. Ordnungsmäßigkeit der Beschwerde

1. Form

1268 Gem. § 23 Abs. 1 S. 1 BVerfGG ist die Verfassungsbeschwerde schriftlich einzureichen. Dafür reichen Telegramm[37], Telefax[38] oder E-Mail[39]. Die Verfassungsbeschwerde ist auch zu begründen (§ 23 Abs. 1 S. 2 BVerfGG). Gem. § 92 BVerfGG sind in der Begründung das Recht, das verletzt sein soll, und die Handlung oder Unterlassung des Organs oder der Behörde, durch die der Beschwerdeführer sich verletzt fühlt, zu bezeichnen, das Recht zwar nicht mit der Artikel-, Absatz- und Satznummer des Grundgesetzes, aber dem Inhalt nach[40], und die Handlung oder Unterlassung unter Vorlage oder Mitteilung des wesentlichen Inhalts[41].

2. Frist

1269 Gem. § 93 Abs. 1 S. 1 BVerfGG ist die Verfassungsbeschwerde *binnen eines Monats* zu erheben. Der Normalfall dieser Fristbestimmung betrifft letztinstanzliche Gerichtsentscheidungen, da der Rechtsweg zunächst zu erschöpfen ist. Bei Hoheitsakten, gegen die ein Rechtsweg nicht offen steht – das sind in erster Linie formelle Gesetze –, ist die Verfassungsbeschwerde gem. § 93 Abs. 3 BVerfGG *binnen eines Jahres* zu erheben. Die Frist beginnt bei Gesetzen mit deren Inkrafttreten zu laufen, bei rückwirkenden Gesetzen in sinngemäßer Fortentwicklung des Wortlauts allerdings erst mit der Verkündung[42], bei unverändert neu verkündeten Gesetzesbestimmungen nur, wenn sie durch die Änderung anderer Gesetzesbestimmungen eine neue belastende Wirkung erhalten[43]. Verfassungsbeschwerden gegen Unterlassungen der öffentlichen Gewalt sind grundsätzlich zulässig, solange die Unterlassung dauert[44]. Bei unverschuldeter Versäumung der Monatsfrist ist gem. § 93 Abs. 2 BVerfGG Wiedereinsetzung in den vorigen Stand möglich; dabei wird von einem Rechtsanwalt eine gesteigerte Aufmerksamkeit verlangt[45].

3. Rücknahme

1270 Eingelegte Verfassungsbeschwerden können nachträglich zurückgenommen werden. Allerdings kann die Rücknahme unwirksam sein, sodass über die Beschwerde gleichwohl entschieden wird. Das BVerfG nimmt dies wegen der objektiven Funktion der Verfassungsbeschwerde dann an, wenn die Beschwerde von allgemeiner Bedeutung ist und über sie deswegen mündlich verhandelt wurde[46].

Literatur: Vgl nach § 36.

37 E 32, 365/368.
38 BVerfG, NJW 2007, 2838.
39 *Hartmann*, NJW 2006, 1390; aA *Klein/Sennekamp*, NJW 2007, 954.
40 E 59, 98/101.
41 E 93, 266/288.
42 E 1, 415/416 f.
43 BVerfG, DVBl. 2002, 548.
44 E 6, 257/266; 58, 208/218.
45 BVerfG, NJW 2001, 3534 f.
46 E 98, 218/242 f; vgl *Menzel*, JuS 1999, 339.

§ 36 Begründetheit der Verfassungsbeschwerde

I. Maßstab

Gem. Art. 93 Abs. 1 Nr 4a ist die Verfassungsbeschwerde begründet, wenn ein Grundrecht oder ein grundrechtsgleiches Recht verletzt ist. Maßstab sind danach die im Zweiten Teil dieses Lehrbuchs behandelten *Grundrechte und grundrechtsgleichen Rechte.* 1271

Lösungstechnischer Hinweis: Im Gutachten zur Begründetheit der Verfassungsbeschwerde folgt die Prüfung einer Grundrechtsverletzung im Aufbau der im Ersten Teil dargelegten Struktur, die auch der Darstellung im Zweiten Teil zu Grunde liegt (vgl auch die Schemata Rn 358 ff, 538 und 1036 f). 1272

Die Grundrechtsverletzung kann sich dabei auch aus *sonstigem Verfassungsrecht* des Bundes ergeben. Dies ist vom BVerfG zunächst in seiner Rechtsprechung zu Art. 2 Abs. 1 entwickelt worden. Danach ist ein Eingriff in die allgemeine Handlungsfreiheit nur dann durch die verfassungsmäßige Ordnung gedeckt, wenn er mit der Verfassung insgesamt übereinstimmt, also auch nicht gegen Verfassungsgrundsätze oder verfassungsrechtliche Kompetenz- und Verfahrensvorschriften verstößt. Das gleiche gilt auch bei allen anderen Grundrechten. Soweit sich die verfassungsrechtliche Zulässigkeit eines Eingriffs nach einem *Gesetzesvorbehalt* richtet, muss das Gesetz formell und materiell mit der Verfassung insgesamt übereinstimmen. 1273

Beispiele: Eine Verletzung des Art. 12 Abs. 1 kann darin liegen, dass gegen das Rechtsstaatsgebot (E 9, 83/87 f), die Kompetenzordnung (E 13, 181/190) oder Art. 72 Abs. 2 (E 13, 237/239) verstoßen worden ist. 1274

Soweit die verfassungsrechtliche Zulässigkeit eines Eingriffs in den Schutzbereich eines Grundrechts oder grundrechtsgleichen Rechts nur durch *kollidierendes Verfassungsrecht* gerechtfertigt werden kann, gilt das gleiche. Auch gegen das kollidierende Verfassungsrecht, das nicht nur in einem Grundrecht oder grundrechtsgleichen Recht, sondern zB im Rechtsstaats- und Sozialstaatsgebot bestehen kann, darf nicht verstoßen werden. Die Kollisionslösung, die der Gesetzgeber trifft, muss wiederum den Kompetenz- und Verfahrensvorschriften des Grundgesetzes Rechnung tragen. 1275

Ist eine Verfassungsbeschwerde erst einmal zulässig, nimmt das BVerfG über das bisher Gesagte hinaus eine *umfassende Prüfungsbefugnis* in Anspruch. Diese erstreckt sich über das als verletzt gerügte Grundrecht hinaus auf andere Grundrechte einschließlich der Grundrechte Dritter[1] und auch auf sonstiges Verfassungsrecht, obwohl die Verfassungsbeschwerde unter Berufung allein auf diese anderen Grundrechte oder dieses sonstige Verfassungsrecht nicht zulässig gewesen wäre[2]. Sie bezieht auch nicht nur die vom Gesetzgeber zur Eingriffsrechtfertigung erwogenen, sondern auch andere den Eingriff möglicherweise rechtfertigende Gesichtspunkte ein[3]. Das weitet die Verfassungsbeschwerde vom Mittel des subjektiven Rechtsschutzes zum 1276

1 E 42, 312/325 f; vgl auch E 70, 138/162; krit. *Kube*, DVBl. 2005, 721.
2 Vgl *Müller-Franken*, DÖV 1999, 590.
3 *Cremer*, NVwZ 2004, 668; krit. *Wernsmann*, NVwZ 2000, 1360; *Möllers*, NJW 2005, 1973/1977.

Mittel des objektiven Rechtsschutzes, allerdings auf subjektive Initiative hin, und entspricht dem doppelfunktionalen Verständnis der Verfassungsbeschwerde durch das BVerfG: „Die Verfassungsbeschwerde ist nicht nur ein Rechtsbehelf zur Sicherung und Durchsetzung grundgesetzlich garantierter individueller Rechtspositionen, sondern in gleicher Weise ein ‚spezifisches Rechtsschutzmittel des objektiven Verfassungsrechts'"[4].

II. Einschränkung des Prüfungsumfangs auf die Verletzung spezifischen Verfassungsrechts

1. Problem

1277 Wenn also die Verletzung jeglichen Verfassungsrechts eine Grundrechtsverletzung bedeutet und die Verfassungsbeschwerde begründet macht, müsste das eigentlich auch für den in Art. 20 Abs. 3 verbürgten *Vorrang des Gesetzes* gelten, wonach das Handeln der Verwaltung und der Gerichte nicht gegen Gesetze verstoßen darf. Also müssten Gesetzesverstöße als Grundrechtsverletzungen qualifiziert werden.

1278 **Beispiele:** Die Verurteilung zu einer Freiheitsstrafe ist ein Eingriff in die Freiheit der Person, der nur durch förmliches Gesetz gerechtfertigt werden kann (Art. 2 Abs. 2 S. 2, Art. 104 Abs. 1); beruht sie auf falscher Auslegung und Anwendung des Strafgesetzbuchs, dann liegt ein Verstoß gegen den Vorrang des Gesetzes vor und müsste eigentlich eine Grundrechtsverletzung angenommen werden. Ein zivilgerichtliches Urteil, das jemanden unter falscher Anwendung des BGB zur Übereignung verurteilt oder jemandes Scheidung ausspricht, verletzt entsprechend sein Eigentums- bzw Ehegrundrecht. Ein fehlerhaftes Versammlungsverbot bzw die es bestätigenden gerichtlichen Entscheidungen, letztlich die den Rechtsweg erschöpfende Entscheidung des OVG oder BVerwG, verletzen entsprechend die Versammlungsfreiheit.

1279 In der Konsequenz dieses Befundes könnten Verfassungsbeschwerden Verstöße gegen einfaches Gesetzesrecht vor das BVerfG bringen. Damit würde dieses zur „Superrevisionsinstanz" über allen anderen Gerichten. Es wäre gezwungen, jede Auslegung und Anwendung des einfachen Rechts zu überprüfen. Gerade das kann aber *nicht Aufgabe des BVerfG* sein, das gem. Art. 93 Abs. 1 Nr 4a Verstöße gegen die Grundrechte und grundrechtsgleichen Rechte überprüfen soll. Die Aufgabe der anderen obersten Bundesgerichte, für die Rechtsgebiete ihrer Zuständigkeit, vorbehaltlich besonderer verfassungsrechtlicher Überprüfung, letzte Instanz zu sein, würde zunichte gemacht. Das BVerfG wäre im Übrigen auch tatsächlich völlig überfordert.

2. Lösung

1280 Das BVerfG muss seine Überprüfung gerichtlicher Entscheidungen *beschränken*. Es und das Schrifttum haben dazu verschiedene Formeln und Begriffe entwickelt.

---

4 E 45, 63/74; ähnlich E 124, 235/242; 126, 1/17; vgl zur Doppelfunktion und zur umfassenden Prüfungsbefugnis zust. *Görisch/Hartmann*, NVwZ 2007, 1010; *Schlaich/Korioth*, BVerfG, Rn 272 ff; krit. zur Doppelfunktion *Schlink*, NJW 1984, 89/92 f; *Wagner*, NJW 1998, 2638; krit. zur umfassenden Prüfungsbefugnis *Rinken*, AK, Art. 93 Rn 63 f.

Am Anfang der Rechtsprechung des BVerfG steht die den *Begriff des spezifischen Verfassungsrechts* einführende sog. Hecksche Formel. Nach ihr ist die Gestaltung des Verfahrens, die Feststellung und Würdigung des Sachverhalts und die Auslegung und Anwendung des einfachen Rechts allein Sache der anderen Gerichte und der Überprüfung durch das BVerfG entzogen. „Nur bei einer Verletzung von ‚spezifischem Verfassungsrecht' durch die Gerichte kann das BVerfG auf Verfassungsbeschwerden hin eingreifen"[5]. Den anderen Gerichten sollen ihre klassischen Aufgaben belassen bleiben; das BVerfG will ihre Arbeit nicht ersetzen, sondern ergänzen. 1281

Nun liegt das Problem gerade darin, dass die Grenze zwischen dem einfachen Recht, dessen sich die anderen Gerichte annehmen sollen, und dem Verfassungsrecht, dessen Hüter das BVerfG ist, nicht vorgegeben ist. Also wurde versucht, das Spezifische beim Begriff des spezifischen Verfassungsrechts so zu fassen, dass die nicht vorgegebene Grenze doch noch einigermaßen verlässlich gezogen werden kann. Keiner der entsprechenden Versuche kann völlig überzeugen; das Problem des Prüfungsumfangs und seiner Einschränkung ist nun einmal derart, dass eine glatte Lösung nicht gelingen kann. Die entwickelten Formen und Begriffe werden denn auch nebeneinander angewandt; was der eine nicht fasst, kann sich unter einem anderen als überprüfungsbedürftig erweisen. Letztlich gilt, dass das *BVerfG überprüft, was es überprüfen will*, und was es nicht überprüfen will, nicht überprüft. 1282

a) Nach der sog. **Schumannschen Formel** bestimmt sich eine Verletzung spezifischen Verfassungsrechts dadurch, dass „der angefochtene Richterspruch eine Rechtsfolge annimmt, die der einfache Gesetzgeber nicht als Norm erlassen dürfte"[6]. Daran überzeugt, dass die Grenzen des materiellen Verfassungsrechts, die dem Gesetzgeber gesetzt sind, auch vom Richter nicht übertreten werden dürfen. Aber damit erfasst die Schumannsche Formel nur einen, freilich wichtigen Aspekt des für den Richter verbindlichen Verfassungsrechts. Denn der Richter ist von Verfassung wegen enger begrenzt als der Gesetzgeber; er hat nicht nur die Verfassung über sich, sondern gem. Art. 20 Abs. 3 auch das Gesetz. Der Richter darf nicht alles, was der Gesetzgeber dürfte. 1283

Beispiele: Ein Beamter wird vom Disziplinargericht verurteilt, weil er in seiner Freizeit für eine Sekte geworben hat (vgl. BVerwGE 30, 29). Da ein Gesetz, das Werbung für Sekten durch Beamte in deren Freizeit verböte, gegen Art. 4 Abs. 1 und 2 verstieße, liegt eine spezifische Grundrechtsverletzung vor. – Ein Gesetz, das Beamten im Dienst das Zeigen religiöser Symbole verböte, wäre mit Art. 4 Abs. 1 und 2 vereinbar; ein Beamter kann wegen des Zeigens aber nur dann vom Disziplinargericht verurteilt werden, wenn das Gesetz auch wirklich erlassen ist (E 108, 282/309 ff). 1284

b) Gerade dieser Bindung des Richters an das Gesetz sucht eine weitere Bestimmung des Spezifischen beim Begriff des spezifischen Verfassungsrechts dadurch Rechnung zu tragen, dass sie auf die Grenze zwischen zulässiger richterlicher Rechtsfindung und -fortbildung und **unzulässiger richterlicher Rechtsfortbildung** abstellt. Aber eine klare, in Rechtsprechung und Schrifttum allgemein anerkannte Grenze zwi- 1285

5 E 18, 85/92.
6 *Schumann*, S. 207; ebenso *Korioth*, in: FS 50 Jahre BVerfG, 2001, Bd. I, S. 55/81.

schen zulässiger und unzulässiger richterlicher Rechtsfortbildung gibt es nicht. Die einschlägige Rechtsprechung des BVerfG ist denn auch wenig konsistent und lässt Gespür weniger für die Methode als vielmehr für die Besonderheit des jeweiligen Problems erkennen.

1286 **Beispiele:** Der Rechtsprechung der Zivilgerichte, die bei immateriellen Schäden im offenen Widerspruch zum Wortsinn des alten § 253 BGB Entschädigung in Geld zusprach, wurde attestiert, sie sei „auf einem zivilrechtlich zumindest diskutablen, jedenfalls den Regeln zivilrechtlicher Hermeneutik nicht offensichtlich widersprechenden Weg gewonnen" worden (E 34, 269/291). – Bei anderer Gelegenheit betont das BVerfG, dass „der mögliche Wortsinn des Gesetzes … die äußerste Grenze zulässiger richterlicher Interpretation" markiert (E 71, 108/115); hier ging es um die Auslegung von Straf- und Bußgeldvorschriften. – Bei wieder anderer Gelegenheit sieht das BVerfG die Bindung des Richters an das Gesetz dadurch verletzt, dass sich seine Entscheidung „mit keiner der anerkannten Auslegungsmethoden begründen" lässt (E 113, 88/104) oder „in krassen Widerspruch zu den zur Anwendung gebrachten Normen" setzt (E 128, 193/209). – Zur Ausweitung der Protokollberichtigung durch die Strafgerichte konnte sich das BVerfG nicht einig werden (E 122, 248/257 ff; vgl *Möllers*, JZ 2009, 668).

1287 c) Die beständigste Formel zur Bestimmung des Spezifischen beim Begriff des spezifischen Verfassungsrechts lenkt die Kontrolle des BVerfG darauf, „ob bei Auslegung und Anwendung einfachen Rechts der Einfluss der Grundrechte grundlegend verkannt ist"[7]. Eine **grundlegende Verkennung des Einflusses der Grundrechte** oder allgemein des Verfassungsrechts liegt vor, wenn die einschlägige Verfassungsnorm

- übersehen oder
- grundsätzlich falsch angewendet

worden ist und die gerichtliche Entscheidung darauf beruht.

1288 Die *grundsätzlich falsche Anwendung* kann sich darin zeigen, dass

- der Umfang eines grundrechtlichen Schutzbereichs,
- die Voraussetzungen des Vorliegens eines Eingriffs,
- die Anforderungen an die Rechtfertigung, besonders die Verhältnismäßigkeit eines Eingriffs, oder
- der Schutzzweck einer grundrechtlichen Schutzpflicht

grundsätzlich falsch gesehen wurden[8].

1289 Ob eine gerichtliche Entscheidung eine solche falsche Anwendung bzw Sicht erkennen lässt, hängt entscheidend von der *Sorgfalt der Überprüfung* ab. Auch hier fehlt eine klare, in Rechtsprechung und Schrifttum allgemein anerkannte Linie. Das BVerfG stellt programmatisch auf die „Intensität der Grundrechtsbeeinträchtigung" ab; je einschneidender eine gerichtliche Entscheidung grundrechtliche Freiheit und deren Betätigung verkürze, „desto eingehender muss die verfassungsgerichtliche Prüfung sein"[9]. Ob eine Grundrechtsbeeinträchtigung mehr oder weniger intensiv ist, ist aber wieder offen für unterschiedliche, gegensätzliche Einschätzungen. Immerhin

7 E 89, 276/285.
8 E 85, 248/258; 89, 276/286; 95, 96/128.
9 E 61, 1/6; 75, 302/314.

gilt, dass das BVerfG bei strafrechtlichen Entscheidungen[10] und Eingriffen in Kommunikationsgrundrechte besonders eingehend prüft; im Schutzbereich dieser Grundrechte misst es Eingriffen großes Gewicht zu, und außerdem stoßen hier Freiheitsbetätigungen auch besonders konfliktträchtig und öffentlich wahrnehmbar aufeinander.

Beispiele: Bei der Kontrolle in die Meinungsfreiheit eingreifender strafgerichtlicher Entscheidungen bekennt das BVerfG sich ausdrücklich „auch im Einzelnen" zur Überprüfung der „Feststellung und Würdigung des Tatbestandes sowie der Auslegung und Anwendung einfachen Rechts" (E 43, 130/136; 82, 43/50 f); fast ebenso weitgehend äußert es sich zur Kontrolle in die Meinungsfreiheit (E 82, 272/280 f, 85, 1/13; 86, 1/10) und die Kunstfreiheit (E 119, 1/22) eingreifender zivilgerichtlicher Entscheidungen. – Aber auch die Trennung eines Kindes von seinen Eltern gegen deren Willen verlangt, weil der „stärkste vorstellbare Eingriff in das Elternrecht", dass auch einzelne Auslegungsfehler nicht außer Betracht bleiben (E 60, 79/91). **1290**

d) Manchmal verletzt eine gerichtliche Entscheidung die Professionalität, die von jedem Richter gleichermaßen verlangt werden kann, so drastisch, dass das BVerfG **Willkür** attestiert: Willkür bei der Gestaltung des Verfahrens, bei der Feststellung und Würdigung des Sachverhalts und bei der Auslegung und Anwendung des einfachen Rechts. Diese Willkür begründet nach BVerfG ebenfalls eine Verletzung spezifischen Verfassungsrechts[11]. **1291**

Beispiele: Eine Verletzung von Art. 101 Abs. 1 S. 2, dh ein Entzug des gesetzlichen Richters, setzt die „willkürliche Anwendung" der einschlägigen Verfahrensnormen voraus (vgl Rn 1168 ff). – Wenn das Vorbringen eines Prozessbeteiligten „nicht mehr verständlich", „schlechthin unhaltbar" oder „offensichtlich sachwidrig" gewürdigt oder die Rechtslage „in krasser Weise" verkannt wird, stellt dies einen spezifischen Verstoß gegen Art. 3 Abs. 1 dar (E 57, 39/42; BVerfG, EuGRZ 1999, 494; NJW 2001, 1125). – Ein Strafurteil, das auf einer „schlechthin unhaltbaren und damit objektiv willkürlichen Auslegung der angewendeten Strafnorm" beruht, begründet eine spezifische Verletzung des Art. 103 Abs. 2 (E 64, 389/396 f). **1292**

Lösungstechnischer Hinweis: Die Frage einer spezifischen Verfassungsrechtsverletzung betrifft den Umfang der verfassungsrechtlichen Kontrolle und wird vom BVerfG zumeist eingangs der Begründetheit der Verfassungsbeschwerde geprüft. Ist eine spezifische Verfassungsrechtsverletzung offensichtlich nicht gegeben, wird dies schon bei der Zulässigkeitsprüfung berücksichtigt; es fehlt dann die Möglichkeit einer Grundrechtsverletzung (vgl Rn 1235 ff). Im Übrigen empfiehlt sich, in Übungsarbeiten von einer „Vermutung der vollständigen Grundrechtsprüfung" (*Alleweldt*, S. 169 ff) auszugehen, ein großzügiges Verständnis des Prüfungsumfangs des BVerfG zugrunde zu legen und zumal die im Fall angesprochenen oder angedeuteten grundrechtlichen Probleme nicht etwa unter Berufung darauf, es könne sich nicht um die Verletzung spezifischen Verfassungsrechts, sondern allenfalls um eine Verletzung einfachen Rechts handeln, zu umgehen. Nur wenn die Fallgestaltung oder Aufgabenstellung einen entsprechenden Anhaltspunkt bietet, ist die Frage der Einschränkung des Prüfungsumfangs auf die spezifische Grundrechtsverletzung eingehend zu erörtern, zweckmäßig in Abarbeitung der genannten vier Kriterien. **1293**

Literatur: *E. Benda/E. Klein/O. Klein*, Verfassungsprozessrecht, 3. Aufl. 2012; *C. Gusy*, Die Verfassungsbeschwerde, in: FS 50 Jahre BVerfG, 2001, Bd. I, S. 641; *P. Häberle*, Die Verfassungsbeschwerde im System der bundesdeutschen Verfassungsgerichtsbarkeit, JöR 1997, 89; **1294**

10 Vgl E 126, 170/199 f.
11 Krit. *v. Lindeiner*, Willkür im Rechtsstaat?, 2002; *N. Weiß*, Objektive Willkür, 2000.

C. Hillgruber/C. Goos, Verfassungsprozessrecht, 3. Aufl. 2011; *W. Löwer*, Zuständigkeit und Verfahren des Bundesverfassungsgerichts, Hdb. StR[3] III, § 70; *G. Lübbe-Wolff*, Substantiierung und Subsidiarität der Verfassungsbeschwerde, EuGRZ 2004, 669; *C. Pestalozza,* Verfassungsprozessrecht. Die Verfassungsgerichtsbarkeit des Bundes und der Länder, 3. Aufl. 1991; *B. Pieroth/P. Silberkuhl* (Hrsg.), Die Verfassungsbeschwerde, 2008; *G. Robbers*, Verfassungsprozessuale Probleme in der öffentlich-rechtlichen Arbeit, 2. Aufl. 2005; *M. Sachs*, Verfassungsprozessrecht, 3. Aufl. 2010; *A. Scherzberg/M. Mayer*, Die Zulässigkeit der Verfassungsbeschwerde, Jura 2004, 373, 513; *dies.*, Die Begründetheit der Verfassungsbeschwerde bei der Rüge von Freiheitsverletzungen, Jura 2004, 663; *T.M. Spranger,* Die Verfassungsbeschwerde im Korsett des Prozessrechts, AöR 2002, 27; *R. Zuck*, Das Recht der Verfassungsbeschwerde, 3. Aufl. 2006. – Kommentare zum BVerfGG: *H. Lechner/R. Zuck,* 6. Aufl. 2011; *T. Maunz/ B. Schmidt-Bleibtreu/F. Klein/H. Bethge* (Loseblatt), Stand: September 2011; *D.C. Umbach/ T. Clemens/F.-W. Dollinger,* 2. Aufl. 2005. – Zur Verletzung spezifischen Verfassungsrechts: *R. Alexy/P. Kunig/W. Heun/G. Hermes,* Verfassungsrecht und einfaches Recht – Verfassungsgerichtsbarkeit und Fachgerichtsbarkeit, VVDStRL 61, 2002, S. 7, 34, 80, 119; *R. Alleweldt*, Bundesverfassungsgericht und Fachgerichtsbarkeit, 2006; *M. Düwel*, Kontrollbefugnisse des Bundesverfassungsgerichts bei Verfassungsbeschwerden gegen gerichtliche Entscheidungen, 2000; *H.-J. Papier*, Verhältnis des Bundesverfassungsgerichts zu den Fachgerichtsbarkeiten, DVBl. 2009, 473; *B. Pieroth/T. Aubel*, Die Rechtsprechung des Bundesverfassungsgerichts zu den Grenzen richterlicher Entscheidungsfindung, JZ 2003, 504; *E. Schumann*, Verfassungs- und Menschenrechtsbeschwerde gegen richterliche Entscheidungen, 1963; *F. Weyreuther*, Bundesverfassungsgericht und Verfassungsbeschwerde, DVBl. 1997, 925.

Sachverzeichnis

Die Angaben beziehen sich auf die Randnummern.